KB158049

쇼펜하우어

쇼펜하우어와
철학의 격동시대

쇼펜하우어

Rüdiger Safranski

뤼디거 자프란스키 지음 | **정상원** 옮김

이화북스

쇼펜하우어

쇼펜하우어와 철학의 격동시대

초판 1쇄	찍은 날 2020년 8월 10일
초판 1쇄	펴낸 날 2020년 8월 18일

지은이	뤼디거 자프란스키
옮긴이	정상원

발행인	육혜원
발행처	이화북스
등 록	2017년 12월 26일(제2020-000-138호)
주 소	서울특별시 마포구 월드컵북로 400 서울산업진흥원 5층 15호
전화	02-2691-3864
팩스	031-946-1225
전자우편	ewhabooks@naver.com

디자인	책은우주다
마케팅	임동건

ISBN	979-11-90626-03-3 (04900)

이 도서의 국립중앙도서관 출판예정도서목록(CIP)은 서지정보유통지원시스템 홈페이지(http://seoji.nl.go.kr)와 국가자료공동목록시스템(http://www.nl.go.kr/kolisnet)에서 이용하실 수 있습니다.(CIP제어번호: CIP2020031977)

———

"진정한 철학에서는 행간의 눈물과 울부짖음을
느낄 수 있어야 합니다.
이를 부드득 가는 소리와 다들 죽고 죽이느라 아우성치는
끔찍한 소리가 들리지 않는다면
그건 철학이 아닙니다."

쇼펜하우어

———

일러두기

1. 이 책의 원본은 카를 한저 출판사Carl Hanser Verlag에서 1987년에 출간한 뤼디거 자프란스키Rüdiger Safranski의 『쇼펜하우어 – 쇼펜하우어와 철학의 격동시대Schopenhauer und die wilden Jahre der Philosophie』이다.

2. 저자가 강조한 부분은 고딕 글씨체로 되어 있으며 인용된 방식은 다음과 같다.

   • 쇼펜하우어의 저서 약호와 쪽수만 나올 경우, 예를 들면 (I, 34)는 『의지와 표상으로서의 세계Die Welt als Wille und Vorstellung』 제1권 34쪽

   • (B, 34)는 『서간집Gesammelte Briefe』 34쪽

   • (RT, 34)는 『여행일기Reisetagebücher aus den Jahren 1803 bis 1804』 34쪽

   • (G, 34)는 『대화집Gespräche』 34쪽

   • (VMN, 34)는 『자연의 형이상학Vorlesung: Metaphysik der Natur』 34쪽을 의미한다.

   • 저서의 제목과 약호는 참고 문헌란에 소개되어 있다.

3. 인용된 책의 경우는 『 』로, 논문이나 책의 소제목, 음악 작품, 신문, 잡지일 경우에는 「 」로 구별했다.

4. 필요한 경우에는 옮긴이 주를 달아서 이해를 도왔다.

    이 책은 철학을 향한 사랑 고백이다. 신과 세계를 뜨거운 가슴으로 사유했던 시절이 있었다. 무엇인가가 존재하며 아무것도 아닌 것은 없다는 데 대해 한껏 놀라워하던 시절이 있었다. 이 책은 철학이 다시금 – 아마도 마지막으로 – 휘황찬란한 꽃을 피웠던 때로 돌아가 사라진 세계를 들여다보려 한다. 이른바 '철학의 격동시대'는 칸트에서 피히테와 셸링, 낭만주의 철학을 거쳐 헤겔과 포이어바흐, 청년 마르크스로 이어진다. 이때처럼 흥미진진하며 열렬하게 사유한 적은 결코 없었다. 그 이유는 자아를 발견한 데 있었다. 자아는 맡은 역할이 – 정신, 도덕, 자연, 신체, 혹은 프롤레타리아 – 무엇이든 상관 없이 낙관적인 열기를 뿜어냈고 극도로 대담무쌍한 희망이 싹트게끔 했다. 사람들은 "하늘로 던져버렸던 재화"를 되찾아왔다. 그러고는 그것이 모조리 스스로 만든 것임을 깨달았다. 아무리 먼 해안으로 나갈지라도 그들은 자신이 만든 것과 부닥뜨렸다. 한동안 사람들은 이 사실에 매료되지만 곧 실망하게 된다. 형이상학의 해묵은 재화가 자신이 만든 것임을 알게 되자 그 재화는 매력을 상실하며 그 재화에 내포된 약속은 무의미해진다. 형이상학의 재화는 광채를 잃고 평범해진다. '존재', 그것이 무엇인지 아는 사람은 더 이상 없지만 곳곳에서 '존재가 의식을 규정한다'는 말이 들린다. 무엇을 해야 하는가? 인간이 어차피 만드는 사람이라면 가급적 많이 만들어야 한다. 사람들은 쉴 새 없는 축적에서 미래를 찾는다. 인식의 행복은 사라지고 인식이 가져다주는 이익만이 남게 된다. '진실들'은 '실현'되기 위해서 존재하는 것이다. 이제 진보와 성장이라는 세속적인 종교가 태어난다. 사람들이 만들어진 것das Gemachte에 에워싸여 있다고 느끼며 저절로 된 것das Gewordene을 그리워하는 시대가 온다. 자신의 것을 자신이 갖는 게 어려운 시대가 오는 것이다. 이제 스스로 만든 세계 한복판에서 느끼는 소외가 거론되며 이제 만들어진 것이 만든 사람이 감당할 수 없을 만큼 커진다. 사람들은 새로운 유토피아를 상상해낸다. 만들어진 것은 통제할 수 있다는 유토피아이다. 이 유토피아가 힘을 잃으면 새로운 종류의 불안이 퍼진다. 스스로 만들어놓은 역사를 마주하며 느끼는 불안감이 그것이다. 우리는 현재에 당도했다. '철학의 격동시대'는 이 사실에 책임이 없다고는 할 수 없다. 그런 까닭에 나의 뒤늦은 사랑 고백에는 응어리가 맺혀 있을 수밖에 없다. 응어리를 풀어내는 데에는 이 책의 또 다른 주요 주제가 도움이 된다. 쇼펜하우어가 바로 그 주제이다.

그는 '철학의 격동시대'를 산 사람이지만 이 시대에 분기탱천해서 맞서고 있다. 그는 세속화한 이성의 종교를 높이 평가하지 않았다. 상인 견습생이었던 그가 보기에 이성은 상점 주인인 '의지'가 시키는 대로 어디든 달려가는 수습직원이다. '의지'는 정신이 아니며 도덕도 역사이성도 아니다. '의지'는 생명력과 재앙을 동시에 담고 있다. 죽음과 파멸과 숱한 반목을 의지는 가져온다. 쇼펜하우어는 그의 시대에 어긋나게 서 있다. 만든다는 즐거움이 아니라 내려놓기의 기술에서 그는 힘을 얻는다. "비합리적인 것을 가장 합리적으로 사유한 철학자"(토마스 만)는 행동의 억제라는 철학을 감동적으로 그려낸다. 그는 세계가 음악의 '무관심한' 유희로 바뀌는 것을 꿈꾼다. 화해의 꿈이다. 후일 비트겐슈타인과 아도르노도 – 갖가지 난해한 내용으로 덮여지긴 해도 – 화해를 꿈꾼다. 쇼펜하우어는 꿈을 꿈으로써 악몽이 되어버린 현실의 힘 앞에서 자신을 보호하고자 한다. 말년에 그는 한 대화상대에게 이렇게 말했다. "진정한 철학에서는 행간의 눈물과 울부짖음을 느낄 수 있어야 합니다. 이를 부드득 가는 소리와 다들 죽고 죽이느라 아우성치는 끔찍한 소리가 들리지 않는다면 그건 철학이 아닙니다."

'철학의 격동시대'가 태어나도록 조력한 칸트는 프랑스 혁명에 대해 이렇게 썼다. "인간사에서 이런 보기 드문 사건은 앞으로 잊힐 수 없다. 그 사건이 인간의 천성 안에서 개선의 소질과 능력을 끄집어냈기 때문이다. 아무리 주도 면밀한 정치가라도 이제까지 상황의 변천에서 그런 소질과 능력을 생각해낼 수는 없었을 것이다."

우리가 앞으로 잊을 수 없는 사건들은 아우슈비츠, 수용소 군도 Archipel Gulag[1], 히로시마라는 이름을 가지고 있다. 오늘날 철학의 통찰은 이런 사건들이 드러낸 것을 감당할 수 있어야 한다. 우리 시대와 보조를 맞추기 위해 우리는 쇼펜하우어에 의지하지 않을 수 없다. 쇼펜하우어의 염세주의뿐 아니라 힘찬 통제와 거절의 철학은 사유를 진전시킨다.

쇼펜하우어는 19세기 초기의 철학자이다. 우리는 그 사실을 쉽게 잊어버린다. 그가 너무도 늦게 영향력을 발휘하기 시작했기 때문이다.

---

1 – 『수용소 군도』는 알렉산드르 솔제니친이 1973년부터 1978년에 걸쳐 소련의 강제 수용소에 대해 쓴 문학적인 역사서이다. 이 저서는 스탈린 시대에 고립된 환경에 있는 수용소에서 행해진 인권유린을 통렬히 고발하고 있다. – 옮긴이

그는 1788년 단치히에서 태어났고 함부르크에서 어린 시절을 보냈다. 양친과 함께 긴 여행을 하며 그는 유럽을 알게 되었다. 부유한 무역상이었던 아버지는 그가 상인이 되기를 원했다. 아버지가 별세한 후 어머니가 도와준 덕에 쇼펜하우어는 철학자가 되지만 나중에 어머니와 반목한다. 철학을 향한 쇼펜하우어의 열정은 세계에 대해 느끼는 놀라움에서 유래한다. 알다시피 이는 철학으로 이끄는 가장 오래된 동인이다. 쇼펜하우어는 유산을 물려받은 까닭에 철학을 위해서 살 수 있었다. 그는 철학으로 밥벌이를 할 필요가 없었다. 직업철학자들이 운영하는 세계는 그에게 기회를 주지 않았다. 마침내 그는 기회를 찾는 것을 포기했다. 이는 그에게 득이 되었다. 그를 철학으로 떠민 실존의 가시가 사회 경험으로 인해 뽑히지 않았기 때문이다. 그는 예리한 시각을 유지한다. 그는 독일 교수직을 꿰찬 왕들이 벌거숭이라는 것을 본다. 섬세히 짜인 체계의 그물을 뚫고 출세욕, 독창성에 대한 집착과 사업수완이 어른거리는 것을 그는 본다.

　　쇼펜하우어는 주저 『의지와 표상으로서의 세계』를 1814년에서 1818년 사이에 쓴다. 이 시기를 마무리 지으면서 그는 자신의 몫인 평생 과제를 해냈다고 확신한다. 그러고 나서 그는 청중 앞에 서고 아무도 오지 않았다는 걸 알아차리고 경악한다. 단 한 번도 등장하지 않은 채 그는 퇴장한다. '무대 위의 사상가'가 될 기회를 얻지 못했기에 그는 찬란히 연출된 자신의 모습이 진실이라고 착각하는 위험에 빠지지 않을 것이다. 그는 철학의 가면극을 벌이지 않는다. 가면은 하나면 충분하다. 때로는 잔인한, 삶의 사육제를 울타리 밖에서 구경하는 철학자의 가면 말이다. 하지만 그는 스스로 인정하지는 않을지라도 애타게 대답을 기다릴 것이다. 청중을 찾아 나서거나 청중의 비위를 맞추기에는 너무도 자존심이 강하지만 그는 마음속으로는 청중이 그를 찾기를 희망한다. 멀찌감치 물러서 있는 진실로 남고자 한다. 그가 삶의 끝 무렵 정말로 '발견'되면 그는 돌이켜보면서 장기간에 걸쳐 익명으로 살아온 것이야말로 진실에 이르는 먼 길이라고 풀이할 것이다.

그러나 아르투어 쇼펜하우어는 평생을 인내해야만 했다. 그동안 바깥에서 역사의 발걸음이 빨라지고 1848년 혁명이 일어나면서 '철학의 격동시대'는 정점에 달했다.

'철학의 격동시대'는 '울부짖는 소리와 이를 부드득 가는 소리', 그리고 평온에 이르는 관조적 삶을 위한 태고의 기술을 주제로 삼은 철학자를 무시했다. 철학의 격동시대는 자신의 시간을 훌쩍 뛰어넘어 인간의 과대망상에 가해진 세 가지 모욕을 철저히 사유했던 철학자를 무시했다.

첫째로 우주론적 모욕이다. 우리가 사는 세계는 무한한 공간에 있는 무수한 원형 물체 중 하나이며 그 위에 곰팡이가 덮이면서 살아서 인식하는 생물이 존재하게 된다. 둘째, 생물학적 모욕이다. 인간은 부족한 본능 때문에 주변환경에 유기적으로 적응하지 못하는 동물이다. 인간의 지성은 이런 약점을 보상하기 위한 것이다. 셋째, 심리학적 모욕이다. 우리의 의식적인 자아는 우리 안에서 주인 행세를 하지 못한다.

아르투어가 어떻게 그의 철학에 이르렀으며 그 후 이 철학이 철학자를 어떤 사람으로 만들었는지에 대해 나는 이야기할 것이다.

나는 철학을, 그리고 쇼펜하우어의 삶과 문화사적 상황을 이야기하면서 철학에 대해 숙고하려고 감히 시도한다. 당시 철학을 만들어냈던 인물들은 사망했지만 그들의 사유는 살아 있다. 철학자들을 넘어서 살아 있는 사유들을 산 사람처럼 등장시키는 이유이다.

제22장
579

여섯 번째 철학 시나리오: 자유라는 불가사의와 그 불가사의의 역사. 윤리학의 두 가지 기본 문제: 개별화의 고통과 개별화의 죄. 1848년 혁명 당시의 쇼펜하우어: 재산의 이자로 먹고 사는 사람의 운명에 대하여.

제23장
615

산이 예언자에게로 오다. 사도와 복음서의 저자와 대규모의 청중. 쇼펜하우어의 '세계를 위한 철학': 삶의 지혜를 위한 잠언들. 사실주의의 정신. '마치 … 처럼'. 철두철미하지 않음을 찬미하다.
일곱 번째 철학 시나리오: 쇼펜하우어와 몇몇 귀결들.

제24장
649

'인류는 내게서 몇 가지를 배웠고 그걸 잊어버리지 않을 것이다.' 마지막 시간. 명성의 코미디. 죽음: 나일강은 카이로에 도착했다.

1부

제 1 장

—

단치히. 아르투어가 태어나기 전 이야기. 사랑 없이 태어난 아이. 처음으로 철학을 그 핵심에서 경험하다. 어둠의 심장과도 같은 슈파이허섬.

—

쇼펜하우어의 아버지 하인리히 플로리스 쇼펜하우어(1747년~1805년)

단치히. 아르투어가 태어나기 전 이야기. 사랑 없이 태어난 아이. 처음으로 철학을 그 핵심에서 경험하다. 어둠의 심장과도 같은 슈파이혀섬.

SCHOPENHAUER

아르투어 쇼펜하우어는 영국에서 태어날 뻔했다. 아버지가 원했고 어머니는 그에 따랐다. 양친은 영국으로 갔고 런던에서 아이의 출생을 기다리고 있었다. 아버지는 영국식 삶을 동경해 왔기에 고대하던 아들이 영국에서 태어나 영국 시민권을 획득하기를 원했다. 그러나 런던의 자욱한 안개에 싸여서 출산을 기다리며 하루하루를 보내던 중 불안이 아버지를 덮친다. 힘겨운 여행일정을 감수하며 그는 만삭의 아내를 이끌고 단치히로 돌아가고 거기서 아르투어가 1788년 2월 22일 세상의 빛을 보게 된다.

하지만 아르투어 쇼펜하우어가 널리 알려진 철학자로 탄생한 곳은 사실 영국이다. 1853년 4월 영국신문 「웨스트민스터 외국 리뷰Westminster and Foreign Quarterly Review」가 독일 철학계의 카스파 하우저Kaspar Hauser[1]에게 스포트라이트를 비출 당시 그는 64세이고 필생의 역작을 이미 완성했지만 독자의 주목을 받지 못하고 있다.

독일 철학자들이 현실과 동떨어진 사변에 열을 올리는 것을 기이하게 여겨오던 영국인들에게 이제껏 베일에 싸인 철학자가 다음과 같이 소개된다. "아르투어 쇼펜하우어라는 이름을 아는 영국 독자들은 얼마 없을 것이다. 이 신비스러운 인물이 40년 전부터 칸트 사후 대학교수들이 쌓아온 독일 철학의 체계를 허물기 위해 애써왔으며 요즘에 와서야 호응을 얻고 있다는 사실을 아는 이는 더 적을 것이다. – 이 사실은 대포의 탄알이 발사된 후 시간이 꽤 흘러야 쾅 소리가 난다는 음향의 법칙을 희한하게 입증한다."[2]

하지만 이 영국 기사는 즉시 독일에서 쾅 소리를 냈다. 「포시셰 차이퉁Vossische Zeitung」이 번역해서 실은 것이다. 영국에서 울려 퍼지는 찬사들은 한마디로 요란하다. "아르투어 쇼펜하우어가 세계적인 천재에다가 탁월한 필력의 저술가라는 사실을 아는 이는 거의 없을 것이다. 다방면으로 교양을 갖춘 이 위대한 이론가는 원기 왕성하게 문제점들을 파헤치며 허를 찌르는 논리를 한 치의 양보도 없이 구사한다. 나아가자신의 적을 가차없이 공격하면서 – 그에게 당하는 사람을 제외한 – 모든 사람들에게 최고의 즐거움을 선사한다."[3] 이 영국의 신문기사는 쇼펜하우어가 신랄하게 "명성의 코미디"라 부른 것에 물꼬를 튼다. 프랑크푸르트에 있는 자택으로 밀려오는 방문자들을 돌려 보내며 그는 말한다. "나일강은 카이로에 도착했습니다."[4]

이제 프랑크푸르트와 나일강 하구에서 런던으로 다시 돌아가보자. 아르투어는 아직 태어나지 않았고 양친은 출산을 기다리는 중이다.

1787년 성요한절인 6월 24일 양친은 단치히에서 여행을 시작했다. 하인리히 플로리스 쇼펜하우어Heinrich Floris Schopenhauer의 여행 목적은 두 가지였다. 스무 살 연하의 아내는 아직 세상구경을 하지 못했기에 그는 아내가 즐거워하게끔 기분전환을 시키려 했다.

2년 전 그는 요한나 트로지너Johanna Trosiener와 결혼했다. 애정이 없는 결혼이었고 아직 아이가 없었다. 요한나는 단치히 시내에 있는 화려한 저택과 올리바에 위치한 목가적인 별장에서 권태로움을 힘겹게 버텨내고 있었다. 불만에 차고 우수에 빠진 탓에 애초부터 그리 크지 않던 신혼의 행복이 더욱 시들어갔다. 요한나에게 여행은 하늘이 주신 선물이 었다. "여행을 간다니. 여행을! 영국을 본다니! […] 너무 기뻐서 어지러 웠다. 이런 행운은 전혀 예상을 못 했는데 남편에게서 여행계획을 들을 때 난 꿈인가 생시인가 했다."⁵ 이렇게 요한나는 자신의 회고록에 쓴다.

그러나 하인리히 플로리스는 아내를 즐겁게 하는 것 외에 다른 계 획이 있었다. 영국으로 이주하는 것을 숙고 중이어서 이를 위한 사전 답사를 하고자 했던 것이다. 쇼펜하우어 가문은 여러 세대에 걸쳐 명망 있는 무역상으로 단치히에서 살아왔는데 이 도시가 옛날과는 너무 달 라졌기 때문이다.

17세기에는 발트해 무역의 60퍼센트가 유서 깊은 한자 도시인 단 치히를 거쳐서 이루어졌다. 폴란드를 보호국으로 삼고서 단치히는 정 치적 독립성을 유지한다. 그러나 18세기 내내 쇠약해진 폴란드 왕국이 합스부르크 왕가와 러시아와 프로이센 사이에서 권력다툼의 희생양이 되면서 단치히의 자유는 위기에 처한다. 다른 이웃들이 보호국이 되겠 다고 나서지만 이들로부터는 보호를 받기보다는 압박을 당할 것을 단 치히 시민들은 알고 있다. 풍부한 전통에 빛나는 무역도시가 이제 유럽 강대국들의 거래대상이 되어버렸다는 생각에 익숙해져야 한다. 아르투 어가 태어나기 수십 년 전 네덜란드 의회에 보낸 탄원서에서 단치히 정 부는 자립 의지를 이렇게 표현한다. "거친 바다로 에워싸인 모래톱인 양 우리는 서 있습니다. 파도가 소리 지를 새도 없이 우리를 휩쓸어버 릴 순간에 마주해 있습니다."⁶

단치히 시민들은 자신들을 휩쓸 파도를 오래 마주하지 않아도 된다. 제1차 폴란드 분할⁷을 계기로 프로이센이 진격해 단치히를 장악한다. 군대들은 단치히 주변 토지와 바익셀강 하구를 점령한다. 부유한 단치 히 시민들이 소유한 별장들은 이제 대부분 프로이센의 영토에 속한다.

바익셀강을 따라 수송되는 러시아와 폴란드의 곡물들에 대해 프로이센이 간접세를 의무화함으로써 단치히 무역은 치명적인 타격을 입는다. 프리드리히 대제[8]가 보낸 관세전문 염탐군들이 단치히 시내에까지 모습을 드러내자 격노한 민중은 그중 하나를 잡아서 죽도록 구타한다.

이런 일이 벌어질 때 요한나 쇼펜하우어는 아직 어린 소녀이다. 어느 날 아침 거리가 드물게 왁자지껄하다. 뱃사람, 수공업자와 하인들이 열을 올려 큰 소리로 얘기를 나누고 있고 그 사이에는 비단양말을 신은 상류층 시민들도 끼어 있다. 단치히에 흔한 탁 트인 현관 앞 테라스에는 아직 잠옷에 실내화 차림의 동네 여인네들이 모여 있다. 소녀는 겁이 나서 카스큐비[9]출신의 유모에게 무슨 일이 일어났냐고 물어본다. "불행한 일이야, 몹시 불행한 일이지." 유모가 대답한다. "하지만 너희 애들은 들어도 모른단다. 프로이센 사람이 간밤에 넘어왔어. 그러니 애들은 얌전히 있어야 해."[10]

이런 상황에서 하인리히 플로리스 쇼펜하우어는 전혀 얌전히 있지 않았다. 루소와 볼테르를 읽었고 런던에서 발행되는 「더 타임스The Times」를 구독하던 그는 시민적이면서도 귀족적인 공화주의자였고 그의 가문 또한 여러 세대 전부터 단치히의 자유도시적인 전통과 한 몸이 되어 있었기에 그는 프로이센이 표방하는 권위주의를 강력히 반대했다. 그는 프리드리히 대제를 개인적으로 맞대면한 적도 있었다. 1773년 긴 외국여행에서 돌아오면서 하인리히 플로리스는 며칠 베를린에 체류하고 있었다. 군대 사열식 도중에 왕은 관람객 속에 있던 그를 눈여겨보았다. 우아하며 당당한 그의 외양은 두드러졌다. 왕은 그가 자신을 알현하도록 초대해서는 프로이센에 정착하라고 권했다. 자유도시 단치히의 미래는 없다는 것이다. "이게 바로 단치히 시가 처한 재난이오!"[11]라고 왕은 프랑스어로 말하면서 심술궂게 방구석에 걸린 지도를 가리켰다. 하인리히 플로리스는 그런 제안을 받아들이지 않았다. 권력자의 총애를 받아서가 아니라 스스로 노력한 덕에 자신이 무언가를 이루기를 원했기 때문이다.

이 이야기는 단치히에 퍼졌고 다른 이야기들이 뒤따랐다. 그동안 혼기에 이른 요한나도 그런 이야기들을 듣게 되었다. 예를 하나 들어 보자. 프로이센이 단치히를 봉쇄하던 1783년 하인리히 플로리스의 부친은 도시 외곽에 있는 시골 영지를 프로이센의 장군에게 숙소로 제공해야 했다. 집주인이 강제로 할당된 손님을 친절히 맞이한 것에 감사하기 위해 그 장군은 집주인의 아들인 하인리히 플로리스 쇼펜하우어에게 말의 사료를 마음대로 쓰라고 권한다. 하인리히 플로리스는 명마들을 엄선해서 사육하고 있었는데 이 제안에는 단호히 답한다. "프로이센 장군의 호의에 감사합니다만 제게는 아직 사료가 있습니다. 저장해놓은 것이 떨어지면 제 말들을 도살시킬 겁니다."[12]

단치히 시가 표방하는 자립 의지의 상징으로 여겨지던 이 고집불통의 공화주의자, 그는 40세를 앞에 둔 나이에도 아직 독신이었다. 그러던 그가 이제는 사랑의 대상을 말에만 국한시키려 하지 않았다. 그는 아내감을 찾다가 요한나 트로지너를 낙점했는데 그녀는 미심쩍은 행운이 자신의 몫이 된 것을 미처 알지 못했다. 유명한 무역상 쇼펜하우어를 먼 거리에서 존경심을 갖고 대해왔던 그녀는 어느 날 그가 당시 관습에 따라 그녀의 양친에게 청혼했을 때 깜짝 놀랐다. 트로지너 가문의 사람들은 우쭐한 느낌이었다. 트로지너 가문은 쇼펜하우어가와는 달리 단치히의 명문가로 꼽히지 않았기 때문이다. 어느 일요일 아침 반쯤은 퉁명스럽게 반쯤은 쑥스럽게 청혼한 그는 분명 일등 신랑감이었다. 요한나는 그것을 알고 있었지만 이 청혼에 내포된 민감한 정치 판도는 제대로 알지 못했다. 하인리히 플로리스가 투철한 단치히 애국주의를 온

몸으로 구현하고 있던 반면 요한나의 아버지인 크리스티안 하인리히 트로지너는 그 입장과는 거리가 멀었기 때문이다. 중류층에 기반한 대리법인의 상인으로 아주 부자는 아니었지만 세상 물정에 밝았던 크리스티안 하인리히 트로지너는 이른바 "제3의 질서"라는 단치히의 한 조직에 속했다. 이 조직은 명문가로 이루어진 도시 행정부에 강하게 대립하면서 자기 단체의 이익을 좇는 데 급급한 나머지 단치히 시의 대외적 독립을 방어해야 한다는 과제를 소홀히 하곤 했다.

단치히 내부의 대립세력인 "제3의 질서"는 사회정치적으로 상류뿐 아니라 하류계급에도 날카로이 선을 그으면서 18세기 중반에는 명문가로 이루어진 도시 지도부에 맞서서 폴란드왕에게 도움을 요구하기까지 했다. 그 결과로 중류층은 몇몇 경제적 이익(외국상인의 입국제한, 길드 의무규정 고수)을 얻게 되었지만 단치히 시는 항구 지역과 군의 행정에 행사하던 권리를 상실했다. 1761년 헌법이 개정되면서 "제3의 질서" 구성원이 시의회로 입성하는 게 가능해졌다. 야당의 지도자였던 크리스티안 하인리히 트로지너는 얼마 지나지 않아 시의회의원으로 출세한다. 프로이센이 단치히를 봉쇄하던 시기에 중류층 사람들, 그중에서도 특히 요한나의 아버지는 신뢰할 수 없는 존재로 여겨졌다. 그들은 프로이센에 우호적이라는 의심을 받았다. 50년이 지난 후에도 요한나 쇼펜하우어는 자신의 회고록에서 이 민감한 테마에 대해 명확한 말을 아끼는 듯하다. '프로이센 사람이 왔던' 어린 시절의 그날 양친의 집에서 경리가 뜬금 없이 너무도 뻔뻔하게 굴었다. "M 씨는 많은 말을 했고 어머니는 그와 언쟁을 벌였다. […] 그가 아버지에 대해 무언가 말했고 어머니는 그것을 시인하지 않으려는 듯 보였다. […] M 씨가 아버지는 외투를 양 어깨에 걸치고 있다고 말하자 어머니는 매우 격노했는데 왜 그러는지 난 몹시 궁금했다. 외투야 당연히 양 어깨에 걸치는 거 아닌가?"[13] 사실을 말하자면 크리스티안 하인리히 트로지너는 외투를 양 어깨에 걸치고 있었다. 1780년대에 프로이센과의 협정에 찬성하는 정파의 수장이 되었기 때문이다. 1788년 1월 24일 트로지너는 "시민의 자원"이란 이름의 친목단체의 지지를 업고 청원서를 냈다. "우리의 존립이 이웃한 프로이센 신민들과의 무역에 달려 있다면 우리는 그것을 이뤄내려 노력해야 한다. 그 어떤 샛길로도 목적지에 이르지 못한다면 […] 공식적인 루트를 택해야 한다. 처음엔 공화주의자로서 분노를 느낄지라도 왕의 신민이 되어야 한다. 우리 이웃 나라들은 그 왕의 지배 아래에서 우리보다 더 편히 살고 있다."[14]

이 시도가 실패하면서 요한나의 아버지는 정치적으로 살아남지 못했다. 그는 시 의원직을 사퇴해야 했고 무역사무실을 정리한 후 1789년 시 소유지인 슈투트호프[15]로 물러나 소작인이 되었다. 크리스티안 트로지너가 1797년 사망한 후에 가난해진 유족은 쇼펜하우어가의 도움을 받아야 했다.

크리스티안 트로지너가 고향에서 프로이센과 야합하려 애쓸 때 하인리히 플로리스 쇼펜하우어는 트로지너의 딸인 아내 요한나와 함께 영국에 머무르며 '프로이센 사람이 오면' 어디로 이주하는 게 가장 좋을까 탐사하고 있었다.

정확히 언제 요한나가 자신이 임신한 것을 알아차렸는지 자서전은 분명히 밝히지 않는다. 여행을 시작할 때 이미 임신 중이었지만 그때까지는 몰랐다는 것이다. 시민계급의 부인들이 임신 사실을 제대로 알지도 못한 채 첫아이를 출산했던 일이 당시에는 종종 있었다는 사실을 고려한다면 남편이 임신을 먼저 알아채고 아내에게 이를 숨긴 채 기대하던 아들이 '영국인'으로 태어나도록 칼레에서 도버로의 힘겨운 항해를 아내에게 권유했다는 추정이 가능하다. 임신 사실을 요한나도 알게 되자 부부간 갈등이 생긴다. 요한나의 자서전을 보자. "남편은 고대하던 아들이 상인 신분에 유리한 특권(영국 시민권)을 갖기를 원했다. 마침 그럴 기회가 생겼기에 런던에서 출산을 기다리라고 그가 온갖 노력을 다해 나를 설득했던 건 지극히 당연하다. 하지만 당시 그의 소원을 따르는 것이 굉장히 힘들었다고 내가 솔직히 고백한다면 적어도 여자들은 날 탓하지 않을 것이다. 힘겨운 시간이 점점 다가올수록 나는 어머니가 따뜻한 손길로 날 안심시키며 옆에 있어주시기를 간절히 바랐다. 남편의 소원에 따르기 위해 나는 나 자신과의 힘겨운 싸움을 아무런 도움 없이 견뎌내야 했고 그 후에야 비로소 나는 내 안의 저항을 이겨낼 수 있었다. 결국은 내 입장에서도 남편의 뜻에 합리적으로 반대할 이유가 없었기에 그럭저럭 좋은 낯으로 남편의 뜻에 따랐다. 처음에는 마음이 무거웠지만 이런저런 일들로 마음이 가벼워졌다."[16] 요한나 쇼펜하우어가 1837년에 쓴 회고록에서 우리는 이 구절과 (뒤에서 인용할) 이어지는 구절을 아주 주의 깊게 읽어야 한다. 여기서 그녀는 결혼에서 겪는 어려움을 직설적으로 말하지는 않지만(요한나는 자신의 이상인 괴테를 따랐다) 암시하고 있기 때문이다. 어머니가 결혼에서 겪은 어려움은 아르투어의 삶에 두고두고 영향을 미칠 것이다.

하인리히 플로리스의 계획은 "합리적"일 뿐 아니라 "당연"한 것이었다고 그녀는 쓴다. 그 계획에 이의를 제기할 게 없다는 얘기다. 그렇지만 남편의 계획은 그녀의 의지와 소망과는 달랐다. 그녀는 어머니의 집에서 아이를 낳고 싶었다.

요한나가 쓴 글에서는 남편의 뜻을 따라야 할 뿐 아니라 남편의 결정이 지닌 힘에 눌려 자신의 소망을 당연하지도 않고 합리적이지도 않다고 여겨야 하는 데 대한 분노가 약하게나마 느껴진다. "자신과의 힘겨운 싸움"을 "아무런 도움 없이 견뎌내"며 남편의 뜻에 따른 것이 그녀에게는 유일하게 남은 자부심이다. 그러나 여기서도 편치 않은 심정이 느껴진다. 그 누구도 나를 도와주지 않았고 나 홀로 근심을 이겨내야 했는데도 남편은 불안감을 이기려고 나를 유럽 절반을 끌고 다닌다는 것이다. 남편의 뜻을 따르긴 하지만 요한나는 자신을 굴복시킨 힘과 자신이 굴복했다는 사실에 대해 앙심을 품게 될 것이다. "결국은 그럭저럭 좋은 낯으로 남편의 뜻에 따랐다…." 이렇게 고비를 넘기고 나서는 놀라운 행운이 그녀에게 닥친다. 런던에 머무는 동안 친절한 사람들이 그녀를 에워싸고 보살핀다. 자신이 사교계의 중심이 될 수 있다는 것을 요한나는 난생처음 경험한다. 나중에 그녀는 그런 자신의 자질에 큰 가치를 부여하게 된다. "여러 곳에서 사람들이 따뜻한 격려의 말을 건네며 내게 다가왔다. […] 온통 다정한 친구들에 둘러싸여서 나는 이제 편안히 앞날을 내다보았다."[17] 삶의 벼랑에서 탁월한 사교술로 균형을 유지할 줄 아는 요한나 쇼펜하우어. 1787년 늦가을 런던에서 처음으로 그 능력이 진가를 발한다. 그녀로서는 섬광이 비추는 듯한 자기발견이다.

그러나 이제 어두침침한 11월이 오고 런던은 안개 속에 사라진다. 하루 종일 램프를 켜 놓아야 한다. 이제 독자뿐 아니라("거리낌 없이 솔직하다"고 남편을 칭찬하곤 하던) 요한나도 전혀 다른 하인리히 플로리스 쇼펜하우어를 알게 된다. 아르투어는 여러 해가 지난 후 아버지의 숨겨진 이면에 관하여 자신의 비밀메모장인 『자기성찰Eis Eaution』에 다음과 같이 쓴다. "나는 아버지로부터 그토록 저주스러운 불안증을 물려받았기에 […] 온갖 의지력을 총동원하여 그것에 맞서야 한다."(HN IV, 2, 120)

바로 이 불안이 이제 등장한다. 요한나의 글을 보자. "내가 간신히 불안과 근심을 떨쳐내었을 때 내 남편은 뜬금없이 나 때문에 불안에 빠진다."[18]

이 지점에서 요한나는 불안이란 말을 부정확하게 사용한다. 남편을 덮친 불안은 앞서 언급된 그녀의 불안과는 다르기 때문이다. 그녀는 낯선 환경에서 어머니와 멀리 떨어져 출산이란 모험을 치르는 것을 불안해했다. 무엇 때문에 하인리히 플로리스는 불안해했을까? 요한나 때문은 아니다. 그동안 런던에서 "어머니처럼 돌봐주는" 친구들이 생겼기에 그녀는 그곳에 있고 싶어 한다. 아직 태어나지 않은 아이로 인한 불안 또한 아니다. 태어나지 않은 아이와 요한나에게 위험한 것은 힘겨운 귀향길이지 현재의 거주지에 머무는 일이 아니기 때문이다.

요한나는 애매모호하게 남편의 행동을 설명해나간다. "내가 차분히 그의 뜻에 따른 것에 그는 깊이 감명받았지만 이 사실을 내게 알리려 하지 않았다. 내가 어디서든 관심을 끌었기에 그는 런던에 머무를 경우 위험한 일이 생길 수 있다고 염려하기 시작했다. 마침내 그는 아직 태어나지 않은 아이를 위해 세웠던 모든 계획을 포기하는 결정을 내린다."[19]

요한나가 어디서든 "많은 관심"을 모은 것이 어떤 "염려"를 일깨웠을까? "많은 관심"은 외려 온갖 염려를 날려버려야 하지 않은가? 아버지의 삶 속에는 불안이라는 형체 없는 검은 샘이 자리 잡고 있다. 이 샘으로 인해 그는 결국 함부르크 자택의 창고 지붕에서 뛰어내릴 것이다. 이곳 런던에서 이 불안은 상당히 구체적으로 모습을 보이는 듯하다. 다름 아닌 질투로 말이다.

자신이 삶의 중심에 있고 싶었기에 하인리히 플로리스 쇼펜하우어는 아내가 발산하는 흡인력 탓에 본인이 주변으로 몰리는 것을 견디지 못한 듯하다.

아르투어 쇼펜하우어는 아버지에게는 감정이입을 할 수 있었지만 어머니에게는 할 수 없었다. 그랬기에 몇 년이 지난 후 아버지의 죽음을 회상하며 아버지가 질투에 빠져 걱정할 만했다고 말한다. "내 아버지가 힘없이 괴로워하며 병석에 있을 때 늙은 하인이 충성스러운 의무감으로 그를 보살피지 않았더라면 그는 홀로 남았을 것이다. 아버지가 외로워할 때 어머니는 파티를 열었고 그가 쓰라린 고통을 겪을 때 그녀는 즐거워했다."(G, 152)

남편이 자신을 질투로 괴롭힌 일은 없다고 요한나는 회고록에서 분명히 말한다. 그럴 이유가 전혀 없었다는 것이다. 하지만 자서전에서 묘한 암시를 하고 있다. "남편은 대놓고 질투심을 드러내서 날 힘들게 할 성격이 못 됐다. […] 그는 우리의 나이 차이가 상당하다는 걸 결코 언급하지 않았다. 하지만 내가 또래의 젊은 사람들과 어울려 즐겁게 수다를 떠는 것을 볼 때면 우리의 나이 차이를 떠올리며 언짢아한다는 걸 알 수 있었다. 그가 내게 가져다주던 프랑스 소설들을 읽으며 난 그가 여러 해 프랑스에서 지내는 동안에 여성을 높이 평가하기엔 부적합한 경험을 많이 했음을 알 수 있었다. 비록 입 밖에 내지는 않았지만 우리 둘의 현재와 미래의 행복은 계속 내가 그를 만족시키는 것에 달렸음을 느꼈다. 이따금 언짢거나 불쾌한 기분이 들기도 했지만 주변의 아름다운 경치를 보면 그런 기분은 사라졌다."[20]

그러나 (단치히 근교의 올리바에 있는 시골 별장에서) 이런 "아름다운 경치"를 즐길 때에도 남편이 의심할 여지를 주지 않으려고 요한나 쇼펜하우어는 여러 가지를 포기했다.

"남편이 없을 때 혼자 이웃을 방문하지 않았고 내 전용 마차를 타고 잠시 바람 쐬러 나가면 돌아올 때까지 도중에 마차에서 내리지 않았다. 널찍한 나의 정원을 벗어나서 멀리 산책을 나가면 국도 대신에 구석진 길과 풀밭, 들과 숲을 택했다. 내 안의 음성이 나의 평안을 위해 권했고 난 평생 그 음성에 흔쾌히 따랐다. 어쩌다가 내가 그 음성에 저항할 경우 그것을 통렬히 후회할 일이 생기곤 했다."[21]

이런 구절은 부부 사이의 균형을 유지하는 게 몹시 어려웠고 힘겨웠음을 암시한다. 부부간에 애정이 있었다고는 결코 말할 수 없다. 요한나는 회고록에서 "남편을 열렬히 사랑하는 척하지 않았고 그 사람도 그런 걸 바라지 않았다"[22]고 숨김 없이 털어놓는다.

왜 18세의 요한나 트로지너는 생각지도 않았던 결혼 신청을 즉시 받아들였을까? 스스로 자랑스럽게 밝혔듯이 청혼에 대해 숙고할 수 있도록 자신에게 주어진 기간을 그녀는 사용하지 않았다.

"첫사랑의 여린 꽃"[23]이 운명에 짓밟힌 후 모든 것을 포기하려 했다고 그녀는 쓴다. "내 삶은 끝났다고 생각했다. 풋풋한 시절 처음으로 아픈 경험을 한 사람은 이런 망상에 경솔히 빠지곤 한다."[24]

여기서 넌지시 운만 띄운 내밀한 이야기를 몇 년 후 요한나는 소설에서 여러 차례 결말까지 들려준다. 괴테는 이 소설들을 칭찬했지만 동시대 비평가들은 덜 우호적이어서 "쇼펜하우어 여사의 체념을 다룬 소설들은 미지근한 목욕물 같다"고 폄하했다.

이 소설들엔 젊은 날의 뜨거운 사랑을 이루지 못한 여인들이 등장한다. 이들은 떠나간 연인을 마음속 깊이 봉인한 채 합리적 타산이나 음모에 쫓겨서 다른 사람과 결혼하는데 남편들은 대체로 부정적으로 그려지며 때로는 정말 음침한 모습을 하고 있기까지 하다. 현실원칙에서 품격 없이 이익을 취하는 남편의 아이를 낳지 않으면서(소설 『가브리엘레』) 이 여인들은 성인聖人으로 미화된 첫사랑의 이미지를 지조 있게 간직한다. 아이가 태어날 경우 괴테의 소설 『친화력』에서처럼 그 아이는 상상에서 이루어진 간통의 결과물이다.[25] 요한나 쇼펜하우어 본인은 다행히도 자신의 여주인공들처럼 체념에 빠져 남은 삶을 보내지 않았다.

주변의 다른 여자들에 대해 요한나는 조심스레 "곱게 자란 순진한 소녀는 상대가 지닌 명성과 지위와 타이틀에 마음이 동해서 세상물정 모르는 채 결혼을 하게 된다"고 진단하지만 자신의 결혼 역시 거기에 속한다는 것은 침묵한다. "이 과실의 대가를 여자들은 평생 혹독하게 치러야 했는데 오늘날에도 그런 일이 드물지 않다."[26]

요한나가 하인리히 플로리스와 결혼하려 한 일도 비슷한 경우일 것이다. 하지만 그녀는 마치 자신의 부모만이 거기 해당되는 듯 얘기한다. "부모님과 친척들은 하인리히 플로리스 쇼펜하우어와 같이 도시에서 명망 있는 인사와 혼인하는 것을 큰 행운이라 여겼다."[27]

요한나에게 이 결혼은 남편이 죽은 후에야 비로소 "행운"이 되었다. 물려받은 유산으로 그녀는 바이마르에서 돈 걱정 없이 자립해서 살 수 있었고 자신의 숨은 재능들을 아낌없이 펼쳤다. 그러나 우리는 아직도 런던에 있고 아르투어는 태어나지 않았다.

1787년 11월 말 쇼펜하우어 부부는 런던을 출발한다. 하인리히 플로리스는 양심의 가책을 덜어내려는지 아내에게 강권한 힘겨운 귀향길을 조금이나마 편하게 하려고 갖은 배려를 아끼지 않는다. 도버에서는 임신한 아내가 안락의자에 앉아서 배에 타도록 조치한다. 한밤중이어서 횃불을 추가로 가져와야 한다. 안락의자를 지탱하는 밧줄이 튼튼한지 시험하기 위해 하인리히 플로리스는 선원들에게 두둑이 팁을 주고는 자신을 먼저 들어 올리게 한다. 선원들이 이 광경에 실소를 참지 못한다.

늦은 가을 독일의 질척한 돌투성이 길을 마차로 여행하는 게 얼마나 고생스러운지를 생각하면 그런 배려는 아무 의미가 없다. 마차가 진흙탕에 빠지기가 예사이며 한 번은 뒤집어지기까지 한다. 바람과 비, 추위를 막아주는 건 없다. 몇 번은 대피소로 쓰이는 베스트팔렌의 농가 오두막에서 아궁이불을 쬐며 묵기도 한다. 종종 요한나는 오한에 시달리며 기절하기 일보 직전이다. 배 속의 아르투어도 세상의 빛을 보기도 전에 이리저리 흔들렸고 시달렸다. 불안감에 사로잡힌 남편이 고집을 부리는 탓에 런던의 친구들과 원치 않는 이별을 해야 했으니 요한나로서는 얼마나 울분을 눌러야 했는지 짐작할 만하다. 부랴부랴 고향으로 돌아가는 동안 부부 사이는 벌어진다. 단치히에 도착하고 아홉 주가 지난 1788년 2월 22일 어두운 그림자가 드리운 가운데 아르투어가 태어난다.

"다른 젊은 어머니들처럼 나 역시 새 인형과 놀았다"[28]고 요한나는 쓴다.

아이를 장난감 삼아서 요한나는 덮쳐오는 권태감, 고독감과 싸워야 한다. 하인리히 플로리스는 여름 내내 처와 자식을 올리바에 있는 별장에서 살게 한다. 목가적인 환경에서 – 회고록에서 그녀는 "테라스가 층을 이룬 멋진 정원에는 꽃과 과일이 그득했고 분수가 있었으며 커다란 연못에는 색색 가지 배가 떠 있었다"[29]고 쓴다. – 그녀는 한 주 내내 아이하고만 지낸다. 주말에 하인리히 플로리스는 손님을 데려온다. 하지만 월요일에는 다시금 정적이 감도는데 그녀로서는 이 정적이 견디기 힘들다.

처녀 시절의 스승이었던 영국 교구의 목사 제임슨 박사는 주중에 올리바에 있는 그녀를 방문하곤 했지만 어느 새 그녀의 삶에서 자취를 감춘다. 1789년 고향인 스코틀랜드로 돌아간 것이다. 이에 대해 그녀는 이렇게 쓴다. "제임슨은 전성기를 누리던 도시가 점점 영락해가는 것을 무덤덤하게 지켜볼 수 없었다. 그로서는 서서히 죽어가며 고통스러워하는 사람의 병석을 지키는 기분이었다."[30]

프로이센에 덜미를 잡힌 단치히가 경제적으로 몰락해가자 쇼펜하우어가와 친분이 있는 상류층 시민들도 가족 단위로 단치히를 떠난다. 떠난 이들 역시 "삶의 굴곡에 빈 틈을 많이"[31] 남겨놓는다.

요한나는 "속속들이 퍼진 몰락의 자취를 - 피상적으로 스쳐가는 시선이 보지 못하게끔 - 가리는 가짜 삶"[32] 속에 자신이 갇혀 있다고 느낀다.

일년에 한 번 대개는 5월에 요한나는 아이를 데리고 시 소유지인 슈투트호프를 방문할 수 있다. 거기서 부지런한 농부들을 보며 그녀는 기운을 얻는다. 그러나 즐거이 농사 짓느라 여념 없는 그곳에서도 몰락의 징후는 숨길 수 없다. 아버지 크리스티안 하인리히 트로지너가 시 소유지의 소작인으로 물러난 것은 정치적으로 프로이센에 친화적인 시도가 좌절되며 그의 상점들이 경영난에 빠졌기 때문이다.

올리바 가까이에 있는 끊임없이 꿈틀대는 바다를 볼 때에만 요한나는 위안을 얻는다. "폭풍이 불면 깊숙한 심연까지 격앙하다가는 환한 햇빛에 찬란히 빛나다가 그늘이 해를 가리는 […] 순간 어두워지는 바다, 동틀 무렵부터 석양이 질 때까지 하루가 흘러가는 내내 쉬지 않고 꿈틀대는 바다를 지칠 줄 모르고 지켜보곤 했다."[33]

아득히 먼 곳, 꿈틀대는 삶이 유혹하건만 요한나는 갇혔다고, 아이 때문에 꼼짝도 못한다고 느낀다. 장난감으로서의 아이의 매력은 줄어들면서 자신이 삶을 포기하고 있다는 느낌은 커져만 간다. 거의 주말에만 보는 아버지 그리고 아이에 묶인 삶을 못 견뎌하는 어머니 사이에 낀 아르투어의 내면에서는 나중에 그의 철학을 꽃피울 경험의 씨앗이 형성된다.

스무 살이 된 아르투어는 일기장에 이렇게 적는다. "사람들은 자신 밖의 어떤 존재가 자신을 제대로 알고 있을 거라고 마음속 깊이 믿는다. 그 반대를 상상하는 일은 무한성을 상상하는 것만큼이나 끔찍하다."(HN I, 8) 하필이면 이런 사유를 아르투어는 완성하게 될 것이다. 그가 너무 일찍 그 믿음을 포기하는 것을 배워야 했기 때문이다.

어머니와의 관계에서 형성되는 최초의 믿음을 통해 얻는 평정심과 만족감을 한 번도 알지 못했음에도 불구하고 그의 성격에는 웅크리고 겁먹고 불안해하는 성향은 없다. 그는 자부심에다 현실감각을 갖추고 세상을 향해 열려 있던 상류층 상인을 아버지로 둔 아들다운 면모를 보인다. 아버지는 신앙에 관해서 편협하지 않으며 신은 성공한 이들과 함께한다고 당당히 믿는다. 강한 모습을 외부에 보이면서 아버지는 우울증을 관리한다. 이런 기술들을 그는 아들에게 가르쳐주며 삶의 의무를 엄중히 받아들이는 법 또한 가르친다. "책상 앞에서건 평범한 삶에서건 올바른 자세를 취해야 한다"고 아버지는 1804년 10월 23일 아들에게 보낸 편지에 쓴다. (아버지가 쓴 마지막 편지들 중 하나이다.) "좋은 식당에서 구부정한 사람이 눈에 띄면 다들 구두장이나 재단사가 변장을 하고 있다고 여긴다."[34]

용기와 자존심, 냉정함을 아르투어는 아버지로부터 배운다. 냉랭하며 쌀쌀맞은 자의식은 아버지에게서 물려받은 것이다.

요한나가 자연스레 어머니로서 아들을 사랑하지 못했기에 아르투어의 강한 자의식에는 따뜻함이 없다. 그녀가 자신의 삶을 포기했음을 생생히 보여주는 존재가 아들이다. 요한나는 자신의 뜻대로 살고 싶다. 하지만 날마다 어머니의 의무를 치러내며 삶이 자신의 바람과는 동떨어져 있음을 절감한다. 아르투어가 태어남으로써 덫에 걸린 것이다.

어머니의 사랑과 같은 기본적인 사랑을 받지 못한 사람은 가장 기본적인 사실인 자신의 생존을 사랑하지 못할 것이다. 근본적으로 삶을 긍정하지는 않더라도 당당한 자부심을 가진 사람은 아르투어처럼 온갖 살아 있는 것들을 낯선 시선으로 보기 마련이다. 철학의 출발점이기도 한 이 시선은 삶이라는 것이 존재한다는 데 대한 놀라움의 표현이다. 모든 살아 있는 것들과 자신이 호감으로 뭉쳐지면서 의심의 여지가 없는 단일체를 이룬다고 느끼지 않는 사람만이 육체, 호흡, 의지와 같이 자신에게 속한 것을 낯설어할 수 있다. 우리가 전적으로 삶에의 의지로 만들어진 탓에 의지에서 놓여날 수 없다는 생각이 어렴풋이 들자 어린 아르투어는 놀라워하며 동시에 경악한다. 놀라워한다 해서 경악할 필요는 없는데도 말이다. 아르투어가 경악한다면 어린 시절부터 자리 잡은 품성 탓에 삶을 따뜻한 것으로 느낄 수 없기 때문이다. 남들과 달리 그는 삶을 차가운 물살로 체험한다. 이 물살이 그를 꿰뚫고 가며 이 물살을 그는 타고 간다. 가장 가까운 것 – 육체의 맥박 치는 현실 – 이 그에게는 너무도 멀고 너무도 낯설어져서 철학의 비밀 그 자체가 된다. 그는 이런 육체의 현실을 "의지Wille"라고 명명하고 이를 자신의 철학의 핵심으로 삼을 것이다. 자신이 살아 있다는 낯선 경험에 근거하여 – 칸트가 우리의 표상과는 무관하다면서 낯설고 먼 곳으로 쫓아버린 – 무시무시한 "물자체Ding an sich"의 비밀을 후일 밝히려고 할 것이다. 그것은 우리가 어떻게 표상하느냐에 구애받지 않고 있는 그대로 존재하는 세계이다. 쇼펜하우어는 멀디먼 "물자체"를 다시금 가까운 것으로 만들 것이다. "물자체"는 내부에서 체험한 우리의 육체성 안에 우리 자신으로 존재한다. 물자체는 아직 자신을 파악하지 않은 채 사는 의지이다. 세계는 의지의 우주이며 개별의지는 이 우주의 뛰는 심장이다. 우리는 늘 그렇듯이 전체로 존재한다. 그러나 전체는 무질서이고 투쟁이며 불안이다. 무엇보다도 전체는 의미도 의도도 가지고 있지 않다. 이것이 쇼펜하우어가 느끼는 삶이다.

어쨌든 어머니가 "의도"하지 않았던 아이는 '숭고한 의도'나 '숭고한 목적'이 깔려 있지 않은 듯한 세계에 일찌감치 익숙해진다. 이 세계의 중심에서는 어둠에 싸인 기묘한 무엇이 모든 것을 움직이게 한다.

어머니와 단치히를 산책할 때면 어린 아르투어는 세계의 생명력 넘치는 중심 – 단치히는 아이에겐 세계 자체였다. –이 비밀에 싸인 무시무시한 어둠의 심장이기도 하다는 것을 지형상으로도 감지할 수 있었다.

시내에는 모트라우강에 둘러싸인 슈파이혀섬Speicherinsel[35]이 있었는데 그가 사는 집도 여기서 가까웠다. 곡물, 가죽, 직물, 양념 등 단치히 해상무역의 온갖 재화가 이 창고섬에 보관되었다. 여기서 온종일 행해지는 작업으로 단치히 시는 먹고살았다. 여기에 단치히 시의 노동 전체가 집약되었다. 어둠이 깔리면 슈파이혀섬의 문들이 닫혔다. 밤 내내 블러드하운드가 우리 밖에 풀려 있어서 섬으로 들어가려던 사람을 물어 뜯었다.

이 섬뜩한 장면에서 젊은 아르투어는 아득한 심연에 맞서는 음악의 마력 역시 예감하게 된다.

어머니는 아들에게 이야기를 하나 들려준다. 어느 날 유명한 첼리스트가 술에 취해서 밤의 야수와 한판 붙는 만용을 부렸다고 한다. 그가 섬의 문을 지나자마자 개 떼들이 그를 향해 돌진했다. 그는 벽에 몸을 붙이고는 활로 자신의 악기를 그었다. 개들은 멈추었고 이에 용기를 얻은 연주자가 사라방드와 폴로네즈와 미뉴에트를 연주하자 블러드하운드들은 평화로이 악사 주위에 둘러앉아서 귀 기울였다고 한다. 이것이 음악의 힘이다. 쇼펜하우어는 자신의 형이상학에서 음악이 삶의 고통스럽고 위험한 불안을 표현하는 동시에 달래준다고 주장하게 된다.

단치히의 슈파이혀섬 – 이 섬은 아르투어에게는 아마도 삶의 의지와 음악이 서로 화해하는 신비스러운 드라마가 펼쳐지는 첫 번째 무대였을 것이다.

제 2 장

—

함부르크. 삶의 책을 처음으로 읽다: "르아브르". 앙티
메와의 우정. 아르투어는 상인 교육을 받는다.

—

쇼펜하우어의 어머니 요한나 쇼펜하우어(1766년~1838년)

함부르크. 삶의 책을 처음으로 읽다: "르아브르". 앙티메와의 우정. 아르투어는 상인 교육을 받는다.

1793년 봄 프로이센과 러시아가 폴란드 통치 지역을 합병하기로 합의함으로써 하인리히 플로리스 쇼펜하우어가 오래전부터 두려워해 왔던 것이 현실이 되었다. 영국으로의 이주 가능성을 답사했던 것도 합병을 두려워했기 때문이다. 단치히와 토른같이 여지껏 공식적으로 폴란드의 보호 아래 있던 자유도시[1]들은 이제 프로이센왕에게 배속되었다. 합병을 추진시켜서 단치히 시가 여러 세기에 걸쳐 누린 자유를 박탈하는 일이 라우머 장군 – 하인리히 플로리스 쇼펜하우어에게 인심을 썼지만 보기 좋게 거절당했던 바로 그 장군이다 – 의 과제이다. 쇼펜하우어 일가는 프로이센의 군대가 행진해 들어오기를 기다리지 않는다. 의회와 시민대표가 1793년 3월 11일 만장일치로 단치히 시를 프로이센왕이 통치하도록 결정하자마자 가족은 단치히를 떠난다. 이주라기보다는 피난에 가깝다. 프로이센 장군을 모욕했던 탓에 하인리히 플로리스 쇼펜하우어로서는 걱정을 하지 않을 수 없었다.

'프로이센의 적'으로 두각을 드러냈던 몇몇 명망가 가족들이 쇼펜하우어가와 마찬가지로 피난을 간다. 중산층 시민들은 생각이 달랐다. 프로이센 영토 안에 편입되는 것은 경제적 번영을 보장했다. 사회 저변에서 수공업자, 날품팔이, 선박하인들 같은 소박한 민중들이 폭동을 일으킨다. 일반 군인들이 프로이센에 인수인계하려는 장교들을 무장해제시키고 전진하는 프로이센 군대에 대포를 겨눈다. 프로이센 군대는 당시 혁명세력이 이끄는 프랑스와 격전 중이었기에 이 군인들은 단치히가 프로이센 군대에 넘어가면 강제로 소집될 거라고 두려워할 수밖에 없었다. 소요와 투쟁은 1793년 봄까지 이어진다. 몇몇 집들이 대포와 화재에 파괴되고 약탈이 행해지며 사람들이 죽는다. 하지만 이런 일이 벌어지는 동안 쇼펜하우어 가족은 이미 안전한 함부르크에 있다.

왜 쇼펜하우어 가족이 영국으로 이주하지 않았는지 우리는 알 수 없다. 왜 그들은 함부르크로 갔을까?

해상무역상인 하인리히 플로리스 쇼펜하우어는 항구도시로 가야만 했다. 그는 함부르크의 사업가들과 좋은 관계를 유지하고 있었다. 나아가 이 막강한 한자 도시야말로 프로이센으로부터의 독립을 가장 잘 보장해줄 듯 보였다. 하인리히 플로리스 쇼펜하우어는 함부르크가 도시 공화국의 자유를 프로이센이 아닌 나폴레옹 통치하의 프랑스에 박탈당하기 전에 사망할 것이다.

쇼펜하우어 일가가 1793년 봄 도착할 무렵 함부르크는 유례없는 호경기를 누리는 중이다.

18세기 내내 함부르크는 프랑스와 네덜란드의 식민지 상품들과 영국의 산업생산품을 옮겨 싣는 중요한 곳이었다. 영국과의 무역에서 함부르크는 다른 유럽 경쟁자들을 앞섰으며 1663년 영국왕은 함부르크 소속 배들이 영국 항구에 입항할 수 있는 특권을 부여했다. 함부르크를 거쳐서 중부유럽 내륙의 제품들이 수출되었다. 메클렌부르크와 러시아 남부와 폴란드에서 생산된 곡물과 작센 숲에서 나는 선박용 목재 그리고 러시아의 질산염 및 가내수공업에서 생산되는 유리 그릇, 투박한 직물, 목공예품 등이 그것이다. 유럽 북부에서 생산되는 타르, 러시아 가죽, 모피, 고래기름을 취급하는 중간무역 역시 중요했다. 네덜란드와 프랑스, 영국에서 양념과 차, 커피, 담배, 직물과 귀금속이 들어왔다. 이런 상품들은 유럽대륙에서 제일 큰 적재지인 함부르크에 쌓였다. 1788년과 1799년 사이 함부르크를 본거지로 한 선박의 숫자는 곱절이 된다. 1795년 2,000척이 넘는 선박이 함부르크에 입항하는데, 이는 유럽 신기록이다.

시에예스[2]는 1798년 나폴레옹에 헌정한 글에서 함부르크를 "지구 상에서 가장 중요한 부위"[3]라고 불렀다. 이는 분명 과장된 것이었지만 함부르크 시민들은 그런 말을 듣는 걸 좋아했고 자화자찬을 아끼지 않았다. "함부르크 깃발이 홍해와 갠지스강과 중국에 펄럭였다. 그 깃발은 멕시코와 페루의 하천에, 북아메리카에, 동인도와 서인도에 위치한 네덜란드 및 프랑스 점령지역에 펄럭였다. 함부르크 기는 세계 전역에서 존중받았다. 우리 배들이 동인도와 서인도로부터 재화를 들여온다고 해서 다른 국가들이 우리를 질시하지 않았는데 그 이유는 그런 무역이 그들에게도 이익이 되었기 때문이다."[4] 이렇게 상인인 요한 E. F. 베스트팔렌은 1806년 18세기 말 무역이 얼마나 놀라운 성장을 했는지 묘사하지만 그의 말은 조금은 서글프게 들린다. 대륙봉쇄가 한참이던 1806년에는 옛날의 영광이 사라졌기 때문이다. 하지만 나폴레옹이 함부르크를 자신의 지배영역에 추가하기 전까지 함부르크는 전쟁에서, 그리고 혁명 중인 프랑스가 행한 영토 재분배에서 이득을 취했다. 프랑스가 네덜란드를 정복하자(1795년) 프랑스와 네덜란드 회사들은 함부르크로 피신했다. 전쟁으로 인해 안전성을 잃은 라인강 선로가 폐쇄되었고 독일 서부와 스위스와의 교역은 엘베강으로 옮겨졌다. 함부르크는 미국 상품이 유럽대륙에 들어오게끔 하는 항구였고 네덜란드가 동인도와 레반테[5]와 무역을 할 때 암스테르담과 안트베르펜이 하던 역할까지 떠맡았다.

무역과 항해가 늘어나면서 화폐거래도 늘었다. 함부르크는 유럽대륙에서 가장 중요한 금융시장이 되었다. 함부르크 도시민을 상대로 한 상업이 호황을 누렸고 거주민 숫자는 껑충 뛰어서 19세기로 넘어갈 무렵에는 약 13만 명에 달했다.

하인리히 플로리스 쇼펜하우어는 단치히에서 피난할 때 재산의 십분의 일을 잃었지만 함부르크에서 아주 빨리 무역상으로 자리를 잡을 수 있었다. 여기서 맹위를 떨치는 영국과 프랑스 무역이 단치히에서 그의 전문분야였던 덕이다.

우선 쇼펜하우어 일가는 알트슈태터 노이어 벡 76번지에 숙소를 잡았다. 호경기에 힘입어 다시 재산을 모으자 쇼펜하우어 일가는 1796년 부활절에 노이어 반트람 92번지의 아주 위풍당당한 집으로 이사했다. 이 지역에는 예니쉬, 고드프루아, 베스트팔렌과 지프킹 같은 함부르크의 무역상들이 자리 잡고 있었다. 쇼펜하우어가의 자택은 그 당시 그랬듯이 거주 공간과 업무 공간을 포함하고 있었다. 뒤편 건물과 중간 건물에는 다락, 곳간, 사무소와 지하 창고가 있었다. 회사 부지 뒤편은 운하를 끼고 있어서 하역선이 정박할 수 있었다. 널찍한 안뜰을 목재조각으로 장식된 회랑이 에워싸고 있었으며 현관은 대리석으로 되어 있었다. 길에 면한 앞 건물에는 거주 공간이 있었다. 방이 10개에 별실이 네 개, 침실이 네 개였고 값진 석고장식에 원목으로 된 벽, 정교히 만들어진 창유리로 꾸민 홀이 있었다. 백 명을 훌쩍 넘는 수의 사람들이 모일 수 있었던 이 홀에서 쇼펜하우어 가족은 이브닝 파티를 열었다. 아르투어의 여동생 아델레는 후일 이런 파티가 "자신들의 신분을 훨씬 뛰어넘는 수준이었다"[6]고 주장한다.

이처럼 호화로운 주거지 덕에 쇼펜하우어 일가는 한자 도시의 엘리트로 꼽힐 수 있었다. 그러나 성장하는 아르투어에게 이 널찍한 공간들은 포근한 느낌을 거의 주지 못했다. 후일 이 함부르크 저택에 대해 그는 아무런 추억도 떠올리지 않는다.

함부르크는 사업뿐 아니라 쇼펜하우어 일가의 시민귀족적인 공화주의에도 안성맞춤인 장소였다.

내전內戰에 버금가는 소요를 겪은 후 함부르크는 1712년 명문가와 중산층 간의 권력 분배를 정하는 새로운 헌법을 내놓았다. 명문가 출신이 점유한 시의회와 일정 재산을 소유한 시민들로 이루어진 시민회의는 행정권력과 입법권력을 나누어 가졌다. 물론 도시의 정치적 앞날을 함께 설계하려는 자는 어느 정도의 재산을 가져야 했다. 그러나 그 수입의 커트라인은 하향 조정되었다. 무엇보다도 영국의 인신보호청원을[7] 본떠서 만든 헌법은 개인의 자유권을 보장했다. 시민계급은 이 법규를 자랑스러워했다. "이 헌법은 아주 귀족적이지도 아주 민주적이지도 아주 대의적이지도 않은 대신 이 세 요소를 골고루 가지고 있다"[8]고 1800년에 누군가가 쓴다. "예전에는 만연했던 패거리 정서가 이 헌법으로 인해 수그러들어서 이제는 평화와 안전과 자유가 다른 어느 나라에서도 볼 수 없을 정도로 자리 잡고 있다."

"평화와 안전과 자유"를 찾아 나섰던 하인리히 플로리스 쇼펜하우어는 함부르크에서 그것들을 누렸다. 프로이센으로부터의 "자유"가 그에겐 가장 중요했는데 함부르크에선 자유를 누릴 수 있었다. 프리드리히 대제는 번영하는 무역 중심지 함부르크를 탐냈지만 영국과 프랑스와 네덜란드는 제각기 자유무역에서 이익을 보았기에 함부르크 시의 독립청원을 지지했다. 그래서 프로이센은 노련한 함부르크 상인들로부터 무역 일반에 관해 소견서를 받는 걸로 만족해야 했다. 그러나 이 소견서는 보호무역주의에 근거한 프로이센의 경제 정책에 맞지 않았다. "자유가 슬로건이 되어야 한다"고 함부르크 상업 대표단이 썼고 베를린은 이 소견서는 작성은 잘 됐지만 유용성이 없다고 답했다.

프랑스 혁명을 – 혁명이 시작되었을 때 하인리히 플로리스 쇼펜하우어는 기쁨에 넘쳐 그 소식을 아내에게 전하고자 단치히의 사무실에서 올리바 별장으로 달려갔다 – 열렬히 옹호하는 이들은 함부르크에도 있었다. 막강한 시의회 의원에다 "함부르크의 로트쇨트[9]"로 불리던 게오르크 하인리히 지프킹Georg Heinrich Sieveking도 혁명의 옹호자였다. 그가 초반에 열광한 것을 많은 시민들은 한자 동맹 시민답지 않다고 여겼다. 지프킹은 『친애하는 시민들에게』라는 이름의 팸플릿에서 자신을 변호했다. 클로프슈토크Klopstock[10]는 프랑스 혁명에 바치는 자신의 송가를 지프킹의 별장에서 열린 가든파티에서 처음으로 낭송했다. 그 당시 독일 최고의 신문이었던 「함부르크 통신」과 「함부르크 새 신문」은 파리 상황을 상세히 보고하는 걸로 유명했다. 프랑스 혁명을 위해 건배할 때 함부르크 시민들이 가장 칭송한 건 바로 자기 자신이었다. 시민들은 1790년 바스티유 습격 1주년 기념일을 상업 대표단의 경축일과 합쳐서 축하하며 노래했다. "오 내 사랑하는 도시에 축복이 가득하라! / 강력한 민족들을 앞에 두고도 평화와 자유가 내 도시를 / 가득 채우도다!"[11] 프랑스 혁명이 자코뱅 당의 공포정치기로 접어들자 함부르크 시민들은 혁명에 거리를 두었지만 사업관계들은 당연히 유지되었다. 소아병이라 할 자유투쟁이 극단으로 치닫는 것을 보며 한자 동맹 도시의 시민들은 우월감을 느꼈다. "함부르크는 인신보호청원을 가지고 뻐기지 않았고 우리 입법자들이 모이는 홀에는 인권이라고 쓰인 석판이 찬란히 빛나지는 않았지만 그 대신 인신보호청원이 폐지되지 않았고 석판이 가려지는 일도 없다"[12]고 「함부르크 통신」은 쓴다. 한 독자는 편집국에 보낸 편지에서 이렇게 말한다. "속임수를 쓰지 않고도 정치적으로 가능한 최고의 이상에 이토록 가까이 있다는 것이 멋지지 않은가? 로베스피에르나 상퀼로트[13] 없이도 우리가 자유롭고 평등하다는 것이, 합리적인 혁신 조치들이 다른 곳에선 혁명의 잔인함으로 얼룩질 때 우리는 해묵은 평화로운 관례를 존중한다는 것이 멋지지 않은가? […] 지금 프랑스에선 이치에 맞지 않고 새롭다고 여겨지는 것들이 우리에겐 정치의 오랜 금과옥조가 되어 있으니 놀랍기 그지없다."[14]

함부르크의 "금과옥조"는 안전을 보장받기 위해 누구하고든 관계를 망치지 않는다는 것이다. 혁명 중인 프랑스와의 무역이 번창하는 동안 학생들은 클로프슈토크가 쓴 혁명에 바치는 송가를 낭송해야 하지만 같은 시기에 함부르크 시는 귀족 출신의 망명객과 각양각색의 수행 종자들을 받아들인다.

지금까지 함부르크에선 영국 애호가들이 주류를 이루었다면 상류층 프랑스 피난민들의 우아한 분위기에 매료된 사람들은 이제 프랑스 애호가가 된다. 요한나 쇼펜하우어는 원래 프랑스 혁명에 호감을 가져왔지만 자신의 사교모임에 손꼽히는 망명객들이 참석하는 것이 자랑스럽다. 그중에는 저명한 마담 드 스탈[15]의 남편인 스탈-홀스타인 남작도 있다.

망명객들과 그 동반자들은 단정한 시민계급의 경직된 풍습을 헐겁게 했다. 이제 춤과 카드 놀이와 술자리가 빈번해졌다. 매춘업이 호경기를 맞으면서 화류병이 프랑스에서 건너왔다는 소문이 함부르크에 퍼졌다. 심지어 미하엘리스 교회 목사도 설교에서 그런 소문을 퍼트렸다.

펜싱보다는 요리가 수준급인 탈영한 프랑스 대령이 엘베강변 언덕에 소풍객을 위한 식당을 열었다. 이 식당은 순식간에 돈 많은 멋쟁이 젊은이들이 모이는 장소가 되었다. 동시대인의 말을 들어보자. "이곳이 상류 사회의 인기를 끈 이유는 두말할 필요 없이 프랑스 요리장이 정성껏 독일 미식가들의 입맛에 맞게 내놓은 음식이다."[16] 프랑스 풍의 커피하우스도 자리를 잡았다. 1794년 프랑스 극장이 문을 열었다. 함부르크 시민들은 레뷔 극[17]과 보드빌 극[18]이 어떤 것인지 알게 되었고 청년들은 여배우들에 푹 빠졌다. 마담 슈발리에는 극장가의 스타이다.『볼펜뷔텔 단편Wolfenbüttler Fragmente』을 쓴 라이마루스Reimarus[19]의 며느리인 라이마루스 부인은 좀 못마땅한 듯 말한다. "하필이면 젊은 상인들이 낭비할 돈이 수중에 있을 때를 골라서 마담 슈발리에는 우리 청년들의 혼을 빼놓는다."[20] 아직 열두 살밖에 안 된 아르투어는 거기 해당되지 않는다. 그의 어머니는 파리에서 온 세련된 마담을 손님으로 맞는 것을 자랑스러워한다. 그러나 금세 프랑스 망명객 집단은 재정적 어려움에 처했다. 상당수가 삶의 형태를 바꿔야 했다. 망명객들은 댄스 교습을 하거나 펜싱 사범이 되거나 프랑스어를 가르쳤다. 아르투어가 알고 지낸 망명객들은 바로 이런 부류였다.

프랑스 풍의 경쾌한 생활태도는 함부르크에선 간주곡 이상이 되지 못했다. 아르투어 쇼펜하우어보다 십 년 뒤에 함부르크에 살았던 하이네는 이를 유감스러워했다. 하이네 생각에는 너무도 빨리 사람들이 이전의 점잖고 경직된 태도로 되돌아갔다. "하늘이 눈이 시리도록 파랗다가 순식간에 어두워졌다"고 하이네는『슈나벨보프스키 씨의 회고록[21]』에 쓴다. "일요일 다섯 시 다들 식사를 하는 시간이었다. 마차들이 굴러 왔고 배고픈 입술 위에 얼어붙은 미소를 지으며 신사 숙녀들이 내렸다…."[22] 함부르크 시민의 상인다운 감각은 너무 빨리 우아한 포장을 벗고서는 다시금 적나라한 모습을 드러냈다. "지나쳐 가는 사람들을 정확히 관찰하자 내 눈에는 그들이 아라비아 숫자와 똑같아 보였다. 저기 발이 비틀린 2번이 피할 수 없는 운명인 아내 3번과 같이 걸어간다. 3번은 임신 중이며 가슴이 풍만하다. 그 뒤에는 4번 남자가 목발을 짚고 간다."[23] 손해와 이익을 저울질하며 유용성을 따지는 정신, 바로 이 정신이 함부르크를 탁월한 무역도시로 만든 반면, 문화의 장소로는 볼품없이 정체되게 했다. 그렇기에 후일 요한나 쇼펜하우어는 바이마르에서 경쾌한 예술가 기질의 사람들과 어울리면서 서먹한 기분으로 함부르크에서 겪은 일들을 뒤돌아보게 될 것이다. "내가 마이어 씨와 함께 종이쪽지들을 아교로 붙이고 있고 괴테와 다른 사람들이 우릴 둘러서서 열을 올려 조언하는 것을 본다면 함부르크의 상원의원이나 시장은 유치한 영혼을 가진 불쌍한 우리를 기독교인답게 동정할 것이다."[24]

"가내공업과 기술 그리고 유용한 상업을 육성하기 위한 함부르크 협회"가 가장 중요한 문화 조직이라는 사실은 이 도시의 정신에 어울린다. 자신의 평판에 신경을 쓰며 어느 만큼의 재산을 가진 사람이라면 누구든 이 단체의 회원이 될 수 있었다. '자격이 없는 사람'이 슬그머니 이 단체에 끼어들면, 잘사는 사람들은 이를 즉시 장안의 화제로 삼았다. 이러한 일은 1803~1804년 유럽여행 중이던 아르투어 쇼펜하우어가 남프랑스에 머물 때 학교친구가 편지로 알려줄 정도로 관심을 끌었다. 레싱의 친구 라이마루스도 건립에 동참한 이 단체는 강령에 명시된 "기술"을 유용성이라는 기준에 따라서 다뤘다. 협회는 가난한 화가에게 장학금을, 극장에 지원금을 주고 콘서트를 개최하기도 했지만 더욱 비중을 두고 사료용 풀의 경작을 개량하는 프로젝트를 지원했고 과수나무 양육대회를 조직했으며 "선박을 손상시키는 바다해충의 박멸"을 위한 연구계획을 지원했다. 공공 수영장이 지어졌고 공공 도서관, 수영강좌와 임산부 상담센터가 설립되었다. 개선 프로그램은 모든 분야를 망라했지만 과도하게 현실지향적인 탓에 예술에는 불리했다.

이에 대해서 이미 당시에도 탄식하는 소리가 컸다. 유명한 신학자이며 교육자인 요한 안톤 파렌크뤼거Johann Anton Fahrenkrüger가 1811년에 쓴 『함부르크의 풍속도에 관하여Versuch eines Sittengemäldes von Hamburg』에서 이런 구절을 읽을 수 있다. "박식함과 학문 그리고 예술은 주목을 끌지 못하거나 일상에 응용될 수 없으면 무시당했다. 학자는 직접적인 이익과는 상관없이 자신의 학문에 대해 기쁨을 느낀다는 것을 함부르크 사람은 이해하지 못한다. 그저 정신을 넓히기 위해 그리고 일반적인 이념들을 바로 세우기 위해 사유를 연습하는 것을 좋게 보지 않는다. 어떤 노력이 자신의 도시와 상업에 이익을 가져다주어야만 함부르크 사람은 갈채를 보낸다. […] 인간과 사물의 가치를 확정하는 것은 상인이다. 바로 그가 진짜 함부르크 사람이다."[25] 유용성이라는 구호는 함부르크에서는 엄청난 힘을 행사하며 거침 없이 밀고 나갔다. 예술적 가치가 있는 위풍당당한 건물들이 주저 없이 헐렸다. 오래된 돔 성당을 유지하려면 돈이 너무 많이 들었기에 1805년 돔이 헐렸고 중세 수도원 건물들도 같은 운명을 겪었다. 웅장한 성문들과 요새들이 철거되었다. 마리아 막달레나 교회 그리고 르네상스식 전면으로 유명한 영국관이 사라졌다. 시청의 화랑 역시 유용성의 정신을 이겨내지 못했다. 함부르크 시는 헐값으로 보관품들을 처분했는데 그중엔 루벤스와 렘브란트의 그림들도 있었다.

레싱[26]은 아르투어 쇼펜하우어보다 한 세대 앞서서 하필이면 함부르크에서 쇄신된 극예술을 창립하려 했으니 그는 정말 무모한 시도를 한 셈이다.

1766년 몇몇 상인들 ─ 상당수는 투기꾼과 파산한 이들이었다 ─ 이 오락산업을 재정적으로 지원하려고 모였다. 그들은 자신의 프로젝트에 "독일국립극장"이라는 허풍스러운 이름을 붙였다. 그들은 레싱에게 연봉으로 800라이히스탈러[27]를 제공했고 이에 응한 레싱은 혼자서 감독, 평론가, 작가, 연출가의 역할을 모두 맡았다. 그의 가장 값진 프로젝트라 할 "극장신문"은 후세에 이름을 떨친 저서 『함부르크 연극론

Hamburgische Dramaturgie』의 전신이다. 레싱은 이 연극론이 "공연 작품 모두를 처음부터 끝까지 비판적으로 다루며 작가와 배우의 예술을 항상 동반할 것"[28]이라는 포부를 밝힌다. 하지만 먼저 배우들이 나서서 레싱이 자신들의 예술을 동반하려는 것을 용납하지 않았다. 게다가 관객도 베를린에서 불쑥 나타난 다혈질 인간이 자신들을 훈계하려는 것에 분노한다. 아무튼 레싱은 꼭대기의 싸구려 좌석 관람객과 아래층의 비싼 좌석 관람객과 동시에 맞붙을 만큼 대담하기 그지없었다. "꼭대기 좌석에는 시끌벅적하고 소란스러운 걸 좋아하는 사람들이 있기에 그저 소리만 크면 박수갈채를 보내는 일이 적지 않을 것이다. 독일에선 아래층 관람객의 취향 역시 많이 다르지 않다…."[29] 얼마 지나지 않아 레싱은 발언 수위를 조절해야 했다. 그는 극 작품 분석에만 치중했고 셰익스피어를 널리 알리기 위해 그를 칭찬하는 글을 썼다. 그러나 상연 계획은 함부르크 시민의 취향에 따라 정해졌다. 그럼에도 불구하고 극장은 1년이 막 지나가자 파산하고 말았다. 루터교를 믿는 시민계급으로 구성된 정부로선 기뻐할 일이었다. 한 동시대인이 정부와 극장의 관계를 이렇게 서술한다. "어느 희극 극단이 좋은 추천서를 내밀며 신고하면 상원은 공연을 허락한다. 하지만 극단이 다시 떠나가면 근엄한 성직자뿐 아니라 합리적인 도시정부도 기뻐한다고 난 확신한다."[30]

희망에 차서 시작한 지 2년 후 레싱은 떠나갔다. "이 쟁기에 기꺼이 손을 뻗쳤지만 이제 손을 거둔다"고 그는 불만에 차서 회고했다. "국립극장을 함부르크에 세우려는 달콤한 꿈은 이미 사라졌다. 내가 그동안 알게 된 함부르크는 그런 꿈을 실현할 장소가 결코 아니다."[31]

함부르크가 예술가의 꿈을 이루기에는 불리한 장소임은 함부르크 오페라가 겪은 운명에서 알 수 있다. 어쨌건 독일 최초로 오페라가 상설 기관이 된 곳이 함부르크였고 청년기에 헨델Händel은 함부르크 오페라에서 제2바이올린 연주자로 자신의 수습기를 마쳤다. 1678년 창립 후 반세기가 지나자 오페라는 쇠락하기 시작했다. 함부르크의 관중은 이탈리아 아리아에 싫증을 냈고 토속적인 유흥 거리를 원했다. 그래서 저지 독일어[32]로 된 노래극이 무대에 올려졌다. 비싼 돈을 주고 이탈리 아에서 들여온 오페라 스타들은 하녀와 간척지 농부, 큼지막한 시계줄 을 한 상인과 흰 칼라를 목에 두른 목사 역을 맡아야 했다. 동시대인에 따르면 배우들은 "너 나 할 것 없이 친근한 옆집 아저씨, 셋씩 넷씩 등 장하는 정부情夫와 같은 역할을 어릿광대 풍으로 노래했다."[33] 진정한 오 페라 애호가들은 체념했다. 한 애호가는 말한다. "주민들의 천성이 오 페라를 향유하기에 맞지 않다. 단도직입적으로 말하자면 오페라는 왕 과 군주들을 위한 것이지 상인과 사업가들을 위한 게 아니다!"[34]

쇼펜하우어가 살던 시절에는 아무도 오페라의 몰락을 애석해하지 않고 그 대신 막 프랑스에서 들여온 음악극을 즐겼다. 감독이자 연출가 에다 배우인 프리드리히 루트비히 슈뢰더Friedrich Ludwig Schröder는 레싱보다 잘 적응하며 연극공연에서 관중과 예술을 동시에 만족시키는 데 성공 했다. 이 절충의 대가를 괴테는 자신의 소설 『빌헬름 마이스터의 수업 시대』에서 극장감독 세를로라는 인물을 통해 기념했다.

거칠고 도를 넘으며 튀는 것들은 함부르크에서 배겨나지 못했다. 질 풍노도 운동Sturm und Drang[35]의 젊은 천재들 그리고 한 세대 후 낭만주의의 젊은 천재들은 이 사실을 절감했다. 함부르크에서 대접받는 시인들은 다른 유형이었다. 바르톨트 힌리히 브로케스Barthold Hinrich Brockes[36]를 예로 들자면 그는 법률가에 시의원이고 상인이면서 시인이었다. 함부르크 시민들에게 그는 도시의 수호천사 자체였다. 그를 거치면 삶의 무미건 조한 만족감은 시가 되어 빛났으며 오직 그만이 유용하지만 볼품없는 것들을 사랑스러운 시에 담아낼 수 있었다. 여러 권에 달하는 모음집

『하느님 안에서 누리는 현세의 만족』에 실린 시들에서 브로케스는 오로지 인간에게 "이익이 되도록" 하느님이 만드신 세상을 칭송한다. 자연에서 행복을 느끼고 성공을 거듭하면서 천국을 체험한다는 것은 함부르크 사람들의 마음에 들 수밖에 없었다. 시인인 동시에 함부르크 사람일 수 있다는 것을 브로케스는 동료시민들에게 보여주었다. "브로케스는 규칙적으로 일요일에 작업해서 자신의 종교적 시들을 완성했다"[37]고 한 동료 시민은 경탄한다.

브로케스는 쇼펜하우어가 살 당시 이미 반세기 전에 세상을 떴지만 그의 시문학 정신은 아직도 생생하다. 18세기 말 "반츠벡의 사자使者"를 자처하는 마티아스 클라우디우스[38]의 글에서 브로케스는 여전히 살아 있다. 그러나 클라우디우스는 "하느님 안에서 누리는 현세의 만족"을 경건주의[39]적 신비주의로 심화시키며 내면화한다. 후에 아르투어 쇼펜하우어는 이런 경향을 마음에 들어할 것이다.

함부르크의 세 번째 유명인사는 클로프슈토크였다. 1770년 그곳에 둥지를 틀었을 때 이미 그는 유명인사였고 그랬기에 함부르크 사람들 역시 그를 떠받들었다. "그가 나타나면 경탄을 넘어서 거의 경배의 물결이 그를 향했다"[40]고 무역상 카스파 포크트가 담담히 보고한다. 사람들은 클로프슈토크를 존경했지만 대부분 읽지는 않았다. 클로프슈토크가 묘사하는 격앙된 감정은 함부르크 사람들에겐 생소했다. 『메시아스』의 시인 클로프슈토크가 1803년 별세하자 그는 군주에 걸맞은 예우를 받으며 종이란 종은 다 울리는 가운데 오텐젠 묘지의 "클로프슈토크 보리수" 아래 묻혔다. 상원의원, 학자, 상인, 외교관과 셀 수 없이 많은 군중들(만 명에 달했다고 전해진다)이 장례행렬을 이루었다.

아르투어 쇼펜하우어의 양친은 클로프슈토크를 개인적으로 알았다. 쇼펜하우어 저택에서 열린 저녁 사교모임에서인지 아니면 또 다른 기회였는지는 확실치 않다. 일단 함부르크 상류사회의 일원이 되면 벨벳 두건을 쓰고 여유로이 파이프를 피우는 늙은 신사를 만나지 않을 수 없었다. 클로프슈토크가 살롱의 자랑거리로 여기저기 초대받았기 때문이다. 지프킹가, 포크트가, 바르텔가에 가면 클로프슈토크를 만날 수 있었다.

요한나 쇼펜하우어는 함부르크의 세련된 사교계를 마음껏 즐겼다. 그녀는 손님으로 초대받는 데 만족하지 않고 자신의 집을 사교의 중심으로 격상시키려는 야심 찬 목표에 매진했다. 그녀의 자서전은 함부르크 시절 전에 중단되지만 보존된 초안을 보면 그녀의 사교적 야심이 상당히 이루어졌음을 알 수 있다. 함부르크 지인들의 목록에는 쟁쟁한 이름들이 포함되어 있다. 클로프슈토크와, 괴테가 이탈리아를 여행할 때 동반했던 화가 빌헬름 티쉬바인Wilhelm Tischbein, 레싱의 친구이며 『볼펜뷔텔 단편』의 저자인 라이마루스의 아들인 라이마루스 박사, 스웨덴 외교관이며 마담 드 스탈의 남편인 스탈-홀스타인 남작, 프랑스 극장의 배우 마담 슈발리에, 슈바벤 출신으로 여러 언어를 구사하는 프랑스 외교관 라인하르트 백작, 수많은 로코코 풍 통속소설의 저자인 마이스너 교수, 잘 알려진 예술후원자이자 "애국협회"의 이사회 회원이며 성당참사회원인 로렌츠 마이어 등이다.

노이어 반트람에 위치한 위풍당당한 저택에서 요한나 쇼펜하우어는 "함부르크의 로트쉴트"의 부인인 한헨 지프킹의 슬로건을 따르려 했다. "함께 삶을 기뻐하며 올바르게 즐기려는 사람들이 하나가 되어 느끼는 감정보다 더 나은 것은 없다."[41]

어린 아르투어는 이런 즐거움을 모른다. 쇼펜하우어는 함부르크 시절 초기에는 거의 버려져 있었고 불안해했다고 기억한다. 손님들이 드나들게 개방된 집에서 유모와 하녀의 보살핌을 받는 소년은 외로워하는 듯하다. "내가 여섯 살 때 일이다. 저녁 산책에서 돌아온 부모님은 내가 부모에게 졸지에 버림받았다고 여긴 탓에 넋이 나가 있는 걸 발견했다."(HN IV, 2, 121) 시민계급 출신의 아버지들은 '교육 가능한' 나이가 되어야 비로소 아들들을 가까이했다. 여덟 살 정도면 '교육 가능'하다고들 했다. 그때에야 비로소 아이들에겐 아버지가 존재하기 시작했고, 숨었던 신이 무대 뒤에서 나와서 아이의 운명을 결정짓는 말을 했다. 하인리히 플로리스 쇼펜하우어 역시 단호하게 아이의 운명을 정한다. 아르투어 쇼펜하우어는 베를린대학교에 낸 이력서에서 이렇게 쓴다. "내가 유능한 상인이자 세련되고 예의 바른 사람이 되어야 한다고 아버지가 결정했다."(B, 648)

1797년 여름 아델레가 태어난 후 아버지는 상인다운 수완을 익히는 첫 수업의 시기가 왔다고 여긴다. 그는 아들과 함께 파리를 거쳐 르아브르Le Havre[42]로 가서는 아르투어를 2년간 사업파트너의 가족에게 맡긴다. 그레구아르 드 블리지메어Grégoires de Blésimaire가에서 지내며 프랑스어를 배우고 사람들과의 교제를 연습하며 무엇보다도 – 아버지 표현에 따르면 – "삶의 책"을 들여다 보라는 것이다.

아르투어는 그레구아르 일가의 집에서 유년기 중 "가장 행복했던 시절"을 보냈다고 회상한다. 그러나 아르투어의 소년시절 편지가 남아 있지 않은 까닭에 우리는 이 2년에 관해 많이 알지 못한다. "세느강 어귀 해안가에 놓인 아늑한 도시"(B, 649)에서 부모와 멀리 떨어져 사는 것을 그는 아주 좋아했던 듯하다. 다른 사람들의 말에서도 이를 알 수 있다. 주인 가족의 동갑내기 아들 앙티메와 아르투어는 친했는데 몇 년 후 앙티메가 1805년 9월 7일 편지를 쓴다. "넌 르아브르에서 보낸 시간들을 그리워하고 있구나."[43] 부모와 함께 장기 유럽여행을 하는 도중 1803년 르아브르를 다시 방문한 아르투어는 여행일지에 다음과 같이 적는다. "행복한 시간을 보냈던 르아브르의 여러 곳과 그 근교의 여러 곳을 그동안 난 많이 생각했고 꿈도 많이 꾸었지만 거기에 대해 얘기할 상대는 없었다. 그러다 보니 모든 것이 마치 내 상상력이 그린 그림에 지나지 않는 듯했다. 그랬기에 같은 장소에서 같은 대상들에 둘러싸이는 것은 정말이지 기적처럼 느껴졌다. 내가 정말로 르아브르에 있다니 믿기 어려웠다. 그런데 이곳을 떠나서 보낸 시간 내내 생각한 적이 없다고 믿었던 사물들과 얼굴들에 대한 기억이 신기하게도 다시 살아나서 난 모두를 알아보았다. 조금 지나니 마치 내가 전혀 떠나 있지 않았던 것 같았다."(RT, 95)

세느강 어귀에 있는 르아브르에서는 바다의 밀물과 썰물뿐 아니라 세계사의 흐름을 감지할 수 있었다. 열 살이 된 소년은 이곳에서 마음껏 상상력을 펼칠 수 있었다. 함부르크 출신의 소년에게 바다는 낯익었고 타르와 해초의 냄새, 바람에 나부끼는 돛을 단 배들이 즐비한 항구, 갈매기의 울음 소리 역시 익숙했다.

그러나 중립을 유지했던 함부르크가 나폴레옹 시대의 혼란을 초반에는 피할 수 있었던 반면 르아브르는 온통 혼란에 휘말렸다.

아버지는 르아브르 여행을 위해서 정치적으로 바람이 잠든 시기를 이용했다. 유럽의 수구세력이 혁명 중인 프랑스에 맞선 제1차 연합전쟁은 1797년 끝났다. 프로이센은 라인강 왼편 지역에 대한 권리를 포기하며 전쟁에서 일찍이 물러난다. 독일 북부는 중립 지역이 된다.

이제는 여행이 가능하지만 그것은 알 수 없는 곳으로 향하는 여행이며 전혀 한자 도시의 시민답지 않은 모험으로 향하는 여행이다. 프랑스에서는 아직은 집정내각이 지배하지만 혼돈스러운 상황에 힘입어 나폴레옹은 벌써 출세가도를 달리고 있다. 경찰청장의 비밀 보고에 따르면 86개의 행정구역 중 45개는 혼돈과 내전에 뒤덮였다. 병역의무자들은 안간힘을 다해 소집관청의 손길에 저항한다. 감옥이 공격받고 경찰관이 살해되며 세무서 직원이 강도에게 습격당한다. 나라를 휘젓고 다니는 약탈자의 무리들은 자력으로 활동하기도 하지만 왕당파의 지원을 받기도 한다. 알렉시스 드 토크빌Alexis de Tocqueville이 보기에는 이 시기의 프랑스는 "격노한 노예의 상태"라고 밖에는 설명되지 않는다. 프랑스 국민은 "자기 그림자의 움직임에 덜덜 떨었고 많은 이들이 자신의 불안감을 드러내는 것을 불안해했다."[44]

르아브르에서도 폭동이 일어났다. 몇몇 성직자들이 왕국을 혐오하며 공화국에 충성하겠다는 맹세를 거부하자 혁명세력은 전 지역에서 그런 성직자들을 모아서는 시청 지하실에 가뒀다. 신앙심 깊은 노르만인[45]들은 그런 짓을 용납하려 하지 않았기에 교회에서 왕당파의 노래를 불렀다. 밤이 되자 그들은 성직자들을 풀어주었다. 르아브르 근교에 악명 높은 강도단이 활약하고 있었는데 어느 날 겁도 없이 상인들이 밀집해 사는 지역 바스빌에서 강도 행각을 벌였다. 그들이 사라졌을 때 이 도시의 부유층들 다수는 피해를 입었다. 그레구아르가는 아슬아슬하게 피해를 입지 않았던 듯하다. 르아브르 주변 지역에서 강도와 해적이 전례 없이 불어난 이유는 국가가 직접 이 업종을 지휘했기 때문이다. 해양부 장관은 1797년 프랑스의 전함들을 해적 경력이 있는 떠돌이들에게 임대했다. 혜택을 받은 해적들이 영국 무역선을 점령하면 거기서 얻은 전리품을 국가와 나눈다는 조건이었다. 국가가 연루되었다는 의심을 피하려고 이 배들은 커다란 군항인 브레스트, 로리앙, 로슈포르를 피하여 르아브르에서 출항했다. 1801년 영국에서 확인된 7만 명의 프랑스 포로 중 대부분이 그런 해적선의 선원들임을 보면 이 활동은 아주 성공적이지는 않았던 듯하다. 1798년 초에 르아브르는 잠시 '공식적인' 전쟁 상태에 휘말린다. 쿠데타를 일으키기 1년 전 보나파르트 장군은 영국과의 전쟁을 다시 개시하자고 압박했다. 15만 병력에 대한 명령권을 확보한 보나파르트는 노르망디 해안을 정찰한 후 르아브르의 조선소에 대포가 딸린 군대수송선박 여러 척을 지으라고 주문했다. 르아브르 시는 작업에 착수했지만 주문은 갑자기 취소되었다. 보나파르트가 함부르크로 행진하여 유럽 중부와 영국 사이의 무역을 거기서 격파하려 한다는 소문이 돌았다. 그레구아르 일가가 어린 아르투어에게 르아브르의 항구에서 조금 전 봤던 무시무시하게 매력적인 장군이 머지않아 그의 부모가 사는 데로 들이닥칠 거라고 이야기해주었을지도 모른다. 그러나 아무 일도 없이 조용하다가 보나파르트가 이집트에 상륙했다는 센세이셔널한 소식이 들려왔다. 앙티메와 아르투어는 그 먼 지역을 지도에서 찾았고 피라미드를 그린 삽화들을 연구했다.

피라미드뿐만 아니라 르아브르 안팎에서 벌어지는 사건들 자체가 아르투어에게는 그림책 속의 세계였을 것이다. 그 세계는 가까웠지만 위험을 느낄 만큼 가깝지는 않았고 현실이었지만 환상적이기도 했다. 그는 그레구아르 일가의 집에서 안전하게 보호받으며 살았고 위험은 노르망디 하늘의 구름처럼 소년을 가벼이 스쳐갔다. 그레구아르 가족은 아르투어를 친자식처럼 다루었다. 그는 앙티메와 함께 교육받았고 단시일 안에 프랑스어를 아주 잘 구사했기에 돌아왔을 때 독일어를 거의 잊어버렸을 정도였다. "내가 프랑스 사람처럼 말하는 것을 듣고 아버지는 몹시 기뻐했다"고 아르투어는 '이력서'에서 보고한다. "반면에 나는 모국어를 잊어버려서 사람들과 의사소통하는 게 아주 어려웠다." (B, 649)

그레구아르 일가에게서 아르투어는 부모의 사랑에 흡사한 것을 발견했다. 그레구아르 씨에 대해 그는 후에 이렇게 쓴다. "친절하고 선량하며 온화한 이 분은 나를 정말 자신의 둘째 아들로 여겼다."(B, 649) 그레구아르 일가가 자신의 장점과 개성을 진짜 가족보다 더 잘 이해한다고 아르투어는 생각한다. 그레구아르 부인은 함부르크로 돌아간 소년에게 편지를 쓴다. "너는 곧 멋진 남자가 될 거다. 네 감수성이 풍부한 마음을 잘 간직하렴. […] 우리는 네 얘기를 자주 한단다."[46]

아르투어는 프랑스에서 부모에게 보낸 편지에서 자신이 그레구아르 집에서 사랑받고 있다고 신나서 늘어놓은 듯하다. 요한나 쇼펜하우어가 아들에게 보낸 답장에서 아버지가 얼마나 관대한지를 마치 변명하듯이 거듭 강조하기 때문이다. "상아로 된 피리를 루이 금화[47] 하나로 사라고 아버지가 허락하셨다"고 그녀는 쓴다. "아버지가 네게 얼마나 너그러운지 깨닫기 바란다." 보란 듯이 관대함을 베푼 후 어머니가 훈계한다. "네가 구구단에 관심을 가지라고 아버지가 당부하신다. 아버지 뜻을 기꺼이 따른다는 걸 보이려면 그 정도는 당연히 네가 해야겠지."[48]

양친은 아르투어가 정기적으로 편지를 쓰도록 했다. – 이는 시민계급의 교육 프로그램에 속했다. 아르투어는 양친에게 보내는 우편에 함부르크 시절의 친구인 고트프리트 예니쉬에게 보내는 편지를 첨가함으로써 의무를 즐거움으로 만들었다. 친구에게도 아르투어는 자신이 프랑스에서 발견한 행복을 찬란한 색채로 묘사했던 듯하다. 몹시 침울하게 고트프리트는 1799년 2월 21일 답장을 쓴다. "네가 겨울을 아주 즐겁게 보냈다고 들었어. 난 그렇지 못했어. 목에 종기 비슷한 게 생겼거든. 그래서 많이 힘들었어."[49] 아르투어는 위로가 담긴 답장을 보내지만 친구는 이 편지를 더 이상 받지 못한다. 1799년 4월 8일 요한나 쇼펜하우어가 아들에게 소식을 전한다. "슬픈 일을 하나 네게 알려야겠구나. 네 친구 고트프리트 얘기야. 그 애가 다시 병이 들어서 14일간 누워 있었는데 거의 인사불성이었어. […] 이미 8일 전에 그 애는 우리들보다 더 행복한 처지가 됐어. 네 편지는 고트프리트가 죽은 지 이틀 후에야 왔단다. 이제 넌 가장 친한 친구를 잃었구나."[50] 아르투어는 어려서 죽은 친구를 어느새 잊는다. 그러다가 1830년에서 1831년으로 넘어가는 밤에 고트프리트가 그의 꿈에 나타날 것이다. 날씬한 몸집에 키가 큰 고트프리트가 낯선 땅에서 한 무리의 남자들 틈에 서서 그를 환영한다. 쇼펜하우어는 깜짝 놀라 깨어나서는 얼마 지나지 않아서 콜레라가 퍼진 베를린을 떠나겠다고 1831년 마음 먹는다. 고트프리트가 꿈에 나타난 것을 죽음의 위협으로 느꼈기 때문이다.

1799년 봄 르아브르에서 그를 더 많이 울적하게 하는 건 친구가 죽었다는 소식보다는 함부르크로 돌아오라는 부모의 명령이었다. 모든 정황을 보건대 유럽 전체가 곧 전쟁터가 될 것이기 때문에 부모는 아들을 걱정했다. 영국은 오스트리아, 러시아와 나폴리를 반프랑스동맹에 참여시키는 데 성공했다. 이탈리아와 스위스에선 전쟁이 계속되었다. 함부르크로 가는 육로는 너무 위험했고 뱃길로 가는 게 나았다. 아르투어는 보호자 없이 배를 타고 여행을 하는 모험을 치러낸 게 너무나 자랑스럽기에 이 모험을 1819년 작성된 이력서에도 언급한다. "2년 이상을 머무른 후 열두 살이 채 안 된 나이에 나 혼자 배를 타고 함부르크로 돌아갔다."(B, 649)

몹시 위험한 여행을 하는 동안 – 영국과 프랑스의 전함뿐 아니라 자영업자인 해적들도 북해를 누볐다 – 어린 아르투어는 기발한 관찰을 할 수 있을 만큼 차분함을 유지했던 듯하다. 고향에 돌아온 즉시 아르투어가 쓴 편지에 앙티메는 다음과 같이 답장한다. "콧수염을 한 숙녀 얘기 때문에 한참 웃었어. 여행 중이던 쿡 선장[51]처럼 너도 그 숙녀의 초상을 그렸어야 했는데 […] 짧은 자켓을 입은 작은 수로안내인은 정말 익살스러워 보였겠구나. 특히 머리가 말이야."[52]

아르투어가 아주 즐겁게 "삶의 책"을 읽은 지 2년이 지난 후 이제 아버지는 아들을 위해 준비한 그다지 즐겁지 않은 과제들을 실행에 옮겼다. 1799년 여름 함부르크에 도착한 직후 아르투어는 요한 하인리히 크리스티안 룽에Johann Heinrich Christian Runge가 운영하는 사립학교로 보내졌다. 여기서 그는 4년이 넘도록 매주 26시간 수업을 받았다. 룽에의 학교는 미래의 상인을 위한 전문 교육기관으로 평판이 아주 좋았다. 함부르크 최고가문의 아들들이 여기서 수업을 받았다.

학교에서 "상인에게 유용한 것과 교양 있는 사람이 갖추어야 할 것"(B, 649)을 배웠다고 쇼펜하우어는 그의 '이력서'에서 밝힌다. 특히 지리와 역사와 종교가 유익하고 적절한 과목으로 통했다. 라틴어는 교양을 갖추었다는 외관을 유지하기 위해 그저 형식적으로만 가르쳤다.

아르투어 쇼펜하우어는 후일 룽에 박사를 "훌륭한 분"이라고 칭찬했다. 그는 함부르크 교육계의 권위자로 통했는데 이는 상당한 찬사이다. 개선하고자 하는 열기가 유행처럼 번지던 탓에 어마어마한 교육계의 대가들이 함부르크에서 나왔기 때문이다. 후일 유명한 교육기관("박애학교Philanthropinum"[53])을 데사우에 건립했던 요한 베른하르트 바제도프 Johann Bernhard Basedow는 알토나의 김나지움[54] 선생이었다. 청소년 문학을 탄생시킨 요아힘 하인리히 캄페Joachim Heinrich Campe 역시 함부르크에서 교육자로 시작했다. 룽에는 본래 경건주의의 아성 할레에서 학업을 마친 신학자였다. 함부르크 출신인 룽에는 1790년 목사 자리를 얻기를 바라며 돌아왔지만 그 바람이 이루어지지 않자 사립학교를 열어 단시일에 성공을 거두었다. 그가 함부르크의 상류층과 좋은 관계를 유지했기 때문이었다. 룽에가 표방하는 경건주의는 실용적인 이성으로 세상만사를 경건히 대했기에 함부르크 정신과 잘 맞았다. 룽에는 함부르크 최초로 학교와 학부모의 공동작업을 시도했고 실행에 옮겼는데, 이는 새롭고 흥미로운 일이었다. 계몽주의, 특히 바제도프의 저서는 관행화된 처벌과 기계적 암기 같은 교육의 어두운 면을 조금은 개선했다. 룽에는 생도들에게 친구가 되어주려 했고 부유한 학부모들과 친숙히 어울렸다. ─물론 자신의 출세를 염두에 두지 않고 한 일은 아니었다. 계몽주의의 영향을 받은 함부르크에선 1800년 출판된 룽에의 저서『자녀를 의무에 맞게 키우려는 부모를 위한 교육 지침』이 교육의 기본서로 꼽혔다. 매끄러운 달변으로 쇼펜하우어에게 깊은 인상을 주었던 이 교육자는 1811년 겨우 42세에 '턱경련'으로 사망한다.

아르투어의 학교친구인 로렌츠 마이어의 일기를 보면 수업의 방식과 내용을 짐작할 수 있다. 교사는 교재를 가르쳤고 학생들은 착실히 받아썼다. 그러고 나서는 질문이 허락됐다. 때로는 제대로 된 논쟁이 벌어지기도 했다. 학생들은 자신들의 사회적 특권을 잘 알았고 교사를 그저 가난뱅이로 여길 만큼 자부심이 강했기에 그들을 통제하기란 쉽지 않았다. 유일하게 학생들에게 인정을 받았던 룽에는 종종 어려움에 빠진 동료를 위해 개입해야 했다. "이어서 룽에 선생님이 짧은 훈계를 하셨다"고 로렌츠 마이어가 1802년 1월 16일 일기장에 쓴다. "선생님은 우리가 하우프트만 선생님을 무시했다고 나무라셨다. 하우프트만 선생님의 수업에 우리가 올바로 처신하길 바라며 자신이 받고 있는 사랑에 기대어 호소한다고 하셨다."[55]

룽에의 학교에서 학생들은 여러 화폐 단위로 계산하는 법(수학)을 배웠고 교통로와 무역의 중심지들을 알게 되었으며 농산물의 수확과 공장제조업의 생산성에 관해 배웠다(지리). 학생들은 업무편지를 쓰기에 충분할 정도로 현대 외국어들을 배웠다. 놀랍게도 '종교'가 수업의 상당 부분을 차지했다. 그러나 이 '종교 수업'은 신비주의나 내향성, 신학의 독단론을 배제했다. 신의 계시나 종교인으로의 재탄생에 관한 이론도 없어서 이신론理神論[56]과도 조합이 가능한 도덕이론이 종교 수업에서 다루어졌다. 룽에는 이를 흥미롭게 가르쳤던 것 같다. 쇼펜하우어는 나이 들어서 즐거이 이 수업 시간을 떠올렸다. 로렌츠 마이어도 일기장에 개별 테마를 기록한다. – 하지만 다른 과목에 대해서는 이렇게 개별 테마를 언급하지 않는다. 예를 들어 궁여지책으로 하는 거짓말이 다루어진다. "그건 용납할 수 없다. […] 그렇지 않을 경우 궁여지책으로 하는 절도 역시 용납할 수 있으며 […] 급기야는 궁여지책이라는 말로 제일 나쁜 악덕도 용서하게 된다."[57] 다행히도 룽에의 생도들은 궁여지책이 무엇인지 거의 알지 못했기에 이 악덕의 원천에서 나온 악행은 거의 없었다. 오만함이라는 악덕이 그들에겐 더 심각한 문제였다. 그래서 룽에는 다른 수업에서 "상대방을 아껴야 하는데 회계사무소에서 일하는 젊은이들이 잘난 체하느라고 이 규칙을 어기는 경우"[58]에 대해 말한다. 유복한 학생들에게는 "상대를 화나게 해서 잘못된 길로 인도하는" 악덕에 대한 경고 역시 피부에 와 닿는다. "예를 들면 돈이 많지 않은 사람에게 부담이 되는 파티에 오라고 권유하는 경우가 이에 해당한다."[59] 룽에는 "친근한 태도"를 권장하고 "수다 떠는 것"을 폄하하며 "어떻게 하면 직업에 종사함으로써 다른 사람들에게 이익을 가져올 수 있을지"[60]에 대해 말한다. 다음 수업에는 우정과 인간애가 다뤄진다. – 이 훈계를 따르기에는 일진이 나쁘다. 오후에 한 병사가 배열태형[61]을 받기 때문이다. 학생들은 당연히 그리로 달려간다.

수업에서 다루어진 도덕의 개별사례는 흥미롭지만 감동을 주지는 않았으며 합리적이지만 영감을 주지는 않았던 것 같다. 명료하지만 비밀과는 무관했고 비극의 자취라곤 전혀 없이 낙관적이었던 것 같다. 학생들은 삶을 편안하게 긍정하는 태도를 배웠다. 룽에의 수업 시간 내내 아르투어 쇼펜하우어는 그런 긍정에 대해 전혀 이의를 제기하지 않았다. 아니 혹시 했을까? 1802년 11월 20일 로렌츠 마이어는 일기장에 기록한다. "룽에 선생님이 쇼펜하우어에게 화를 냈다."[62]

학교는 부자들의 주거지역인 암 카타리넨키르히호프 44번지에 위치했다. 수요일과 토요일 오후를 제외한 평일 모두 오전 9시에서 12시, 오후 15시에서 17시까지 학생들은 그곳에 있었다. 비가 오면 마차가 학생을 데리러 오거나 하인이 우산을 가지고 왔다. 학생들은 이미 작은 신사들이었다. 때로는 서로 주먹싸움을 하기도 했다. ─ 로렌츠 마이어는 몇 차례 아르투어가 완력에서 밀리지 않는다고 언급한다. 그들은 술래잡기를 하며 놀았지만 저녁에는 무도회와 사교모임에 가서는 양갓집 규수들과 사귀었다. 바로 이 저녁파티들을 로렌츠 마이어는 장부를 적듯이 세세히 일기장에 기록했다. "저녁에 뷜 씨네 무도회에 갔다. 아주 즐거웠지만 춤을 더 많이 추지 못한 게 아쉬웠다. 첫 번째 에코세즈는 도리스와, 두 번째와 세 번째는 말헨 뷜과 췄다. 첫 번째 프랑세즈는 마리안네와, 두 번째는 B. 플로어와 췄다. [⋯] 밤 2시경 우리는 돌아왔다. 원래 나는 두 번째 에코세즈를 마담 쇼펜하우어와 춰야 했지만 마드모아젤 뷜 덕에 피할 수 있었다."[63] 겨우 15세인 로렌츠 마이어는 신사답지 않게 아르투어의 어머니와는 춤추기 싫다는 걸 숨김없이 적는다. 마이어와 아르투어의 다른 친구들은 그런 모임에서 미래의 부인을 만난다. 아르투어 역시 열정적으로 춤에 몰두했지만 미래의 부인을 만나지는 않는다. 아르투어는 르아브르에 있는 친구 앙티메에게 사교모임에 관해 보고했던 듯하다. 앙티메가 답장에서 아르투어는 스타일을 망치는 배의 군살을 빼야 한다고 조언한다. 그를 "매력적인 레이디킬러"라고 치켜세우기도 한다.

매주 최소한 한 번은 대규모로 파티가 열린다. "저녁엔 쉬뢰더 일가의 나무집에 갔다"고 로렌츠 마이어가 쓴다. "난 파티를 즐겼다. 150명에서 200명가량 참석했다. 악사가 12명이었는데 그중에 팀파니와 트럼

펫이 있었다."[64]

아르투어는 동년배들과 왁자지껄하게 어울렸다. 몇 년 후 자신의 "더 나은 의식besseres Bewusstsein"이라 부르게 될 것은 아직 밀봉되어 있거나 아니면 아르투어는 이런 환경에선 그 의식을 밀봉해둔다. 그렇다 쳐도 학교 친구인 로렌츠 마이어와 카를 고드프루아가 남긴 소년시절 편지에는 아르투어에 대한 존경심이 묻어난다. 고드프루아와 마이어 중 하나가 아르투어로부터 긴 편지를 받으면 다른 하나가 질투하는 일이 반복된다. 그리고 그들은 아르투어가 자신을 핀잔해도 그냥 받아들인다. 카를 고드프루아가 1803년 12월 26일 여행 중인 아르투어에게 이렇게 쓴다. "로렌츠 마이어 얘기로는 네가 그에게 아주 모욕적인 편지를 썼다는군. 물론 그 편지를 내가 보진 않았지만 내가 잘 아는 아르투어가 친구를 고의로 모욕하지 않을 거라 믿어." 특히 카를 고드프루아는 글솜씨가 빼어난 친구가 자신의 글을 지루해할까 봐 걱정된다고 여러 차례 편지에 쓴다. 사실 로렌츠 마이어와 카를 고드프루아가 쓴 편지는 따분하기 그지없다. 여기서 이 셋을 묶는 우정이 어떤 것인지 짐작할 수 있다. 이 우정은 감정토로가 유행하던 낭만주의 시기에 젊은이들이 맺었던 다정다감하며 사랑에 넘치는 연대는 아니었다.

아르투어가 친구들에게 무어라 썼는지 우리는 알 수 없다. 카를 고드프루아와 로렌츠 마이어는 어음 위조범이 도망갔고 저녁 무도회가 별로였으며 일요일 오후에 총격 사건이 생겼으며 "애국협회"에 새 멤버가 가입했다고 길게 늘어놓는다. ― 그리고 여러 차례 지루해 죽겠다고 늘어놓는다. 사랑에 푹 빠졌다거나 사춘기 소년답게 세상에 대해 고뇌한다거나 젊은이다운 자존심으로 성인들의 세계를 경멸한다거나 '속물들'을 비웃는다거나 허튼소리를 하는 경우는 전혀 없다.

이 우정은 피상적인 수준에 머물렀지만 아르투어는 더 깊은 우정을 이 시기에 찾지 못한다. 그가 1807년 함부르크를 떠나면서 카를 고드프루아와 로렌츠 마이어는 그의 삶에서 사라진다. 이 둘은 경력을 쌓았다. 외교관의 길을 택한 고드프루아는 한자 도시들의 대사가 되었고 처음엔 러시아 상트페테르부르크에서, 이후에는 베를린에서 근무했다. 아주 부유했던 고드프루아는 사교계에서 돈을 펑펑 쓰며 살았는데 노년에는 『빈곤 혹은 부실재산 이론. 재산분배론에 관한 기고』라는 책을 썼다. 함께 학창시절을 보낸 지 반세기 후 우연의 장난인지 최초의 열렬한 쇼펜하우어 추종자 중 하나인 율리우스 프라우엔슈태트 Julius Frauenstädt[65]는 고드프루아가의 가정교사가 되었다.

로렌츠 마이어는 아버지의 사업을 물려받아서 성공을 거듭하며 부를 늘린다. 그러고는 도시의 부유한 규수와 결혼한 후 함부르크 정계로 진출해 상원의원이 되고 고령의 나이에 사망한다.

아르투어 쇼펜하우어가 이런 삶을 살기를 아버지는 기대했다. 그러나 카를 고드프루아와 로렌츠 마이어와 친하게 지내던 시절에도 아르투어는 그게 자신도 원하는 삶인지 회의에 빠진다.

제 3 장

—

어려운 선택: 세상 속으로 갈 것인가, 책 속으로 갈 것인가? 장기 유럽여행을 택하며 악마와 계약을 맺다: 삶의 책을 두 번째로 읽다. 그러고는 지옥에 떨어지다. 산정 체험을 한 후 사무실로 추락하다. '올라가서 침묵할 자는 누구인가?'

—

어머니 요한나 쇼펜하우어와 여동생 아델레 쇼펜하우어(1797년~1849년)

**어려운 선택: 세상 속으로 갈 것인가, 책 속으로 갈 것인가? 장기 유럽
여행을 택하며 악마와 계약을 맺다: 삶의 책을 두 번째로 읽다. 그러고
는 지옥에 떨어지다. 산정 체험을 한 후 사무실로 추락하다. '올라가서
침묵할 자는 누구인가?'**

SCHOPENHAUER

아르투어 쇼펜하우어는 룽에의 학교에서는 학급친구들과 치고받지
만 저녁에는 무도회와 사교모임에 나간다. 어머니는 사교모임을 주관
하고 아버지는 사업에 매진하는 동안 정치의 먹구름이 함부르크를 에
워싼다. 함부르크 시민들은 정치적 중립을 지키기 때문에 안전하다고
믿기에 위험을 과소평가한다. 신뢰에 차서 미래를 낙관하는 함부르크
시민들은 평화를 향한 의지를 보여준다는 취지에서 요새의 외벽을 헐
고는 벽들이 있던 자리를 산책로와 꽃밭으로 바꾸라고 조경사에게 위
탁한다.

함부르크 시 정부는 힘의 균형이 유지되리라 믿는다. 독일 신성로
마제국이라는 오래된 안전장치는 이미 허수아비라서 더 이상 프로이센
의 탐욕을 막는 보호물이 아니다. 하지만 프랑스가 프로이센의 발목을
잡고 있다. 나폴레옹이 지배하는 프랑스도 탐욕스럽기로는 프로이센에
지지 않지만 영국이 맞서고 있다. 몹시 중요한 항구도시이자 비중 있는
무역 파트너가 자유를 상실하는 것을 영국은 절대 용납하지 않을 것이
라고 함부르크 사람들은 믿는다. 물론 신중히 행동해야 하기에 함부르
크는 협약에 맞게 처신할 것을 약속하는 사절단을 파리와 베를린과 런

던 등 도처에 보낸다. 이 시기에 무역은 호황을 누리는 까닭에 함부르크 사람들은 자신이 안전하다고 여긴다. 함부르크 시는 특히 영국과의 친교에 애썼는데 이는 전통을 가지고 있다. 함부르크 사람들은 온건한 영국 민주주의와 영국식 삶의 방식을 성공적으로 배워왔다고 자부한다. 함부르크의 중산층이 가장 즐겨 입는 것은 영국식 의상이다. 섬나라 영국처럼 사람들은 오후에 격식 있게 티타임을 즐긴다. 영국문학이 유럽대륙에 자리 잡으려면 함부르크를 거쳐야 한다. 로렌스 스턴의 소설 『트리스트럼 샌디』는 함부르크에서 큰 성공을 거둔다. 리처드슨[1]의 교화적인 소설도 이곳에서 승리의 행진을 시작한다. 영국 영사는 함부르크 오페라의 가장 중요한 후원자인 반면 오페라 감상을 매도하는 「도덕 주간지」 역시 영국의 도덕 저널을 본떠서 만든 것이다. '주식 투구'라는 별명의 남자 모자와 우산에서도 영국풍을 느낄 수 있었다.

함부르크를 방문한 헤르더[2]는 자신이 받은 인상을 이렇게 쓴다. "그들(함부르크 사람들)에게 하느님 바로 다음으로 관대하고 부유한 존재는 영국군주이며 영국 레이디보다 더 사랑스러운 존재는 없다. 그들은 천사가 모두 영국 아가씨라고 믿는다."[3] 그 정도로 이곳의 영국사랑은 유별나다.

그랬기에 여행 중인 넬슨 제독과 레이디 해밀턴이 한자 도시를 들르자 함부르크 사람들은 주피터와 주노가 내려온 듯이 느낀다. 「알토나의 메르쿠어」 신문은 1800년 10월 23일 다음과 같이 보도한다. "어제 유명한 넬슨 경이 해밀턴 공사와 공사의 영부인을 동반하고 도착했다. 저녁에 넬슨 경은 프랑스 극장에 모습을 드러냈는데 관중의 뜨거운 박수갈채를 받았다."[4] 그가 갈채를 받은 것은 놀랍다. 전투 도중 오른쪽 눈과 오른팔을 잃어버린 영국의 영웅은 나폴리에서 그다지 명예롭지 않은 사명을 마친 후 돌아가는 길이었기 때문이다. 나폴리 왕가를 공화파의 봉기에 맞서 방어하며 넬슨은 음흉하고 잔인한 면모를 숨김 없이 드러냈다. 자유통행권을 약속했음에도 불구하고 넬슨은 공화파의 지도자들을 제독선의 활대를 써서 교수형에 처했다. 공화정의 전통을 자랑스러워하는 함부르크 같은 도시에선 칭찬받을 수 없는 짓이었다. 레이디 해밀튼 역시 매우 난처한 경우였다. 식모로 일하다가 미모와 총명함 덕에 최고 귀족으로 출세한 레이디 해밀튼은 영국 공사의 아내이자 제독의 정부였고 몇 년 후 제독의 딸을 출산하기도 했다. 본래 엄격한 도덕을 중시하는 함부르크 사람들이지만 영국이 지닌 매력이 대단했던 탓에 전혀 이를 문제 삼지 않았다. 요한나 쇼펜하우어도 공화파의 충성심을 잊은 채 고귀한 커플을 만났다고 자랑스럽게 적는다. 고령의 클로프슈토크는 — 프랑스가 누리는 자유를 칭송한 지 얼마 지나지 않아서 — 아름다운 레이디와 전쟁에서 부상당한 연인에게 매료되어 송가를 바치기까지 한다. 「순결한 사람들Die Unschuldigen」이란 제목이다. 함부르크 신문들은 이 시를 1면에 싣는다.

1801년 함부르크로 덴마크 군대가 행진해 들어옴으로써 한동안 유지되던 정치적 평온함은 갑자기 끝난다. 덴마크는 프랑스 연합군 자격으로 함부르크에 들어온다. 북해 해안을 영국의 공격에 맞서 지킨다는 게 공식적인 명분이지만 사실상 덴마크는 유럽이 곧 정치적으로 새로이 판을 짜게 될 국제적 상황을 이용해서 수백 년 동안 노려왔으나 점령하지 못했던 이 부유한 도시를 값진 담보물로 확보하려 한다. 하지만 유럽 권력들이 균형을 유지하리라는 함부르크의 믿음은 또 한 차례 입증된다. 프로이센은 덴마크를 위협하며 영국도 이에 합세한다. 넬슨 제독은 손님으로 받은 환대를 보답할 수 있다. 넬슨이 코펜하겐을 포격하자 덴마크의 함부르크 점령은 단기간에 끝난다.

다시 평화가 왔지만 그 평화는 애초부터 위태롭다. 이는 경제에 영향을 미친다. 상품거래는 눈에 띄게 줄어들어서 많은 상점들이 폐업해야 한다. 호경기의 시대는 끝나고 회사들은 살아남기 위해 힘겨운 싸움을 벌여야 한다. 포기하지 않았다면 상인은 지금이야말로 자리를 뜨면안 된다. 그러나 하인리히 플로리스 쇼펜하우어는 장기간에 걸친 유럽관광 여행을 계획하고 있다. 우리는 아버지의 마음속이 어떤지 알 수없지만 이 여행계획으로 미루어 그는 더 이상 자신의 사업에 전력투구하지 않는 듯하다. 스무 살이나 젊은 아내를 옆에 두려면 늙어가는 자신이 무언가를 제공해야 한다고 그는 믿는다.

아들 아르투어도 하인리히 플로리스 쇼펜하우어에겐 근심거리이다. 아들은 김나지움으로 전학시켜 달라고 조르고 있다. 달리 말하면 아르투어는 상인이 되고 싶지 않으며 악몽처럼 짓누르는 가업 전통을 깨고 나오겠다는 것이다. 그는 "회계소"에서 견습생으로 일하고 싶지 않다. 상인 견습생 신분이 당시 무엇을 의미하는지 우리는 소년기 친구로렌츠 마이어가 일기장에 붙여놓았던 계약서 복사본에서 알 수 있다. 그 계약에 따르면 마이어는 7년을 "도제"로, 3년을 "점원"으로 회사에서 일해야 한다. 그는 고용주의 집에 묵어야 하며 "밤에 외출해서는 안되며 고용주의 명예와 신용과 이익을 총력을 기울여 증진시켜야 하며그런 가치들을 자신의 이익에 써서는 안 된다."[5] 7년 후에야 견습생은월급을 받는다. 그 기간에는 부모가 옷가지를 책임지며 식사는 고용주가 제공한다. 견습생이 계약을 파기하면 부모가 위약금을 내야 한다.

아버지는 아들이 15세로 룽에 학교를 마친 후 존경받는 무역상인이자 상원의원인 마르틴 요한 예니쉬에게서 실습을 시작하기를 원한다. 그렇게 되면 아르투어도 비슷한 일을 해야 한다.

룽에의 생도들 중에는 - 모두 상인의 길을 가도록 정해진 소년들이다. - "갤리선[6]에서 노를 저어야" 한다는 전망에 반항하는 경우가 적지 않았다. 학교 친구 카를 고드프루아에게도 견습기간은 떠올리고 싶지 않을 정도로 "끔찍한 것"이다. 그러나 자신이 무엇을 원하는지 알기에 아르투어는 더 분명히 더 강하게 거부한다. 그는 라틴어와 그리스어, 문학과 철학을 배워서 학자가 되려 한다. 이것저것 조금씩 섭렵한 학문들에 그는 매력을 느낀다. 교육자다운 촉수를 지닌 룽에 역시 소년의 소원을 지지하며 아버지가 이를 허락하도록 설득하려 한다. 학교에서 강한 지식욕으로 두각을 나타내는 아르투어는 집에서는 아버지의 서재를 살살이 뒤진다. 그러다가 잠긴 서랍장 안에 있는 보물이 수중에 들어온다. 거기에 아버지는 통속소설들을 보관하고 있다. 예를 들자면 밥티스트 루베 드 쿠브레가 쓴 6권짜리 가죽 장정본 소설 『기사 포브라가 겪은 사랑의 모험』이 그중 하나다. 아르투어는 로코코 취향의 황당무계한 연애담을 밤마다 침대에서 탐독하다가 아버지에게 들킨다. 위대한 프랑스인 볼테르와 루소가 쓴, 덜 감각적이지만 심오한 뜻을 지닌 문학들 또한 아르투어는 통달하고 있다. 그는 손에 잡히는 것은 몽땅 읽지만 특히 문학작품을 선호한다. 문학작품을 사랑하는 데에는 남 못지않은 어머니조차 아들에게 과도한 독서를 삼가라고 충고한다. 유럽여행 도중에 몇 주간 윔블던에 남겨진 아르투어에게 어머니는 1803년 8월 4일 스코틀랜드에서 편지를 쓴다. "부디 당분간 시인들을 모두 멀리하길 바란다. […] 시간을 몽땅 예술에만 허비하는데 이토록 빨리 이력이 난다면 네게 좋지 않을 거다. 넌 이제 열다섯 살인데 이미 독일과 프랑스의 최고 작가들과 몇몇 영국 작가들까지 읽고 공부했어."

아버지는 아들의 소원에 동의하지 않는다. 그러나 얼마 지나지 않은 1802년에 아버지는 이미 항복한 듯 보인다. 아버지는 같은 해에 아들을 위해 녹을 받는 성직을 사 두려고 함부르크 성직자 회의와 협상한다. 후일 이력서에 아르투어는 다음과 같이 쓴다 "사랑하는 아들의 행복을 그 무엇보다 염려하던 아버지는 학자라는 직업과 빈곤은 불가분의 관계에 있다는 생각이어서 임박한 위험을 반드시 늦기 전에 막아야 한다고 믿었다. 그래서 나를 함부르크 성당의 참사회원으로 만들기로 결심하고 부수조건들을 검토하기 시작했다."(B, 649)

아들에게 양보를 하면 아버지는 필생의 계획을 실현시키지 못하게 된다. 가족의 전통은 중단될 것이고 그의 사업을 이을 후계자는 없을 것이다. 아들로 인해 그는 자신의 미래를 잃어버릴 것이다. 이 모든 것을 받아들일 준비가 되어 있다니, 그는 체념한 듯하다. 무역업에서 한발 물러난 것에서도 그가 체념했음을 알 수 있다. 어려운 시기에 사업을 팽개치고 떠나는 게 쉽지 않지만 아버지는 장기간 여행을 강행한다.

성당과의 거래는 지지부진이다. 교구를 사려면 2만 라이히스탈러라는 결코 만만치 않은 가격을 지불해야 하는데 이 가격은 쇼펜하우어 일가에게는 너무 부담이 되었던 듯하다. 아델레의 앞날도 생각해야 한다.

양친은 워낙 1802년 여행을 시작하려 했으나 아직 상황이 너무 불안하기 때문에 연기한다. 그러고는 평화조약 체결을 기다린다. 1802년 3월 영국과 프랑스가 조약을 체결하지만 이는 잠정적 조약일 뿐이다. 하지만 함부르크로서는 만사가 유리하게 돌아가는 듯 보인다. 1803년 2월 제국대표자회의주요결의[8]에서 프랑스는 한자 도시들에 자유를 보장한다. 하지만 이런 시기에 그런 보장을 믿는 사람은 몹시 순진함에 틀림 없다. 하인리히 플로리스 쇼펜하우어는 순진하지 않다. 그렇지만 그는 떠나려 한다. 요한나가 조르는 데다가 자신 역시 사업의 부담에서 한번은 해방되고 싶다. 그래서 출발 시기는 1803년 5월 초로 잡혔다. 며칠 후 다시 발발할 전쟁은 함부르크를 혼돈에 빠트릴 것이다.

아르투어의 문제를 두고는 아직 최종 결론이 내려지지 않았다. 이제 아버지에게 지독히 합리적인 착상이 떠오른다. 그는 아들이 자유롭게 스스로 책임진다는 모험을 하게 만든다. 그는 갈림길을 연출해서는 두 인생행로 중 하나를 아들에게 택하라고 한다. 아르투어는 함부르크에 남아서 즉시 라틴어를 가르치는 김나지움에 입학해도 되며 그후 대학에서 학업을 계속하면 된다. 혹은 부모와 함께 여러 해 동안 유럽 관광여행을 할 수 있다. 이 경우엔 돌아오면 무역상 예니쉬의 도제가 되어야 한다.

아버지는 아르투어를 '이것이냐 저것이냐'라는 실존주의적 결단으로 내몬다. 아르투어는 스스로를 '창출'해야 하는 지점에 세워진다. 그는 자신이 무얼 원하는지 안다고 믿고 결정을 내려야 한다. 그런 결정을 하고 나서야 비로소 그가 진정 무엇을 원하며 그가 어떤 존재인지 알아낼 수 있을 것이다. 그는 자신이 무엇을 원하는지를 드러낼 이런 상황을 원하지 않는다. 뭔가를 하나 하고서 원래는 다른 걸 하려 했다고 스스로 믿는 것이 훨씬 편하다. 그러면 자신이 잘못한 것이나 능력이 미치지 못했던 일을 두고 다른 사람에게 책임이 있다고 하면 된다. 선택의 자유는 우리를 우리 자신과 대면시킨다. 선택하면 우리는 책임을 떠맡아야 한다. 선택을 하면 우리는 스스로에게서 도망칠 수 없다. 선택을 한 후에야 우리는 자신이 누구인지 알게 된다.

모든 결정은 어느 하나를 취하고 다른 하나를 배제한다. 엄밀히 말하자면 하나의 결정은 우주에 담긴 다른 가능성 전부를 배제한다. 하나의 긍정은 스스로를 주장하기 위해서 소리 높은 부정으로 무장한다. 쇼펜하우어는 나중에 「도덕의 형이상학Metaphysik der Sitten」에서 이렇게 말한다. "이 땅에서 우리가 가는 물리적 길은 항상 한 줄기 선일 뿐 평면이 될 수 없다. 따라서 살아가며 어느 하나를 취해서 가지려 한다면 셀 수 없이 많은 다른 것들을 그대로 버려둬야 한다. 그런 결정을 내리지 못하고 장터의 아이들마냥 스쳐가는 흥미거리에 모두 손을 뻗치는 사람은 선을 평면으로 바꾸려는 오류를 범하게 된다. 그렇게 되면 우리는 지그재그로 걸어가며 이리저리 헤매다가 어디에도 가지 못한다. 모든 것이고자 하는 사람은 그 무엇도 될 수 없다."(VMS, 103)

어느 하나를 취하려면 다른 하나를 고통스럽게 부정해야만 하도록 아버지는 섬뜩하게 조치해놓았다. 학자의 길을 간다는 것은 장기 여행을 포기함을 뜻한다. 장기 여행을 지금 즐긴다면 상인이 되어 미래를 살아야 한다.

이런 조치로 아버지는 모든 결정에 대가를 연계시킨 것 이상을 해냈다. 그가 – 그 효과를 제대로 알지 못한 채 – 연출했던 의미의 게임은 아르투어의 마음속에 지워지지 않는 유형이 되어 남을 것이다. 아버지는 결정을 내려야 하는 상황을 만들어냄으로써 학자가 되는 것은 즐거움을 포기하는 일임을 소년이 깨닫도록 한다. 학문을 배우려면 자신을 승화시킬 수 있어야 한다. 머릿속에서 여행하려면 육체는 집에 남아야 한다. 학자가 된다는 미래의 행복을 얻으려면 감각의 포기라는 불행을 치러야 한다. 학자의 자질을 갖춘 사람은 포기할 힘 또한 갖는다. 다른 사람들을 떠나 보내고 다른 종류의 출발이 임박해 있음을 예감하며 앉아 있으면 된다.

달리 말해보자. 지금 여행의 즐거움을 단념할 수 없는 사람은 포기를 할 수 없는 사람이다. 이런 사람은 그 즐거움을 미루지 못하며 머릿속의 승화된 즐거움을 누릴 힘이 없다. 그저 눈앞의 기회만을 취하여 활용할 수 있기에 상인은 될지라도 학자는 될 수 없을 것이다. 세상을 알게 되는 것은 머리를 부인하는 것이며 머리를 명석하게 함은 세계를 포기하는 것이다. 잔인하게도 아버지는 두 종류의 활동 – 육체와 머리의 활동 – 을 서로 배제하는 양자택일로 갈라놓는다. 그는 이 의미의 게임 – 게임 이상은 아니다. – 을 그 파장을 파악하지 못한 채 연출한다. 그러나 늘 그렇듯이 참가하는 사람에게 게임은 승자와 패자가 있는 드라마가 된다.

여행을 가지 않겠다고 결정했더라면 아르투어는 학자보다는 샌님 같은 자질을 가졌다고 볼 수 있다. 그러나 여행을 가겠다고 결심하고서도 그는 부끄러워할 것이다. – 이 상황에는 악마가 숨어 있다. – 주어진 양자택일의 틀 안에서는 여행을 가는 것이 곧 자신의 야망을 배신하는 일이 되어버리기 때문이다. 막상 결정을 내려야 하는 상황에 닥치자 학자가 되겠다는 소망이 짐작만큼 강렬하지 않아서 소망을 배신했다는 사실을 피할 수 없을 것이다. 그는 여행을 가겠지만 자존심은 상처를 입을 것이다. 더 나아가 그는 세계를 발견하기 위해서 자신의 영혼을 팔았다는 느낌으로 여행을 갈 것이다. 이에 딱 들어맞는 비유가 있다. 한 걸음에 7마일을 가는 장화를 신고 세계를 돌고 나면 – 함부르크의 무역상 예니쉬의 모습을 한 – 악마가 날 데리러 오는 것이다.

이 드라마가 은밀히 끼친 영향은 아무리 높이 평가해도 지나치지 않다. 쇼펜하우어가 역사에 품는 반감은 – 이 점에서 그는 다른 동시대 철학자들과 확연히 구분된다. – 여기에 그 뿌리가 있다. 악마와 계약을 맺으면 미래는 저주와 위협이자 컴컴한 구멍이 되어버린다. 역사적으로 사유하는 사람은 내색은 하지 않더라도 미래로부터 무언가를 기대할 수 있어야 한다. 미래의 약속 없이는 역사적 사유는 있을 수 없다. 하지만 유럽여행은 마치 교도소 뜰 안에서 자유로이 움직이는 것과 같다. 몇 차례 뱅뱅 돌다가 다시 구멍으로 들어가야 한다는 점에서 그렇다.

그러나 아르투어 안에 자리 잡은 이론적 호기심은 아무리 배신을 당한다 해도 꿈쩍하지 않을 만큼 강하다. 다행히 사람들은 지속적으로 자신으로부터 도망칠 수 없기에 우회로로 돌더라도 자신에게로 가지만 때로는 도착하기 전에 죽는 일이 생길 수 있다. 쇼펜하우어는 「도덕의 형이상학」에서 "한 인간이 온갖 시도를 통해 자신의 성격의 개별요소를 억누를지라도 결국 실패하므로 큰 틀에서는 성격에 따를 수밖에 없다"고 쓴다.(VMS, 103)

나중에 상인 교육을 받음으로써 아르투어는 자신의 이론적 호기심을 "억누를" 것이다. 그러나 이론적 호기심은 흔들리지 않고 그저 당분간 숨어서 그를 여행 내내 따라다닐 것이다.

이 이론적 호기심은 어떤 것일까?

그것은 세계를 얼싸안지 않으며 냉담한 자세를 취한다. 자신이 접촉하는 것에 녹아드는 대신 그것을 멀리하려 한다. 합일이 아닌 분리의 호기심이며 일반적인 즐거움이 아니라 외톨이의 즐거움이다. 분리주의라는 비밀스런 형이상학이 이 소년 안에서 작동한다. ─ 사랑을 듬뿍 받지 못한 소년의 내부에 있는 상흔들이 그것이다. 그러나 쑥쑥 자란 자부심은 상처들을 덮고 있다. 자부심 역시 물려받은 것이다. 아버지로부터, 자라난 환경으로부터 온 것이다. 아르투어는 수직선에 관해 빼어난 감각을 가지고 있다. 수직선은 그를 위로 쏘아 올린다. 하늘을 나는 새마냥 아래를 내려다 보아야만 그는 수평선을 견딜 수 있다. 아르투어는 평생 등산을 즐길 것이며 해가 뜰 무렵의 등산을 특히 좋아할 것이다. 이는 황홀경의 순간이다. 여행일기에서 그는 그 순간에 대해 이야기할 것이다. 저 아래엔 모든 것이 어둠에 싸여 잠들어 있는데 그는 이미 해를 본다. 그가 중심에 위치한 별과 은밀히 밀회를 하고 있는 것을 저 아래 골짜기에선 아무도 모른다. 이곳 고지대에서 그는 보편적인 것에 대한 즐거움을 발견한다. 그는 밑에서 온 디오니소스가 아니라 위에서 내려온 디오니소스이다.

위에서 내려온 그는 항상 거리를 유지한다. 아르투어 쇼펜하우어는 산속의 이른 아침 투명한 냉기 속에서 몸을 녹일 수 있는 사람이다. 그는 산의 날카로운 윤곽을 좋아한다. 그의 언어도 마찬가지다. 그의 언어는 흘러가지 않고 힘찬 걸음을 디디며 나아간다. 그의 언어는 명료하고 단호하지만 살살 감기지는 않는다. 그의 언어는 거리를 유지한다. 아르투어 역시 거리를 유지하고자 한다. 사랑받지 못한다면 쉽게 다가갈 수 있는 대상이 되고 싶지도 않다. 냉기와 날카로움이 그를 보호해야 한다. 범접하기 힘든 그 무엇을 소년은 풍겼기에 이를 느낀 학교 친구들은 여러 차례 불평했다. 어머니 역시 질책을 되풀이한다. 주위 사람들에게 좀 더 다가가야 한다는 것이다. 15세 아들에게 어머니가 쓴다. "난 경직된 에티켓에 매여 있는 사람은 아니지만 자기 자신 외엔 그 무엇도 개의치 않는 거친 성격과 행동은 정말이지 견딜 수 없어. […] 넌 그런 나쁜 기질을 타고나지 않았어."⁹ 아버지 역시 1804년 11월 20일 마지막 편지에서 아들을 훈계한다. "네가 사람들과 잘 지내는 법을 배우길 바랐다."¹⁰

아르투어는 결코 그걸 배우지 못할 것이다. 그의 이론적 호기심은 모든 것을 낯설게 만든다. 세상을 멀리하려 하면 할수록 그는 자기 자신에게 더 가까이 간다. 이러한 자기애는 어디서든 적대감을 불러일으킬 수밖에 없다. 어떻게 그런 상황에서 목석이 되지 않고서도 살아남을 수 있으며 거기서 철학 천재가 나오는지 우리는 보게 될 것이다.

마차를 탄 소년은 호기심에 가득 차 있지만, 거기에 호감이란 없다.

그는 정확히 들여다보고 면밀히 관찰하지만 압도되지는 않는다. 그는 자신이 한 경험을 근거로 소송을 걸기 위해서 증거를 모으고 있음이 분명하다. 소송의 상대는 지금 여행하고 있는 세계이다. 자신이 나중엔 감금될 것이라는 시각에서 본 세계는 감옥의 뜰로 보인다는 걸유의하자.

　물론 여행하던 시기의 아르투어는 세계고世界苦에 시달리는 사춘기 나이다. 하지만 이 사춘기 소년의 세계고는 극히 냉정한 관찰로 걸러져 있다는 점에서 전례가 없다. 아르투어는 볼테르의 주인공 캉디드[1]의 발자취를 따라 여행한다. 캉디드는 세상에 초연히 거리를 두고 사는 수밖에 없다고 보았다. 아르투어는 그 소설을 아버지의 책장에서 발견했다.

　나중에 여행을 되돌아보면서 아르투어 쇼펜하우어는 고귀한 비유를 했다. 부처가 겪은 것을 자신도 겪었다는 것이다. 그는 1832년 「콜레라의 책」에 이렇게 적는다. "학문적 교육을 받지 못했던 열일곱의 나는 부처가 청년시절에 병과 노년, 고통, 죽음을 보았을 때처럼 삶의 참상에 충격을 받았다. 세계가 목청 높여 또렷이 말하는 진실 앞에서 내게 주입되었던 유대인의 교리는 무너졌고 난 이 세계를 만든 건 선량한 존재가 아닌 악마임이 분명하며 악마가 피조물에 생명을 부여한 까닭은 피조물이 괴로워하는 걸 보며 즐기기 위해서라는 결론을 내렸다." (HN IV, 1, 96) 그의 「이력서」는 지나치게 미화함 없이 여행을 축약한다. "남자로 깨어나는 시기에 인간의 영혼은 온갖 종류의 인상에 가장 활짝 열려 있다. [⋯] 내 정신은 흔히 그렇듯 사물에 대한 텅 빈 단어들과 보고로 [⋯] 채워지지 않았기에 나의 지성이 본래의 예리함을 잃고 소진하는 일은 없었다. 그 대신 나의 정신은 사물을 직관하면서 양분을 취하고 참 수업을 받았다. [⋯] 천만 다행으로 이런 교육과정 덕분에 나는 일찍이 사물의 이름만으로 만족하는 습관을 없었고 사물을 직접 관찰하고 조사하는 것, 그리고 직관에서 자라난 인식을 장광설보다 확실히 선호하게 되었으며 그 까닭에 후일 말을 사물로 여기는 오류를 범하지 않았다."(B, 650)

　여행일기에는 아르투어가 여행 후가 아니라 여행 도중에 한 생각들이 적혀 있다. 아버지의 요구에 따라 그는 공책 세 권에 단정한 필체로 여행일기를 쓴다. 어머니는 아들에게 적당한 문학 교육을 시키려 한다. 아들은 보고 겪은 것을 언어로 옮기는 법을 배워야 하며 판단과 선택, 배열의 기술도 연습해야 한다. 간단히 말해서 그의 여행일기는 혼자 보려고 끄적거린 게 아니다. 여기에 아르투어는 부모님이 읽어도 되는 것만을 기록한다. 아르투어의 기록은 엉성함이라곤 없는 완결된 표현들로 이루어져 있다. 어머니가 후에 자신의 여행책자를 쓸 때 이 기록을 활용했을 정도이다.

당시 여행한다는 것은 대개의 경우 살아생전 다시 없을 단 한 번의 사건이라고 간주되었다. 낯선 나라와 낯선 사람들을 보며 받은 인상은 값진 보물로 통했다. 어느 정도 자부심을 가진 여행자라면 여행일기를 써서 평생의 보배를 그 안에 담았다. 기록이 완성되면 저자는 스스로 경험한 것에 긍지를 느끼며 여행기를 출판업자에게 가져갔고 출판업자는 세련된 방랑생활을 다룬 글을 기꺼이 인쇄했다. 대부분 한 장소에 머물러 사는 독자는 여행기록을 즐겨 읽었기 때문이다. 여행저술에 관한 한 어머니는 문학의 정상에 접근했다. 하지만 아들은 아직은 그런 야심이 없다.

1803년 5월 3일 쇼펜하우어 일가는 전용 하인이 딸린 자가용 마차로 출발한다. 여섯 살배기 아델레는 유모를 붙여서 친척에게 맡겼다. 여행 루트는 세부사항까지 꼼꼼히 정해져 있다. 유럽 어디든 – 브레멘과 암스테르담, 로테르담, 런던, 파리, 보르도, 취리히와 빈 – 사업상의 친구가 있고 지인의 지인이 있어서 묵어갈 수 있다. 추천장 덕에 여기저기 출입이 가능하고 새로이 친교를 트기도 한다. 그렇게 여행을 통해 유럽 사교계를 답사하게 되는데, 거기선 얽히고 설켜 서로 다 아는 사

이거나 한 다리만 건너면 아는 사이이다. 쇼펜하우어 일가는 해당 안내
책자를 통해 미리 관광명소를 알아보았다. 예를 들면 첫 번째 여행지인
브레멘에서 쇼펜하우어 일가는 즉시 그 유명한 블라이켈러로 달려 가
서 부패하지 않은 시체와 건조된 양피지로 만든 고문서를 보며 감탄한
다. 저녁에는 그곳에서 받은 인상을 떨치고 극장에서 기분전환을 하거
나 현지 사교모임에 초대받아 가기도 한다. 베스트팔렌에서 쇼펜하우
어 일가의 마차는 처음으로 진흙탕에 빠진다. 회색 하늘에 비는 하염
없이 내린다. "칠흑 같은 황야"라고 아르투어가 기록한다. 이곳의 음식
은 수준 이하이다. 쇼펜하우어 일가는 여행식량인 프랑스 파이와 포도
주로 끼니를 때운다. 마을은 더럽고 거지 떼가 달려든다. 네덜란드에서
는 다시 한숨 놓을 수 있다. 여기엔 벽돌로 포장된 도로에다 예쁘장하
고 깨끗한 집들이 있다. 한마디로 이곳은 말쑥하며 사람들은 조용한데
다 점잖다. 저녁에는 마을주점에 간다. "저녁 무렵 다른 마을 주점에서
는 사람들이 노래하고 소리 지르고 싸우고 욕하는 데 반하여 이곳의 주
점 손님들은 토박이 네덜란드 농부답게 앉아서 커피를 마셨다. 그 장면
은 정말이지 네덜란드 그림에서 늘 보던 것과 다를 바 없었다."(RT, 22)
쇼펜하우어 일가는 한동안 앉아 있다가 자러 간다. 아르투어는 잠이 오
지 않아서 피리를 든다. "거기 있은 지 한 시간가량 지났을 무렵 급작스
레 농부 여덟 명이 우리 방으로 들어와서는 지체 없이 옷을 벗고 거기
있던 침대 세 개에 누웠다. 그리고는 내 피리 연주에 새근새근 잠이 들
었고 고마움을 표현하려는지 코고는 소리로 내 연주를 반주했다." 아머
스푸르트에서 쇼펜하우어 일가는 영국과 프랑스 간의 전쟁이 다시 크
게 불거졌다는 소식을 접한다. 영국으로 건너갈 수나 있으려나? 칼레
해협이 폐쇄되었다는 소문이 도는 가운데 5월 11일 쇼펜하우어 일가
는 암스테르담에 도착한다. "암스테르담은 내 기대를 훨씬 뛰어넘었다.

거리가 아주 넓어서 사람이 붐벼도 다른 큰 무역도시에서처럼 불편하지 않다. […] 오랜 건축양식을 따라 뾰족한 박공지붕으로 꾸민 집들은 현대적이진 않지만 새집 같다. 집들을 항상 닦고 자주 외피공사를 하고 채색을 하기 때문에 언제나 새로워 보인다. 여기서 보는 다른 것들도 마찬가지다."(RT, 29) 어느 도자기 가게에서 아르투어는 자신의 성자와 첫 대면을 한다. 쇼윈도에서 그는 부처 상 여럿을 발견한다. "상대방에게 친절히 미소 지으며 끄덕이는 부처 상들을 보면 짜증나는 순간조차도 웃지 않을 수 없다."(RT, 25) 오래전에 지어진 시청을 방문했을 때 아르투어는 처음으로 숭고함에 대해 성찰할 기회를 갖는다. 이 공간에선 인간은 무의미하며 왜소할 뿐이라서 목소리는 울려 퍼지지 못하고 눈은 그 화려한 전체를 담지 못한다. 인간의 작품이 인간의 척도를 넘어서고 있는 셈이다. 돌에 기억을 새긴 건축기념물 앞에서 우글대는 육신들은 헛될 따름이다. 아르투어는 네덜란드 제독의 초상화 앞에 선다. "그림 옆에는 그의 삶을 이야기하는 상징이 놓여 있다. 그의 검과 술잔, 생전에 달고 다녔던 사슬 장식 그리고 마지막으로 이 모든 것들을 주인 없는 물건으로 만든 총알이 그것이다."(RT, 27)

이런 간결한 표현법은 회의에 찬 태도로 거리를 유지하며 관습화된 의미에 말려들지 않기에 의도하지 않은 익살스러운 상황을 잘 포착한다. 특히 종교와 관련된 경우에 아르투어의 간결한 표현법은 진가를 발휘한다. 암스테르담에서 유대교 예배를 방문한 후 아르투어가 이렇게 적는다. "랍비가 머리를 곧추세우고 입을 쩍쩍 벌리면서 엄청나게 긴 경과구經過句[12]를 낭송하자 교구민 모두 곡물거래소에서처럼 따라서 말했다. 성직자가 낭송을 마치자 다 함께 히브리어 책에 실린 시편을 노래했고 경과구로 마무리 지었다. 내 옆에 선 작은 소년 둘이 경과구를 더듬거리면서 머리를 치켜들고 고함을 쳐서 난 몇 차례 소스라쳤다. 정말이지 나로선 제정신을 유지하는 게 쉽지 않았다."(RT, 27) 이 발언을 냉소적인 반유대주의로 이해해서는 안 된다. 아르투어는 개신교의 찬송가 합창도 똑같이 경외심 없이 다루기 때문이다. 개신교 교회를 방문해서는 "여러 명이 새된 소리로 합창해서 귀가 따갑지만 입을 쩍 벌리고 꺽꺽대는 각 개인 때문에 웃지 않을 수 없다"(RT, 34)고 쓴다. 이런 얘기들은 참여 없이 관찰만 하는 자의 날 선 발언이다. 눈을 열고 보지만 연루되지는 않는 기술은 이른바 명사와 만났을 때에도 그 가치를 입증한다. 세계적 권력자들을 가까이에서 보는 것은 여행의 최고 수확으로 꼽힌다. 세계사가 만들어지는 장소에 일별을 던지는 것은 관광 프로그램의 일환이다. 쇼펜하우어 일가는 런던의 왕궁 거실에까지 들어가서 고위 귀족들이 회합을 갖는 '대기실'을 관람한다. 아르투어는 일기에 "시골 처녀가 변장한 것 같다"(RT, 44)고 귀족들을 평한다. 윈저궁의 정원에서 그는 왕과 왕비가 산책하는 걸 관찰한다. 두 사람은 지극히 평범한 속물처럼 보인다. "왕은 몹시 잘생긴 노인이다. 왕비는 못생긴 데다 품격이라곤 전혀 없다."(RT, 58) 빈에서는 오스트리아 황제 내외가 호프부르크성에서 출발하는 것을 본다. "황제가 황후의 팔을 끼고 나와서는 황후와 나란히 앉아서 직접 마차를 몰았다. 두 사람은 몹시 수수한 복장을 하고 있었다. 그는 홀쭉한 남자로 몹시 멍청한 얼굴 때문에 황제라기보다는 재단사처럼 보인다. 황후는 예쁘진 않지만 영리해 보인다."(RT, 258)

파리에서 본 나폴레옹은 그래도 뭔가 다르다. 파리에선 아르투어조차 냉정할 수 없다. 한번은 나폴레옹을 "프랑스 극장"에서 직접 본다. 사람들은 열렬히 박수 친다. 나폴레옹은 몇 차례 절을 하고는 자리에 앉는다. 아르투어는 이제 무대에서 상연되는 연극엔 관심이 없다. 현재 진행 중인 세계극장에서 주연을 맡은 무시무시한 배우가 특별석의 그늘진 모퉁이에 앉아 있는 까닭이다. "그는 아주 간소한 유니폼을 입고 있었다."(RT, 81) 후에 아르투어는 한 번 더 군대 사열식에서 나폴레옹을 눈여겨본다. "정말 굉장한 구경거리였다. 나폴레옹을 나는 아주 쉽게 알아 봤지만 너무 멀어서 얼굴 윤곽까지는 볼 수 없었다. 근사한 백마를 탄 나폴레옹 옆에는 항상 충직한 기마친위대원이 따른다."(RT, 108)

하지만 쇼펜하우어는 세계사를 만든 영웅들에 대해 회의를 품고 있다. 그의 시선이 닿으면 영웅의 껍질이 떨어지는 듯하다. 그는 영웅이 떠들썩하게 등장한 후 남는 게 무어냐고 자문한다. 그의 생각으로는 폐허가 된 들밖에 없으며 그나마 다 썩어버린다. 그는 위대한 정신이 정초한 것만이 살아남는다고 생각한다. 웨스트민스터 사원에 전시된 인물 입상을 보며 쇼펜하우어는 사색에 잠긴다. "왕은 왕관과 왕홀王笏을 남겼고 영웅은 무기를 남겼다. [⋯] 전시된 인물상 중 몇몇 위대한 정신의 소유자는 왕관 같은 외부의 사물이 없어도 자신의 인물만으로 광채를 뿜어냈다. 이런 사람들은 자신의 위대함을 다른 세상으로 가지고 간다. 이 땅에서 가졌던 것을 몽땅 가지고 가는 셈이다."(RT, 51)

하지만 지금 "왕"과 "영웅"이 상당한 재앙을 일으킨다. 쇼펜하우어 일가가 1803년 5월 24일 칼레에 도착하자마자 새롭게 전쟁이 불붙는 바람에 영국으로 건너가지 못할 뻔했다. 그들은 간신히 마지막 배에 올라탄다. 다른 여행객들은 그 정도로 운이 좋지 않다. 아르투어의 얘기를 들어보자. "보트 세 개가 젖 먹던 힘으로 우리 배로 노 저어 왔다. 프랑스 우편선을 예약했던 승객들이 타고 있었다. 우리 배가 출항하자마자 전쟁 소식이 칼레에 당도했기에 우편선은 출항할 수 없었다. 이 재수 없는 승객들은 짐도 가지고 갈 수 없었다. 겁에 질린 여자와 아이들은 어렵사리 흔들거리는 우리 배로 기어올라 와야 했다. 그들을 여기까지 노 저어 데려왔던 선원들에게 1인당 2기니를 지불해야 했고 우리 배의 운임은 물론이고 아마 프랑스 우편선의 운임 역시 지불했을 것이다."(RT, 35)

영국에 무사히 하선下船한 후 첫 번째 목적지는 물론 런던이다. 유럽 대륙에 사는 사람이 저녁 무렵 런던에 도착하면 무의식적으로 여기서 마침 성대한 축제가 열린다고 생각한다. 런던 시가 빛의 바다에 빠진 것처럼 보이기 때문이다. 아르투어도 런던이 항상 그렇게 조명으로 밝혀져 있다는 걸 깨달아야 한다. 거리가 환하게 밝아도 도둑을 조심해야 한다. 붐비는 곳에는 소매치기가 들끓는다. 시내에는 삶이 분주히 맥박 치며 "런던시민을 움직이게 하는 격동은 모두에게 위험하다"[13]는 인상을 받았다고 요한나 쇼펜하우어가 여행기에 적는다. 아르투어는 혼자서 이 북적대는 속으로 들어가보기까지 한다. 거기서 받은 인상은 기대를 뛰어넘는다. 아르투어는 미래를 향해 여행한다는 공상을 하기도 한다.

이 혼돈 속으로 침몰하기 전에 쇼펜하우어 일가는 방문 및 관광프로그램이라는 안전지대로 피신한다. 볼거리는 무궁무진하다. 최고로 유명한 복화술사 피츠-제임스와 방금 상트페테르부르크에서 돌아온 판토마임 극단이 거기 꼽힌다. 일가가 방문한 상이해군병원에는 실내화 바람의 전쟁영웅들이 득실거린다. 세계 최대의 가구상점을 빼놓을 순 없다. 매주 처형 장면을 구경할 수 있으며 큰 극장이 여럿 있다. 코벤트 가든의 스타 배우 쿡이 무대에서 비틀거리자 극장장이 무대에 나와 사과한다. "쿡이 병이 났습니다." 관람석에서 야유한다. "아니지, 아니야, 취한 거야!" 헤이마켓에 있는 극장에선 연극이 상연되는 동안 꼭대기 관람석에서 한 관객이 노래를 시작한다. 관객들은 고함을 지르다가 결국 노래하게 내버려둔다. 노래가 끝나면 연극이 계속된다. 이게 영국식 자유다. 셰익스피어를 상연할 때는 프롬프터[14] 소리가 들리지 않게끔 혼파이프 연주가 삽입된다. 왕의 생일엔 의장마차 수천 대가 성문 앞에 몰리고 축포 소리에 귀가 멍하다. 막판에 아르투어는 조용한 윔블던에 있는 랭커스터 목사의 기숙학교로 가는 게 기쁠 정도다. 부모님이 스코틀랜드에서 여행을 계속할 동안 아르투어는 거기서 영어를 배워야 한다. 부모가 그 학교를 택한 이유는 노련한 군인 넬슨이 조카를 그리 보냈기 때문이다. 그렇다면 물을 것도 없이 추천 1순위이다. 뒷감당은 아르투어 몫이다. 학교는 기도로 시작하여 기도로 끝난다. 예배의 범위가 워낙 넓어서 생도들은 왕가 가족과 임산부, 수유부, 태어나지 않은 아기들과 얼마 전에 죽은 고위층을 위해 기도한다. 생도들은 산술적으로 옳게 다루어지며 처벌은 기계처럼 정확히 치러지기에 체벌도 도표에 따라서 이뤄진다. 음식은 안 먹는 게 나을 지경이고 아침 일찍 소년들은 목욕통으로 내몰리는데 수건이 모자란다. 일요일에는 예배가 계속 이어진다. 예배 전에 생도들은 목사가 설교를 연습할 때 옆에 있어야 한다. 그러고 나서 같은 설교를 다시 한 번 교회에서 듣게 된다. 저녁에 세 번째 예배가 있는데 도무지 끝이 나질 않는다. 잠을 자기에는 너무 춥다.

윔블던에서 아르투어는 학교 친구 로렌츠 마이어에게 쓴 편지에서 마음껏 울분을 토해냈음에 분명하다. 마이어가 "영국에 머무는 탓에 네가 영국 민족 전체를 미워하게 됐다니 유감"[15]이라고 답장에 쓴다.

이곳의 "파렴치한 맹신"에 자신이 얼마나 시달리는지 아르투어가 부모에게 구구절절 하소연하지만 부모는 그다지 깊은 관심을 보이지 않는다. 아르투어는 스코틀랜드에 있는 부모에게 보내는 편지를 "영국에 자리 잡은 이집트의 암흑을 진실이 횃불로 태워버려야 한다"(B, 1)는 탄식으로 끝맺는다. 어머니는 우선 부드럽게 문체에 비판을 한다. "어떻게 진실에 그런 걸 바랄 수 있니? 진실은 […] 암흑을 […] 밝힐 수 있지만 […] 태워버릴 수는 없단다." 그러고는 본론으로 간다. "그 좋은 기독교가 널 그동안 톡톡히 고생시키는구나. […] 하지만 조금은 널 놀리지 않을 수 없구나. 일요일과 휴일에는 네가 '안식일'이란 이유로 꼼짝도 안 하려 해서 내가 너랑 얼마나 많이 싸웠는지 아니? 이젠 네가 일요일의 안식을 마음껏 누리고 있구나!"[16]

윔블던에서 아르투어는 친구를 전혀 사귀지 않았다. 가능한 한 그는 사람을 피해 피리를 불고 그림을 그리고 책을 읽고 산책을 하며 보낸다. 그러다가 3개월 후인 1803년 9월말에야 해방감을 느끼며 부모가 머무는 런던으로 돌아간다.

쇼펜하우어 일가는 한 달 더 런던에 머문다. 결국 아르투어는 런던에서도 지루해한다. 1803년 11월 세 식구는 유럽대륙으로 가는 배를 탄다. 항해 도중 폭풍이 몰아쳐서 아르투어는 병이 난다.

11월 말 쇼펜하우어 일가는 파리에 도착한다. 아르투어는 아직 런던이 눈에 선하기에 여기가 19세기의 수도 같지 않다고 느낀다. 산책로, 궁전, 정원, 거리에서의 삶 모두를 그는 런던과 비교한다. 그에겐 영국의 중심지 런던이 훨씬 대도시다워 보인다. 저녁에 널찍한 번화가를 벗어나면 파리는 어둡고 더럽다. 도로는 포장되지 않았고 건물 전면은 장식품 하나 없이 우중충하다. 런던과는 달리 인파가 없는 곳도 꽤 있다. 시테섬[17]에 있는 자그마한 숙소 주변도 시골처럼 보인다. 『파리 도면』을 제작한 그 유명한 루이 세바스티앙 메르시에Louis-Sebastian Mercier가 쇼펜하우어 일가의 관광안내인이다. 메르시에보다 더 파리를 잘 아는 사람은 없을 것이다. 메르시에는 최근의 사건들을 파헤치는 데 열을 올린다. 그는 쇼펜하우어 일가에게 혁명의 자취를 보여준다. 여기에 기요틴이 있었고, 저기가 바스티유 감옥이며 여기서 공안위원회가 열렸고 여기가 로베스피에르의 침실이며 저기는 당통이 좋아했던 유곽이라는 것이다. 이들은 보나파르트가 유럽 전역에서 훔쳐온 예술품으로 넘치는 루브르 박물관을 하루 종일 관람한다. 나폴레옹이 피라미드를 보고 돌아온 지 얼마 되지 않아서인지 지금은 이집트 풍이 유행이다. 오페라 하우스에선 「마술피리」를 이집트 풍으로 각색해서 상연한다. 요즘은 점 잖은 신사가 빨간 터키모자를 쓰고 다니는 일이 드물지 않다. 이 '최신 유행품'은 파리에서 시선을 특히 자극한다. 파리 시는 영생을 보살피는 데에도 열심이다. 판테온은 곧 완성될 예정이다. 이미 장 자크 루소Jean-Jacques Rousseau가 제일 먼저 그곳에 안장됐다.

한 주 동안 아르투어는 혼자 르아브르에 들러서 어릴 적 친구인 앙티메를 볼 겸 그레구아르 일가를 방문하지만 이 만남이 어땠는지 여행 일기에 언급하지 않는다. 앙티메와 단 둘이 한 일은 부모가 알아서는 안 될 이야기이다.

1804년 1월 말 쇼펜하우어 일가는 파리를 떠나 보르도로 간다. 과거로 가는 여행이다. 마차는 혁명의 자취가 거의 없는 옛적의 프랑스를 달린다. 그칠 줄 모르는 비에 길은 질척하다. 몇 차례 아버지와 아들이 길에 놓인 돌을 치우는 걸 도와야 한다. 한번은 마차바퀴가 부서져서 여러 마일을 걸어서 도움을 청하러 가야 한다. 역마차 정류소에서는 바꿀 말이 없어서 한참 기다려야 한다. 투르에서는 여러 번 "칼 장수 아낙네들이 집요하게 달라붙어서"(RT, 116) 귀찮게 군다. 보다시피 칼은 차고 넘치지만 먹을 건 빠듯한데 마차에 있던 여행식량마저 도난당한다. 푸아티에와 앙굴렘 사이에는 도둑 떼가 날뛴다는 소문이다. 현지상황에 밝은 사람이 특정 도로를 피하라고 권하지만 그런 권고를 따르다가 외려 함정에 빠질지도 모른다. 집이 절벽에 다닥다닥 매달린 그림 같은 마을을 지나친다. "마치 절벽이 집을 출산하려는 것처럼 보인다"고 아르투어는 기록한다. 1804년 2월 5일 쇼펜하우어 일가는 드디어 무사히 보르도에 도착하고 아르투어는 여행일기에 보르도가 "프랑스에서 가장 아름다운 도시"(RT, 122)라고 적는다.

2년 전에 똑같이 느낀 사람이 하나 있다. 프리드리히 휠덜린Friedrich Hölderlin[18]이다. 1802년 1월 28일 보르도에 도착한 휠덜린은 포도주 상인이자 함부르크 총영사인 다니엘 크리스토프 마이어 가족의 가정교사가 된다. 마이어 영사는 아르투어의 친구 로렌츠 마이어의 삼촌이다. 휠덜린이 알지 못할 사정으로 마이어의 집을 떠난 건 2년이 채 안 됐는데 그곳에 쇼펜하우어 일가는 여장을 푼다. 휠덜린은 – 나중에 쇼펜하우어 일가처럼 – 마이어의 집을 대단히 마음에 들어 했는데 왜 겨우세 달 만에 허둥지둥 떠났는지는 아직도 학계의 수수께끼로 남아 있다. "숙소가 정말이지 훌륭하다"고 휠덜린은 어머니에게 쓴다. "'선생은 여기서 잘 지내실 수 있을 겁니다'라고 첫 대면에서 영사가 덕담을 했어요. 그 말이 맞을 거예요."[19] 휠덜린이 떠나야 했던 까닭이 근무지에서 체신 깎이는 연애행각을 벌여서인지 아니면 프랑크푸르트에서 수제테 곤타르트가 죽어가며 소식을 보내선지 아니면 정신질환이 발병했는지 우리로선 알 길이 없다. 쇼펜하우어 일가는 2년 전 휠덜린처럼 따뜻한 환대를 받으면서 마이어 일가에게 그 까닭을 들었을 법하다. 하지만 당시 휠덜린은 전혀 문학계의 저명인사가 아닌 탓인지 아르투어 쇼펜하우어의 여행일기에는 언급되지 않는다.

거의 두 달을 쇼펜하우어 일가는 보르도에 머문다. 사육제 막바지라서 그들은 번화가에서 가면 쓴 이들이 난리법석을 부리는 걸 구경한다. 꽥꽥거리는 노랫소리에 바보 광대의 방울 소리와 휘파람, 북 장단이 어우러진다. 이런 소음은 밤에도 잦아들지 않는다. 남유럽 특유의 흥청망청 즐기는 기질이 고삐를 풀고 나온 탓에 주먹질과 음담패설이 보르도 시를 가득 메운다. 사육제는 모든 경계를 무너뜨린다. 소박한 민중은 쇼펜하우어 일가가 속한 상류층의 영역을 점거한다. 저녁파티에 마늘냄새가 지독했다고 아르투어는 적는다. 극장에서조차 시장판 같은 악취가 난다. 그리고 저녁에 선선해지면 벽난로에는 향기 좋은 로즈마린 불이 타오른다. 사육제가 끝나자 종교복구[20]를 기념하여 30일에 걸친 축하행사가 시작된다. 남부 프랑스의 가톨릭 신자들은 엄한 데다 볼품도 없는 이성이라는 신을 더 이상 섬기지 않아도 된다고 한숨 놓는다. 혁명 후 처음 있는 성대한 교회행렬은 감격적인 축제가 된다. 도시 전체가 참가한 가운데 사람들은 성체 현시대를 우승컵처럼 떠받들고 다닌다. 향으로 뿌연 거리에는 경기병과 예복 차림의 사관학교 생도들, 성당 참사회원 합창대, 적색·백색·흑색으로 차리고 은 십자가를 건 성직자 한 무리가 집결한다. 자색 옷을 걸치고 제일 앞에 선 최고위 성직자를 아이들이 에워싸고 신기해한다. 나무에는 초롱이 걸리고 창과 문에는 상록수 다발과 나뭇가지가 걸려 있다. 찬송가가 장터에서 지르는 소리와 악사들이 내는 굉음과 뒤섞여지면 막 끝난 사육제가 이 경건한 축제에서 계속되는 느낌이다. 아르투어는 즐거이 감각의 형이상학이 소란을 부리는 낯선 상황에 자신을 내맡긴다. 포근한 공기에 따뜻한 바람이 불어 꽃봉오리가 터지고 하늘엔 예쁜 조각구름이 떠 있다. 보르도의 봄을 횔덜린의 시로 느껴보자.

갈색으로 그을은 여인들이
비단이 깔린 듯한 길을
휴일 날 걸어간다
삼월의 시간으로,
밤과 낮이 같아지면
느릿한 오솔길 너머
금빛 꿈을 품고
자장자장 실바람이 분다.[21]

춘분날 들불 축제가 있고서 3일 후 쇼펜하우어 일가는 "화창한 봄날"(RT, 129) 보르도를 떠났다고 아르투어는 기록한다.

여행은 랑공과 아젠, 몽토방을 거쳐 툴루즈로 이어진다. 아르투어에게는 "보던 중 제일 매혹적인 지역"(RT, 130)이다. 길 가의 자두나무는 꽃망울을 터트렸는데 인적 없는 궁전에, 헐린 성곽, 파괴된 수도원이 잇따라 보인다. 최근의 역사가 남긴 흔적이다. 랑그도크 운하Languedoc-Kanal[22]의 저수탱크 상페리올에서 아르투어는 지하수로가 열리는 광경을 구경한다. "쏟아지는 물살은 세상을 집어삼킬 듯했다. 무시무시하게 아우성치며 으르렁대다가는 소름 끼치게 울부짖는 물살을 무엇과 비교해야 할지 정말 모르겠다."(RT, 131) 여기서 받은 인상을 후에 아르투어 쇼펜하우어는 숭고함에 관한 미학강의에서 미화하고 있다. "이 엄청난 소음을 접해서는 그 어떤 생각도 나지 않는다. 이 소음은 밀폐된 공간에서 나기에 라인 폭포[23]보다 훨씬 더 시끄럽다. 여기서 무슨 소리를 내든 아무도 듣지 못할 것이다. 어마어마한 굉음 앞에 마주한 사람은 자신이 송두리째 말소되는 느낌이다. 하지만 그는 실제로는 아주 안전하게 어디 하나 다친 곳 없이 서 있고 굉음 체험은 지각 속에서 진행된다. 이런 상황에서 최고도의 숭고한 느낌이 생겨난다."(VMSch, 107)

자연의 막강한 힘 앞에서 개별 인간이 사라지는 것에 아르투어는 늘 매료된다. 자연 못지않게 압도적인 힘을 지닌 시간에도 그는 매료된다. 님Nimes 시에는 보존상태가 좋은 고대의 경기장도 볼 수 있다. 2000년 전 방문객이 자신의 이름인지 아니면 사랑의 고백인지를 돌무더기에 새겼다. "이 자취를 보자니 이미 오래전에 썩은 수천 명의 인간을 생각하지 않을 수 없다"(RT, 140)고 아르투어는 여행일기에 쓴다. 보르도에서 본 혼잡한 사육제, 랑그도크 운하에서는 물살이 내던 굉음, 여기 님에서는 돌의 모습으로 침묵하는 시간, 이런 것들 안에서는 개개 인간의 의미는 지워지는 듯하다.

마르세유에서 쇼펜하우어 일가는 열흘을 머문다. 아르투어는 항구를 이리저리 걷다가 여러 차례 이른바 "대화의 집" 앞에 멈추어 선다. 이 집의 발코니에 선 담당자가 도착선의 파발꾼과 안전을 위한 격리기간을 놓고 협상하기 때문에 붙은 이름이다. 수백 년 전 페스트가 퍼진 후 입항 전 격리기간이 법으로 정해졌다. "대화의 집" 안에선 식초냄새가 코를 찌른다. 항구 검역소에서 오는 편지를 매번 뜨거운 식초에 담가 소독하기 때문이다. 마르세유에서는 햇빛이 찬란하지만 사람들은 여전히 대규모 역병을 두려워한다. "인간의 비참한 처지에 대해 고민하기"에 탐닉하는 ─ 어머니가 못마땅해하며 썼던 표현이다. ─ 아르투어에겐 숙고할 가치가 있는 상황이다.

툴롱으로 가는 도중 쇼펜하우어 일가는 루이 14세가 여러 해 동안 누군지 모를 극비정치범을 철가면을 씌워 가뒀던 악명 높은 요새를 관람한다. 여기서 받은 인상은 갤리선 노예의 숙소인 툴롱의 대형 병기창고에서 아르투어가 받은 인상과 일치한다. 병기창고의 방문객은 동물원에 온 것처럼 안내받으며 사슬에 묶인 죄수들을 구경할 수 있었다. 그 광경엔 누구든 등골이 오싹해졌다. 어머니는 만일 노예들이 탈옥한다면 무슨 일이 생길까를 그려보며 "저런 이웃을 둔다면 정말이지 끔찍할 것"이라고 여행기에 적는다. 아르투어는 다르다. 바깥의 온전한 세계를 근심해서가 아니라 병기창고 안의 비참한 세계에 경악한 까닭에 그는 상상력을 활발히 펼친다. "죄수들은 세 등급으로 분리된다"고 아르투어는 1804년 4월 8일 여행일기에 쓴다. "처음 등급은 가벼운 죄를 범해서 단기간 갇힌 이들이다. 탈영병, 불복종 죄를 범한 군인 등이 있다 그들은 발에 쇠고리를 찼을 뿐 자유로이 돌아다닌다. 자유라 해봤자 무기창고 안에서뿐이다. 재소자는 시내에 들어갈 수 없기 때문이다. 두 번째 등급은 좀 더 무거운 범죄를 저지른 이들이다. 그들은 둘씩 짝지어 묵직한 사슬로 발을 묶인 채 일한다. 제일 중범죄자인 세 번째 등급은 갤리선 작업대에 붙박이로 매여 있다. 그들은 앉아서 할 수 있는 일을 한다. 이 불행한 사람들의 운명이 사형에 처해지는 것보다 훨씬 더 끔찍하다고 나는 생각한다. 밖에서 본 갤리선은 상상을 초월할 정도로 더럽고 구역질 나는 숙소이다. 갤리선은 더 이상 항해에 쓰이지 않는다. 폐선선고를 받은 낡은 배일 뿐이다. 재소자의 침상은 묶여 있는 작업대이다. 식사는 빵과 물이 전부다. 제대로 된 식사도 못하고 불행에 시달리는 재소자가 중노동을 하면서도 어떻게 쓰러지지 않고 버티는지 이해가 안 된다. 노예로 일하는 동안 이들은 정말이지 노새처럼 취급되기 때문이다. 이 비참한 갤리선 노예의 삶에는 – 사실 삶이라 하기도 민망하지만 – 아무런 기쁨이 없다는 생각을 하면 끔찍하다. 25년을 그렇게 보내고도 고통의 끝이 보이지 않는 이들에겐 아무런 희망도 없다. 불행한 노예가 음침한 갤리선에서 죽지 않고는 풀려날 길 없이 작업대에 묶여서 느끼는 감정보다 더 끔찍한 감정은 없으리라! – 적지 않은 이들은 자신과 함께 묶인 사람과 어쩔 수 없이 붙어 있어야 하기에 더욱 고통스러워한다. 드디어 재소자가 10년 아니면 12년 전부터 날마다 절망 속에 한숨 쉬며 고대하던 날이 왔다고 치자. 재소자가 할 수 있는 게 무언가? 그는 자신을 이미 10년 전부터 죽은 사람 취급하는 세상에 발붙여야 한다. 10년 더 젊었을 때 아마 그에게 가능했을 일들이 이젠 불가능하다. 아무도 갤리선에 갇혔던 사람을 받아들이지 않는다. 10년 형조차 찰나에 저지른 범죄를 씻어낼 수는 없다. 재소자는 어쩔 수 없이 두 번째로 범죄자가 되어서 최고 법정에서 최후를 맞는 수밖에 없다. – 이곳에 6,000명에 달하는 갤리선 노예들이 있다는 말을 듣고 깜짝 놀랐다. 이들의 얼굴은 관상 연구에 충분한 재료를 제공할 것이다."(RT, 155)

아르투어는 갤리선에서 받은 인상을 관상 연구 외에 다른 것들과도 연결시킨다. 툴롱의 병기창고는 선명한 이미지로 그의 뇌리에 저장된다. 그가 후일 의지의 형이상학에서 개인의 존재와 이성이 이름 없는 삶에의 의지에 매여 있음을 설명할 때 그 저장된 이미지를 사용할 것이다. 우리 모두는 의지라는 갤리선에 갇힌 노예이고 의지는 우리를 관통하고 있다. 온갖 이성을 갖추었어도 우리는 자기를 주장하는 맹목적 욕구에 꽉 매여 있다. 사슬에 매여서 버둥거리지만 바로 그 사슬이 우리를 이웃과 함께 묶기에 우리의 모든 움직임은 다른 사람에게 결국 고통을 줄 뿐이다.

툴롱에서 아르투어는 이 감옥을 바깥에서 일종의 스펙터클로, 즉 관찰하며 다가가는 스펙터클로 체험한다. 하지만 감금되어 있다는 게 보편적인 사태라면 관찰할 자리가 어디 있기나 할까? 바깥은 어디에 있는가? 보편적인 것이 어떻게 관객이 보는 스펙터클이 될 수 있을까? 이 질문들에 대해 아르투어 쇼펜하우어는 후일 아주 까다로운 답을 할 것이다. 그의 답은 주관철학과 불교, 경건주의적 신비주의와 플라톤 철학의 언어로 구성되어 있다. 선험적 내재[24], 천국은 아니지만 신성한 고지대, 신 없이 겪는 신적인 황홀경이 존재하기에 순수인식의 황홀경은 가능하다. 의지는 자신에게 등을 돌릴 수 있다. 그러면 의지는 자신을 소진하고 오로지 눈이 된다. 의지는 더 이상 존재하지 않고 그저 볼 뿐이다.

여행을 하는 동안 소년 아르투어 쇼펜하우어는 그런 고지대의 형이상학을 경험할 기회를 처음 갖게 된다. 말 그대로 고지대 경험을 하는 것이다.

여행하는 동안 세 번 아르투어는 산을 올랐다. 먼저 샤모니에 위치한 샤포, 그러고는 필라투스, 마지막으로는 리젠산맥의 슈네코페를 오른다. 매번 아르투어는 여행일기에 상세히 보고한다. 그의 글은 문체를 놓고 봐도 고공비행이다. 다른 곳에선 종종 지루하리만치 꼼꼼히 체험한 것들을 적던 아르투어가 산에 오른 이야기를 하는 대목에선 장중한 경험을 되새기며 감동에 떨고 있기에 그의 글은 힘에 넘치며 빛을 발한다.

우선 샤포를 오른 이야기이다. 등산로는 "얼음바다"라고 불리는 광활한 빙하산맥을 따라간다. 빙하산맥은 요리조리 깎여서 울퉁불퉁한데 파인 틈새로 계곡물이 콸콸 흐르고 가끔씩 얼음덩이가 심연으로 우당탕 곤두박질친다. "어마어마한 얼음산맥에서 얼음이 부닥치며 나는 소리는 메아리치고 계곡물은 아우성친다. 이 장관을 에워싼 절벽에서는 폭포가 흘러내린다. 위를 보면 뾰족한 꼭대기로 꾸민 눈 덮인 산이 사뿐히 떠 있다. 이 모든 것에는 이루 말할 수 없이 불가사의한 자취가 깃들어 있다. 자연의 거대한 힘을 마주한 사람은 이 자연이 더 이상 일상적이지 않으며 자연 자신의 경계를 뛰어넘었음을 본다. 그는 그런 자연에 자신이 가까이 있다고 여긴다."(RT, 186)

자연에 가까이 있다는 표현에는 자신을 치켜세우는 당당함이 있다. 아래에 일상적인 것들이 있는 반면 이 위에서는 수준이 같은 상대끼리 어울린다. 산을 오른 자가 찾는 것은 인간적인 것을 무자비하게 송두리째 거부하는 최고 존엄의 자연이다. "산 위의 숭고하며 위대한 광경과 저 아래에서 웃고 있는 골짜기는 극명한 대조를 이룬다."(RT, 186) 산 위에서는 웃을 일이 없다. 인간은 사라졌고 자연은 자신의 "경계"를 넘어선다. 그런 자연에 맞서는 자는 외로운 영웅이 되어 자신을 주장한다.

물론 이 상황 중 절반은 허구이다. 아르투어가 정말 위험한 등산을 한 건 아니다. 얼마나 높이 올라가는가는 평지 사람들에게만 중요하다. 하지만 아르투어의 경우 관건이 되는 것은 사실주의가 아니다. 아르투어 쇼펜하우어는 산을 의미로 체험한다. 풍경은 그에게 경험을 제공하며 그는 특정한 풍경, 즉 고지의 풍경을 경험하려 한다.

3주 후인 1804년 6월 3일 아르투어는 등산안내원과 함께 필라투스[25]를 등반한다. "앞에 놓인 꽉 찬 공간을 처음 내려다볼 때 어지러웠다. […] 내 생각으로는 높은 산에서 내려다보는 전망은 개념을 넓히는 데 굉장히 많이 기여한다. 산에서의 전망은 다른 어떤 전망과도 상이하기에 이를 경험하지 않고서 거기에 대해 논하는 것은 불가능하다. 자그마한 대상들은 몽땅 사라지고 큼직한 것만 자신의 형태를 유지한다. 만물이 서로 뒤엉키면서 우리의 눈은 자잘한 낱낱 대상을 보는 대신 색색이 빛나는 큰 그림을 흡족하게 내려다본다."(RT, 219)

아르투어는 자신의 마음에 드는 것을 본다. 작은 것은 사라지고 서로 뒤엉키면서 무리를 이룬다. 그는 더 이상 거기 속하지 않는다. 큰 것은 형태를 유지한다. 큰 것을 알아보고서 뒤엉킨 무리에서 멀어진 자 또한 크다. 더 이상 그는 "낱낱의 대상"에 매이지 않으며 "색색이 빛나는 그림"에 머무는 "눈"으로만 남는다. 후일 쇼펜하우어는 이런 멀리 보는 즐거움을 "세계의 눈Weltauge"이라 부를 것이다.

마지막으로 1804년 7월 30일 – 여행이 끝나갈 무렵 – 슈네코페[26]를 등정한다. 이틀간의 여정이다. 아르투어와 안내자는 산기슭에 있는 오두막에서 묵는다. "우리는 하인들이 가득 모여 술을 마시는 방에 들어섰다. […] 그들이 뿜어내는 짐승의 온기는 […] 뜨겁게 달아올라서 나로선 견딜 수 없었다."(RT, 265) 함께 모인 사람들이 뿜는 "짐승의 온기" – 아르투어 쇼펜하우어는 후일 이 장면을 춥고 불안한 나머지 서로 밀착했다가 가시에 찔려 물러나기를 반복하며 결국 적당한 거리를 유지하는 고슴도치에 비유할 것이다.

사람 가까이에서 가시에 찔리는 대신 아르투어는 해가 뜰 무렵 산

정상에 도착한다. "투명한 공 같은 태양은 평지에서 볼 때처럼 빛을 발하지 않은 채 떠올라서는 첫 번째 빛을 우리에게 던졌다. 태양은 먼저 우리의 황홀해하는 시선을 거울 삼아 자신을 비추어 보았다. 우리 밑에서 독일은 아직 잠들어 있었다. 태양이 높이 오를수록 밤이 점점 더 깊이 기어들어가고 마침내 태양에 자리를 내주는 것을 우리는 보았다." (RT, 266)

등산객은 벌써 빛 속에 있지만 산 아래엔 아직 어둠이 깔려 있어서 "세계는 혼돈에 빠진 것 같다." 하지만 산 위에선 만물이 칼로 자른 듯 명료하다. 태양이 골짜기를 비추면 드러나는 것은 사랑스레 미소 짓는 저지대가 아니다. 태양은 "산과 골짜기, 숲과 초원, 도시와 마을들이 영원히 반복되고 교체된다는 것"(RT, 266)을 보여준다.

왜 지금 힘겹게 내려가야 하는가? 하지만 계속 머무르기엔 산 위는 너무 춥다. 산비탈 오두막에 펼쳐진 방명록에 방랑객은 영원한 흔적을 남길 수 있다. 아르투어가 적어놓은 것이 발견되었다.

올라가서 침묵할 수 있는 자는 누구인가?

함부르크에서 온 아르투어 쇼펜하우어

제 4 장

—

아버지의 힘은 사후에도 여전하다. 멜랑콜리에 빠진 아르투어는 아버지가 없는 저세상을 찾는다. 사춘기에 변신론 문제를 겪다. 마티아스 클라우디우스를 거쳐서 낭만주의로 가다.

첫 번째 철학 시나리오: 낭만주의는 밤이면 하늘에 오른다.

아르투어는 추락을 두려워한다: "아 환락이여, 아 지옥이여."

—

아르투어 쇼펜하우어(1802년 무렵)

아버지의 힘은 사후에도 여전하다. 멜랑콜리에 빠진 아르투어는 아버지가 없는 저세상을 찾는다. 사춘기에 변신론 문제를 겪다. 마티아스 클라우디우스를 거쳐서 낭만주의로 가다.
첫 번째 철학 시나리오: 낭만주의는 밤이면 하늘에 오른다.
아르투어는 추락을 두려워한다: "아 환락이여, 아 지옥이여."

SCHOPENHAUER

고지대에서 도취를 체험한 후 평지에서는 일을 해야 한다. 저지가 부른다. 여행은 끝나고 회계소에서 단치히의 무역상 카브룬의 모습을 한 악마가 세계를 소요하던 자의 영혼을 노리고 있다.(1804년 9월~12월 쇼펜하우어는 견습생으로 일한다.) 이 악마는 곧 함부르크 상원의원 예니쉬의 모습을 취할 것이다.

여행 마지막 주는 이미 이런 암울한 전망으로 그늘진다. 이는 여행 일기의 문체에서 드러난다. 리젠산맥 등산기록만 빼고는 대충대충 마지못해 쓴 판에 박힌 서술이 이어진다. 1804년 8월 25일의 제일 마지막 기록을 보자. "하늘에는 평화가 깃들고 지상에서는 모든 게 끝이다."

베를린에서 아버지는 함부르크로 돌아가고 아르투어와 어머니는 단치히로 간다. 요한나가 친척을 방문하는 동안 아르투어는 자신의 탄생지에서 세례를 받은 후 카브룬의 회사에서 상인에게 필요한 초보지식을 익혀야 한다.

세계의 지평은 계산서 초안과 어음이라는 서식으로 오그라든다. 숨이 막힐 듯 메마른 공기에 이 협소한 공간에서 모험을 원하는 머리와 새로운 걸 보려는 눈은 어디를 향해야 하나? 이런 멍에를 써서인지 자세가 나빠지려 한다. 아들을 이런 상황에 몰아넣은 아버지는 아들이 구부정해지는 걸 원치 않기에 조야한 독일어로 아들을 꾸짖는다. "그래서 등이 휘지 않게 똑바로 하고 다니라는 부탁을 내가 하려는 참이다. 등이 휘면 보기 흉하지. 책상 앞에 앉아서든 평범한 일상에서든 좋은 자세를 유지하는 것이 중요하다. 좋은 식당에서 누군가가 구부정히 있는 것을 본다면 사람들은 그를 구두장이나 재단사가 변장한 거라 여길 것이다."[1] 그리고 한 번 더 1804년 11월 20일 마지막 편지에서 아버지는 아들을 훈계한다. "똑바로 걷고 똑바로 앉는 거에 관해 네게 충고 하나 해야겠다. 만일 네가 무심히 이 중요한 걸 어기면 한 대 때려달라고 주변 사람들 모두에게 부탁해라. 군주의 자식이 평생 얼간이로 보이지 않기 위해 잠시 아픈 걸 겁내지 않으며 썼던 방식이다."[2]

아버지는 아들의 구부정한 자세가 마지못해 받는 상인 교육 탓에 의기소침한 데서 온다는 걸 알기에 이를 보상하기 위해 승마와 춤을 권한다. 아르투어가 사양하지 않고 승마와 춤에 빠지자 아버지가 꾸짖는다. "춤과 승마로 상인이 먹고살 수는 없다. 상인은 읽기 쉽게끔 편지를 잘 써야 한다. 네가 대문자를 쓴 걸 보면 여기저기 악필이 꽤 있다."[3]

불만이 쌓이며 아르투어는 점점 비사교적이 된다. 그것 또한 아버지는 탓한다. "네가 사람들과 잘 지내는 법을 배우길 바랐다. 그러면 식탁에서 카브룬 씨와 여러 이야기를 쉽게 나눌 수 있을 텐데 말이다."[4]

함부르크에 있는 아버지가 아들의 행동거지를 비판할 수 있었던 건 어머니가 (손실된) 편지에서 아르투어에 관해 불평을 늘어놓았기 때문이다. 특히 단치히의 친척들은 아르투어를 비판하는데 열을 올린다. 어머니의 동생인 "율헨" 이모는 거의 아버지와 똑같은 말로 그를 훈계한다. "사람들을 있는 그대로 받아들여야 한다. 너무 엄격해선 안 돼. 그러면 득을 많이 볼 거다. 다른 사람들과 잘 지낼 거고 너 스스로도 훨씬 만족스러울 거다."[5] 1804년 12월 중순 아르투어는 갤리선을 갈아탄다. 어머니와 함께 함부르크로 돌아간 아르투어는 예니쉬 상원의원의 회사에서 견습교육을 계속한다.

아이러니컬하게도 아들이 아버지의 세계로 들어가려고 애를 쓰는 동안 아버지 자신은 서서히 거기서 사라지기 시작한다. 아버지의 심신은 와해의 첫 조짐을 보인다. 아들에게 보낸 마지막 편지에서 흠을 잡으며 언짢아하는 투도 아마 병의 증상 탓일 것이다.

이제 아버지는 이따금 기억을 잃기까지 한다. 아버지가 런던에 머물 때 도움을 많이 줬던, 쇼펜하우어 일가와도 가까운 친구가 1804년 말 하인리히 플로리스를 방문하자 그는 친구에게 이렇게 말한다. "당신이 누구신지 모르겠으나 사람들이 와서는 자신이 누구누구라고 아는 체하는 건 자주 겪었습니다. – 난 당신과 상관하고 싶지 않습니다."[6] 상점 조수가 급히 당황한 친구에게 와서 주인 대신 사과한다.

1804년 겨울 하인리히 플로리스는 황달에 걸린다. 그는 기운 없이 안락의자에서 하루하루를 보낸다. 사업에 대한 걱정에도 시달린다. 나폴레옹의 대륙봉쇄에 그의 무역 거래는 타격을 받는다. 유럽여행 때문에 오래 자리를 비운 것도 사업에는 불리했다. 못 미더워하며 그는 장부와 결산서를 뒤적인다. 그는 상인 특유의 오랜 전통인 진취적 기상을 원동력으로 삼고 단치히에서 성공했지만 이제 진취적 기상은 자취도 없다. 함부르크의 지인들은 이전엔 위풍당당했던 남자가 너무도 빨리 늙는 데 놀란다. 남은 기운을 여행하는 데 다 쓴 탓인 듯하다. 그는 지쳐 있다. – 이런 그와는 대조되게 아내는 진취적 의욕에 넘치기에 그의 부담은 곱절이 된다. 요한나는 여행하는 동안에도 여러 차례 남편이 축 처져 있다고 불평했다. 둘 사이의 나이 차이는 이제 더욱 눈에 띄고 부부간의 애정이 없는 탓에 난관을 극복하기가 쉽지 않다. 1803년 요한나는 윔블던에 있던 아르투어에게 "네 아버지가 친교를 트는 걸 안 좋아해서 나까지도 같이 시간을 보낼 사람이 아무도 없다"[7]고 썼었다. 다른 편지를 보자. "알다시피 네 아버지는 근심거리가 없으면 만들어라도 내시지. […] 난 갈 데가 없어서 부지런히 집에 남아 '나는 권태롭다, 너는 권태롭다' 등등 프랑스어 동사변화를 읊고 있어."[8] 스코틀랜드에서는 이렇게 썼지만 함부르크로 돌아온 후 요한나는 "어디로 가야" 할지 어떻게 권태에 맞서야 할지 알고 있다. 아르투어 쇼펜하우어는 45년후 어머니의 이런 태도를 혹독히 평가할 것이다. "여자가 어떤 존재인지 나는 안다. 여자는 결혼을 자신을 먹여 살리는 기관으로 여긴다. 내아버지가 힘없이 괴로워하며 병석에 있을 때 늙은 하인이 충성스러운 의무감으로 그를 보살피지 않았더라면 그는 홀로 남았을 것이다. 아버지가 외로워할 때 어머니는 파티를 열었고 그가 쓰라린 고통을 겪을 때그녀는 즐거워했다. 이게 여자들이나 하는 사랑이다."(G, 152)

이 말은 후일 어머니와 앙숙이 되었을 때 나온 것이고 분명 공평하지 않은 판단이다. 요한나는 삶을 즐겁게 느끼기에 자신의 즐거움을 희생하기를 거부했을 뿐이지 않은가? 남편은 우울증의 소용돌이에 빠져 침몰할 지경이지만 그녀는 거기 빨려 들지 않으려 한다. 그녀는 저택에 삶과 오락과 활기를 가져오려 한다. 자신이 좋아서 하는 거지만이렇게 하면 남편도 기분이 좋아져서 안정을 얻을 것이라는 게 그녀의희망이다.

아르투어가 어머니의 처신을 이토록 못마땅해하는 이유는 어머니를 부러워하는 데 있음이 분명하다. 그는 어머니와는 달리 자신의 삶을 아버지의 소원에 희생하고 있지 않은가! 그런 희생에 긍지를 느낄 수도 있겠지만 긍지는 회의로 뒤덮인다. 스스로 맞지 않다고 여기는 삶의 길을 순순히 걸어가는 태도에는 약점이 숨어 있지 않을까? 아버지의 세계에 반기를 드는 대신 아르투어는 이중생활을 한다는 꾀를 써서 견뎌나간다. 남 몰래 하고 싶은 걸 함으로써 도피하는 것이다. 그는 무역사무소에 책을 숨겨두고 혼자 있을 때 읽는다. 저명한 골상학자 갈Gall이 함부르크에서 해골에 관한 강연을 할 때 강연에 맞춰 자유 시간을 얻으려고 거짓말을 지어낸다. "나보다 더 나쁜 [⋯] 상인은 없었다"(B, 651)고 후일 그는 회고한다. 이중생활로 인해 "거칠어져서 다른 사람을 힘들게" 했다고 술회한다. 일찍이 E.T.A. 호프만Hoffmann[9]처럼 이중생활로 내몰렸던 사람들은 도박꾼에다 처세술의 대가가 되었다. 아르투어 쇼펜하우어는 그렇지 않다. 아버지의 육중한 권위를 그는 내면화했다. "잘못된 진로"를 벗어나는 짓을 할 때마다 그는 아버지를 배신했고 기만했다고 느낀다. 몰래 사유와 상상, 독서를 즐길수록 자책감을 떨칠 수 없다.

1805년 4월 20일 아침 하인리히 플로리스 쇼펜하우어는 저택에 딸린 창고 뒤에 흐르는 운하에서 시신으로 발견된다. 창고 다락에서 추락했는데 환자인 그가 이 시간에 거기 있을 이유가 도무지 없었다. 여러 정황으로 보아 자살이다. 하지만 그건 있을 수 없는 일이다. 미망인 요한나 쇼펜하우어는 공식적인 부고訃告에서 다음과 같은 표현으로 얼버무린다. "저는 슬픈 심정으로 친척과 친구 여러분께 제 남편이 [⋯] 불운한 사건으로 인해 별세하였음을 알려드리며 아울러 제 슬픔이 걷잡을 수 없이 될까 두려워 일체의 조의표명을 사절하는 바입니다."[10] 아르투어 역시 15년 후 작성한 이력서에서 어머니처럼 모호하게 쓴다. "경애하는 아버지는 예기치 않게 찾아든 죽음으로 피를 흘리며 내게서 너무도 갑자기 떠나가셨다."(B, 651) 모자간에도 오랜 시간 아버지의 사망 원인은 언급해선 안 될 금기이다. 하지만 1819년 모자관계가 최종적으로 깨질 때 이 민감한 사건이 둘 사이에 튀어나와 상처를 남긴다. 당시의 한 편지에서 아르투어는 어머니가 아버지의 자살에 책임이 있다고 비난한다. 누이동생 아델레는 일기장에 다음과 같이 기록한다. "어머니가 그 편지를 받아서 별 생각 없이 읽으셨다. 그러고는 끔찍한 장면이 이어졌다. 어머니가 아버지 이야기를 하셨는데 - 내가 예감했던 무서운 일이 사실임을 알게 되었다. 어머니는 제정신이 아니었다."[11] 아델레는 너무도 충격을 받아서 창에서 뛰어내리려 하지만 최후의 순간에 마음을 바꾼다.

아르투어 쇼펜하우어는 제3자에게는 평생 아버지의 죽음에 관해 명쾌한 말을 하지 않을 것이다. 그는 1855년 젊은 숭배자 로베르트 폰 호른슈타인에게만 숨김없이 심중을 털어놓은 듯하다. "쇼펜하우어가 아버지의 자살을 어머니 탓으로 돌렸다"고 호른슈타인이 기록한다.

아버지의 죽음으로 궁극적으로 요한나가 자유를 얻었다는 건 너무도 분명하다. 아르투어의 경우도 다를 바 없지만 그는 이 사실을 결코 시인하지 않는다. 르아브르에 사는 친구 앙티메 역시 1년 전에 아버지를 잃었는데 아르투어는 앙티메에게 비탄을 토로하는 내용으로 넘치는 편지를 연거푸 보낸다. 앙티메는 위로를 건네며 좀 자제하라고 조심스럽게 권한다. 1805년 5월 15일 앙티메는 이렇게 쓴다. "그런 끔찍한 일이 생기면 용기를 가져야 해. 그래도 너보다 더 불행한 사람이 있다는 생각을 하며 네 불행을 참고 견디길 바란다."[12] 네 달 후에도 아르투어는 여전히 평정을 찾지 못했음을 앙티메의 답장에서 알 수 있다. "착한 아들답게 존경하는 아버지를 기억하며 네가 슬퍼하는 건 당연하지만 마음을 추스르길 바란다. 그리고 네가 지금의 고통을 좀 더 철학적으로 직시했으면 한다."[13]

아르투어가 아버지를 애도하는 감정에는 몹시 불편한 감정이 뒤섞여 있다. 그는 아버지를 사랑했을까? 물론 아르투어는 그렇게 믿어 의심치 않지만 후일 다음과 같이 고백한다. "내가 교육을 받을 당시 아버지가 냉혹했던 탓에 많이 힘들었다."(G, 131) 아버지가 아들에게 가장 냉혹했던 점은 아들이 원치 않는 상인 교육을 강요한 것이다. 그 때문에 아르투어는 아버지를 미워할 수도 있었다. 아버지가 계속 살아 있었다면 아르투어는 아마 철학자의 길을 가지 못했을 것이다. 아버지는 사후에도 아들이 그 길을 가는 걸 막을 만큼 막강하다. 아르투어는 예니쉬의 사무소에 남은 채 그 어느 때보다도 더 절망에 빠져 있다. 아버지를 잃은 슬픔과 아버지가 계속 힘을 행사한다는 데 대한 절망 – 이 둘은 뒤섞인다. 1819년 작성된 「이력서」는 그런 상황을 다음과 같이 묘사한다. "이미 난 독립해 있다고 할 수 있었고 어머니는 내 뜻을 막지 않았지만 나는 회사에서의 내 자리를 계속 지켰다. 그렇게 한 이유는 절반은 너무도 큰 고통으로 인해 정신적 에너지를 상실해서였고 절반은 아버지의 결정을 돌아가신 직후 번복하는 게 마음에 걸려서였다."(B, 651)

어머니는 아들의 "뜻을 막지 않을" 뿐 아니라 자신의 삶을 단호히 바꿈으로써 아들도 삶을 새로 설계하게끔 간접적으로 격려하기까지 한다. 어머니는 아들보다 자유로운 기질의 소유자다. 하인리히 플로리스 쇼펜하우어가 죽은 후 네 달 뒤에 그녀는 노이어 반트람에 있는 위풍당당한 저택을 팔고 무역회사를 처분하기 시작한다. 이 결정은 아르투어의 막중한 부담을 없애준다는 점에서 중요한 의미를 지닌다. 아르투어가 아버지의 사업을 물려받아서 가족의 전통을 계승하지 않을 것이라면 좋아하지도 않는 상인직업에 매달릴 필요가 전혀 없기 때문이다. 아버지의 사업이 해체되었으니 아르투어는 풀려났다고 느껴야 할 것이다. 어머니는 과거에서 자신을 먼저 해방시키며 아르투어의 사슬도 푼다. 하지만 풀린 것은 바깥의 사슬이고 안에서 보면 아르투어는 아버지

세계에 갇혀 있다.

반면 요한나는 새로 태어난 듯 원기 왕성하게 주저하지 않고 행동한다. 그녀는 살던 집과는 정반대 편에서 당분간 살 셋집을 구한다. 무역회사를 처분한 후에 함부르크를 떠나려 하기 때문이다. 1806년 5월 그녀는 바이마르로 가서 새 거처를 찾는다. 왜 바이마르로 가는 걸까? 요한나는 문화계의 저명인사들 가까이에 있고자 한다. 그녀는 자신의 사교적 재능을 최정상에서 시험해보고 싶다. 바이마르에서 열흘 머무는 동안 그녀는 엄청난 기세로 일을 추진하면서 함부르크에서 슬퍼하고 있는 아들에게 쓴다. "이곳 사교계는 아주 쾌적하고 사치스럽지도 않아 보인다. 조금 신경 쓰고 비용을 약간만 들이면 최소 한 주에 한 번은 바이마르 최고, 아니 독일 최고의 두뇌들을 차모임에 불러 모아서 아주 즐겁게 사는 게 가능할 거다."[14]

요한나는 새로운 세계를 막 정복하려 하는 반면, 아르투어는 아버지가 몰아넣은 낡은 세계 깊숙이 박혀 있다.

"고통으로 인해 내 슬픔은 커져서 멜랑콜리 증상과 별로 다르지 않았다"(B, 651)고 아르투어 쇼펜하우어는 아버지 사후시기를 회고하며 쓴다.

그의 멜랑콜리를 해부해보면 복잡하다. 그 핵심에는 내면과 외면이 첨예하게 갈라서 있다. 외면상 아르투어는 아버지가 부과한 의무를 수행한다. 자신의 활동무대인 아버지의 세계를 무시해도 된다면 그는 내면을 제대로 보호할 수 있을 것이다. 그러나 그러려면 아버지를 극복할 수 있어야 한다. 일찍이 칸트는 – 아르투어는 칸트를 아직 읽지 않았다. – 멜랑콜리를 이렇게 평가한다. "우울해진 사람이 어떤 합당한 이유로 혐오를 느낀 나머지 세상의 소음을 멀리한다면 이는 고귀하다."[15] 아르투어가 아버지 세상의 "소음"을 내면에서 멀리하는 것은 우울해진 때문인 것 같다. 하지만 그는 소음에서 멀어진 것을 고귀하다고 느끼지 않을 것이다. 왜냐하면 혐오를 느끼는 게 합당하다는 걸 – 어찌 됐건 당분간은 – 알아채서는 안 되기 때문이다. 자신을 회사라는 외부세계에서 떼어놓는 바로 그것이 더 값진 현실이라고 당돌히 인정해서는 안 되기 때문이다. 그런다면 아버지에 대한 교만이며 불경이다. 이런 상황에서 그는 세계를 향한 회의와 내면성, 아버지 앞에서의 겸허함이 결합된 견해에 끌릴 수밖에 없다. 그는 마티아스 클라우디우스를 읽으며 이런 견해를 발견한다. 클라우디우스의 자기해석 및 세계해석은 아르투어를 그토록 괴롭히는 내면과 외면의 이원론을 아버지도 분명 동의했던 방식으로 성찰한다는 장점을 지닌다. 하인리히 플로리스 쇼펜하우어가 몸소 아들에게 준 얇은 책 한 권을 아르투어는 죽을 때까지 충실히 간직하며 종종 읽을 것이다. 바로 1799년 출간된 서한집 『내 아들에게^{An} meinen Sohn』이다. 클라우디우스는 공공의 장에서 자신의 아들에게 은밀한 훈계를 하는 걸 마다하지 않았다. 당시 감성이 풍부한 사람들은 영혼을 인도하는 것은 공공의 관심사라고 여겼다. 하인리히 플로리스 쇼펜하우어는 다른 사람의 목소리를 빌려서 자신의 아들에게 영향을 끼칠 기회를 감사히 잡는다. 아들은 아버지가 돌아가신 후 그 얇은 책을 유언장처럼 읽는다. 클라우디우스는 쓴다. "내가 다시 돌아올 수 없는 길을 가야 할 시간이 점점 다가온다. 내 너를 데리고 갈 수 없기에 넌 세상에 홀로 남을 거고 좋은 충고를 얻기는 쉽지 않을 게다."[16] 클라우디우스는 외적인 의무를 지우는 현실 안에서 이방인처럼 느끼는 사람들을 위해서 충고한다. 그러니 아르투어가 흥미를 느낄 만하다. "인간의 집은 여기에 없다"[17]고 클라우디우스가 쓴다. 누군가가 이 세상에서 이방인임을 체험한다면 그 이유는 그가 자랑할 만한 재화를 내부에 가져서가 아니다. 외부에 독자적으로 내부를 맞세우는 것은 교만한 태도이다. 우리 모두 죄인이기에 그와 같은 이원론은 허영심에서 나온 죄이다. 마티아스 클라우디우스에 따르면 이 세계에서 이방인인 것은 우리가 이 세계에 속하지 않으며 더 높은 일을 위해 부름을 받았기 때문이다. 하지만 이런 소명은 우리 노력으로 생긴 것이 아니라 은혜로운 신이 주는 선물이며 우리 감성은 이 선물을 받아들일 뿐이다. 마음이 경건하면 우리는 번잡한 현세가 지운 묵직한 짐에서 풀려난다. 그러나 신심이 깊을지라도 우리는 평지에서 벌어지는 이전투구를 벗어나지 못한다. 우리가 이 세상을 무시하는 건 적절치 않다. 외려 우리는 이 세상에 공물을 바쳐야 한다.

초기 경건주의가 경직되고 고뇌에 찌든 모습으로 세계를 극복하려 했다면 마티아스 클라우디우스는 이를 내면의 거리를 유지하며 제한된 범위에서 세계와 함께하는 자세로 완화한다. 무언가를 가졌더라도 가지지 않은 사람처럼 굴라는 것이다.[18] 세상에서 도망가려 해서는 안 되지만 세상에 집착해서도 안 된다는 얘기다. 헤르더에게서 "순진무구한 소년"이란 말을 들은 마티아스 클라우디우스는 이따금 프랑스의 세련된 도덕주의자[19] 못지않게 회의에 차서 말한다. (후일 쇼펜하우어는 프랑스 도덕주의자들로부터 영감을 얻을 것이다.) 마티아스 클라우디우스가 한 말로는 "누구에게나 바르게 대하라. 하지만 믿지는 말라", "손짓 몸짓을 의심하고 몸짓을 할 경우엔 그저 무난할 정도에 그쳐라", "위인을 따라다니지 마라"[20] 등이 있다. 현실이 무리한 요구를 하지 않도록 현실과 타협해야 한다. 대단히 신중하게 밖으로는 어쩔 수 없는 출자를 하지만 안에서는 "골목의 소음"이 사라진 다른 세계의 구성원으로 조용히 사는 것이다. 이렇게 잘 보존된 내면은 "그림자가 지나가는 벽으로 남는다." 솔깃해지는 얘기다. 무역사무소에서 아르투어가 겪는 고통은 단지 그림자의 유희일 뿐이지 않은가? 삶의 짐을 비현실이라 하고 나면 이원론으로 인해 겪는 고통 때문에 반항할 이유가 없다. 클라우디우스가 제안하듯이 내면에서 세계를 초월하면 신의 축복을 누릴 뿐 아니라 - 아르투어에게는 현재 더 중요한 일인 - 돌아가신 아버지의 축복을 누린다.

내면과 외면, 의무와 취향이라는 이원론을 겪은 아르투어는 이런 이원론을 견디는 데 도움이 되도록 자신의 삶의 현실을 해석해야 한다. 그는 자신이 도대체 어떤 이유에서 삶을 단번에 설계해서 실현하지 못하는지 끝까지 물을 것이다. 마티아스 클라우디우스는 종교적이며 섬세한 내면화에 근거한 회의주의를 제안하는데, 이는 아르투어가 찾는 해석이 될 수 있다. 그러나 이 해석에서는 아버지의 세계가 이원론을 온통 점거한다. 현실원칙뿐 아니라 그것에 맞서는 것 역시 아버지에 맞추어져 있다. 클라우디우스는 내면에서 신을 느끼고 맞이하자고 얘기하지만 이런 신은 실제로는 아버지의 세계에 대해 아버지가 품을만한 의구심의 표현이다. 외부세계와 함께하면 아버지에 대한 의무를 지키는 것이고 종교인답게 내면화된 의구심을 가지고 제한된 범위에서만 함께하면 이 또한 아버지가 인정한 방식인 거리유지로 마무리된다. 아르투어는 마티아스 클라우디우스를 통해서는 아버지의 감옥을 벗어나지 못한다.

이 시기의 그는 자신의 삶을 바꿀 힘이 없이 - 어머니가 아들에게 시범 삼아 보여주건만 - 내적으로 세상을 초월하는 것을 찾고 있다. 마티아스 클라우디우스에게서 그는 삶의 짐을 현실이 아닌 것으로 바꿀 방법을 발견하지만 그렇게 해서 목표에 이르려면 정말로 아버지들의 신을 믿어야 한다. 마티아스 클라우디우스는 다음과 같이 쓴다. "네 눈을 써서 볼 수 있는 걸 봐라. 보이지 않는 것과 영원한 것을 만나면 신의 말을 따르라."[21]

아르투어는 – 특히 여행하는 동안 – 눈으로 본 것을 가지고는 질서를 유지하며 정의롭고 자애로운 신의 존재를 확신할 수 없었다. 산의 정상에서 그가 도취했던 이유는 신에 가까이 다가가서가 아니라 소란스러운 사람들을 멀리할 수 있어서였다. 그가 찾던 것은 겸허한 신심이 아니라 세계를 날아서 넘나드는 탁월함이었다.

아르투어 쇼펜하우어는 과거를 회상하면서 마티아스 클라우디우스를 아버지의 유언 삼아 읽던 시절 이미 자신의 신앙은 깨졌다고 주장한다. "소년시절 나는 항상 울적했고 아직 어린 열여덟 살 즈음 '신이 이 세상을 만들었다고? 그럴 리 없어. 외려 악마가 했겠지?'라고 생각했다."(G, 131)

아르투어 쇼펜하우어는 오래 이어져온 변신론Theodizee의 문제를 18세 때 겪었다고 주장한다. 라이프니츠는 이 문제를 몹시 예리하게 공식화하고서는 이를 해결했다고 믿었다. 라이프니츠는 다음과 같이 문제를 제기한다. 악과 다양한 재앙이 존재한다는 건 전능하고 선한 신이 존재한다는 것을 반박하는 증거가 아닐까?

그런 질문을 할 수 있다는 사실만 봐도 신의 존재를 인정하려면 합리적이거나 경험적인 근거가 있어야 한다는 사유가 영향을 끼치는 걸 알 수 있다. 라이프니츠는 이 문제를 '해결'하기 위해 자신의 수학적인 세계 모델을 가다듬는다. 그에 따르면 모든 원소는 그 자체로는 불완전하지만 완벽해질 수 있다. 다시 말해 원소는 제대로 조합을 이룰 때 완벽히 통합체로 기능한다는 것이다. 이 세상의 재앙은 시계의 장치로 치자면 용수철이 눌려서 팽팽해질 때 일어나는 것이다. 저항이 없으면 진보도 없고 그림자가 없으면 빛도 없다. 리스본에서 지진이 나서 수만 명이 목숨을 잃었을 때[22] 볼테르와 그 주위 인물들은 아무리 애를 써도 그 '섭리'를 깨달을 수 없었다. 그들은 합리적 담론을 과격하게 전개했고 경험론에 엄격한 방법을 도입함으로써 건축사이자 세계의 운전자라 여겨졌던 신을 더더욱 곤경에 빠트렸다. 세속화라는 드라마를 막는 것은 불가능했다. 마티아스 클라우디우스를 읽던 소년시절 아르투어 쇼펜하우어는 이 드라마를 퀵모션으로 다시금 겪었을까? 아니면 쇼펜하우어가 회고하면서 자기 영혼의 역사를 유럽 정신에 있어서 획기적이며 중대한 문제 수준으로 올려놓으려는 것일까?

실제로 아르투어는 초기의 기록(1807년 무렵)에서 벌써 변신론에 관해 섬세히 논의하고 있다. "크고 작은 것을 통틀어 모두가 완벽하다면 […] 고통과 실수, 불안 전부 다 […] 옳고 좋은 것으로 곧장 이어지는 수단이어야 한다. […] 그렇지 않다면 - 이 세상을 마주하여 누가 그렇다고 가정할 수 있겠는가? - 두 가지 다른 경우만 가능하다. 첫째, - 전반에 걸쳐 사악한 목적을 가정하지 않는다면 - 선한 의지뿐 아니라 악한 의지도 권능을 가지기에 선한 의지가 우회로를 거칠 수밖에 없다는 사실을 용인해야 한다. 둘째, 우리는 악한 의지가 갖는 권능을 우연의 탓으로 돌려야 한다. 다시 말해 운전자인 신의 의지가 완벽하지 못해서 제대로 지시가 이루어지지 못했거나 힘을 발휘하지 못했다고 보아야 한다."(HN I, 9)

이 시점까지는 라이프니츠를 읽은 적이 없지만, 쇼펜하우어는 "있을 수 있는 모든 세계 중 가장 좋은 세계"라는 라이프니츠의 명제를 던져버린다. 위대한 라이프니츠가 시대정신에 의해 벌써 구닥다리로 분류되었기에 아직 미성년인 상인 견습생이 라이프니츠를 건너뛰는 게 가능하다.

하지만 쇼펜하우어는 라이프니츠에 맞서 시장에 나온 악령학, 즉 정반대의 신이 만사를 악하게 만들었다는 설 역시 던져버린다. 자신의 삶에서 이원론에 시달리는 그가 변신론에 관한 숙고에서 이원론의 해답을 선호하는 것은 놀랍지 않다. 선한 세계의지와 악한 세계의지가 싸우며 선한 의지는 우회로를 거쳐야만 승리한다는 것이다. 아니면 선한 의지와 우연이 싸운다는 것이다. 이는 '우연'이 얼굴과 형태가 없는 악이며 질서의 부정이라는 점에서 첫 번째 해답의 변형이다.

역사적으로 보면 변신론의 성찰은 뜨거운 신앙심이 사라지며 겪는 아픔을 냉철한 사유로 보상하려는 시도로 시작되었다. 변신론 담론을 받치는 감정기조는 불안이었다. 사람들은 없어지려 하는 것을 이성으로 잡아두려 했다. 당시 많은 이들은 이런 시도가 잘못됐다고 여겼다. 이성은 신을 소환하거나 세계에서 퇴장시킬 수 있다고 앞장서서 으스대지만 그 뒤에는 내면세계가 의기소침해 있다고 파스칼Pascal은 느낀다. 파스칼은 합리적 담론으로는 신을 발견할 수 없다면서 신앙과 지식을 철저히 분리하자고 주장한다. 이 둘은 근본부터 다르며 차지하는 영역도 전혀 겹치지 않는다는 얘기다. 이 두 세계를 뒤섞는 자는 둘 다를 망치게 된다고 파스칼은 본다. 지식을 혼탁하게 하며 신앙의 요새인 "마음의 질서"를 어지럽힌다는 것이다. 달리 말하자면 신앙체험을 할 힘이 사라져서 지식이 교만해진다.

하지만 파스칼 역시 세속화의 흐름을 벗어나지 못했다. 그의 믿음은 믿음에 대한 믿음이며 믿고자 하는 의지이다. 파스칼의 믿음은 합리성과 경험론이 주축을 이루는 환경에서 실존주의적 고향상실성을 괴로워하는 데서 생겨났다.

세계모형의 구성양태에서 신을 연역해내거나 혹은 그 반대로 그런 모형을 근거로 신의 존재를 부정한다 해도 이는 사람들이 살며 겪는 신앙문제의 핵심을 건드리지 않는다. 소년 아르투어 쇼펜하우어의 경우도 마찬가지이다. 그는 이원론적 구성(신은 악 아니면 우연과 격투를 벌여야 한다)으로 신을 무력화하는 성찰을 했지만 그의 성찰과 감정은 같지 않다. 그가 믿고 싶은 신은 믿는 자를 따뜻이 돌보고 받쳐주는 신이다. 그래서 마티아스 클라우디우스처럼 아이의 천진난만한 믿음을 가지는 것은 아버지의 감옥에 갇히는 일을 의미할 뿐 아니라 매력으로 다가오기도 한다.

하지만 아버지 세대가 가진 신앙의 순진성은 사라졌다. 쇼펜하우어 역시 변신론 담론을 받치는 감정기조가 더 이상 믿음이 아니라 믿으려는 의지임을 발견한다. "사람들은 마음속 깊이 자신 밖의 어떤 존재가 자신을 제대로 알고 있을 것이라고 믿는다. 그 반대를 상상하는 것은 쉽지도 않거니와 끔찍하다"(HN I, 8)고 그가 쓴다. 그는 "반대"를 체험했기에 상상할 필요가 없다. 그렇지만 그가 체험한 것은 아직은 숭고한 형이상학적인 버려짐이 아니라 충분히 사랑받지 못한 아이로 버려지는 일이다. 다음은 쇼펜하우어 말년의 비밀메모장인 『자기성찰』의 한 구절이다. "내가 여섯 살 때 일이다. 저녁 산책에서 돌아온 부모님은 내가 부모에게 졸지에 버림받았다고 여긴 탓에 넋이 나가 있는 걸 발견했다."(HN IV, 2, 121)

변신론에 관해 숙고하던 쇼펜하우어가 마티아스 클라우디우스를 읽으며 믿으려는 의지에 관해 궁리하던 시기에 쓴 시가 하나 있다. 그 시에는 버림받은 아이가 느끼는 '작은' 불안과 형이상학적 고향상실성이라는 '큰' 불안 두 가지가 어우러져 울린다.

"폭풍우 몰아치는 깊은 밤
나는 불안에 가득 차 깨어나서는
마당과 복도를 꿰뚫고 탑을 스치고
휘몰아치며 날뛰는 바람소리를 들었다
[…]

하지만 깜빡이는 빛, 가냘픈 빛살 하나
깊은 밤을 건너 오지 못했다.
마치 그 어떤 태양 앞에서도 물러서지 않을 듯
단호히 촘촘히 밤은 자리하고 있었다.
낮은 평생 오지 않을 것이라는 생각이 들자
너무도 큰 불안이 나를 덮쳤고
몹시 겁이 났고 혼자 버림받았다고 느꼈다."

(HN I, 5)

아르투어 쇼펜하우어가 이 투박한 시를 쓴 건 대략 보나벤투라
Bonaventura[23]의 소설 『야경꾼Nachtwachen』이 나온 시기다. 『야경꾼』은 낭만주
의 운동의 물밑조류였던 허무주의를 전면에 부각시키는 동시에 패러디
하고 있는 작품인데, 초반에는 주목을 받지 못한다. 밤에 느끼는 불안
뿐 아니라 밤이 약속하는 행복이 인기소재가 된다. 어둠이 의미와 방향
이 부재하는 것을 의미하는 경우, 밤은 불안의 이미지로 덮인다. 장 파
울Jean Paul[24]이 연속되는 악몽의 장면을 묘사한 우화 「죽은 그리스도가 세
계건물 위에서 신은 없다고 말한 연설Rede des Toten Christus vom Weltgebäude herab, dass
kein Gott sei」에서는 당연히 밤이 배경이며 횔덜린의 시작품 전체가 "신들의
밤Götternacht"[25]이라는 중심축을 맴돈다.

보나벤투라는 "밤이 고요하다 못해 무서울 지경"이라고 쓴다. "밤
한가운데에는 차가운 죽음이 - 유명을 달리한 생명을 부여잡은 유령처
럼 - 보이지 않게 서 있다. 이따금 꽁꽁 언 까마귀가 교회지붕에서 떨
어진다…."

밤에 맞서는 데에는 여태까지는 오랜 신앙의 빛이나 새로이 얻은
이성의 빛이 도움이 됐다. 쇼펜하우어가 밤을 소재로 한 시를 썼던 시

기보다 10년 전에 낭만주의는 밤을 두려워하는 것을 넘어서 열광하며 맞이하기 시작했다. 새로운 빛의 근원이 발견되었기 때문인데, 이는 다름 아닌 음악과 시이다. 음악과 시에서는 특유의 어두움조차 빛을 발하기 때문에 이 둘은 밤과 화해했다.

빛의 근원이 "발견"되었다는 소식을 아르투어 쇼펜하우어도 듣는다. 그가 자신의 비참함을 견디기 위해서 읽는 책 중에는 마티아스 클라우디우스뿐 아니라 루트비히 티크[26]가 1797년과 1799년에 걸쳐 출판한 빌헬름 하인리히 바켄로더[27]의 글도 있다.

바켄로더는 낭만주의가 지향하는 예술종교의 혜성이었다. 그는 휘황찬란한 마술로 밤의 장관을 연출하고는 이내 스러졌다. 티크가 바켄로더의 글을 출판할 때 그는 스물여섯의 나이로 이미 사망했다. 바켄로더가 속한 낭만주의 운동은 10년 후 젊은 아르투어 쇼펜하우어가 겪은 것과 유사한 문제에서 시작됐다. 낡은 신앙과 결별했지만 이성만으로는 만족하지 못한 낭만주의 세대는 프랑스 혁명이라는 역사적 변혁에 의해 고무되어 상상력의 날개를 대담히 펼쳤다. 이 세대는 정상성으로는 부족하다는 것을 뼈저리게 느꼈다. 이성적이며 신앙심이 깊지만 환상도 용기도 없는 아버지들이 미흡한 정상성을 부담스러운 유산으로 남겼다는 것이다. 이 젊은이들은 맷돌처럼 돌고 도는 시민적 일상에서 도망쳐 나와 망명처를 찾다가 예술의 신이 도래하는 걸 발견했다. 바켄로더도 그런 망명자였다. 전투고문관이자 베를린 사법시장인 그의 아버지는 건실한 관리였고 자신의 아들도 그렇게 되길 원했다. 아들은 친구 티크와 예술에 관한 판타지를 마음껏 펼치지만 큰 맥락에선 이원론에 갇혀 있다. 건달도 아무나 될 수는 없다. 한 동시대인이 바켄로더에 관해 말한다. "자신이 내면세계 안에서 소멸되지 않으려면 그것과 평형을 이룰 외부가 있어야 한다는 걸 어렴풋이 느낀 듯이 바켄로더는 소심하게 일종의 질서에 매달렸다. 그 질서가 일단 그의 습관이 되고 나자 그는 그 습관을 유지했다. 그런 순간에 바켄로더는 무미건조한 걸 넘어서 소인배 같았다. 그럴 때는 아버지의 시민적 천성이 우위를 차지하는 듯했다. […] 다른 그 무엇보다도 음악이 그의 전 존재를 꿰뚫는 듯했다. 그의 존재 안에 모인 전기의 소재는 한바탕 눈부신 불꽃을 튀기려고 제대로 건드려 주기만을 기다리고 있었다."[28]

소년 쇼펜하우어 역시 소심하게 "일종의 질서"에 매달렸으며 낭만주의의 예술판타지와 환상곡이 터뜨리는 불꽃을 즐긴다. 「어떤 벌거숭이 성자에 관한 경이로운 동방의 동화 Ein wunderbares morgenländische Märchen von einem nackten Heiligen」는 바켄로더의 판타지 중 제일 유명한데 낭만주의 특유의 구원을 향한 동경을 담은 '고전적' 우화이다. 아르투어 쇼펜하우어는 말년에도 이 동화에 담긴 이미지를 재차 활용한다. 동화에 나오는 성자는 "시간의 바퀴가 윙윙 돌아가는 소리"를 끊임없이 듣기 때문에 마치 "거대한 바퀴를 되돌리려 애쓰는" 사람처럼 허겁지겁 움직여야 한다. 어느 여름밤 한 쌍의 연인이 부르는 노래에서 그는 구원을 얻는다. "노래의 맨 첫 음이 울리자 시간의 바퀴가 윙윙대는 소리가 사라졌다."[29] 새 세대가 지닌 천상의 권력인 음악과 시와 사랑은 산문적 일상의 "톱니바퀴장치"에서, 즉 "단조롭게 박자에 맞춰 윙윙대는" 공허한 시간에서 성자를 구원한다. 쇼펜하우어의 철학은 후에 "의지의 바퀴"를 이야기할 것이다. 바퀴에 묶인 우리는 바퀴가 돌아갈 때마다 이리저리 떠밀리지만 예술작품에 몰입할 때 바퀴가 돌연 멈춘다고 이야기 할 것이다.

소년 아르투어 쇼펜하우어는 낭만주의 작품을 읽던 시기에 일기장에 다음과 같이 쓴다. "삶에서 종교와 예술과 순수한 사랑과 같은 얼마 안 되는 순간을 들어내면 진부한 생각 나부랭이 말고는 뭐가 남을까?" (HN I, 10)

종교는 위 인용문에서 아직 구원의 힘으로 불리지만 낭만주의적 "예술"과 "사랑"이 종교와 합쳐지면서 아버지의 종교와는 다른 종교가 된다. 예컨대 마티아스 클라우디우스는 늘 예술과 종교를 연관시키는 것을 격렬히 반대했다. 그런 연유로 클라우디우스는 낭만주의 운동을 근대의 우상숭배라고 매도했다. 그의 입장("신의 말씀을 따라라")에서는 맞는 얘기였다. 낭만주의에서 말하는 종교는 겸손과 계시 신앙의 종교가 아니라 신자 자신에게 권능을 부여하는 종교였기 때문이다. 쇠사슬에서 벗어난 상상력이 만들어낸 여러 가지 중 하나가 이런 종교였다. 왜 그리고 어떻게 아르투어가 낭만주의적 종교성에 몰두하는지 이해하려면 그 종교성의 내부 원동력을 알아야 한다. 그 종교성은 전적으로 예술을 향한 열광으로 이루어져 있다.

쇼펜하우어처럼 현세에서 아버지의 지배에 갇혀버린 경우에는 어떻게든 내세에서라도 (마티아스 클라우디우스를 따르는) 아버지에게서 벗어나야 한다. 낭만주의의 종교와 예술종교(특히 바켄로더가 표방하는 음악의 형이상학)는 젊은 쇼펜하우어에게 그리로 가는 길을 터준다. 낭만주의 조류에 편승하면서 그는 상당부분 아버지의 종교에서 해방된다. 아버지의 입장에 합당한 방식의 세계 초월에서 아버지의 입장에 부당한 방식의 세계 초월로 전환한 것이다. 그럼으로써 획기적인 정신운동이 걸어간 숙명의 길을 그는 개인적으로 따라간다. 이 운동이 배출한 성과는 두 번 다시 올 수 없기에 나는 이를 "철학의 격동시대"라고 이름 짓는다.

이 운동은 전통적 형이상학을 미몽에서 깨어나게 하고 전통적 신앙을 속 빈 강정처럼 만든 칸트의 혁명으로 시작된다. 칸트의 혁명으로 인해 주체는 실제로 모든 권능을 가지게 되며, 이전에는 '세계 그 자체'가 호기심의 대상이었다면 이제는 '세계가 내게 갖는 의미'가 어떻게 생겨나는지가 호기심의 대상이 된다. 낡은 "사물의 질서"(푸코)는 칸트로 인해 와해되고 근대성이 태어난다. 근대성의 매력은 소실되었을지라도 우리는 아직도 근대성을 벗어나지 못하고 있다.

칸트라는 이름과 결부된 전환점에 맞닥뜨리는 것은 나중 일이겠지만 낭만주의와 조우하면서 칸트의 획기적 영향의 일면을 접한 덕에 쇼펜하우어는 이미 이 변혁의 분위기에 온통 둘러싸여 있다. 어찌 보면 긴 연극의 제2막 내지 제3막이 상연되는 도중에 쇼펜하우어가 거기 동참하는 셈이다. 이 사실이 갖는 의미는 다음과 같다. 낭만주의를 거쳐 뒷걸음질로 그는 칸트에게 갈 것이고 거기 도착해서는 칸트의 후계자들이 칸트의 뜻과 달리 진행한 것들을 수정하려 할 것이다. 그렇게 함에 있어서 그는 불교와 신비적 비교秘敎의 기운을 타고 피히테와 헤겔, 마르크스를 뛰어넘어서 천국이 없는 초월의 한복판으로 나아간다. 쇼펜하우어는 "유한성의 분석"(푸코)을 철저히 완결시키면서도 형이상학을 포기하지 않는 아찔한 곡예를 해낸다.

우선은 함부르크에서의 마지막 2년을 쇼펜하우어는 낭만주의의 무한한 비상飛翔을 벗 삼아 보낸다. 하지만 낭만주의 예술의 무한함은 마티아스 클라우디우스와 아버지가 믿는 '객관적' 계시처럼 든든하지 못하다. 낭만주의의 무한함은 속속들이 주관적이다. 무한함을 만드는, 혹은 만들 수 있다고 느끼는 사람들은 무한함에 빠져든다. 사슬 풀린 상상력의 도움을 받는다면 만들 수 없는 것이란 없다고 낭만주의적 시대정신은 생각한다.

낭만주의자들은 자신의 비밀을 들여다보면 세계의 비밀에 다가갈 수 있다고, 자신의 안에 있는 마법의 단어를 찾아낸다면 세계는 노래할 것이라고 믿는다. 그저 마냥 깊이 내려가야 한다. 그렇게 내려가다 보면 제대로 날아오르게 된다. 침잠하다 보면 자력磁力이 끌고 당기는 영역 한복판에 이른다. 비틀거리던 이성은 이 지점에서 춤을 배운다. 이루

말로 다 할 수 없는 것das Unsagbare이 우리 안에서 시작될 때 우리는 세계와 가장 내밀한 사이가 된다. 여기서 낭만주의가 언어에 대해 품는 회의가 등장한다. 바켄로더는 언어가 "마음속 깊은 분노를 파묻는 무덤"[30]이라고 본다. 언어를 거치면 이루 말로 다 할 수 없는 것이 어느새 말도 안 되는 헛소리unsäglich가 되어버린다. 감정의 흐름에 언어는 따라갈 수 없다. 언어는 동시에 존재하는 풍성함을 차례차례 얄팍한 실로 자아내야 한다. 노발리스Novalis[31]가 보기에는 근대가 저지른 원죄는 루터가 성경을 번역함으로써 시작된다. 이로써 문자가 폭정을 하는 시대가 열렸으며 상상력과 내적 감각은 관리를 받게 되고서 나는 법을 잊어버렸다는 것이다. 바켄로더와 마찬가지로 노발리스는 "성스러운 음악"[32]을 칭송한다. 음악 안에서는 모든 것이 움직일 수 있으며 음악과 더불어 사람들은 무중력의 형이상학을 배울 수 있다. 바켄로더가 음악이 개인을 구원하리라고 작은 범위에서 기대하는 데 반해 노발리스는 천박해져서 서로 적대하는 유럽을 "성스러운 음악"으로 치유하려는 승부수를 건다. 베토벤은 자신과 동급이라 보던 보나파르트 장군이 나폴레옹 황제가 되자 그가 자신의 수준에서 추락했다고 볼 정도로 패기에 찬 자의식을 과시한다. 바그너에 앞서 이미 베토벤은 자신을 일종의 종교창시자로 여긴다. 베토벤은 음악이 "신적인 것을 매개해주고 온갖 지혜와 철학보다 더 숭엄한 계시"[33]를 내린다고 본다. 우리는 나중에 쇼펜하우어의 음악철학을 다루면서 다시 한 번 마치 환각에 빠지듯 음악에 도취했던 낭만주의를 다룰 것이다.

낭만주의 정신에 따르면 음악과 종교를 거쳐야만 우리 안에 있는 이루 말할 수 없는 것에 다가가며 그럼으로써 세계의 비밀에 다가갈 수 있다. 음악과 종교, 둘 다 근원적이라는 얘기다. 반세기 전이라면 이런 주장은 신성모독으로 여겨졌을 것이다. 옛날에는 음악이 하늘을 우러러보았고 종교 역시 하늘에서 계시를 받았지만 세속화가 진행되고 스스로 힘을 행사하는 주체가 자유로워지면서 그 하늘이 무너져 내린다. 이제는 음악과 종교, 둘 다 우리 상상력의 산물이며 이루 말할 수 없는 것에서 유래하는 까닭에 이 둘은 신의 권능을 보여준다. 지상에서 생겨난 신성神性인 셈이다. 이 방향을 못마땅하게 여긴 동시대 철학자 야코비Jacobi[34]는 날카롭게 간단한 양자택일을 제시한다. "신은 내 밖에 살아 계신 독자적인 존재이시거나 아니면 내가 신이다."[35] 낭만주의자들은 자신이 신이기를 택한다. 슐라이어마허[36]는 "성경을 믿는 이가 신자가 아니라 성경이 필요 없거나 그런 걸 몸소 만들 수 있는 이가 신자"[37]라고 말한다.

섬세한 감성이 힘을 얻게 되면서 솟구쳐 나오는 격정적 종교에 쇼펜하우어는 매혹되었다. 계시나 윤리규범과 같은 아버지의 흔적이 없이 자아경험과 세계경험을 심미적으로 즐길 수 있었기 때문이다. 어머니가 바이마르로 이사 간 후 보험 중개인 빌리닉 집에서 하숙하면서 그는 하늘 높이 솟구쳐 오르는 낭만주의 정서에 흠뻑 빠진다. 하지만 같은 시기에 벌써 낭만주의의 대표주자들은 "신의 헤아릴 길 없는 자비심을 향해 공중제비"[38](프리드리히 슐레겔Friedrich Schlegel[39])를 돌며 뛰어내린다. 쇼펜하우어는 교회신앙을 막 벗어나려 하는 데 반해 추세는 교회신앙으로 다시 돌아가고 있다. 바켄로더는 이렇게 쓴다. "우리 삶이 부서져 널브러진 장소를 가로지르려면 우리는 용감히 손을 뻗어서 위대하고 지속적인 예술을 붙잡아야 한다. 모두를 훌쩍 뛰어넘어서 영원히 남는 예술, 하늘에서 내려온 빛나는 손이 우리에게 제공하는 예술을 꽉 붙잡아야 한다. 그래야만 험악한 절벽 위에서 대담한 자세로 하늘과 땅 사이를 날 수 있다."[40] 바이마르에 있는 어머니에게 쇼펜하우어는 이렇게 쓴다. "필요와 결핍 때문에 만물이 자리 다툼을 하는 척박한 우리 땅에 어떻게 하늘의 씨앗이 자리를 찾았을까요? 신이 우리를 추방했기에 우리는 신께 올라가서는 안 되지요. […] 동정심 많은 천사가 우리를 위해 간청해서 하늘의 꽃을 얻었고 그 꽃은 이런 비탄의 땅에 뿌리박고서도 찬란히 피어 있군요. ─ 신성한 음악의 맥박은 야만의 세기를 거치면서도 뛰는 것을 멈추지 않았기에 영원한 것이 음악 속에서 직접 메아리치고 있습니다. 누구나 이해할 수 있는 음악은 덕과 악덕을 넘어서 숭고합니다."(B, 2)

예술과 종교의 공생은 ─ 한동안은 ─ 둘 다에게 이익이 된다. 예술로서의 종교는 독단에서 풀려나서 마음에서 우러나오는 계시가 되고 종교로서의 예술은 이런 계시에 천상의 위엄을 부여한다. 예술종교는 "우리가 험악한 절벽 위에서 대담한 자세로 하늘과 땅 사이를 날 수 있게끔" 한다. 무역사무소에서 시달리는 쇼펜하우어는 "사뿐히 살포시 걸어서 / 어디서든 먼지 하나 발에 묻지 않은 채 / 황폐한 이 땅을 돌아다니려는"(HN I, 2) 시도에 예술종교가 도움이 되리라 믿는다.

아버지의 신앙에서 세계 초월은 견고하며 믿을 만한 자산이었던 데 반해 낭만주의의 예술종교는 내부자가 평가해봐도 위험한 기획이다. 젊은 쇼펜하우어가 여러 차례 읽은 소설 『윌리엄 로벨William Lovell』의 작가인 젊은 티크는 소설에 이렇게 쓴다. "그런 존재가 자신의 날개가 힘없이 마비된다고 언젠가 느낀다면 […] 그는 졸지에 추락할 수밖에 없고 날개가 꺾인 후에 영원히 바닥을 기게 될 것이다."[41]

낭만주의적 열광을 진동하게 하는 것은 불안이라는 물밑 조류이다. 도취에서 깨어나고 몽유병자 특유의 확신이 끝나버리는 데 대한 불안이다. 일말의 위로도 없는 순간 낭만주의는 천상의 음악이 울려 퍼지는 공간이 무서우리만치 덩그러니 비어 있음을 알고 있다. "내 눈에는 음악은 우리 삶의 이미지 같다"라고 바켄로더가 쓴다. "무에서 생겨나 무로 스러지는 감동적인 순식간의 기쁨, – 왜 그런지는 모르지만 시작했다가 끝나는 것 – 즐거움 그득한 자그마한 초록 섬에는 햇빛이 비치고 노래와 연주가 들리지만 그 섬은 한 치 앞을 내다볼 수 없는 컴컴한 바다 위를 헤엄치고 있다."[42]

옛 신들이 퇴장한 후 자신의 힘으로 신들을 출산하려는 사람들은 다음과 같은 딜레마에 빠진다. 그들은 자신이 몸소 만든 것을 믿어야 하며 제조한 것을 영접한 것으로 체험해야 한다. 그들은 "만듦"에서 신과의 신비적 합일unio mystica을 얻어내고자 하지만 그런 합일은 존재자를 그 자체로서 존재하게 해야만 가능하다. 그들은 무대 앞에서 장대한 연극을 경탄하며 즐기려 하지만 그들은 같은 시각에 무대 뒤에 서 있다. 그들은 마력에 사로잡히고 싶어 하는 연출자이다. 낭만주의의 예술 신앙은 불가능한 것을 원한다. 이 신앙은 세련된 기술을 통해 소박함을 낳으려 한다. 그 성과로 오랜 본질의 자리에 본질을 배가시키는 거울 방이 자리 잡게 만들려는 것이다. 느낌의 느낌, 믿음에 대한 믿음, 사유의 사유가 그 결과로 생겨난다. 거울 방에서 그들은 그때그때 기분에 따라서 끝도 없이 다형체인 어떤 것을 향유하게 되거나 아니면 무의 고통을 맛본다. 장 파울의 말을 들어보자. "아, 모든 자아가 자신의 아버지이자 창조자라면 자신의 저승사자가 되지 말란 법도 없지 않은가."

쇼펜하우어를 솟구쳐 오르게 하는 건 몹시 민감하고 까다로운 활력이다. 그는 추락하는 것에 대한 불안을 잘 알고 있다. 그를 바닥에 내던질 수 있는, 그가 두려워하는 힘은 어떤 것일까?

그가 무중력 상태로 나는 걸 방해하는 것은 뒤늦게 사춘기를 겪는 소년 내부에서 치솟는 관능이다. 성적 욕망, 즉 육체가 그를 추락하게 한다. 이것이야말로 그의 "저승사자"이다. 바로 이 "저승사자"에게 쇼펜하우어는 낭만적으로 날아오르던 시절 의미심장한 시를 바친다. "아,

환락이여, 아, 지옥이여 / 아, 감각이여, 아, 사랑이여 / 채워지지 않는 것들이 / 하늘 높이에서 / 날 끌어내어 / 먼지투성이 땅에 / 던져버렸네 / 이제 난 사슬에 묶여 누워 있다네."(HN I, 1)

"환락"과 "사랑" – 이런 것이 젊은 쇼펜하우어와 무슨 상관이 있을까?

일단 얘기를 시작하자. 아버지가 사망하고 어머니가 떠나간 후 아직 20세가 안 된 쇼펜하우어는 가족의 감시 없이 살고 있다. 그동안 앙티메는 르아브르에서의 "지루한 삶"을 끝내고 상인견습을 마치기 위해 함부르크로 온다. 친구 곁에 있고 싶다고 앙티메가 쓴다. 두 청년이 했으리라고 추정되는 "방탕한 행위"를 두고 이러쿵저러쿵 말이 많았는데 그들이 한 것은 시민층에서는 통상적이었다.

앙티메는 주말에 자신의 숙소인 아우뮐레⁴³에서 함부르크로 온다. 그는 "뭔가를 체험하려" 한다. 아르투어가 안내를 맡아야 한다. 두 친구는 서로 용기를 북돋아가며 여배우나 합창단원에게 수작을 걸거나 그게 잘 안되면 "돈벌이에 열심인 창녀를 안으며"⁴⁴ 위안을 받았다고 앙티메가 편지에 쓴다. 아르투어는 난봉꾼인 양 구는 앙티메가 종종 신경에 거슬리기에 아이러니컬하게 혹은 투덜대며 반응해서 앙티메는 감정이 상한다. 그러고는 둘은 다시 화해한다. 아르투어는 앙티메에게 외설스러운 읽을거리를 챙겨주었는데 이건 정말 잘한 일이다. 앙티메가 "며칠을 연애생각으로 들뜬 느낌"⁴⁵이라고 고마워하기 때문이다.

"연애생각"에 두 소년은 들떠 있지만 아르투어의 기분은 늘 회의에 차서 가라앉아 있다. 여름 어느 일요일 날 홀슈타인의 트리타우로 소풍을 가서 두 친구는 풀밭의 나무그늘 아래 누워 있다. 친구가 에로틱한 일을 도모하자고 열을 내자 아르투어는 "삶이란 너무도 짧고 불확실하고 무상하기에 그런 일에 몰두하는 건 소용없는 짓이다"⁴⁶ 라는 신중한 반성으로 찬물을 끼얹는다.

실제로 아르투어는 연애에 몰두해본 적이 없다. 그가 지닌 문제는 육체의 욕망 때문에 그의 머리가 굴욕감을 느낀다는 사실이다. 그의 육체의 욕망은 머리를 이기고 승리하지만 여자들에게 승리를 거두지는 못한다는 게 그의 문제이다. 쇼펜하우어는 육체의 욕망도 여자들도 용서할 수 없다. "여자와 관련해" 아르투어 쇼펜하우어는 여러 해 뒤에 한 대화에서 이렇게 말한다. "나는 여자들에게 호감이 많았다. 여자들이 나를 원하기만 했더라면 좋았을 텐데 말이다."(G, 239) 자신을 원하지 않던 여자들을 그는 욕망의 모호한 대상으로 여기며 육체적인 것에 얽히는 걸 위협으로 체험한다. "환락, 지옥, 감각, 사랑" – 이것들 전부가 그에게는 "약점으로 작용하는 속박"이 된다. 이 속박 때문에 "위로 가려는 노력"은 죄다 실패하게 된다. 성생활에서 실패하거나 아니면 너무 쉬운 승리만 하기 때문에 그에게 자신의 성생활은 굴욕적인 체험이다. 앙티메가 함께 성생활의 걸음마를 도모했던 공범인 탓에 그는 앙티메에게서 멀어진다. 성적 모험에서 친구에 비해 성공적인 앙티메는 "육체에 단단히 갇혀 있지 않으려는" 아르투어의 소망을 도무지 이해할 수가 없다.

이처럼 쇼펜하우어는 낮에는 예니쉬 상원의원이 운영하는 사무실에서, 저녁에는 보험 중개인이 운영하는 하숙집에서 시간을 보내며 이따금 마지못해 앙티메와 함께 환락에 빠진다. 이는 아르투어에게 최악의 "외부세계"이다. 자신의 처지를 바꾸지 않은 채 그는 "정신과 정신이 만나는 지복의 시간"을 꿈꾼다. "우연히도 다수의 사람들과는 달리 육체에 단단히 갇혀 있지 않은 고귀한 사람들이 소수 존재한다. 왜 이 사람들은 숱한 방해로 인해 상대의 목소리를 듣지 못하고 서로 알지 못하는가? 왜 정신과 정신이 만나는 지복의 시간은 오지 않는 걸까? 왜 고귀한 사람은 […] 천박한 반인반수의 떼만이 사하라의 모래처럼 셀 수 없이 눈에 들어오는 황무지에서 허덕이면서 […] 기껏해야 예술작품에서만 […] 이따금 유사한 존재를 느끼고는 동경하느라 곱절의 고통을 겪어야만 하는가?" 마치 사하라 사막에서 사는 것과 같은 생활은 1807년 여름까지 계속 이어진다. 바이마르에 있는 요한나는 이제 함부르크에서 울려 퍼지는 비탄의 노래를 더 이상 견딜 수 없다. 그녀는 아르투어를 해방시키는 일에 착수한다. 그는 자력으로는 자신을 해방시킬 수 없었다. 어머니는 아들이 제2의 탄생을 하도록 도와서 그를 아버지의 세계에서 데리고 나온다. 엄밀히 보면 그는 어머니에게 무한히 감사해야 했다. 그러나 아마 바로 자신이 어머니에게 빚을 졌다는 것 때문에 그는 어머니를 용서할 수 없었을지도 모른다.

제 5 장

—

바이마르. 정치적 파국. 어머니는 사교계에서 승승장
구한다. 괴테가 어려움에 처하다. 어머니는 아르투어
를 함부르크 회계소에서 해방시킨다. 아르투어는 행
복에 겨워 운다.

—

요한 볼프강 폰 괴테(1749년~1832년)

바이마르. 정치적 파국. 어머니는 사교계에서 승승장구한다. 괴테가 어려움에 처하다. 어머니는 아르투어를 함부르크 회계소에서 해방시킨다. 아르투어는 행복에 겨워 운다.

SCHOPENHAUER

거의 1년을 아르투어는 홀로 함부르크에 산다. 시민법으로 보나 상속법으로 보나 그는 아직 미성년이다. 그러나 어머니는 바이마르로 이사한 후 아들이 마치 성년인 것처럼 대한다. 편지에서 어머니는 확연히 새로운 어조를 택한다. 그녀는 아들에게 어머니처럼 말하지 않고 나이든 친구 혹은 누나처럼 말한다. 출발하는 날 그녀는 작별인사를 건너뛰려 한다. 1806년 9월 21일 아침 아르투어가 일어나보니 어머니가 밤에 쓴 편지만 덜렁 남아 있다. "너의 시가 냄새가 아직도 나는 걸 보니 네가 방금 외출했구나. 난 너를 당분간 다시 보지 못할 거다. 우리는 저녁을 즐겁게 함께 보냈어. 그러니 그걸로 작별한 셈 치자구나. 잘 있어라, 사랑하는 아들아. 네가 이 글귀를 읽을 때쯤 나는 아마 여기 없을 거야. 내가 행여나 아직 있더라도 내게 오지는 말거라. 작별하는 걸 난 견딜 수 없으니까. 원하면 우리는 다시 만날 수 있어. 그때까지 너무 오래 걸리지 않길 바란다. 우리의 이성도 그러길 원하게 될 거야. 잘 있거라. 널 처음으로 속이는구나. 난 6시 반에 말을 오라고 했어. 내가 널 속인 것에 마음 상하지 않기 바란다. 이건 나 자신을 위해서 한 일이야. 작별의 순간에 내가 얼마나 약해질지, 격한 감정으로 몸을 가눌 수 없게 될지를 알기 때문이야."[1]

이 편지에서는 뉘앙스가 중요하다. 예를 들자면 어머니는 마지막으로 함께 보낸 저녁에서 아들이 피운 시가 냄새를 언급한다. 그녀는 아르투어를 아들이 아니라 남자로 기억하고 싶다. 꾀를 써서 그녀는 내키지 않는 감상적인 작별 장면을 피한다. 그녀는 새로운 삶에 대한 기대에 마냥 기쁠 뿐이다. "나 자신을 위해서 한 일"이라는 논리로 요한나는 어머니의 의무라는 관습을 벗어난다.

자신의 새 삶의 패턴이 시민계급의 관습에 맞지 않는 것을 요한나는 너무도 잘 알고 있다. 자신이 소심한 배려로 자신의 삶을 축소하지 않았다는 사실에서 그녀는 자부심을 느낀다. 아르투어에게 쓴 편지를 보자. "난 두 개의 길 중에서 가장 멋지게 보이는 길을 망설임 없이 택하는 편이야. 내가 머물 곳을 정할 때도 마찬가지였어. 대부분의 여자는 내 처지에서 친구와 친척들이 있는 고향도시로 갔겠지만 난 낯설기만 한 바이마르를 택한 거야."(1807년 4월 28일)[2]

남편이 사망한 후 요한나는 파벌을 이룬 친척을 받들며 살 뜻이 전혀 없을뿐더러 친척에게서 벗어난 것이 좋기만 하다. 단치히에 사는 친척들의 다툼에 대해 아르투어에게 다음과 같이 말한다. "다행히도 현명하게 처신한 덕에 난 어딜 가든 판박이인 가족문제에서 빠져 나와서 그 꼴을 멀리서 보기만 하면 된다. 그런 소소한 일상사 때문에 내 본연의 더 좋은 존재가 망가질 뻔했다는 걸 날마다 새삼 느낀다."(1807년 1월 30일)[3] 바이마르에서 요한나는 자신의 새로운 "더 좋은 존재"에 푹 빠져 있어서 이 시기에 아르투어에게 쓴 많은 편지에서 거의 자신과 자신을 둘러싼 무리에 대해서만 얘기할 뿐, 아르투어가 보낸 많은 편지의 내용에는 – 한동안 – 응답하지 않는다. 아르투어의 편지를 그녀는 나중에 없애버린다. 모자간에 편지로 대화를 나누는 일은 없다. 몇 차례 요한나는 사과를 하듯이 아르투어가 그녀의 세계를 알게 되기를 바란다며 어머니로서의 자신을 부각시키려는 듯 덧붙인다. "네게 항상 무슨 얘기든 들려주려고 해. 예전에 모임에서 돌아올 때면 내 자식들에게 사탕을 가져다주곤 했던 것처럼 말이다."[4] 아르투어가 함부르크에서 어떻게 사는지 특별히 관심을 보이지는 않아도 그녀는 아르투어가 그곳에 사는 걸 이용해서 사소한 일 처리를 맡긴다. 아르투어는 그녀가 속한 세계에 납품업자로 봉사할 수 있다. 대공의 어머니가 쓴 편지를 로스토크에 보내야 하며 괴테가 속한 친목모임은 자수 패턴에 쓰일 그림과 크레용이 필요하고 같은 집에 사는 친구인 페르노가 구하는 책이 바이마르에는 없는 데다가 어머니는 밀짚모자가 필요하다는 거다. 아르투어는 모자를 먼저 직접 써본 후 전부 다 잘 포장하라는 지시를 받는다. 요한나의 말을 들어보자. "내 머리가 네 머리만큼 크다는 걸 잊지 마라. 모자가 네게 맞아야 해. 안 그러면 내가 쓸 수 없으니까."(1807년 3월 10일)[5] 이 경우에만 머리가 둘 다 크다는 게[6] 쓸모가 있다. 아르투어가 전부 장만해서 보내면 칭찬을 듬뿍 받는다. "사랑하는 친구 아르투어. […] 괴테와 페르노, 마이어에게 크레용을 하나씩 줬어. 다들 정말 고마워 하더구나."[7] 괴테가 안부를 전하고 크레용을 보내 준 걸 고마워하다니 예언자의 망토자락이 아르투어를 스친다. 신비로운 바이마르를 위해 사소한 심부름을 한 덕에 아르투어도 조금이나마 태양에 몸을 녹인다.

정신의 세계에 약간이라도 연관되어 있는 사람이라면 누구든 당시 바이마르를 들어설 때 경외심에 떨렸을 것이다. 문화 분야는 두 층에 걸쳐 독일의 다른 어느 곳과도 비교할 수 없을 만큼 찬란하게 채워졌다. 우아한 상층에는 괴테는 물론이고 헤르더와 실러, 빌란트[8]가 거주하고 있었고 반지하층에는 인기작가인 아우구스트 폰 코체부[9], 슈테판 쉬체, 불피우스가 북적대고 있었다. 쉽사리 존경심을 품지 않는 장 파울 같은 동시대인이 튀링엔의 작은 수도 바이마르를 처음 방문하면서 "드디어 […] 나는 천국의 문을 열었고 바이마르 한복판에 서 있다"[10]고 탄성을 지를 정도였다. 하지만 겨우 몇 주 후 장 파울은 동생에게 보내는 편지에서 불평한다. "옥좌 옆에서 한 뼘의 자리를 두고 여기서 얼마나 밀고 다투고 찌르는지 넌 상상도 못할 거야."

바이마르가 발산하는 문학의 광채에 눈이 멀지 않은 사람이라면, 어느 방향으로든 바이마르로 향할 때 마차가 다니기 좋은 간선도로를 벗어나야 하는 걸 깨닫고 짜증이 나지 않을 수 없었다. 중요한 교통연결망은 모두 바이마르를 비껴갔다. 프랑크푸르트에서 에어푸르트를 거쳐 라이프치히로 가는 동서도로뿐 아니라 아이스레벤에서 루돌슈타트를 거쳐 뉘른베르크로 가는 남북연결선 역시 바이마르를 거치지 않았다. 바이마르는 독일문화의 비공식 수도였지만 교통시설에 관한 한 사각지대에 놓여 있었다. 바이마르로 직접 이어지는 구간도로는 한심한 상태였다. 1799년 이후 국도 건축청 감독관이던 괴테는 이를 개선하려 했지만 실패했다. 마침내 그는 포기하고 이탈리아로 여행을 떠난다. 바이마르 주변의 길은 위험한 상태인 채로 있다. 괴테는 1816년 여름 프랑크푸르트로 장거리 여행을 떠났는데 바이마르에서 몇 마일 채 못 가서 그의 마차가 뒤집힌다. 찰과상을 입은 추밀고문관 괴테는 마차 아래에서 기어 나와야 했고 그 후로는 모든 장거리 여행을 포기한다.

그래도 시내 도로의 상태는 양호했다. 괴테는 도시포장도로 건축청의 고문관 직도 동시에 맡고 있었는데 이 분야에선 성공적으로 활약했다. 가장 중요한 도로와 길, 광장이 포석으로 포장되었다. 바이마르 사람들은 이 사실이 몹시 자랑스러워서 여행자와 이방인도 포장세를 내라고 요청을 할 정도였다. 바이마르 도시건축의 자랑거리인 포석을 조심조심 다뤄야 한다고 명령이 내려졌다. 예를 들면 속도제한 때문에 마차는 총총걸음으로만 달릴 수 있었고 거리는 금연구역이었다.

"순례 중인 예술지망생이자 뮤즈 여신의 열광적 친구가 이 도시를 들어서면 마법에 휩싸인다"고 동시대인은 기행문에서 말한다. "예술지 망생에게 바이마르는 뮤즈 여신의 아름다운 성전처럼 찬란해 보인다. 하지만 건축양식이나 집들, 거리와 장식물 때문이 아니다. 이런 것들은 바이마르의 육체이고 도시로 들어서는 사람이 정신으로 인지하는 것은 바이마르의 시詩이다."[11]

"바이마르의 육체"가 최적의 상태가 아니었다는 것을 당시의 여러 보고가 입증한다. 1796년 바이마르를 방문한 뵐플링Wölfling이란 인물의 보고이다. "언덕 너머 있는 산에서 바이마르 시가 가장 잘 내려다보인다. 하지만 어디서 보든지 상관없이 이 도시는 그저 그런 장소이다. 골목골목은 청결함과 구조, 건물의 건축양식을 놓고 볼 때 밝고 바람이 잘 통하는 도시 고타에 미치지 못한다. 집들마저 대부분 옹색하게 지어져서 전반적으로 무일푼인 시골도시처럼 초라해 보인다. 큰 거리를 조금만 벗어나면 모퉁이와 막다른 골목이 이어지며 더욱 초라해 보인다. 대공의 거주지에 걸맞은 외관을 지닌 장소는 바이마르에선 찾을 수 없다."[12]

1800년 무렵 바이마르 거주자는 대략 7,500명이었다. 바이마르가 문화계에서 누리는 명성에도 불구하고 이렇다 할 인구의 성장은 없었다. 전체 인구증가에 비교하면 바이마르는 오히려 제자리에 머물렀다. 괴테가 도착한 시기(1775년)로부터 19세기로 넘어가는 시점 사이에 새로 지어진 집은 20채에 불과했다. 도시의 오랜 중심은 구불구불한 골목으로 이루어져 있었고 – 1800년 무렵에는 대략 700채 가량 되는 – 집들은 야코프 교회 주변에 옹기종기 모여 있었다. 1760년 이후 방어용 요새가 철거되기 시작했다. 이 공사로 도시 주변이 넓어지고 숨통이 트였다. 오랜 도시성문이 헐렸지만 상품을 운송할 경우 붙는 성문세는 폐지되지 않았다. 공원과 정원, 가로수길이 새로 생긴 빈 공간에 생겨났고 농부들이 머물 거주 공간도 생겼다. 바이마르가 지닌 시골도시다운 성격은 괴테가 도착했을 때처럼 두드러지진 않았지만 여전히 남아 있었다. 괴테가 왔던 당시에는 돼지 떼가 길거리를 쏘다녔고 묘지의 풀밭에선 소가 풀을 뜯고 있었다. 대공이 아래와 같이 청결규정을 내리는 일은 허다했다. "도시의 오물은 두엄 운반수레로 치워야 한다. 수레로 성문을 나갈 수 없는 사람은 오물을 장날이 아닌 날 골목에다 모아야 하고 일요일이나 휴일을 넘겨서 지정 장소에 놓아두어서는 안 된다."[13] 18세기 중반에는 거주자의 거의 절반이 농부였고 세기말에는 대략 10%가 농부였다. 하지만 영세 수공업자와 운송업자, 숙박업자와 궁전 근무자도 종종 밭 한 뙈기 정도는 가지고 있었다. 집 앞에 쌓인 무수한 거름더미는 계속해서 도시풍경의 일부였다. 여름에는 거름더미에 모기와 파리 떼가 꼬여서 상류층은 인근 온천으로 피신하곤 했다.

'상류층'은 대공의 궁전을 중심으로 모였다. 독자적인 중상류층 시민계급이 바이마르에는 없었다. 상업은 수가 많고 다양했지만 그 규모는 영세했다. 1820년에는 485개의 수공업 업소가 있었는데 그중 280개 업소는 숙련공 조수를 아예 고용하지 않았고 117개 업소는 한 명만 고용했다. 구두장이가 62명, 재단사가 43명, 정육업자가 23명, 목수가 22명, 제과업자가 20명, 직조공이 20명, 대장장이가 12명, 열쇠공이 11명, 통장이가 10명, 안장장이가 10명이 있었는데 이들은 길드와 동업조합에 단단히 묶여 있었고 끼리끼리 경쟁을 조율했던 탓에 아무도 대규모로 확장할 수 없었다. 바이마르는 산업시대의 혜택을 거의 누리지 못했다. 적어도 그런 상태만은 벗어나려고 괴테는 시 창작이 뜸하던 시절 애썼다. 새 궁전의 건축은 느리게 진전되어서 괴테는 1797년 궁전 건축위원회에 "목수 중앙작업장"을 설치할 것을 요청하면서 "[…] 부분적으로라도 공장에서 하듯이 기계를 쓰며 여러 사람이 모여 일하는 유리한 방식으로 제조되지 않으면 일이 언제 끝날지 예측할 수 없다"[14]고 말한다. 괴테의 직장 동료인 포이크트Voigt는 그 의견에 반대한다. "길드 눈치를 안 볼 수 없다. 알다시피 이곳 목수업계는 조수 때문에 짜증스럽게 다투고 있어서 작업의 효율이 나지 않았다. 그렇기에 길드에 속하지 않은 목수 공장이 생긴다면 난리가 날 것이다." 바이마르 사람들은 프롤레타리아가 생기는 걸 원하지 않는다.

바이마르에서 "산업시대"의 유일한 대규모 사업가는 프리드리히 요한 유스틴 베어투흐Friedrich Johann Justin Bertuch였다. 그는 학위를 마친 법률가이며 문예애호가, 상인, 출판업자에다가 대공의 사재관리인이었다. 베어투흐는 – 예술의 아성인 소도시에 걸맞게 – 조화造花공장으로 시작했다. 괴테의 정부였다가 나중에 정식부인이 된 크리스티아네 불피우스Christiane Vulpius가 이 공장에서 일했다. 베어투흐는 출판사를 세워서 여러 신문을 출간했는데 그중 「예나 일반 문학 신문Jenaische Allgemeine Literatur-Zeitung[15]」과 「럭셔리와 유행 저널Journal des Luxus und der Moden」이 유명하다. 1791년 베어투흐는 출판업과 공예업을 모두 "지역 산업 공단Landes-Industrie-Comptoir"으로 합병했는데 이는 근대적 의미에서의 "산업"이라고 할 수는 없었다. 동시대인들조차도 그 명칭이 옳지 않다고 여겼다. "베어투흐 씨의 산업 공단은 얼마 전부터 산업이란 말을 바이마르에 유통시켰지만 그의 회사 말고는 여기서 산업이라 부를 것이 없다."[16]

하지만 바이마르 근교에는 새로운 시대가 주춤주춤 벌써 와 있었다. 아폴다Apolda에는 양말을 제조하는 매뉴팩처가 하나 있었지만 직조기 한 대에서 한 주 동안 대략 10켤레의 양말을 생산하는 등 대단한 성과를 내지는 못했다. 독일 최초의 물 호스공장은 그에 반해 평이 괜찮았다.

1820년경 취업 가능한 인구 중 26%는 직간접적으로 대공의 궁성에 종속되어 있었다. 일부는 행정직 관리와 경찰 관리, 궁정 직원, 궁정 악단과 극장 단원, 성직자, 교사, 의사, 약사, 법률가로 일했는데 다들 스스로가 더 낫다고 여겼기에 역시 궁정이 주는 일거리로 주로 먹고살던 수공업자와 날품팔이꾼과는 거리를 두었다. 사회의 서열문화가 아무리 정교했다 쳐도 높은 기대를 품고 유명한 도시에 들어선 문외한의 눈에는 이 모두가 전형적인 소도시의 편협한 모습으로 축소되었다. 뷜플링의 말을 들어보자. "바이마르에 사는 […] 사람들 중 대다수는 소도시다운 속물 부류이어서 궁정이 있는 도시답게 세련됐거나 부유한 티는 찾을 수 없다."[17] 전혀 다른 체험을 해왔던 어느 영국인은 아래와 같이 보고한다. "바이마르에서 수도에 있을 법한 흥겨운 축제 인파나 왁자지껄한 감각의 기쁨을 찾아보았자 소용없을 것이다. 한량閑良 노릇을 즐기는 사람이 너무 적고 돈이 안 되는 소일거리에 빠질 만큼 유복한 사람들도 너무 적은 탓이다. 도시가 작은 데다 습관화된 생활패턴 덕에 궁전이 거주자 모두를 관할하고 있기 때문에 경찰이 필요 없을 지경이니 비밀경찰이야 당연히 없다. […] 그저 즐기고자 하는 사람은 바이마르를 금세 울적한 장소라고 여길 것이다. 오전에는 다들 일을 한다. 할 일이 없는 소수의 국외자조차 한량으로 보이는 걸 부끄러워하는 분위기다. […] 여섯 시경에는 다들 극장으로 가는데 대가족의 모임 같은 모습을 띤다. […] 9시경 공연이 끝나면 10시경 가장이란 가장은 모두 깊이 잠들어 있거나 아니면 조용히 밤 내내 자신의 방에 머문다."[18]

바이마르에서 저녁에 극장 말고 다른 유흥장소를 찾으려는 사람은 실망할 수밖에 없다. 뷜플링의 이야기다. "커피숍의 텅 빈 공간에 들어가면 주인이 지루하게 손을 비비고 있다가 손님이 온 게 너무 기쁜 나머지 인사말을 쏟아부으며 손님을 모퉁이로 몰아간다. 저녁에는 무리를 이룬 사무소 직원과 서기를 볼 수 있는데 담배연기에 질식할 지경이다."[19]

정기적으로 시장이 열리면 도시는 스스럼 없이 옛날 시골모습으로 돌아가고 바이마르에서 대중의 삶은 활기를 띤다. 가을에 열리는 양파 시장은 정말이지 민중의 축제였다. 사람들은 상록수로 집을 장식했다. 포도주가 넘쳐흐르고 사람들은 길거리에서도 춤을 출 만큼 추수감사절 분위기였다. 어디를 가든 파와 샐러리 냄새가 났다. 일 년에 두 번 열리는 대형 목재시장 역시 축제 같았다. 장이 서면 네덜란드 선박제조업계의 부유한 신사들까지 왔다. 야코프 교회 앞에서는 매달 돼지시장이 열리는 바람에 가까이 사는 종교고문관 헤르더는 짜증을 냈다.

시골의 흥겨움이 정기적으로 다시 살아나는 시기를 빼고는 가까이에서 본 바이마르는 ─ 실러가 도착할 당시 실망해서 결론을 내렸듯이 ─ "달팽이가 집에 꼭 틀어박혀 있는 듯한 세계"였다. 신분을 몹시 의식하는 귀족 파벌은 자기들끼리 모이려 하고 소시민층도 자기들끼리 모이려 했다. 바이마르 극장의 2층 관람석은 1848년까지 시민용과 귀족용으로 나뉘어 있었다. 귀족의 오만함을 괴테 역시 이따금 느꼈다. 사교계의 최상층으로 여겨지던 가족이 열여섯 있었는데 이들은 오랫동안 괴테의 사생활을 용납하지 않았다. 괴테는 크리스티아네 불피우스를 만나 동거하기 시작했다. 크리스티아네는 신분이 낮은 데다 정식 부인도 아니어서 주변의 따가운 눈총을 받았다. 베어투흐의 조화공장 노동자였던 크리스티아네 불피우스는 한마디로 '받아들일 수 없는 인물'이었던 것이다. 어느 무도회에서 귀족신분의 산림감독관은 뻔뻔하게도 추밀고문관 괴테를 모욕했다. "그 인간(크리스티아네)을 집으로 보내란 말야! 내가 그 여자를 곤드레만드레로 만들었거든!"[20] 이 경우 괴테가 크리스티아네를 집으로 돌려보내긴 했지만, 큰 틀에서 괴테는 전혀 흔들리지 않는다. 나중에 대공의 정부가 된 여배우 카롤리네 야게만^{Karoline}

Jagemann은 괴테와는 앙숙이었는데 회고록에 다음과 같이 쓴다. "내가 만하임에서 이리로 왔을 때 두 사람의 관계는 공식화되었다. 불피우스가 괴테와 동거하는 건 작은 도시에선 듣도 보도 못한 일이었다. 감히 여론을 겁 없이 무시한 건 괴테가 처음이었고 마지막이었다. 사람들은 괴테가 대공과 친한 덕에 다방면의 특권을 남용해서 그런 태도를 취한다고 보았기에 더욱 불쾌해했다."[21] 크리스티아네가 아들 아우구스트를 낳고 괴테가 이를 공식화함으로써 상황은 더욱 악화됐다. 물론 괴테는 관직 업무를 수행하는 데 필요한 정도의 관계를 계속 궁전과 유지했다. 고위 귀족층에도 그는 정보원을 가지고 있었는데 바로 샤를로테 폰 슈타인Charlotte von Stein이다. 하지만 가급적 괴테는 귀족들만 오는 사교모임을 피하면서 프라우엔플란에 있는 자신의 집에선 다양한 사회계층의 손님을 뒤섞으려 한다. 그렇다 해도 엄격한 예절을 지켰기에 손님을 맞이하는 괴테는 「발푸르기스의 밤」[22]을 쓴 시인이라기보다는 추밀고문관이었다.

소시민 층은 자의식이 부족하며 자신들끼리만 교제한다. 처신을 잘하고 알아서 복종하면 사회의 최정상이 소시민에게 특혜를 내리기도 하는데 소시민 층은 거기에 큰 의미를 부여한다. 바이마르 사람들은 다른 어느 곳에서보다 더 직위를 얻고자 급급하며 고문관 호칭을 두고 법석을 떠는 일이 흔하다. 바이마르 관광객의 말을 들어보자. "항상 궁정고문관 빌란트, 추밀고문관 괴테, 부의장 헤르더라고 말하는 게 특히 눈에 띄었다. 직위를 빼고 부르는 일은 전혀 없었다. [⋯] 모임에 온 사람들 중에는 상인도 몇 있었는데 아마 나를 빼고는 직위가 없는 사람은 하나도 없는 것 같았다."[23]

요한나 쇼펜하우어는 이런 성향에 맞춰서 급히 남편이 얻은 폴란드 궁정고문관 직위(남편은 이 직위를 결코 사용하지 않았다)를 끄집어냈다. 바이마르에서 그녀는 이제 "궁정고문관 부인 쇼펜하우어"라고만 불렸다. 뤼케르트[24]도 직위에 매달리는 성향을 곧장 주목하면서 그 이유를 설명한다. "대공이 거주하는 도시에서는 시민이 귀족에 의해 억압되고 통제되기 마련이다. […] 그렇기에 시민은 귀족에게 경의를 표해야 하지만 스스로 경의를 받는 대상이 되지 못하기에 그런 사소한 경의를 마음속에서 높이 평가하게 된다. 실제로는 의전에 불과하고 합리적인 사람에겐 언급할 가치조차 없는 것이 그것을 부러워하는 시민이 보기에는 진정한 명예가 되어버린다."[25]

바이마르의 정신 세계는 귀족과 소시민이라는 이 두 집단 사이에 끼어서 활동한다. ― 이 두 집단 또한 달팽이처럼 자기들끼리 집에 꼭 틀어박혀 있다. 뤼케르트의 말을 들어보자. "소시민과 귀족 사이에 끼인 학자와 예술가는 악의 없는 집단이지만 소시민과 귀족은 이들에게 그다지 관심을 갖지 않는다. 이 집단은 하나는 피하고 다른 하나는 무시하기에 소시민과 귀족에 다 맞지 않을뿐더러 거리는 멀지 않아도 도달할 수 없는 섬에 있는 듯이 소시민과 귀족과 더불어 살기 때문이다."[26]

하지만 이런 정신 세계 역시 그 내부는 금이 가 있다. 어딜 가든 전투의 깃발이 꽂혀 있고 그 주위로 추종자들이 제각각 모여든다. 파벌의 우두머리인 빌란트와 괴테는 서로를 피한다. 헤르더와 괴테도 마찬가지이다. 헤르더가 괴테의 연극 『서녀Die natürliche Tochter』에 대해 신랄하게 "자네의 서녀보다는 서자庶子가 내 마음에 더 드네"[27]라고 말하는 순간 둘 사이의 오랜 우정은 깨진다. 대공의 어머니 아말리아가 주재하는 '시와 예술의 궁전Musenhof'은 괴테를 중심으로 한 동아리와 대립관계이다. 팔방미인 노릇을 하려 했던 코체부는 음모를 꾸미다가 모든 이들과 틀어진다.

실러는 말년에 빌헬름 폰 훔볼트[28]에게 쓴 편지에서 이 도시가 "불행하게도 정체되는 데" 대해 한탄한다. 어떻게 괴테가 이토록 오래 바이마르에서 견디는지 놀라울 뿐이라며 "어디든 어지간하기만 하다면 그리로 가버리겠다"[29]고 쓴다. 그러고서 2년 후 요한나 쇼펜하우어가 기대를 한껏 품고 1806년 9월 28일 바이마르에 도착한다.

바이마르에 온 지 3주가 채 안 되었을 때 요한나는 아르투어에게 편지한다. "난 여기서 즐거운 삶을 살 수 있을 거야. 열흘 남짓 알고 지낸 사람들은 나와 십년지기라도 된 듯이 가까워졌어."[30] 바이마르에서 며칠을 보내고서 요한나 쇼펜하우어는 "함부르크보다 훨씬 더 고향 같은."[31] 느낌이라고 쓴다.

그녀는 함부르크에서 받은 추천장들을 바이마르로 가져왔다. 그중 하나를 쓴 빌헬름 티쉬바인은 괴테가 이탈리아 여행 당시 동반했던 화가였다. 바이마르의 황태자를 교육했던 시종장인 리델 박사$^{Dr. Riedel}$에게 가는 추천장도 있었다. 리델은 함부르크 출신이어서 요한나와는 안면이 있었다. 그의 부인의 처녀적 이름은 부프인데 그녀의 친언니가 베츨라 출신으로 『젊은 베르터의 고뇌』의 여주인공 로테의 모델이었던 그 유명한 샤를로테 부프$^{Charlotte Buff}$였다.

그런 추천장이 제아무리 도움이 된다 쳐도 뿌리를 내리는 걸 돕지는 않는다. 한자 도시 사업가의 미망인이자 폴란드 궁정고문관 부인이 갖는 사회 전반에서의 명성 역시 마찬가지이다. 그런 명성을 지닌 사람은 호기심을 불러일으키고 어디든 초대를 받을 수는 있지만 명성만 갖고는 고향을 만들지 못한다. 다른 무엇이 결정적 행운이 된다. 요한나에게 온 행운은 다름 아닌 전쟁이라는 불운이었다. 이 전쟁은 요한나가 함부르크에서 출발하기 며칠 전 시작됐고 바이마르에서 불과 몇 마일 떨어진 예나와 아우어슈테트의 전투[32]에서 극적인 최고점에 다다랐다. 바이마르가 연루되지 않을 수 없었다. 요한나는 1806년 10월 19일 아르투어에게 편지를 보낸다. "내가 불로 세례를 받고서 바이마르 사람이 됐다고 괴테가 오늘 말했단다."[33] 대체 무슨 일이 일어났던 걸까?

프랑스 혁명이 일어난 후 특히 나폴레옹이 지배하기 시작한 후의 몇 년은 전쟁이 하도 많아서 사람들은 전쟁에 익숙해졌다. 그런 탓에 프로이센과 프랑스의 관계가 위기로 치달아도 그 때문에 함부르크에서 바이마르로 이사하는 걸 미룰 필요는 없다고 요한나는 보았다. 게다가 이제껏 함부르크가 전쟁을 멀리할 수 있었는데 대공국 작센-바이마르라고 그러지 못하란 법은 없지 않은가? 프로이센을 여행하는 동안 요한나는 벌써 군인수송행렬에 의해 제지당한다. 바이마르에 도착하자 그녀는 대공국이 안전하지 않다는 걸 곧 깨닫지만 바이마르에는 아무 일도 없을 거라는 일반적인 낙관론에 전염된다. "여기 분위기는 밝아"라고 그녀는 1806년 12월 29일 아르투어에게 쓴다. "군대는 곧 전진해 갈 테고 그후 어떻게 될지는 아직은 미지수야. 하지만 모든 게 잘 돌아가고 있어. 전쟁을 피할 수는 없다 쳐도 다들 용기 있게 살고 있단다."[34]

프로이센은 유럽을 휩쓴 전쟁에서 빠지는 데 10년 동안 성공했는데 이는 – 나폴레옹 편에 서서 – '중립'을 유지한 덕이었다. 프로이센이 오스트리아 – 영국 – 러시아 연맹에 합류하는 것을 방지하기 위해서 나폴레옹은 1806년 초 프로이센이 반反영국동맹을 맺도록 종용했다. 하지만 프로이센 왕 프리드리히 빌헬름 3세는 안전을 다지기 위해 새 동맹자인 나폴레옹의 등 뒤에서 러시아 황제와 계약을 체결했다. 나폴레옹은 애당초 프로이센을 정복하기보다는 주니어 파트너로 두고 싶어했지만 이 외도 사실을 듣자 군대를 튀링엔으로 보내겠다고 위협했다. 프로이센은 그에 맞서 군대를 동원했고 최후통첩 형식으로 프랑스 군대의 철수를 요구했다. 이런 뻔뻔함을 나폴레옹은 용납하지 않았고 자신의 군대를 진격시켰는데, 정확히 이 시점에 요한나는 바이마르에 도착한다. 준비는 전혀 되어 있지 않지만 프로이센은 더 이상 물러날 수 없다. 세 달 전만 해도 나폴레옹과 연대한 권력이었던 프로이센은 1806년 10월 9일 프랑스에 전쟁을 선포한다. 나폴레옹에 맞서는 이런 무모한 시도에 몇몇 대공이 합류하는데, 카를 아우구스트 폰 작센-바이마르 대공도 그중 하나다. 괴테는 간곡히 말렸다. 괴테가 쓴 글을 보자. "세계 구석구석이 불에 타서 유럽의 외관이 확 달라졌으며 육지와 해상에서 도시와 함대가 박살이 났지만 중부와 북부 독일은 어찌 보면 열병 환자가 느낄 법한 평화를 누렸고 그러면서 우리는 불확실한 안전에 빠져 있었다."[35] 괴테는 현상유지를 원하지만 그의 말을 듣는 이는 아무도 없다.

폭풍이 지나간 후 10월 18일부터 며칠간 요한나는 엄청나게 긴 – 4절판 스무 장 – 편지를 쓴다. 거기서 그녀는 아주 생생하고 자세하게 최근에 일어났던 일들을 묘사한다. 그녀는 그 편지를 본래 돌려보기 용으로 작성했고 아르투어에게 편지를 함부르크의 지인과 단치히의 친척에게 계속 전달하라고 지시한다. 나중에 그녀는 자신의 회고록 집필에 쓰기 위해 편지를 돌려달라고 아르투어에게 요구하기까지 한다. 이 편지를 읽으면 우리는 그 며칠 바이마르에서 무슨 일이 일어났는지 상당히 정확하게 추정할 수 있다. 10월 첫째 주에 바이마르 주변에 프로이센과 작센 군대가 배치된다. 에어푸르트와 에터스베르크 사이에 바이마르 가까이 엄청나게 큰 야영지가 세워지고 10만이 넘는 군인들이 거기서 야영한다. 장교들은 바이마르에서 숙박한다. 프로이센 왕 내외와 브라운슈바이크 대공이 도착한다. 프랑스 군대가 멀리서 대포 쏘는 소리가 들린다. "이러다 보니 누구든 심장이 쿵쿵 뛰었다."[36] 장군 중에는 요한나가 함부르크의 저녁파티에서 알게 된 칼크로이트Kalckreuth 원수元帥도 있다. 요한나는 딸 아델레를 데리고 위기일발의 바이마르에서 피신할 생각이라서 노령의 장교 칼크로이트가 도와주길 바란다. 칼크로이트는 1792년 마인츠 공화국[37]을 정복한 인물로 요한나에게 로맨틱한 감정을 품고 있다. 그는 북과 나팔이 울리는 가운데 – 그가 잘못 결정을 내린 탓에 패하게 된 – 전투를 하러 가기 전 요한나를 정겹게 포옹하지만 피신에 쓰일 말을 구하지는 못한다. 그가 요한나와 아델레를 태워다주겠다고 제안하지만 하인들은 데려갈 수 없다. 요한나는 충실한 하인들을 위험 속에 남겨두려 하지 않는다. "북이 세 번째 울리고 그는 떠나갔어. 멋진 노신사가 그렇게 가는 걸 보자니 마음이 아팠단다."[38]

1806년 10월 13일 아직 피신할지 고민하던 요한나는 대공의 어머니 안나 아말리아를 보좌하는 괴히하우젠 양을 찾아간다. 궁전의 계단에서 대공의 어머니와 마주치자 요한나는 대공의 어머니에게 소개되어 안면을 튼다. 요한나는 도처에서 출발준비로 소란스러운 와중에 30분이나 안나 아말리아와 담소를 나눈다. 피신할 채비를 마친 안나 아말리아는 요한나와 아델레를 태워줄 수는 있지만 요한나에게 말을 구해줄 수는 없다고 말한다. 요한나는 바이마르에 남게 되고 이를 후회하지 않을 것이다. 사람이 떠나 텅 빈 집에선 고삐 풀린 프랑스 군인들이 심하게 행패를 부렸기 때문이다.

이날 어둠이 깔릴 때까지는 진격하는 군대 때문에 시끄럽다. 그러고 나서는 정적이 깃들고 사람들은 불안해하며 올 것이 오기를 기다린다. 그럼에도 불구하고, 아니 바로 그 때문에 극장에서는 연극이 상연된다. 명랑한 노래극 「판콘Fanchon」이 레퍼토리다. 요한나는 아델레를 하녀 소피와 함께 공연을 보라고 내보낸다.

다음날 아침 9시경 대포 소리가 점점 더 크게 울려 퍼진다. 요한나는 보석을 코르셋 안에 꿰매 넣고 값진 천으로 만든 고급 옷가지는 장작더미 아래 숨기고 다른 값나가는 물건은 지하실에 묻는다. 하녀 소피에게 100루이 금화를 숨긴 허리띠를 둘러준다. 약탈자를 달래야 할 경우 쓰려고 지하실에서 와인을 꺼내온다. 회자하는 승전보를 믿을 수 없기에 요한나는 이런 준비를 해둔다. 그녀가 프로이센을 높이 평가한 적은 한 번도 없었다.

정오가 되고 갑자기 거리에서 끔찍한 비명이 들린다. '프랑스 놈들이 와요.' 하지만 먼저 찢긴 군복에 더러워지고 부상당한 프로이센 군인들이 허겁지겁 바이마르의 거리로 밀려온다. "이제 대포가 쾅쾅거리고 바닥이 흔들리고 창문은 삐걱댔어. 아 하느님, 우리는 죽기 일보직전이었어. 총 쏘는 소리가 이제 낱낱이 들리질 않고 총알과 유탄포가 획획 날아가며 귀가 찢어질 듯한 소리가 탕탕 연속해서 났어. 총알과 유탄은 우리 집 위를 날아서 50보 떨어진 건물과 땅에 박혔지만 피해는 없었어. 하느님이 보내신 천사가 우리 위에 떠 있었던 셈이지. 내 마음은 갑자기 평온과 기쁨으로 찼어. 난 아델레를 품에 안고 소파에 앉았어. 한 사람이 다른 사람을 애도하는 일만은 없도록 총알이 우리 둘을 함께 죽이기를 바라는 마음이었어. 죽음을 이처럼 가까이 생각했던 적도 없었고 그 생각에 이토록 태연했던 적도 없었어."[39]

우당탕 누군가 문을 두드린다. 프랑스 경기병輕騎兵 무리가 들여보내 달라고 요구한다. 그들은 아주 예의 바르게 행동하며 차가운 닭고기와 와인으로 배를 불리고는 잠자리로 안내 받는다. 하지만 경기병에 이어서 나폴레옹 군대의 맨 밑바닥이라고 악명 높은 이른바 "숟가락 친위대"가 바이마르로 밀려든다. 바이마르가 프로이센 편을 든 걸 벌하려고 나폴레옹은 약탈을 허락했다. 낙오병에게 성폭행을 당할 뻔했던 부녀자 둘이 요한나의 집으로 뛰어든다. 두려움에 떨면서도 그들은 서로 용기를 북돋으며 모여 앉아 뜨거운 고기수프를 홀짝거리며 와인을 마신다. 단 한 자루의 초만이 방을 밝히고 창문에는 커튼이 내려져 있다. 밖으로 빛이 새어나가면 파멸을 초래할 수 있기 때문이다. 위대한 공동체가 탄생하는 순간이다. "역경 앞에서 사소한 이해관계는 전부 사라지고 비로소 우리는 서로서로 얼마나 밀접히 얽혀 있는지를 배웠다"[40]고 요한나가 쓴다. 평소에는 경직되고 형식에 얽매이던 사람들은 함께 불안에 떨게 되자 기묘하게도 편안한 느낌에 휩싸인다. 평소에는 서로 경쟁하던 사람들이 이제 하나가 된다. 서먹한 느낌과 거리감이 눈 녹듯 사라진다. 다 함께 위험에 직면하면서 사람들은 중무장을 하고 가면을 썼던 자신의 존재를 내려놓을 수 있다.

밤늦게 한 번 더 문에서 우당탕 소리가 나는데 이번에는 숟가락 친위대다. "소름끼치는 얼굴에다 피 묻은 군도를 뽑아 든 무리를 떠올려보렴. 그들이 이런 짓을 할 때 입곤 하는 희끄무레한 덧옷에는 핏방울이 튀어 있었어. 거칠게 웃고 떠드는 그들의 손은 피투성이였어."[41] 아홉 살 먹은 아델레가 여기 등장한다. 작은 소녀가 "정말 귀엽게 군인들에게 말을 걸고는 잠을 잘 수가 없으니 가달라고 부탁"[42]하는 바람에 군인들은 온순해져서 식사를 마친 후에 떠난다. 요한나는 믿기 어려울 만큼 운이 좋았다. 바이마르에서 약탈당하지도 파괴되지도 않은 집은 불과 몇몇에 불과했는데 그중 하나가 요한나의 집이었고 다음 날에도 그러했다.

14일에서 15일로 넘어가는 이 밤에 바이마르의 외곽마을에 불이 난다. 프랑스 군대는 불을 끄는 걸 허락하지 않는다. 도시 전체가 잿더미가 되지 않은 건 바람이 전혀 불지 않았던 덕이었다. 불이 타오르며 밤을 밝힌다. 사람들은 인근 숲으로 피신한다. 날이 밝고 최악의 상황이 지나가자 그동안 일어난 이런저런 일에 관해 흉흉한 이야기가 돈다. 섬세한 '화가 마이어'[43]의 문 앞에는 밤새 총탄차가 서 있었다. 헤르더의 미망인 집에서 프랑스 군인들이 유고를 찢어버렸다. 리델 가족은 온전히 남은 거라곤 서랍장뿐이어서 거기 쪼그리고 앉아 있다가 나중에야 은으로 된 찻주전자가 남은 걸 발견한다. 퀸 가족은 정원에 있는 구덩 이에 몸을 숨겼다. 도시 재무관리인인 병약한 노인은 자신의 금고를 지 키며 밤을 새웠지만 금고는 약탈당했고 그의 삶에서 질서를 의미했던 금고장부는 갈기갈기 찢겼다. 괴테가 요한나에게 들려준 이야기다. "종 이가 죄다 찢겨져 흩어진 텅 빈 방 가운데 이 노인이 아무 감정도 없이 돌이 된 것처럼 바닥에 앉아 있었는데 괴테는 이보다 더 애통한 광경을 본 적이 없다는 거야. […] 관리인은 리어왕처럼 보였는데 정확히 따지 면 미친 건 리어였는데 여기선 세상이 미쳤다는 거야."[44]

홀로 남아 있던 대공비가 나폴레옹과 대화를 나누고 바이마르의 한 구두공이 나폴레옹 앞에 무릎을 꿇고 간청하자 그는 마침내 광폭한 행 동이 끝나게 조치한다.

이제 사망자와 부상자가 한곳에 수송된다. 희극 극장에는 시체가 산 처럼 쌓여 있다. 군색한 대로 군 병원이 차려진다. 요한나가 아르투어 에게 쓴다. "네가 들으면 머리카락이 곤두설 얘기도 꽤 있어. 하지만 난 얘기하지 않겠어. 네가 인간의 비참한 처지에 관해 골몰하는 걸 얼마나 좋아하는지 난 너무 잘 아니까. 아들아, 네가 아는 건 전부가 아니야. 이 끝없는 비참함에 비하면 우리가 함께 보았던 건 아무것도 아니야."[45]

요한나는 힘닿는 대로 성심껏 돕는다. 붕대로 쓰게끔 아마포를 보내 고 부상자를 방문하여 와인과 차, 마데라 포도주를 따라주며 고기수프 를 끓인다. 다른 이들이 자신을 본받았다고 그녀는 자랑스럽게 보고한 다. 괴테도 자신의 와인창고를 제공했다는 것이다. 부상자들을 재울 곳 이 더는 없어서 사람들은 살아남을 가망이 없는 이가 죽으면 반가워한 다. 그러면 빈자리가 생기기 때문이다. "죽음이 도움을 주다니 끔찍하 구나."[41] 전염병이 발생할 위험이 크다. 다행히도 군 병원은 더 늦기 전에 철거된다. "팔다리가 부러진 4,500명 군인이 수송된다는 걸 듣고 내가 이제는 기뻐하는구나. 불과 몇 주 전만 해도 어린애가 내 집 앞에서 팔을 부러뜨렸다면 난 치료를 받게 도와주기 전엔 그 애를 가지 못하게 했을 텐데!"[47] 마음의 수업시대가 시작된다.

폭풍은 지나갔다. 하지만 위험상황에서 서로 온기를 나누는 태도를 사람들은 너무 빨리 버리지 않으려 한다. 운이 좋고 주변 사람들을 보살핀 인물로 갑자기 유명세를 얻은 요한나에게 괴테가 다가가서 말한다. "겨울이 다른 때보다 더 음산히 다가오는 이때 우리는 음산한 날 서로 기분을 밝게 하기 위해 가까이 지내야 합니다."[48]

바로 이 순간에 요한나 쇼펜하우어가 주관하는 차 모임이 탄생해서 후일 명성을 얻게 된다.

괴테는 그 끔찍한 날 바로 전에 요한나를 처음 방문했다. 10월 12일이었다. "모르는 사람이 와 있다는 전갈을 받고 곁방에 들어서니 검은 옷을 입은 진지해 보이는 잘생긴 신사가 예의 바르게 깊이 고개를 숙여 인사하고는 내게 말했어. '추밀고문관 괴테를 소개해드리겠습니다.' 나는 괴테가 어디 있는지 방을 둘러보았단다. 내가 그에 관해 들은 몇몇 이야기로 미루어서는 이 남자가 괴테일 수는 없었거든."[49]

괴테는 요한나 쇼펜하우어가 '불세례'를 겪은 후 주관하는 사교모임에 지속적으로 참가한다. 당연히 그는 지남철처럼 사람들을 끌어 모은다.

괴테 역시 이 끔찍한 나날에 – 난생처음 – 자신의 존재가 바닥부터 흔들리는 걸 겪었다. 이제껏 그는 자신의 인격에서 우러나오는 영향력에 힘입어 자신의 주위에 동질의 공간을 만들어내는 데 늘 성공했다. 낯설거나 방해가 되는 것 혼돈스러운 것을 그는 멀리하거나 아니면 자신의 세계에 융해시킬 수 있었다. "괴테는 이른바 자신의 온전한 삶의 향유를 방해하는 그 무엇도 용납하지 않는다"[50]고 헨리에테 폰 크네벨 Henriette von Knebel이 1802년 편지에 쓴다. 바이마르 앞에서 벌어진 전투와 약탈, 바이마르 국가에 닥친 파국 – 이런 것들은 그에게 또 다른 프로메테우스인 나폴레옹이 불러일으킨 '방해' 요소라서 이에 맞서기에는 괴테 내부의 프로메테우스는 – "내 땅만은 / 내게 맡겨야 한다. [···] 나 여기 앉아서 사람을 빚는다. / 내 모습 그대로 [···]."[51] – 역부족이다. "빠져나가고 싶지만 나갈 데라곤 없다"[52]고 괴테는 이 날 슈테판 쉬체Stephan Schütze에게 말한다.

괴테는 운이 좋았다. 크리스티아네가 용감하게 처신한 덕에 최악의 일은 일어나지 않았다. 그로테스크한 일들이 일어났다. "숟가락 친위대"가 들이닥쳐서 술을 마시며 소동을 부리다가 집주인을 보자고 요구했다. 괴테의 비서 리머Riemer의 보고이다. "이미 옷을 벗고 품이 넓은 잠옷 차림 – 괴테는 농담 삼아 이 잠옷을 예언자의 망토라 불렀다 – 인 괴테는 계단을 내려가서 그들을 향해 원하는 게 뭐냐고 물었다. [···] 경외심을 불러일으키는 품위 있는 그의 모습과 총명한 표정에 그들조차 존경심을 품는 듯했다."[53] 하지만 이는 오래 지속되지 않는다. 밤늦게 그들은 총검을 뽑아 들고 침실로 들이닥친다. 괴테는 너무 놀라서 꼼짝도 못하는데 크리스티아네가 목청껏 비명을 지르며 몸싸움을 마다하지 않고 뛰어든다. 괴테의 집에 피신했던 다른 사람들도 몰려들며 오합지졸은 결국 물러난다. 프라우엔플란에 위치한 저택의 방어를 명령하고 조직하는 건 크리스티아네이다. 약탈에 눈이 먼 고삐 풀린 군인들이 못 들어오게 부엌과 지하실을 봉쇄한 것도 그녀이다. 일기장에 괴테가 적는다. "화재, 약탈, 끔찍한 밤이었다. [···] 단호하게 처신했고 운이 좋았던 덕에 우리 집을 보존했다." 운이 좋았던 건 괴테였고 단호히 처신한 건 크리스티아네였다. 아들 아우구스트의 가정교사인 하인리히 포스_{Heinrich Voß}는 "그 슬펐던 날에" 괴테를 "진심으로 동정"했다고 말한다. "나는 그가 눈물을 흘리는 걸 보았다. 내가 멀리 떠나갈 수 있게 누가 내 집과 토지를 맡아주겠냐고 그가 외쳤다."[54] 사실 궁정에 뿌리내린 그의 평생직장은 위험에 처했다. 대공국 전체의 운명이 백척간두에 있었기 때문이다. 나폴레옹은 바이마르 공국을 완전히 무력화시켜 라인동 맹_{Rheinbund}[55]과 합치는 것을 고려하고 있었다. "나는 내가 가진 것을 아무렇게도 생각지 않는다"고 괴테는 그 당시 시를 지었다. 18년을 함께 산 크리스티아네가 그에게는 기둥이 되어준다. 그래서 그는 궁정목사를 불러서 은밀히 궁전의 예배당에서 결혼식을 치른다. 비서인 리머와 아들 아우구스트가 증인이 된다. 결혼반지에 괴테는 예나에서 전투가 벌어진 날짜인 10월 14일을 새겨넣게 했다. 요한나 쇼펜하우어에게 괴테가 말한다. "평화로운 시절에는 법을 피해갈 수 있지만 우리가 지금 겪는 것 같은 시절에는 법을 존중해야 합니다."[56]

바이마르 사람들은 불쾌해하며 잡지에는 조소하는 글이 실린다. 괴테의 출판을 담당하는 코타_{Cotta}가 발행하는 신문에서 다음의 글을 읽을 수 있다. "괴테는 전투장에서 대포가 천둥 치는 와중에 오랜 세월 가정부로 일했던 불피우스 양과 결혼했다. 그렇게 불피우스 양만이 제비 뽑기에 당첨됐고 수천 개 다른 제비는 버려졌다."[57]

바이마르를 방문한 여성은 괴테가 "자신의 아내에게 공공연히 경의를 표하고 애정을 보이려 애쓴다"[58]며 놀라워한다. 이런 상황에서 요한나 쇼펜하우어가 방금 결혼한 '신혼부부'를 바이마르 사교계에서 처음으로 집에 초대했고 그런 경우는 당분간은 그녀뿐이었기에 괴테는 그녀에게 고마워한다. 요한나 자신이 이 방문에 관해 아르투어에게 편지를 쓴다. "바로 그날 저녁 괴테가 내게 방문하겠다고 알린 후 내게 자기 부인을 소개했어. 난 그녀가 이전에 어떤 사람이었는지를 전혀 모르는 것처럼 맞아들였어. 괴테가 그녀에게 자기 이름을 준다면 우리는 그녀에게 차 한 잔을 줘도 무방하다는 게 내 생각이야. 내 행동거지에 괴테가 기뻐하는 게 역력했어. 내 집에 몇몇 귀부인이 있었는데 이들은 처음에는 의례적이고 부자연스러웠지만 나중에는 나를 따라서 행동했어. 괴테는 거의 2시간을 머무르며 얘기도 잘 하고 친절했는데 그의 이런 모습을 몇 년 동안 아무도 못 봤다고 해. 괴테는 내게 오기 전에는 불피우스를 데리고 나타난 적이 정말 한 번도 없었어. 이방인이자 대도시 출신인 내가 자신의 부인을 합당하게 맞이하리라고 괴테는 믿었어. 그녀는 사실 몹시 당황해하고 있었지만 내가 도와서 잘 넘어갔어. 내 위치가 어느 정도 되고 여기서 짧은 시간 안에 호평과 호감을 얻고 있으니 그녀가 사교계의 삶에 잘 적응하게 내가 도울 수 있을 거야. 괴테는 그걸 바라고 날 믿고 있어. 내일 답례로 방문을 하려고 해."[59]

요한나 쇼펜하우어는 불피우스를 인정한 덕을 톡톡히 보았다. 괴테는 여러 차례 방문하는 것으로 감사를 표했고 그 결과 다른 유명 인사들이 밀려들어 오면서 요한나의 살롱은 성공했다. 도착한 지 두 달이 지난 11월 28일 그녀가 아르투어에게 쓴 편지이다. "일요일과 목요일 내게 모이는 동아리 같은 건 독일에서 둘도 없을 거야. 내가 너를 한 번 마술을 써서 이리로 불러올 수만 있다면 좋으련만!"[60]

하지만 "마술로 불러온다"는 말을 요한나는 정말로 진심에서 했을까? 자신이 현재 누리는 즐거움 ─ 아델레는 후에 이것을 "정신이 맞이한 제2의 봄"이라고 칭한다. ─ 이 과거에서, 다시 말해 하인리히 플로리스 쇼펜하우어와의 결혼에서 해방되었기 때문이라는 걸 요한나는 분명히 알고 있다. 아버지의 아들인 아르투어는 불평을 하면서도 함부르크에서 아버지의 발자취를 따라가고 있기에 그녀가 정복한 새로운 삶의 공간에는 아들의 자리는 없다. 더구나 생각에 골몰하며 쌀쌀맞고 만사를 혹평하는 아들을 보면 그녀는 늘 남편을 떠올린다. 아르투어가 1807년 말에 바이마르로 이주하면 요한나는 불안해하면서도 당당히 자신의 영역을 아들이 넘보지 못하게 방어할 것이다.

아르투어가 상인으로 산다는 불행에 대해 한탄하고 삶 전반에 대해 염세적인 성찰을 하는 것을 어머니는 한동안은 못 들은 척한다. 1807년 봄에 마침내 그녀는 아들의 말에 반응하면서 이렇게 쓴다. "네가 상황 전반에 만족하지 못한다는 걸 난 오래전부터 알고 있었어. 하지만 그리 걱정하지는 않았어. 내가 네 불만의 이유가 어디 있다고 여기는지 너도 알고 있지. 어린 시절부터 너는 즐거움이란 걸 몰랐고 우울하게 생각에 골몰하는 성향을 아버지에게서 물려받은 걸 난 너무나 잘 알고 있어. 그래서 근심도 많이 해봤지만 나로선 바꿀 길이 없기에 그저 있는 그대로 만족하며 시간이 만사를 바꾼다니 언젠가는 너도 바뀔 거라고 바라는 수밖에 없었어."[61]

하지만 요한나 쇼펜하우어는 아르투어의 삶을 근본적으로 바꾸는 것을 적어도 고려는 해볼 만큼 융통성이 있다. 그녀는 한탄만 할 뿐 상황을 바꾸려는 시도도 하지 않는 아들과는 달리 아버지가 아들에게 지정한 삶의 길을 건드려선 안 된다고 여기지 않는다. 1807년 3월 10일 아르투어에게 보낸 편지에서 어머니는 자신의 친구들과 있었던 일을 즐겁게 떠벌리는 틈틈이 이런 글귀를 끼워넣는다. "네가 내게 와 있다면 좋을 거라고 가끔 생각한다. 페르노와 쉬체가 자신들이 얼마나 늦게 대학공부를 시작했는지를 들으며 이 두 사람이 이루어낸 걸 보면 여러 계획이 내 머릿속을 스치곤 해. 하지만 이 두 사람은 학교에서 배운 지식과 힘들게 혼자 얻은 지식을 지니고 대학에 간 반면 너는 우리 처지에 합당하게 상류층 교육을 받았기에 그런 지식이 없다는 차이가 있지. 두 사람은 아주 협소한 중류층에다가 시골 태생이라서 향락이란 걸 아예 모르기에 그런 것 없이 지낼 수 있었던 반면, 그런 향락을 넌 앞으로 포기할 수 없을 테니까 네가 한번 정한 경력을 유지해야 할 거다. 부자가 없는 이곳에서 사람들은 생각이 달라. 네가 있는 곳에선 다들 돈을 쫓고 있지. 여기서는 아무도 그런 생각을 안 하고 그저 삶을 살려고만 해."[62]

여기서 요한나의 숙고는 멈춘다. 아르투어는 다른 길에는 맞지 않기에 지금의 길을 계속 가야 한다는 것이다. 저기 함부르크에는 아르투어가 택한 우아하고 세련된 돈의 세계가 있고 여기 바이마르에는 외양으로론 소박하고 넉넉하지 못하지만 마음의 행복이 있다. 저기에는 소유, 여기엔 존재가 있다. 아르투어가 존재를 사랑한다 해도 소유를 포기할 수 있을 정도로 사랑하는 건 아니라고 어머니는 본다. 아르투어가 아버지에게 한 약속을 지켜야 한다는 고정관념에 사로잡혀 있지만 어머니는 그렇게 생각하지 않는다. 고인에게 이토록 집착하는 게 그녀에겐 생소할 뿐이다. 거꾸로 그녀는 남편이 독단적으로 결정한 것에 대해 뒤늦게나마 비판을 아끼지 않는다. "네게 모든 게 아직 가능했을 당시에 내 의견은 아무 소용없었다"[63]고 쓰면서 아직도 속상해한다. 행간에서 어머니는 '네가 겪는 고통은 나 때문이 아니라 네가 그토록 존경하는 네 아버지 때문'이라고 말하고 있다. 1807년 3월 10일자인 이 편지 말미에 어머니는 빌란트와 만난 얘기를 하는데 바로 이 부분이 아르투어의 마음을 들쑤셔놓는다. "빌란트는 자신의 청년시절과 자신의 재능에 대해서 여러 이야기를 했어. '아무도 나를 알지 못했고 이해하지도 못했다'고 말하면서 […] 자신은 원래 타고난 시인이 아니었지만 어쩌다 보니 […] 시인이 됐을 뿐이라는 거야. 철학을 공부했어야 했는데 그만 자신의 경력을 그르쳤다고 했어."[64]

이 편지를, 특히 빌란트의 고백을 읽고서 아르투어는 자신이 잘못된 진로를 가고 있다는 절망감에 휘말린 듯하다. 어머니는 그 문제에 관한 "진지한 장문의 편지"를 받는다. "이 편지는 진지한 답을 받을 자격이 있기에 자신이 어떻게 도와야 할지, 돕는 것 자체가 가능한지에 관해 많이 숙고하고 근심했다"[65]고 요한나는 쓴다.

요한나는 2주 동안 숙고의 시간을 보내면서 아르투어의 편지를 고대 연구가 페르노에게 보여준다. 그동안 그녀는 페르노와 친해졌고 그의 판단을 믿는다. 4월 28일 그녀는 아주 긴 편지를 쓰는데 이 편지와 거기 동봉된 페르노의 소견서는 아르투어의 삶에 전환점을 가져올 것이다.

이 편지를 보면 이걸 쓰느라 요한나가 얼마나 자제하고 있는지 알 수 있다. 아르투어가 "우유부단"하기 때문에 그 사이 다 큰 아들을 위해 책임을 떠맡아야 한다는 과도한 요구에 그녀는 괴로울 따름이다. 이 책임을 대신 떠맡을 사람은 없다고 그녀는 여러 번 아들에게 단언하며 내면의 소리에 귀를 기울이라고 한다. 후일 의지의 형이상학자가 될 사람에게 그녀는 자신의 의지를 탐구해서 그 의지에 따르라고 조언한다. "눈물을 흘리며 네게 당부한다. 스스로를 속이지 말고 진지하고 정직하게 너 자신을 다루어야 한다. 네 삶의 행복이 달린 문제야."[66] 요한나는 자유를 위해 용감해지라고, 행복하고자 하는 의지를 가지라고 아르투어에게 호소한다. 어느 어머니가 아들이 지닌 자주적 삶의 권리를 이보다 더 존중할 수 있겠는가?

삶에 있어서 올바른 길이 무엇이냐는 물음에 접하여 요한나는 쓰라린 생각과 기억에 빠진다. 그녀는 아들에게 자신의 결혼생활은 그릇된 삶이었다고 처음으로 분명히 말한다. "자신의 마음에 거슬리는 삶을 사는 게 어떤지를 난 알고 있다. 그래서 가능하기만 하다면 난 네가 […] 이런 비참함을 겪지 않았으면 한다."[67]

다시금 그녀는 아들에게 양자택일을 하게 한다. 상인이 된다면 "언젠가는 부자가 되고 아마 명망을 얻고 큰 도시에서 살 수"[68] 있을 것이다. 학자가 된다면 "분수에 맞게 열심히 일하며 화려함은 없이 조용히 아마 알아주는 이 없이 살 테고 단지 더 나은 것을 찾고 얻는 것만이 그의 낙이 될 것이다."[69] 이 말이 얼마나 정확하게 아르투어의 미래의 삶을 묘사하고 있는지 요한나는 알지 못했을 것이다.

아르투어가 상인이 되지 않겠다고 결심한다면 그녀는 "밥벌이가 되는 학업"을 하라고 충고한다. "어떤 목적이 있으면 그에 맞추어 일하게 되니까. 이렇게 확실한 사명이 있어야 행복해진단다."[70]

어떻든 요한나는 아들에게 두 가지 길을 다 열어 놓으려고 한다. "결정이 되면 내게 알려다오"라고 그녀는 쓴다. "하지만 너 혼자 결정해야 한다. 난 조언을 하고 싶지 않고 하지도 않을 거다."[71]

페르노 역시 소견서에서 조언을 할 수는 없지만 아르투어에게 단호한 의지만 있다면 새로운 교육과정으로 바꿔도 전혀 늦지 않다고 주저없이 밝힌다. 페르노는 삶을 계획할 때 생기는 일반적인 문제에 대하여 그리고 자기 자신을 발견하기가 얼마나 어려운지에 대하여 매우 현명한 발언을 몇 가지 한다. 이 발언은 후일 거의 글자 그대로 쇼펜하우어의 「삶의 지혜에 관한 잠언들Aphorismen zur Lebensweisheit」에 등장한다. 페르노는 이렇게 쓴다. "삶 전체를 결정지을 결론을 내리기에 앞서서 자신을 진지하고 엄정히 시험해보아야 한다. 아니면 욕구가 너무도 강하고 확고해서 자연본능에 따르듯이 무작정 그 욕구에 따를 정도가 되어야 한다. 후자의 경우 내적인 소명임이 입증되기에 당연히 가장 안전한 최고의 길이다. 이 소명이 없다면 한 직업이 맘에 들지 않는다고 겉보기에 그럴싸한 다른 직업으로 뛰어드는 것은 정말 위험하다. 다른 직업에도 똑같이 조만간 염증을 내고 불만스러워하지 않으리란 보장은 없기 때문이다. 이럴 경우에는 소중한 시간을 되돌릴 수 없이 잃을 뿐 아니라 실망 때문에 자신을 불신하게 되며 새로이 삶을 계획하고 실행에 옮길 힘과 용기를 잃게 될 것이다."[72]

이렇게 고무를 받고서야 아르투어는 결정을 내릴 힘을 얻는다. "이 글을 읽고서 눈물을 펑펑 흘렸다"(G, 382)고 노년에 아르투어 쇼펜하우어가 고백한다. 그는 즉시 예니쉬 상회의 견습생 자리를 그만둔다고 통고한다. 그는 아버지의 세계를 던져버리고 대학에 갈 것이다. 하지만 스스로 자유를 거머쥐지 못하던 그를 자유롭게 한 것은 어머니였다.

제 6 장

—

함부르크를 떠나며 앙티메와도 작별한다. 우정의 해
부. 고타: 다시 학생이 되다. 아르투어는 미움받을 짓
을 한다. 모자간에 이상기류가 감돈다. 아르투어는
바이마르에서 아웃사이더이다. 어머니 식의 도교. 피
해갈 수 없는 괴테. 아르투어는 사랑에 빠진다. 가장
행렬.

—

카롤리네 야게만(1771년~1848년)

함부르크를 떠나며 앙티메와도 작별한다. 우정의 해부. 고타: 다시 학생
이 되다. 아르투어는 미움받을 짓을 한다. 모자간에 이상기류가 감돈다.
아르투어는 바이마르에서 아웃사이더이다. 어머니 식의 도교. 피해갈
수 없는 괴테. 아르투어는 사랑에 빠진다. 가장행렬.

SCHOPENHAUER

　어머니가 보낸 구원의 편지에 아르투어는 즉시 답한다. 평소에는 망
설이곤 하던 아들이 지체 없이 결정을 내렸기에 어머니는 확신을 갖는
다. "네가 평소와는 달리 빨리 결정을 했구나. 다른 사람이 그랬다면 불
안해하며 너무 서두른 게 아닌가 걱정했을 거야. 네 경우에는 자연본
능의 힘에 네가 밀려가는 게 보이기에 내 마음이 놓인다."(1807년 5월 14
일)[1] 이제 아르투어는 지구력을 보여줘야 하며 힘을 집중시키고 사업가
가 누릴 화려하고 풍족한 삶을 포기해야 한다고 어머니는 쓴다. 후회해
봤자 이제는 아무 소용이 없다는 것이다. "이제 흔들리지 않아야만 네
가 행복해질 수 있다"[2]고 요한나가 쓴다. 나중에 "내가 네가 원하는 걸
말리지 않았다"[3]는 비난을 받고 싶지 않기 때문에 더더욱 자신의 말을
새겨들어야 한다는 것이다. 요한나는 약속한 것처럼 아들에게 길을 터
준다. 아르투어의 상관에게 편지를 쓰고 이사를 계획하며 가까이 있는
고타에 아들의 숙소를 마련한다.

　고타의 "김나지움"은 아주 평판이 좋으며 거의 대학 수준이라는 말
을 듣는다. 예를 들어 거기서 가르치는 고문헌학자 프리드리히 야콥스
Friedrich Jacobs는 문학계와 학계에 알려진 인물이다. 그는 무엇보다도 데모

스테네스^{Demosthenes}의 연설을 번역하여 유명해졌다. 그중 「이방인 압제자에 반대하는 연설^{Die Rede gegen fremde Unterdrücker}」은 리버럴한 집단에 두루 퍼졌다. 야콥스는 기독교를 "자유와 평등의 종교"라 칭하며 독특한 해석을 시도했다. 그는 낭만주의자들과 좋은 관계를 유지했고 아르님^{Arnim}과 브렌타노^{Brentano}와 친했으며 장 파울과는 편지를 교환했다. 요한나의 이웃인 페르노 역시 그와 줄이 닿았다. 고타의 김나지움을 제안한 것도 페르노였다.

바이마르 학교 교장의 형인 김나지움 선생 카를 고트홀트 렌츠^{Karl Gotthold Lenz}의 집에 요한나 쇼펜하우어는 식사를 제공하는 숙소를 정한다. 그녀는 아르투어가 김나지움에 입학하도록 조치하고 개인교습을 해줄 교사를 정한다. 이 모든 걸 어머니는 순식간에 해내며 주도권을 유지한다. 체류장소와 학교, 선생님을 정하는 과정에서 아르투어가 무얼 원하는지는 고려되지 않는다. 바이마르에서 김나지움을 마치는 가능성을 요한나는 애당초 검토하지도 않는다. 아르투어는 자신의 삶이 바뀐다는 게 기쁜 나머지 군소리 없이 어머니의 계획에 동의했던 것 같다.

1807년 5월 말 그는 이별의 아픔 없이 함부르크를 떠난다. 함부르크에는 지난 몇 달 빌링크의 하숙에서 함께 지낸 앙티메 그레구아르 말고는 그와 친한 사람은 아무도 없다. 앙티메와의 관계도 그저 지난 시절 때문에, 르아브르에서 보낸 행복한 소년시절의 기억이 있기에 이어진다. 그런 종류의 교제는 떨어져 있어야 더 잘 유지된다. 떨어져 있으면 그리움에서 비롯되는 기대와 꿈은 아름답다. 때묻거나 오용되거나 현실에 부딪히지 않기 때문이다. 친구와 함께 있는 것은 – 적어도 아르투어에게는 – 갈수록 실망스러웠다. 앙티메는 상인이라는 직업에 열정을 가지고 매진하지는 않았지만 그렇다고 문화와 철학에 흥미를 가진 것도 아니었다.

앙티메 역시 가족 전통에 따라 상인의 길을 택했지만 아르투어와는 달리 길을 바꿀 뜻은 없었다. 친구를 위해서 앙티메는 잠시 정신의 세계를 엿보기도 한다. 그는 아르투어가 작성한 독서 목록(괴테, 실러, 장 파울, 티크)을 애써 읽는다. 10년 후 앙티메는 친구에게 "나는 진짜 사업가처럼 살고 있어. 이전에 좀 배워둔 게 없었다면 나야말로 이 세상에서 제일 무식한 사람이 되었을 거야"[4]라고 쓴다.

앙티메가 친구와 동등하거나 친구보다 더 나은 분야는 여자를 유혹하는 것이다. 이 분야에서만큼은 아르투어가 친구에 비해 취약하다고 느낀다. 드레스덴 시절인 1814년에서 1818년 사이 아르투어는 앙티메에게 자신이 연애를 한다고 뽐내고 싶었던 것 같다. 앙티메는 1817년 6월 1일자 편지에서 아르투어에게 답한다. "오랜 경력자로 고백하자면 네 연인이 오래 정절을 지킬 거라고는 난 믿지 않아. 그러니 네 착각을 나름대로 잘 즐겨라."[5]

아르투어가 떠난 후 둘 사이의 우정은 급속히 빛이 바랜다. 앙티메 역시 1807년 말 함부르크를 떠나서 프랑스로 돌아간다. 도중에 에어푸르트에서 둘은 다시 한 번 만나려 하지만 앙티메는 막판에 계획을 바꾼다. 그는 파리에서 쓸 돈을 아끼려 한다. ― 이것이 앙티메에게는 더 중요하고 아르투어 역시 재회가 불발된 것을 아쉬워하지 않는다. 1817년까지는 편지가 드문드문 오고 간다. 앙티메는 르아브르에서 상점을 운영해 성공했고 "거기서 그다지 기쁨을 얻지는 못해도" 어쨌건 "말과 마차, 하인을 갖추고 즐거운 삶"[6]을 누린다고 쓴다. 거의 20년이 지난 1836년 9월 17일 앙티메가 다시 소식을 전한다. 그는 한 신문에서 요한나 쇼펜하우어의 소설 『아주머니Die Tante』의 광고를 보고 옛 친구를 떠올렸다. 누이동생 아델레를 거쳐서 앙티메의 편지를 받은 아르투어는 답장에서 자신의 삶의 역정을 상세히 서술한다. 다시 시작된 서신 교환은 곧 돈 문제에 집중한다. 이제는 둘을 서로 맺어주는 게 돈 문제 말고는 없음이 명백하다. 아르투어는 파리의 생명보험에 돈을 투자할지에 관해 조언을 구한다. 앙티메가 쇼펜하우어의 재산 일부를 관리하겠다고 자청하자 아르투어는 즉시 의심을 품는다. 앙티메의 편지 뒷면에 그는 그라시안Gracian[7]의 144번째 규칙을 적는다. "그대가 뜻한 바를 이루기 위해 다른 이의 일에 가담하라."[8]

왕래는 다시 끊긴다. 함부르크에서 헤어진 지 거의 40년이 지나서 둘은 마지막으로 만나게 된다. 그 사이에 두 번 상처喪妻를 한 앙티메가 프랑크푸르트에 사는 아르투어 쇼펜하우어를 방문하지만 이 재회는 아르투어에게는 실망스러웠다. 제3자에게 그는 어린 시절 친구를 "역겨운 노인네"라고 부르며 "나이가 들수록 사람들은 점점 달라진다. 결국은 누구든 혼자다"(G, 264)라는 결론을 내린다.

아르투어 쇼펜하우어가 사적 위기에서 빠져 나오는 순간 함부르크 시에는 역대 최악의 정치 및 경제 위기가 시작된다. 아마 이 위기 때문에 그의 상인 견습기는 다른 방식으로 끝났을지도 모른다. 1806년 11월 19일 프랑스 군대가 함부르크를 점령한 후 대對 영국 대륙봉쇄는 엄격해져서 함부르크의 도매상업은 단번에 초토화되다시피 했다. 몇 주 안 돼서 180개의 대형상점이 지급을 정지한다. 300척의 선박이 장비를 풀고 항구에 정박하고 있다. 세금이 높아지고 시정부가 강제공채와 징발을 자행하는 탓에 부유층도 재산을 잃는다. 이 막중한 위기 때문에 앙티메도 예정보다 빨리 프랑스로 돌아가게 된다. 하지만 경제의 파산은 함부르크가 앞으로 겪어야 할 고난의 시작일 뿐이다. 1813~1814년에 걸친 해방전쟁[9] 동안 함부르크는 치열한 마지막 격투의 무대가 된다. 교외는 불에 타고 프랑스 군이 함부르크를 러시아와 프로이센 연합군에게 넘겨주느니 차라리 잿더미를 만들겠다고 협박하는 바람에 함부르크 전체가 벌벌 떤다. 전염병이 퍼진다. 포위될 경우에 대비하여 식량을 비축하지 않은 사람은 추방된다. 죽음과 재난이 함부르크를 뒤덮는다. 이 모든 것을 아르투어 쇼펜하우어는 겪지 않아도 된다. 1807년 5월 말 그는 침몰하는 배를 버리고 고타로 출발한다.

바이마르와 마찬가지로 고타는 대공이 거주하는 자그마한 도시이다. 고타는 웅장한 프리덴슈타인^{Friedenstein}성 발치에 위치한다. 구 시가지에는 1,297채의 집이 있다. 소도시의 삶은 직경 1,200보에 달하는 공간에서 벌어진다. 교회와 병영, 감옥, 그리고 당구를 치고 신문을 읽을 수 있는 클럽, 고아원과 극장, 맥줏집과 주막이 모두 촘촘히 모여 있다. 잇닿아 있는 궁전공원은 특정일에는 일반에게 공개된다. 그곳에서는 로코코 풍의 우아함과 경쾌함이 넘친다. 별궁에 새겨진 "기쁨 만세^{Vive la joie!}"라는 글귀가 빛난다. 고타 궁전은 느슨한 스타일의 삶을 영위하는 것으로 유명했다. 18세기 고타성에는 쾌락주의적 유물론 성향의 계몽주의 일파를 이끄는 달랑베르^{d'Alembert}와 엘베티우스^{Helvetius}[10]가 손님으로 와 있었다. 몇 년 후에 대공비는 자신의 살롱을 파리의 혁명가들의 흉상으로 장식했고, 소규모의 궁정 관현악단은 상퀼로트의 행진곡을 연주했다.

궁전 아래에 위치한 고타 시는 이런 것을 다 그저 유별난 짓으로 여겼다. 고타 시민은 경건주의의 엄격한 정신을 선호했고 상류층 시민은 도덕적 정화체계를 거쳐 프리메이슨[11]에 입단했다. 김나지움은 고타 시의 자랑거리였다. 멀리 떨어진 지역에서도 입학생이 몰려올 정도였다. 좋은 서점이 몇 있었고 대여도서관이 하나 있었는데 미혼여성은 이용할 수 없었다. 고타의 구운 소시지는 유명해서 아르투어는 어머니에게 몇 개 보내드리기까지 했다. 여름 저녁에 학교합창단은 공원에서 노래했다. 지역유지들의 생일과 근속기념일에는 학생들이 까만 망토와 삼각 모자로 된 교복을 착용하고 소규모 행진을 했다. 인구의 대부분인 수공업자와 소상인, 농부, 궁정직원은 언제 어디서든 한결 같은 소도시민의 삶을 살았다. 고타 시민은 크고 작은 신들을 섬기며 시민사회 안에서의 사소한 계층간 차이를 질시의 눈으로 보고 신변의 안전을 찾으며 평범하지 않은 것을 못마땅해한다. 도착한 지 몇 주 후 아르투어는 이 작은 세계를 유유히 내려다 보며 「고타의 속물들」이라는 시에 담아낸다.

"그들은 일어나는 일 모두를
엿보고 엿듣고 주시한다.
누가 뭘 하는지 뭘 만드는지
누가 시끄럽게, 나직하게 뭘 말하는지
그들은 아무것도 놓치지 않는다.

창문 새로 그들의 시선이 엿본다.
그들의 귀가 문가에서 엿듣는다.
모르는 일이 일어나선 안 된다.
고양이가 지붕 위를 다니는 걸
몰라서는 안 된다.

사람의 정신과 사고, 가치
이런 것에 그들의 귀는 쫑긋하지 않는다.
매년 그 사람이 얼마나 먹어 치우는지
그가 정말로
지방유지가 맞는지

그가 먼저 인사를 받아야 하는지
그가 '폰'이 붙는 귀족인지, 나으리인지
그저 고문관인지 관청서기인지
루터교인지 로마가톨릭인지
기혼인지 미혼인지

집은 얼마나 큰지 겉옷이 고급인지
철저히 따져본다.
하지만, 그가 우리에게 유용한 인물인가?
이 염려는 다른 크고 작은 염려보다
당연히 중요하다.

그 밖에도 그가 우리를 어떻게 평가하는지
우리를 어떻게 생각하는지 어떻게 얘기하는지
 그에 관해서 어중이 떠중이에게 묻고
그 말을 금과옥조인 양 이리저리 달아보고
얼굴들을 엿본다."(HN I, 3)

아르투어는 상류층 시민다운 자부심에 넘치고 새롭게 시작하는 열
정에 고무되어 있기에 이런 소소한 세계로 내려오지 않는다. 열심히 그
는 학업에 몰두한다. 야콥스 교수는 그의 작문을 칭찬하고 되링 교장은
그가 고어古語를 빨리 습득한다고 칭찬한다. 앙티메와 어머니에게 보낸
편지에서 아르투어는 자화자찬을 아끼지 않은 듯하다. 앙티메의 답장
을 보자. "네가 학업에 엄청난 진척을 보인다는 건 내게는 놀랍지 않아.
난 네 엄청난 능력을 알기에 원하기만 한다면 넌 무엇이든 다 배울 수

있을 거라고 생각해."[12] (1807년 9월 4일) 어머니의 반응은 외려 담담하다. "네 공부가 잘되어간다니 내가 기대했던 대로구나"고 그녀는 1807년 7월 29일 쓴다. 그가 되링의 칭찬에 너무 큰 의미를 부여하지는 말아야 한다면서 되링이 "자기 생도들에 관해 허풍을 떠는 흠"이 있다는 건 바이마르에까지 알려질 정도라고 쓴다. 그리고 작문에 탁월하다는 이유로 너무 이르게 문학과 얽히는 오류를 범해서는 안 된다고 말하며 다음과 같이 덧붙인다. "그렇게 갈채를 받는 건 너무도 즐겁기에 문학에 완전히 헌신하지 않을 수 없게 된단다. 하지만 이발소 직원이 취미 삼아 끄적이는 걸 넘어서 뭔가 제대로 된 걸 이루려면 진지하고 철저히 학업에 집중해야 한다."[13]

아르투어가 친구와 어머니에게 자랑한 것은 우수한 성적이 전부가 아니다. 자랑스럽게 그는 귀족 집단의 파티를 찾아내서 거기 참여했다고 보고한다. 그런 얘기는 앙티메에게 강한 인상을 주기에 충분하다. "네가 부럽다"고 앙티메가 쓴다. "네가 튀링엔 숲에서 열린 멋진 파티에 갔구나. 신사께서 공주와 춤을 추다니 말야."[14] (1807년 9월 4일) 어머니는 그에 반해 고타에서 들리는 사교계의 승전보를 듣고 전혀 기뻐하지 않는다. "네가 백작부인과 남작에 목을 매는 게 맘에 들지 않는다. 우리 계급에는 네가 관심을 가질 사람이 아무도 없단 말이냐? 생업에 종사하지 않게끔 태어난 이들은 자신들이 더 잘났다고 여기기에 생업에 종사해야 할 너와는 상이한 견해와 전망을 가지고 있어. 그런 사람들과 교제하면 쓸데없는 지출을 하게 되고 우리의 관점이 뒤틀리게 된다. 넌 시민세계에 속하니 그 안에 머물러라. 그리고 학문을 위해 살 수 있다면 모든 사치를 포기하겠다고 내게 약속한 걸 명심해라. 화려한 허상을 쫓는 것보다 학문을 위해 사는 게 네게 더 많은 명예를 가져온다는 것 또한 명심해라."[15] (1807년 8월 12일)

요한나는 시민의 자긍심을 앞세워 아르투어가 귀족과 어울리는 것을 반대한다. 그 밖에 후일 모자관계를 송두리째 망치게 될 '돈'이라는 골치 아픈 주제도 등장한다. 아르투어가 사실 씀씀이가 상당히 크기 때문에 어머니로서는 아들에게 절약하라고 다그칠 만하다. 예를 들자면 5주 동안 그는 160라이히스탈러를 지출하는데 이는 고급 공무원의 한 달 월급이다. 귀족신분의 지인들과 리벤슈타인으로 소풍을 가서는 수공업자의 한 달 수입인 10라이히스탈러를 단 하루에 써버리기도 한다. 궁정고문관 부인 루데쿠스는 그곳에서 그 액수의 돈으로 거의 한 주를 살았다고 어머니가 아들에게 계산해서 보여준다. 아르투어는 승마를 즐기고 좋은 식당에 가는 걸 즐긴다. 어머니가 짐작하듯이 그는 "부유한 함부르크 시민답게 씀씀이가 크게"[16] 보이려 한다. 아르투어는 상속법상 아직 성년이 아니라서 어머니가 그의 몫을 관리한다. 따라서 그녀가 그에게 정기적으로 보내는 돈은 아르투어 몫의 돈이다. 왜 어머니는 절약하라고 당부하는 걸까? 왜 그녀는 재정을 감시해서 아르투어가 기분이 상하게끔 하는 걸까?

요한나는 아르투어가 학문적 야심을 따르면 만족은 얻겠지만 그걸로 먹고살지는 못할 테니 독립을 유지하려면 자신의 몫인 재산을 아껴 써야 한다고 염려하는데 이는 틀린 얘기는 아니다. 아르투어가 가족을 이루리라는 걸 그녀는 아직은 의심하지 않기에 그의 가족 전부가 그 재산으로 먹고살아야 할 것도 그녀에겐 걱정거리다. 그녀는 후일 아르투어가 그녀의 노년을 "아름답게 해주기"를 바란다면서 "내 말년은 네 집에서 할머니답게 네 아이들과 함께 보내고 싶다"[17]고 쓴다. 나아가 "아델레를 혼인시키기 전에 내가 죽는다면"[18] 맘 편히 아들에게 누이동생을 맡길 수 있으리라고 기대한다. 시민의 모든 의무를 다할 만큼의 재산을 유지하려면 아르투어는 김나지움과 대학을 다니는 동안 검소해야 한다. 편히 살기는 하되 함부르크 시절의 "우아한 삶"은 포기해야 하는 것이다.

아르투어가 감히 요한나의 씀씀이를 수시로 비판하려 들기에 더욱 그녀는 아들의 돈 문제를 감독할 권리가 있다고 느낀다. 요한나는 지나칠 정도로 자주 자신이 "저렴한 가격"에 여가를 즐기고 쇼핑을 하며 여행을 간다는 등의 얘기를 한다. 알뜰하게 바이마르에서 살며 자신의 살롱을 소박하게 유지한다고 강조한다. 손님들에게 대접하는 건 차와 버터빵뿐이지만 다들 그걸로 만족해한다는 것이다. "네가 이곳의 삶을 본다면 넌 돈을 펑펑 쓰는 것은 속물이나 하는 짓이라고 여길 거고 부끄러워할 거다."[19] 그런 말들에는 마치 자신의 삶의 스타일을 아들에게 정당화하려는 듯한 의도가 늘 배경음악처럼 깔려 있다. "나는 항상 손님을 많이 맞지만 […] 돈은 전혀 들지 않는다"[20]거나 "불필요하게 돈을 쓰는 걸 꺼린다"[21]고 그녀는 힘주어 말한다.

아르투어는 어머니가 사치스럽게 살림을 해서 재산의 일부를 분배되기 전에 써버릴 수 있다고 염려하기 때문에 어머니의 씀씀이를 불신의 눈으로 좇는다. 학자의 길을 가기로 결정한 후 그는 불안해하며 공동의 재산에서 눈을 떼지 않는다. 그 역시 앞으로 유산에 의존해 살아야 할지도 모른다는 걸 알기 때문이다. 전체적으로 보아 아버지 사망 후 어머니가 삶을 즐기는 태도가 그에게는 섬뜩하다. 그는 그녀가 재혼할까 봐 걱정한다. 요한나는 이웃 친구인 페르노가 마흔이 넘었고 병약하며 미남이 아닌 데다가 기혼자라고 아들을 안심시켜야 한다. 다른 편지에 "내 숭배자는 많지만 넌 걱정 안 해도 된다"[22]고 어머니가 쓴다.(1807년 3월 23일)

아르투어는 아버지의 대리인으로 어머니를 대하고 싶기에 이런 것들이 맘에 들지 않는다. 요한나가 조용히 뒤로 물러나서 경건히 고인을 그리워하고 자식들을 돌보는 데에만 전념하는 삶을 살았다면 그는 이의가 없었을 것이다.

아직까지는 어머니는 몹시 배려 깊게 아들과 대화하고 아들은 어머니의 인정을 얻으려 애쓴다. 그러나 불신이 커지다가 돈 문제에서 처음으로 불거져 나온다. 모자간에 공간적 거리가 컸을 때 어머니의 편지는 매우 다정했고 아들은 어머니에게 근심걱정을 털어놓아도 된다고 느꼈다. 아들이 고타로 이사하면서 모자가 근거리에 있게 되자 점차 번갈아가며 상대의 마음을 상하게 하는 일이 잦아진다. 아르투어가 다섯 달밖에 안 돼서 고타를 떠날 처지가 되어 바이마르에 있는 어머니의 영역으로 치고 들어오려 하자 둘 사이에는 결전의 순간이 온다.

아르투어는 김나지움에서 금세 – 어머니의 표현을 빌리자면 –"일종의 유명인사"[23]가 됐다. 그는 김나지움에서 독일어로 수업하는 과목만을 수강했는데 이 경우 만회해야 할 것이 거의 없어서 대단히 우수했기에 그의 학업의 진척은 이목을 끌었다. 그는 동급생들보다 나이가 많은 데다가 그의 세련된 행동거지 덕에 두드러졌고 정말 학생답지 않게 돈을 썼다. 동급생들은 그를 우러러보면서 그가 신탁처럼 던지는 말을 경청했고 그가 한턱내는 자리에 함께했고 그의 언행을 따라 하며 그에게 몰려들었다. 그 무리 중에는 후에 괴테의 비서가 되고 그 후에는 프로이센의 검열담당관이 된 카를 욘^{Carl John} (바른하겐 [24]은 그를 "사유의 도살자"라고 불렀다)이 있고 후에 하이델베르크에서 유명한 문헌학자로 활동한 에른스트 아르놀트 레발트^{Ernst Arnold Lewald}가 있다.

지성으로 보나 사회서열로 보나 – 몇몇 교사들과 견주어도 – 자신이 우월하다고 느끼는 탓에 아르투어는 "위험 수위의 농담"을 하게 된다. 고타의 어느 교사가 나이 많은 학생이 어린 학생을 압박하는 것을 비난하자 그는 친구들과의 모임에서 그 교사를 비웃는 시를 낭독한다.

크리스티안 페르디난트 슐체^{Christian Ferdinand Schulze}라는 이름의 이 교사는 소도시 유지다운 허영심은 떨쳐내지 못했지만 사실 온화한 인물이었다. 시를 보자.

> "연단의 자랑거리이며 강단의 기쁨이고
> 도시의 이야기꾼이고 프리메이슨 지부의 대변인에다
> 완벽한 기독교인, 완벽한 유대인, 이교도이며,
> 아침에는 책을 저녁에는 부채를 들며
> 일곱 자유과목²⁵ 모두의 거장이며
> 못하는 게 없고 모르는 게 없는 데다
> 모든 문화 애호가의 꽃이자 영광이신
> 이분은 친구들이 천 명이 넘고 – 그 이름들을 언급한다."(HN I, 4)

다름 아닌 "연단의 자랑거리"의 "친구들"이 아르투어에게는 암초가 된다. 교사진은 풍자시에 관한 소문을 듣는다. 교사로서는 용인할 수 없는 일이기에 교장인 되링은 동료와 연대한다는 뜻에서 아르투어에게 하던 개인교습을 중단했다. 김나지움을 계속 다닐 수도 있었지만 그의 자존심은 되링의 조치로 상처받았다고 아르투어는 「이력서」에 쓴다. 권위를 지닌 인물의 호의를 잃고서는 사기가 떨어졌다고 한다. 몇 년 후라면 아르투어는 호의를 잃는 것에 아랑곳하지 않고 견딜 테지만 당시는 그렇게 하지 못했다. 그는 어머니에게 고타를 떠나고 싶다고 쓴다. 아르투어가 바이마르로 가고 싶다는 것을 넌지시 알리자 요한나는 이를 경보로 받아들인다.

이 상황은 요한나에게는 쉽지 않은 과제로 다가온다. 아르투어가 바이마르로 온다면 그녀 자신의 행복의 균형이 깨질 수 있다. 일련의 질

문을 그녀는 자신에게 던져야 한다. 그녀는 아르투어에게 어떤 감정을 품고 있는가? 그를 가까이 두기를 원하는가? 그녀의 소원은 무엇이며 그녀가 삶에서 기대하는 건 무엇인가? 어떤 도덕적 의무가 그녀에게 있는가? 이 '의무들'은 그녀의 마음속 생각과는 어떤 관계에 있는가?

　이런 상황을 불러온 직접적인 계기 ― 아르투어가 교사에게 어리석은 짓을 한 것 ― 를 요한나는 있을 수 있는 일로 받아넘긴다. 하지만 그녀는 아르투어에게 바보를 바보로 받아들이는 의연함이 없었다고 나무란다. 그랬기에 그는 이제 바보의 분노의 희생양이 되어버렸다는 것이다. 바보의 분노를 끌어모으는 사람은 어리석다. 어리석은 짓을 하게 된 이유는 그가 시건방지며 독선적이며 오만하기 때문이다. 격앙된 와중에서도 정확하고자 애쓰며 요한나는 아들의 초상을 그려낸다. 이 초상은 호의적이지 않을뿐더러 이보다 더 분명할 수는 없을 정도다. 요한나는 막말을 하지는 않지만 감상에 젖는 일 없이 아르투어에게 가차 없이 거울을 들이댄다. "넌 악한 사람은 아니야. 재능과 교양이 없지도 않기에 인간사회의 자랑거리가 될 만한 요소를 두루 갖추고 있어. 난 네 품성을 알기에 너보다 더 나은 사람은 몇 안 될 거라고 생각한다. 그럼에도 불구하고 넌 너무나 성가시고 힘든 사람이라서 너와 함께 사는 건 내게는 지극히 어려운 일로 보인다. 네 좋은 성질은 죄다 네 시건방짐에 덮여서 세상에는 무용지물이 되어버린다. 네가 만사에 남보다 더 잘 아는 척을 하려 들고 너 자신만 빼고는 온갖 군데에서 잘못을 찾아내려는 괴벽과 어디서건 개조하고 타이르려는 괴벽을 통제하지 못하기 때문이야. 그렇게 넌 주변 사람들을 괴롭히고 있어. 그 누구도 그토록 거친 방식으로 개조되거나 깨우치는 걸 좋아하지 않아. 너처럼 하찮은 개인이 그런 시도를 하면 더욱 그렇겠지. 약점투성이인 네가 나무라는 걸 참아낼 사람은 아무도 없어. 너처럼 신탁을 내리듯이 단도직입적으로

이건 이렇고 저건 저러니까 항변은 있을 수 없다는 교만한 태도로 나무라면 더욱 그렇겠지. 네가 실재의 너 자신보다 못났다면 넌 그냥 우스꽝스러운 사람에 그쳤겠지. 하지만 너는 지극히 짜증스러운 사람이야. 사람들은 대개는 누군가가 그들을 궁지에 몰지 않으면 못되게 굴지 않아. 네가 조용히 네 갈 길을 가고 다른 이들이 조용히 그들의 길을 가도록 내버려두었더라면 너는 다른 숱한 사람들처럼 고타에서 조용히 살면서 공부하며 법이 허락하는 한에서 모든 개인적 자유를 누릴 수 있었을 텐데, 넌 그러려 하지 않았고 그래서 쫓겨나게 됐다. […] 넌 걸어 다니는 문학저널이고 싶은 모양인데 그런 문학저널은 지루하고 혐오스러운 물건이야. 인쇄된 저널과는 달리 페이지를 건너뛸 수도 없는 데다가 통째로 난로에 던질 수도 없기 때문이지."[26]

우회적으로 요한나는 이 편지에서 자신의 회의적인 삶의 금언을 표현한다. 우리는 사회 안에서 살고 사회를 벗어날 수 없기에 사회와 타협을 해야 한다. 다른 사람이 모두 각자의 길을 가게 두고 우리가 방해받지 않고 자신의 길을 가는 데 유념한다면 우리는 사회와 타협을 할 수 있다. 그런 까닭에 그녀는 - 위 구절에서 이미 암시되어 있듯이 - 아들이 방해하더라도 개의치 않고 자신의 길을 가겠다고 단단히 마음먹고 있다. 고타에서 생긴 불상사에 그녀는 아찔해진다. 그 일로 아르투어의 성격이 드러나기 때문이다. 그녀는 그 성격이 자신의 삶의 공간을 침해할까 봐 두렵다. 아르투어가 몇 번 바이마르를 방문했을 때 그는 시무룩해하며 비판을 남발하는 악습이 어떤 것인지 맛보기 삼아 보여주었다. 어머니가 그가 방문하기 전에 한번은 "내가 저녁마다 문학작품이나 황제의 수염을 놓고 옥신각신하지 않아도 되게끔 유머를 챙겨오고 논쟁의 정신은 두고"[27]오라고 경고했을 정도다. 하지만 이제는 한 번 방문하는 것을 넘어서 아들이 바이마르로 이주할 수도 있는 상황이다. 우선 그녀는 생각할 시간이 필요하다며 아르투어를 기다리게 한다. 그녀는 아르투어가 고타에서 저지른 어리석은 행동에 대해 화가 나 있기에 아들과 "격렬한 언쟁"[28]을 벌일 수도 있기 때문이라는 것이다. 아들이 고타에 머무르며 죄를 참회하는 일종의 "연옥"을 겪는다면 그것 또한 나쁘지 않다는 게 어머니의 의견이다. 자신의 행동의 대가는 몸소 치러야 하기 때문이다.

한 달 후인 1807년 11월 말 요한나는 결정을 내린다. 그녀는 가까운 알텐부르크에 있는 김나지움을 아르투어에게 추천하지만 다른 대안이 없다면 그가 바이마르로 이사하는 것에도 찬성한다는 얘기다. 하지만 이 경우에는 서로 충돌하지 않고 "둘의 자유가 깨지지 않도록"[29] 몇몇 규칙이 지켜져야 한다.

이전과는 달리 어머니는 아들과의 관계에 대해서 노골적으로 말한다. "우리가 서로 이해하게끔 내가 원하는 게 무엇인지 내 심정이 어떤지 네게 직설적으로 말하는 게 가장 좋을 거라는 생각이다. 내가 널 정말 좋아한다는 걸 네가 의심하지는 않겠지. 난 그렇다는 걸 증명했고 내가 살아 있는 한 계속 증명할 거야. 네가 행복하다는 걸 알아야만 내가 행복할 수 있지만 네 행복을 직접 봐야 되는 건 아니다. 난 늘 너와 같이 사는 건 정말 어렵다고 네게 말하곤 했어. […] 네가 바뀌지 않는 한 너와 같이 살겠다고 결정을 하느니 난 차라리 온갖 희생을 감수하리란 걸 네게 털어놓는다. 난 네 장점을 모르지 않아. 날 너에게서 멀어지게 하는 건 네 마음이 아니라 네가 바깥에 보이는 태도와 네 견해와 판단, 네 습관이야. 간단히 말해 외부세계에 관해선 난 네게 전혀 동의할 수 없다. 또 네가 기분이 나쁜 탓에 나까지 우울해지고 명랑한 유머를 잃을 지경이지만 그렇다고 네게 득이 되는 것도 아니잖니? 사랑하는 아르투어야, 넌 단지 며칠 방문하러 내게 와 있었는데 매번 정말 별일도 아닌 것을 가지고 치열한 공방을 벌였기에 매번 난 네가 떠난 후에야 숨통이 트였어. 네가 여기 있으면서 어쩔 수 없는 일들에 불평하고 어두운 얼굴로 신탁 구절을 말하듯 기괴한 판단을 내리면서 거기에 항의조차 못하게 하는 게 내겐 힘들었어. 게다가 새로운 싸움의 단초를 주지 않으려고 난 항의하고 싶은 걸 꾹 누르며 끝없이 나 자신과 싸워야 했지. 나는 이제 아주 조용히 살고 있어. 몇 년 전부터 지금껏 내가 겪었던 불쾌했던 순간 중에 너 때문이 아닌 건 하나도 없구나. 난 홀로 평온히 있어. 아무도 내게 반박하지 않고 나도 누구에게 반박하지 않아. 내 집에선 소리를 높이는 일 없이 만사가 한결같이 갈 길을 가고 있어. 나는 내 길을 가고 명령하는 자도 복종하는 자도 없어. 각자가 자기 일을 조용히 하다 보면 삶이 흘러가건만 그 이치를 난 알 수가 없구나. 이게 바로 내 진정한 존재야. 내가 남은 삶을 조용히 행복하게 보내길 네가 바란다면 나를 이 상태대로 두어야 한다. 사랑하는 아르투어야, 네가 나이가 들어서 많은 걸 좀 더 밝게 본다면 우리도 더 깊이 서로 공감할 수 있을 거다."[30]

바이마르에서 어머니는 괴테를 위대한 본보기로 삼아서 평온을 얻었지만 ("삶은 흘러간다 Das Leben gleitet hin") 그녀가 보기에 아르투어가 평온을 위협하므로 이제는 방어하는 수밖에 없다. 만물이 굴러가게 두는 것, 자신과 다른 사람을 그냥 두는 것, 판단하거나 끼어들거나 명령하는 것을 자제하는 것 – 이것이 바이마르 식 도교道教이며 그 안에서 요한나는 이제 영혼의 평화를 발견했다. 실은 이것이야말로 아르투어가 열망하는 것이기도 하다. 하지만 등산을 즐기는 아르투어는 당분간은 숭고한 장소인 산의 정상에서만 그런 평온을 발견할 수 있다. 그런 곳에서는 "육체의 세계에 속하는 우리의 한 부분이 찢겨나갈지라도" "동요하지 않고 지극히 평온하게 지켜볼" 수 있다.(HN I, 8) 그런 숭고함을 그는 음악과 문학에서 발견하며 처음으로 철학을 답사하며 발견한다. 하지만 소란에 "참여"하며 동시에 평정을 유지하는 것, 다시 말해 평온히 참여하는 것을 아르투어는 할 수 없다. 이 시절 어머니에게 보낸 편지의 초안 중 몇몇만 남았는데 그중 다음과 같은 내용이 있다. "영원한 영혼이 육체로 추방될 때 영혼은 이전의 숭고한 아파테이아Apathie[31]에서 뜯겨나가서 현세의 소소함으로 끌려 내려왔고 육체와 물질적 세계 곳곳에 흩어졌다고 합니다. 그렇게 영혼이 이전의 상태를 잊어버렸고 본래의 관점에서는 너무도 작은 현세에 참여했으며 그 안에서 자리 잡고는 자신의 전 존재를 현세에 한정지웠고 그것으로 채웠다는 건 이해할 수 없는 일입니다."(B, 2)

그는 스스로 용납할 수 있는 정도를 넘어서 "현세"의 "소소함"으로 자신을 끌어내린다. 호기심과 자존심, 젊은 육체의 소망, 경험욕이 그를 거기에 연루되게 만든다. 그는 거리를 유지하는 법을 알기는 하지만 그것은 싸워서 얻는 거리이다. 열아홉의 청년은 있는 그대로 두는 데에서가 아니라 적극적으로 경계를 정하는 데에서 자신을 느낀다. 그는 비판하고 판단하고 그릇된 걸 벌해야 한다 ─ 그래야만 자신의 영역을 주장할 수 있다. 그냥 되는 대로 두기에는 이미 아이가 아니고 그냥 되는 대로 두기에는 아직 성인이 아니기에 그는 항상 불신하며 긴장을 풀지 못한다. 그는 어울려갈 수 없다. 그러기에는 그는 기본적인 자신감을 갖고 있지 않다. 침묵한다는 게 그에겐 쉽지 않다. 그는 얘기에 끼어들어야 하고 낯선 것이나 이질적인 것을 그냥 내버려둘 수 없다. 어머니가 그가 이따금 바이마르에 왔던 걸 얘기하며 그를 "걸어 다니는 문학저널"이라 부르고 그가 문학을 두고 논쟁을 벌이는 걸 즐긴다고 불평하는데 이 싸움꾼에게 무엇이 쟁점이었는지는 쉽게 상상이 간다. 알다시피 아르투어는 함부르크에서 낭만주의를 알게 되었다. 바켄로더와 티크 등의 "튀는 언행"은 괴테로 대표되는 바이마르에서 그다지 높이 평가받지 못했고 요한나 쇼펜하우어의 살롱에서도 마찬가지였다. 그에 맞서 아르투어는 자신의 관심사인 낭만주의의 섬세한 경험론을 옹호하며 예술애호가인 어머니와 싸웠음에 틀림없다. 여자에 대해 통념에 갇혀 생각하던 아버지의 아들답게 그는 어머니의 지적 수준을 그다지 높이 평가하지 않았고 그녀의 의견이 분수를 지키라는 바이마르 특유의 요구를 그저 되풀이할 뿐이라고 여겼을 것이다. 하지만 어머니는 바이마르에서 새로운 의견을 흡수했을 뿐 아니라 새로운 삶의 리듬을, 앞에 인용된 편지의 표현을 빌리면 자신의 "진정한 존재"를 발견했다. 아르투어가 그것을 이해했을까? 우리는 알지 못한다. 어머니도 아들의 속생각을 알지 못하기에 아르투어가 이해했을 것이라고 낙관하는 대신 자신의 삶의 공간을 보호하기 위해 아주 세밀히 모자 관계의 철칙을 새로이 정한다. 이 관계의 철칙을 지킴으로써 양측은 적어도 외형상으로는 서로 존중해야 한다. "내가 너와 어떤 관계를 유지하려는지 들어봐라. 넌 네 숙소에서는 주인이고 내 집에선 손님이야. 내가 결혼한 후 내 부모님의 집에서 손님이 되어 환영받는 것과 같은 이치지. 항상 친절하게 대접을 받지만 집안일에 참견하지 않는 게 손님이야. 집안일과 아델레의 교육과 건강, 내 하인들에 관해서는 넌 전혀 신경 쓸 필요 없다. 지금껏 나는 너 없이 그런 일들을 해냈고 앞으로도 그렇게 할 것이며 누구든 이의를 제기하는 걸 용납하지 않겠다. 이의제기를 해봤자 내 기분만 나빠질 뿐 아무 소용 없을 거라는 것도 알아두어라. 넌 날마다 점심 시간인 1시에 내게 와서 3시까지 있을 수 있다. 그리고는 남은 하루 동안 난 너를 더는 보지 않겠다. 모임이 있는 날은 예외니 네가 원하면 모임에 참여할 수 있고 일 주에 두 번 있는 모임 날 저녁에는 내 집에서 식사를 할 수 있다. 다만 조건이 하나 있는데 네가 내 모임에 있는 동안은 짜증스러운 논쟁을 벌이지 않고 세계가 어리석다거나 인간이 얼마나 비참한지 한탄하지 않아야 한다. 네 논쟁과 한탄 덕에 난 잠을 설치고 악몽을 꾸곤 하는데 제대로 잠 좀 자고 싶구나. 점심시간에 넌 내가 알아야 할 일을 모두 내게 털어놓을 수 있지만 나머지 시간에는 네가 알아서 해야 한다. 난 네 기분을 좋게 해주느라 내 기분을 망칠 수는 없어. 게다가 난 너무 오랫동안 혼자 있는 데 익숙해져서 이제 그걸 바꿀 수 없어. 난 무슨 일이 있어도 이 계획에서 물러나지 않을 테니까 부디 반대하지 말아다오. 네 저녁밥은 내 요리사가 네 집으로 매일 저녁 가져다주겠지만 네 차는 네 집에서 마셔야 할 거다. 내가 필요한 식기를 줄 것이고 네가 원하면 차 상자도 줄 수 있다. […] 일주일에 세 번 극장에서 공연을 하고 두 번은 모임이 있으니 네가 여가를 즐기기엔 부족함이 없을 거다. 너야 곧 젊은 사람들을 몇 명 알게 될 테니 내가 여기 있든 없든 마찬가지가 되지 않을까? 충분히 얘기한 것 같다. 넌 이제 내가 뭘 원하는지 알 거다. 네가 정확히 내가 원하는 것에 맞추기를 바란다. 내게서 어머니다운 배려와 사랑을 얻어내려거나 내가 네 원하는 대로 다 해주길 바라는 마음에서 내게 반박하지는 않았으면 한다. 그래 봤자 네겐 아무 소용 없고 모든 걸 악화시킬 뿐이라는 걸 말해둔다."[32]

1807년 12월 23일 아르투어 쇼펜하우어는 바이마르에 도착한다. 그는 어머니의 조건을 수락했다. 그는 모자 제조공의 집에 있는 작은 방에 입주한다. 독학으로 그는 대학입학을 준비하며 자신보다 불과 몇 살 위인 김나지움 교수 프란츠 루트비히 파소Franz Ludwig Passow에게서 개인 교습을 받는다. 아르투어는 학업에 매진한다. 그의 바이마르 시절이 끝날 즈음인 1809년에는 그는 고어들을 완벽히 구사하며 고대 문학의 주요작품에도 정통해 있을 것이다. 그는 자신이 우월하다는 것을 당당히 의식하면서 괴팅엔대학교에 입학할 것이다. 그의 동료학생뿐 아니라 몇몇 교수들조차도 그의 지식에 미치지 못할 것이다. 하지만 이곳에서의 2년 내내 아르투어는 행복하지 못할 것이다. 고타에서 그는 중심에 서 있었는데 바이마르에서 그는 아웃사이더이다. 율리우스 프라우엔슈태트가 1863년 한 말을 들어보자. "그는 어머니와 그녀의 동아리를 대할 때면 늘 낯설고 외로운 느낌이었고 그 때문에 사람들은 그를 못마땅해 했다고 말했다."

어머니가 아들과의 관계를 명확히 규정짓고자 하며 그럴 수 있는 반면 아르투어는 모순된 감정으로 가득 찬 채 그런 감정을 부인하고 있다. 그는 어머니에게 독립과 자주의 의지를 표명하지만 마음속 깊숙이 어머니가 그에게 사랑이 넘치는 가정을 제공하기를 기대하고 있다. 요한나는 그런 무리한 요구를 감지했기 때문에 아르투어가 도착하기 전에 노골적으로 편지에 쓴다. "네가 바이마르를 선택하게 된 데에는 여러 이유가 있겠지만 내가 아는 이유는 딱 하나, 네가 여기 있고 싶어 했다는 거야. 네게 바이마르는 이제까지 있던 다른 곳보다 더 많이 고향이 되어주지 않는다. 시간이 흐르면 네게 바이마르가 고향이 될지는 두고 봐야겠지. 나는 늘 그래 왔듯이 너를 그냥 내버려두려고 한다."[33] 아르투어는 어머니가 자신에게 준 자유를 쓸 능력이 부족하다고 느낀다. 하지만 그는 자존심 때문에 그걸 스스로 인정할 수 없다.

그는 어머니가 사교계에서 성공하는 걸 가까이에서 목격할 것이지만 그 성공에 직접 참여하지는 못할 것이다. 그 결과는 시기심이다. 강산이 바뀔 만큼 시간이 흐른 후에도 시기심은 아르투어 쇼펜하우어가 대화를 나눌 때 울리고 있다. 프라우엔슈태트의 보고이다. "그는 어머니가 바이마르에서 예술애호가들에게 에워싸여서 아주 화려한 삶을 살았다고 약간의 존경심을 담아 말했다."(G 130) 그냥 "예술애호가들"만 있었다면 별 문제가 없었겠지만 괴테도 요한나의 집에 드나들었고 2년 동안 아르투어에게 말 한마디 건네지 않았다. 마음 상하는 일이다.

게다가 동시대인들은 괴테가 다른 모임에서와는 달리 요한나의 모임에선 여유롭고 친절하고 맘을 터놓았다고 입을 모아 보고한다. 아르투어는 자연이 빚은 기적인 괴테를 그저 가까이서 볼 수 있다는 사실에 만족할 수밖에 없다.

대개는 저녁 7시경 괴테가 손등을 들고 도착한다. 그가 귀가할 때에는 종종 촛불을 켜서 길을 밝혀줘야 한다. 그는 요한나의 하녀인 소피와 잡담을 하는 걸 즐기며 열 살배기 아델레의 방에도 들른다. 아델레가 괴테에게 자신의 장난감을 보여주면 괴테는 인형에 달린 끈을 쥐고 인형을 춤추게 한다. 괴테가 안으로 들어오면 그는 "모인 사람들이 누구인지 제대로 살펴보기 전에는 늘 말이 없었고 나름 어색해했다"[34]고 요한나는 이야기한다. "그러고 나서 그는 항상 바로 내 옆에 앉는데 내 의자의 팔걸이를 짚을 수 있게끔 좀 깊숙이 앉곤 한다. 내가 그와 대화를 시작하면 그는 활기를 띠며 너무도 상냥해진다. 그는 내가 아는 한 가장 완벽한 존재이다. 외모 역시 완벽하다. 키가 큰 멋진 몸매를 곧게 세우고 항상 세련되게 검은색 아니면 감청색 옷을 입고 그의 나이에 어울리게 머리를 멋지게 손질해서는 분을 뿌리고 있다. 그의 수려한 얼굴에서 부드러우면서도 날카로운 갈색 눈이 반짝인다. 그는 말을 할 때면 믿기 힘들 만큼 멋있어진다."

그는 자신의 위대함을 가지고 다른 사람을 "누르지" 않는다는 게 요한나의 의견이다. 그와 함께 있으면 누구나 자연스럽게 되게끔 고무된다는 것이다. 하지만 다른 사람들의 체험은 그렇지 않다. 슈테판 쉬체의 보고이다. "괴테가 기분이 상한 채 모임에 와서 한 모퉁이에서 다른 모퉁이로 옮겨 다닐 때면 사람들은 불안해지곤 했다. 그가 침묵하면 누가 입을 열어야 할지 난감했다."[35] 그런 일을 대비해 요한나는 그림도구가 놓인 작은 탁자를 준비해놓았다. 그러면 기분이 상해 있던 괴테는 그 앞에 앉아서 스케치를 하거나 수채화를 그리며 마음을 추스르곤 했다. 요한나가 괴테의 그림을 미리 확보하지 않으면 나중에 사람들은 그걸 가지려고 다퉜다. 하지만 괴테는 기분이 좋았다가도 강압적으로 행동하곤 했다. 쉬체의 이야기를 들어보자. 요한나의 집에서 열린 사교모임에서 괴테는 스코틀랜드의 발라드를 가져와서 "그중 상당히 긴 발라드를 하나 직접 낭독하겠다고 자청하면서 여자 손님들이 매 시구마다 반복되는 문장 하나를 한 목소리로 말해줄 것을 당부했다. 낭독은 열정적으로 시작됐고 숙녀들은 기다렸다가는 제 시간에 낭독에 동참했다. 첫번째 시구는 다행히 잘 넘어갔지만 똑같은 말이 두 번 세 번 반복되자 교수부인 라인벡이 본의 아니게 웃어버렸다. 낭독을 멈춘 괴테는 책을 내려놓고는 천둥을 내리꽂는 주피터의 이글거리는 눈으로 여자들 전부를 훑어보았다. "그렇다면 낭독하지 않겠습니다!"라고 그가 짧게 말했다. 사람들은 적지 않게 당황했다. 하지만 요한나 쇼펜하우어가 나서서 간청하며 말을 잘 듣겠다고 약속했고 다른 이들도 그럴 거라고 보증했다. 이제 어찌 됐건 간에 다시 낭독이 진행됐고 실제로 숙녀 전부가 명령에 따라 턱을 박자에 맞춰 똑같이 움직이는 걸 보자니 정말 우스꽝스러웠다. 괴테 같은 인물이 지닌 권위가 손님들이 명령에 따라 장엄함과 진지함을 유지하는 데에 쓰인 것이다."[36]

괴테 본인은 자신이 본의 아니게 우스꽝스러운 상황을 야기시킨 것을 눈치채지 못했다. 『일기와 연감Tages- und Jahresheften』에서 그는 "힐라, 릴라Hilla, Lilla라는 스코틀랜드의 발라드가 번갈아가며 낭독하는 형식으로 우리 모임에 소개되어 환영받았다. 시는 잘 들리게 낭독됐고 모임에 온 손님들이 후렴의 종소리를 한 목소리로 반복했다"[37]고 이 사건을 기록한다.

괴테가 이야기를 들려주거나 무언가를 낭독하면 휘황찬란한 변신이 일어난다. 표정과 억양이 바뀌면서 그는 이야기 속의 인물이 되어버린다. 가만히 앉아 있지 못하고 몸짓을 하면서 그의 목소리가 커져 윗집에 사는 궁정고문관 부인 루데쿠스가 바닥을 두드릴 정도다.

괴테는 일상적인 이야기를 즐겨 한다. 그는 저녁 손님을 위해 마련한 거위간 파이를 갑자기 시장기가 덮치는 바람에 점심에 혼자 다 먹어 치웠다고 한 시간 내내 한탄하기도 한다. 사교적 담소를 나누는 자리에서 그는 격한 논쟁을 피한다. 그가 몇 차례 말했듯이 젊은 세대의 비판적 태도가 그에게는 몹시 거슬린다. 누군가가 괴테의 확고한 의견과 판단을 들으려 하면 그는 무언가를 칭찬하다가 처음의 진술을 마지막에 그 반대로 뒤집으면서 자신의 상대를 조롱하곤 했다. 요한나의 살롱에서 그는 "내가 아직 바이마르에 있다고 사람들이 믿을 때 난 이미 에어푸르트에 있다"[38]는 발언을 종종 하곤 했다. 비판적인 언사를 신랄히 구사하는 데다가 단정 짓기를 좋아하는 아르투어는 괴테에게 호감을 주지 못했을 것이다. 아르투어는 괴테 앞에서 아직은 몸을 사린다. 이런 태도는 그가 나중에 다시 바이마르에 머물 때에야 바뀔 것이다.

괴테는 기분이 좋으면 라퐁텐Lafontaine이 쓴 천박한 소설과 코체부의 신파극(이 연극들을 그는 바이마르 극장에서 자주 상연했다)을 포함하여 모든 게 괜찮다고 말한다. 요한나의 살롱에 온 숙녀들에게 괴테는 즐길 줄 아는 기술이 무엇보다 중요하다고 훈수를 두면서 외설스러운 말을 꺼리지 않는다. 다들 – 아르투어를 포함해서 – 괴테가 하는 말이면 무엇이든 받아들인다. 그는 괴테가 방문한다고 알린 날에는 어머니의 사교모임에 빠진 적이 없었다.

따라서 아르투어는 요한나가 찻주전자를 앞에 두고 대화가 흘러가게 보살피는 사교모임에 자주 와 있었다. 괴테가 참석한다 해서 모여든 여러 유명한 손님들은 자신의 회고록이나 편지에서 궁정고문관 부인 쇼펜하우어가 주재하는 사교모임을 회상했다. 하지만 거기서 아르투어를 언급한 사람은 단 하나도 없다. 이 시기에 요한나를 방문했던 베티나와 클레멘스 브렌타노, 아힘 폰 아르님, 훔볼트 형제 역시 다를 바 없다. 당시 연극계의 혜성이었던 차하리아스 베르너^{Zacharias Werner}[39]만이 바이마르에 머무르는 동안 아르투어와 왕래가 있었던 것 같다. 베르너의 일기에는 이에 대한 언급이 짧막하게 있으며 아르투어 쇼펜하우어는 후일 이 기이한 사람과 알고 지냈다고 자랑했다.

괴테가 1808년 성탄절 차하리아스 베르너를 바이마르로 데려왔을 때 그는 명성의 절정에 있었다. 루터를 다룬 사극史劇 『힘의 축성^{Weihe der Kraft}』은 1806년 베를린에서 큰 성공을 거두었다. 아르투어는 함부르크에서 이 연극을 보고는 엄청난 액션과 장중한 언어에 빨려 들어갔다.

차하리아스 베르너는 쾨니히스베르크 출신인데 거기서 여덟 살 어린 E.T.A. 호프만과 같은 건물에서 성장했다. 신경질적인 어머니는 어린 아들이 재림예수라고 여겼다. 차하리아스는 예수 취급 받는 걸 즐기다가 나중에는 방향을 바꿔서 스스로 시인의 신이 되었다. 실러가 사망하자 그는 "이제야 자리가 비었다!"고 환호했다. 이플란트[40]와 스탈 부인 등 다른 사람들도 베르너가 실러를 계승할 수 있을 것이라고 믿었다. 괴테는 처음에는 『힘의 축성』을 조롱했지만 차하리우스 베르너가 예나에 사는 민헨 헤르츠립[41]에게 예쁘장한 소네트를 지어 바치자 매료되어 이 연애가수를 바이마르로 데려왔다. 하지만 괴테는 베르너와 지극히 아이러니컬한 관계를 유지했다. 베르너의 연극 『반드라^{Wandra}』가 바이마르에서 상연된 후 열린 파티에서 괴테는 월계수 화관을 베르너에게 씌워주었는데 그것은 좀 전까지 돼지머리를 장식하고 있었다. 바이마르에서 베르너는 곧 스캔들에 휘말렸다. 어느 날 그가 사교모임에

늦도록 오지 않아서 사람들은 하녀를 보냈는데 그녀는 돌아와서는 베르너가 그녀를 성폭행하려고 했다며 소리를 질렀다. 세월이 흐른 후 베르너는 다시 독실한 신자가 되었다. 1814년 가톨릭 사제로 임명된 후 그는 빈에서 참회를 권하는 설교자로 자리를 잡고서는 어찌 보면 상류층에게 속죄의 매질을 가하는 역할을 했다.

아르투어는 베르너를 고타에서 이미 알았고 유명인사를 안다는 걸 우쭐해했다. 바이마르에서 그는 베르너에 이끌려 연극에 열광하게 된다.

극장에 자주 가는 것은 오락거리가 많지 않은 바이마르에서는 흔한 일이었다. 아르투어 역시 예외는 아니었다. 하지만 그에게는 극장은 단순히 저녁 시간을 보내는 곳 이상을 의미했다. 아르투어의 초기철학에 속하는 성찰이 바로 극장에서 특히 비극에서 불붙었다는 건 주목할 만하다. 예를 들어 소포클레스의 극을 관람하다가 그는 불행을 플라톤 철학으로 들여다보자는 착상을 하게 된다. 현실의 불행이 전혀 현실이 아니라 그저 "영원히 존재하는 현실의 불행"의 "이미지"(HN I, 9)에 불과하다고 가정해보자고 그는 숙고한다. 우리는 현실의 곤궁을 하늘에 전이하는 게 아니다. 거꾸로 하늘의 악을 우리 현실에 전이해서 만사를 더 나쁘게 만들어버린다. 눈 앞에 닥친 현실의 불행이 착각이란 얘기인가? 형이상학적 불행을 용기 있게 직시하는 게 현재의 불행을 덜어줄 수 있을까? 모자제조공의 세입자이며 궁정고문관 부인 쇼펜하우어의 살롱에서 아웃사이더이던 아르투어는 평온을 얻기 위해 형이상학의 가치를 높임으로써 현실의 불행을 탈현실화하려는 전략을 검토한다. 이 전략을 아르투어는 계속 다듬을 것이지만 그것은 요한나의 사교모임에서 발표하기에는 적당하지 않다.

요한나가 사교계에서 성공을 거두자 시기하는 사람들이 등장한다.

아르투어가 그런 사람들과 어울리게 된 것은 의도라기보다는 우연인 것 같다. 파소를 예를 들자면 그를 가정교사로 채용한 사람은 어머니이다. 이 명예욕에 불타는 젊은 어문학자를 괴테는 1807년 김나지움에 근무하도록 할레에서 바이마르로 데려왔다. 파소는 괴테의 "도덕설교문"이 동시대의 문학에 견주어 훨씬 낫다고 지나치게 열을 올리며 실러까지 비판했다. 그러자 사망한 친구에 대한 의리에서 괴테는 자신이 방문한 모임에 파소가 있는 걸 원치 않는다는 사실을 넌지시 알렸다. 요한나는 자신의 아들을 가르치는 선생님에게 초대를 취소한다고 전하는 난감한 과제를 맡아야 했다. 파소가 몹시 상처를 받은 것은 당연하다. 하지만 괴테를 건드릴 수는 없었기에 그는 울분을 요한나에게 쏟아붓는다. 한 지인에게 그는 "아시겠지만 수완 좋고 말 많은 마담 쇼펜하우어는 겨울마다 사교모임을 주재하는데 지루하기 짝이 없습니다. […] 그러나 괴테가 자주 그 모임에 나오기 때문에 교양 있는 사람과 교양 있는 척하는 사람들이 그리로 모여듭니다"[42]라고 쓴다.

아르투어는 파소가 전문분야에서 지닌 역량을 좋게 평가했고 한동안 그의 집에서 함께 살기까지 했기에 파소한테서 어머니에 대해 무슨 말을 들었는지 미루어 짐작할 수 있다. 파소는 증오심이 많은 사람이었다. 그는 고대의 지식으로 바리케이드를 치고 거기서 소위 '예술애호가'들을 향해 모욕적인 언사를 쏘아댔다. 모임에 가면 그는 침묵을 지키곤 했는데 사람들은 그런 경우 그가 오만하며 상대의 약점을 노린다고 느꼈다. 괴테마저도 파소의 언행에 당혹한 나머지 "유머 있고 재기 발랄하게 하려던 말이 진지하고 딱딱한 외마디 말이 되어버렸다"[43]고 리머가 보고한다.

요한나의 모임에 참석하던 사람들을 파소는 "두발 달린 진부한 동물"[44]이라고 부르곤 했다. 아르투어는 어문학 지식뿐 아니라 이 표현을 시무룩한 교사한테서 넘겨받았다. 물론 아르투어 쇼펜하우어는 이 표현이 영향을 미칠 범위를 어마어마하게 확장할 것이다.

아르투어가 알고 지냈던 바이마르의 다른 유명인사인 요하네스 다니엘 팔크Johannes Daniel Falk 역시 요한나 쇼펜하우어와 편치 않은 관계에 있었다.

팔크는 작가였고 1806년 이후 (이전에 그는 나폴레옹의 적대자였지만) 공사관으로 승진했다. 그는 바이마르에 고아원을 설립해서 '국내 선교운동'[45]의 선구자로서 유익한 일을 많이 했다. 그의 과다한 사교적 야심은 그를 열정적으로 일하게 했지만 동시에 그의 약점이었다. 동시대인들이 팔크에 대해 내린 평가는 그다지 호의적이지 않다. 리머는 그를 "역겨운 수다쟁이"라고 부르며 그가 장광설을 이어가다가도 지위가 높은 사람이 보이면 즉시 멈추고 곧장 아부를 했다고 말한다. 그 밖에도 "그가 청산유수로 말을 하면 그 틈새에 바늘 하나 끼워 넣을 수 없었다"[46]고 한다.(리머) 요한나도 팔크가 거드름을 피운다고 조롱한다. 그 역시 단치히 출신이라서 요한나가 바이마르에서 거의 처음 알게 된 사람이었다. 그녀는 아르투어에게 팔크에 관해 "그가 고상한 척하는 건 사실 역겨울 뿐 아니라 어리석은 짓이야. 그렇게 해서 그는 모두에게 골칫덩이가 될 거다. 결국 시민계급은 그를 받아들이지 않을 것이고 대신 궁정이 그에게 보상을 해주지도 않을 테니까"[47]라고 쓴다. 팔크 쪽에서도 요한나에 관해 좋게 말을 할 리가 없었다. 단치히 출신의 궁정고문관 부인이 바이마르의 위계질서를 뒤섞어버렸기 때문이다. 자신의 저서 『친밀한 교제를 통해 알게 된 괴테 이야기Goethe aus näherm persönlichen Umgange dargestellt』에서 그는 괴테가 요한나의 모임에서 했던 대화들을 기술하면서 주도면밀하게 만남의 장소를 언급하는 것을 피한다.

아르투어는 팔크와는 가까이 지냈고 그와 함께 1808년 에어푸르트에서 열린 제후회의를 구경했다. 나폴레옹이 괴테를 만나 얘기를 하고 싶어 해서 괴테가 그리로 불려 갔다. 팔크와 아르투어와 다른 몇몇 사람은 괴테라는 혜성의 꼬리가 된 셈이었다. 구 왕조들과 새 왕조들이 자신들의 후원자인 나폴레옹에 의해 소집되어서 이곳에서 호화로운 만남을 가졌다. 하지만 아르투어는 그다지 깊은 인상을 받지 않았다. 팔크를 향해 그는 "궁정의 귀부인들이 […] 이 코미디가 있기 전에는 민족의 억압자 나폴레옹을 파렴치한이라고 하다가 코미디가 끝난 후 세상에서 가장 사랑스러운 남자라고 단언했다"며 "격분을 토로했다."(G, 21)

아르투어의 바이마르 체류가 끝나간다. 파소는 아르투어의 학업이 아주 성공적으로 진척되었음을 서류로 증명한다. 1809년 가을에 대학에 입학할 수 있다는 것이다. 1809년 2월 22일 아르투어가 스물한 번째 생일을 맞아서 성년이 되자 어머니는 아들에게 유산 중 2만 라이히스탈러에 달하는 그의 몫을 넘겨준다. 거기서 매년 거의 1,000탈러가 되는 이자가 들어온다. 그 돈이면 아주 편히 살 수 있다. 하지만 최고의 생일선물은 그해 개최된 성대한 가장무도회에 참석한 것이다. 괴테와 팔크의 기획으로 시청에서 열린 성대한 가장행렬이 아르투어에게 그토록 매력적이었던 이유는 카롤리네 야게만도 참여하기 때문이다. 바이마르 연극계와 오페라계의 스타인 야게만은 대공의 정부이며 괴테의 적이다. 미모로 독일 전체에서 찬사를 받던 이 여인에게 아르투어는 반해버린다. 가장행렬에서 그는 그녀 가까이 있게 될 것이다. 그녀는 테클라[48]로 꾸미고 그는 어부로 꾸민다. 하지만 테클라는 어부에게 신경쓰지 않는다. 야게만은 영주가 선물한 보석을 모두 달았다. 그녀는 오로지 대공비에게만 주의를 기울인다. 대공비가 어떻게 반응할 것인가? 대공비는 야게만의 보석을 못 보고 지나치고 야게만은 아르투어 쇼펜하우어를 못 보고 지나친다. 그는 방향을 틀어서 시를 짓는 데 자신의 노력을 기울인다. 처음이자 마지막으로 그는 중세의 연애가수가 되어본다. "내 고뇌는 기쁨이 되리니, / 그대가 창 밖을 내다본다면 […] 그대의 창에는 커튼이 드리워 있고 / 그대는 비단침대에서 꿈을 꾸고 있네. […] 커튼이 햇빛을 가리듯 / 내 운명엔 구름이 드리웠구나."(HN I, 6) 이 문제에 관한 한 장기간 구름이 드리울 것이다. 그런 연애시는 연인을 얻는 데 그다지 도움이 되지 않기 때문이다. "이 여자를 아내로 맞이하고 싶습니다. 그녀가 길거리에서 돌을 쪼개고 있더라도 말이에요"(G, 17)라고 그가 어머니에게 고백한다. 카롤리네 야게만의 삶은 유감스럽게도 돌을 쪼개는 일과는 무관하게 전개된다. 영주는 그녀에게 하이겐도르프 백작부인이라는 작위를 수여한다. 아르투어의 기회는 제로에 가깝다.

1809년 여름 아르투어와 어머니는 또 한 번 예나로 함께 여행을 간다. 그들은 괴테를 방문한다. 괴테는 요한나의 방문을 일기장에 기록하지만 아르투어를 언급하지 않는다. 요한나는 괴팅엔대학교에서 공부하기로 결정한 아르투어를 위해서 괴테가 추천장을 써줄 것을 청한다. 괴테가 잊었는지 거절했는지는 불확실하지만 분명한 건 아르투어는 1809년 10월 7일 추천장 없이 괴팅엔으로 떠난다는 것이다.

제 7 장

—

괴팅엔. 자연과학을 공부하다. 아버지의 그림자: 견고한 것을 선호하다. 플라톤과 칸트 사이에서, 황홀경을 바라는 마음과 회의 사이에서.

두 번째 철학 시나리오: 데카르트에서 칸트로. 신의 이성에서 신적 이성으로. 형이상학에서 윤리로. '물자체'의 경력.

아르투어는 동굴의 비유에 몰입한다.

—

이마누엘 칸트(1724년~1804년)

괴팅엔. 자연과학을 공부하다. 아버지의 그림자: 견고한 것을 선호하다. 플라톤과 칸트 사이에서, 황홀경을 바라는 마음과 회의 사이에서. 두 번째 철학 시나리오: 데카르트에서 칸트로. 신의 이성에서 신적 이성으로. 형이상학에서 윤리로. '물자체'의 경력. 아르투어는 동굴의 비유에 몰입한다.

SCHOPENHAUER

왜 하필 괴팅엔으로 갔을까? 예나가 더 가깝지만 아마 아르투어는 2년을 바이마르에서 지낸 후 자신과 어머니의 세계 사이에 다시금 더 많은 거리를 두려는 듯하다. 예나는 18세기 말 피히테와 셸링, 슐레겔 형제와 실러가 거기 살며 교편을 잡던 시기에 당대 교양의 중심지로 빛을 발했지만 이제 그 시절은 지나갔다.

예나가 불꽃놀이를 보여주었다면 괴팅엔은 독일 대학들 가운데 항상 빛나는 별이었다. 1734년 영국 왕 조지 2세가 설립한 괴팅엔대학교는 곧 학문적으로 높은 명성을 얻었다. 이곳에서는 근대의 정신이 신학의 굴레를 빠져나와야 할 필요가 없었다. 그래서 일종의 사변적 경험론인 자연과학은 애초부터 선도적 역할을 했다. 18세기 중반 알브레히트 폰 할러Albrecht von Haller는 이러한 정신 성향을 지닌 교육자로서 괴팅엔에서 활약했다. 그는 의학과 식물학, 외과의술을 가르쳤으며 귀족적 공화국을 지향하는 내용의 교훈적인 정치 소설을 썼고 잘려진 육체 부위가 전시된 이른바 "해부학 극장"을 건립했다. 식물원과 해산원을 설립한 것도 이 바지런한 계몽주의자였다. 할러는 괴팅엔을 '근대' 자연과학의 아성으로 만들기 위해서 자신의 모든 역량을 쏟아부었다. 유명한 풍자가이자 잠언의 저자인 게오르크 크리스토프 리히텐베르크Georg Christoph Lichtenberg가 게오르기아 아우구스티아Georgia Augustia[1]에서 물리학과 수학을 가르쳤다. 카를 프리드리히 가우스Carl Friedrich Gauß는 괴팅엔 천문학 관측소를 이끌었고 수학을 가르쳤다. 해부학자이자 인류학자인 요한 프리드리히 블루멘바흐Johann Friedrich Blumenbach 역시 학계의 저명인사였다. 아르투어 쇼펜하우어는 행복했던 옛 시절의 족장이라 할 수 있는 블루멘바흐의 강의를 들었다. 아우구스트 빌헬름 슐레겔[2]이 예술과 사변 분야에 심취하려면 우선 괴팅엔에서 경험론의 견고한 기본을 갖추라고 추천했을 정도로 자연과학 분야에서 괴팅엔대학교의 명성은 상당했다. 또 슐레겔은 괴팅엔대학교에 있으면 "당대의 학문적 성장과 보조를 맞출" 수 있다며 이 대학을 "독일 학계의 중심"[3]이라 불렀다. 학문적으로 최첨단에 이르는 것 - 아르투어는 바로 이것을 원했다. 그는 뒤늦게 학업을 시작했기에 유달리 야심만만했다. 괴팅엔은 다른 관점에서도 최첨단이었다. 이 대학은 세련되고 고상한 면모를 지녔다. 자연과학 외에도 영국을 본뜬 정치 관련 학부가 성장하고 있었기에 귀족과 상류시민은 자신의 아들을 이 대학에 보내고 싶어했다. 루트비히 슈뢰처나 요한 슈테판 퓨터에게 최종시험을 치르는 사람은 고위 공직자로 경력을 쌓을 수 있었다. 그런 까닭에 이곳은 대학생의 오만함이 기세를 떨치기에 너무나 좋은 환경이었다. 학생들이 소가 보이는 걸 싫어했기에 도시 행정은 가축의 숫자를 줄이려 했다. 그에 반해 젊은 수공업 종사자들은 소와는 사이가 좋았지만 학생들과는 그렇지 못했기에 양측은 자주 충돌했다. 늘 되풀이된 문제는 '골목의 권리', 즉 누가 누구에게 길을 비켜주느냐는 것이었다. 밀어붙이기 싸움이 악화되자 양측은 패거리를 이루어 한번은 기능공 숙소로, 한번은 학생향우회 기숙사로 보복하러 원정을 갔다. 젊은 신사들은 검을 가졌음에도 불구하고 수공업자 청년들("감각도 위트도 지성도 없는 살 덩어리"[4]라고 당시의 대학생 가요집은 이들을 칭한다)에게 패배하면서 몇 차례 이른바 "퇴진"을 했다. 학생들은 괴팅엔 시를 떠났고 좋은 수입원을 잃을까 몸이 달은 시민층은 고상한 신사분들께 돌아와 달라고 간청해야 했다. 신사들은 보상을 요구했다. 그래서 수공업자 청년들이 처벌을 받았고 그중 재주가 빼어난 사람은 사과하는 시를 짓기까지 했다. 학생들의 귀환을 축하하기 위해 주막집 주인들은 공짜 술을 제공했다. 학생들은 밤새 소란을 부릴 수 있었다.

괴팅엔 학생들이 유별나게 기세등등하게 굴었다고 하인리히 하이네 역시 기억한다. 하이네는 에세이 「하르츠 기행Harzreise」에서 이렇게 쓴다. "몇몇 학생들은 이 도시가 게르만족의 대이동 시기에 세워졌다고 주장하기까지 한다. 독일 부족들이 제각각 구성원 중에서 짝이 없는 사람을 하나씩 이 도시에 남겨두었다는 것이다. 그리고 이렇게 남겨진 사람들로부터 반달족, 프리스란트족, 슈바벤족, 튜튼족, 색슨족, 튀링엔족 등이 생겨났다고 한다. 그들은 모자와 파이프에 달린 술의 빛깔에 따라 구분할 수 있으며, 오늘도 괴팅엔의 벤더거리를 떼 지어 행진하며 라젠퓔레와 리첸크룩과 보프덴[5]의 피투성이 싸움터에서 끝없이 서로 치고받는다. 그들의 예절과 관습은 아직도 민족 대이동 시기에 머물러 있다."[6]

소란을 일삼으며 나만 잘났다는 태도에 우아함과 호전성이 뒤섞인 이 지역 특유의 정서를 접하며 아르투어 쇼펜하우어는 이 정서 중 고귀한 부분에 매력을 느낀다. 그는 시끄럽고 소란스러운 일을 멀리하며 피스톨을 침대 위에 걸어둔다. 그의 호전성은 논쟁에 국한되긴 하지만 얼마 안 되는 지인들 사이에 벌어지는 논쟁에서 그는 이따금 정말 무례하게 군다. 후일 교황청에서 프로이센을 대표하게 될 동급생 카를 요시아스 폰 분젠[Karl Josias von Bunsen]은 "그는 거칠고 무뚝뚝하게 논쟁을 한다. 그의 어조는 생긴 것처럼 고집스럽다. 그는 열을 올려 혹평을 하며, 모순된 주장을 끔찍해한다"[7]고 보고한다.

괴팅엔은 도시만 놓고 볼 때는 특별히 매력적인 것은 없다. 반면 하이네는 등을 돌리고 보는 괴팅엔이 가장 아름답다고 말한다. "소시지와 대학으로 유명한 도시 괴팅엔은 하노버 왕에게 소속되어 있다. 이 도시에는 999개의 화덕과 다양한 교회와 조산원과 관측소와 감옥과 도서관과 맥주 맛이 좋은 시청의 지하주점이 있다."[8]

이 도시에서 아르투어 쇼펜하우어는 2년을 보낸다. 그가 외형상 어떻게 살았는지 우리는 거의 모른다. 두 번째 학기부터 그는 식물원 안에 있던 슈라더 교수의 관사에서 산다. 그가 고령까지 유지하게 될 삶의 리듬이 여기서 굳어진다. 이른 아침 시간은 수준 높은 정신노동에 쓰인다. 휴식을 취할 때엔 플루트를 분다. 오후에는 멀리 산책을 나가고 저녁에는 극장에 가거나 친구들과 만난다. 그중에는 쇼펜하우어가 고타 시절에 알았던 프리드리히 오잔[Friedrich Osann]과 레발트가 있으며, 카를 율리우스 폰 분젠[Carl Julius von Bunsen]과 윌리엄 백하우스 애스터[William Backhouse Astor]도 있다. 애스터의 아버지는 미국에 이주하여 백만장자가 된 모피 거래상 요한 야콥 애스터[Johann Jakob Astor]이다. 후일 유명해진 고대문헌학자 카를 라흐만[Karl Lachmann]과 열 살의 나이에 대학을 다니는 신동 카를 비테[Karl Witte]와도 알고 지냈다. 그러나 이들과 모두 참된 우정을 나눈 것은 아니었기에 아르투어가 괴팅엔을 떠난 후 관계는 깨진다. 후일에는 그저 우연히 마주치는 데 그칠 뿐이다.

이 친구들과의 관계에서 아르투어는 명백히 중심에 있다. 어머니의 집에서와는 달리 여기 사람들은 그의 "신탁"을 경청한다. 여기서는 그의 "논쟁의 정신"에 제한이 가해지지 않으며 그가 하는 말이 옳다고 여겨진다. 그러나 바로 이 때문에 그는 이 관계에 큰 가치를 부여하지 않은 듯하다. 1819년 작성된 「이력서」에는 "괴팅엔에서 2년을 보내는 동안 나는 늘 그랬듯이 열심히 공부에 몰두했다. 다른 학생들과 어울리느라 공부를 중단하거나 공부에서 멀어지는 일은 없었다. 내가 다른 사람보다 나이가 많고 경험도 풍부한 데다가 내 천성이 남달라서 혼자가 되어 외로이 지내게 되었다"(B. 653)고 쓰여 있다.

초반에 그는 자연과학에 집중해서 열심히 공부하다가 의학부에 등록했다. "밥벌이가 되는 공부"를 하라는 어머니의 소원을 들어드리려는 것이었을까?

이전 기록을 통해 우리는 쇼펜하우어의 철학적 성향을 안다. 당시 의학 공부를 하기 위해 철학적 성향에 등을 돌릴 필요는 전혀 없었다. 칸트도 의학을 철학에 근접한 과목이라 보았다. 육체에 관한 경험적 지식에서 사변의 정신은 무엇을 하지 말아야 할지를 배워야 한다는 것이다. 우주의 기본 힘인 밀침과 당김 역시 육체를 보며 연구할 수 있으며, 정신의 식이요법이라 할 실천철학과 육체의 식이요법도 밀접하게 연관되어 있다는 게 칸트의 의견이었다. 이런 논의로 칸트는 의학에 철학적 기품을 부여했다. 자연과학자이자 의학자인 블루멘바흐는 – 아르투어는 블루멘바흐로부터 자연의 역사와 광물학, 비교해부학 강의를 들었다 – 철학적 기품을 발하면서 자신의 천직을 수행했다. 자신을 "구식 물리학자"라 여기는 블루멘바흐는 전통적인 형이상학이 권위자 노릇을 하는 걸 용납하지 않았고, 자신의 학문이 이른바 '궁극적 질문'에 답할 역량이 있다고 생각했다. 블루멘바흐의 물리학은 형이상학적 호기심 또한 충족시키고자 한다. 예를 들자면 '생명의 기원'이 화학물질의 결합에 있다는 게 그의 의견이다. 나아가 그는 선사시대의 화석을 관찰하고서는 인간이 만물의 중심에 있다는 오만함을 반박하며 처음으로 화석물化石物에서 지구 역사의 거대한 시간을 유추한다. 그는 신 앞에서 겸손해지라고 가르치는 게 아니라 눈앞에 보이는 자연 앞에서 겸손해지라고 가르치면서 인간을 거리낌 없이 "가장 완전한 가축"[9]이라고 부른다. 아르투어 쇼펜하우어는 블루멘바흐에게서 생리학을 공부하는데 후일 그는 이 학과를 "모든 자연과학의 정점"[10]이라 부를 것이다. 블루멘바흐의 생리학 수업에서 쇼펜하우어는 "형성충동Bildungstrieb[11]"을 알게 된다.

블루멘바흐는 형성충동이 기계론의 개념을 벗어나는 일종의 '유기적인 삶의 힘'이라 이해했다. 칸트는 형성충동이론을 칭찬했고, 셸링은 "기계적 자연철학 밖으로 대담히 일보"[12]를 내디뎠다고 평가했으며, 괴테도 사물의 수수께끼를 수수께끼 같은 개념으로 잘 포착했다고 평가했다.

블루멘바흐는 팩트라는 확고한 기반을 자연철학적 시각으로 상당히 희석시켰다. 이런 상황에서 쇼펜하우어는 자신의 철학적 성향을 감출 필요가 없었다. 블루멘바흐의 강의를 듣는 것과 집에서 셸링의 『세계영혼』[13]을 읽는 것은 – 후일 자연철학과 정밀 자연과학의 경우와는 달리 – 상반되는 일이 아니었다. 하지만 세 번째 학기가 되고 나서야 쇼펜하우어는 철학에만 전념하기로 할 것이다. 그는 「이력서」에 "나 자신과 철학을 어느 정도 알게 된 후 나는 계획을 바꿔서 의학을 포기하고 전적으로 철학에만 몰두했다"고 쓴다. 그가 자신을 "알게 되었다"는 건 무슨 의미이며 무엇이 그를 철학에 "전적으로" 몰두하게 했을까?

함부르크에서 그는 아버지가 정해놓은 삶의 길에서 도피하기 위해 철학과 예술에 빠져들곤 했다. 또 상인 교육을 중단하여 아버지에 맞서는 실천의 첫 발짝을 내디뎠다. 이로써 그의 정신 세계는 더 이상 아버지가 강요한 삶의 의무를 조정해내지 않아도 되었다. 이후 그는 편을 바꾸어 아버지의 세계에서 탈출을 감행했지만 여전히 아버지라는 그림자의 추적을 받았다. 또 그의 정신 세계가 이제 현실도피적인 것보다는 견고하고 정확한 것을 선호한다는 점에서 아버지로부터 자유롭지 못했다. 그래서 그는 자연과학을 택하고 고어古語와 '정전正典'을 열심히 공부했다. 우선 상인다운 양심으로 교양의 기본 자산을 축적하고 난 후에 담대한 사업을 벌이려고 한 것이다. 결국 그는 세 학기가 지나고 나서야 진정한 탈출을 할 수 있었다. 그리고 철학을 택하는 결정을 함으로써 목적과 유용성을 중시하는 시민계급의 사고에 단호히 등을 돌리게 되었다.

몇 차례 바이마르를 방문했을 당시 연로한 빌란트와 나눈 대화에서 쇼펜하우어는 자신의 철학적 열정이 시민다운 삶을 유지한다는 목적에서 풀려났다는 것을 간결하고 냉철하게 표현한다. 빌란트는 철학과 같이 "비실용적인 학문"을 하지 말라고 경고했다. 이에 아르투어는 "삶이란 불쾌한 것이기에 저는 삶에 관해 숙고하며 살기로 결심했습니다"(G, 22)라고 답한다.

빌란트 자신은 행복철학을 선호하며 철학적 성찰에 기대하는 것이라곤 원기왕성함이 지나칠 경우 회의적으로 완화시키는 정도지만 아르투어 쇼펜하우어가 보여주는 그런 단호함에 깊은 인상을 받는다. 노신사가 답한다 "네. 이제 보니 당신이 옳았습니다. […] 젊은 양반, 이제 당신의 천성을 이해합니다. 철학을 계속하십시오."(G, 22) 삶은 불쾌한 것이며 그는 삶에 관해 숙고하려 한다. 삶에 연루된 탓에 방해를 받거나 주의가 분산되는 일이 없어야 한다는 것이 아르투어의 강령이다. 그는 다시금 산 정상의 체험을 향해 매진한다. 괴팅엔 시절이 끝나갈 무렵 1811년 하르츠 여행을 하면서 그는 다음과 같이 적는다. "철학은 험준한 산을 오르는 산행과도 같다. 철학에 이르려면 뾰족한 돌과 따가운 가시덤불이 무성한 가파른 샛길을 올라야 한다. 그 길은 외졌고 높이 오를수록 점점 더 삭막해진다. 그 길을 가는 사람은 무서움을 몰라야 하며 모든 걸 뒤로 하고서 차디찬 눈 속에서 침착하게 자신의 길을 직접 뚫어야만 한다. 불쑥 깎아지른 듯한 낭떠러지가 나타나고 그 아래로 숲이 우거진 골짜기가 보인다. 아래를 내려다보면 어지러워서 골짜기로 곤두박질칠 것 같지만 피를 흘리며 절벽을 타야 한다. 이처럼 고생한 덕에 그는 곧 세계를 내려다본다. 삭막한 황무지와 늪지는 사라지며 울퉁불퉁한 것은 평평해진다. 불협화음은 올라오지 못하고 둥그런 세계가 모습을 드러낸다. 아래에는 아직 깜깜한 밤이지만 그는 늘 맑고 서늘한 산 공기를 마시며 태양을 바라본다."(HN I, 14)

쇼펜하우어는 어떤 빛을 향해 가려는 걸까? 당시 철학의 하늘에는 어떤 태양이 그를 위해 떠올랐을까? 그의 첫 번째 철학 선생님은 회의적인 칸트주의자 고틀롭 에른스트 슐체Gottlob Ernst Schulze이다. 슐체는 회의를 품은 채 대립적인 것들을 균형 상태에 둘 줄 아는 박식하고 노회한 학자다. 슐체는 그에게 플라톤과 칸트라는 두 별을 보여주었다. 플라톤이 자신만만하던 옛날의 형이상학을 보여주는 반면 칸트는 전 저작에 걸쳐서 형이상학이 경계를 넘어가는 것에 부정적이다.

플라톤과 칸트 – 칸트를 뛰어넘어서 형이상학을 쇄신하려는 철학의 시대정신은 정말로 이 양극 사이에서 활동한다. 새 형이상학은 얼마 전 칸트가 주체 안에서 발견한 법칙에 따라 전체 – 신과 세계 – 를 구성하려 한다.

로코코와 경건주의의 혼합체인 칸트는 오래 공경을 받아왔던 철학의 진실들 – 불멸의 영혼, 자유, 신의 존재, 세상의 시작과 끝 – 을 백척간두에서 경쾌히 균형을 유지해야 하는 처지로 만들었다. 그 진실들은 유효했고 또 유효하지 않기도 했다. 형이상학의 문제를 풀 수는 없다고 칸트는 가르친다. 그럼에도 우리가 끝없이 문제를 제기해야 한다면 그 때그때의 답변을 너무 진지하게 받아들이지 않는 게 최선이다. 어떤 답변으로 버텨나갈 수 있다면 그 답변을 '마치 … 처럼als ob'의 의미에서 유효하다고 여기면 된다는 것이다. 칸트 특유의 로코코 풍의 에피쿠로스 철학Epikureismus은 슬쩍 윙크를 보낸다.

그러나 '마치 … 처럼'이라고 가정하며 경쾌히 균형을 유지하는 것만으로는 진실은 오래 버틸 수 없었다. 진실은 무너질 수밖에 없었고 다시 진지해져야 했다. 피히테와 셸링 그리고 헤겔은 '마치 … 처럼'을 용납하지 않을 것이며 다시 절대자의 확실성을 쇄신하여 철학을 할 것이다. 그러나 이 새로운 절대성은 – 칸트의 영향은 여전하다. – 주체의 절대성이 될 것이다.

아르투어 쇼펜하우어는 당시 칸트를 아직 제대로 이해하지 못했지만 그래도 칸트가 이른바 궁극적 질문을 세련되고 경쾌하게 다룬다는 걸 놓치지 않았다. 그는 "에피쿠로스가 실천철학의 칸트라면 칸트는 사변철학의 에피쿠로스"(HN I, 12)라고 1810년 비밀메모장에 언급한다.

에피쿠로스는 알려졌듯이 신의 존재를 깊이 다루지 않았고 실천적 도덕을 신에게 의무를 다하며 약속을 지키는 것에서 떼어놓았다. 그 대신 현세에서 행복을 추구하고 고뇌와 고통을 피하는 것을 실용적인 삶의 지혜의 중심에 놓았다. 그는 절대적인 가치들이 '마치 … 처럼'의 유효성만을 지닌다고 보았다. 절대적 가치들이 행복하게 사는 데 유익한 역할을 한다면 그 가치들을 활용할 수 있다. 이 경우에 그 가치들은 삶에 도움이 되는 허구이며 그 허구가 현실이 되느냐의 여부는 행복을 누리는 데 기여하느냐에 달려 있다.

쇼펜하우어가 칸트를 사변철학의 에피쿠로스라고 부르는 것을 보면 그가 어느 정도 칸트를 이해했다는 것을 알 수 있다. 칸트 철학에서 '물자체'의 인식불가능성이 맡은 역할은 에피쿠로스 철학에서 – 삶의 달인이었던 이 고대인이 깊이 다루지 않으려 했던 – 신들이 했던 역할과 유사하다.

칸트는 18세기 말 중요한 전환점이 되었다. 그가 등장한 후 유럽의 철학은 예전의 모습이 아니었고 칸트 본인도 그것을 알고 있었다. 그의 글을 보자. "지금까지 사람들은 우리의 모든 인식이 대상을 따라야 한다고 가정했다. […] 한 번쯤 대상들이 우리의 인식을 따라야 한다고 가정해보고 그렇게 하면 우리가 앞으로 나아가기에 더 수월하지 않을지 […] 시도해봄 직한 일이다. […] 이런 생각은 코페르니쿠스의 최초 사유와 마찬가지의 의의를 갖는다. 코페르니쿠스는 전체 별무리가 관찰자를 중심으로 회전한다는 가정에서는 천체 운동에 대한 설명이 제대로 진척되지 않자 관찰자를 회전시키고 별들을 정지시키면 더 나은 설명이 가능하지 않을까 생각했다."[14]

칸트는 사유의 선험성Apriorität en을 추적함으로써 옛 형이상학 스타일로 연구를 시작했다. 다시 말해 그는 모든 경험Physis에 앞서서 사유에 주어져 있는, 따라서 – 기존의 방식대로 – 형이상학Meta-Physik을 정립할 수 있는 확실성을 추적한다. 칸트는 경험에 앞서는 확실성을 발견하지만 그 확실성은 경험에만 유효하며 형이상학을 정립하지는 못한다. 이는 정말 놀라운 일이었다. '선험a priori'은 하늘에서 추락했다. 선험은 이제 수직으로 닻을 내릴 수 없었고 수평으로만 방향을 설정할 수 있게 되었다.

칸트가 완성해낸 근대화 및 세속화의 동력을 제대로 평가하기 위해서는 데카르트로 소급해가야 한다.

데카르트 철학에서 이미 이성은 당당히 머리를 치켜들었고 계시된

신은 힘이 약해졌다. 신은 도움을 필요로 했다. 데카르트는 이성의 자기성찰을 통해 왜 세상이 존재해야 하는지를 증명하면서 왜 신이 존재해야 하는지 역시 증명한다. 칸트는 이성의 자기성찰을 통해 왜 신이라는 허구가 존재해야 하는지 증명한다. 여기에 두 철학자들을 가르는 심연이 놓여 있다. 데카르트가 신을 이성에 의해 정립된vernunftbegründet 존재로 격하시켰다면 칸트는 신을 다시금 놀랍게도 "규제적" 이념regulative Idee으로 축소시켰다.

데카르트는 칸트 이전에 이미 이성의 자기성찰로 형이상학의 궁극적인 확실성을 찾는 작업을 시작했고 이 작업을 이성의 자기성찰로 끝냈다. 데카르트 철학에서 근대의 정신은 이미 활동한다. 그럴 것이 데카르트는 ─ 본인의 말과는 달리 ─ 세상이 존재하느냐를 의심하는 게 아니라 신이 존재하는지를 의심하기 때문이다. 그래서 그는 "나는 생각한다. 그러므로 나는 존재한다"라는 유명한 명제로 세계를 증명(이런 증명은 전적으로 불필요하다)해낸다기보다는 신을 증명해낸다. 하지만 데카르트는 이성으로 신을 증명함으로써 위험 지대에 빠져든다. 그의 연구로 인해 분석이라는 독단적인 정신이 풀려났기 때문이다. 이 정신은 결국 가장 막강한 종합Synthese인 신神마저도 해체할 것이다. 그러나 이 일은 데카르트가 아니라 그의 후계자의 몫이 될 것이다.

근대성과 '해체' 분석과 방대한 수학공식을 만들어낸 프로메테우스인 데카르트 본인은 20년을 벽난로 가에 앉은 채 네덜란드 망명지에서 보낸다. 그가 창문을 내다보는 동안 겨울에서 봄이 되고 여름에서 가을이 됐다가는 다시 겨울이 된다. 데카르트는 밖에서 펼쳐지는 삶의 풍속화를 관찰한다. 큼직한 모자를 쓴 사람들이 눈 내린 거리에 서 있다. 정원 담벽에는 갈매기가 앉아 있고 여름비가 그친 후 아이들이 나와 논다. 웅덩이에 파란 하늘이 비친다. 가을 시장이 서는 날이다. 키득거리는 하녀들이 창 아래에 서 있다. 저녁에는 벽난로 안에서 불이 타닥거린다. 이렇듯 차분히 살면서 데카르트는 성찰에 몰두한다. 고요히, 하는 일 없이 무심히 성찰을 한다. 만들어내고 지배하려는 광기는 특이하게도 이 성찰에서 태어난다. 태풍의 눈은 고요하다고 하는데 이 경우도 그러하다.

합리성의 우주라 할 데카르트주의는 은거와 침묵이라는 아르키메데스의 점에서 생겨난다. 데카르트의 이성적 자기확신^{vernünftige Selbstgewißheit}은 그가 "수학^{Mathesis}"과 "연역"을 아무리 많이 언급할지라도 성찰의 무한궤도에 연결되어 있다. 그렇기에 데카르트가 말하는 '코기토^{Cogito}'를 현대 합리성의 메마른 이성 개념과 동일시하는 것은 어리석은 일이다. 데카르트의 성찰은 정말 신과 나눈 대화이다. 신을 인식하게 하는 이성으로 인해 나는 신의 소유가 된다고 데카르트는 믿는다. 내가 이성으로 신을 점유하는 게 아니라 그 반대로 신이 내 이성 안에서 나를 점유한다. 하지만 그 관계는 벼랑 끝에 서있어서 조금만 움직여도 이성에 의해 정초된 신이 신적 이성이 되어버리는 전면적 변화가 일어날 것이다.

스피노자 – 그 역시 고요히 성찰에 골몰했다. – 에 의해 쇄신된 데카르트의 "보편수학^{Mathesis universalis}"[15]은 경험에 굶주려 편력하는 영국 경험론(로크, 흄)과 더불어 합리적인 직업 활동과 세계 활동 그리고 감성의 자기주장을 활성화시켰다. 하지만 당당한 이성은 아직은 형이상학적 고향상실성을 겪지 않았다.

회의적인 몽테뉴^{Montaigne}와 신앙심 강한 파스칼은 이성의 기세 당당한 행보에 의구심을 품었지만 이 행보를 제지할 수는 없었다. 라이프니츠와 크리스티안 볼프^{Christian Wolff}의 철학에서는 신과 세계가 재차 장엄히 전체로 합쳐진다. 귀납적이건 연역적이건 아무 문제 없이 하늘과 모든 세계 중 최상의 세계[16]는 여러 차례 서로 경계를 넘나든다. 모든 것은 연속적이며 자연은 도약하지 않는다. 하나에서 다른 하나로 넘어가는 단계에는 "무의식적 인지perceptions petites"와 미적분이 적용된다. 라이프니츠는 자신의 시대에 무한수로 계산하는 법을 가르친다. 음악 계산의 천재인 요한 세바스티안 바흐는 "보편수학"이 신 앞에서 경건히 울려 퍼지게 함으로써 라이프니츠를 도울 것이다.

칸트는 옛 형이상학의 스타일로 사유의 선험성을 탐색하면서 이전의 어느 누구도 찾지 못했던 것을 발견하게 된다. 직관의 형식인 시간과 공간, 그리고 복잡한 메커니즘을 갖는 지성의 범주들이라는 선험성의 기관을 칸트는 선보인다. 경험의 소재를 쪼개서 우리가 종국적으로 지각하고 개념화하는 요소로 만드는 "통각Apperzeption"[17]이라는 제분소도 선보인다. 이 모든 선험성, 즉 주체인 우리가 갖춘 장비인 그 선험성은 경험의 소재가 우리에게 들어오기 전부터 있다. 하지만 이 선험성은 우리를 더 이상 하늘과 연결시키지 않는다고 칸트는 입증한다. 선험성은 경험 이전에, 즉 경험의 이 편에 존재하지만 경험을 뛰어넘어서 존재하지는 않는다. 선험성은 초험적인 것Transzendentes[18]으로 이어지지 않으며 그저 초월적transzendental일 뿐이다. 선험성의 기관은 모든 경험을 가능하게 하는 조건이자 순수형식이다. 형이상학적 견지에서 선험성의 기관은 흥미롭지 않지만 인식론적 견지에서는 흥미롭다. 우리가 선험성의 기관들을 주목하는 경우 우리는 경험을 가능하게 하는 조건의 방향으로, 즉 수직이 아닌 수평으로 경험을 초월시킨다transzendieren. 칸트의 '초월'은 어찌 보면 '초험'의 정반대이다. 초험적 지식은 가능하지 않다는 것과 왜 그런지에 대한 증명으로 초월적 분석이 이루어지기 때문이다. 초월에서 초험으로 가는 길은 없다. 예를 들어보자. 우리의 지성은 경험의 소재를 인과율의 원칙에 따라 정리한다. 감각론자인 데이비드 흄David Hume은 경험을 통해서 인과성이 개연성을 지닌 가정이라고 추론하며 인과성이 후험적ᵃ ᵖᵒˢᵗᵉᵒʳⁱ이라고 본다. 그에 반하여 칸트는 우리가 인과성을 경험에서 얻지 않았으며 우리는 인과성을 가지고 경험을 시작한다는 것, 다시 말해 우리가 경험하는 대상에 선험적으로 인과성을 첨부한다는 것을 증명한다. 칸트의 의견으로는 인과성은 저 바깥세계에 있는 도식이 아니라 우리 머릿속의 도식이며 우리는 그것을 바깥세계에 적용한다는 것이다. 이러한 선험적 인과성Kausalitäts-Apriori은 단지 경험의 영역에서만 존재한다. 인과율을 써서 최초 원인인 신을 추론하려 한다면 모든 가능한 경험의 영역을 넘어가게 되고 지성의 범주를 오용하게 되기 때문이다. 이런 칸트의 입증으로 두 세기에 걸쳐 화려하게 이어져왔던 신의 이성적 증명이라는 논의의 사슬이 끊긴다. 칸트는 전통적 형이상학을 파괴했고 근대 인식론의 대부가 되었다. 그는 사유를 훈육의 대상으로 삼아서 어떤 경우에 그리고 어떤 유혹에 사유가 넘어가서 경거망동하며 아무 상관없는 낙원을 들쑤시고 다녔는지 예리하게 그 잘못을 열거한다. 칸트는 – 세계의 생성을 다룬 초기 저작에서는 그 역시 빠져있던 – 사변을 즐기는 성향이 빛을 내어가면서까지 성공하려 드는 허황된 장사치에 가깝다고 나무란다. 아마 스웨덴의 접신론자接神論者 스웨덴보리Swedenborg(1688~1772년)의 환상적 행각에 자극받아서 자신의 활동 영역의 경계를 설정하게 된 듯하다. 칸트는 "신사분들이 꿈을 다 꿀 때까지" 기다렸다가 건조하기 짝이 없는 검토를 거듭함으로써 그들을 환영이 만들어지는 숨겨진 공장으로 인도하겠다고 쓴다. "유령을 보는 사람"으로 인기가 높았던 스웨덴보리와 논쟁하면서 칸트는 "대상을 다루는 것뿐 아니라 대상의 인식이 지닌 특성"[19]을 다루는 것이 시급함을 깨닫는다. 또 초험적인 것에 푹 빠져서 하는 헛소리에 맞서서 초월적인 것의 신중함을 내세우려 한다.『순수이성비판』을 작업하던 시절 틈틈이 쓴 논문에는 "머리의 병에 대한 소고Versuch über die Krankheit des Kopfes"와 같이 시사하는 바가 많은 제목이 붙어있다. 이 논문은 정상에서 일탈한 또 다른 형이상학자인 이른바 "염소 예언자" 얀 코마르니키Jan Komarnicki를 다루고 있다. 당시 그는 쾨니히스베르크에서 활약했는데 맨발에 짐승 가죽을 둘러쓰고 열네 마리의 소와 스무 마리의 양, 마흔여섯 마리의 염소에 에워싸인 채 신과 세계에 관해 예언했다.

기적을 기이한 것으로 격하시키기 위해 칸트는 공격을 아끼지 않는다. 시대의 거작인 『순수이성비판』은 그런 싸움에서 자라났다.

아르투어 쇼펜하우어는 괴팅엔 시절 칸트를 읽기 시작한 초반에 쾨니히스베르크의 철학자 칸트가 형이상학에 심취하는 것을 방해하고 있다고 본다. 형이상학이 하는 약속에 쇼펜하우어는 아직 마음이 쏠린 것이다. 1810년에 쇼펜하우어가 쓴 메모를 보자. "한 사람이 거짓말을 한다. 진실을 알고 있는 다른 사람이 그건 사기이며 여기 진실이 있다고 말한다. 진실을 알지 못하지만 아주 총명한 세 번째 사람은 앞에서 한 거짓말에 담긴 모순과 억지 주장을 지적하며 그래서 이건 사기라고 말한다. 거짓말은 우리 삶이고 총명한 사람은 칸트 하나뿐이다. 진실을 제시한 사람들이 몇 있는데 플라톤도 거기 속한다."(HN I, 13)

칸트는 금지 조항을 제시하는 것 이상을 했으며 이성이 규칙에 맞게 일하도록 감독하고 이성이 권한을 넘어서는 것("사기")을 막거나 폭로하는 것 이상을 했다. 이러한 감시자 역할 '이상'의 활동이 동시대인들에게 호응을 얻었지만 당시 플라톤에 빠져있던 아르투어 쇼펜하우어만은 그런 칸트를 아직 알아차리지 않았거나 알아차리지 않으려 했다.

칸트는 우리의 지각 능력과 인식능력을 마치 로코코 풍의 음악 시계인 양 구성했는데 그 내부에는 네 개의 상이한 종류의 판단이 있고 네 판단마다 세 개의 범주가 부착되어 있다. 예를 하나 들자면 질의 판단Qualitätsurteil에는 '실재성Realität, 부정성Negation, 제한성Limitation'이 부착되어있다. (칸트는 좀 더 섬세한 작동 장치를 도입하려고까지 했다. 그는 맘이 내키면 "순수 지성의 계통수Stammbaum를 온전히 그려낼"[20] 수 있다는 말을 하기도 했다.) – 이 기관 전체는 "나무"와는 거리가 멀다. 이 기관이 경험의 소재를 쪼개고 새로 조립하는 작업을 하기 위해서는 살아있는 에너지가 필요하다. 이 에너지를 규정하는 것이 칸트 철학의 핵심이다. 그는 이 에너지를 – 오늘의 시각으로는 놀랍게도 – "창조적 상상력produktive Einbildungskraft"[21]이라고 부른다. "상상력이 지각 행위에 필요한 성분이라는 걸 생각한 심리학자는 아직 없다"[22]고 칸트는 쓴다.

상상력을 왕좌에 앉힌 것은 질풍노도나 낭만주의뿐만이 아니다. 칸트 스스로 이 과업을 떠맡았으며 그가 공적으로 지닌 명망을 고려하면 칸트야말로 가장 막강한 킹 메이커였다. 실은 그는 최신 정보를 루소의 소설 『에밀Emil』에서 얻었는데 『에밀』을 읽느라 규칙적으로 하던 산책을 거르기까지 했다.

루소는 자신의 교육소설 『에밀』(1762년)의 제4부에 "사보아 보좌신부의 신앙고백Glaubensbekenntnis des Savoyischen Vikars"이란 제목의 철학 에세이를 끼워 넣었다. 그 에세이에서 루소는 개개 의견으로 넘치는 망망대해에 명확한 지점을 "확립"하겠다고 말했다. 루소는 영국 감각론자들Sensualisten의 인식론 개념에 이의를 제기한다. 루소에 따르면 이들은 인식하고 지각하는 인간을 감관의 인상을 그저 반영하는 수동적 매체로만 파악한다. 그에 맞서 루소는 자발성Spontaneität, 즉 인식과 지각의 활동적 측면에 대한 사유를 전개시켜 큰 영향을 미친다. 걸출한 방식으로 판단능력을 분석하면서 루소는 자아가 어떤 일을 하는지 보여준다.

감지만 하는 존재는 한 대상을 보며 만질 경우 그것의 동일성을 파악할 수 없다. 그런 존재에게는 본 것과 만진 것이 두 가지 상이한 '대상'으로 분리될 것이다. 그 둘을 합치는 것은 '자아'이다. 따라서 자아의 단일성은 외부 대상의 단일성을 보장한다.

　루소는 한걸음 더 나아간다. 그는 '나의 느낌Ich-Gefühl'과 외부세계에서 오는 '감각'을 비교하며 감각이 나의 느낌 속으로 들어갈 경우만 나는 감각을 '가질' 수 있다는 결론을 내린다. 감각이 내게 바깥의 존재를 가져다주지만 감각은 나의 느낌이라는 매개를 거쳐야만 존재할 수 있으므로 나의 느낌 없이는 존재도 없다. 뒤집어 말하면 나의 느낌은 존재를 만들어내며 내가 존재한다는 확신과 다르지 않다. 이 지점에서 루소는 데카르트의 고전적 문구 '나는 생각한다. 그러므로 나는 존재한다'를 뒤집으면서 데카르트에게 이의를 제기한다. '나는 존재한다. 그러므로 나는 생각한다'고 루소는 공포한다. 사유는 저절로 사유되지 않는다. 논리가 두 표상으로부터 하나의 구속력 있는 종합을 요구한다 해도 그것이 생겨나려면 내가 그 종합을 만들어내려고 해야 한다. 내가 두 개의 점 사이에 선을 긋지 않는다면 둘 사이에 선이란 있을 수 없다.

　데카르트에게 의지는 오류의 근원이었고 '순수한' 사유란 의지라는 동인 없이 저절로 사유되는 것이었다. 루소는 가장 기본적인 사유 행위라도 이루어지려면 내가 존재해야 하며, 하려는 의지를 지녀야만 한다고 가르친다.

　루소는 지각과 인식을 가동시키는 데 없어서는 안 될 기본적 활동성을 발견했고 칸트는 그것을 이제 "상상력"이라 명명한다. 그는 자아가 이뤄내는 기본 성과를 칭하는 아주 어려운 개념을 고안해냈다. 칸트는 용어가 난해해지는 것을 겁내지 않고 "통각의 초월적 종합transzendentale Synthesis der Apperzeption" 혹은 조금 간단하게 "순수 자의식reines Selbstbewußtsein"에 대해 말하며 이것이 "지성의 사용과 나아가 논리 전체 그리고 그다음으로 초월철학을 묶는 최고점"[23]이라고 칭한다.

　얼핏 보기에 너무나 당연한 것, 즉 '나는 존재한다'는 사실을 터무

니없이 뒤엉킨 사유로부터 온갖 통찰력을 써가며 도출하는 것을 오늘날 우리는 기이하게 여길 수 있다. 자의식이 철학 개념으로 태어날 당시 어디에서 빠져나와야 했는지, 자의식의 탄생에 얼마나 많은 이들이 쾌감을 느꼈는지를 우리가 제대로 이해하려 한다면 처음에는 기이하게 여기는 게 당연하다. 세계를 설정하는 자아를 발견했던 것에 따르던 즐거움과 강렬함, 생기론Vitalismus[24] 등은 이성비판이 자리를 잡으면서 잊히기 때문이다. 간단한 일은 너무도 어려웠고 각 개인은 자기 자신에게 오기까지 먼 길을 걸어와야 했다. 또 전근대前近代시대의 자기은폐 Selbstverborgenheit가 어떤 것이었는지를 제대로 알아야만 도착했다는 쾌감을 이해할 수 있었다. 사유, 믿음, 지각은 당시에 – 푸코가 우리에게 가르쳐 주었듯이 – 다른 경계를 가지고 있었다. 사유는 사유된 것 안에, 지각은 지각된 것 안에, 의지는 의지로 행한 것 안에, 믿음은 믿는 것 안에서 사라졌다. 모든 걸 사라지게 하는 복수의 여신이 주체가 만든 피조물 안에 주체를 집어넣는 마법을 부려서 거기 가두었던 것이다. 이제 무대가 돌면서 그 창조물에서 창조자가 튀어나와 피조물 앞에 서서 말한다. '자 보십시오, 이걸 내가 만들었습니다!'

처음으로 이런 일이 일어나는 순간에는 – 루소와 칸트의 시대이다. – 마치 해가 뜨는 걸 보는 듯했기에 대담무쌍한 희망을 품을 수 있었다.

이제껏 극장의 관객이라고 느껴왔던 사람이 자신이 극장의 감독임을 발견하게 되자 그는 하늘에다 던져 올렸던 재화를 단숨에 돌려받는다. 그리고 그가 손에 쥔 것은 모조리 스스로 만든 것이다. 그는 한동안 이 사실에 매료되지만 곧 실망하게 될 것이다. 형이상학의 오랜 재화가 스스로 만든 것임을 알게 되면서 그 재화의 마력과 약속은 사라지며, 광채를 잃고 평범해진다. 인간이 어차피 제조자라면 이제는 가급적 많이 제조하는 것만이 해결책이 될 것이다. 사람들은 쉴새 없는 축적에서 미래를 찾을 것이다. 진실들은 '실현'되기 위해서만 존재할 것이다. 여기서 진보와 성장이라는 세속화한 종교가 생겨난다. 결국 만들어진 것 Gemachtes에 에워싸여 있다고 느끼며 되어진 것Gewordenes을 동경할 때가 올 것이며 '자신의 것'을 '자신의 것으로 갖는 게' 문제가 되는 때가 올 것이다. 그러면 스스로 만든 세계 한복판에서 불쑥 느끼는 소외가 거론될 것이며 사람들은 만들어진 것을 감당할 수 없게 된다. 이제 사람들은 만들어진 것을 다스릴 수 있는 새로운 유토피아를 상상해낼 것이다. 이 유토피아가 힘을 잃으면 전혀 알지 못했던 불안이 퍼질 것이다. 스스로 만들어 놓은 역사를 마주하며 느끼는 불안감이 그것이다.

물론 사람들은 초반에는 이런 문제들을 생각하지 않았고 예견하지도 않았다. 오히려 영토 정복자의 쾌감이 지배적이었다. 어쨌든 칸트는 방향을 잡을 수 없는 망망대해 안에서 자신을 정립하고 확고히 하는 과정을 자축한다. "순수지성의 영토는 […] 하나의 섬이다. 자연은 이 섬을 변하지 않을 경계로 둘러쌌다. 진실의 영토가 […] 폭풍이 이는 광활한 바다에 둘러싸여 있는 셈이다."[25]

지성이 발붙일 거점을 만들고 고정시킨 후 칸트는 그곳에서 좀 안심하고 알려지지 않은 거대한 것을 둘러볼 수 있다.

이 알려지지 않은 것에게 그는 "물자체Ding an sich"라는 익살스러운 이름을 붙였다.

"물자체"는 어떤 것이 단지 '아직 안' 알려져 있다는 것보다 훨씬 더 철저하게 알려지지 않은 것이다. 우리는 어떤 것을 알게 될 경우에 역설적으로 알려지지 않은 것을 만들어낸다. 그것의 이름이 "물자체"이다. 다시 말해서 "물자체"는 우리가 던지는 그림자이다. 우리가 어떤 것에 관하여 알 수 있는 것은 그것이 우리에게 갖는 의미일 뿐이다. 우리가 사물을 표상하는 데 쓰는 '기관'과는 무관하게, 물 '자체'가 무엇인지 우리는 평생 포착할 수 없다. 존재는 '표상된 존재'이다. "물자체"와 함께 새로운 초월성이 시야에 등장했다. 이 초월성은 옛날 내세의 초월성이 아니라 모든 표상들의 보이지 않는 뒷면 이상도 이하도 아니다.

칸트는 몹시 여유롭게도 인식론에서 우리 밖에 있는 "물자체"를 더 이상 추적하지 않았다. 우리의 표상 너머 있는 세계가 무엇인지 알려는 호기심에 처음엔 그도 마음이 동했지만 그는 그 호기심을 우리 이성의 모순들("이율배반Antinomien")을 예리하게 분석함으로써 가라앉혔다.

칸트는 다음과 같이 『순수이성비판』의 서문을 시작한다. "인간의 이성은 특수한 운명을 지니고 있어서 […] 자신의 본성 자체에 의해 부과되었기에 물리칠 수도 없지만 인간 이성의 모든 능력을 벗어나는 것이기에 대답할 수도 없는 문제들로 괴로움을 당하고 있다."[26] 이 모순은 풀리지 않기 때문에 우리는 그것을 견뎌내야 한다. 결국 알 수 없는 세계에서 우리의 이성으로 길을 잘 찾아간다면 우리는 그 모순을 더욱 잘 견딜 수 있다는 게 그의 논지이다. 우리가 우리의 경험과 지식을 믿고 의지하면 절대적 진실을 소유할 수는 없어도 우리가 아는 것만으로 세계 안에서 충분히 자신을 주장할 수 있다. 오늘날의 표현을 빌리자면 경험의 형식과 지식의 형식은 우리에게 절대 인식을 주지는 않지만 그 대신 삶의 세계에 적응하게 하는 관습을 제공한다.

칸트의 '물자체'는 특이한 이력을 펼쳐 나갈 것이다.

칸트는 이성 인식이라는 잘 정돈된 집을 남겼지만 "물자체"는 수상한 샛바람이 들어오는 구멍같이 여겨졌다.

칸트의 후계자들은 쾨니히스베르크의 현명한 독신남인 칸트처럼 여유 있게 "물자체"를 그냥 내버려 두지는 않을 것이다. 그들은 어떤 대가를 치르더라도 그것을 파악하려 할 것이다. 그들은 호기심에 넘쳐서 사물의 핵심이라 추정되는 것에 진입하려 할 것이다. 그 핵심을 피히테는 '자아', 셸링은 '자연주체Natursubjekt', 헤겔은 '절대정신objektiver Geist', 포이어바흐는 '신체', 마르크스는 '프롤레타리아'라고 명명한다. 그들은 잠자는 세계를 깨우려 할 것이며 마법의 주문을 발견하지 못한다면 주문을 지어낼 것이다. 그리고 궁극적 진실을 발견하지 못하면 진실을 '만들' 것이다. 더 정확히 표현하면 인간이 만들어내는 역사가 진실을 낳기를 기대할 것이다. 최근 역사가 남긴 핏자국은 이러한 진실이 써 내려간 것이다. 그들은 적을 쫓듯이 진실을 쫓을 것이다. "우리에게 없는 게 있어"라고 뷔히너Büchner의 드라마 주인공 당통Danton[27]이 외친다. "그게 무언지 이름을 붙일 수는 없지만 – 우리는 그것을 오장육부에서 끄집어내지는 않을 거야. 그것 때문에 몸을 갈기갈기 찢어야겠어? 아, 우리는 한심한 연금술사야!"[28]

젊은 아르투어 쇼펜하우어 역시 칸트 식의 회의에 찬 여유로움으로 만족하려 하지 않고 사물의 핵심으로 들어가려 한다. 그는 칸트의 비판론에 플라톤을 더하여 균형을 잡으려 시도한다. 그의 생각에는 플라톤은 문지기일 뿐 아니라 진리의 사도이다. 칸트는 식탁 예절을 가르쳤을 뿐이고 가져온 거라곤 요리법 몇 개이지만 플라톤은 음식을 가져왔다. 쇼펜하우어가 칸트를 거론한 1810년 메모를 보자. "칸트가 관조Kontemplation를 알지 못했다는 것이야말로 칸트의 약점을 가장 잘 드러내는 듯하다."(HN I, 13)

함부르크 시절을 얘기할 때 이미 언급했듯이 쇼펜하우어에게 "관조"야말로 숭고한 산 정상에서 가능한 유형의 지식이다. 이 지식은 유용성의 압박과 부르주아답게 출세해야 한다는 압박에서 벗어나게 해주겠다고, 자기를 주장하기 위해 치고받는 싸움에서 벗어나게 해주겠다고 약속한다. 쇼펜하우어가 찾는 '진실'은 올바른 판단들을 모아놓은 것이 아니라 실존의 방식을 의미한다. 진실을 소유하는 게 아니라 진실 안에 머무는 것이다. 인식의 유용성이 아니라 인식이 주는 행복이 핵심이다. 쇼펜하우어가 "관조"를 칸트에게선 볼 수 없다고 말할 때 그가 생각하는 관조에는 경건주의에서 말하는 '종교에의 귀의'의 세속화된 양태, 즉 속세의 자식이 신의 자식으로 다시 태어난다는 사유가 담겨 있다. 그는 달리는 표현할 길이 없다. 구원으로 이끌 영감을 찾아 헤매건만 칸트는 그의 욕구를 당장은 채우지 못한다. 그는 칸트를 이성의 기계를 운전하는 자로는 인정할 수 있다. 아르투어는 시민적 삶에서 아버지가 원했던 상인의 길을 포기하면서 견실한 것을 등한시했는데 칸트의 철학은 그런 견실한 것을 대표한다. 아버지와 무관한 철학세계에서 칸트는 유일하게 아버지가 승인할 만한 인물이지만 그 이상은 아니다. 아르투어 쇼펜하우어는 괴팅엔대학교 시절 막바지에 그리고 베를린에 와서 칸트를 다시 한 번 새로이 발견하고 실존에 고무되어 철학을 한다는 차원을 칸트에게서 발견할 것이지만 지금 그는 그런 차원을 발견하지 못한다. 그는 인간의 자유를 다룬 위대한 이론가라는 이제까지 언급되지 않았던 칸트의 면모를 나중에야 이해할 것이다.

칸트가 자유라는 불가사의에 접근한 방식은 적어도 그의 인식론만큼이나 획기적인 영향을 끼쳤다. 자유이론가로서의 칸트는 19세기 초의 사르트르라 불러 마땅하다.

『실천이성비판』이 아닌 이미 인식론의 주저 중 유명한 아르투어 쇼펜하우어가 한마디로 "천재적"이라고 평가하는 "이율배반Antinomien" 의 장에서 칸트는 자유의 비밀에 접근했다.

기억을 되살려보자. 칸트는 "물자체"를 우리의 모든 표상의 뒷면이라고 파악했다. 우리 밖에 있는 "물자체"를 그는 이미 서술했듯이 경쾌하고 회의적인 방식으로 더 이상 탐색하지 않는다. 그러나 전례 없이 대담하고 철저한 방식으로 이 뒷면을 우리 안에 옮겨놓는다.

우리 역시 우리 자신에게 하나의 표상이지만 우리는 "물자체"이기도 하다. 우리는 자신을 거울에 비추지만 우리는 거울의 뒷면이기도 하다. 우리는 하나의 눈이며 그런 까닭에 세계는 눈으로 본 세계이다. 하지만 눈은 스스로를 볼 수는 없다. 예전에 숭고한 초월이었던 것이 이렇게 우리 존재의 맹점으로, "살고 있는 순간의 어두움 Dunkel des gelebten Augenblicks"(블로흐)[29]으로 변한다. 우리가 지금 행동한다면 나중에 늘 우리 행동의 필연성과 인과성을 발견할 수 있지만 행동하는 순간에 우리는 '정해져 있지 않다'. 우리는 이때 자신을 인과성의 사슬에 연결되지 않은 존재이며 무에서 인과성의 새 사슬을 시작하게끔 하는 존재로 경험한다. 그리고 이런 순간마다 필연적 존재의 우주가 와해된다. 칸트는 이를 설명하려고 진부한 예를 든다. "내가 지금 […] 자연원인의 영향에 의해 필연적으로 정해지지 않고서 순전히 자유롭게 의자에서 일어난다면 이 사건으로 인해 새로운 사슬의 대열이 시작되며 당연히 무한대로 이어지게 된다."[30] 의자에서 일어난 이후 이 사건에 관해서 나를 놓고 인과성의 설명들이 행해진다. 그러고 나면 필연성이 보이지만 의자에서 일어난다는 사건이 지나갔기 때문에 보일 뿐이다. 모든 순간은 나에게 선택을 요구하며 나를 자유로 인도한다.

'필연성'과 '인과성' – 이 둘은 표상하는 지성의 범주이며 현상하는 세계의 범주이다. 나는 스스로를 관찰하며 내 행동에 관심을 갖는 한 나 자신에게 현상이기도 하다. 하지만 동시에 나는 자유로운 자신을 경험한다. 인간은 두 세계에 살고 있다. 인간은 칸트의 용어를 쓰자면 한편으로는 하나의 "현상체Phainomenon"이며 감성계의 한 세포로서 감성계의 법칙에 따라 존재한다. 다른 한편으로 인간은 "가상체Noumenon", 즉 "물자체"이다. "물자체"는 필연성과 인과성이 없는 것이며 내가 파악하고 설명하기 전부터 항상 있었던 어떤 것, 내가 파악할 수 있는 것을 훨씬 뛰어넘으며 내가 파악할 수 있는 것과는 다른 어떤 것이다.

여기에 칸트 철학 전반에 걸친 중력의 중심이 숨어있다. 칸트 자신이 자유의 문제 – "인간은 자유로운 반면 자유는 존재하지 않으며 모든 게 자연법칙에 따른 필연성이다."[31] – 야말로 자신을 "독단의 선잠"에서 깨워 이성비판으로 이끌었다고 한 편지에서 털어놓았다.

칸트는 자유라는 사건을 인과사슬이 '무조건으로' 시작하는 것이라고 규정하는데 여기엔 루소의 영향이 또 한차례 느껴진다. 루소는 세계의 시작을 사유할 수 있는가라는 문제를 다루면서 그런 시작은 사유될 수 있다고 대담하게 답하였다. 우리 스스로가 언제든 새로 시작할 수 있기 때문이다. 루소의 소설 『에밀』을 보자. "자발적인 운동이 존재하는 것을 어떻게 아느냐고 당신이 묻는다면 내가 그렇게 느끼기 때문에 알고 있다고 답하겠다. 나는 팔을 움직이고 싶으면 그것을 움직인다. 이 운동에는 나의 의지 외에는 다른 직접적 원인이 없다."[32]

루소는 '의지^Wille'를 자유의 힘이라고 주장했다. 여기서 칸트는 전혀 다른 길을 간다. 칸트에게는 "당위^Sollen"가 자유의 총체가 될 것이다. 칸트는 복잡한 논거를 펼친 후 종국에는 단순한 사유로 돌아와서 다음의 결론에 이른다. '의지' – 이는 우리 안의 자연이다. 우리 안의 자연이 하고자 하는 것은 자연의 필연성에 인한 것이므로 자유가 아니다. 우리를 자연의 존재로 묶는 사슬을 부술 힘을 입증해야만 우리는 자유롭다. 자유란 우리의 충동 본성에 대해 승리를 거두는 것이다. 자연적 존재인 우리는 현상의 세계에 속해 있다. 하지만 양심의 소리를 경청하며 자연적 존재인 우리 자신을 넘어설 때마다 우리는 필연성에 매인 현상세계를 넘어서고 양심의 소리에 따라서 전혀 필연성이 없는 어떤 일을 하게 된다. 우리가 기본적인 행위를 함에 있어서 '당위'에 따라 하기로 결정했다면 우리는 '무조건'으로 행동한다. 그리고 이 "당위"가 "하고자 하는 것"이 될 수 있다면 우리 안에 있는 "물자체" – 윤리적 존재로서의 우리 자신은 항상 "물자체"이다. – 가 승리한다.

칸트는 그렇게 행동하는 것을 "윤리적"이라 부른다. 윤리적 존재는 자신의 법칙을 현상세계에서 지시받지 않는다. 우리가 자연적 존재인 우리 스스로를 넘어설 때 우리는 윤리적이다. 우리의 윤리성은 우리를 세계의 숨겨진 심장으로 이끈다.

이 지점에서 도덕화된 "물자체"는 오랜 형이상학의 유산을 물려받는다. "물자체"와 "자유"와 "윤리법칙"이 합쳐진 "실천이성"은 바깥의 텅 빈 하늘을 머릿속에 있는 윤리성의 하늘로 메운다. 이론이성과 실천이성은 뜻밖의 모양새를 이룬다. 칸트에 따르면 이론이성의 범주들은 경험을 하기 위한 조건으로 쓰일 때만 작용할 수 있다. 실천이성의 경우는 정반대이다. 실천이성은 실천적 도덕적 경험규칙(사적 이익, 자기주장, 행복추구 등)을 반박할 때만 유효하다. 실천이성이 경험이 가르치는 것 내지는 자연이 강요하는 것만을 명령한다면 실천이성은 "자유"에서 유래한 것일 수 없으며 경험 저편에 있는 "물자체"에서 유래한 것일 수도 없다. 하지만 실천이성은 물자체에서 유래해야 한다. 그렇기에 결국 칸트가 말하는 자유의 힘은 루소의 '의지'(그것은 칸트에게는 지나치게 자연적이다)가 아니라 "당위"이며 이 당위는 자율적으로, 즉 자기 스스로 하고자 하는 마음을 낳을 만큼 강한 것이다.

"물자체"라는 불가사의에서 유래하는 실천이성은 칸트에 따르면 어떤 행동이 단지 이성적이라는 이유만으로 그 행동을 하게 만드는 힘을 가지고 있다. 이 힘은 성향과 불안 같은 충동의 지지를 필요로 하지 않는다. 오히려 그런 충동을 물리쳐야 한다. 칸트의 글을 보자. "따뜻한 마음을 가진 사람들이 많이 있는데 이들은 […] 주변 사람들을 기쁘게 만드는 것에 행복해하며 아무 상관이 없는 다른 사람들이 만족해하는 걸 즐길 수 있다. 하지만 나는 그런 경우에 그 행동이 아무리 친절할 지라도 진정한 윤리적 가치를 가지지 않는다고 주장한다."[33]

열혈 칸트주의자인 실러에게조차 이 말은 너무 지나쳤기에 그는 아래의 경구시로 답한다.

"나는 기꺼이 친구들을 돕지만
유감스럽게도 마음이 동해서 그러는 것일 뿐
그래서 내겐 덕이 없다는 생각이 자주 들곤 한다.
별 수 없다. 마음이 동하는 것을 경멸하려고 애써야 한다.
그리고 의무가 시키니까 싫어도 당장 행하라."[34]

칸트 철학에서 실천이성의 명령은 보상을 약속하지 않는다. 그 명령을 따르는 것이 다른 목표를 이루기 위한 수단이 되어서도 안 된다. 명령을 따르는 것은 순전히 의무 자체를 위한 의무일 뿐이다. 이 의무는 상상해낼 수 있는 모든 목적들 중 제일 꼭대기에 위치한다. 우리는 내면의 윤리법칙에서 의무의 소리를 듣는다.

마치 왕좌에서 쫓겨나고 우주의 광활한 공간에서 추방된 늙은 형이상학이 남은 힘을 모조리 긁어모아서 세속화된 주체의 양심 속으로 밀고 들어간 것처럼 이제 형이상학은 양심을 마음껏 못살게 굴고 있다.

형이상학의 운명이란 관점에서 관찰하면 칸트가 말하는 윤리성은 이런 모습이 될 수밖에 없다. 이와는 달리 물질적 삶의 세계에서 보자면 윤리성은 적잖이 기이한 특성을 드러낸다. 칸트의 눈앞에 아른거리는 엄격한 내부 조종장치는 당시 양심의 문화에서 시작되긴 하지만 그것보다는 지나치게 앞서 있다.

분명 칸트가 살던 시대에 양심은 호황을 누렸다. 그에 관해서는 전사前史가 있다. 유럽이 문명화되는 과정을 거치는 동안 공동체의 질서가 유지되게끔 하는 권력은 몇 차례에 걸쳐 양심이 되어서 개인의 내부로 밀고 들어왔다.

근세 이전에는 자력으로 행사하는 폭력은 여러 형태로 존재했고 어딜 가든 존재했다. 국가의 권력은 이동하며 행사되었기에 모든 곳에서 동시에 존재할 수는 없었다. 대부분 국가권력은 천당과 지옥처럼 부재의 방식으로 존재했다. 더없는 행복을 약속하는 천당과 처벌로 위협하는 지옥으로 인해 중요한 행동수칙들이 생겨났다. 사람들은 이 행동수칙들에 둘러싸여 있으며 나아가 보호받고 있다고 느꼈다. 하지만 이 행동수칙들은 '외부'에 있었고 사람들은 교회 기관과 교회의 의식을 매개로 그 수칙들에 관해 협상할 수 있었다. 예를 들어 '면죄부'로 거래를 한 덕에 사람들은 상당히 속 편히 지냈다. 이 거래는 신과 악마, 즉 "정신과 물질"이 맺은 정교조약政敎條約의 정신에서 유래한다. "이론에서는 정교조약에 의해 정신의 단독 지배가 공포되고 물질의 권리는 무효화되지만 실제로 물질은 권리를 행사할 수 있다. […] 당신은 마음속 깊은 곳의 애정을 쫓아서 아름다운 소녀를 안아도 되지만 그게 수치스러운 죄임을 시인해야 하며 이 죄를 참회해야 한다."[35] (하인리히 하이네) 그렇기 때문에 면죄부에서 얻은 돈으로 지어진 성 베드로 대성당은 "관능적 쾌락의 기념비"[36]라고 하이네는 본다. 이집트의 창녀가 매춘을 통해 번 돈으로 지은 피라미드와 다를 바가 없다는 것이다.

루터는 찬물을 끼얹어 흥을 깨는 데 뛰어난 사람이었다. 루터가 그렇게 할 수 있었던 건 시대가 새로운 신, 은밀하고 내면화된 신을 요구했기 때문이었다. 시대가 그러한 요구를 한 이유는 노동분업에 맞게 조직된 시민사회가 성립되면서 외부로부터 강요받지 않아도 자제하고

'억제할' 줄 아는 사람들이 필요하게 되었고 그런 사람들이 생겨났기 때문이다. 개개인이 끼워져 있는 행동의 사슬은 더 길어지고 파악하기 어려워지며, 미세하게 짜인 사회망은 그러한 행동을 억누르는 사고의 틀로 변한다.

칸트는 이런 발전의 기류를 탔지만 이 발전이 거둔 성공을 과대평가했다. 18세기 사람들은 장래에 양심이 전반적으로 권력을 장악할 수 있다고 상상했지만 실제로 그런 일은 일어나지 않았다. 칸트는 정언명령에서 양심의 웅얼거림을 반론을 허용하지 않는 강렬한 한 문장으로 축약한다. "네 의지의 준칙이 동시에 보편적 법칙 수립의 원리로서 타당할 수 있도록, 그렇게 행동하라."[37] 이 정언명령은 이중의 힘을 지닌 요구이다. 즉, 양심이 이런 식으로 요구하라는 요구를 담고 있다. 요구된 요구로서의 정언명령은 단번에 이해될 만큼 명료하지 않기에 많은 이들이 말꼬리를 잡고 늘어지며 정언명령을 공략한다. 예를 들자면 누군가는 어떤 도둑이든 정언명령을 적용하여 자신을 정당화할 수 있다고 쾨니히스베르크의 철학자에게 지적한다. 나는 절도를 하는데 내 준칙은 소유를 파기하는 것이다. 나는 다른 사람들도 그렇게 하기를 원한다. 그러면 소유가 없어지고 결국에는 도둑도 없어지므로 도둑인 나는 도둑질을 사라지게 만든다.

사회의 제반 관계를 조정하는 일을 양심의 명료한 요구와 발언에 맡겨도 될 만큼 양심의 사회사가 진보하지는 않았음을 다들 인정해야 한다. 사람들은 내부 조종장치로 제동이 걸렸을지라도 여전히 일탈행위를 했다. 칸트가 구상한 것은 유토피아다. 애덤 스미스의 견해로는 시민사회는 국가권력이 개입하지 않아도 시장에 의하여, 그리고 시장에 맞춘 개인의 활동에 의하여 저절로 안정되고 발전한다. 그런 식으로 시민사회가 도덕적으로도 국가의 후견 없이 균형을 유지할 수 있어야 했다. 영혼의 복지가 자급자족 체계로 운영되어야 했다. 칸트는 정언명령이 일종의 마법의 주문이 되어서 시민사회의 도덕적 생태계가 번창하길 바란다.

시민사회가 도덕세계와 맺은 동맹의 역사가 어떻게 흘러갔는지는 잘 알려져 있다. 이 동맹은 '믿는 건 좋지만 통제하는 게 더 좋다'는 모토에 따른다. 20세기에서는 양심을 내면화할 필요가 극적으로 줄어들었다. 엄청나게 큰 규모로 양심 없는 짓을 하도록 국가가 독려하는 일이 있었고 동시에 위로부터의 통제망은 더 촘촘해졌다. 심리학이 새로이 발견한 지하층에서는 행위자가 책임을 지지 않아도 되게 하는 평계의 문화가 샘솟는 탓에 할 일이 얼마 없는 양심은 다시 전근대의 수준으로 퇴보하여 벌금 고지서와 의사의 진단서를 가지고 면죄부 거래를 하고 있다.

칸트가 표방한 도덕적 엄숙주의가 저변에 깔린 '마치 … 처럼'의 경박함을 상쇄해야만 한다는 사실에서 생겨났음을 잊어서는 안 된다. 신앙의 자리에 자신의 도덕적 힘에 대한 신뢰가 들어서야 한다. 달리 말하자면 도덕적 힘은 '마치' 신이 지켜보는 것'처럼' 절대적으로 작용해야 한다. "마치 다른 삶을 사는 것이 […] 피할 수 없는 일이라는 듯이 행동하는 게 현명하다고 칸트가 쓴다.[38] 이렇게 허구주의를 시인하다 보니 쾨니히스베르크의 철학자가 펼치는 몹시 진지한 담론은 독특하게도 미결의 상태가 되어버린다. 이제 다음과 같은 문장이 감히 등장할 수 있다. "모든 인간이 자신의 신을 만들어내야 한다고 말하는 건 예사롭지 않게 들리겠지만 결코 비난받을 소리는 아니다."[39] 이른바 '궁극적 질문'에 관한 칸트의 모든 사유에는 세련된 아이러니가 ─ 젊은 쇼펜하우어는 이 아이러니에서 에피쿠로스 철학을 읽어낸다. ─ 깔려 있다. "이 지점에서는 진지한 현자도 자신의 무지를 고백해야 한다"고 칸트가 쓴다. "여기서 이성의 횃불이 꺼지고 우리는 어둠 속에 머문다. 상상력만이 이 어둠 속을 돌아다니며 허깨비를 만들어낼 수 있다."[40]

아르투어 쇼펜하우어는 상상력에 의존하려 하지 않는다. 여하튼 그가 의존하는 것은 자신의 상상력은 아니다. 칸트가 거부했던 횃불을 플라톤이 그에게 밝혀준다. 그는 『국가Politeia』에 실린 동굴의 비유를 읽고 또 읽는다. 우리는 어두운 지하감옥에 갇혀있다. 우리 뒤에는 불빛이 타오르고 있고 불빛 뒤에는 밖으로 트인 입구가 있다. 우리는 묶여 있어서 머리를 돌릴 수 없기에 맞은편 벽을 응시하고 있다. 사람들이 우리 뒤에 있는 불빛 앞에서 물건들을 나르고 있고 우리는 그 물건들이 벽에 비쳐 생기는 그림자의 형상들을 주시하고 있다. 우리가 몸을 돌릴 수 있다면 우리는 진짜 물건들과 불빛을 볼 테고 우리가 자유롭다면 지하감옥에서 나와 태양 속으로 들어갈 것이다. 그러고 나서야 우리는 진실 안에 있다고 할 것이다. 인식이 또 다른 존재가 되는 것, 그것이 플라톤주의이다. 물건들을 더 잘 보는 게 아니라 태양 빛 속에 있는 게 관건이다. 태양 빛 속에서는 눈이 부셔서 아무것도 못 보게 될 수도 있다. 유사한 것이 유사한 것에게 다가가는 경우, 혹은 인식함으로써 인식된 것에 유사해지는 경우가 있다. 태양을 보는 가장 완벽한 방법은 스스로 태양이 되는 것이다. 플라톤의 "이데아"는 항상 똑같고 완벽하며 모든 생성에서 벗어난 존재의 총체인데 그 이데아를 인식하려면 우리가 바뀌어야 한다. 너는 네 삶을 바꿔야 한다. 비판이나 변증법, 논리가 아니라 진실의 에로티시즘이 제시된다. 이런 게 "허깨비"일까? 그것이 우리를 변화시킨다면 아마 허깨비는 아닐 것이다.

아르투어 쇼펜하우어는 소중한 등반 체험에서만 누릴 수 있었던 숭고한 평온을 플라톤 독서에서 찾으려 한다. 플라톤과 함께할 때 그는 산 정상에 있다고 느낀다. 여기서 그는 어떤 것을 발견하는데 이를 몇 달 후 베를린의 기록에서 처음으로 "더 나은 의식^{bessere Bewusstsein}"이라 부르게 될 것이다.

괴팅엔에 머물던 끝 무렵인 1811년 여름의 어느 날, 그는 처음으로 자신이 사랑하는 플라톤을 놓으려 해도 놓지 못하는 칸트와 연결시키려는 시도를 한다. 그는 칸트의 윤리성을 플라톤의 방식으로 풀어본다. 그는 일기장에 이렇게 쓴다. "위로가 되고 확실한 희망을 주는 것은 도덕감정이다. 도덕감정이 또렷이 우리에게 말을 걸 때, 얼핏 보면 우리의 행복에 어긋나는 큰 희생을 하게끔 움직이는 힘을 내면에서 느낄 때면 우리는 타인의 행복이 우리의 행복이며 그에 맞게 모든 세속적 이유에 반하여 행동해야 함을 실감하며 […] 우리가 어둠 속에서 듣는 목소리가 밝은 곳에서 오는 것임을 실감한다."(HN I, 14) 이런 말은 아직은 모색하고 찾는 사람의 표현이다. 그를 매료시키는 것은 도덕의 메마른 의무가 아니라 자기주장과 자기보존에 쓰일 뿐인 일상의 이성이란 사슬을 부술 – 칸트가 불러낸 – 자유의 힘이다. 플라톤의 동굴의 비유로 옮겨 말하면 이는 바깥으로, 태양 빛 속으로 가는 길이며 존재에 참여하는 것이다. 자유롭게 벌어지는 이 사건에 아르투어 쇼펜하우어는 후일 의지의 부정이라는 이름을 붙일 것이다.

제 8 장

—

베를린에서의 삶. 대학캠퍼스에서 벌어진 소란. 슐라이어마허와 피히테의 대립.

세 번째 철학 시나리오: 피히테와 혁명적 낭만주의, 나로 존재한다는 즐거움: "인간이 할 수 없는 일은 없다." 내부의 밀림을 발견하다. 아르투어는 피히테가 말하는 '번개'가 내리치기를 고대한다.

—

요한 고틀리프 피히테(1762년~1814년)

베를린에서의 삶. 대학캠퍼스에서 벌어진 소란. 슐라이어마허와 피히테의 대립.
세 번째 철학 시나리오: 피히테와 혁명적 낭만주의, 나로 존재한다는 즐거움: "인간이 할 수 없는 일은 없다." 내부의 밀림을 발견하다. 아르투어는 피히테가 말하는 '번개'가 내리치기를 고대한다.

SCHOPENHAUER

아르투어 쇼펜하우어는 1811년 여름 괴팅엔에서 네 학기를 공부한 후 베를린대학교로 옮기기로 결정한다.

"1811년 진정한 철학자이자 위대한 정신의 소유자라는 피히테를 알려는 기대를 품고 나는 베를린으로 이주했다"고 그가 후일 보고한다.(B, 654)

피히테 말고도 베를린에는 명성이 자자한 학자들이 있어서 쇼펜하우어를 유혹했다. 슐라이어마허는 종교철학자라기보다는 플라톤의 번역자이자 해석자로서 그의 관심을 끌었다. 동물학자인 마르틴 힌리히 리히텐슈타인Martin Hinrich Lichtenstein은 자신의 분야에서 선두를 달리는 학자인데 아르투어는 어머니의 살롱에서 그를 알게 되었다. 당대 최고의 중세학자였던 프리드리히 아우구스트 볼프Friedrich August Wolf도 있었다. 괴테도 전문가의 충고를 필요로 할 때면 볼프에게 묻곤 했다. 그러다가 두 사람은 친구가 되기까지 했다.

요한나 쇼펜하우어가 조르는 바람에 괴테는 아르투어를 추천하는 편지를 볼프에게 쓰는데 그 내용은 상당히 소극적이다. "오랜 침묵을 깨뜨릴 기회가 생기면 놓치지 않아야 하기에 존경하는 벗인 당신께 베를린으로 가는 젊은이를 한 명 추천하려 합니다. 그의 이름은 쇼펜하우어이며 그의 어머니인 궁정고문관 부인 쇼펜하우어는 벌써 몇 년째 우리 도시에 살고 있습니다. 그는 한동안 괴팅엔에서 공부했는데 내가 직접은 아니고 다른 사람들한테 들어서 아는 바로는 진지하게 공부했다고 합니다. 그는 학업과 직업을 두고 이것저것 시도해본 것 같습니다. 나와의 우정을 고려하여 당신이 한순간을 그에게 할애한다면 어떤 분야에서 어느 정도 그가 도달해 있는지 아주 수월하게 판단할 수 있을 것이니 그에게 자격이 있다면 다시 찾아오라고 허락하시면 됩니다."

괴테가 이런 미적지근한 호의를 베풀려고 한 데에는 이유가 있었다. 후일 괴테는 아르투어 쇼펜하우어가 괴팅엔에서 베를린으로 가는 길에 바이마르를 들르면 자신이 볼프에게 빌린 책 몇 권을 주어 보내려 했다고 요한나에게 숨김없이 털어놓는다. 하지만 아르투어는 하르츠를 거쳐서 여행한다. 애매모호한 추천장을 가지러 바이마르를 거쳐 가봤자 별 도움이 안 됐을 것이다.

아르투어 쇼펜하우어에게 베를린은 낯이 익다. 1800년과 1804년에 그는 그 도시에 두 번 양친과 함께 들렀다. 처음 들렀을 때 그의 뇌리에 남았던 건 잦은 군대 사열식과 연극 공연이 전부이다. 그는 "길을 잃은 불쌍한 토끼가 빽빽이 몰려든 구경꾼들 사이"를 달리는 바람에 소동이 벌어져서 프로이센의 왕이 말에서 떨어지는 걸 보았으며, 그 유명한 배우 이플란트가 무대에서 야유를 받자 무대막 앞으로 나와서 "이렇게 거부당하는 데 익숙하지 않아서 더 이상 연기를 할 수 없다"고 말하는 걸 보았다. 두 번째 들렀을 때 베를린은 장기 유럽여행의 마지막 장소였기에 상인 교육을 시작하기 전 아버지가 베푼 유예기간의 끝을 의미했다. 자신의 여행일기에 그는 이 도시에 대해 별다른 언급을 하지 않았다. "정오에 우리는 드디어 베를린에 도착했다"고 쓰면서 "모든 게 여기서 끝이다"라고 덧붙인다.(RT, 279)

1811년 늦여름인 지금 베를린은 아르투어 쇼펜하우어에게 철커덕 닫히는 덫이 아니라 미래를 약속하며 열리는 대문이다. 그는 이 대문이 위대한 철학으로 인도하는 문이기를 바라며, 프로이센의 중심지인 이 도시를 이번에는 높이 자리한 정신적 전망대로 삼겠다고 다짐한다. 우선 그는 현실의 고지대인 전망 좋은 하르츠(그곳에서 그는 시를 짓는다. "햇빛은 산비탈에 몸을 눕히고는 / 고요히 오래토록 머물며 / 크나큰 기쁨에 깊이 빠져 있네."(V, 769))에서 평평한 땅으로 내려오고, 그런 다음 베를린에 들어선다. 바람 많고 건조한 날에는 이 도시가 브란덴부르크의 모래토양에서 급하게 만들어낸 개척 도시임을 알 수 있다. 1806년 동시대인의 여행기를 보자. "잔 먼지가 골목마다 조그만 구름이 되어서 맴돌고 있다. 바람이 좀 세게 불면 이곳은 아프리카의 모래사막이 되어버린다. 집채만큼 높다란 먼지기둥이 널찍한 광장 위로 날아다닌다. 내가 슐로스프라이하이트 광장[1]에 있을 때 그런 괴물이 슐로스 광장에서 불어왔다. 멀리서부터 모든 걸 시커멓게 뒤덮은 그 괴물은 집들을 따라서 맴돌았는데 세 발짝 거리의 사람조차 보이지 않았다고 나는 과장 없이 말하겠다. 트인 광장에 있는 좌판 가게들이 모래에 파묻히는 바람에 잡화상과 과일 파는 사람들은 자신의 상품들이 다시 태양 빛을 보게 하기 위해 한순간에 그것들을 덮은 흙모래를 한없이 털어내야 했다."[2]

아르투어 역시 모래바람 때문에 고생한다. 그는 창문을 닫고는 탁한 공기에 병이 들겠다고 투덜댄다. 그는 베를린을 몹시 부정적으로 기억하게 된다. 40년 후 프라우엔슈테트에게 쓴 편지를 보자. "베를린에서 자살을 많이 한다고요? 그럴 법합니다. 그 도시야말로 물리적으로나 도덕적으로나 지긋지긋한 촌구석입니다."(B, 338)

모래 태풍이 불면 당시 베를린이 유럽의 중심지로 약진하고 있다는 사실은 잠시 잊힌다. 20만에 근접하는 거주자를 가졌던 베를린은 계속 커나갔다. 거리에는 개성이 강한 산책객들이 많이 보이는데 이들은 세련됐다고는 할 수 없지만 촌스럽지도 않다. 한 동시대인은 "베를린에서는 방울 달린 광대모자를 쓰고도 거리를 돌아다닐 수 있다. 그래도 사람들은 눈여겨보지도 않을 것이다"[3]라고 쓴다. 1790년대부터 베를린에 자리한 널찍한 산책로에서 사람들은 "한 시대의 살아있는 유행저널"[4]을 구경할 수 있다.

베를린 전체가 제도판에서 그린 초안을 따라 급히 만든, 역사라곤 없는 신제품 같은 인상을 준다. 여기저기서 건축공사를 하면서 "고풍스러운" 주택은 사라지고 도시 외곽에는 병사兵舍 모양의 임대용 다세대 주택이 처음으로 생겨나서는 마치 군사훈련에서 행진하듯이 똑바로 줄지어 있다. 이 도시에는 자라나고 변모해가면서 무성해진 흔적이라곤 없는 대신에 만드는 작업과 만들어진 것들만이 눈에 들어온다. 베를린의 독특한 근대성을 느끼려면 다른 대도시들을 잘 알고 있어야 한다. 스탈 부인의 기록을 보자. "베를린은 곧게 뻗은 넓은 길과 질서 있게 지어진 건물들로 이루어진 대도시이다. 도시의 대부분이 새로 지어졌기 때문에 옛 시대의 자취는 거의 없다. […] 이 현대적 도시 베를린은 장엄하고 묵직한 인상을 주지는 않는다. 지역의 역사나 거주자의 성격이 각인되어 있지 않기 때문이다."[5]

아르투어 쇼펜하우어가 옮겨가는 베를린대학교 역시 새것이어서 그가 도착하기 1년 전에야 수업이 이루어졌다.

대학이 1809년 창립되기까지는 야심만만했던 준비단계가 있었다. 프로이센이 나폴레옹에게 참담하게 패배한 1806년 유서 깊은 할레대학교가 손실되자 프로이센의 개혁자들은 국가의 존재를 머리부터 갱신하기 위해서 정신을 새로이 교육하겠다는 계획을 세웠다. 빌헬름 폰 훔 볼트가 베를린대학교의 창립 계획을 이끌 인물로 발탁되었고 왕은 "국 가가 잃어버린 물리적 힘을 베를린의 새 대학이 정신적 힘으로서 상쇄 할 것"을 기대했다. 초반에 훔볼트는 단순히 직업을 잘 수행하도록 준 비하는 것을 넘어서는 휴머니즘적 전인교육이라는 야심 찬 아이디어 를 실천에 옮기고자 했다. 따라서 어문학부와 철학부, 신학부로 구성된 "인문학부Humaniora"가 특별히 중시되었다. 이 영역에서 최고의 두뇌들을 베를린에 모으고자 노력한 결과 피히테와 슐라이어마허, 볼프를 얻을 수 있었다. 아르투어가 도착하기 몇 주 전에 피히테는 대학총장으로 선 출됐다.

피히테는 학계에서의 관행과 습관의 힘에 맞서서 자신의 고결한 쇄 신 욕구를 관철시키는 게 쉽지 않으리라는 걸 예감했기에 총장이 되 는 것에 적극적이지는 않았다. 그리고 그의 예감은 적중하여 막 총장직 에 오르자마자 곧장 싸움에 휘말린다. 피히테는 관행화된 결투와 명예 를 두고 벌어지는 분규, 술자리에서의 강요된 음주, 휘장과 명예훈장을 달고 뽐내는 것 등을 비윤리적이며 품위 없는 구시대의 유물로 여긴다. 따라서 학생들을 강도 높게 훈계하는 연설로 총장직을 시작한다. 호소 력이 강한 연설의 제목은 "학문의 자유를 방해할 수 있는 유일한 요소에 관하여Über die einzige mögliche Störung der akademischen Freiheit"이다. 그러나 아무 소용이 없다. 새로 세운 대학이라 해도 새롭게 굴러가는 것은 아니다. 몇 주 후 에 벌써 피히테는 첫 번째 소동을 처리해야 한다. 의학과 학생들과 군 사위생교육기관 생도들이 맞붙은 것이다. 강의실에서 벌어진 싸움은 실외에서도 계속돼서 급기야는 군대가 투입되어야 한다. 다음번에는 한 학생이 유대인 동료가 결투를 신청하게 하려고 그 동료를 열린 광장 에서 사냥채찍으로 때리며 도발하지만 목적을 이루지는 못한다. 브로기^{Brogi}라는 이름의 피해자는 총장에게 이를 고발하고 이 사건은 명예재판에 회부된다. 그리고 때린 자만이 아니라 맞은 자도 처벌을 받는다. 피히테는 이 판결이 브로기의 결투 거부를 처벌한 것이라고 보아 항의한다. 오래 지나지 않아서 브로기는 다시 피해자가 된다. 공부벌레 형의 딱한 유대인 학생은 정말이지 폭력행위를 유발하는 듯하다. 이번에는 베를린의 전투고문관 클라취^{Klaatsch}의 아들이 브로기에게 폭력을 가한 후 총장한테 고발하라고 조소한 것이다. 브로기는 고발하지만 다시금 그는 명예재판에 의해 처벌을 받는다. 그 후 피히테는 1812년 2월 14일자 자신의 사직원에 (교수진과 학생들로 구성된) 명예재판의 판결을 비판하며, 총장직에서 사퇴하겠다고 사표를 제출한다. "결투를 하는 대신 대학의 상부기관에 고발하는 학생을 명예심이 없다고 판단하는 원칙이 적용되었기"⁶ 때문이다.

이 문제 때문에 피히테는 동료들과도 갈등을 빚는데 슐라이어마허가 반대편의 대변인이다. 슐라이어마허는 그런 싸움들이 그저 정제되지 않고 자연처럼 드세며 젊음이 넘치는 학생의 삶이자 전통이기에 개입하지 않아도 된다고 보았다. 피히테는 이런 의견 차이를 "윤리적 법칙에 의해 다뤄야 할 것을 날조된 역사와 자연철학에 근거해서 자연과 역사의 산물일 뿐이라고 보는 시스템이 자신의 학설과 대립한다"⁷고 간주할 수밖에 없었다. 학생들의 소란에 대한 열띤 반응은 부지불식간에 칸트 이후 지식인들이 겪는 민감한 혼란으로 이어진다. 이때 피히테와 낭만주의가 대립한다.

당대의 뜨거운 주제인 자연과 윤리성의 대립, 그리고 방임이냐 개조냐가 핵심이다. 학생들이 치고받게 내버려 둬야 하느냐는 물음은 피히테와 슐라이어마허에 의해 '위대한' 진리들을 다루는 고지대로 올려진다. 베를린의 철학거장들이 이끄는 엄격한 '학문적' 강의에서뿐 아니라 청년들이 벌이는 소란에서도 아르투어 쇼펜하우어는 시대정신이 최근에 겪는 변모를 직관할 수 있다.

베를린을 그다지 좋아하지 않지만 피히테에 끌려서 그리로 왔다고 쇼펜하우어는 회상한다. 피히테는 20년 전에 혜성처럼 솟아오르기 시작했고 얼마 지나지 않아서 칸트의 적법한 후계자라고 선포되었다. 또 프랑스 혁명 당시의 쟈코뱅주의를 옹호하기까지 했다가 그 후 독일이 공화국이자 민족국가로 새로이 태어나도록 선전하는 글(「독일국민에게 고함Reden an die deutsche Nation」, 1807년)을 쓰며 정치적 저술가로서 이름을 날렸다. 쇼펜하우어가 그의 강의를 수강했을 당시 강단철학자 피히테의 명성과 영향력은 이미 절정을 넘어서 있었다.

피히테의 경력은 센세이셔널하게 시작되었다.

1762년생으로 칸트와 마찬가지로 수공업자의 아들인 요한 고틀리프 피히테는 철학과 법학을 공부한 후에 우선은 가정교사로 일하며 버텼다. 한 생도가 피히테에게 온 세상에 회자되는 칸트 철학을 가르쳐 달라고 청했다. 이에 이전에는 난해한 탓에 겁을 먹었던 비판서들을 피히테는 작심하고 읽다가 그 내용에 너무도 매료된 나머지 곧장 1791년 여름에 위대한 철학자를 만나러 쾨니히스베르크로 간다. 그러나 피히테가 만난 건 자신을 시큰둥하게 대하는 지친 노인이다. 이는 저명인사인 칸트가 자신을 숭배하는 수많은 젊은이들에게 포위되다시피 했다는 걸 생각하면 당연한 일이다. 귀부인들 역시 그를 내버려두지 않고 소문난 독신주의자에게 그릇된 연애관계에 관해 도덕적 충고를 해달라고 청한다. 그래서 칸트는 피히테를 처음에 다른 신사 숙녀를 대할 때처럼 짧게 접견한다. 피히테는 숙소에서 35일 동안 칩거하면서 거장에게 인정받기 위해서 「모든 계시에 대한 비판의 시도Versuch einer Kritik aller

Offenbarung」라는 논문을 열을 올려 집필한다. 칸트는 이 논문에 깊은 감명을 받아서 논문의 저자를 오찬에 초대하고는 그에게 출판업자를 연결시켜주기까지 한다. 그러나 1792년 봄 피히테의 뜻과는 반대로 익명으로 책이 출간된다. 출판업자는 검열 때문에 조심스러워했지만 그 외에도 장사꾼의 속셈이 함께 작용한 것이다. 이 논문은 칸트의 종교철학의 정신에서 쓰였고 독자층은 오랜 시간 쾨니히스베르크의 철학자가 종교에 관해 최종 발언을 하길 기다리고 있었기에 출판사는 독자층이 이 저서를 칸트의 것이라 여기고 기꺼이 구입하리라 예상했다. 그 예상은 적중했다. 예나에서 출간되는 「알게마이네 리터라투어 차이퉁」은 다음과 같은 서평을 싣는다. "어쨌거나 지극히 의미심장한 한 작품을 독자에게 소개하는 건 우리의 도리이다. 그 제목은 '모든 계시에 대한 비판의 시도'이며, 쾨니히스베르크에 위치한 하르퉁 출판사에서 부활절 미사에 맞추어 출간되었다. 쾨니히스베르크의 철학자가 써서 인류를 위한 불멸의 업적이 된 글들을 조금이라도 읽은 사람이라면 즉시 이 작품의 숭고한 저자를 알아볼 것이다."[8] 그러자 칸트는 같은 신문에다 기분 좋은 추측을 해줘서 고맙지만 자신은 "숭고한 저자"가 아니며 이 명예는 이제껏 전혀 알려지지 않은 피히테의 몫이라고 밝혔다. 이 선언으로 피히테는 하루아침에 독일에서 제일 유명한 철학 저술가가 되었다.

피히테는 이 논문에서 칸트의 주관주의를 종교의 영역에서 이어간다. 우리는 처벌의 위험이 없어도 그리고 미래의 보상을 약속받지 않고서도 자유롭게 도덕성을 택하는데 이 도덕성은 피히테가 보기에는 너무도 숭고하다. 마치 하늘로부터 계시가 있었던 듯 도덕성은 우리의 행동을 인도한다. 우리는 신앙이 없어도 도덕적일 수 있지만 우리가 도덕적이라면 우리는 우리의 신념 안에서 신적인 것을 누릴 수 있을 것이다. 우리가 자발적으로 도덕의 고원지대에 이를 때에만 종교의 계시들은 명백성을 얻는다. 이런 추가적 역할을 하는 종교는 우리 자율성의 장식품이 된다. 종교가 도덕성을 정립하는 게 아니라 그 반대이다. 도덕성은 의무감이 계시된 것이라 할 수 있는데 이 도덕성이 우리로 하여금 종교의 계시를 받아들일 수 있게끔 한다. 종교의 계시는 (보상과 처벌을 통해) 도덕성을 유효하게 하는 게 아니라 도덕성에 품격을 추가할 뿐이다.

이로써 피히테는 칸트의 철학을 신봉하는 많은 이들에게 절박한 물음, 즉 비판철학의 원칙에 따라서도 계시가 가능하냐는 물음에 답한다. 이 물음에 피히테는 명확히 가능하다고 답하지만 거기에 전제되는 것은 계시가 도덕성을 정립하는 게 아니라 반대로 도덕성이 계시를 정립한다는 것이다.

이 첫 번째 논문은 칸트주의자 피히테가 어떤 방향으로 그리고 어떤 출발점에서 자신이 받드는 거장을 계승하려 하는지를 아주 분명히 보여준다. 피히테에게 중요한 것은 자유론이며 세계를 창조하는 자아가 지닌 자율성이다. 피히테는 칸트의 비판주의를 프랑스 혁명에서 얻은 영감과 연관시킨다. 칸트는 그에게 초월적 관점, 즉 인지하고 인식한 모든 것에서 인지하고 인식하는 주체를 주목하는 방법을 가르쳐준다. 칸트는 "나는 무엇을 알 수 있는가? – 나는 무엇을 해야 하는가? – 나는 무엇을 바랄 수 있는가?"라는 고전적 물음에 제대로 답하려면 "인간은 무엇인가?"라는 네 번째 질문의 답을 찾으라고 가르친다. 피히테는 그 답을 찾았다고 확신한다. "'나는 사유한다'는 사실이 내 모든 표상을 동반할 수 있어야 한다"[9]는 칸트의 명제에서 전능한 자아의 개념을 도출하고 이 지점에서부터 대담무쌍하게 세계란 자아의 "사행事行 Tathandlungen"[10]의 산물에 불과한 보완적인 것이라는 개념을 전개시켰기 때문이다. 라인강 너머 프랑스를 보면 역사는 사건이 벌어지는 것이 아니라 만들어진 것이며 그 배후에 있는 이성적 주체가 역사의 사실들로 이루어진 대양에서 특정한 목표를 향해 역사를 조종한다고 피히테는 확신한다. 그 목표란 세계를 도덕적으로 만드는 것인데 이는 이성이 자아 안에서 자기 자신을 기억할 때면 항상 도덕적인 것과 같은 이치이다. 자아가 세계의 심장임을 발견하는 순간 번갯불이 그를 강타한 것 같았다고 후일 피히테는 말한다. 그러면서 자신의 학생들에게 이런 영감에 의해 변해야 한다고 끊임없이 요구한다. 그렇지 않다면 그의 복잡한 철학 전반을 이해할 수 없기 때문이다.

칸트는 '나는 사유한다'는 명제가 마치 주어진 어떤 것인 양 출발하였지만 그래서는 안 된다고 피히테는 가르친다. 그 대신 우리는 '나는 사유한다'는 명제를 사유할 때 우리 안에 어떤 일이 생기는지를 관찰해야 한다. '자아'는 우리가 사유하면서 비로소 산출하는 그 무엇이고 동시에 자아를 산출하는 힘은 우리 안에 있는 태고의 자아성Ichheit이다. 사유하는 자아와 사유된 자아는 돌고 도는 활동성 안에 있다. 우리가 근거로 삼을 확고한 존재는 없고 그저 태고의 활동이 있을 뿐이며 이 태고의 활동은 여러 일을 하는 가운데 우리가 사유하게 만들기도 한다. 세계는 하나의 행위로 시작하고 우리가 자아라고 부르는 것 역시 하나의 행위로 시작한다. 피히테는 이렇게 말할 것이다. 나는 나를 나로서 산출한다. 그러므로 나는 존재한다.

피히테가 이어서 끌어내는 결론은 처음에는 정말 기괴하게 보인다. "모든 사실의 원천은 자아"이며, 따라서 "비아非我 Nicht-Ich라는 모든 사실은 단지 자아에서 전이된 것"[11]이라고 그는 천명한다. 비아, 즉 대상의 세계가 존재하는 까닭은 자아가 자신을 깨닫기 위해서 경계를 만들어냈기 때문이라는 것이다. 저항이 있는 경우에만 활동이 있기에 활동은 저항을 만들어낸다. 이 활동은 세가지 의미로 나뉜다. 1) 그것은 본래 있는 활동이다. 2) 그것은 저항을 만들어내는 활동이다. 3) 그것은 자신이 만든 저항에 부딪히면서 자신을 활동으로 깨닫는 활동이다. 이런 개념들의 현란한 잔치를 통해서 피히테는 무한히 활동적인 자아가 스스로를 제약함으로써 제한이 존재한다고 말하려 한다. 여기서 언급되는 것이 우리가 경험적 심리적으로 파악하는 자아라고 이해할 경우 이 진술은 몹시 기괴하게 느껴질 것이다. 그럴 경우 그것을 조소하기는 쉽다. 장 파울의 말을 들어보자. "아, 모든 자아가 자신의 아버지이자 창조자라면 자신의 저승사자가 되지 말란 법도 없지 않은가."[12] 쇼펜하우어가 피히테가 힘겹게 이뤄낸 체계를 어떻게 비웃는지 독자는 곧 알게 될 것이다.

피히테는 자신의 자아를 경험적이며 일회적인 '개인적' 자아가 아닌 '자아성Ichheit'으로 이해해야 하며 이 '자아성'은 모든 개인적인 자아 감정 아래에서 자신을 깨닫게 하는 활동력으로 맥박 치고 있다고 강조를 거듭했다. 피히테의 자아는 몹시 넓은 공간을 차지하게 됐다. (혹자는 마냥 부풀려졌다고도 한다.) 칸트의 계승자들 중 일부는 수상쩍은 "물자체"를 중요하지 않다고 던져버리고 표상하는 자아만을 남겨놓았는데 피히테가 그들 편으로 갔기 때문이다.

피히테는 괴팅엔에서 쇼펜하우어의 철학 스승이었던 고틀롭 에른스트 슐체(그는 자신의 칸트 비판서를 "에네지데무스Aenesidemus"라는 익명으로 출간했다)와 마이몬Maimon[13]에 근거하여 칸트가 "물자체"를 도출하는 데 오류가 있었다고 입증했다. 피히테의 논의를 보자. 우리에게 보이는 세계 뒤에 세계 그 자체가 숨어 있으며 이 세계 자체가 '소재'로 쓰이면서 감각과 지성에 의해 현상세계로 개조되는 것의 원인이 된다는 가정 – 이른바 '실재론적' 가정은 인과율의 도움으로 다시 말해 우리 지성의 도움으로 만들어졌다. 따라서 현상세계에만 유효한 인과율이 현상 저편에 놓인 영역에 적용된다. 경험과 지성 저편에 있는 "물자체"는 현상세계에만 유효한 인과성에 힘입어 도출된다는 것이다.

그런 까닭에 이는 "물자체"가 아니라 "우리에게 있어서의 사물Ding für uns"이다. (부연하면 쇼펜하우어는 나중에 칸트를 반박하는 피히테의 이 논의를 넘겨받는다.)

칸트는 현상 저편의 "물자체"를 우리 안에 존재하는 자유라는 수수께끼로 옮겨놓았다. 이 자유라는 것은 인과성 아래 (다시 말해서 강요 아래) 놓여 있지는 않지만 스스로는 인과성을 산출한다. 자유는 무에서 시작하여 자신을 실현시킴으로써 자신의 윤곽을 그린다. 칸트는 인간은 자유로운 경우 모든 현상들(인과성) 저편에 존재하는 것에 관계한다고 말했다. 바로 이런 의미에서 피히테는 칸트를 단초로 삼는다. 내면에 옮겨진 "물자체"를, 그리고 자아가 매 순간 자력으로 존재를 시작할 수 있게 하는 자유를 단초로 삼는다.

피히테는 개개의 경험적 자아가 세계를 뒤엎을 만큼 전능하다고 주장하려는 게 아니다. 그러한 초월적 나폴레옹주의에 대해 그는 여러 차례 거리를 두었다. 그는 역사와 자연의 역동적인 삶의 과정을 이해하려면 그 모든 것을 나에게 맞추어 사유해야 한다는 걸 분명히 밝히려 한다. 자연과 역사를 움직이는 힘은 우리 자아가 자발적으로 활동할 때 우리가 경험하는 힘과 같은 종류이다. 루소는 '나는 세계의 시작과 움직임에 관해 알고 있는데 그 이유는 나 스스로가 매 순간 시작하고 움직일 수 있기 때문'이라고 사유했다. 피히테는 이 사유로부터 대담하게 최종 결론을 끌어낸다. 우리는 자기경험에 의해 자발성의 우주라고 할 수 있는 세계 속으로 인도받는다. 내가 바로 "물자체"이다. 이로써 세계의 비밀이 드러난다. 이 깨달음이야말로 피히테의 철학에 끝까지 열기를 더한 번뜩이는 "번개"였다. 해방을 요구하는 소리가 프랑스 혁명 이후 밀어

닥치면서 긴장이 팽팽했던 정신적 분위기에서 번개가 친 것이다. 피히테가 영향력을 행사했던 건 극소수만 이해할 수 있었던 그의 난해한 연역들 덕분이 아니다. '나'로 존재할 수 있다는 새로운 즐거움을 퍼트리는 데 즉시 쓰일 수 있는 표현들을 만들어낸 덕분이었다. 물론 루소가 이런 즐거움의 기초를 닦았다. 루소로부터 사람들은 사회의 환경과 관습에 맞서 수그러들지 않고 반항할 수 있다는 걸 배웠다. 루소가 쓴 『고백록』은 당시 순식간에 신드롬을 일으켰다. 하늘과 땅을 연구하는 것이 자신을 관찰하는 것으로 시작될 수 있다는 루소의 말에 사람들은 공감했다. 첫 번째 문장은 팡파르처럼 울려 퍼진다. "오직 나다. 나는 내 마음을 읽으며 사람들을 알게 된다. 나는 내가 보아온 다른 사람들과는 다르다."[14]

사람들은 유일무이하면서도 보편적이기를 원했고 자신의 마음에 내재된 재화를 알길 원했다. 괴테의 주인공 베르터[15] 역시 마찬가지였다. "나는 내면으로 침잠해서 또 하나의 세계를 찾아낸다"고 베르터가 외치자 많은 사람들이 따라 외치면서 베르터의 삶을 따라 살려고 했다.

피히테는 이런 자아를 요란스러운 소리를 내면서 철학의 올림푸스로 쏘아 올렸고, 거기서 이 자아는 마치 카스파 다비트 프리드리히[16]가 그린 인물처럼 우뚝 섰으며, 그의 발치에는 세계가 펼쳐지니 그 광경이 사뭇 장엄했다. 피히테가 자신의 난해한 철학을 매력적인 문체로 대중화시킬 수 있었기에 '나'라는 단어는 아주 특별한 색채를 얻었다. 이와 견줄 수 있는 경우는 니체와 프로이트가 '이드Es'라는 용어에 풍부한 의미를 더한 것 외에는 없을 것이다. 피히테의 대중화된 철학은 주관주의의 정신과 모든 것을 만들 수 있다는 정신이 자리를 굳히는 데 기여했다. 주관적 창조의 위력을 믿었기에 사람들은 행복에 도취되었다. 한 세기가 끝날 무렵, 횔덜린과 헤겔, 셸링이 즐거이 모여 앉아 와인 한 병을 비우며 새로운 신화학의 윤곽을 전개시키고 있다. 이 신화는 '만들어져야' 한다. 어디에서 그런 신화를 찾을 수 있을까? 당연히 자기 자신 안에서이다. 황폐해진 사회 전반을 다시 웅대한 초자아Über-Ich로 녹여내기 위해서 그들은 '의미를 만들고' 사회를 형성할 새로운 이념을 정립할수 있다고 자신했다. 이처럼 활기에 넘치는 공동작업에서 탄생한 기록은 후일 「독일 관념론의 최고最古체계 강령Das älteste Systemprogramm des deutschen Idealismus」이라는 이름을 얻는다. 젊음의 신선함이 물씬 풍기는 이 문서는 세계를 뒤엎으려는 창조의 정신과 자아의 정신에 의해 쓰여졌고 철학의 격동시대의 정신에 의해 쓰여졌다.

열정적으로 자신의 자아를 확인하던 이들은 세계가 뻗어 나가려는 자아를 심하게 막아서는 탓에 위협받거나 제약받고 있다고 여러 차례 느꼈다. 자아는 자주 한탄과 고통을 배경 삼아 등장한다. 청년 횔덜린의 편지를 보자. "세계가 주먹질할 때 자신의 마음을 얌전히 가둬 둘 수 있는 자가 있을까? 심연인 양 우리를 에워싸고 하품하는 무無가 우리를 괴롭힐수록, 혹은 사회와 사람들의 활동이 형태도 영혼도 애정도 없는 수천 개의 그 무엇이 되어서 우리를 추적하며 괴롭힐수록 우리 편에서의 저항은 더욱 열정적이고 격렬하고 난폭해질 수밖에 없다. […] 외부에 난관과 곤궁함이 있으면 충만한 마음이 곤궁해지고 난관에 처하게된다."[17]

"충만한 마음"은 흘러나가려고 하기에 그걸 막는 것은 매우 위험하다. 자신을 쏟아내면 결국에는 튀빙엔의 탑으로 가게 되고 거기서 횔덜린은 ― 그가 "고귀한 꾀병쟁이"인지 환자인지는 확실치 않지만 ― 그의 삶의 마지막 수십 년을 은둔하며 지내게 된다. 세계를 자신의 것으로 만들기를 포기한 자아의 운명이다.

횔덜린과 마찬가지로 청년 프리드리히 슐레겔에게도 자아의 감정은 어둠에서 나온다. 슐레겔은 친구인 노발리스에게 이렇게 쓴다. "나는 피난민이라서 집이 없다네. 나는 무한함 속으로 내던져졌기에 (우주의 카인이라고나 할까?) 마음과 머리로 내 집을 하나 지어야만 할 걸세."[18]

프리드리히 슐레겔은 휠덜린과는 달리 "충만한 마음"이 부정적 현실로 인해 "곤궁함"으로 영락하게 하지 않겠다고 굳건히 마음먹는다. 프랑스 혁명에서 생겨난 과도함을 억제하는 부정의 힘을 그는 자신의 편으로 끌어들여서 "파기Annihilation"의 힘으로 만든다. 자신을 부정하는 것을 부정해야 한다. 슬퍼할 시간은 없다. 휠덜린은 잃어버린 것에 비가悲歌를 바쳤지만 프리드리히 슐레겔은 전혀 다르다. 그는 『시문학에 관한 대화Gespräch über die Poesie』에서 자신을 "혁명적 철학을 이용하여 대규모로 파괴하는 것을 즐기는" 사람으로 소개한다. 슐레겔이 말하는 "혁명적 철학"이란 피히테의 철학이다. 피히테는 1794년에서 1799년까지 예나에서 강의하는데 자신의 자아를 가지고 큰일을 해보려는 사람들이 전부 거기 모인다. 아우구스트 빌헬름 슐레겔은 예나에서 문학을 가르친다. 그의 집은 새로운 운동의 중심이 된다. 피히테가 이 집을 자주 방문하고 프리드리히 슐레겔은 형의 집에 산다. 티크도 있다. 바이센펠스 소금광산의 사법연수생이며 노발리스라는 필명을 쓰는 프리드리히 폰 하르덴베르크가 자주 예나로 온다. 클레멘스 브렌타노는 여기서 의학을 공부한다. 피히테의 강의를 들으려고 휠덜린이 온다. 셸링이 예나대학교에 초빙된다. 나중에 자연철학자가 된 헨릭 슈테펜스Henrik Steffens가 이 그룹에 속했는데 이 시절을 뒤돌아보며 이렇게 말한다. "(그들은) 끈끈한 동맹을 맺었으며 실제로 그들은 하나였다. 외부에서 벌어지는 자연의 경이로운 사건인 혁명과 내면에서의 절대 행위인 피히테의 철학, 이것들을 이 동맹집단은 순수하고 격정적인 환상으로 펼쳐 나가려 했다."[19]

자주 예나에서 머무르던 괴테는 꽤 호감을 가지고 그들의 재기발랄한 활약을 지켜본다. 그가 보기에는 다들 빼어난 사람들이지만 조금 엉뚱한 데가 있다. 그들은 "벼랑 끝"에 서 있어서 나쁜 일을 겪을지도 모르는데 그러면 자신의 마음이 아플 거라고 괴테는 말한다. 하지만 프리드리히 슐레겔이 마주치는 모든 사람들에게 실러의 숭고한 문학을 접할 때마다 웃느라 의지에서 굴러 떨어질 것 같다고 얘기하자 올림푸스의 신 괴테는 다른 올림푸스의 신을 비호하지 않을 수 없다. 프리드리히 슐레겔은 꾸지람을 듣고는 베를린으로 가서 자기애에 빠진 채 아이러니컬하고 파격적인 행보를 이어간다. 그가 베를린에서 창립한 잡지 "아테네움Athenäum"은 원래는 "헤라클레스"라는 이름이었다. 자아와 자아의 "창조적 상상력"이 당대의 아우게이아스의 외양간[20]을 청소하는 걸 겁내지 않는다는 것을 알리려 했기 때문이다.

피히테는 도덕적으로 권력을 장악하라고 자아를 촉구한 반면 예나의 낭만주의 그룹은 자아가 창조적으로 세계를 만들어가며 심미적 즐거움을 누리는 것에 더 중점을 두었다. "창조적 상상력"은 칸트 철학에서는 통각의 덜컥대는 기계장치를 가동시키고 피히테 철학에서는 산파가 되어 도덕적 세계를 탄생시킨다. '격동에 넘치는 신세대'는 이런 창조적 상상력을 "신적 상상력의 원칙Prinzip der göttlichen Imagination"으로 삼는다. 실러는 예술의 유희성을 잘 이해했지만 예술을 도덕성이라는 긴 줄에 묶으려고 했기에 이들이 도를 넘는다고 보았다. "공상가는 그저 자의恣意로 자연을 떠나서는 고집스러운 욕망과 상상력의 기분에 아무런 방해 없이 빠져들려 한다. […] 공상은 자연에서 탈선하는 게 아니라 자유를 의미한다. 따라서 공상은 그 자체로 존중받을 만한 맹아에서 유래한다. 그 맹아는 무한대로 완벽해질 수 있는 만큼 공상은 바닥 모를 깊이로 끝없이 추락하면서 전면적인 파괴로 끝날 수도 있다."[21]

그러나 낭만주의자들은 이런 가르침을 필요로 하지 않았다. 그들은 아이러니로 자신을 넘어서려 할 때 탁월한 기술로 지성을 사용했기에 자신들이 도모하는 비행飛行이 얼마나 위험한지를 잘 알고 있었다. 루트 비히 티크와 프리드리히 슐레겔, 클레멘스 브렌타노 – 이들은 자신들이 하는 일이 가늠할 수 없이 위험하다는 걸 예리하게 직감한다. 그리고 그들은 "니힐리즘"(이 표현이 그 당시 등장한다)을 섬세히 감지해내는 것에서 특별한 즐거움을 느낀다. 티크의 소설에 나오는 인물 윌리엄 로벨은 이렇게 외친다. "이카루스여, 나와 함께 구름을 꿰뚫고 날자꾸나. 형제처럼 우리 파괴를 향해 나르며 환호하자."²² "자의적으로" 처신한다는 비난을 받으면 낭만주의자들은 '그럴 수밖에 없지 않은가, 자의야말로 우리가 가진 것들 중 제일 좋은 것이다'라고 답한다. 장 파울 역시 자신을 시적으로 높이며 세계를 극복하는 일에 몰두하기에 무엇이 문제인지를 잘 안다. 그는 마술사의 도제들 틈에 끼지 않으려고 실러의 편을 든다. 1804년 저서 『미학 입문Vorschule der Ästhetik』에서 그는 이렇게 쓴다. "작금의 시대정신은 무 속에서 자유로운 활동공간을 만들려는 아집에서 세계와 우주를 기꺼이 절멸시키려 한다. 이런 시대정신은 법칙 없는 자의에 좌우되기에 […] 자연의 모방과 자연의 연구를 무시할 수밖에 없다."²³

피히테를 둘러싼 집단에서는 거장 자신을 제외하면 그 누구도 자연 연구를 무시하지 않았다. 피히테의 연역에 따르면 생성의 힘인 자아는 깊숙이 아래에 있는 존재의 바닥까지 미친다. 사람들은 이런 연역으로 무장하고는 자연의 속을 보려고 한다. 셸링은 자신의 자연철학을 바탕으로 체계적인 길을 시도한다. 광산 공학자인 노발리스는 음유시인인 양 발언들을 속삭이듯 쏟아낸다. "비밀스러운 길은 안으로 향한다" 혹은 "외부는 비밀 상태로 격상된 내부이다" 혹은 "우리는 세계의 초안을 찾는다. 이 초안은 우리 자신이다" 등이다. 자연을 향한 "외적 시선"

은 어디서든 인과성을 발견할 수밖에 없는데 노발리스는 이런 외적 시선을 "유사성"을 발견해 내는 "내적 시선"에 대비시킨다. 이렇게 "내적으로" 사유하다 보면 ("창조적 상상력"이 이 일을 담당한다) 우리는 "자연 혹은 외부세계를 인간 같은 존재로 느끼게 된다"고 노발리스는 설명한다. "우리가 우리 스스로와 우리의 연인을 이해하고 우리 자신과 당신들을 이해하는 것과 마찬가지로 모든 것을 이해할 수 있으며 이해해야만 한다는 것을 내적 사유방식을 통해 알 수 있다."[24]

이와 같은 유사 절차에 의지하여 노발리스는 멋진 이미지들을 그려낸다. 예를 하나 들자면 그는 우리가 탐구하는 시선으로 자연을 보면 자연은 절벽으로 굳어져버린다고 말한다. 냉철하게 자연을 분석하는 대신 노발리스는 자연인식의 에로티즘을 옹호한다. 노발리스는 – 자연의 기본을 이루는 피히테의 자아로부터 그대[Du]가 생겨나게 한다. 연인들 사이에선 모든 게 가능한 것처럼 여기서도 마찬가지이다. "내가 원하는 것을 난 할 수 있다 – 인간에게 불가능한 일이란 없다." 우리의 육체가 우리에겐 가장 가까운 자연이므로 우리 사랑의 힘은 그 육체에도 뻗쳐야 한다고 노발리스는 꿈꾼다. 육체를 적대시하는 것을 극복하면 더 이상 장애는 없다. "그러면 각자가 자신의 의사가 되어서 자신의 육체를 완전하고 안전하며 정확하게 느낄 수 있을 것이다. 그렇게 되면 인간은 […] 어쩌면 잃어버린 팔다리를 복구할 수 있을 것이며 그저 의지만으로 자신을 죽일 수 있을 것이며 그럼으로써 육체와 영혼, 세계와 삶, 죽음과 유령의 세계에 대한 해명을 얻을 수 있을 것이다. 죽은 자에게 영혼을 불어넣는 일이 인간에게 달려 있게 될 수도 있다. 인간은 자신의 감각에게 형상을 창조하라고 강요할 것이며, 말 그대로 자신의 세계에서 살 수 있게 될 것이다."[25]

노발리스처럼 자신의 자아를 자연의 비아 깊숙이 가라앉히는 사람은 마지막에는 신기한 경험을 하게 된다. 자연이 더 이상 자아처럼 보이지 않고 그 반대로 자아가 자연처럼 보이는 경험이다. 그는 자신이 자아라고 여기는 것과 더불어 "자연의 어둡고도 유혹적인 품"안에 내려앉는다. 그 품 안에서 그의 "가엾은 인격"은 소진된다고 노발리스는 『자이스의 도제들Die Lehrlinge zu Sais』[26]에 쓴다. 자아는 어디서든 자기 자신을 재차 발견하고 다시 보려고 하다가 갑자기 암흑 속에 서서 자연의 어두운 면에 맞닥뜨린다. 그림자의 왕국이 그의 안에서 열리며 무의식이라고 하는 미지의 대륙의 윤곽이 보인다. 사람들은 새삼 호기심을 품고 무의식을 답사하게 될 것이다. 그럴 수밖에 없는 것이 자신을 심도 있게 감지하고 파악하려다 보면 곧 정의할 수 없는 여러 의미를 지닌 것을 발견하기 때문이다. 호기심을 품은 자가 통용되고 있는 '상식' 이상의 것을 자아 안에서 발견하게 되는 순간 내부에서 '동이 트기' 시작한다. 연구탐험대가 태평양을 넘어 밀림을 샅샅이 뒤지기 시작할 즈음 다른 탐험대는 우리 안의 밀림을 파헤치기 시작한다.

나로 존재하는 즐거움 때문에 몹시 깊숙이 자신 속의 밀림에 빠져든 사람들 중 다수는 마지막에는 기진맥진한다. 베르터가 기쁨에 차서 "나는 내면으로 침잠해서 또 하나의 세계를 찾아낸다"고 외쳤다면 1802년 클레멘스 브렌타노는 회한에 차서 "나를 나에게 이끄는 자는 나를 죽이고 있다"고 응답한다.

과도히 활약한 후에 자아는 확고한 그 무엇을 찾는다. 자아의 혜성이라고 할 보나파르트마저도 그 사이에 황제의 경직된 위엄을 취하여 안착했다.

아우구스트 빌헬름 슐레겔은 풍만하고 부유한 스탈 부인에게서 피난처를 찾는다. 프리드리히 슐레겔은 가톨릭 교회의 품에서 변절을 준비한다. 다시금 전통을 요구하는 목소리가 높아지면서 민요와 동화가 수집된다. 다행히도 모든 걸 직접 만들 필요는 없다. 사람들은 확고한 일자리와 지속적인 관계를 찾아 다닌다.

피히테만이 예전 그대로이다. 그는 여전히 자아가 최후의 심판을 열 것이라고 선포한다. 자아에 탐닉하던 추종자 무리는 사라졌지만 피히테 곁에는 도덕적 자아가 장중히 진지하게 남아있다.

이 사람의 강연을 아르투어 쇼펜하우어는 이제 베를린에서 들으려 한다. 철학도가 시대의 흐름에 뒤지지 않으려면 피히테의 강연을 들어야 하기 때문이다. 그 외에도 아르투어는 경험론의 인식에 동떨어진 플라톤을 시대에 맞게 이해하고 표현할 언어를 필요로 한다.

피히테의 엄밀한 도덕성 개념이나 그가 자아 의식을 공들여 정상에 올린 사실 등은 괴팅엔까지 알려졌지만 이보다 더 큰 기대를 불러일으킨 것은 철학의 진실이 "번개"와 같은 "명증함"으로 일상의 의식 속에 치고 들어와야 한다는 피히테의 반복된 주장이었다. 피히테에 따르면 진실은 단 한 번의 번뜩이는 순간으로 이루어져 있으며 그것은 가늠할 수 없을 정도의 위력을 지닌 단 한 번의 폭발이다. 진정한 철학은 단 하나의 사유로 이루어진다. 그리고 그 사유는 전달되기 위해서 논의의 실타래로 풀려나간다.

아르투어 쇼펜하우어는 아버지로부터 세계와 거리를 두라는 경건주의의 가르침을 받았고, 바켄로더와 티크를 읽으며 예술을 통한 무아경에 이르고자 했으며, 칸트가 품은 회의를 플라톤의 힘찬 비상으로 조정한다. 그렇기에 그는 다수의 동시대인들과 마찬가지로 자신이 지상의 무리한 요구와 천상의 쾌락 사이에서 찢겨져 있다고 느낀다. 하지만 결정적인 점에서 쇼펜하우어는 자신의 시대와는 전혀 다른 길을 간다. 그 시대 사람들은 분열을 경험할 때 무신경해지려 하거나 그것을 화해시키려고 할 것이다. 또 사람들은 삶을 다시 전체로 만들 수 있는 아르키메디스의 점을 모색할 것이며 정교한 사상적 구조들을 사유해 낼 것이다. 헤겔과 마르크스의 변증법은 화해되지 않은 것이 특유의 방식으로 화해되게끔 할 것이다. 사람들은 해묵은 형이상학에 종사했던 힘을 재교육시켜서 역사의 노동을 위해 투입할 것이다.

하지만 아르투어 쇼펜하우어는 다르다. 그는 화해를 지향하지 않으며 자신의 철학적 열정 전부를 "의식의 이중성"을 파악하는 프로젝트에 투자한다. 이때 관건은 왜 우리는 두 세계 사이에서 분열되어 있으며 어느 만큼 분열되어 있는지를 파악하는 것이다. 그는 두 의식을 인정사정 보지 않고 제각기 떼어낼 것이다. 그중 하나는 경험적 인식이다. 그에 관련되어 칸트가 획기적 발견을 한 바 있다. 다른 하나는 글쎄 무어라 불러야 할지 모르겠는데 아르투어 쇼펜하우어도 아직 이름을 짓지 않았다. 그는 찾고 모색하면서 때로는 종교적 용어를 사용하다가 베를린 시절에 이르러 마침내 "더 나은 의식das bessere Bewußtsein"이라는 이름을 택한다.

제 9 장

—

아르투어의 비밀철학이 담긴 원고노트: '더 나은 의식'. 성령이 강림하다. 아폴로도 디오니소스도 없는 황홀경.

—

프리드리히 빌헬름 요제프 폰 셸링(1775년~1854년)

아르투어의 비밀철학이 담긴 원고노트: '더 나은 의식'. 성령이 강림하다. 아폴로도 디오니소스도 없는 황홀경.

SCHOPENHAUER

1813년 초 쇼펜하우어는 자신의 철학일기에 이렇게 적는다. "이런 일시적이고 감각적이며 이해 가능한 세계 안에서는 인격과 인과성이 존재하며 사실 그것들이 없어서는 안 된다고 본다. 하지만 내 안에 있는 더 나은 의식은 인격도 인과성도 그리고 주관도 객관도 더 이상 존재하지 않는 세계로 나를 들어올린다."(HN I, 42)

쇼펜하우어는 이제껏 경계를 넘어서는 행위 혹은 경계를 넘으려는 소원으로 경험한 것들을 "더 나은 의식"이란 이름 아래로 집결시킨다. "인간의 집은 여기에 없다"는 마티아스 클라우디우스의 말과 예술에서, 특히 음악에서 누리는 황홀경과 산에서의 체험이 여기 속한다. 내면으로 초월하면서 관능과 자기보존이 그저 유희가 되어버리는 것, 침잠하여 관찰하면서 자신을 잊어버리는 것 혹은 그 반대로 자아가 세계에 통합되지는 않은 채 여러 형태로 현상하는 세계를 비추는 거울이 되는 것을 경험하는 것 역시 여기 속한다. 또 플라톤의 "이데아"와 - 비록 주저하며 손에 잡았지만 - 칸트의 "당위" 그리고 필연적 존재의 세계를 갈기갈기 찢는 자유라는 수수께끼도 여기 속한다.

그는 이런 경계 넘어서기를 서술할 언어를 아직도 찾고 있다. 그것은 이성의 언어이어야 하지만 이 언어는 발견하지 않은 것을 표현해야 하기 때문에 극한의 어려움에 처한다. "더 나은 의식"은 이성이 산출하는 어떤 것이 아니라 이성에게 들이닥치는 어떤 것이다. 만들어진 것이 아니라 들어서는 것이다. 어떤 의도에 의해 생겨난 것이 아닌 하나의 "착상"이며 영감이고 성령의 강림을 체험하는 것이다. 경험적 의식과 "더 나은" 의식은 극명히 갈린다. 둘 사이의 경계를 넘으려면 걸어서는 안 되고 건너뛰어야만 한다. 이런 건너뛰기가 어려운 이유는 "더 나은 의식"을 주관의 언어 안으로, 더 정확하게는 주관 – 객관 – 관계의 언어 안으로 들여놓아야 하는 데에 있다. 하지만 그것은 원래 불가능한 일이다. "더 나은 의식"을 경험하려면 자아가 갑자기 사라져야 하며 그와 더불어, 행동하고 주장하고 개입하라고 다그치는 세계 역시 사라져야 하기 때문이다. '대상성'으로서의 세계가 사라진다는 얘기다. "더 나은 의식"은 어떤 것에 관한 의식이 아니다. 한 대상을 파악하기 위해 혹은 산출하기 위해 그 대상에 접근하는 사유가 아니다. 어떤 것으로부터 무언가를 원하기에 그 어떤 것을 사유하는 게 아니다. "더 나은 의식"은 위기 상황에서 침착한 것을 의미하지 않는다. 그것은 무언가를 원하지도 두려워하지도 희망하지도 않으며 자신 안에서 쉬며 깨어있다. "더 나은 의식"은 자아가 없기에 어디에 연루될 수도 없으며 세계를 앞에 놓고 있다. 물론 이 세계는 더 이상 자아에 '영향을 끼치지' 않으므로 어떤 의미에서는 '실재하기'를 멈춘다. 이 세계가 "아라베스크"가 된다고 쇼펜하우어는 철학일기에 쓴다. "중력의 법칙"이 폐기된 듯 보인다. "다른 것들은 다 그대로이다. 그럼에도 만사가 새롭게 흘러 간다. 걸음을 뗄 때마다 원래는 있을 수 없는 것이 불쑥 나타나 우리를 놀래 키고 어려운 것이 쉬워지며 쉬운 것이 어려워진다. 아무것도 아닌 것으로 보이던 것에서 하나의 세계가 솟아나고 엄청나게 거대한 것이 아무것도 아닌 것이 되어 사라진다."(HN I, 27)

세계의 어려운 흐름과 사물의 질서는 "유희"가 된다. "인간은 삶을 딛고 올라서야 한다"고 쇼펜하우어는 자살을 반박하면서 쓴다. "모든 과정들과 사건들, 기쁨과 고통은 더 나은 자신과 내부의 자신을 건드리지 못하므로 이 모든 것이 유희일 뿐임을 깨달아야 한다."(HN I, 32)

세계와 세계에 엮인 자아가 "유희"로 변하는 것을 아르투어 쇼펜하우어는 한동안 "심미적" 경험이라고도 부른다. 하지만 이 경험은 "무관심"에는 해당되지만 "만족"이라고는 말할 수 없기 때문에 칸트의 "무관심한 만족interessenloses Wohlgefallen"과는 다르다. "더 나은 의식"은 일상적인 것과 당연한 것에 생긴 틈이며 만족과 고통을 넘어서서 놀라워하며 깨어있는 것이다.

"더 나은 의식"은 바깥에 위치한다. 세계에 관해서 판단을 내릴 근거가 더 이상 없기에 긍정도 부정도 있을 수 없다. 쇼펜하우어는 옛적 독일의 신비주의자들(야콥 뵈메Jakob Böhme, 마이스터 에크하르트Meister Eckhart, 타울러Tauler)과 인도의 현자들이 유사한 단어들을 써가면서 명명할 수 없으며 파악할 수 없는 것, 무Nichts이자 만물Alles인 것을 맴돌고 있다는 걸 훗날 발견하고는 흡족해할 것이다.

쇼펜하우어는 "공간과 시간을 넘어선" 의식에 대해 언급하는데 이역시 우리의 언어가 피할 수 없는 모순된 표현이다. 내가 한순간 주의력을 모아서 빠져들면 실제로 자아와 세계의 분리는 갑자기 사라진다. 내가 나를 뚫고 나가서 대상들에 머문다고 말하거나 아니면 대상들이 내 안에 들어와 있다고 말하거나 매한가지가 된다. 나는 내 주의력을 더 이상 육화된 자아가 갖는 기능으로 체험하지 않는다. 이 주의력은 공간과 시간의 좌표 – 이들의 교차점에 우리의 육화된 자아가 존재한다. – 로부터 풀려나서 공간과 시간 그리고 자기 자신을 잊는다. 신비주의자들은 이 경험을 "정지된 현재Nunc stans"라고 명명했다. 이러한 현재의 강렬함은 시작도 끝도 없으며 우리가 정지된 현재에서 사라져야만 사라진다. 내가 다시 주관이라는 존재로 되돌아오면 주의력은 중단되고 그러고 나면 다시 모든 분리가 존재한다. 나와 타자, 이 공간과 이 시간이 있다. 나의 경험적 자아가 나를 다시 손아귀에 넣으면 나는 '주의력의 순간'을 나의 개체화와 나의 삶의 시간과 나의 장소라는 닻을 써서 꽉 묶어둘 것이다. 그럼으로써 나는 이 순간을 유일무이한 것으로 만들었던 그 무엇을 상실하게 될 것인데 그것은 바로 어디에도 있지 않음과 어느 시간에도 있지 않음이다. 이러한 종류의 주의력은 어느 장소와 어느 시간으로 규정될 수 있는 순간 멎을 수밖에 없다. 자아는 다시 개체화로 가라앉거나 달리 표현하자면 개체화가 되기 위해 떠오른다. 의심할 바 없이 "더 나은 의식"은 일종의 황홀경이며 명료하며 움직임 없는 크리스탈 같은 황홀경이다. 이 경우 눈은 오직 볼 수 있다는 사실에 희열을 느낀 나머지 보는 대상을 놓치게 된다. 이 황홀경은 디오니소스라는 이름으로 대표되는 또 다른 황홀경에 극명히 대립되는 극이다. 또 다른 황홀경의 경우 자아는 욕망의 홍수에 뛰어들고 육욕에 휩쓸리다가 분방한 관능 안에서 해체되고 만다. 이때 육체는 홀로 남겨지는 것이 아니라 세계육체로 상승한다. 이 경우에도 나라는 사람은 나와는 상관 없는 충동의 힘에 자신을 내맡기면서 사라진다. "나는 몸을 사리지 않으련다! / 바람은 너희로부터 나를 멀리 나르는구나 / 물 흐르는 대로 나 배 타고 가련다 / 빛에 기분 좋게 취해서! / … / 배야 가거라, 나는 묻지 않으련다 / 이 여행이 어디에서 끝나는지!"[2](아이헨도르프[3])

여행을 떠나는 이들의 수호신인 디오니소스는 - 그는 살아 있는 것을 자아에 맞서 보호한다 - 신화에 따르면 산 채로 갈가리 찢겨서 수프로 푹 끓여졌다. 이렇게 그는 한동안 생물체 안에서 순환하며 흐르는 즙 안에서, 정액과 양수와 땀과 피 안에서 산다. 그러다가 그는 다시 응고되어 형태를 얻었고 입체가 되었지만 광기에 씌어서 이리저리 비틀거린다. 그는 가는 곳마다 출산을 늘리기에 인기가 있다. 권력집단을 이룬 다른 신들과는 달리 디오니소스는 사랑받는다. 항상 오고 있는 신, 그가 올 때면 그는 하늘로부터 내려오는 것이 아니라 더럽고 기름때에 절은 음탕한 모습으로 땅에서 솟아 나온다. 그리고는 미친 듯이 탄생과 죽음의 바퀴를 돌린다. 그와 마주치는 사람은 행복감에 심장이 터지면서 자기 자신을 잃어버린다. 디오니소스, 이 "비틀거리는 신"은 육체의 형이상학을 관장한다. 디오니소스의 영역이 형이상학인 이유는 우리가 육체의 쾌락을 통하여 흥이 극에 달하는 내세에 이르기 때문이다. 성교에서 격렬한 시간 동안 시간과 공간이 사라지면서 우리는 경계를 넘나들게 된다. 우리에게 감각이 다가오면 의식은 사라진다. 이 경우 자아가 할 수 있는 것은 성교를 중단시키는 것뿐이기에 자아는 사라져야 한다. 자아가 남아 있으면 "오고 있는 신"인 디오니소스는 올 수 없다.

목사와 관리의 아들답게 상당히 경직된 횔덜린과 셸링과 헤겔(이후 니체도 여기 해당된다)은 오고 있는 신 디오니소스를 꽃을 뿌려가며 환영했다. 하지만 그들이 정말 원했던 것은 디오니소스를 노동력으로 고용하는 일이었다. 그들은 디오니소스의 정신으로 새로운 국가와 새로운 법과 새로운 언어를 시작하려 했다. 행복을 가져다 주는 디오니소스다운 요소와 죽을 때까지 잃고 싶지 않은 디오니소스다운 요소가 얇은 실로 자아져서 문화적 사교의 네트워크를 짜는 데 쓰여야 했다. 그들 모두는 "비틀거리는 신"이 위험을 야기시키지 않는 존재가 되기를 원한다. 그러나 그런 화해의 작업에 부정적인 아르투어 쇼펜하우어에게는 타협이라곤 없다. 그는 디오니소스에 경악한 나머지 당장 도망가려 할 지경이다. 그의 눈에 디오니소스는 벌거숭이 호색한이며 "빵과 포도주"(횔덜린)라는 온화한 일상의 불가사의를 맡길 수 없는 존재로 보이기에 그는 디오니소스에 경악한다.

하지만 아르투어 쇼펜하우어가 디오니소스의 공식적 적수인 아폴로 편에 있다고 생각해서는 안 된다. 아폴로는 정제된 형식과 완성된 인격을 대표한다. 이 인격은 충동으로 이루어진 비아非我가 모든 경계를 넘어흐르는 것을 막으며 그 흐름을 합쳐서 물방앗간으로 유도한다. 아르투어 쇼펜하우어의 스타일은 차분하고 절도 있게 나아가면서 입체적이며 명료하다는 점에서 아폴론적일 것이다. 하지만 "더 나은 의식"이라는 영감은 ─ 쇼펜하우어 철학의 정제된 형식 역시 이 영감에서 유래한다. ─ 경계를 뛰어넘으며 자아를 해체하기에 아폴로답지 않다. 이 영감은 횔덜린의 표현을 빌리자면 "성스러우면서 냉철하다heilignüchtern." 이는 일종의 밝은 황홀경인데 이것을 "광란의 축제 이후의 사색postorgiastische Nachdenklichkeit"(슬로터다이크[5])이나 세계를 이론 안에 통합함으로써 얻은 즐거움이 나직이 울리는 것으로 이해해서는 안 된다. 그런 이론적 오락은 일요일에 누리는 디오니소스적 즐거움의 여운을 일상으로 가져가려는 시도일 수 있다. 아르투어 쇼펜하우어의 "더 나은 의식"은 그에 반하여 대용품도 보상품도 아니다. "더 나은 의식"은 독자적 힘을 갖추고 있으며 정신이 누리는 일요일이며 나아가 성령이 강림하는 오순절 축제[6]이기까지 하다. 이런 높은 황홀경에서 쇼펜하우어는 디오니소스에 반대하여 번개를 내리치며 육체의 유혹을 공격한다. 육체의 힘을 적나라하게 경험할수록 그런 공격은 더욱 신랄해진다. 그는 이렇게 적는다. "너를 골탕 먹이려고 누군가 짓궂은 장난을 계획했는데 그게 네게 누설되었다 치자. 그 장난을 하는 걸 네가 웃으며 지켜보는 것처럼 관능의 공격을 웃으며 지켜보라."(HN I, 24) "웃음거리였다가 웃어넘기는 사람"(HN I, 24)이 될 수만 있다면 좋을 것이다. 하지만 관능에는 고유의 진지함이 있어서 쉽게 놀이의 대상이 되지 않는다. "실제로 육욕은 몹시 진지하다. 너무나 아름답고 매력이 넘치는 한 쌍의 남녀가 몹시 우아하게 서로 밀고 당기며 탐하고 달아나는 사랑놀이를 한다고 생각해보라. 그 달콤한 놀이와 쾌활한 장난을 상상해보라. – 이제 육욕을 누리는 순간의 그들을 보라. '행위'가 시작되면 온갖 장난스러움과 은은하고 우아한 분위기는 돌연 간데없이 사라져버린다. 그러고는 그 자리에는 묵직한 진지함이 들어선다. 어떤 종류의 진지함인가? – 동물의 진지함이다. 동물들은 웃지 않는다. 자연의 힘은 어디서든 진지하게 작용한다. […] 이 진지함은 열광하며 보다 높은 세계로 상승할 때의 고귀한 진지함과는 대립된 극에 있다. 이 경우 장난을 치는 일은 없으며 동물세계에서도 장난을 치는 일은 없다."(HN I, 42) 사랑놀이는 어찌 됐건 독립적 거리를 유지할 줄 아는 문화이다. 그러나 성교에서 "동물의 진지함"은 나를 자아 없는 자연으로 끌어내리고 충동의 대상으로 만든다. 나는 더 이상 놀이의 주체일 수 없다. 나는 놀이에 연루되어 있다. "나는 수동적"이라고 쇼펜하우어가 쓴다. "더 나은 의식"의 밝은 황홀경 역시 일종의 수동성이지만 이는 빠져나온 자의 수동성이다. 성교의 경우에는 떠밀려온 자의 수동성이다. 그런 상황을 쇼펜하우어는 원치 않는다. 그는 욕망이 자신의 독자성을 해치는 자객이라고 여긴다. 하지만 특별히 밝은 순간에도 그의 내부는 격렬히 동요한다. 그는 성적인 황홀경이 "더 나은 의식"과 독특한 공범관계를 맺고 있음을 부인할 수 없다. 먼저 그는 자아가 해체되는 두 "발화점"인 머리와 생식기를 비교해본다. 둘 다 털이 나 있다. 그는 "가장 활발한 정자의 분비와 가장 위대한 정신의 활동은 동시에 일어나며 대부분 보름달이나 초승달이 뜰 때"(HN I, 42)라고 누군가 관찰한 것을 인용한다. 그에게 있어서 생식기는 "뿌리"이며 뇌는 나무의 "수관樹冠"이다. 위에서 꽃이 피려면 즙이 올라가야 한다. 뇌와 생식기는 둘 다 막강한 힘을 지니며 서로 번갈아 가며 힘을 발휘하도록 자극하고 있다. 성적 쾌락을 향한 충동이 가장 강한 날들과 시간들이 있다. 텅 비고 둔감한 의식에서 오는 무기력한 동경이 아니라 불타오르는 욕망, 억누를 수 없는 열정이 가장 강한 날들과 시간들이 있다. 바로 그 시기에 최고의 정신력, 즉 더 나은 의식 또한 가장 위대한 활동을 할 준비가 되어 있다. 의식이 욕망에 몰두하여서 욕망으로 채워진 순간에 이런 준비 상태는 잠재적이다. 하지만 그저 방향을 돌리게끔 온 힘을 다해 노력하기만 하면 고통스럽고 궁핍하며 절망하는 욕망(밤의 제국) 대신에 최고 정신력의 활동이 의식을 채움으로써 빛의 왕국이 탄생한다.(HN I, 54)

이는 놀라운 관찰이다. 우리를 "더 나은 의식"의 "빛" 속으로 혹은 성생활의 "밤" 속으로 이동시키는 것은 동일한 충동이다. 자아의 경계를 넘어 위 혹은 아래로 튕겨 나오게끔 하는 에너지를 둘러싸고 생식기와 두뇌는 싸움을 벌인다. 원래 이 에너지는 전혀 부족하지 않게 비축되어 있지만 생태학적 중재소 역할을 하던 늙은 신이 사라진 까닭에 이제 절대적 권위로 에너지를 분배하는 것은 불가능하다.

그런데 쇼펜하우어는 어째서 육체의 폭발 – 그 힘을 그는 아주 명확히 자신의 내부에서 느꼈음에도 불구하고 – 에 자신을 내맡기는 것을 두려워하는 걸까?

뒤늦게 사춘기를 치르던 아르투어가 함부르크에서 대략 1805년경에 지은 시를 떠올려보자. "아, 환락이여, 아, 지옥이여 […] 하늘 높이에서 / 날 끌어내어 / 먼지 투성이 땅에 / 던져버렸네 / 이제 난 사슬에 묶여 누워 있다네."(HN I,1)

쇼펜하우어는 운이 나빴다. 그가 성생활을 향해 번개를 내리치던 시점까지 그는 사랑을 경험하지 못했다. 그가 만일 사랑을 경험했다면 성생활을 온전한 인간 안에 통합된 것으로, 그 인간을 박진감 있게 여행에 데려가는 어떤 것으로 체험할 수 있었을 것이다. 그가 성생활을 경험한 경우 그는 사랑하지 않았고 그가 사랑했던 경우 (바이마르의 카롤리네 야게만이 그 예이다) 성생활은 배제되었다. 이 사실은 이중으로 작용한다. 행해진 성생활이든 부재한 성생활이든 양측 다 인간의 통일성을 파괴한다. 실행된 경우 성생활은 장난기 없이 "동물처럼 진지하게" 그저 치러내는 것으로 축소된다. 욕망이 채워지지 않은 경우 애만 태우는 데 그치는 장난스러운 환상은 성생활의 관점에서는 비현실적인 것에 불과하다. 어느 경우든 간에 성생활은 흥을 깨버린다. 성생활에 유희적 요소가 배제되거나 아니면 배제된 성생활로 인해 유희가 무가치한 것으로 스러져버리는 경우 둘 다 여기 해당된다. 두 경우 다 슬픈 정도까지는 아니라 쳐도 우스꽝스럽게 끝난다. 그렇기에 쇼펜하우어는 "웃음거리가 될 바에야 웃어넘기는 사람"이 되겠다고 울분에 차서 결심한다. 그는 자신의 성생활이 마치 자신의 것이 아닌 양, 말려들어서는 안 되는 "짓궂은 장난"인 양 지켜보려 한다.

쇼펜하우어가 겪은 것 – 자신의 성(性)과의 불화 – 은 사적인 이야기이다. 하지만 거기에도 성 문화사의 한 부분이 반영된다.

"나"를 말하기를 즐기는 것을 막 배웠던 시대는 자율성과 내면화를 굳히는 중이었기에 자신의 "자연"에 의해 기습을 당하지 않으려 했다. 루소가 자신의 연애소설 『신(新) 엘로이즈Die neue Heloise』에서 사랑의 순간에 육체의 보드라운 핵심을 건드리지 않으려고 왜 온갖 황당한 설정을 했는지 생각해보라. 사실 젊은 낭만주의자들이 방탕한 난봉꾼처럼 폼을 잡는 것은 허풍에 지나지 않았다. 대기는 뜨거웠지만 그들은 쾌락 자체보다는 쾌락을 위한 쾌락을 욕망했다.

그럼에도 불구하고 혹은 바로 그 때문에 성에 관해서 비밀에 찬 웅얼거림이 퍼지기 시작한다. 전적으로 새로운 호기심이 성으로 쏠린다. 형이상학적으로 닻을 내린 질서 안에서 수 세기를 걸치며 성이 차지한 위치는 너무나 잘 알려지고 비밀과는 무관했다. 성 안에는 구원받아야 할 우리의 살덩어리가 꿈틀거리고 있다는 것이다.

자아가 스스로를 자율적으로 여기는 관점을 취하면서 비로소 성은 심연처럼 보인다. 그리고 그런 관점을 취하면서야 비로소 성생활은 우리 안에 있는 '자연'이 된다. 우리는 이 자연이 우리의 위풍당당한 자아를 해체할 수 있다고 생각하며 두려워한다. 세속화가 이루어지면서 성생활은 죄악이 아니게 되지만 그 대신에 위험한 비밀을 지닌 존재가 된다. 푸코는 이렇게 말한다. "성은 점차로 커다란 의혹의 대상, 우리의 의지에 반해서 우리의 행동과 존재를 꿰뚫고 지나가는 염려스러운 일반적 의미가 되었고 악의 위협이 우리에게 찾아드는 취약한 통로, 우리들 각자가 자기 자신 안에 지니고 있는 한 조각 밤이 되었다."

사람들은 성이 우리에 관해 숨겨진 진실을 알고 있다고 의심하기 시작한다. 성은 고백을 강요당하게 될 것이다. 물론 한 세기가 지난 후에야 지그문트 프로이트는 우리에게 무슨 일이 일어나는지를 아는 건 오직 단 하나 우리의 성 뿐이라는 의심에 체계를 부여하고 그 체계는 전염병처럼 퍼지게 될 것이다.

하지만 먼저 쇼펜하우어의 시대에 이런 의심을 하기 시작한다. 그래서 아르투어 쇼펜하우어도 자신의 영감을 조종하며 이중으로 생식기를 겨냥할 것이다. 동시에 정신이 과대평가되는 것 역시 총공격하면서 의지의 "발화점"인 성생활에서 출발하여 신체의 형이상학Metaphysik des Leibes을 멋지게 전개할 것이다. 우리는 일반적으로 우리의 성에 맞서서 이길 수 없다고 그는 가르친다. "의지"의 가장 극명한 표명인 성은 활동 중인 "물자체"이다. 성은 가엾은 자아를 망신 주며 앞으로 몰고 간다. 아르투어 쇼펜하우어에게 성은 자신의 위풍당당함에 가해지는 치욕이었다. 그는 그런 일을 아주 구체적으로 여자들과의 불만족한 관계들에서 겪었다.

그는 운이 나빴다. 시대사적 환경과는 별개로 악운이 따르는 개인의 사정이 있기 마련이다. 사르트르는 플로베르Flaubert를 예로 들면서 어머니와 함께 아이가 갇혀 사는데 어머니가 아이를 의무감에서만 사랑하는 경우 아이는 자신의 육체 안으로 제대로 태어나지 못하며 그 안에서 제대로 자라지 못한다고 주장했다. 그렇게 되면 자신을 멀리 느끼는 불편한 감정과 생소함이 남는다는 것이다.[8] 이런 환경에서는 깨어나는 자아의 감정을 육체 전체와 녹아들게 하는 내부의 온기가 부재할 수 있다.

이와 유사한 일을 젊은 아르투어도 겪었을 것이다. 자기 자신 안에, 달리 말해 자신의 육체 안에 생동하는 요소를 그는 자신의 것으로 받아들이지 않고 타자로 받아들인다. 생동하는 요소는 차갑게 흘러나오기에 그 흐름을 타고 움직이는 사람은 거기에 자신을 내맡기고 싶지는 않게 된다. 육체가 뜨거워지면 자아는 오한을 느끼고 나의 독자성이라는 권위에서 피난처를 찾는다. 아르투어에게는 아버지 하인리히 플로리스가 그러한 권위였다. 아버지는 요동치는 혼탁한 물 위로 솟아 있었다. 그는 아버지에게서 당당히 자신을 통제하는 미덕을 배울 수 있었다. 아버지는 무슨 일이 있던지 머리를 높이 세우라고 격려했었다. 아르투어가 자라날 시기에 양친 사이의 에로틱한 긴장은 더 이상 존재하지 않았기에 아르투어가 느끼는 냉기는 계속 심해졌을 것이다. 성이 불가피하게 꿈틀거린다면 성은 - 이미 아르투어가 말했듯이 - 유혹적인 동시에 낯선 폭력으로 경험된다. 열렬한 사랑을 온몸으로 느끼는 것이 아니라 "육욕"을 저주하는 것으로 아르투어의 연애 편력은 시작된다. 아르투어가 젊었을 때 '벌거숭이' 성과 몹시 조숙한 지성 사이에 부드럽게 완충하는 '영혼'이 끼어 있었더라면 두 활력의 중심이 그럴싸한 평화조약을 맺었으리라. 후일 쇼펜하우어 본인도 정신이 힘차게 솟구칠 때에야 말로 "육욕에의 충동"이 완화되지 않고 극렬히 터져 나온다고 쓴다. 길을 들이는 조정장치 역할을 하는 중간층, 정신과 성이 절반 가격으로 거래되기에 양자가 서로 근접하는 중간층은 그에게는 없는 것 같다. 그것을 토마스 만은 소설 『파우스트 박사Doktor Faustus』에서 "본래 삶의 감상적인 층위"라고 불렀다. 소설 속의 아드리안 레버퀸은 그 층을 가지고 있지 않으며 아르투어 쇼펜하우어 역시 그 층에 관해 거의 관심이 없다. 토마스 만은 "가장 자존심이 강한 지성이 동물적인 적나라한 충동을 가장 직접적으로 맞닥뜨리며 그 충동에 가장 처참하게 내맡겨져 있다"[9]고 쓴다.

이렇게 자신에게 함몰된 남자는 자기주장을 위협하는 힘과 여자가 공범관계에 있다고 볼 것이다. 욕망에 끌려 남자는 여자에게 다가가지만 자신의 위풍당당함은 치욕을 겪기에 그는 여자를 용서할 수 없다. 그는 이 사실을 - 의도했건 아니건 상관없이 - 여자가 느끼게 할 것이며 여자는 등골이 서늘해질 것이다. 그러다 보면 남자는 사랑의 체험을 하기가 쉽지 않게 된다. 만약 사랑을 체험한다면 정신과 성생활이 함께 행복에 넘치면서 모든 적대감과 이원론이 쓸려나갈 것이다. 사랑 체험은 변화시키는 힘을 가지며, 돌연 이제껏 유효했던 것들을 더 이상 유효하지 않게 한다. 그러나 그런 체험이 없으면 저 근본적인 불화의 에너지가 커지며 사랑을 체험한다는 게 점점 힘들어지면서 불화를 벗어나기도 점점 힘들어 질 것이다.

아르투어 쇼펜하우어는 경험적 자아로 만족하고 그 안에 정착할 만큼 겸손하지도 않으며 강렬한 것을 갈구하고 있다. 그래서 그는 경계를 넘어 위에 있는 절대 권력자에게 가서 "더 나은 의식"의 '밝은 황홀경'에 자신을 내맡길 것이다. 경계를 넘어 아래에 있는 절대 권력자에게로 가는 것, 달리 말해 디오니소스의 황홀경을 그는 거부한다. 어쨌건 그는 자신의 철학적 관찰들에서 이 지하층을 오랜 형이상학적 품위를 지닌 실체 개념으로 장식할 것이다. 이 지하층, 곧 "의지"는 유일한 실체라고까지 천명된다. 모든 것이 의지의 피붙이이다. "의지"는 '모든 것' 그 자체라서 '무' – 다시 말해서 "더 나은 의식" – 하고만 무게 균형을 맞출수 있다.

"더 나은 의식"은 경험적 자아의 경계를 넘어가면서 잠시나마 의지의 재촉에서 벗어날 뿐 아니라 이성의 세계내재적 사용(인과성, 인격, 시간과 공간 개념)을 넘어선다. 아르투어 쇼펜하우어는 이따금 "은총" 혹은 "모든 이성보다 높은 신의 평화"와 같은 종교적 용어로 말한다. 이 경우 "더 나은 의식"은 있을 수 있는 모든 내재적 목적을 훌쩍 넘어선 갑작스러운 심적 상태를 의미한다. 이 상태는 어떤 무엇을 위한 수단으로격하되어서는 안 된다. 이 경험에서 쇼펜하우어는 너무도 파장이 큰 확신을 얻게 된다. 이념과 그 이념의 현실화를 연관시키는 근대적 추세는 타당하지 않다고 그는 확신한다. 이념이 현실화됐다 해도 이념의 진실을 입증해낸 것이 아니기 때문이다. "더 나은 의식"은 다른 현실을 무효화시키는 방식으로 스스로 '현실'이 된다. 그렇기에 "더 나은 의식"은 현실화될 수 없다는 것이다. 이 경험으로 인해 아르투어 쇼펜하우어는 현실에 대한 불만을 개선의 노력으로 없애려 하는 화해의 모든 시도에 최종적으로 부정적 입장을 취하게 되었다. 그는 한편으로는 우리의 경험적 존재와 의식, 다른 한편으로는 "더 나은 의식"이라는 화해될 수 없는 이중성을 고수한다. 그는 죽음과의 관계를 예로 들어서 이 이중성을 설명한다. "상이한 시대에서 죽음에 대해 가져왔던 상이한 태도를 보면 우리 의식의 이중성이 또렷이 드러난다. 우리가 죽음을 열심히 사유할 때 죽음이 너무도 무시무시한 모습으로 나타나는 순간이 있다. 그러면 우리는 그런 걸 예상하면서도 어떻게 평정을 유지할 수 있는지, 어째서 피할 수 없는 죽음을 한탄하는 것으로 삶을 보내지 않는지를 납득할 수 없다. - 다른 때 우리는 평온하며 기쁘게, 나아가 동경에 차서 죽음을 생각한다. - 두 경우 다 맞는 얘기다. 첫 번째 경우 우리는 온통 일시적 의식에 빠져 있기에 시간 안에서의 현상에 지나지 않는다. 그렇다면 죽음은 우리를 절멸시키는 최대 악이기에 두려워하는 게 옳다. 두 번째 경우 더 나은 의식은 살아 있으며 비밀스러운 끈에 의해 경험적 인식과 엮어져서 하나의 자아라는 동일성을 이루고 있다. 더 나은 의식이 그 끈이 풀릴 것을 기뻐하는 것은 당연하다."(HN I, 68)

의식의 이중성은 화해 불가능하지만 이중의 전망과 이중의 체험은 가능하다는 사실을 아르투어 쇼펜하우어는 너무도 명백히 알기에 주저 없이 철학에 부정의 임무를 부여한다. (후일 비트겐슈타인도 똑같이 할 것이다.) 철학은 추론적 언어로 무엇이 말해질 수 있는지 말함으로써 언어가 다가가지 못하는 영역의 경계를 확정할 수 있어야 한다는 것이다. 철학은 가능한 개념 작업의 극단까지 감으로써 개념 형성이 불가능한 것이 무엇인지를 알 수 있어야 한다. 쇼펜하우어는 철학의 사명은 자기 자신에 의해, 다시 말해 철학의 개념성의 활력에 의해 현혹되지 않도록 보호하는 것이라고 여긴다. 말로 다 할 수 없는 것이 말도 안 되는 헛소리가 되어서는 안 된다는 것이다.

제 10 장

—

아르투어는 피히테의 강의를 듣는다. 베를린은 해방 전쟁에 휘말린다. 정치적인 것의 전능성. 철학이 무기를 들다. 아르투어는 도주한다.

—

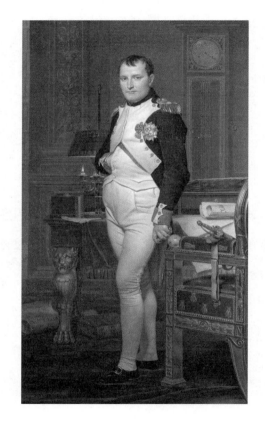

나폴레옹(1769년~1821년)

아르투어는 피히테의 강의를 듣는다. 베를린은 해방전쟁에 휘말린다. 정치적인 것의 전능성. 철학이 무기를 들다. 아르투어는 도주한다.

SCHOPENHAUER

쇼펜하우어는 피히테의 수업을 들으려고 베를린으로 왔기에 피히테에게서 자신의 영감과 흡사한 것을 발견하길 기대했다. 이미 괴팅엔에서 쇼펜하우어가 들은 바로는 피히테는 늘 철학은 하나의 대상인식에서 시작해서는 안 되며 "절대적인 신중함"에서 시작해야 한다고 촉구했다. 이 경우 자아는 모든 시공간의 관계에서 풀려난 자신을 경험하며 나아가 이 모든 시공간적 관계를 생성하는 자신을 볼 수 있다는 것이다.

하지만 불과 몇 주 후에 그는 피히테에게서 개념 철학이 스스로의 개념에 현혹되어 버린 경우를 목격한다. 쇼펜하우어 자신은 그러한 현혹에 맞서겠다고 다짐한 바 있다. 그가 보기에 피히테는 '건너 뛰는 것'만이 가능한 어떤 것, 즉 "더 나은 의식"을 개념을 써서 구성하며 발견하려 한다.

1811년 가을, 아르투어 쇼펜하우어는 먼저 「의식의 사실Thatsachen des Bewusstseins」이라는 제목의 피히테 강의를 듣는다.

철학이 놀라움에서 비롯된다는 피히테의 말에 쇼펜하우어는 동의한다. 이러한 "놀라움"이 "번개 치듯 명료하게" 시작된다는 말에도 그는 동의한다. 하지만 피히테가 경험론적 자기성찰을 나선형으로 돌리며 - 쇼펜하우어에게는 유혹적인 - "명료함"을 전개시키자 아르투어는 저항하기 시작한다. 성찰을 성찰함으로써 혹은 인지를 인지함으로써 정말로 – 피히테가 목적하는 – 새로운 질이 얻어질 수 있는지 그는 의심한다. 쇼펜하우어가 보기에 이런 시도는 결실 없이 배가시키는 것이다. 성찰하는 경우나 인지하는 경우는 비록 자신을 직관하려고 시도할지라도 항상 성찰하는 경우나 인지하는 경우로 머무를 것이다. 쇼펜하우어가 보기에 그렇게 해서는 그 누구도 내재성에서 나오지 못하기에 이 시도는 다람쥐 쳇바퀴 돌리기와 같다. 하지만 피히테는 그러면서 제대로 한번 날아보려 했다. 그가 다섯 번째 강의에서 자기성찰을 함으로써 의식이 밝아지면 존재가 사라진다고 주장하자 쇼펜하우어는 짜증과 불안이 뒤섞인 속에서 공책 가장자리에 메모를 한다. "여기서 말하는 것 모두가 내게는 너무 모호하다고 고백하지 않을 수 없다. 내가 잘못 이해했을 수도 있다."(HN II, 37)

다음번 강의 시간에 그는 병 때문에 결석을 한다. 병이 나아서 강의에 가니 피히테가 얼마만큼이나 "지식이 인지의 도식화"인지 설명한다. 이에 쇼펜하우어는 "그게 무슨 말인지 난 모르겠다"고 메모한다.(HN II, 41) 이번에 그는 다시 병이 드는 대신 분노에 사로잡힌다. "이번 강의에서 그가 한 말을 듣고는 내게 소망이 하나 생겼다. 나는 그의 가슴에 총을 들이대고 이렇게 말하고 싶었다. '당신은 이제 죽는 수밖에 없다. 하지만 당신의 불쌍한 영혼을 구하고 싶다면 말해보라. 당신이 그 잡동사니를 말할 때 무언가 분명한 것을 염두에 두었는가, 아니면 단지 우리를 우롱한 것인가?'"(HN II, 41) 하지만 피히테는 흔들림 없이 계속해서 더 높이 솟아오른다. 피히테가 "시야와 보는 것을 절대적으로 연대시키는 것은 근거"라고 말하자 수강생 쇼펜하우어가 떠올리는 건 뷔르거[1]의 시 구절뿐이다. "꺼져다오 나의 빛이여, 영원히 꺼져다오 / 가거라, 밤과 공포 속으로 가거라."(HN II, 44)

쇼펜하우어는 이제 개념의 현란함에 더 이상 주눅 들지 않으며 화를 내는 대신 비웃는다. 개념들이 그릇된 과제를 떠맡으면 휘청거릴 수밖에 없다는 걸 깨달은 것이다. 그릇된 과제란 예를 들자면 "더 나은 의식"으로, 혹은 피히테의 말을 따르면 "절대적인 신중함"으로 인도하는 것이다. 피히테가 이어지는 강의에서 자아를 뒤에서 포착하고자 대단히 애쓰며 굽이굽이 사유를 이어갈 때 쇼펜하우어는 간결하고 빼어난 문장을 짧게 적는다. "오직 하나의 직관자가 있으니 그는 자아이다. 바로 그 때문에 이 자아는 한 번도 직관된 적이 없는 존재이다."(HN II, 68)

1812년 여름에 피히테는 지식학Wissenschaftslehre을 강의하는데, 이때 쇼펜하우어는 공책 여백에 "황당한 헛소리", "정신 나간 잡담"(HN II, 123)이라고 신랄하게 적었다. 강의 전체를 필기한 것에 그는 셰익스피어의 글귀를 표제로 붙인다. "미친 소리이긴 한데 나름 조리가 있다"[2]는 것이다. 쇼펜하우어는 이 "미친 소리"를 즐기기 시작한다. 피히테가 "자아는 자리를 잡기 때문에 존재한다"고 말하자 그는 공책 가장자리에 의자를 하나 그려 넣는다. 피히테는 "자아는 어떤 타자에 의하여 밝아지는 게 아니라 절대적인 밝음 그 자체"라고 가르친다. 여기에 쇼펜하우어가 주석을 단다. "피히테가 오늘 순수한 빛만을 밝혔고 양초를 세워두지 않아서 필기를 더 이상 할 수 없었다."(HN II, 195) 피히테는 다음 강의에서 가시성의 순수형식을 논하는데 이번에도 강의실은 어둡다. 쇼펜하우어가 주석을 단다. "오늘 양초가 가시성에 포함되지 않아서 기록을 중단해야 했다."(HN II, 195) 아르투어는 "오래 어둠을 응시하다 보면 항상 무언가가 거기 있다"는 아일랜드의 격언을 믿지 않는다. 그는 이제 피히테의 철학과 이별하며 다음과 같은 신탁을 남긴다. "지식학은 오래 어둠 속에 앉아 있을 것이다."

하지만 실천적 도덕성, 더 나아가 정치적 도덕성이 문제가 될 때에는 늘 피히테의 철학은 밝게 빛난다. 피히테의 철학이 진가를 발할 순간이 곧 다가온다. 1812년 말 나폴레옹에 맞서는 해방전쟁이 시작되면서 사람들은 애국심에 불타오른다. 1806년 예나와 아우어슈태트에서 패배한 이후 프랑스 황제 국가의 봉신이 된 프로이센은 수년간 두 정책 사이에서 신중히 처신해야 했다. 한편으로는 나폴레옹과의 협약을 준수해야 했고 다른 한편으로는 프로이센의 애국심이 기승을 부리지 못하게 하면서도 애국심에 지나친 상처를 주지 않아야 했다. 국가를 민주적으로 개혁하려는 시도(슈타인과 하르덴베르크가 주도했다)[3] 역시 아슬아슬한 균형을 유지했다. 백성들은 개혁의 대상이었고 행정과 정치 지배에 어느 만큼은 참여해야 했지만 이 모든 게 도를 넘지 않아야 했다. 상황에 따라 독일적 – 애국적이 될 수밖에 없는 민주주의 운동이나 반대로 민주주의의 '뻔뻔함'으로 변질되는 애국심은 둘 다 기피의 대상이었다. 지배자들이 계급정파의 이익을 의식했기 때문에, 그리고 프랑스 황제를 의식했어야 하기에 그럴 수밖에 없었다. 피히테는 1807/08년 겨울 「독일 국민에게 고함」이라는 일련의 강연을 공식 석상에서 할 수 있었지만 초반부 두 강연에 관해 프로이센 검열국은 인쇄 허가를 거부했다. 애국심 가득한 마음에서 베를린의 새 대학이 추진되었고 창립될 수 있었지만 애국심을 우렁차게 외쳐서는 안 되었다. 슐라이어마허가 지나치게 '독일적' 신념을 품고 대학창립법규에 써넣은 것들 – 예를 들어 대학이 "독일 청년의 양성소"가 되어야 한다. – 이 모두 삭제되었다. 클라이스트[4]가 애국심을 표방하는 일간지 「베를리너 아벤트블래터^{Berliner} ^{Abendblätter}」를 발간하면서 프로이센의 통치기관과 어려움을 겪었던 것은 익히 알려져 있다.

정부는 특히 극장에 주목했다. 당시 국립극장 감독이었던 이플란트는 프랑스의 노래극을 상연 프로그램에 넣어야 했다. 그는 때로 독일 희곡조차 프랑스어로 공연하게 하며, 필사자가 번역을 받아쓸 수 있도록 불러주느라 여러 밤을 지새운다. 독일의 단골 관객들은 이따금 애국심을 토로할 기회를 잡는다. 『오를레앙의 처녀』[5]를 공연할 때의 일이다. 대관식 장면에서 "국왕폐하 만세, 카를 왕 만세!"라고 환호가 울려 퍼질 때 마지막 두 단어는 함성에 파묻혀버린다. 들리는 것은 "국왕폐하 만세!"뿐이다.

당시 극장 자체는 입장과 의견을 집단으로 표명할 수 있는 몇 안 되는 장소였다. 하지만 일반적으로 사람들은 분열되고 개개인으로 흩어지며 친숙한 그룹 속으로 숨어든다. 바른하겐 폰 엔제가 보고한다. "어디를 보든 망가지고 찢겨 있었다. 어느 방향이든 미래는 불확실할 뿐이었다. 정치 권력에 사회 권력과 지식층 권력들은 맞서 싸웠지만 아무 소용없었다. 사회 권력과 지식층 권력들은 자신들이 딛고 선 시민적 기반이 뒤흔들렸다는 걸 느끼지 않을 수 없었다. [⋯] 모두가 우연에 몸을 맡기고 하루가 그에게 제공하는 찰나의 이익을 좇았다." 이런 불확실한 상황에서 딛고 설 기반을 찾는 사람은 "자신이 선택의 여지없이 정신적 삶으로 휩쓸려 간다"고 느낀다. "사람들은 현실과는 동떨어진 이념과 감정들을 즐기며 하나가 되었다."[6]

한동안 사람들은 "정신적 삶"을 즐긴다. 1807년에서 1808년에 걸친 대기근 이후 물질적 삶이 다시 나아지기 때문에 평온함이 ─ 1812년까지는 ─ 지배한다. 이해에 나폴레옹은 이제껏 그가 했던 일들 중에서 가장 대규모의 기획에 착수하는데 그것이 바로 러시아 원정이다. 그리고 이 기획으로 나폴레옹 시대의 드라마틱한 종반부가 시작된다. 나폴레옹은 대륙봉쇄령으로 영국을 항복시키려 하다가 러시아가 반反영국 동맹에서 탈퇴하자 러시아로 진격한다. 그러면서 유럽이 지금까지 본 적 없는 최대 규모의 군대를 소집한다. 이 대육군[7]에 프로이센을 포함한 '연맹국들'은 모두 할당된 병력을 보내야 했다. 하지만 승리를 거듭하던 나폴레옹의 편에서 전쟁에 참여하는 것이었기 때문에 베를린 사람들은 초반에는 별로 불안해하지 않는다. 나폴레옹은 2월 22일 베를린에 거주하는 신학자 드 베테 ^{de Wette}가 프리스^{Fries}에게 "여기서는 정치적으로는 모든 게 평온한 반면 바깥에서 전쟁이 일어나리라는 예측을 다들 하고 있다는 얘기가 들립니다. 이곳 사람들은 프로이센이 프랑스의 연맹이기에 우리에게는 어떤 위험도 없을 것이라고 확신하고 있습니다"[8]라고 편지를 쓴다. 같은 날에 러시아 원정을 위한 전쟁동맹이 인준되었다. 애국자들은 영토를 확장하고 프로이센의 영광을 다시 일으키겠다는 기대에 들떠서 즐겁기까지 하다. 베를린의 신학자 우덴^{Uhden}은 1812년 4월 3일자 편지에 "이곳에 있는 우리 기관들은 왕성히 번창하고 있습니다. 작금의 정치 상황은 우리에게 더욱 많은 축복을 가져올 것입니다"[9]라고 적는다.

1812년 봄, 나폴레옹은 전쟁을 치르기 위해 50만 명을 모은다. 역사상 최대 규모의 군대가 베를린을 통과한다. 전 유럽이 머리부터 발끝까지 무장을 하고는 이 도시를 뒤덮는다. 한동안 베를린은 이 전쟁이라는 괴물을 먹여 살려야 한다. 그러고는 군인들이 민간 숙소에 배당되자 그 무거운 짐에 한숨짓는다. 게다가 군대를 합숙시키기 위해 높은 세금이 부과된다.

동쪽으로 행군이 시작되며 기묘한 정적이 퍼지면서 상상력이 작동하기 시작한다. 모스크바가 불타고 있으며 늦여름에 지독한 겨울이 닥쳤다는 소문이 돈다. 전부 무시무시한 이야기들이다. 몇몇 사람들은 기분을 바꾸려는 시도를 한다. 역사학자 니부어^{Niebuhr}[10]는 로마의 역사에 관한 연구에 몰두하는데 그 이유는 자신을 엄습하는 "송장 냄새"[11]에서 도망가기 위해서이다.

그동안 군대는 이렇다 할 저항에 부대끼지 않고 앞으로 나아간다. 이런 유령을 쫓는 듯한 원정은 그해 겨울 참담한 실패로 끝난다. 공간은 넓디넓은데 겨울이 오고 기근이 닥쳤으며, 러시아 군대의 지연 작전으로 군대의 사기는 저하되고 전선 뒤에서 빨치산이 전투를 벌여 군대를 녹초로 만들었기 때문이다. 이런 요소들로 인해 주력 부대는 와해되고, 수천 명으로 줄어든 주력 부대는 1812년 겨울 힘겹게 서쪽으로 돌아온다.

　　불안한 정적 속에 몇 달이 지난 후 이제 무시무시한 소식들이 들불처럼 퍼진다. 팔다리가 없는 불구자들이 오고 있다는 이야기, 군인들이 절반은 썩은 말의 시체를 놓고 싸우다 서로 때려 죽였다는 이야기였다. 1813년 1월 20일 첫 번째 난민들이 베를린에 당도한다. 군 병원에는 부상자와 환자가 가득하다. 전염병이 우려되는 상황이다. 베를린에서 예술을 가르치는 졸거[12] 교수는 자신의 친구 라우머에게 이렇게 쓴다. "전율이 돋는 순간이군. 구원으로 보이는 게 우리를 종말에 빠트릴 수 있겠지. […] 내 마음의 평정은 사라지고 밤낮을 세계의 사건들에 대해 생각하지 않을 수 없다네."[13]

　　하지만 아르투어 쇼펜하우어는 – 아무리 봐도 그는 밤낮을 "세계의 위대한 사건들"에 대해 생각하지 않는 듯하다. – 자신의 일기에 쓴다. "인간은 삶을 딛고 올라서야 한다. 모든 과정들과 사건들, 기쁨과 고통이 더 나은 자신과 내부의 자신에까지 와닿지 않으며 이 모든 것이 유희일 뿐임을 깨달아야 한다."(HN I, 32)

　　1812년 봄 대육군이 베를린을 통과할 때 아르투어는 피히테의 지식학에 관해 골똘히 생각했다. 모스크바의 화재 소식이 흘러나올 때 그는 아랑곳하지 않고 드레스덴의 화랑을 조용히 관람한다. 만신창이가 된 패잔병들이 베를린에 당도하는 동안 그는 샤리테 병원에 있는 한 광인을 방문하여 그의 성경에 헌사를 써준다. 불운한 세계사라는 파도에 휩쓸려 난파선의 화물이 베를린이라는 해안으로 떠내려오는 동안 아르투어 쇼펜하우어는 일상에서의 죽음에 대해 성찰한다. "숨을 한 번 쉬면 지속적으로 스며드는 죽음을 지연시킨다. 그렇게 우리는 매초마다 죽음과 싸운다. 더 큰 시간 간격으로 우리는 식사할 때마다, 잘 때마다, 몸을 녹일 때마다 죽음과 싸운다. 우리는 태어남으로써 곧장 죽음에 예속되기 때문이다. 우리 삶 전체가 죽음이 유예된 것에 지나지 않는다."(HN I, 75)

삶의 일상적인 측면을 마주하기만 해도 공포에 사로잡히기에 그는 세계사의 사유를 거부한다. 그러나 세계사를 사유하는 사람들은 공포와 희망 사이에서 흔들린다. 졸거는 한 편지에서 이렇게 쓴다. "대육군의 패잔병이 너무도 처참한 상태가 되어서 이리로 밀려들고 있습니다. 대규모로 신의 불가사의한 심판이 행해졌습니다. […] 이처럼 끔찍한 참사는 역사에서 유례가 없을 겁니다. 이 시점에 어떻게 대처하느냐에 따라 유럽의 운명이 갈릴 수밖에 없습니다."[14]

어쩔 수 없이 조심스럽게 – 이 시기에는 편지가 개봉되어 검열된다. – 졸거는 위의 편지에서 많은 이들이 품고 있는 희망을 표현한다. 그들은 프로이센이 다른 편과 동맹 맺기를 바란다. 러시아와 더불어 그리고 민중의 힘찬 도움을 받으며 프랑스가 씌운 굴레를 떨쳐내길 바란다. 독일이 민족국가로, 더 나아가 민주주의로 다시 태어나도록 하는 작업이 시작되기를 바란다. 이 방향으로 가는 첫 발자국을 1812년 12월 31일 요크Yorck 장군이 뗐다. 그는 독자적으로 러시아 측과 타우로겐Tauroggen 협정을 맺었는데 이 협정은 프랑스 군대 안의 프로이센 병력을 중립화했다.

국왕은 이 조치를 승인하지 않았다. 궁정은 아직 망설이고 있었다.

나폴레옹에 저항하는 민중의 정서를 활용할 수는 있지만 이 정서는 프로이센의 목표를 훌쩍 넘어서 위험해질 수도 있다. 궁정은 더 강한 군대와 같은 편이고자 하기에 프랑스와 러시아 중 누가 더 강한지가 밝혀져야 한다. 그래서 1813년 1월 말 "유복한 계층들"이 자발적으로 전시 복무를 할 것을 독려하는 성명이 발표되지만 누구에 맞서 무장을 하는 것인지는 명시되지 않는 황당한 일이 생긴다. 베를린에서는 1월에 반란과 민중봉기, 폭동이 잇따른다. 프랑스 사령부 창문들이 깨지지만 프로이센 근위병들도 돌팔매를 맞는다. 그러다 포츠담 궁전을 습격하려는 계획이 있다는 소문이 돌자 군대가 진격한다. 프랑스와 프로이센 군대이다.

이 며칠 동안 프로이센에서도 시대의 위대한 열정이 분출하는데 이는 다름 아닌 정치이다. 프랑스 혁명 이후 정치 영역에서 일어난 변혁들을 이제 베를린에서 강도 높게 느낄 수 있다.

정치적 영역이 팽창하면서 이전에는 정치적 공론에서 발붙일 곳이 없었던 열정과 신조, 희망과 소원이 정치에 통합된다. 절대주의에서 정치는 군주국이 독점했다. 절대적인 권력 요구는 전체주의적이지는 않았다. 정치의 영역은 밖으로는 왕가의 자기보존 정책과 권력 정책, 안으로는 평화 유지와 자원의 활용으로 제한되어 있었다. 군주국의 정상은 분리되지 않은 정치 권력을 가졌기에 절대적이었다. 사회는 이중의 의미에서 정치로부터 자유로웠다. 일반적으로 사회는 정치적 표명을 하기 위해 노력하지 않았으며 외부, 즉 국가에 의한 정치화의 대상이 되지도 않았다.

프랑스 혁명은 '옛' 정치의 위기를 뜻했다. 사회는 절대주의의 독점을 깨트려 정치를 되찾아오며, 그 결과로 정치의 영역이 변한다. 정치는 온전한 인간의 관심사이자 대중의 관심사가 된다. 후기 절대주의에서의 앙상한 정치 개념은 이제 과거에 속하며 지금부터 정치를 뒤덮는 것은 이전에는 사회 영역과 개인 영혼의 내부 공간에 적재되어 있던 격정과 야망들이다. 자유, 평등, 박애, 행복 – 이런 것들이 지금 이곳에서 정치적으로 산출될 수 있어야 한다. 정치는 삶을 만들 수 있다는 것을 의미하며, 사람들이 마음에 품은 것 전부를 투자할 수 있는 기업이 된다.

우리는 18세기 말 정치의 이러한 분출이 막강한 분기점과 결부되어 있음을 분명히 인지해야 한다. 이전에는 종교가 담당했던 의미에 관한 질문들이 이제 정치에게 배당된다. 세속화가 진행된 결과 이른바 '궁극적 질문들'은 사회적 – 정치적 질문으로 바뀐다. 로베스피에르는 정치적 이성에 바치는 예배를 연출한다. 그리고 해방전쟁 시기의 프로이센에서는 애국심을 독려하는 기도서들이 돌아다닌다. 하인리히 폰 클라이스트까지도 그런 기도서를 하나 썼다.[15] 그러나 아르투어 쇼펜하우어는 그것을 읽지 않았다.

프랑스 혁명으로 터져 나온 흐름은 돌이킬 수 없다. 전통적 권력들의 연합은 혁명적 프랑스에 맞서서 우선 ('내각 전쟁Kabinettskriege'[16]과 같은) 낡은 방법으로 싸웠지만 신념에서 행동하는 프랑스인들에게 패배했다. 질풍노도 이후 문화적으로 이미 오래 준비되어온 것이 이제 정치적 민족의식이 되어 분출된다. 민족, 조국, 자유 – 이런 가치들을 위하여 사람들은 죽을 준비가 되어 있다. 이러한 정치화의 진전을 가늠하기 위해서는 1806년 왕이 개인적으로 패배를 공지한 것과 1813년 3월 왕이 발표한 성명을 비교하면 된다.

1806년에는 "왕이 전투에서 패배했다. 이제 시민의 최우선 의무는 평온을 유지하는 것이다"라고 왕이 공지한다. 그에 반하여 1813년의 성명은 이제까지 궁정의 정책을 장황하게 변명한 후 국가를 위해 조건 없이 헌신할 것을 촉구한다. "우리가 앞으로도 프로이센인이며 독일인으로 남으려면 우리는 성스러운 가치를 위해 희생해야 하며 그 가치를 위해 싸워 이겨야만 한다. 각 개인에게 요구되는 희생이 아무리 무거울지라도 이 성스러운 가치보다 더 무게가 나가지는 않는다."

이것이 새로운 정치의 음성이다. 이를 철학적으로 가장 잘 옮긴 자가 바로 피히테이다.

"자아는 자리를 잡기 때문에 존재한다…"는 말은 신정치어로 옮겨 말하면 자아를 에워싼 삶의 규칙들은 자아의 실체적 자유 앞에서 자신을 정당화해야 한다는 의미이다. 국가라는 비아는 자아가 스스로에게 제한을 가하여 창조한 것이기에 자아에 의해 다시금 취소될 수 있다. 이 주장은 용감한 애국자들의 호통 소리를 뒤로하고 막 세계사에서 퇴장하려는 나폴레옹에게도 유효하다. 하지만 이 주장은 국가 자체에도, 예를 들자면 프로이센에도 유효하다. 국가가 자유의 활동과 활용을 – 국가 스스로 경계를 설정함으로써 – 장려한다면 좋다. 국가가 자유에 장애가 된다면 국가는 자아에 의하여, 정확히는 사회화된 자아라는 주체들에 의하여 폐지되어야 한다. 1813년 3월의 소란스러운 때 피히테가 이렇게 선포한다. "물질적 힘의 소유인인 사회는" 자기반성을 해야 하며 해방을 위해 행동해야 한다. 피히테 본인은 프로이센 사령부의 종군 설교사가 되려 하지만 사령부는 그 제안을 웃어넘길 뿐이다. 종군 설교사가 되는 것은 좌절되었지만 그는 어떤 실망을 겪든지 견딜 수 있는 사람이었다. 국무장관 니콜로비우스Nicolovius에게 그가 말한다. "저의 시도가 성공을 거두면 이익은 무한하고 실패한다 해도 말은 꺼내 본 셈입니다. […] 제가 지금 있는 지점인 순수 개념의 세계로 물러나는 건 제게 항상 가능하지요."[17] 하지만 그건 오래지 않아 불가능해졌다. 1814년 1월 29일 이 씩씩한 남자는 해방전쟁의 부상자들이 퍼트린 신경성 열병에 걸려 사망한다.

1813년 3월 28일 나폴레옹에 대항하는 전쟁이 격식에 맞게끔 예배를 드리면서 공식적으로 시작된다. 슐라이어마허는 이전에는 애국심 때문에 검열 당국의 통제를 받았지만 이제는 마음껏 말할 수 있다. 그는 연단에 서 있고 청중은 유니폼을 입고 귀 기울이며 출전할 준비를 갖춘다. 소총은 교회 바깥 벽에 기대어 있고, 성구실聖具室 뒤에서 말들이 풀을 뜯고 있다. "독실한 신자답게 감격에 벅차하며 마음에서 우러나는 말로 그는 모든 이들의 마음속에 파고들었다. 명료히 흘러가는 그의 힘찬 연설에 모두가 빨려 들어갔다"[18]고 한 동시대인이 보고한다. 그러나 쇼펜하우어는 빨려 들어가지 않는다. 슐라이어마허라는 이 박식한 남자는 중세 스콜라 철학자들에 관해 유려하게 이야기할 수 있지만 실제로는 단 하나의 원문도 읽지 않았다. 이걸 알아챈 후 쇼펜하우어는 슐라이어마허를 아예 신뢰하지 않는다.

　　대학은 황폐해진다. 거의 삼분의 이에 달하는 학생들이 징집되었다. 교수들은 현금을 기부하고 소총을 장만한다. 니부어는 자발적으로 정원에서 훈련을 시작하고 몇몇 동료 교수들도 함께한다. 그는 손에 군은 살이 생기는 걸 기뻐한다. "내가 보드라운 학자의 피부를 가지고 있었을 때엔 소총에 깊이 손이 베이곤 했다"[19]고 그는 편지에 쓴다. 졸거 교수는 이리저리 배회하며 마주치는 사람마다 붙들고 자신의 결혼식을 전투 전에 치를지 아니면 전투 후로 미룰지 물어본다. 정원에서 훈련할 생각도, 전장으로 행진해갈 생각도 없는 교수들은 그 대신에 사기를 드높이는 책들을 읽는다. 뵈크Böckh[20]는 편지에 이렇게 쓴다. "저는 그리스 비극과 셰익스피어 말고는 아무것도 못 읽겠습니다. […] 괴테와 실러는 현 상황에서는 읽기에 적절치 않습니다. 우리 시대에 읽히기에는 둘다 너무 약합니다."[21]

　　4월 말 베를린은 나폴레옹 군대의 공격을 받을지 모르는 위험한 처지에 있다. 4월 21일 예비군이 조직되기 시작한다. 무기를 다룰 수 없는 사람들은 도시 외곽에서 보루를 쌓는 작업에 투입된다. 그곳에서는 이제 교수단 전체가 작업하는 것을 볼 수 있다. 그러나 젊은 학자들은 무장을 한다. 졸거는 - 그동안 그는 결혼하기로 결정했다. - 용의주도하게 미망인을 지원하는 금융기관을 조직하는 데 힘을 쏟는다. 그는 신부를 슐레지엔으로 보내지만 불행히도 이는 틀린 방향이다. 그곳에는 적이 자리 잡고 있기 때문이다. 다들 신경이 극도로 곤두서 있다. 야영장으로 변해버린 베를린에서 버티며 베티나 폰 아르님[22]은 한 편지에서 학자들로 이루어진 보병대를 생생하게 묘사하고 있다. "예비군과 향토방위대가 베를린에서 조직되는 동안 기이한 일들이 일어났어. 날마다 확 트인 거리에는 온갖 신분의 남자들과 (열다섯 살짜리) 아이들이 왕과 조국을 위해 죽겠다고 맹세하며 모였단다. […] 또한 지인들과 친구들이 갖가지 종류의 무기를 가지고 매시간 거리를 가로지르며 달리는 걸 보자니 기분이 묘했어. 그들 중 상당수는 군인이 되리라고는 상상할 수조차 없었던 이들이야. 예를 들어 사비나[23]가 세 시 종이 치면 무엇에 들린 듯 긴 창(예비군에게 아주 일반적인 무기야)을 들고 거리를 가로질러 달린다고 상상해보렴. 철학자 피히테는 철 방패와 긴 비수를 들고 나섰고 코가 긴 문헌학자 볼프는 티롤식 벨트에 피스톨과 온갖 종류의 칼과 전투용 도끼를 채워 넣었고 […] 피스토어는 […] 숫사슴 가죽으로 만든 갑옷을 입고 있었어. […] 아르님이 있는 중대에는 한 떼의 젊은 여자들이 항상 와 있어. 군인 신분이 아르님에게 어찌 보나 쏙 들어맞는다는 게 이 여자들 생각이야."[24]

5월 초 상황은 더 위급해진다. 나폴레옹이 아주 가까이 와 있다는 소문이 돈다. 정규군이 빠져나간 상황에서 베를린 사람들은 복수를 두려워한다. 아르투어 쇼펜하우어는 이 도시에서 더 이상 견디지 못하고 바이마르 방향으로 도주한다. 그전에 그는 시대정신에 자신의 공물을 바친다. 그는 한 군인의 장비(말, 군복 등)를 위해 헌금한 것이다. 하지만 그는 싸움에 참여할 생각은 없다. 애국심은 그에게는 생소하다. 국제 정치의 다툼에 열정을 투자한다는 건 있을 수 없는 일이다. 이런 종류의 세속화는 그를 스쳐 지나갔다. 그의 "더 나은 의식"에 전쟁은 소음과 연기일 뿐이며 몹시도 어리석은 놀이이다. 몇 달 후 그는 당시의 몇 주를 돌이켜보면서 예나대학교 철학과 학장에게 편지를 쓴다. 그는 그곳에서 박사 학위를 받으려 한다. "여름이 시작될 무렵 제가 철학을 공부하던 베를린에서 전쟁의 소음이 뮤즈를 몰아내었고 […] 오직 뮤즈만을 따르겠다고 맹세한 바 있는 저는 뮤즈를 따라서 그곳을 떠났습니다. (제가 잇달아 불행을 겪은 탓에 어딜 가든 이방인이기에 국방의 의무로부터 자유롭다고 여겨서가 아닙니다. 저의 사명은 주먹이 아니라 머리로 인류에 봉사하는 것이며 제 조국은 독일보다 크다고 가슴 깊이 확신하기 때문입니다.)"(B 643) 쇼펜하우어는 철학 박사 학위 논문을 쓰겠다는 의도를 품고 베를린을 떠난다. 하지만 그에게는 학위를 획득하는 것보다 더 중요한 것이 있다. 그는 거대한 작품의 윤곽을 머릿속에 떠올리고 있었으며 그것이 자신의 평생의 역작이 되리라는 것을 알고 있었다.

전쟁이 기승을 부리고 정치 열기가 들끓는 가운데 그는 뜨거운 느낌과 강렬한 영감과 엄청난 창조욕에 사로잡힌다.

1813년 초 희열에 싸인 시간에 그는 일기장에 이렇게 쓴다. "내 펜 아래서, 아니 내 정신 안에서 하나의 작품이 자라고 있다. 윤리학과 형이상학을 하나로 합치게 될 철학이다. 이제까지 사람들은 그 둘을 갈라놓았는데 이는 인간을 영혼과 육체로 갈라놓는 것과 마찬가지로 잘못된 일이다. 작품은 자라면서 점차 어머니 몸속의 아기처럼 천천히 구체적 모습을 갖춰가고 있다. 어머니 몸속의 아기는 무엇이 제일 먼저 생기고 무엇이 제일 나중에 생겼는지 나는 알 수 없다. 어머니가 아기가 몸속에서 생겨난 것을 이해하지 못하듯이 여기 앉아 있는 나, 내 친구들이 알고 있는 나 역시 작품이 생겨나는 것을 이해하지 못한다. 나는 작품을 보면서 어머니처럼 말한다. '은총을 받아서 나는 태아를 품고 있다.' 감각의 세계를 지배하는 우연이여! 몇 년 더 내가 조용한 삶을 누릴 수 있게 해달라! 어머니가 자식을 사랑하듯 나는 내 작품을 사랑한다. 아이가 자라서 태어나게 되면 그때 당신의 권리를 내게 집행하고 유예시킨 만큼의 이자를 취하라."(HN I, 55)

"은총을 받아서 태아를 품은" 아르투어 쇼펜하우어는 조용한 구석에서 자신의 작품을 낳기 위해 시대의 거대한 움직임들이 다투는 무대와 사건 현장을 떠난다.

2부

제 11 장

—

무대에 서지 못한 사상가. 아르투어가 루돌슈타트에 자리 잡다. 철학이 처음 망명하다. 박사 학위 논문: 『충족 근거율의 네 겹의 뿌리에 관하여』. 근거와 근거들에 대하여. 이성의 한계. 아르투어는 자신의 입장을 확실히 밝히지 않는다.

—

쇼펜하우어의 박사 학위 논문 표지(왼쪽)와 쇼펜하우어의 박사 학위증(오른쪽)

무대에 서지 못한 사상가. 아르투어가 루돌슈타트에 자리 잡다. 철학이 처음 망명하다. 박사 학위 논문:『충족 근거율의 네 겹의 뿌리에 관하여』. 근거와 근거들에 대하여. 이성의 한계. 아르투어는 자신의 입장을 확실히 밝히지 않는다.

SCHOPENHAUER

아르투어 쇼펜하우어는 바이마르를 거쳐서 루돌슈타트Rudolstadt의 어느 시골 여관으로 가고 있다. 그곳에서 그는 "충족 근거율의 네 겹의 뿌리에 관하여Über die vierfache Wurzel des Satzes vom zureichenden Grunde"라는 제목의 박사 학위 논문을 쓰면서 삶의 한 시기를 시작한다. 5년 남짓한 이 시기에 그의 철학 전부가 "아침 안개로부터 아름다운 경치"가 올라오듯이 솟아오른다. 그리고 이 5년 동안에 그는 자신의 핵심 명제들 모두를 최종적으로 구성해낼 것이다. 이 시기를 마무리 지으면서 그는 자신의 몫인 삶의 과제를 해냈음을 알고 있다. 그러고 나서 그는 청중 앞에 설 것이며 아무도 오지 않았다는 걸 알아차리고 경악할 것이다. 단 한 번도 등장하지 않은 채 그는 퇴장한다. '무대 위의 사상가'가 될 기회를 그는 얻지 못한다. 어차피 아무도 그에게 귀 기울이지 않기에 그는 놀라운 착상들로 관심을 끌어모으겠다는 소망을 포기할 것이다. 그는 지속적으로 발군의 실력을 발휘하지 않아도 될 것이며 자신을 비밀의 베일로 감쌌다가 노출하는 놀이를 연출하지 않아도 될 것이다. 그는 문을 쾅 닫은 후에 다시 우당탕 문으로 돌진하기를 되풀이하지 않을 것이다. 그는 자신이 찬란히 연출한 것과 진실을 혼돈하는 위험에 빠지지 않을 것이다. 그가 하는 말들은 듣는 이 없이 사라지기에 스스로 한 말을 이행하려 하다가 자기를 파괴하는 일은 없을 것이다. 간단히 말하자면 그는 자신의 가장 유명한 제자인 니체의 운명을 겪지 않아도 된다. 그는 변신의 극장에서 자신을 소모하지 않으며 철학의 가면극이라는 소용돌이에 휘말리지 않는다. 하나는 안으로 다른 하나는 바깥으로 향한 두 개의 얼굴이 있으면 그에게는 충분하다. 사물들의 심장 속으로 침잠한 얼굴 하나와, 세상만사를 그리고 세상만사에 얽매인 자신을 회의적으로 응시하는 또 다른 얼굴이면 충분하다. 그는 외부로부터 아무런 답도 얻지 못한다는 사실에 처음에는 실망하지만 결국 그 사실이 자신의 이론이 지닌 진실성을 입증한다고 해석할 것이다. 그런 까닭에 그의 철학은 외부를 격노한 시선으로 보게 될 것이며 수정같이 맑은 언어로 영감을 전개함에도 불구하고 접근하기가 더욱 어려워질 것이다.

하지만 그는 스스로 인정하지는 않을지라도 애타게 대답을 기다릴 것이다. 청중을 찾아 나서거나 청중의 비위를 맞추기에는 너무도 자존심이 강하지만 그는 마음속으로 청중이 그를 찾아주길 희망한다. 어떤 극장도 그를 부르지 않기에 그는 자신의 내부를 향해 자신을 연출하는데 그가 보는 자신은 다른 사람들이 발견해야만 하는 사람이다. 그가 자신을 관객 삼아 연기하려는 모습은 멀리 물러나 있는 진실이다. 그가 삶의 끝 무렵 정말로 '발견'되면 그는 돌이켜보면서 장기간에 걸쳐 익명으로 살아온 것이야말로 진실에 이르는 먼 길이라고 풀이할 것이다.

자신의 삶을 돌아보면서 아르투어 쇼펜하우어는 철학으로 가는 길은 길었지만 철학 안에서의 길은 길지 않았다고 여겼다. 그는 다른 방향으로 자신을 인도하던 삶의 궤도에서 벗어나야 했기에 우회로를 취할 수밖에 없었다. 하지만 그가 철학에 발을 붙이자마자 만사가 - 그가 느끼기에는 - 아주 빨리 진행됐다. 그는 "더 나은 의식"에서 나오는 영감들을 낭만주의와 플라톤의 여운이 풍기는 언어로 표현하는 반면 경험적 의식을 성찰할 때에는 칸트의 발자취를 쫓는다. 그리고 1815년에 자신의 육체로 체험한 "의지들"이 칸트의 악명 높은 "물자체"와 동일하다고 확인한다. 이로써 그의 철학 전부가 압축된 형태로 함께 모이며, 그것을 펼치는 일만 남아있다. 박사 학위 논문은 이러한 해설 작업의 시작이다. 인식론을 다룬 이 논문에는 그 어디에도 명시적으로 표현되지 않은 준거점이 숨어 있는데 이 준거점은 집필 시기의 사적 기록과 뒤이어 나온 주저 『의지와 표상으로서의 세계』에서 너무도 뚜렷이 모습을 드러낸다. 그는 칸트의 이론을 첨예화하여 경험적 인식의 경계를 정함으로써 – 박사 학위 논문에는 전혀 언급되지 않은 – "더 나은 의식"의 자리를 정하려 한다. 그가 언급하지 않는 것이야 말로 그의 관심사이다. 그는 나름의 방식으로 칸트주의자가 되는데, 이는 다시금 나름의 방식으로 플라톤주의자로 남기 위해서이다.

피히테를 다룬 공책에서 아르투어 쇼펜하우어는 1812년 이 인식비판의 서곡에 숨겨 있는 준거점을 명료하게 표현한다.

"진정한 비판철학은 광석에서 금을 떼어내듯이 경험적 의식에서 더 나은 의식을 떼어내서 감각이나 지성을 섞는 일 없이 그것을 순수하고 온전하게 내어놓을 것이며 그렇게 함으로써 더 나은 의식에 계시되는 것들을 모두 모아 하나로 합칠 것이다. 그리고 진정한 비판철학은 경험적 인식 역시 순수하게 얻어내서 그것을 상이함에 따라서 분류한다. 그런 작업은 미래에는 완벽해질 것이다. 경험적 인식은 정확하고 섬세하게 분류되어 쉽게 이해되게끔 만들어질 것이지만, 이런 작업이 파기되는 일은 결코 없다. 철학의 역사는 완결된다 할지라도 철학은 현존할 것이다. 사람들이 오래 평화를 누리고 문화가 전진한다면, 모든 메커니즘이 완벽해지면서 여유가 생긴다면 – 그렇게 된다면 언젠가는 어린 시절 걸음마를 배울 때 쓰던 끈을 버리듯 모든 종교가 폐기된다. 인류는 최고의 자기 의식에 도달하게 된다. 철학의 황금시대가 도래할 것이며 델피 신전의 '너 자신을 알라^{gnothi sauton}'라는 계명이 실현될 것이다."
(HN II, 360)

위 인용문에서 경험적 의식과 "더 나은" 의식의 이중성은 역사철학적으로 격상되는데 이런 일은 처음이자 마지막이다. 경험적 의식이 자신의 능력을 깨닫는다면 경험적 의식은 무엇을 할 수 있을까? 경험적 의식은 우리에게 "완벽한 메커니즘"을 제공하여 우리가 자연을 지배하고 삶의 외형적 조건들을 합리적으로 만들도록 할 것이다. 하지만 이 모든 것은 수단의 세계에 불과할 뿐 목적의 세계는 아니다. 목적은 "여유"에 있다. 경험적 의식이 실용적으로 삶에 대처해나가는 과제를 성공적으로 수행함으로써 존재의 가능성이 하나 탄생한다. 경험적 의식 자신은 이 가능성에 이르지 못하지만 그 가능성을 위하여 터를 마련할 수는 있다. "더 나은 의식"을 매개로 삼아서 자신을 인식한다는 가능성이다. 경험적 인식에 의하여 삶의 실용적 면이 성공적으로 처리됨으로써 경험적 이익에 좌우되지 않고 자신 안에 머무르면서 진실하게 살 수 있는 기회가 생긴다. "철학은 현존할 것"이지만 "철학의 역사는 완결될 것"이라고 쇼펜하우어는 쓴다. 이 문장의 의미는 다음과 같다. 지금껏 철학사는 철학이 생존경쟁에 불행히도 연루되었던 역사를 서술해왔는데 이제 그것이 끝날 것이다. 전권을 위임 받은 경험적 지식이 실용적 문제를 독자적으로 해결할 것이며 철학은 삶의 유용함과는 무관한 진실들에 몰두할 수 있는 자유를 돌려받기 때문이다. 영역들이 분리되면 경험적 지식과 "더 나은 의식" 양측 다 이득을 본다. 비판철학은 경험적 지식을 독려하고 그것에 전권을 위임하는 동시에 경험적 지식이 해당 영역이 아닌 곳에는 얼씬도 못하게 함으로써 이런 분리를 이루어낸다. 아르투어 쇼펜하우어가 보기에 비판철학은 경험적 의식이 활개칠 수 있는 영역을 조명함으로써 더 나은 의식에 가치를 부여하려고 하기에 "더 나은 의식"에 봉사한다.

아르투어 쇼펜하우어가 1812년 초여름 이런 즐거움이 가득한 글을 쓸 때 나폴레옹은 러시아에 맞서는 엄청난 규모의 전쟁을 준비하고 있다. "사람들이 오래 평화를 누리고 문화가 전진한다면…" – 이러한 낙관론은 쇼펜하우어의 눈앞에서 일어나는 사건들에서 생겨나는 것이 아니라 자신의 자랑스러운 작품에 대해 느끼는 희열에서 생겨난다. "은총을 받아서 태아를 품고 있는" 사람이 갖는 벅찬 기쁨은 역사적 전망 역시 금빛으로 물들인다. 한순간 그것은 찬란히 빛나지만 그 빛은 사실 빌린 것이다. 역사적 전망은 아르투어의 내면에서 불타는 빛을 다시 반사하고 있다.

그러나 곧 '역사'가 바로 눈앞에서 미쳐 날뛰며 평소에는 신중했던 사람들이 돌연 마구잡이로 싸움을 벌이는 것을 마다하지 않게 되면서 아르투어는 다시금 자신의 내부 세계로 침잠할 수밖에 없다. 밖에서는 경험적 인식이 호전적인 광기에 빠져 비틀거리기 때문이다. 베를린 사람들이 나폴레옹의 복수에 대비하여 무장하는 동안 아르투어는 드레스덴을 거쳐 바이마르로 피난을 가서 잠시 머문다. 그리고 오래지 않아 어머니의 집을 떠나서 가까이 있는 목가적인 소도시 루돌슈타트에 자리를 잡는다. 1813년 6월부터 11월까지 그는 하숙집에서 사람을 전혀 접하지 않고 살면서 박사 학위 논문을 작성한다. 창작의 행복에 푹 빠져 있지만 때로는 회의에 시달리기도 한다. 뒤로 물러나 있는 자신과 목가적 골짜기 너머 역사의 싸움터에 있는 바깥의 "흥분한 사람들" 중 누가 옳으냐고 그는 자문한다. 그리고 뒤돌아보면서 이렇게 쓴다. "실은 당시 나는 또다시 마음속 깊이 괴로워하며 침울해 있었다. 내가 가졌다고 느끼는 재능과는 전혀 다른 재능을 요구하는 시대에 나의 삶이 자리 잡고 있었기 때문이다."(B. 654) 하지만 그런 기분은 잠시 스쳐갈 뿐이었다며 쇼펜하우어는 계속 쓴다. "내가 루돌슈타트에서 은거해 있는 동안 […] 그 지역의 형언할 수 없는 매력에 사로잡혔기 때문이다. 내 천성이 워낙 군대와는 맞지 않기에 전쟁이 벌어지는 여름 내내 사방이 숲으로 무성한 산들로 둘러싸인 골짜기에서 한 명의 군인도 보지 않고 북소리를 한 번도 듣지 않을 수 있다는 사실에 나는 행복했다. 주의가 산만해지거나 다른 데 쏠리는 일 없이 깊디깊은 고독에 싸여 나는 세상사에서 가장 동떨어진 문제들과 연구에 몰두했다."(B. 654)

쇼펜하우어가 박사 학위 논문에서 다루는 문제들은 정치 열기로 가득한 관점에서 보지 않더라도 '동떨어진' 것으로 보일 수밖에 없었다. 다시금 인식이론의 기초를 마련하려는 그의 시도 역시 현재 철학정신의 주요 방향에서 '동떨어진' 것이었다. 칸트를 극복했다고 믿던 철학의 시대정신에 쇼펜하우어는 '칸트로 돌아가자'는 구호로 당장은 기세등등하다기보다는 겸손하게 맞선다.

피히테, 셸링, 헤겔은 그동안 칸트가 이성을 형이상학적으로 사용하는 것에 반대하여 설치한 울타리를 잇달아 허물었다. 그들은 다시 신과 세계와 자아를 포괄하는 체계를 전개시켰는데 이 체계 안에서는 가능한 인식의 경계가 어디인지 숙고할 자리는 없었다. 그들은 다시금 주관적 정신이 자기 자신으로부터 전체를 파악할 수 있도록 권한을 부여했다.

헤겔은 마른 땅에서는 수영을 배울 수 없다는 격언으로 인식능력에 관한 칸트의 성찰을 내던져버렸지만 아르투어 쇼펜하우어는 이에 흔들리지 않는다. 나아가 그는 칸트 인식론의 성과를 상기시키는 것에 만족하지 않고 그 성과를 단순화하는 동시에 과격화한다. 칸트가 제시한 복잡한 인식능력 장치 중에서 쇼펜하우어는 단 하나의 원칙만을 받아들인다. 바로 충족 근거율이다. 우리의 표상 활동 전체(인지와 인식)는 "왜 존재하냐는 근거 없이는 아무것도 존재하지 않는다"는 문장으로 표현되는 작동원리에 따라 일한다.

쇼펜하우어가 단순화시키면서 인식론은 일목요연하게 새로워진다. 충족 근거율이 말하고자 하는 것은 우리의 표상에 대상이 도달하는 모든 경우 우리는 항상 근거들과 관계에 대하여 물어야 한다는 사실이다. 그 이유는 외부세계가 우리를 강요해서가 아니라 우리의 인지능력과 인식능력이 – 이런 점에서는 쇼펜하우어는 칸트의 후계선상에 있다. – 그런 것을 묻도록 우리를 강요하기 때문이라는 얘기다.

우리와 관계를 맺는 상이한 '대상들(객관들)'에 맞추어 쇼펜하우어는 근거에 대해 '묻는' 네 겹의 방식, 즉 관계성을 구성해내는 네 겹의 방식을 구분한다. 그는 '충족 근거율의 네 겹의 뿌리에 대하여' 말한다. 이는 그의 박사 학위 논문 제목이기도 한데 독자에게 쉽게 다가오는 제목은 아니다.

이 네 겹의 종류는 다음과 같다.

물질세계에서 일어나는 모든 일을 접하여 우리는 왜 그것이 일어나느냐고 근거를 묻는다. 따라서 우리는 생성의 근거Grund des Werdens를 묻는다. 즉 협의의 인과성에 대해 묻는 것이다.

모든 판단(인식, 개념)에 있어서 우리는 무엇에 이 판단이 근거하는지를 묻는다. 우리는 여기서 왜 무엇이 그러하냐고 묻는 것이 아니라 왜 우리가 그것이 그러하다고 주장하느냐고 묻는다. 따라서 우리는 인식의 근거Erkenntnisgrund를 묻는다.

충족 근거율의 세 번째 방식은 순수 기하와 대수의 영역에 관련되어 있다. 여기서는 생성의 근거나 인식의 근거는 통하지 않는다. 왜 '1'

이라는 숫자에 '2'라는 숫자가 따라오는지, 혹은 왜 원의 지름 위에 위치하며 원둘레에 모퉁이를 둔 삼각형이 직각을 가지는지는 공간을 직관하고(기하) 시간을 직접 경험하면(숫자 세기, 대수) 그러하다는 사실을 통하여 입증된다. 이 경우는 더 이상 문제 삼을 것이 없을 만큼 명백하다. 쇼펜하우어는 이를 "존재의 충족 근거율Satz vom zureichenden Grunde des Seyns"이라 부른다.

충족 근거율의 네 번째 방식은 인간의 행동에 관련되어 있다. 우리는 무엇인가가 행해질 때마다 왜 그것이 행해지냐며 동기를 묻는다. 학위 논문을 많이 확장시킨 제2판에서 쇼펜하우어는 이 충족 근거율에 몹시 걸맞은 이름을 붙일 것이다. "내면으로부터의 인과성"이 그것이다.

근거를 묻는 네 겹의 방식에서 공통점은 우리의 표상 안에서 어떤 "개별적인 것, 떨어져나온 것"이 존재한다는 게 전혀 불가능하다는 것이다. 우리의 표상으로 무엇인가가 일단 들어오면 (그리고 그럼으로써 우리에게 존재하게 되면) 그것은 항상 근거의 그물에 걸리게 된다. 라이프니츠가 "자연은 도약하지 않는다"고 말했는데 쇼펜하우어라면 "우리의 표상은 어떤 무엇이 '도약' 하도록 허락하지 않는다"고 말할 것이다. '충족 근거율'이 우리의 성찰하는 이성에 의해서만, 즉 의식적으로만 사용된다는 오해가 생길 수도 있다. 칸트 역시 인과성을 그렇게 이해했다. 하지만 이 지점에서 쇼펜하우어는 더 철저하다. 그는 의식 전前단계에서 순전히 생리적인 감각에 의해 인지하는 경우에도 이미 인과성의 원칙이 작동한다고 주장한다. "눈과 귀, 기타 다른 기관들에 변화가 생기면 우리는 원인이 있으리라고 추론한다. 그리고 원인이 작용하기 시작하는 공간 안에서 그 원인을 변화의 힘의 실체로 규정한다. […] 그러므로 인과성의 범주야말로 중요한 통과점이며 따라서 모든 경험의 조건이 된다. […] 인과성의 범주를 거치고서야 우리는 대상들을 현실로, 다시 말해 우리에게 작용하는 것으로 인식한다. 우리가 추론하는 것을 의식하지 못한다는 사실은 문제가 되지 않는다."(D, 36) 우리가 무언가를 볼 경우 직접적으로 존재하는 것은 망막을 자극하는 감성의 데이터밖에 없다. 우리가 공간에 있는 물체를 보고 감촉하고 듣는 까닭은 우리 몸이 감지하는 감성의 데이터를 우리가 작용으로 이해하며 본능적으로 그 작용의 원인을 찾아서 공간에 투사하기 때문이다. 쇼펜하우어에 따르면 이러한 기본적인 표상 활동은 지성이다. 지성의 행위가 있어야 비로소 직관적이며 감각으로 인지할 수 있는 세계 전체가 우리의 표상에 도달한다. 이와 같이 동물들 역시 외부의 대상세계를 인지한다는 점에서 '지성'을 갖는다.

쇼펜하우어는 훗날 이런 과정을 "지성적 직관intellektuelle Anschauung"이라 부를 것이다. 이 명칭은 정확하게는 지성의 원칙이 이미 직접적 직관을 관통하고 있음을 의미한다. 지성이 없다면 우리의 몸이 자극을 받는 상태는 존재할지라도 우리 밖에 있는 물체의 세계는 존재하지 않을 것이다. 오직 지성만이 신체가 느끼는 자극을 외부에 있는 원인의 작용으로 이해하기 때문이다. 우리에게 바깥의 현실이 존재하려면 우리 육체의 상태는 작용으로 파악되어야 한다.

무의식 상태에서 지성이 일한다는 착상 안에는 파장이 큰 결과들이 담겨 있다. 지성이 감각적인 직관과 그토록 긴밀히 얽혀 있다면, 지성이 아래로는 – 인식되지 않은 채 – 동물의 인지행위로까지 깊숙이 이른다면 인식능력의 전통적인 서열은 뒤엎어진다. 기초적인 감각적 직관은 '소재'를 개념적 능력에 전달하여 형태를 얻도록 하는 데 그치지 않는다. 아래에 있는 기초에서 이미 결정적인 일이 일어난다. 우리 앞에 놓인 다양한 형태의 세계를 짓는 것은 – 지성이 관통하고 있는 – 감각적 직관이지, 뒤따라 오는 개념이 아니다. "칸트의 방법과 나의 방법의 본질적 차이는 칸트가 간접적이며 성찰하는 인식에서 출발하는 반면 나는 직접적이며 본능적인 인식에서 출발한다는 데 있다"고 쇼펜하우어가 쓴다. "칸트는 우리를 둘러싸고 있는 직관적이고 형태가 다양하며 의미가 풍부한 세계 전부를 건너뛰고는 추상적 사유의 형식에 의지한다."(I, 609)

쇼펜하우어는 지성을 감각적 직관과 연결시키면서 지성의 가치를 올린다. 이는 동시에 ─ 바로 여기에 그의 테제의 파괴력이 있다. ─ 철학의 시대정신에 거슬러서 이성의 중요성을 약화시키는 결과를 가져온다.

쇼펜하우어에 따르면 이성이 하는 일은 직관의 표상들을 개념('표상의 표상')으로 압축하여 보관하며, 이 '개념들'을 마치 요약 기호처럼 사용하여 조합을 만들어내는 것 이상도 이하도 아니다. 이성은 지적 직관이 가져다주는 알파벳을 사용한다. 이러한 토대가 없다면 이성은 텅 비어 있을 것이며 아무것도 산출하지 못할 것이다.

이 문장은 '이성'에게서 모든 걸 기대하는 시대에는 도발로 받아들여져야 마땅했다. 그 시대에는 자연을 지배하는 힘(셸링)과 역사를 지배하는 힘(헤겔), 도덕성(피히테)과 신앙의 힘(야코비)이 이성으로부터 나오기를 기대했기 때문이다. 하지만 이 논문을 도발로 받아들인 사람은 없었다. 그의 논문은 거의 관심을 받지 못했다. 윗사람이 칭찬하는 투의 평론이 셋 출판되었고 판매부수는 100권도 안 되었다. 나머지는 폐기처분되었다가 몇 년 후 종이 원료로 쓰였다.

그의 논문 초판은 진술된 입장들로부터 파장이 큰 추론들을 도출하지만 자신감 있고 단호하게 제시하지 못한 까닭에 세간의 관심을 거의 끌 수 없었다. 또 이 논문 초판에는 쇼펜하우어가 궁극적으로 목표하는 것 - 이 논문은 그것을 위한 전주곡에 불과했다. - 의 윤곽이 드러나 있지 않은 이유로 관심을 받지 못했다.

오늘날 그의 박사 학위 논문은 대부분 많이 확장된 1847년의 제2판으로 읽힌다. 제2판은 모든 윤곽선을 밖으로 확장시켜서 그의 주저와 연결시킨다. 제2판은 철학 전통에 도전하며 거침없이 철학의 시대정신을 공격한다.

1813년 가을에 쓰인 학위 논문의 초판에서 쇼펜하우어는 한편으로 아직 자신의 입장을 보류하지만, 다른 한편으로는 본인조차 이 시점에서 이 모든 게 어떤 결과를 가져올지 제대로 파악하지 못하고 있기도 하다.

예를 들어서 그는 '인식의 근거'와 '생성의 근거'(협의의 인과성)를 혼동하는 것에 대해 비판하는데 이 비판에서 비롯되는 폭발적인 결론을 밝혀내야 할 경우 그는 자신의 입장을 보류한다.

인식근거를 물을 때 우리는 인식이 의지할 수 있으며, 인식이 "의거"하는 "직관"을 찾는다. 달리 말하면 우리는 한 언술이 논리적으로 일치하는지를 점검한다. 올바르게 투입된 전제들로부터 규칙에 맞게 추론들이 내려진다면 이 추론들은 그 "근거"를 가진다. 인식근거에 대한 물음은 모든 경우 근거를 입증함으로써 멈춰지며 마무리된다. 그러나 생성의 근거들에 대한 물음은 다르다. 여기서는 인과성의 원칙이 중요한데 이 원칙 안에서는 멈춤이란 있을 수 없다. 발견된 원인은 다시금 또 다른 원인의 작용으로 이해되면서 계속해 무한소급으로 이어진다. 지성의 관점에서 볼 때 직관적 대상들의 영역에서는 궁극적 원인은 있을 수 없다. 쇼펜하우어는 학위 논문의 제2판에서 이렇게 쓴다. "인과법칙은 목적지에 도착하면 돌려보내는 영업용 마차처럼 마음 내키는 대로 사용할 수 없다. 괴테의 시에서는 마술사의 도제[1]가 빗자루에 생명을 불어넣자 한번 움직이기 시작한 빗자루는 달리며 물을 긷는 걸 멈추지 않는데 영업용 마차는 이 빗자루 같다."(Ⅲ, 53)

만물의 시작이 존재하는가, 세계의 궁극적 원인이 존재하는가? 이처럼 경외심을 불러일으키는 오래된 질문을 던질 경우 생성과 인식의 '근거들'이 효과적으로 서로 섞이게 된다. 사물의 근원에 대하여, 즉 생성의 최초 원인에 대하여 질문을 하는 사람은 이미 현실을 떠나 사유된 대상의 영역으로 간다. 그러고는 옮겨간 영역 안에서 '무조건적^{Unbedingt}'이라는 개념을 형성한다. 이제 그 사람은 이런 '무조건'적인 것, 즉 '절대적'인 것은 조건 지워질 수 없으며 원인의 결과가 될 수 없다고 (그렇게 된다면 자신의 개념에 상충될 것이므로) 논리적으로 구속력 있게 추론할 수 있다. 따라서 이 무조건적인 것은 모든 것을 조건 짓지만 스스로는 조건 지워지지 않는 것이어야 한다. 결국 이런 무조건적인 것은 생겨나지 않으며 생겨나게만 하므로 최초의 원인일 수밖에 없다. 이 '최초의 원인'이 '신'이라는 이름 아래 등장하기만 하면 신은 증명된 셈이다. 그러나 이런 논증이 실제로 증명한 것은 무엇인가? 생성의 세계의 시작, 즉 궁극적 원인이 존재한다는 것은 증명되지 않았다. 단지 하나의 구상, '무조건적'이란 개념에서 또 다른 구상, 즉 '최초의 원인'이라는 개념이 매끄럽게 유추될 수 있다는 것만이 증명되었다. 따라서 '최초의 원인'이라는 개념의 인식근거가 '무조건적', '절대적'이란 개념 안에 있다는 것이 증명되었다.

이를 증명한 자는 다시금 영역을 바꾸어 생성의 세계로 돌아간다. 그러고는 이 순전히 논리적인 추론이 갖는 타당성을 경험적 지식의 영역 안에 옮겨놓고는 이렇게 주장한다. '세계의 절대적인 시작이 존재하며 최초의 원인, 신, 절대 정신 등이 존재한다.'

학위 논문의 초판은 이러한 방법을 조심스럽게 묵시적으로 비판하는 데 그치지만 30년 후에 나온 제2판은 이런 방법과 그에 따르는 파급 효과 전체를 첨예하게 논박하며 비판하고 있다. 쇼펜하우어는 제2판에서 이런 방법을 '마술사의 속임수'라 명명하고는 절대적인 것을 다루는 셸링과 헤겔의 철학이 이런 마술사의 속임수를 현대적으로 변형한 것이라고 이제야 감히 주장할 것이다.

1813년 가을 학위 논문을 작성하고 있는 아르투어 쇼펜하우어는 독일에서 교수직을 차지한 거장들에게 아직은 맞서려 하지 않는다. 쇼펜하우어는 예나대학교 철학과에 박사 학위 논문을 제출하면서 학장인 아이히슈태트 교수에게 보내는 서한을 동봉한다. "교수님 보시기에 제 논문 중 어떤 부분이 불손하게 느껴진다면 부디 제게 알려주시기를 부탁드립니다."(B, 644) 이 쇼펜하우어의 편지에서는 훗날의 기세 등등한 자신감을 전혀 찾을 수 없다. 그의 편지는 이어진다. "우리는 너무도 많은 약점을 지닌 인간이기에 눈앞에 있는 것조차도 다른 사람의 동조 없이는 눈앞에 있다는 확신을 완전히 가지지 못합니다. 하물며 철학에 관해서는 우리는 자신의 판단을 더욱 믿을 수 없습니다."(B, 644)

같은 시기에 쓰여진 쇼펜하우어의 사적인 기록에서는 그러한 겸손함을 찾을 수 없다. 이 시기의 원고에서 그는 전통철학을, 특히 동시대 철학자들을 강하게 비판하지만 자신에 대한 회의로 인해 괴로워하지는 않는다.

따라서 그가 학위 논문에서 입장을 보류하는 것은 사실 자신이 없어서가 아니라 신중을 기하려고 하기 때문이다.

그의 최초의 논문에 담긴 또 다른 폭발적인 관점은 이성의 새로운 평가인데 이 경우에도 그는 신중히 다가간다. 동시대 철학자들의 이성 철학에 비추어보면 쇼펜하우어의 이성 개념에는 명백히 탈신화화 경향이 있다. 이성은 지성적 직관의 소재로부터 개념을 형성하는 능력이며 경험에 속박되어 있다는 것이다. 이성은 '더 높은' 통찰로 이끄는 능력이 아니며 초자연적 진실을 위한 기관도 아니다. "이성과 개념들에 대한 이런 설명이 이제까지의 설명과 궤를 달리한다는 것을 잘 알고 있다"(D. 50)고 그는 매우 조심스럽게 학위 논문의 초판에 쓴다. 30년 후 나온 제2판에서 아르투어 쇼펜하우어는 자신의 적수를 격렬히 공격하면서 자신이 "궤를 달리 함"을 현란하게 조명하고 정당화할 것이다. "인간을 동물과 구분하는 사유와 숙고의 능력은 […] 여태껏 이성이라 불려왔는데 […] 철학 교수들은 […] 이 능력을 앞으로는 지성이라 […] 부르는 것이 합당하다고 여겼다. 지어내고 꾸며낸 능력을 위해 이성의 자리와 이름을 필요로 했기 때문이다. 솔직히 얘기하자면 이 능력은 완전히 날조된 것으로서 […] 직접적이고 형이상학적인 인식능력을 의미한다. 다시 말해 모든 있을 수 있는 경험을 넘어서서 사물들 자체의 세계와 그것들의 관계를 포착하는 인식능력이다. 그것은 무엇보다도 '신을 의식'하게끔 하는 능력이다. 주군인 신을 직접 인식하며 신이 어떻게 세계를 창조했는지 그 방식을 선험적으로 꾸며내는 능력이다. 한 예로 ― 너무 범속하긴 해도 ― 신이 다소 불가결한 생리적 과정에 의하여 세상을 배출했거나 낳았다고 꾸며낼 수도 있다. 혹은 ― 이것이 몹시 우스꽝스럽긴 해도 가장 편한 방식인데 ― 신이 세상을 […] 그냥 '내보내고' 그 후 세상이 출발하여 마음 내키는 대로 나아간다고 꾸며낼 수도 있다. 이 마지막 방식을 택할 만큼 후안무치한 사람은 헛소리를 마구 써대는 데 도가 튼 헤겔뿐이었다. 이런 터무니 없는 소리들이 50년 전부터 이성인식이라는 이름 아래 철학을 다룬다고 자부하는 수백 권의 책들을 가득 채우고 있다. […] 사람들은 뻔뻔하게도 온갖 지혜를 이성에 가져다 붙인 후 이성은 '초감각적 능력'이며 나아가 '이념'의 능력이라고도 설명한다. 간단히 말하자면 이성은 우리 안에 자리한 신탁과 같은 힘이며 곧장 형이상학을 목표로 한다는 것이다. 하지만 이 모든 초감각적인 기적들을 인지하는 방식에 대해서는 지난 반세기 내내 전문가들 사이에서 의견의 차이가 상당히 크다. 가장 뻔뻔한 이들에 따르면 이성은 절대적인 것을 직접 직관할 수 있으며 원하기만 한다면^{ad libitum} 무한한 것, 그리고 그것의 유한한 것으로의 진화 역시 직접 직관할 수 있다. 조금은 겸손한 다른 이들에 따르면 이성은 꿈나라에서 일어나는 것을 본다기보다는 듣는 자세를 취한다. 이성이 곧장 직관하는 게 아니라 그저 들어서 알 뿐이라는 얘기이다. 이성은 이런 들은 것을 이른바 지성에게 충실히 재현하여 들려주고, 지성은 그에 따라 철학 편람을 쓴다."(III, 135-137)

여기서 지탄받는 '이성철학'의 변형들 – 피히테, 셸링, 헤겔, 야코비 – 은 모두 학위 논문이 쓰여질 즈음 이미 한창 번성하고 있었다. 하지만 쇼펜하우어가 논문 초판에서 명시적으로 비판하는 것은 이들이 아니라 다름아닌 칸트이다. 칸트를 아주 칭찬했던 그가 이제는 칸트를 부드럽게 나무란다. 칸트가 실천철학에서 윤리적 이성이 초감각적이며 초월적인 것과 특유한 연관을 갖는다고 인정했는데 이는 오류라는 것이다. 쇼펜하우어는 이렇게 쓴다. "내 […] 판단에 따르면 이성 자체는 (칸트의 교리가 […] 주장하듯이) 덕과 성스러움의 근원이 아니다. 이성은 개념을 형성하는 능력이며 개념에 따라서 행동할 수 있는 능력이기에 덕과 성스러움을 갖추기 위해 필수적인 하나의 조건에 불과하다. 그러나 이성은 완벽한 악당이 갖추어야 할 조건이기도 하기에 도구에 불과할 뿐이다."(D, 91)

쇼펜하우어가 1813년 가을에는 왜 이다지도 소극적일까, 왜 이렇게 신중할까?

그 이유를 세 가지로 설명할 수 있다.

첫째, 철학의 시대정신에 그는 아직 상처 받지 않았다. 그는 추후에야 무시당하는 운명을 겪을 것이다. 따라서 그는 철학적 비판을 가하긴 해도 개인적 분노로 끓어오를 까닭이 아직은 없다.

둘째, 물려받은 재산 덕에 철학으로 밥벌이를 하지 않고 철학을 위해서 살 수 있긴 하지만 그는 대학에서 경력을 쌓을 계획이었다. 강한 자부심을 느끼며 철학의 길을 가고 있는 그로서는 학계에서 인정받는 철학자의 직위를 포기할 하등의 이유가 없었기 때문이다. 그는 순응할 생각은 없지만 이 시점에는 동업자 전체에게 도전장을 낼 생각도 없다. 엄밀히 보자면 – 이게 바로 세 번째 설명이다. – 그는 아직 전면 공격을 펼칠 지점에 와 있지 않은 것이다.

1813년 초 그는 원고노트에 이렇게 적는다. "내 펜 아래서, 아니 내 정신 안에서 하나의 작품이 자라고 있다. 그것은 윤리학과 형이상학을 하나로 아우르는 철학이 될 것이다."(HN I, 55) 하지만 실제로는 – 사적인 기록을 잠깐 보면 알 수 있듯이 – 박사 학위 논문을 집필하던 시기에 쇼펜하우어는 결정적인 돌파구를 – 강하게 예감하긴 해도 – 찾는 데 아직 성공하지 못했다.

의지의 비밀이 열릴 때 그는 돌파구를 찾을 것이다. 자신의 육체에서 그리고 내면에서 의지를 체험함으로써 그는 객관화하는 표상들을 넘어 있는 그대로의 세계, 그 세계의 심장에 다다를 것이다… 아직 쇼펜하우어는 이 방향을 탐색하고 있다. "단지 충족 근거율을 사용하는 것"(HN I, 126)에 그치는 철학에서 벗어나는 길이 있다는 것을 그는 알고 있다. "더 나은 의식"에서 여러 깨달음을 얻은 덕분에 그런 길이 있음을 확신한 것이다. 하지만 그 확신을 논증의 언어로 기록하기에는 아직 역부족이다. 플라톤의 이데아와 칸트의 "물자체"와 내부에서 체험한 '의지'가 불꽃을 튀기며 합쳐지는 일은 아직 일어나지 않았다. 박사 학위 논문을 낸 후 2년이 지난 1815년 비로소 그런 일이 생기자 그는 원고 노트에 간결한 문장으로 기록한다. "의지는 칸트의 물자체이다. 그리고 플라톤의 이데아는 물자체를 아주 적합하고 완벽하게 인식한 것이다." (HN I, 291)

박사 학위 논문에서 쇼펜하우어는 아직은 칸트가 개척한 초월적인 연구, 다시 말해 경험 가능성의 조건을 캐는 연구라는 영역을 벗어나지 않고 있다. 여기서 그는 자신의 핵심 관건이 되는 통찰들을 차단하는 듯 보이는 경계선과 왜 그런 경계선이 있는지 밝혀내려 한다. 하지만 그는 이 영역에서 자신의 '진실'을 발견하지 못할 것이며, 왜 여기서 그 진실을 발견하지 못하는지를 깨닫게 될 것이다. 무모한 탐험을 시작하기 전에 후방을 확보하듯이 지금은 탐구 작업이 아니라 절차를 다지고 주변을 엄호하는 작업이 외려 핵심이 된다. 논문 전반에 걸쳐 항목들을 차분히 제시하고 분류하며 정돈하는 문체 역시 이런 정황에서 생겨난다. "더 나은 의식"이라는 열풍지대에 다가간 같은 시기의 개인기록물을 보면 그는 흥분에 떨고 있지만 학위 논문 그 어디에서도 그런 흥분된 상태는 느껴지지 않는다. 쇼펜하우어는 충족 근거율의 구조들이 경험적 비중을 지니고 있을 때 이를 기록하려 하기에 지나치리만큼 꼼꼼하게 충족 근거율의 네 겹의 뿌리를 캐어내고 있다. "더 나은 의식"이 발하는 "섬광" 앞에서 공간과 시간, 그리고 인과성이 갑자기 효력을 잃으면 그런 충족 근거율의 구조들은 유령인 양 사라지기 때문이다. 그렇게 되면 근거율은 사라지고 현실의 근거는 바닥을 잃게 되며 낭떠러지만 남는다.

의지의 형이상학을 발견함으로써 그는 이런 통찰을 표현할 언어를 발견한다. 그리고 이 통찰에서 얻은 자신감과 확신에 힘입어 모든 철학 전통과 동시대인들로부터 매몰차게 떨어져 나올 것이다. 박사 학위 논문을 쓰면서 그는 자신이 올바른 길을 가고 있다고 느끼기는 하지만 이 길을 가면 어디에 당도할지는 아직 정확히 모르고 있다. 깨어나는 순간 이 올 것이라는 것만 알 뿐이다. 그래서 그는 이런 확신을 적절한 수위로 암시하는 것을 주저하지 않는다. 논문의 끝 두 번째 단락에서 그는 "분량이 많은 논문"을 예고한다. "그 논문의 내용과 현재 논문의 내용은 깨어 있는 상태와 꿈처럼 차이가 날 것이다."(D, 91) 삶은 꿈이며 가상에 빠져 있다는 얘기는 철학의 오랜 토포스이다. 이에 따르면 경험에 근거한 의식은 결코 깨어있는 존재를 보장하지 않는다.

이런 관점에서는 쇼펜하우어가 박사 학위 논문에서 우리의 인식 및 표상 능력을 건조하고 엄밀히 분해해서 제시하는 것이 낯설어 보인다. 그 분해 작업은 우리가 어떻게 세계를 '대상'으로 파악하는지, 그리고 우리가 – '표상하는' 동안에는 – 어떻게 근거들로 짜인 그물 안에 세계를 집어넣는지를 보여준다. 하지만 이런 '근거들' 밑에, 이런 무한한 '왜'라는 물음 밑에 정작 핵심인 무엇이 숨어 있다는 느낌을 증명하지는 못한다. 대상에 근거한 인식(우리 스스로가 그런 '대상'이 된다고 할지라도)이 분리와 분열을 영구화한다는 의심, 그리고 – 하이데거가 주장했듯이 – 근거율을 거쳐서 여러 근거들에 이를 수 있지만 근거 자체에는 이르지 못한다는 의심을 품지 않을 수 없다. 이런 의심 때문에 전통철학은 본질과 가상을 구분하게 되었다. 위대한 종교들 역시 본질과 가상을 구분하는 것에 익숙하며 이를 토대로 구원의 신화를 구축한다.

우리 앞에 있는 그 무엇을 우리가 어떻게 인식하는지를 숙고하다 보면 결국에 우리는 불안해져서 전혀 다른 것을 향하게 되고, 우리에게 하나의 대상인 이 무엇과 아주 다른 방식으로 연관을 맺으려 한다. 우리의 표상이 어떻게 작동하는지를 너무도 분명히 인식하게 되면서 표상된, 즉 객관화된 존재는 우리 의식의 구조들만을 우리에게 비추어줄 뿐 존재 자체는 보여주지 않는다는 걸 우리는 더욱 강렬히 의식하게 된다. 이 사실을 쇼펜하우어는 깨어나고 싶게 만드는 '꿈'과 같은 상황이라고 표현한다. 원고노트에서 그는 익숙한 것들에 얽혀 드는 꿈에 관한 비유를 이야기한다. 이는 나중에 그의 주저에 실린다. "내가 전혀 모르는 사람들뿐인 모임에 와있는 것 같다. 그 사람들 중 하나가 내게 다른 사람을 자기 친구라고, 사촌이라고 소개를 하는 일이 되풀이된다. 나는 그럴 때마다 소개받은 사람에게 만나서 반갑다고 말하지만 그러는 내내 '맙소사 내가 어쩌다가 이 모임에 와 있는 거야?'라는 질문이 목구멍까지 올라와 있다."(HN I, 208) 알지 못하던 것이 서로서로의 관계를 통해 소개되면서 알려진다. 한 사람이 다른 사람을 소개한다. 박사 학위 논문은 말하자면 소개(표상)^{2}의 제의祭儀를 분석한다. 논문을 마무리 지은 지 몇 주 후에 쇼펜하우어는 원고노트에 이렇게 쓴다. "(요정처럼 네 가지 모습을 취하며 사람들을 놀리고 내키는 대로 조종하는) 근거율을 쫓아가면서 사람들은 지식에서 만족을, 삶에서 행복을 얻기를 희망한다. 그러면서 의구심을 품지 않고 그저 앞으로만 나아간다. 그들은 평지에서 수평선을 향해 걸으며 결국 구름에 닿을 수 있다고 희망하는 사람과 다를 바 없다. 공을 이리저리 돌리며 만져보는 사람이 원의 중심에 도달할 수 없는 것처럼 그들은 본질적인 것에는 이르지 못한다. 정말이지 그들은 바퀴를 돌리는 다람쥐와 너무나 비슷하다. [⋯] 이런 식으로 삶을 관찰하는 것은 항상 수평으로만 이어지는 선과 유사하게 보인다. 그래서 우리는 두 번째 관찰방식을 수직선과 비교하게 될 것인데 수직선은 어느 지점에서건 수평선을 잘라내고 떠날 수 있다."(HN I, 153) 이와 같이 수직선으로 옮겨 타면 빙빙 도는 꿈에서 깨어나게 된다. 수직선은 사람들을 오래된 피안으로 데려가지 않고 지금 여기라는 중심으로 데려간다. 1814년의 일기는 다음의 문장으로 끝이 난다. "사람들은 무엇을 관찰하는 대신 왜 그러한지를 찾았다. 어디에서든 가까운 것을 취하려 하는 대신 먼 곳을 향해 나아갔다. 모든 수수께끼를 풀 수 있는 장소인 자신의 내부로 가는 대신에 밖으로 나가서 온갖 방향으로 갔다."(HN I, 154)

제 12 장

———

바이마르로 돌아오다. 어머니와의 다툼. 아델레가 두 싸움닭 사이에 끼이다. 아델레의 비밀스러운 로맨스.

———

쇼펜하우어의 여동생 아델레 쇼펜하우어(위)
괴테의 아들 아우구스트 폰 괴테(가운데)와 며느리 오틸리에 폰 괴테(아래)

바이마르로 돌아오다. 어머니와의 다툼. 아델레가 두 싸움닭 사이에 끼이다. 아델레의 비밀스러운 로맨스.

SCHOPENHAUER

아르투어 쇼펜하우어는 1813년 6월 중순부터 9월 중순까지 석 달 동안 루돌슈타트의 하숙집에서 칩거하며 박사 학위 논문을 집필한다. 그동안 그는 시간을 내어서 장거리 도보 여행을 하는 여유를 부린다. 그러다가 발이 상하는 바람에 신발이 편해지게 수선을 맡기고는 창문 너머 햇빛을 머금은 풍경을 보고 있다. 요동치는 역사는 『충족 근거율의 네 겹의 뿌리에 관하여』가 태어난 이곳에는 미치지 않는다. 하지만 이 논문을 세상에 내어놓으려면 아르투어는 현재 어떻게 싸움이 진행되는지 새삼 파악해야 한다. 그는 여기저기 물어본 후 작센이 이제 전쟁의 주요 무대가 되었다는 걸 알게 된다. 루돌슈타트에서 베를린으로 가는 길은 봉쇄되었다. 민간인으로서 여행하는 것은 가능하지만 베를린까지 원고를 무사히 가져갈 수 있을지는 의문스럽다. 그래서 쇼펜하우어는 가까운 예나대학교에 "부재중" 학위 수여를 신청하기로 결정한다. 학위 논문에 앞서 그는 학위 수여 비용으로 10프리드리히스도어[1]를 예나대학교 철학과 학장에게 송금한다. 이틀 후인 9월 24일 그는 원고와 함께 동반 서류를 보내는데 거기에 그는 짤막한 이력서에 이어서 논문의 주제가 합당하다고 설명하는 글을 덧붙인다. 게다가 필요하다면 자신의 논문에 가르침과 비판을 주십사고 예의를 갖춰 겸손히 청하고 있다. 그가 나폴레옹에 맞서는 대신 충족 근거율의 그릇된 이해에 맞서 싸우게 된 사정에 관해 그저 침묵하기에는 시대가 너무도 애국심으로 격앙되어 있기에 그는 이렇게 설명한다. "여름이 시작될 무렵 제가 철학을 공부하던 베를린에서 전쟁의 소음이 뮤즈를 몰아 내었고 […] 오직 뮤즈만을 따르겠다고 맹세한 바 있는 저는 뮤즈를 따라서 그곳을 떠났습니다."(B, 644)

괴테의 친구인 요한나 쇼펜하우어는 예나에서도 유명하기에 아들인 아르투어는 특별 대우를 받는다. 원고가 도착하자마자 학장인 고어와 수사학 교수 하인리히 카를 아이히슈태트^{Heinrich Karl Eichstädt}는 같은 과 동료들이 돌아가며 논문을 읽도록 조치한다. 그들은 며칠 후 10월 2일에 부재중 학위 수여에 동의하며 "마그나 쿰 라우데"²라는 점수를 준다. 그들은 아마 논문을 읽지도 않았을 것이다. 10월 5일 쇼펜하우어는 박사 학위를 받고는 논문이 인쇄되도록 조치한다.

그는 자비 부담으로 ‑69 라이히스탈러가 든다. ‑루돌슈타트에 위치한 "호프‑책과 예술품 업체"에 책의 출판을 위탁한다. 그전에 그는 정치적 우려를 품은 회사 소유주 프리드리히 베어투흐를 안심시켜야 했다. 논문이 "종교와는 직접 관련이 없으며 국가나 정치와는 털끝만치도 관련이 없다"(B, 3)고 그는 출판업자에게 편지를 쓴다.

10월 말에 그는 총 500부에 달하는 초판본 중에서 일부를 받아 괴테와 예나에서 출판업을 하는 프롬만^{Frommann}에게 각기 한 권씩 증정한다. 프롬만은 그가 자료들을 이용할 수 있게 도왔다. 또 다른 증정본들은 베를린의 중세학인 프리드리히 아우구스트 볼프와 프리드리히 슐라이어마허에게 간다. 예나의 칸트주의자인 카를 레오폴트 라인홀트^{Carl Leopold Reinhold}와 괴팅엔 시절 그의 철학 스승이었던 고틀로프 에른스트 슐체도 증정본을 받는다. 단치히에 사는 별세한 아버지의 친구 카브룬 씨에게도 경외심 때문에 증정본을 보낸다. 아르투어는 견진성사를 받을 즈음 잠시 카브룬 씨에게 상인 교육을 받으러 다녔다. 막 학위를 받은 철학박사는 운 좋게 빠져나온 세계를 향해 화해의 제스처를 보인다.

그가 10월 내내 루돌슈타트에서 자신의 논문이 갓 인쇄된 책의 모습을 하고 도착하기를 기다리는 동안 전쟁은 결정적인 전환점을 맞는다. 1813년 10월 18일 라이프치히 전투에서 나폴레옹은 프로이센과 러시아, 오스트리아 연합군에 맞선다. 결국 연합군이 승리하지만 양측 모두 끔찍한 피해를 입고, 십만 명이 넘는 군인들이 사망하거나 중상을 입은 채 전쟁터에 남겨진다. 몇 달 전에 아르투어는 원고노트에서 자신의 철학이 의도하는 바를 이렇게 밝혔다. 그의 철학은 "열정에 지배되는 사람들을 […] 나무랄 것이며" "다른 사람의 의견이나 기타 다른 헛소리에 따라 자신의 삶을 허송하는 사람들, 결투나 다른 피할 수 있는 위험에 말려들어서 자신의 목숨을 상실하는 사람들을 나무랄 것이다." 나폴레옹이 패배한 후 밀어닥치는 애국적 환호에 아르투어는 아랑곳 하지 않는다. 오히려 그는 가까운 시일 내에 "철학에 흥미를 가진 독자가 다시 있을지" 여부를 근심한다. (뵈티거에게 보낸 편지, 1813년 12월 6일, B, 9)

나폴레옹의 대군에서 낙오된 부대들은 북쪽과 서쪽으로 후퇴한다. 이제는 카자크 기병과 오스트리아 군인들을 루돌슈타트의 조용한 골짜기에서 볼 수 있다. 은신처를 바꿔야 할 때가 왔다. 아르투어는 어디서 다음 몇 년간 자리를 잡아야 할지 아직 정하지 않았다. 그는 우선 사건의 추이를 지켜보기 위해 임시방편을 택한다. 그리고 1813년 11월 5일, 루돌슈타트를 떠나 바이마르로 돌아간다. 루돌슈타트 숙소의 창문에 그는 "넓은 들판이 내다보이는 집을 찬양한다"는 호라츠의 싯구를 새겨 넣는다. 40년 후 쇼펜하우어의 숭배자들은 그리로 순례를 떠나서 자신의 눈으로 그 문구를 읽으려 할 것이다. ―"성자의 유품"(G, 186)을 대하듯이 한다고 그사이 저명해진 철학자는 아이러니컬하게 토를 달

것이다.

아르투어는 착잡한 감정을 품고 바이마르로 온다. 1813년 5월 베를린에서 도주하여 어머니에게 왔을 때 그는 "모종의 집안 사정"(B, 654)과 직면했다. 그 집안 사정이 마음에 들지 않았기에 그는 곧장 루돌슈타트로 여행을 계속했었다. 그가 불편해하는 것은 어머니와 한집에 거주하는 새로운 친구의 존재이다.

1813년 초 문서실 추밀고문관 게오르크 프리드리히 콘라트 루트비히 뮐러 폰 게르스텐베르크[Georg Friedrich Conrad Ludwig Müller von Gerstenbergk]는 요한나 쇼펜하우어의 집 2층 방으로 이사 왔다. 그는 요한나의 집에서 식사를 하고 그녀와 함께 사람들을 방문하며 종종 저녁의 사교모임에도 참석한다. 어머니는 12살 연하의 게르스텐베르크를 3년 전 론네부르크[Ronneburg]에서 알게 되었다. 그들은 함께 드레스덴을 여행하기도 했다. 이 사실만으로도 요한나가 다시 결혼하려 한다는 소문이 퍼지기에 충분했다. 괴테는 자신의 아내에게 즉시 새로운 소식을 전하라고 당부한다. 크리스티아네는 1810년 카를스바트에 머무르는 괴테에게 보고한다. "쇼펜하우어 부인은 지금 뮐러(폰 게르스텐베르크)와 함께 드레스덴에 있어요. 뮐러의 형이 우리를 방문했지요. [⋯] 형이 하는 말을 들으면 난 그녀가 그와 정말로 결혼할 거라는 추측을 할 수밖에 없어요. 그녀는 론네부르크에서 그의 집에 묵었어요. 그가 사귀던 애인은 이 때문에 몹시 상심해서 정신이 나갔어요."[3]

괴테는 이런 일이 생기면 배후에서 조종하는 것을 즐겼기에 론네부르크에서 도시 법률고문관으로 일하던 게르스텐베르크가 참사관으로 바이마르에 오도록 힘을 썼던 것처럼 보인다. 게르스텐베르크가 전직轉職 신청서를 가지고 괴테를 찾았던 것은 사실이다.

출세에 뜻을 둔 공무원인 게르스텐베르크는 바이마르의 귀족 사회에서 주목받기 위해 그의 성(뮐러)에다 귀족으로 책봉된 숙부의 이름(폰 게르스텐베르크)을 덧붙였다. 여가 시간에는 단편소설과 시를 쓰며 문학 애호가들과 대화를 즐기는데 그럴 때면 자신의 다정다감한 천성을 드러낸다. 서른세 살의 이 남자는 아직도 청년다움을 풍기고 우수에 찬 듯 부드러운 매력을 지닌 탓에 많은 여성들의 호감을 산다. 반면에 다른 이들은 그가 교활하게 "여자의 비위를 맞춘다"고 생각한다. 특히 남편들이 불평이 많았는데 배우인 피우스 알렉산더 볼프Pius Alexander Wolf의 말을 한번 들어보자. "그가 내 아내의 비위를 맞출 때 […] 나는 못 본 채 했다. 온화한 남편인 나는 그가 아내에게 […] 상습적으로 애정 어린 편지를 쓰는 것을 참고 있다."[4]

게르스텐베르크는 바이마르 사교계의 위풍당당한 인물들에는 분명 속하지 않았다. 하지만 요한나는 주변을 자극하는 일 없이 그와 함께 다닐 수 있었고 괴테의 모임에도 그와 함께 갈 수 있었다. 나이로 치면 자신과 아르투어의 중간에 있는 이 남자를 사랑하지는 않았지만 그녀는 그가 자신을 따르는 걸 좋아했다. 젊은 숙녀들에게 인기 있는 남자가 자신을 숭배한다는 것에 조금은 우쭐한 기분이 들었을 것이다. 고대연구가 페르노가 1809년 죽을 때까지 충실히 보살폈던 그녀는 이제 새로운 영혼의 벗을 찾고 있었다. 그녀는 통상적인 교류보다는 친밀하지만 독자성을 침해하지는 않는 우정을 원했다. 그녀가 결혼하려 한다고 소문이 퍼졌지만 그녀는 그런 의도를 더 이상 품고 있지 않았다. 독립된 삶을 현재 너무도 즐기고 있는 그녀로서는 그런 삶을 포기할 까닭이 없지 않겠는가? 지난 수년간 그녀는 '좋은 혼처' 몇 개를 거절했다. 프랑크푸르트에 사는 부유한 상인과 슈타인 부인의 동생인 시종장 루이스 폰 샤르트Louis von Schardt가 그녀에게 구혼했다. 1807년 그녀는 아르투어에게 편지한다. "내 숭배자는 많지만 네가 걱정할 필요는 없다."

게르스텐베르크에게서 자신이 찾던 영혼의 친구를 발견한 그녀는 번지는 소문에 개의치 않고 이 관계를 유지할 정도로 강한 자아의 소유자이다. 또 그녀는 미심쩍게 보이는 것을 겁내지 않는다. 그녀가 바이마르 사교계에서 누리는 명망이 초반의 성공 이후 확고해졌을 뿐 아니라 더 커졌기에 그녀는 대담할 수 있다.

그사이에 그녀는 작가로도 등단했다. 1806년에서 1807년의 전쟁에서 생긴 일들을 상세히 서술한 그녀의 편지를 지인들과 친척들은 문학작품처럼 돌려가며 읽었다. 칭찬에 인색한 아들 아르투어까지도 이 편지를 칭찬했었다. 페르노가 사망한 후 그녀는 자신이 존경하던 이 남자의 삶을 서술하는 글을 쓴다. 이때만 해도 그녀에게 문학적 야망은 없었으며 그녀는 책에서 나오는 수입으로 페르노가 출판업자 코타Cotta에게 진 빚을 청산하고자 했다. 그 책이 사람들의 관심을 끌고 바이마르의 작은 모임에서 뜨거운 칭찬을 받게 되자 그녀는 계속 글을 쓸 용기를 얻게 되었다. 저녁 차 모임에서 그녀가 자신의 장거리 여행에 대해 말할 때마다 손님들은 그녀가 타고난 이야기꾼이라고 추켜세웠다. 그러다 보니 그녀는 이제 자신의 체험을 작가로서도 활용하게 되었다. 1813/14년에 그녀의 기행문 『1803년과 1804년, 1805년에 한 여행의 기억들』이 출간된다. 이제 그녀는 제2의 마담 드 스탈이라는 칭송까지 받게 되었다. 1817년 그녀는 『남 프랑스 여행』을 출판했고, 1818년에는 대중문학 분야로 등단하게 된다. 책 애호가의 취향에 맞게 고급 종이 위에 섬세한 감정들을 담은 단편소설집이 출판되는데, 이 책이 잘 팔리면서 요한나는 전업작가가 된다. 이후 그녀는 소설을 잇달아 발표한다. 1820년대 후반에 출판업자 브로크하우스가 20권짜리 전집을 발간할 정도이다. 10년 동안 요한나 쇼펜하우어는 독일에서 제일 유명한 여류작가였다.

게르스텐베르크와 의기투합할 당시의 그녀는 아직 그런 단계에 있지 않다. 하지만 그 방향으로 가는 첫걸음을 그녀는 벌써 디뎠다. 게르스텐베르크 역시 문학에서 걸음마를 시도한다. ― 이것 역시 둘 사이의 공통점이다. 둘은 번갈아가며 작품을 낭독하고 격려하고 고쳐주면서 자극을 주고받는다. 요한나는 가장 큰 성공을 거둔 소설 『가브리엘레 Gabriele』에 게르스텐베르크의 시를 삽입한다. 게르스텐베르크는 아델레의 시를 자신의 이름으로 발표한다. 게르스텐베르크가 쇼펜하우어가의 창작 공동체 일원이 된 것이다.

게르스텐베르크는 문학적 재능과 지적인 능력은 빈약했지만 그렇다고 후세 사람들이 폄하한 것처럼 나쁜 사람은 아니었다. 그는 성공적인 삶을 살고자 노력했다. 괴테의 방문을 정기적으로 받는 요한나는 그런 기회를 그에게 제공할 수 있었다. 그리고 게르스텐베르크는 나중에 드러나듯이 자기 딴에는 도움이 되고자 애썼다. 요한나가 1819년 자기 재산의 상당 부분을 잃어버리자 그는 그녀와 아델레를 재정적으로 지원하겠다고 제안했다. 이들이 오래 집을 비운 동안 그는 아무런 대가 없이 집을 관리하는 일을 떠맡았다.

쇼펜하우어가 바이마르를 다시 떠난 지 한참 후에 골치 아픈 상황이 생길 것이다. 어머니가 지금껏 남편을 찾는 데 성공하지 못한 아델레를 게르스텐베르크와 맺어주려고 시도하자 일이 몹시 꼬이면서 아델레의 수난사 중 불행한 단락이 시작된다. 쇼펜하우어가 1813년 늦가을 바이마르에 왔을 때에는 그런 계획은 아직은 존재하지 않는다. 문제가 되는 것은 전적으로 게르스텐베르크와 어머니 사이의 우정이며 아르투어 쇼펜하우어는 이 우정에 분노한다. 이유가 무얼까?

그는 이런 상황에서뿐 아니라 평상시에도 너그럽지 못한 사람이다. 누구든 그에게서 좋은 평가를 받으려면 그 사람은 나름의 관점에서 지적, 도덕적, 예술적으로 탁월한 자질을 보여야 한다. 그런 자질을 발견하지 못하면 그는 그 사람을 "공장 상품"이라 여기는데 이는 평범한 사람들에 대해 그가 지속적으로 사용하는 표현이다.

그는 그가 보기에 주제넘은 역할을 하는 그런 평범한 인간과 이제 어머니의 집에서 맞닥뜨렸다. 무슨 말인가 하면 그사이 기억 속에서 이상화된 아버지가 예전에 차지했던 자리인 어머니의 곁에 그 평범한 인간이 대신 자리를 잡은 것이다. 이 경우 아르투어는 전적으로 관습적으로 생각한다. 아버지가 사라진 후 어머니가 활짝 피어오르며 비로소 자신의 삶을 찾자 그는 어머니를 용서할 수 없었다. 그가 자신의 철학적 소명을 실현할 수 있었던 건 여전히 막강한 아버지의 힘에서 그가 벗어나도록 어머니가 도왔던 덕분인데 그는 어머니가 경건히 삶을 포기하기를 요구했던 것이다. 그 자신은 그런 희생을 거절하고 자신의 행복을 좇았음에도 말이다. 예전에 아버지가 차지했었던 어머니의 옆자리는 비어있어야만 했다. 그렇지 않다면 – 더 나은 대안으로 – 그가 어머니의 집에서 아버지를 대신해야 했다. 어머니는 아들의 의중을 잘 파악했다. 그래서 그녀는 지금까지 몇 년을 어머니가 남자와 새로이 관계를 맺을지도 모른다는 아르투어의 의심을 항상 누그러뜨렸다. 하지만 그녀는 아르투어 때문에 자신의 삶을 포기할 마음은 없었다. 그러기에 그녀는 자신의 삶을 너무나 사랑했고 자신이 독자적이면 아들도 자유롭기에 그에게도 좋은 일이라고 확신하고 있었다. 이에 관련하여 아르투어가 쏟아낸 모진 말들로 미루어보면 아들은 독자적인 듯했지만 실제로는 그렇지 못했다. 어머니는 그가 자신의 길을 가도록 내버려 두었지만 그는 어머니가 그렇게 하도록 놓아둘 만큼 독립적이지 못했다. 그는 그녀의 삶에 끼어들어야 했다. 그가 바이마르에 도착한 지 겨우 며칠이 지난 후 싸움이 벌어진다. 일기장에서 그는 너그럽게 굴자고 자신을 다

그치지만 유감스럽게도 그러지 못했다.

그는 이렇게 쓴다. "친애하는 영혼이여, 마지막으로 명심해라, 그리고 현명해라. 사람들은 주관적이다. 객관적이 아니라 전적으로 주관적이다. […] 너의 사랑과 우정을 점검해라. 너의 객관적 판단 중 대다수가 가면을 쓴 주관적 판단이 아닌지를 들여다 보라. 너를 좋아하지 않는 사람의 장점들을 네가 합당하게 인정하고 있는지 등등을 들여다보라. 그러고 나서 너그러워라. 그렇게 하는 것이 빌어먹을 의무이다." (HN I, 71)

아르투어는 관용을 베풀지 못한다. 그는 집주인 노릇을 하며 거드름을 피운다.

함께 점심을 먹을 때 그는 게르스텐베르크를 무시하거나 싸움을 건다. 그들이 최근의 정치적 사건들에 대해 나눈 대화를 예로 들어보자. 다수와 의견을 같이하는 게르스텐베르크는 애국자들의 용맹함을 칭찬한다. 나폴레옹의 머리를 자를 때가 드디어 왔다면서 독일이 해방될 거라고 이야기한다. 아르투어는 반박하며 그 모든 게 댄스 홀에서 벌이는 싸움에 좀 더 고상한 형식을 입힌 것일 뿐이라고 일축한다. 불쾌한 싸움이 벌어진다. 의자가 날라가고 문이 쾅 닫힌다. 어머니는 싸움닭들 틈에 끼인다.

모자간의 소통이 이토록 힘들어지자 두 사람은 한 지붕 아래 살면서도 편지를 교환한다. 한 편지에서 요한나는 이렇게 쓴다. "어떤 사람들은 우리가 살고 있는 위대한 시대에 감동한 나머지 천성에는 맞지 않아도 검을 손에 쥐었어. 그런 사람들을 네가 욕할 때 나는 몹시 화가 나는구나. 사람들이 네가 하고 싶은 대로 하도록 널 내버려두듯이 너도 다른 사람들을 그들이 하고 싶은 대로 내버려두어야 한다는 게 내 생각이다."[5]

쇼펜하우어는 1814년 1월 초 베를린에서 대학 동료를 오게 한다. 요제프 간스Josef Gans[6]라는 가난한 유대인 학생인데 그는 간스를 재정적으로 지원하고 있다. 그런 이유로 간스는 언쟁이 벌어지면 탁월한 기여를 하지는 못해도 기꺼이 그의 편을 든다. 아르투어는 어머니가 평범한 인물들을 주위에 모으는 것이 오직 혼자 찬사를 받기 위해서라며 그녀를 탓해왔기 때문에 요한나는 이런 상황에 더욱 화를 낸다. 아르투어가 애국의 열정을 조소하는 것을 비판하면서 그녀는 다음과 같이 덧붙인다. "타고난 겁장이 간스는 […] 편안히 네 뒤에 숨어서 네가 지닌 에스프리는 없이 너를 따라 나불거리고 있구나."[7]

게르스텐베르크는 아르투어가 가하는 모욕을 감수해야 하지만 같은 방식으로 되갚으려 해도 대개 요한나에게 제지당한다. 그는 친구들에게 보내는 편지에서 울분을 터뜨린다. 아델레가 우러러보는 보병장교 페르디난트 하인케Ferdinand Heinke에게 그는 이렇게 쓴다. "철학자가 내 위에서 자신의 우주적 본질을 행사하고 있습니다. 그는 친구인 자그마한 유대인을 하나 베를린에서 불러들였지요. 그 둘이 친한 건 그 친구가 날마다 참을성 있게 네 겹의 뿌리라는 객관적인 설사약의 정량을 복용하기 때문입니다. 당신이 클라이스트 군단[8]과 함께 파리를 정복하기를 그는 바랍니다. 그러면 네 겹의 뿌리를 써서 프랑스인들의 대장을 비울 수 있을 테니까요. 유대인 친구의 이름은 간스입니다. 이런 불길한 주관적 대상이 등장하면서 우리는 진정한 비아非我와 함께 차를 마셔야 합니다."[9]

불만이 더 커지는 것을 막기 위해 어머니는 새 규칙을 도입한다. 게르스텐베르크는 이제 혼자 점심식사를 하고 아르투어가 없을 때에만 자신과 만나게끔 조치한다. 하지만 여전히 그녀는 게르스텐베르크와의 교제에 가치를 둔다. 요한나는 게르스텐베르크와 같이 보내는 시간을 줄이면 항상 투덜대며 자주 짜증을 내고 만사에 아는 척을 하는 아들과 함께 있어야 하는 고충을 감수해야 한다. 그녀는 쇼펜하우어에게 보내는 편지에 "내가 보기에 너는 너와 다른 사람들을 지나치게 비난하고 무시하며 불필요하게 혹평해. 그리고 때로는 내게 지나치게 많이 설교를 하는구나"[10]라고 쓴다.

1814년 4월 중순까지 세 달 동안 이 규칙을 지켜본 후 요한나 쇼펜하우어는 아들과 함께 사는 것에 그리고 게르스텐베르크와의 교제를 줄여야 하는 것에 진저리가 난다. 우선 그녀는 재정적 이유를 전면에 내세운다. 아르투어가 자신과 친구의 식비와 숙박비를 지불하기는 하지만 그 액수가 충분하지 않다는 것이다. 하지만 그녀는 하숙비를 올리고 싶지 않고 오히려 식사비를 전혀 받지 않아도 되는 처지였으면 한다고 말하며 아르투어가 독립하는 게 제일 좋겠다고 말한다. 어쨌든 그녀로서는 다시 혼자 살고 싶은 "타당한 이유"가 있다는 것이다. 그녀는 아르투어가 이런 상황을 너무도 잘 이해할 거라고 말을 이어간다. 그리고 떨어져 사는 것이 둘을 위해 더 낫다는 것을 어머니에게 자주 깨우친 건 다름 아닌 아르투어였다는 점을 상기시킨다. 즉, 아르투어는 그저 자신이 입에 올렸던 깨달음을 따라야 한다는 게 어머니의 의견이다. 하지만 늘 그렇듯이 아르투어는 자신의 높은 깨달음을 실천하지 않는다. 그는 집에서 쫓겨났다고 느끼며 상처를 받는다. 그러면서 어머니야말로 바이마르에 머무르는 동안 그녀의 집에 묵으라고 아들에게 눈물로 간청했다고 상기시킨다. 그것은 맞는 말이다. 하지만 아르투어는 왜 어머니가 그렇게 간청했는지 아주 잘 알고 있다. 그녀는 그의 기억을 되살린다. "네가 내가 어떻게 사는지 가까이에서 오래 지켜봤으면 […] 했다. 그러면 너는 잘못된 생각을 하지 않게 될 테니까."[11] 하지만 아르투어는 "잘못된 생각"을 떨쳐내지 않았다. 게르스텐베르크가 어머니와 육체관계를 맺고 있다고 의심하며 그는 그녀를 괴롭힌다.

요한나는 아들에게 변명하는 데 지쳤다. 그녀는 이미 몇 년 전(1807년~1809년)에 했던 것처럼 삶의 영역들을 분리하려 한다. 그래야만 서로 잘 지낼 수 있다고 그녀는 편지에 쓴다. 하지만 그녀가 절대 하지 않을 것이 하나 있다. 아르투어 때문에 게르스텐베르크와의 우정을 중단하지 않을 것이라는 점이다. "네가 내 친구와 사이가 나쁘기 때문에 내가 나의 친구를 버린다면 난 내 친구와 나 자신에게 부당한 일을 하는 셈이야."[12]

그녀는 게르스텐베르크를 좋아하는 척하라고 아르투어에게 요구하지는 않지만 자신과 게르스텐베르크의 우정을 용납하라고 요구한다. 잘 따져보면 그녀는 아르투어가 누구와 사귀어야 한다고 지시를 한 적이 없는 데다가 호감이 전혀 안 가는 요제프 간스까지도 자신의 집에 묵게 했다는 것이다.

간단히 말하자면 아르투어는 자리를 비워야 한다. 그가 바이마르에 머물고자 한다면 그녀는 숙소 찾는 것을 도울 것이다. 그리고 아르투어와 간스가 묵고 있는 그녀 집의 뒷방에는 게르스텐베르크가 입주할 것이다. "답장을 하지 말아라. 그러지 않아도 된다. 네가 출발을 결정했으면 내게 이야기해라. 하지만 서두를 필요는 없다. 내가 오래전에 알 필요는 없으니까."[13] 1814년 4월 10일 하녀가 어머니의 살롱에서 아르투어의 뒷방으로 가져온 편지는 이렇게 끝난다.

어머니와 아들이 다투며 보내느라 긴장이 팽팽했던 몇 주 중 아마 그의 기억에 남을 만한 말다툼이 일어났을 것이다. 쇼펜하우어는 세월이 흐른 후 빌헬름 그빈너에게 그 언쟁을 묘사한다.

어머니가 아르투어의 박사 학위 논문인 『충족 근거율의 네 겹의 뿌리에 관하여』를 들고 말한다: "이건 약제사를 위한 책인가 보구나."

아르투어: "어머니가 쓴 책들이 헛간에서도 찾아볼 수 없게 되더라도 제 책은 읽힐 거예요."

어머니: "네가 쓴 책은 단 한 권도 안 팔릴 게다."(G,17)

어머니와 아들 둘 다 결국에는 맞게 예언을 한 셈이다.

요한나가 편지로 통고한 지 한 달이 지난 후 어머니와 아들의 관계는 최종적으로 파탄이 난다. 그동안 재정적인 난제들이 추가되어서 상황이 악화된 것이다. 아르투어는 물려받은 재산의 자기 몫에 어머니가 손을 댔다고 비난한다. 자신이 할머니를 지원하라고 맡긴 돈을 요한나가 썼다는 것이다.

험악한 장면이 벌어졌음이 분명하다. 하루가 지난 1814년 5월 17일 요한나는 여전히 극도로 격앙된 상태에서 이렇게 쓴다.

"넌 어제 네 어머니 앞에서 극도로 부적절하게 처신하고 나서 문을 쾅 닫아버렸지. 그 문은 영원히 너와 나 사이에 닫혀버렸단다. 더 이상 네 행동을 참기에는 내가 너무 지쳤어. 난 시골로 간다. 네가 떠났다는 걸 알기 전에는 집으로 돌아오지 않을 거야. 내 건강을 위해서 나는 그렇게 할 수밖에 없다. 어제 있었던 일이 또 다시 일어난다면 난 아마 뇌졸중에 걸려 죽을지도 몰라. 넌 어머니의 마음이 어떤지 알지 못해. 어머니는 자식을 깊이 사랑했던 만큼 옛날 사랑했던 자식이 가하는 매질 하나하나를 더욱 고통스럽게 느낀다. 내가 믿는 신 앞에서 맹세하건대 널 내게서 떼어낸 건 뮐러(폰 게르스텐베르크)가 아니라 너 자신이야. 너는 불신에 차서 내 삶을 나무라고 내가 선택한 친구들을 나무라고 있어. 넌 나를 함부로 대하고 내가 속한 여성 전체를 무시하면서 날 기쁘게 만들 일은 전혀 안 하려고 들지. 넌 탐욕스러운 데다 나를 배려하지 않은 채 내 앞에서 변덕을 마음껏 부리고 있어. 이런 이유와 다른 많은 이유들 때문에 넌 내게는 고약한 사람이야. 그리고 그 점이 우리를 떼어놓는다. […] 네 아버지는 돌아가시기 몇 시간 전 네게 나를 존경하라고 훈계하셨는데 아버지가 네 행동거지를 본다면 무어라 말하실까? 내가 죽고 네가 아버지를 상대해야 했다면 너는 감히 아버지를 지배하려고 하겠니? 아버지의 삶과 아버지의 교우관계를 정하려고 하겠니? 내가 아버지보다 못하단 말이니? 내가 널 위해 한 거보다 아버지가 더 많은 걸 했을까? 더 많이 고통을 겪었을까? 내가 널 사랑한 거보다 더 많이 널 사랑했을까? […] 네게 해야 할 내 의무는 끝났다. 가거라. […] 나는 너와는 더 이상 볼 일이 없다. […] 주소를 여기 두고 가거라. 하지만 내게 편지를 쓰지는 말아라. 지금부터 난 네 편지를 읽지도 않을 것이며 답하지도 않겠다. […] 이렇게 끝이 나는구나. […] 너는 날 너무도 아프게 했다. 네 나름대로 행복하게 살거라."**14**

며칠 후 아르투어 쇼펜하우어는 바이마르를 떠난다. 그는 어머니를 결코 다시 보지 않을 것이다. 그리고 몹시 고약한 편지가 오고 갈 것이다.

어디서 이런 증오와 분노, 멸시가 터져 나온 걸까? 아마 절망에서 나온 게 아닐까? 그는 지난 몇 달 동안 쌀쌀맞게 굴었다. 어머니는 아들의 사랑을 얻고자 싸우지는 않지만 편하고 즐겁게 그와 함께 지내려 했기 때문에 아르투어가 그녀에게 보이는 그 얼굴에 반응한다. 그러나 이 얼굴은 가면이다. 아르투어는 '더블 바인드double-bind'**15** 수법을 구사한다. 그의 외적인 행동과 그가 감춰둔 소원은 서로 모순된다. 하지만 이렇게 자신을 연출해봤자 거기에 희생되는 것은 어머니가 아니라 아들이다. 어머니는 그가 몸소 만들어 놓은 덫으로 그를 잡는다. 그녀는 결별하자는 소원을 끄집어내면서 아르투어가 한 말을 근거로 든다. "너는 비슷한 경우 종종 내게 말했지, 우리는 둘이라고. 맞는 말이야. 그렇게 될 수밖에 없어"**16** 라고 그녀가 쓴다. 하지만 - 바로 이 순간 드러나는 사실인데 – 아들은 자신이 한 말이 액면 그대로 받아들여지는 걸 원하지 않는다. 그는 집에 남겠다면서 식사와 숙소를 위해 더 많이 지불하겠다고 제안한다. 상상해보라. 처음에 그는 어머니의 집에 묵지 않겠다고 사양하면서 어머니가 '눈물로' 간청하게끔 만든다. 그러고서 그는 어머니 집에 자리를 잡는데 이제는 어머니가 그것을 더 이상 참아내지 못한다. 그녀는 아들을 집에서 내보내려고 하지만 아들은 가려 하지 않고 돈을 내놓는다. 여기에는 두 가지가 있다. 하나는 모욕이고 다른 하나는 머물게 해달라는 절망에 찬 부탁이다. 수치심에서 이 부탁을 숨겨야 하는 아르투어는 사무적으로 일을 처리하려는 듯이 쌀쌀맞고 오만하게 모욕적으로 부탁을 하기에 어머니는 그 부탁을 듣지 못한다. 이 모든 게 그에게는 승자와 패자만이 있을 뿐인 싸움이 되어버린다. 제대로 사랑받지 못한 아이의 흐느낌은 싸움터의 아우성에 묻혀버릴 수밖에 없었다. 그래서 결국 그는 극도로 감정을 헤치는 에너지를 가지고 어머니를 향해 돌격한다. 하지만 같은 시기에 그는 일기장에 이렇게 쓴다. "우리는 암흑을 쫓으며, 살려고 하는 격렬한 충동을 쫓다가 점점 더 깊숙이 악덕과 죄, 죽음과 가치 없는 것들에 빠져든다. 그러다가 점차 삶의 분노가 자신을 향하게 되면서 우리가 어떤 길을 택하였는지, 우리가 원했던 것이 어떤 세계였는지 깨닫게 된다. 그러고는 고통과 경악과 전율을 거쳐서 우리 자신에게 당도하여 그 안으로 들어가고 아픔 속에서 더 나은 인식이 태어나게 된다."(HN I, 158)

"더 나은 인식" – 우리에겐 낯설지 않은 표현이다. 그는 "더 나은 의식"을 이야기한 바 있다. 하지만 "더 나은 의식"은 삶의 여유로움을 제공할 텐데 아르투어는 그것을 어디에 두었을까? 자기를 주장하는 데 쓰이는 이성보다도 더 숭고한 평화는 어디에 있을까? 게르스텐베르크가 마음에 들지 않더라도 어머니를 그냥 내버려 두면 될 텐데 그는 왜 그러지 않는 걸까? 예기치 않은 순간에 그를 적대감의 모든 굴레로부터 해방시키는 영감은 어디에 있단 말인가? 영감에 힘입어 관조의 정신에서 철학 저서를 쓰는 것은 가능하지만 그 힘으로 뒤틀리고 꼬인 사태들을 '마치 … 처럼'의 태도로 풀어내는 삶의 아이러니를 산출해낼 수는 없다는 것인가? 쇼펜하우어는 일기장에 이렇게 쓴다. "삶 속에 있으면서 삶을 원하지 않는 자, 즉 삶의 재화를 쫓지 않는 자만이 정녕 행복하다. 그는 짐을 덜기 때문이다. 받침대 위에 느슨히 짐이 놓여 있고 그 밑에 웬 사람이 몸을 굽히고 있다고 상상해보라. 그가 몸을 일으켜서 앞으로 나간다면 그는 짐을 고스란히 짊어지는 셈이다. 그가 짐을 내버려 두고 자신의 안으로 들어간다면 그는 아무것도 짊어지지 않기에 홀가분하다."(HN I, 102)

이 끔찍한 몇 주 동안 아르투어는 위에 열거한 것 중 단 하나도 실천할 수 없다. 그는 전설에 나오는 사나운 전사처럼 싸우면서 좌충우돌한다. 그가 자신의 안으로는 들어가지 않은 탓에 어머니와의 관계에 지극히 상반되는 감정이 공존하고 있다는 걸 그는 깨닫지 못하는 것 같다. 그가 깨닫지 못하는 것은 그 밖에도 여러 가지가 있다. 예를 들자면 그의 처신 때문에 누이동생 아델레가 괴로워하고 있다는 사실이다.

아홉 살 어린 누이 동생이 그에게는 낯설기만 하다. 여러 해 동안 그들은 떨어져 지냈고 그저 짧은 기간 동안 만났을 뿐이다. 애당초 나이 차이 때문에 동등한 관계가 생길 수 없었다. 하지만 그동안 아델레는 열일곱 살의 젊은 여인으로 성장해서 이제 어머니의 사교모임에 참석하며 바이마르의 명문가를 손님으로 드나든다. 괴테는 그녀와 이야기 나누는 걸 좋아한다. 그녀는 여성들로 이루어진 예술 동호인 모임을 활발히 주도하고 있다. 이 모임에는 귀족 가문의 딸들이 모여서 음악을 연주하고 뜨개질을 하고 낭독을 하고 그림을 그린다. "재기가 넘치는" 아델레는 바이마르에서는 유명인사에 가깝다. 퓌클러-무스카우 후작[17]은 1812년 그녀를 알게 된 후 약혼녀에게 이렇게 보고한다. "어떤 여자들은 상대에게 아무런 감흥을 일으키지 않거나 아니면 상대가 평생 깊은 흥미를 품게 만듭니다. 아델레가 바로 그런 여자입니다. [⋯] 그녀의 생김새도 내 마음에 들지만 그녀의 내면은 신의 멋진 창작품이지요."[18]

퓌클러-무스카우의 판단에 동조하는 사람은 아무도 없다. 일반적으로 사람들은 그녀가 영리하고 예의 바르며 섬세한 감각을 지닌 데에다 예술에 재능이 있으며 흥미롭게 이야기하는 솜씨가 있고 감수성이 예민하며 환상에 넘친다고 감탄한다. 한마디로 사람들은 이 젊은 여인의 영혼을 감탄한다. 하지만 그녀의 외모를 딱하게 여긴다. 낯선 곳에서 온 사람은 그녀의 외모를 보고 놀라지 말라는 귀띔을 받는다. 그녀의 어머니까지도 이런 말을 친구인 카를 폰 홀타이Karl von Holtei에게 편지로 쓴다. 조각가 라우흐Rauch는 아델레를 어머니의 살롱에서 알게 된 후 그녀가 "지독히 추하다"고 말한다. 레빈 쉬킹Levin Schücking은 그동안 나이가 든 아델레를 정말 괴물처럼 묘사하고 있다. "아델레가 태어날 때 [⋯] 우미의 세 여신[19]은 도저히 용납될 수 없을 만큼 멀리 떨어져 있었다. 크고 뼈대가 굵직한 몸 위에는 지독히 못생긴 얼굴이 있었다. [⋯] 머리는 사과처럼 둥글어서 타타르족 유형이라고도 할 수 있었을 테지만 그 머리가 워낙 제멋대로 독특한 모양이라서 그 어떤 유형에도 끼워 넣을 수 없었다. 하지만 진지하고 정직한 두 눈이 이 머리에서 빛을 발하고 있었다. 그녀를 알게 된 사람은 누구든 드물게 겸손하며 부지런한 성품과 다방면에 걸쳐서 몹시 심원한 교양을 지닌 그녀에게 끌리지 않을 수 없었다."[20]

많은 이들은 아델레의 영리함 역시 못마땅해한다. 칼데론Calderon 작품의 번역자인 에른스트 폰 데어 말스부르크Ernst von der Malsburg 는 티크에게 보낸 편지에서 아델레가 "요란스럽게 자신의 총명함을 과시하며 우쭐해했으며" 지치지도 않고 "자신의 천재성에 달린 방울과 오르간 건반들"[21]을 울려댔다고 묘사하고 있다.

저명한 법률가인 안젤름 폰 포이어바흐Anselm von Feuerbach는 1815년 카를스바트에서 쇼펜하우어의 여인들을 알게 된 후 열여덟 살 먹은 아델레를 즉각 "너무 많이 꽥꽥거리는 거위"라고 부른다.

아델레의 내면과 외면의 균열은 특히 주변의 남자들에게 불협화음을 일으켰다. 이 균열은 아델레가 자신을 체험할 때 핵심 요소가 되지 않을 수 없다. 그녀는 자신의 추한 외모에 몹시 괴로워했다. 그녀는 매우 섬세하고 사랑받고 싶어 하지만 자신의 외모 때문에 사랑이 가능한 세계와는 멀리 있다고 느낀다. 아르투어가 마지막으로 바이마르를 떠난 후에 쓴 일기에서 그녀는 유려한 문장으로 탄식을 이어간다. 운이 나쁘게도 그녀는 후에 괴테의 아들 아우구스트의 부인이 된 미모의 오틸리에 폰 포그비쉬Ottilie von Pogwisch와 절친하다. 아델레처럼 오틸리에도 사랑을 갈망하고 있다. 항상 붙어 다니는 단짝은 자신들에게 구애하는 젊은 남자들에 함께 푹 빠져 있다. 하지만 그 남자들은 - 연애에 관한 한 - 오틸리에에만을 염두에 둔다. 유감스럽게도 아델레는 마음을 털어놓는 상대일 뿐이다. 오틸리에가 냉담하게 굴 때나 오틸리에가 구애에 응해서 너무도 기쁠 때면 구애하는 남자들은 아델레에게 와서 눈물을 흘린다. 자신이 신뢰를 받고 있다는 것에 그녀는 한동안 우쭐해하지만 시간이 길어질수록 그녀는 그런 신뢰로 만족할 수 없다. - 아델레에게는 늘 그렇듯 - 불행한 연애 사건들 중 하나를 겪을 당시 아델레는 일기장에 이렇게 기록한다. "누가 나보다 더 행복해질 수 있었겠는가? 누가 나보다 더 낫게 사랑할 수 있었겠는가 - 오만함 없이 말하지만? - 누가 나보다 더 상대를 사랑으로 행복하게 만들 수 있었겠는가? 그렇지만 -

다 끝났다….”[22]

그녀는 다른 기회에 자신이 사랑으로 에워싸여 있다고 쓴다. 하지만 아무도 자신이 원하는 것처럼 그녀를 사랑하지 않으며, 사람들이 그녀를 필요로 하지는 않은 채 이용만 하고 있다고 느낀다. 그러니 연애에서 승승장구하는 오틸리에와의 긴밀한 우정에 점차 적대감이 섞이는 것은 당연한 일이다. “오틸리에의 생각에서 이전에 내가 차지했던 몫을 이제는 속이 텅 빈 영국 남자들이 점거하고 있다”[23]고 그녀는 비난조로 쓴다. 하지만 그녀는 얼마 전에 자신이 이런 “텅 빈 영국 남자들” 중 한 사람에게 희망을 품었다는 사실을 잊고 있다. 괴테가 이른바 “악령 들린 젊은이”라고 조소한 찰스 스터링Charles Sterling이 바이마르를 떠날 때 아델레는 일기장에 탄식한다. “천사의 소리가 우리에게 신을 예고하고 사라져가듯이 이제 그의 존재가 내 삶에서 사라져간다. […] 그와의 연결고리는 오틸리에뿐이다.”[24]

아델레가 친구 오틸리에에게 나무라는 것은 다름이 아니라 오틸리에가 “사랑 말고는 아무것도 찾지 않고 아무것도 생각하지 않고 숨쉬지도 않을 정도로 자신을 제한하고 있다”는 사실이다. 이 주장은 그녀 자신에게 해당되며 바로 여기에서 그녀 삶의 비극이 생겨난다. 아델레가 일기장에 털어놓는 모든 감정과 생각과 숙고의 중심에는 한 남자로부터 몸과 마음을 바쳐 사랑을 받고 싶다는 소원이 자리한다. 당연히 어머니는 좋은 혼처를 찾아보라고 딸을 다그치고 관습적인 의무도 그녀를 압박한다. 그렇다 해도 영리하며 재능 있다고 지금껏 칭찬받아온 아델레가 사랑받고 싶다는, 강박증에 가까운 요구 앞에서 얼마나 무력해지는지는 주목할 만하다. 그녀는 극도로 촉수를 곤두세우고 호감을 알리는 신호가 있는지 주변을 탐색한다. 그녀 안에 자리한 희망은 모든 친절한 시선과 모든 친절한 말을 포착하기 위해 매복하고 있다. 그녀의 멜랑콜리와 우울증은 거의 모든 경우, 기대를 품었다가 실망했기 때문에 생긴다.

그녀는 시를 조금 짓고 종이공예품을 만들며 독서를 하고 노래를 하고 극장에서 연기를 한다. 그녀는 여러 분야에서 우수하기에 칭찬을 받는다. 사람들은 그녀가 재능이 있다고 인정한다. 하지만 모든 게 그저 잠시 즐거운 정도이고 그녀에게 성취감을 주지는 않는다. 이런 일들은 준비 삼아 하는 행동이며 살아본 적이 없는 삶을 대신하는 행동이다. "나의 하루하루는 흐릿한 여명 속에 흘러간다. 기쁨과 고통, 근심과 농담이 여행자를 스쳐가듯 나를 스쳐가고 있다. 그 어디에도 단단히 잡을 것이 없고 그 어디에도 존재하며 활동하고 있다는 편안한 느낌이 없다."[25]

이토록 우울한 기분이 되면서 그녀는 자신의 감수성을 의심하기 시작한다. 자신의 느낌들은 재고 상품이 아니냐고 그녀는 자문한다. 오직 삶에 직접 연루되었을 때에만 생기는 강렬한 동력 없이 그저 남을 따라서 느끼는 감정이며 남들과 함께 느끼는 고통과 기쁨이 아니냐고 그녀는 묻는다. 그녀가 소망하는 삶은 그녀를 스쳐 지나간다. 그 삶은 저 바깥에 있으며 어머니와 오틸리에 같은 다른 사람들과 함께한다. 아니 그 삶은 농축된 극적인 형태로 극장에서도 찾을 수 있다. 아델레가 극장에 쏟아붓는 열정은 삶에서 겪은 실망에서 온다. 그녀는 바이마르 아마추어 극장에서 연기하는 것을 즐긴다. 괴테는 그녀가 이피게니에[26]를 연기한 것을 칭찬한다. 사교모임에서 사람들은 그녀가 낭송하는 걸 즐겨 듣는다. 이 경우에는 안전하게 각본이 있기에 강렬한 감정을 연기할 수 있다. 하지만 그녀의 삶에는 이런 버팀목이 없다. 그녀가 붙잡으려 하는 것은 그녀의 손에서 빠져나가고, 그녀가 헌신하는 대상은 그녀를 외면한다. 아델레는 거의 숨도 쉬지 않고 청산유수로 말을 한다. 또 다른 접촉이나 공감의 순간이 없는 것을 언어가 메워야 하기 때문이다. 아델레는 희박한 공기를 들이마시고 있다. 그래서 그녀는 곱고 섬세하게 만들어진 종이공예를 좋아한다. 최대한 조심스럽게 다뤄야 하는 종이공예품은 유리 뒤에 전시되었을 때 최고로 진가를 발휘한다. 아델레의 기본 정서는 구슬프다. 그녀는 기억을 상상 속에서 현재로 만들고는 그 상상의 현재로 도피한다. 사건들은 일어나자마자 어느새 기억이 되어버린다. 하지만 기억 속에서 그 사건들은 현재로 존재했을 때에는 갖지 못했던 생명을 얻는다.

오빠가 바이마르로 오기 몇 주 전에 그런 사건이 하나 있었고, 아델레는 10년을 그 추억 속에서 살아갈 것이다.

오틸리에와 아델레는 1813년 봄 프로이센과 프랑스 군대의 작은 교전이 있은 후 중대한 발견을 했다. 도시 외곽에 위치한 공원을 산책하다가 둘은 수풀에서 뤼초프 의용단[27] 소속의 부상을 입은 보병장교를 발견한다. 당시에 바이마르는 아직 나폴레옹 편에 있기에 봄날 아침 두 젊은 숙녀가 마주친 건 사실은 부상을 당한 적군이다. 하지만 오틸리에와 아델레는 그렇게 느끼지 않는다. 프로이센의 영락한 귀족 출신인 오틸리에는 프로이센의 해방을 위해 싸우는 용감한 전사들에게 낭만적이며 열렬한 호감을 품고 있다. 아델레와 예술 동호인 여성 모임, 그리고 몇몇 애국심과 근대적 사고를 지닌 바이마르 시민들도 마찬가지이다. 오틸리에와 아델레는 작은 음모를 꾸미며 모험에 뛰어든다. 몰래 부상자를 은신처로 옮기고 음식을 날라주며 치료를 한다. 두 젊은 아가씨가 부상당한 영웅을 사랑하게 되는 건 너무도 당연하다. 그는 슐레지엔의 모피 상인의 아들이고 그의 이름은 페르디난트 하인케이다. 부상에서 치유된 후 하인케는 우선 브레스라우Breslau에서 휴가를 보낸 후 다시 그의 부대에 합류한다. 그해에 두 번 그가 소속 부대와 함께 바이마르에 머무는 동안 기운을 되찾은 장교는 사교계에서 여자들의 마음을 사로잡는 위용을 과시한다. 하지만 그를 숭배하는 숙녀들에게 그는 어느 정도 거리를 두고 대한다. 브레스라우에서 약혼녀가 그를 기다리기 때문이다.

아르투어 쇼펜하우어가 1813년 늦가을 바이마르에 도착할 때 아델레는 꿈을 꾸듯 화약의 안개와 사랑의 마술로 이루어진 로맨스에 푹 빠져 있다. 바이마르가 지금 다시 견뎌내야 하는 끔찍한 재난도 그녀의 로맨스를 흔들지 못한다. 연합군은 부상자들을 바이마르 시에 남기고 떠나는데, 이질과 발진티푸스가 창궐한다. 1813년 11월 6,000명의 바이마르 시민들 중 500명이 티푸스에 걸린다. 의사는 부족하고 사람들은 전염될까 두려워한다. 도시 전체는 하루에 두 번 흰 역청^{瀝靑}으로 소독된다. 식료품이 부족해지고 자살하는 사람들이 많아진다. 하지만 아델레는 집안의 재난에도, 다시 말해 어머니와 오빠 사이의 긴장과 싸움에도 역시 – 하여튼 당분간은 – 흔들리지 않는다.

그사이에 영원히 바이마르를 떠난 하인케에 대한 기억은 아델레에게 – 오틸리에에게보다 훨씬 더 많이 – 영혼의 피난처가 된다. 그녀는 하인케를 발견함으로써 진정한 삶이 솟아오르게 되었다고 미화한다. 아델레는 다음과 같은 시를 쓴다. "발견한다는 건 정말이지 삶 속의 삶이구나 / 그 전에는 끝없는 기다림에 빈곤한 삶은 슬그머니 가더니만" 이제 "그대가 넘치는 용기로 노예의 삶을 / 자유와 조국을 위하여 바쳤기에 / 낯선 곳에서 손님을 반기는 숙소가 그대에게 마련되어 있으리 / […] 잘 가오, 고귀한 성품의 남자여! / […] / 영원히 우리는 서로를 알아보았으니" 슬픔에 찬 아델레는 거리낌 없이 미화하고 신화화하는 기억의 힘에 자신을 내맡긴다. "얼음 덮개에서 솟아 나온 꽃들 / […] / 그 꽃들은 계절의 여신이 떠나가도 내게 남고 / 꽃받침이 닫혀도 나는 잃은

게 없어라 / 내가 겪었던 것은 피처럼 붉은 태양 빛을 받으며 / 내 존재 안에 밀봉되어 있으리니."[28]

나중에 아델레는 브레스라우에서 경찰청장이 된 하인케를 경건하게 그녀의 삶을 이끄는 별로 올려 세우지만, 실제로 그 별이 바이마르에서 지상의 존재로 머물던 몇 주 동안 아델레는 또 다시 오틸리에 뒤로 물러서야 했다. 로맨스가 최고점에 왔을 때 아델레는 오틸리에에게 편지한다. "우리는 정말이지 […] 둘이서 한 남자를 사랑한다는 슬픈 처지에 있구나. […] 나는 아무 말도 하지 않을 거야. 절대 그 사람을 생각하지 않기로, 그의 존경심으로 만족하기로 단단히 마음먹었으니까. […] 그가 너를 사랑하는지를 밝혀내기 위해서 나는 무슨 일이든 할 거야. […] 어제부터 내가 그에게 편한 존재가 되었다는 데 난 자부심을 느끼고 있어. 나는 더 이상 원하지 않아."[29]

하인케는 아델레에게는 신화가 되었기에 몇 년 후 그녀가 자신을 점검할 때 그를 척도로 삼을 정도이다. 아델레는 1816년의 마지막 날 일기를 쓴다. "페르디난트, 내가 당신의 뜻에 따라 행동하고 살고 생각했나요?"[30] 앞으로도 모든 남자들은 하인케와 비교된다. "내가 어떤 남자를 하인케와 견주어도 텅 빈 허수아비로 무너지지 않는다고 평가하게 된다면 나는 망설이지 않을 것이다."(1817년 3월 4일)[31] 그러고는 10년 후인 1823년 8월 그녀는 이렇게 적는다. "나는 이제 페르디난트를 내 운명으로 생각하며 저 세상을 향한 희망으로 생각한다. 신을 생각하듯이 소원도 후회도 눈물도 없이 그를 생각한다. 이는 내 운명의 부름이었고 나는 그 부름에 순종했다. 이제 다 끝났다."[32]

아르투어는 어머니와의 점심 식탁에서 경외심 없이 경멸을 가득 담아 나폴레옹 후퇴 후 바이마르에서도 타오르는 애국심의 열정을 폄하한다. 그러면서 그가 시대의 흐름에 동승하는 게르스텐베르크와 충돌

할 때, 아델레는 어느 편을 들어야 할지 갈등에 빠진다. 왜냐하면 그녀가 보기에 게르스텐베르크는 하인케와 비교하면 약골에다 허풍선이기 때문이다. 나아가 그가 어머니와 친한 것이 아델레의 마음에도 들지 않는다. 나중에 어머니가 자신을 게르스텐베르크와 맺어주려고 한다는 의심이 들자 그녀는 "얼음처럼 굳어버리기"까지 할 정도이다. 간단히 말해서 아르투어와 마찬가지로 그녀도 게르스텐베르크를 싫어한다. 하지만 다른 한편으로는 이른바 자유투사를 인정하지 않는 아르투어의 발언에 그녀는 깊이 상처받는다. 이는 그녀의 우상을 모독하는 죄악이다. 그녀가 모르는 게 하나 있는데 하인케는 게르스텐베르크를 통해 아르투어의 언행이 어떠했는지를 알고 있다.

아델레는 어느 편을 들지 갈등하며 자신이 최전선 사이에 끼였다고 느낀다. 어머니와 오빠 간의 다툼이 치열해지자 그녀는 당황하며 불안해한다. 결국 그녀는 오빠보다는 어머니가 더 가깝기에 막판에 요한나의 분노에 공감한다. 큰 소동이 벌어졌던 시점에 그녀는 오틸리에에게 편지한다. "오빠가 파렴치하게 어머니를 대했기에 어머니는 앞으로는 오빠를 보지 않으려 해."[33]

아르투어가 집을 나간 후 빈약한 분량의 편지 몇 개를 빼고는 남매관계도 끊어진다. 2년 후 아델레는 일기장에 적는다. "오빠에 관해서 나는 아무것도 모른다."[34]

제 13 장

—

위대한 만남: 괴테와 쇼펜하우어. 두 색채이론가가
어둠의 힘에 맞서 싸움을 펼치다. 쉽지 않은 관계의
역사. 괴테는 '결국은 일종의 이혼을 피할 수 없었다'
고 말한다.

—

쇼펜하우어의 저서 『시각과 색채에 관하여』(1816년) 표지

위대한 만남: 괴테와 쇼펜하우어. 두 색채이론가가 어둠의 힘에 맞서 싸움을 펼치다. 쉽지 않은 관계의 역사. 괴테는 '결국은 일종의 이혼을 피할 수 없었다'고 말한다.

1813년 11월에서 1814년 5월까지 바이마르에서 보낸 반년은 아르투어 쇼펜하우어에게는 가족문제에 관한 한 불행한 시간이었다. 하지만 다른 측면에서 보면 그에게 행운이 따르는데 세월이 흐른 후 그 행운을 회상할 때면 그는 기쁨을 되새기곤 했다. 여태까지 젊은 쇼펜하우어를 전혀 눈여겨 보지 않던 괴테가 처음으로 그에게 관심을 보였던 것이다.

쇼펜하우어는 학위 논문에 헌사를 곁들여 괴테에게 보냈고 괴테는 평소의 습관과는 달리 그것을 읽었다. 아마도 괴테는 처음에는 자신의 친구인 요한나 쇼펜하우어를 위해 이 정도는 해야 한다고 믿었던 것 같다. 하지만 그는 자신이 읽는 책에 매료되었다. 젊은 철학자가 시대정신이 선호하던 이성적 성찰에 맞서서 지적 직관의 우선적 역할을 강조하는 것이 그의 마음에 들었다. 자신의 저서 『잠언과 성찰Maximen und Reflexionen』에서 "판단은 속일지라도 감각은 속이지 않는다"[1]고 가르쳤던 괴테로서는 이런 내용이 자신과 유사한 입장으로 보였고 공감이 갔다.

두 사람의 첫 만남을 아르투어 쇼펜하우어는 후일 여러 차례 자랑스럽게 이야기했는데 데이비드 애셔David Asher는 이를 다음과 같이 기록하고 있다. 요한나 쇼펜하우어가 여는 사교모임에 괴테가 와 있을 때

생긴 일이다. "어느 날 젊은 철학박사가 들어서자 괴테가 벌떡 일어나서 말없이 주변 사람들 사이를 뚫고 아르투어에게 갔다. 그는 아르투어에게 악수를 청하며 박사 학위 논문에 대해 극찬을 거듭했다. 그 논문이 아주 중요하다고 여긴다며 그 논문으로 인해 젊은 학자에게 호감을 품게 되었다는 것이다."[2] 이처럼 사기를 북돋우는 환영 인사를 들은 것은 쇼펜하우어가 바이마르에 도착한 직후였을 것이다. 이미 1813년 11월 10일 괴테는 자신의 비서 리머Riemer에게 젊은 철학자를 초대하라고 시키기 때문이다. 쇼펜하우어가 처음으로 방문한 후 괴테는 11월 24일 크네벨Knebel에게 "쇼펜하우어는 내가 보기에는 특이하고 흥미로운 청년"[3]이라고 말한다. 같은 날 쇼펜하우어는 이 만남에서 받은 인상에 여전히 푹 빠진 채 고대문헌학자인 볼프에게 편지를 쓴다. "당신의 친구인 우리의 위대한 괴테는 잘 계십니다. 명랑하시고 사교적이시며 자비로우시고 친절하십니다. 그분의 이름이 영원히 칭송받길 기원합니다!"(B, 7)

이따금 괴테는 쇼펜하우어를 큰 규모의 사교모임에도 초대하지만 대개의 경우 그를 혼자 프라우엔플란에 있는 자신의 집으로 초대한다. 처음에는 거의 매주였다. 1814년 2월과 4월 사이에는 초대하는 일이 줄어든다.

괴테는 쇼펜하우어와 유쾌한 사교 관계를 맺을 의사는 없다. 언젠가 괴테가 한 말에 따르면 그는 "다른 사람들과는 담소를 나누지만 젊은 박사 아르투어와는 함께 철학을 한다." 자신이 "철학에 알맞은 진지한 분위기"[4]에 있을 때에만 쇼펜하우어와 만나고 싶기 때문에 특별히 초대될 때에만 방문해 달라고 괴테는 쇼펜하우어에게 당부한다. 괴테는 쇼펜하우어와 함께 일하려고 한다. 그는 쇼펜하우어야말로 자신이 오래전부터 지금까지 마음에 품어 왔던 것에 관해 함께 철학적 대화를 나눌 상대라고 믿는다. 색채론이 바로 그것이다.

1810년 5월 16일 괴테의 방대한 저작 『색채론』이 8절판 두 권과 도판들이 실린 4절판 한 권으로 출판되었다. 20년 동안 작업한 책이었다. 그는 뒤돌아보면서 그 책을 출판사에 넘긴 날이 "해방의 날"이라고 『연감Annalen』에 적는데 이는 나폴레옹에 승리한 것을 해방의 날로 인정할 수 없다는 것을 아이러니컬하게 암시하고 있다. 애국자들의 열정이 타오르는 동안 그는 "태초의 현상"인 빛과 어둠에 대해, 그리고 이 둘이 섞여서 생기는 – 우리의 눈에는 색채로 보이는 – 혼탁한 것에 대해 골몰한다. "오른쪽에는 낮이 있고 왼쪽에는 밤이 있다. 이 둘의 결합에서 모든 것들이 생겨났고 우리도 그중 하나다." 그는 애국심에 넘치는 동시대인들을 특히 혼탁하다고 여긴다. 그들과 다투는 것을 꺼리지 않을 정도다. 그는 아들 아우구스트가 나폴레옹에 반대하여 자원병自願兵으로 출전하려는 것을 막는다. 자신이 모시는 대공이 전쟁의 막바지에 성급히 황제에게 등을 돌리자 그는 분노한다. 나폴레옹이 패배한 후에도 그는 당당히 레지옹 도뇌르 훈장5을 달고 다닌다. 그는 『색채론』의 저자인 자신을 위대한 코르시카인 나폴레옹과 즐겨 비교한다. 그가 빛나는 인물로 숭배하던 황제가 프랑스 혁명의 암울한 유산을 물려받아서 그것을 밝게 만들어야 했듯이 자신도 그에 못지않게 암울한 유산, 즉 "뉴턴 색채론의 오류들"을 이어받았기에 그것을 계몽해야 한다는 얘기였다. 『색채론』 중 논쟁 부분에서 괴테는 전투의 비유들을 즐겨 사용한다. "여기서 거론되는 것은 지루한 포위전이나 미심쩍은 파벌 싸움이 아니다. 여덟 번째 세계 기적(뉴튼의 색채론을 말한다. – 자프란스키)이 사실은 붕괴될 위험이 있는 고물로 방치되어 있다는 것을 깨닫자마자 우리는 머뭇거리지 않고 박공과 지붕에서부터 그 고물을 해체하고 있다. 그러면 결국에는 해묵은 쥐구멍과 부엉이 둥지에 해가 비치게 된다."6 거인들이 싸움을 벌이다 보면 난쟁이들을 온통 적으로 만들게 되고 결국엔 난쟁이들에게 패배하곤 한다. 나폴레옹이 패배하는 몇 주와 몇 달 동안 괴테는 자신의 『색채론』이 엄청난 반향을 일으키기를 기다리지만 커져가는 건 그의 분노와 실망뿐이다. 20년 동안 산고産苦를 겪었는데 여론은 마치 생쥐가 태어난 듯이 반응하고 있다. 친구들은 그에게 찬사를 건넸고 몇몇 화가 - 그중에는 룽에도 있었다 - 는 그 책에서 영감을 얻기도 한다. 하지만 학계는 손을 내젓는다. 『전문가는 이 책에서 새로운 것을 발견하지 못할 것"이라고 「고타이셰 게레르테 차이퉁Gothaische Gelehrte Zeitung」은 간략히 논평한다. 문학계의 독자들은 위대한 스승이 쓸데없이 외도를 했다고 애석해한다. 그리고 정치화된 세계를 사는 독자들은 다른 근심거리가 많은데 괴테가 왜 시대의 다급한 문제를 다루지 않느냐고 조금은 비난을 담아서 묻는다.

나폴레옹은 범인凡人들이 궁리해낸 총체적 음모에 희생되었을 뿐이라고 괴테는 생각하지만 대개의 경우 이것을 말하지 않는다. 하지만 또 다른 거인인 자신이 『색채론』을 출간하자 똑같은 일이 생겼다는 사실을 그는 귀 기울이는 사람들 모두에게 말한다. "강의실과 서점에서 정신 나간 사람들이 그토록 많이 나를 반박한다 쳐도 […] 그들은 내가 진실이라고 인정하는 것을 소리 높여 알리는 것을 막지 못할 것이다. […] 뉴턴은 젊은 시절 자신을 기만하고서 평생 이 자기기만을 영구화하는 데 써왔다. 이 사실을 내가 말해서는 안 된다면 만인이 소리쳐 요구하며 애타게 찾는 여론의 자유란 대체 무어란 말인가!"[7]

물론 누구도 괴테가 책을 내는 것을 금지하려고 하지 않았다. 출판업자는 판본들이 잘 팔리지 않을 것을 예측했음에도 불구하고 괴테의 의사를 최대로 존중한다. 저작의 표지는 품격이 느껴지게 치장되어서 적어도 서재의 장식품으로는 유용하다. 이 계산은 적중한다.

괴테가 젊은 쇼펜하우어와 가까워질 무렵 그는 자신의 주요 업적이 인정받지 못하고 있다고 느낀다. 후일 그는 비서 에커만에게 이렇게 말할 것이다. "내가 시인으로 이루어낸 것에 나는 큰 의미를 두지 않는다네. 탁월한 시인들이 나와 같은 시기에 살았고 더 탁월한 시인들이 나보다 먼저 살았으며 내가 죽은 후에도 그런 시인들이 나올 것이네. 하지만 색채론이라는 어려운 학문에서 진실을 아는 이는 이 세기를 통틀어 나 혼자라는 사실이 나는 자랑스럽다네. 그렇기에 내가 대다수 사람들보다 뛰어나다고 생각하지."[8]

괴테는 의미심장한 국면을 즐겨 연출하기에 주변 사람들이 예의 바르게 침묵을 지키자 스스로 숨겨진 비밀교리의 수호자라는 역할을 떠맡는다. 그는 "누군가를 귀의시켜야" 한다고 말한 적이 있다. 아르투어 쇼펜하우어가 등장하면서 감사히 "귀의하는 자"가 바이마르에 불쑥 나타난다.

어째서 괴테가 『색채론』에 이런 의미를 부여하는지를 이해하려 한다면 우리는 그가 연구에서 무엇을 성취했느냐에 주목하는 대신에 무엇 때문에 그가 수십 년간 이 작업에 매달렸는지에 주목해야 한다.

이탈리아를 여행하는 동안(1786년~1788년) 괴테는 넘치는 열정으로 그림 그리는 데 몰두했다. 마음으로만이 아니라 눈으로 창작함으로써 주관적이고 감성적인 동굴에서 객관적인 '직관'의 빛으로 나오고자 했다. 하지만 그는 추측했던 것과는 달리 자신에게 화가로서의 탁월한 재능이 전혀 없다는 것을 깨달아야 한다. 괴테는 "체념"의 예술을 매우 잘 구사할 줄 아는 까닭에 이런 상황에 접하자 색채의 본질을 탐구하겠다는 아이디어를 택한다. 그래서 괴테는 이탈리아에 머무는 동안 "색채로부터 예술을 위해 무언가를 얻어내려면 심리적 현상인 색채를 우선 자연의 측면에서 다루어야 한다"[9]고 확신하게 된다. 이렇듯 '학문적으로' 색채를 연구하겠다는 아이디어는 상당히 큰 보상 욕구에서 생겨났다. 하지만 더 중요한 이유들이 잇따른다.

괴테는 바이마르 초기 시절부터 자연을 연구해왔는데 그때에도 색채를 즐겨 연구 대상으로 삼았다. 그가 자연을 연구한다는 사실 그 자체와 어떻게 연구하는지를 보면 그가 자신과 세계를 어떻게 이해하는지 그 중심에 다가가게 된다.

아직 질풍노도의 시기를 겪던 시절에는 그에게 '자연'이란 강렬히 느끼는 주체가 갖는 독자성의 전형이었다. '자연'은 – 루소가 주장했듯이 – 관습과 사회의 규칙에 맞서는 것이었다. 주관적 자연이 거침 없이 솟구쳐 나올 때 인간은 객관적 자연과 조화를 이룰 수 있다고 그는 여겼다. 자신의 '자연'이 펼쳐지기만 한다면 내적 자연과 외적 자연은 한 목소리를 낸다는 얘기다. '내적' 자연에 자신을 내맡기는 사람의 삶은 위태롭다. 즉흥적으로 파도에 몸을 싣다 보면 단단한 현실이라는 암초에 걸려 부서질 수 있는 법이다. 괴테는 바이마르에서 젊은 대공과 함께 처음 몇 년을 청춘의 혈기를 발산하며 보냈는데 거기서 큰 갈등이 생기지는 않았다. 마음 내키는 대로 행동한다 해봤자 권력으로 보호받는 공간을 벗어나지 않았기에 위험 요소는 크지 않았다. 한동안 이렇게 잘 흘러갔지만 괴테를 보호해 왔던 것이 나중에 그를 강력히 압박하게 된다. 장관직에는 의무가 따르고 사교계의 지위에는 명성이 따르기에 그는 현실원칙의 엄중한 가르침에 직면하지 않을 수 없었다. 갈등이 첨예해지고 긴장이 더해 갔다. 하지만 괴테는 갈등이 비극으로 치닫지 않게끔 피해가는 것을 선호했기에 이번에는 이탈리아로 갔다. 그곳에서 그는 관용의 기술을 연습한다. 그것에 따르면 하나를 취하고 다른 하나도 빠트리지 않아야 하므로 두 신, 즉 시문학의 신과 현실의 신에게 제물을 바쳐야 한다. 바깥의 삶이 안의 삶 때문에 손상을 입어서는 안 되며 안의 삶 역시 바깥의 삶 때문에 손상을 입어서는 안 된다는 것이다. 후일 괴테는 이런 입장을 위한 격언을 지어낼 것이다. 진실은 그에게는 "내부로부터 나와서 외부로 전개되는 계시이다. […] 세계와 정신의 종합이야말로 현존재가 영원히 조화롭다는 것을 가장 복되게 증명하고 있다."[10]

이런 '조화'에 도달하려면 시적인 존재와 현실지향적인 존재가 각기 내세우는 요구들이 충돌하는 상황에서 그것을 뛰어넘는 탁월함의 경지에 이르러야 한다. 이탈리아 여행을 하며 괴테는 그런 경지에 도달한다. 그 사실을 그의 희곡 『토르크바토 타소Torquato Tasso』[11]에서 볼 수 있다. 그가 이 희곡의 초안을 잡은 것은 여행을 떠나기 전인데 이때만 해도 그는 세계와 시문학 사이에서 중재하는 "중간의 음성"을 아직 발견하지 못하다가 여행을 다녀온 후에야 이 작품을 완성할 수 있었다. 타소는 여전히 자신을 둘러싼 세계에 괴로워하는 시인이지만 괴테의 초안과는 달리 그가 괴로워하는 주된 원인은 – 그의 시들이 주관적이며 이상화하는 방식을 취하는 데서 드러나듯이 – 현실을 오인하는 그의 성향에 있다. 시인 타소인 동시에 처세의 달인 안토니오이고자 하는 것이 이제 삶의 모토이기 때문에 괴테는 자신이 타소를 넘어선 것을 자랑스러워한다. 그러나 세계가 날마다 시적인 것에서 멀어져갈 때 어떻게 시인은 세계에 복종할 수 있을까? 사실 세계를 시적인 것에서 멀어지게 하는 것은 사회적 정치적 일상에서 오는 과제들뿐 아니라 현실을 근대적으로 이해해야 한다는 무리한 요구들이다. 현실이 근대적으로 이해된다는 것을 전형적으로 보여주는 것은 분석적 자연과학이 승리를 거듭한다는 사실이다. 괴테는 시대의 막강한 추세가 갈라놓는 것을 다시한 번 자신이라는 인물 안에서 함께 연결시키려 한다. 분석적 지성과 창조적 환상, 추상적 개념과 감각적 직관, 인공적 실험과 몸소 경험한 것, 수학적 계산과 직관을 그는 연결시키려 한다. 괴테는 시문학이 진실의 나라에서 거주권을 잃을까 봐 애를 태운다. '학문'의 절차는 억세고 냉혹하지만 실용적으로는 성공을 거듭하기에 "섬세한 경험"이 이에 밀려서 추방될 수도 있기 때문이다. 하지만 끝날 때까지 싸울 수밖에 없는 방어전에서 그는 애당초 처세의 달인들을 이길 수 없는 타소가 되려 하지 않는다. 그는 학문에 맞서서 경계선을 방어하는 대신에 시적인 정신을 학문 안으로 들여놓으려 한다. 그는 학문 고유의 영역에서 학문이 주장하는 권위를 인정하지 않으려 한다. 그는 방어하려는 게 아니라 적의 심장을 공격하려 한다. 그가 이렇게 돌격을 감행하는 것은 인격의 이상으로부터 영감을 얻었기에 가능하다. 만약 지식이 인간의 갖가지 노력과 소질과 더불어 조화를 이룰 수 없다면, 만약 "감성과 이성, 상상력과 지성"이 지식 안에서 "분명한 단일체"로 함께하지 않는다면 그런 지식은 그의 눈에는 인간의 존엄성에 못 미치는 지식이며 진실의 이념을 희화화할 뿐이다. 괴테가 보기에는 진실은 실존적인 범위논리의 지배를 받는다. 진실이 인간에게 가치가 있으려면 육체와 삶에, 다시 말해 우리의 감각과 감성이 닿는 범위에 결부되어 있어야 한다는 것이다. 그는 모든 호기심에 찬사를 보내지는 않는다. 우리를 우리 자신과 자신의 세계에서 떼어내어 우리와 상관없는 것으로 몰고 가는 호기심도 있다. 그렇게 되면 사람들은 "끊임 없이 온갖 고생을 하다가" 저 세상으로 가게 된다. 괴테가 추구하는 진실은 우리를 당혹스럽게 하는 것이 아니었다. 그렇기 때문에 그는 자신이 제시하는 "태초의 현상Urphänomene" – 이것에서 자연이 무한한 수로 변형되면서 온갖 형상이 생겨난다고 본다. – 이 경험의 재료를 정리하기 위해 '사유된' 추상적인 장르 개념이자 유형으로 이해되기를 원하지 않는다. 괴테가 의미하는 "태초의 현상"은 직관될 수 있어야 한다. 모든 다양한 식물의 모델인 "태초의 식물"이 존재해야 했다. 남부 이탈리아에서 그것을 발견했다고 괴테는 믿기까지 한다. 자연이 무엇인지, 자연이 "우리에게 이익이 될 수" 있을지를 알려주는 것은 전적으로 자연의 외양이다. 이 외양은 수학에 근접한 물리나 인위적 실험이 밝혀내야 할 숨은 의미를 지니고 있지 않다. 인위적 실험에 대해서 괴테는 아주 과격하게 말했다. "자연은 고문을 받으면 말을 잃는다." 최신 물리학이 가져오는 "재앙"에 반대하여 그는 물리학의 전리품을 탈환해야 한다고 목소리를 높인다. "현상들을 불가역적으로 경험적 기계적 교조적인 고문실의 암흑에서 해방"시켜야 한다는 것이다.[12]

그는 수학, 특히 직관적이 아닌 대수를 불편해했는데 한동안은 이를 개선하려고 했다. 그는 예나에서 대수 수업을 받는다. 하지만 그는 탁월한 삶의 지혜를 보이며 이 프로젝트를 포기한다. 바로 여기서 그가 어떻게 동시대인과 후세대가 숭배하는 전인全人적 올림푸스의 신이 되었나를 알 수 있다. 대수 공부를 중단하는 이유를 그는 이렇게 밝혔다. "대수가 나의 본질에는 아무 소용이 없기 때문이다."[13] 니체는 괴테가 무지함을 삶에 유용하게 써서 빛을 발하게 한다고 칭찬한 바 있는데 그러한 무지함이 없었더라면 괴테는 프로메테우스처럼 형태를 부여하는 힘을 발휘하지 못했을 것이다. 형태를 부여하는 그의 힘은 다음과 같은 삶의 규칙에서 나온다. 자신의 세계를 만들 것, 상이한 요소들이 균형을 이루면서 행복을 유지하게끔 합칠 것, "불편한 것"은 망설임 없이 밖에 둘 것 등이다. 예를 들어서 괴테는 죽음이 가까이 있는 것을 견디지 못했다. 그의 주변 사람들은 이를 존중했다. 슈타인 부인은 유서에서 자신의 장례 행렬이 프라우엔플란에 있는 괴테의 집을 피하여 돌아가게끔 지시했다. 아내인 크리스티아네가 사망할 당시 괴테는 몸이 좋지 않다며 자신의 방에서 나오지 않는다. "고통을 잊으려는 강박관념"이라는 개념은 "불편한 것"을 멀리하는 이런 여유만만한 행동을 표현하기에는 적당치 않다. 이런 괴테의 행동에는 편협함이 없으며 부자연스러운 요소도 없기 때문이다. 불편한 것을 멀리함으로써 삶의 공간에는 원기 왕성한 동질성이 생겨나므로 그의 행동은 생산성을 유지한다. 하지만 그럴 수 있는 이유는 괴테가 불편한 것을 멀리하면서도 유연성을 유지하며 경계를 설정할 때 아이러니를 잃지 않기 때문이다. 무엇인가를 경계 밖에 둔다는 것은 그것을 "체념"한다는 의미이다. 어떤 삶의 법칙을 자발적으로 인정하면 그 법칙은 부드러운 폭력을 행사해서 무엇인가를 포기하게끔 한다. 괴테는 이 사실을 예리하게 의식하면서 체념한다. 이따금 이런 상황은 우스꽝스러운 면모를 드러내기도 한다. 예를 하나 들면 무지개는 괴테의 색채론에 따르면 있을 수 없는 것이기에 무지개가 뜨면 그는 자연이 그에게 "나쁜 장난"을 친다고 여긴다. 다른 예를 들어보겠다. 어느 저명한 물리학자가 그에게 값진 최신 편광기구를 선물한다. 그 기구는 빛을 스펙트럼의 색채로 쪼개기 때문에 색채의 성립에 관한 뉴턴의 가설을 증명하기에 안성맞춤이다. 괴테는 그 기구를 사용하는 것을 완강히 거부한다. 200년 전 종교재판소가 갈릴레이의 망원경을 통해 보는 것을 거부했듯이 말이다. 괴테는 자연에 대한 정보가 우리의 건강한 감각을 써서 얻은 게 아니라 인지하는 것을 돕는 도구를 써서 얻은 것일 경우 이를 단번에 거부한다. 또 괴테는 자연에는 빛Licht이 있을 뿐 광선Lichtstrahl은 없다고 말한다. 광선을 얻으려면 인위적으로 기구를 설치해야만 하는데 이는 빛에 폭력을 가하는 행위이다. 그렇게 얻어낸 광선에서 무엇을 발견하든지 간에 그것은 빛의 본질에 해당되지 않는다. 괴테가 뉴턴에게 가한 비난 중 주된 것은 뉴턴이 확 트인 자연에서 실험을 하는 대신 빛을 구멍으로 밀어 넣었다는 것이다. 그에 맞서 괴테는 외친다. "벗이여, 그대의 빛을 훔치는 깜깜한 방을 벗어나라."[14]

괴테는 자연연구를 인간의 기준에 맞추어야만 균형 잡힌 성공적 삶을 살 수 있다고 보는데 이 원리는 특히 색채론에 들어맞는다. 그가 보기에 색채야말로 삶을 가장 잘 상징하기 때문이다. 색채를 산출하는 것은 대립의 형성Polarisation과 심화Steigerung라는 삶의 법칙이다. 편광을 보자. 빛과 어둠이 있다. 빛은 - 뉴턴에 반기를 들고 하는 말이다. - "우리가 아는 것들 중 가장 단순하며 가장 동질적이며 더 이상은 쪼개질 수 없는 실체"로 간주되어야 한다. 다시 말해 "태초의 현상"이므로 그것을 넘어서 계속 소급될 수는 없다는 얘기다. 빛에 맞서는 것은 어둠이다. 빛과 어둠은 물리적physisch 현실일 뿐 아니라 형이상학적meta-physisch 현실이기도 하다. 이 둘은 서로 싸우고 있다. 이 경우에도 조정을 염두에 두는 괴테는 "상호작용"을 한다는 표현을 선호한다. 상호작용이 있고서야 색채가 생겨난다. 색채는 삶이 그렇듯이 "탁한 것", 뒤섞인 것이다. 색채 안에서 양극의 대립물들은 생산적 균형을 유지하고 있다. 괴테는 일기장에 "색채에 관한 성찰과 비유들"을 기록한다. "사랑과 미움, 희망과 공포는 우리의 탁한 내면이 상이한 상태를 취하는 것에 불과하다. 정신은 우리 안의 탁한 내면을 통하여 장점이나 단점을 본다."[15]

색채는 괴테에게는 주관적인 동시에 객관적이다. 눈이 활동하는 것을 보면 삶 전체를 지배하는 양극성이 드러난다. "우리는 여기서 다시금 망막이 얼마나 활발한지를 보면서 모든 생명체가 어떤 특정한 상태에 처해지면 조용히 거기에 반대할 수밖에 없다고 믿게 된다. 숨을 들이쉬는 것은 내쉬는 것을 전제하고 있고 반대도 마찬가지이다. 심장이 수축된 후에는 확장되어야 하는 것도 같은 이치이다. 이 경우에도 삶의 영원한 규칙이 드러난다. 눈은 깜깜한 것을 접하면 밝은 것을 요구하고 밝은 것이 다가오면 깜깜한 것을 요구한다. 그럼으로써 눈은 자신의 생동성을 보인다."[16]

눈의 고유한 특성이 빛과 어둠과 탁함의 고유한 특성과 함께 조화를 이루는 것을 발견하는 것으로 우리는 만족해야 한다고 괴테는 주장한다. "이 경우 우리가 할 수 있는 것은 색채는 눈의 감각에 연관된 규칙적인 자연이라고 반복해 말하는 것뿐이다."[17]

"눈의 감각에 연관된 규칙적인 자연", 이 문구로 괴테는 색채의 주관적 측면과 객관적 측면 사이의 차이를 줄이려고 한다. 색채를 볼 수 있는 눈의 '규칙' 안에는 색채를 산출하는 자연의 법칙이 모습을 드러낸다는 것이다.

막 자신의 박사 학위 논문에서 칸트의 초월철학을 급진적으로 전개시킨 젊은 쇼펜하우어에게는 그러한 가설이 천진난만한 실재론으로밖에 보이지 않았을 것이다. 괴테와 대화할 때 쇼펜하우어는 아마도 어느 정도는 직설적으로 이런 자신의 의견을 드러냈을 것이다. 여러 해가 지난 후 그는 다음과 같은 일화를 이야기한다. "하지만 괴테는 […] 너무도 실재론자라서 대상 그 자체가 인식하는 주체에 의하여 표상되어야만 존재한다는 것을 납득할 수 없었다. 뭐라고요? 그는 주피터 신의 눈으로 나를 보면서 말했다. 빛은 당신이 그것을 보아야만 존재한다니요? 그렇지 않습니다. 빛이 당신을 보지 않는다면 당신은 존재하지 않을 겁니다."(G, 31)

이 장면에는 괴테와 쇼펜하우어 사이의 핵심적인 차이가 아주 잘 담겨 있다. 두 사람의 출발점을 돌이켜 본다면 이 차이는 공동의 작업이 시작되기도 전에 이미 존재했기 때문에 놀라울 것이 없다. 그러나 초반에 이 차이는 생산적인 오해로 인해 가려졌다. 괴테는 직관성이 모든 인식의 기본전제라는 원칙을 쇼펜하우어가 고수하는 것을 높이 샀기 때문에 쇼펜하우어가 말하는 직관은 철저히 표상 활동의 한계 내에서만 진실의 가치를 갖는다는 사실을 간과했다. 쇼펜하우어 측에서는 괴테가 무슨 일을 하던지 보편적으로 대담하게 직관성의 원칙을 따르는 것에 깊은 인상을 받았다. 그는 괴테가 이 원칙을 논증에서 활용할 뿐 아니라 자신의 존재로 구현하는 것("주피터 신의 눈")에 매혹되었다. 게다가 괴테는 색채가 어떻게 눈에 보이게끔 생성되는지를 상세히 서술하면서 자신의 색채론을 시작하는데 – 이런 출발점을 쇼펜하우어는 아무 문제없이 자신의 정신 세계에서 취할 수 있었기에 – 이런 정황으로 인해 근본적 차이의 비중이 줄어든다고 철학자 쇼펜하우어는 이해한다.

몇 주를 함께 색채 분야에서 실험하고 토론한 후 1804년 초 괴테는 – 나중에 2행 풍자시 모음집 『크세니엔Xenien』에 실린 – 아래의 시를 짓는다. " 학생이 당장 선생이 되려 하지만 않는다면 / 난 오래 선생의 짐을 지는 걸 마다하지 않을 텐데."[18] 사실 겸손함의 미덕을 갖추지 못한 쇼펜하우어는 자신이 선생의 위치로 올라서려는 찰나에 있다. 그는 괴테가 내세운 빛의 생리학에서 출발하여 눈에 보이게끔 색채가 성립하는 것을 빈틈없이 설명하는 이론을 전개하려 한다. 괴테가 도움이 되는 관찰들을 제시하기는 했지만 이론은 제시하지 못했다는 게 그의 확신이다.

쇼펜하우어는 바이마르를 떠난 지 1년이 지나고서야 몇 주에 걸쳐 이 '이론'을 집필할 것이며 이 작업을 위해 그의 주된 철학 프로젝트를 중단할 것이다. 하지만 이 작업을 위한 아이디어가 무르익은 것은 그가 괴테와 개인적으로 왕래하던 몇 달 동안이다. 괴테의 색채론이 "빛의 행위와 고통"에 초점을 맞추고 있다면 쇼펜하우어는 괴테와는 전혀 다르게 다가가면서 "눈의 행위와 고통"에 초점을 맞추고 있다. 그는 빛이 "태초의 현상"이라는 거장의 입장에 동의하지만 그 입장에 큰 비중을 두어 전면에 내세우는 대신에 자신에게 가장 흥미로운 주제에, 즉 눈이 빛이라는 더 이상 규정지을 수 없는 현상에 어떻게 반응하느냐에 집중한다. 쇼펜하우어의 가설에 따르면 빛의 투사가 조절되는데 따라서 망막Retina이 각양각색의 활동을 하면서 생겨난 것이 색채현상이다. 망막은 "자신의 활동을 온전히 펼치려는 […] 자연적 충동"을 가지고 있다.(Ⅲ, 231) 빛이 조절되어 투사되는 경우를 다 합쳐도 망막이 가진 활동의 잠재력은 부분적으로만 사용되기에 망막은 […] 활동을 최적화하기에 부족한 동력을 "보충하려" 노력한다. 그렇게 해서 보색補色을 경험하게 되며 보다 중요하게는 보색들이 모이면 조화라는 특이한 느낌이 생긴다. 여기서 쇼펜하우어는 음악의 경우 음향의 진동으로 보완관계가 이루어지며 조화를 경험한다는 유추해석을 펼친다.

쇼펜하우어는 ― 괴테와 마찬가지로 ― 뉴턴을 반박하며 색채는 "광선이 분리되어" 생기는 현상이 아니라 "망막이 분리된 활동"(Ⅲ, 239)을 하면서 생기는 현상이라고 강조한다.

1816년에 나온 색채론 초판에서 쇼펜하우어는 괴테와 차이 나는 점들을 아직은 조심스럽게 표현하고 있다. 내용 자체에는 차이점들이 실려 있지만 그는 그것들을 1854년에 나온 재판再版에서야 비로소 부각시킬 것이다. 재판에서 그는 괴테가 주장하는 "태초의 현상"인 빛과 어둠을 문제 삼으며 이렇게 쓴다. "망막은 자신의 신경활동을 두 가지의 질적으로 대립된 절반으로 나누어서 ― 때로는 같고 때로는 같지 않은 ― 두 절반을 차례로 등장시키는 능력을 가지고 있는데 태초 현상이란 바로 이러한 망막의 유기적인 능력에 불과하다."(Ⅲ, 275)

괴테가 내놓은 색채론은 그의 거대한 "고백" 중에서 삶의 철학과 자연철학을 다룬 장이기에 윤리적이고 미학적이며 형이상학적인 성찰들을 숱하게 담고 있다. 그에 반하여 쇼펜하우어는 박사 학위 논문의 연장선상에서 색채에 인식론적 관심을 가지는 탓에 이 논문에 "시각과 색채에 관하여Über das Sehen und die Farben"라는 제목을 붙인다. "순수 지성"이 선험적 인과율의 도움으로 육체(이 경우에는 망막)에 가해진 자극이라는 재료로부터 감각에 현현하는 세계를 지어내는 작업을 그는 이미 박사 학위 논문에서 서술한 바 있는데 새 논문 중 "시각"을 다룬 장에서 그 내용을 반복하며 더 정확히 규정하고 있다.

괴테와의 만남이 없었더라면 쇼펜하우어는 색채의 문제를 다루지 않았을 것이다. 그에게 이 문제는 자신의 인식론적 가설을 적용할 수 있는 한 분야에 불과했다. 그는 당시 자신의 철학적 과제인 의지의 형이상학의 핵심으로 파고들려는 순간에 있었기에 괴테를 흠모하는 마음이 강하지 않았더라면 색채 연구를 떠맡지 않았을 것이다. 그는 존경하는 거장이 뉴턴에 맞서 싸울 때 – 그가 생각하기에는 – 더 나은 논의로 보좌하면서 거장 가까이 있고자 했다. 쇼펜하우어는 구애자의 역할을 맡지만 앵무새마냥 구애대상이 하는 말을 따라 하지 않으며 호감이 가게끔 처신하지도 않는다. 그리고 괴테는 이런 구애자들에게 냉담하게 대하기가 일쑤다. 많은 이들은 – 렌츠Lenz[19]와 클라이스트Kleist를 예로 들 수 있다. 이런 일을 겪고서 거의 폐인이 되다시피 했다. 하지만 쇼펜하우어는 다르다. 두 사람 사이에는 특이한 '싸움'이 전개되는데 그 와중에서 쇼펜하우어는 고통스럽게 거부당했을지라도 돌변하여 상대를 증오하지 않을 만큼 확고한 자의식의 소유자임을 보여준다. 쇼펜하우어는 철학을 함에 있어서 스스로 택한 길에 충실히 머물지만 멀어지는 거장에 대한 존경심 역시 잃지 않는다. 그는 존경심 때문에 정체성을 포기하지 않을 뿐 아니라 경련이 일어날 정도로 자기를 주장하지도 않는다.

이 '싸움'의 역사가 시작된 건 쇼펜하우어가 1815년 7월 드레스덴에서 그 사이 완성된 『시각과 색채에 관하여』의 원고를 괴테에게 보내면서부터다.

1년 전 괴테는 쇼펜하우어에게 작별을 기념하여 다음과 같은 격언을 읊었다. "당신이 자신의 가치를 즐기고자 한다면 / 당신은 세계에 가치를 부여해야 할 것이다."

이러한 우정 어린 충고를 받으며 헤어졌기에 아르투어는 둘이 개인적으로 만날 당시 불협화음이 있긴 했지만 그 관계가 유지되고 있다고 믿는다. 그래서 쇼펜하우어는 함께한 작업을 기념하는 의미에서 괴테가 자신의 논문의 편찬자가 되는 영광을 베풀어 달라고 청한다.

괴테는 마침 여행 중이라서 원고와 동반서한은 그가 머무르는 고향 도시 프랑크푸르트로 다시금 보내진다. 괴테는 출판업자 코타^{Cotta}와 전집을 새로이 출간하는 것에 관해 협의한다. 그러고는 슈타인 남작을 만나서 함께 라인강을 따라 쾰른으로 가고 에른스트 모리츠 아른트[20]가 거기 합세한다. 본에서 괴테는 라인 지역의 장관들과 장군들이 속한 사교계에서 며칠을 보낸다. 차르의 누이 카타리나와 메클렌부르크 대공과 폰 쿰버란트 공작이 그를 방문한다. 비스바덴에서 그는 고위 훈장을 수여받으며 이제 미망인이 된 케스트너 부인은 - 그녀는 베르터가 사랑했던 로테의 모델이었다. - 자신의 아들을 그에게 보낸다. 틈틈이 그는 『서동시집』에 실릴 시를 지으며 『이탈리아 기행』을 편집한다. 따라서 괴테는 당분간은 쇼펜하우어의 편지에 답할 시간이 없고 그럴 기분도 아니다. 쇼펜하우어는 1815년 9월 3일 독촉하는 편지를 쓴다. 괴테가 커다란 세계에서 움직이다 보니 자신이 보낸 색채론 원고가 하찮은 것으로 보일 거라는 건 이해할 수 있지만 자신에게 그 원고는 절실한 문제라고 그는 쓴다. "각하께서는 문학활동은 지엽적인 것이고 실제의 삶이 가장 중요한 것이라고 제게 말씀하셨습니다. 저의 경우에는 그 반대입니다. 제가 생각하는 것과 쓰는 것이 제게는 가치 있고 소중합니다. 제가 개인적으로 경험하는 것과 제게 생기는 일들은 제게는 지엽적이며 조소의 대상이기도 합니다."(B, 16) 쇼펜하우어는 절박한 어조로 괴테가 원고를 받았다는 것만이라도 확인해달라고 청한다. 괴테에게 원고가 짐스럽다면 "따로 편지를 안 해도 좋으니" 그냥 돌려보내달라고 부탁한다. 논문이 손실되었거나 낯선 이의 수중에 있을 거라는 불안함에 애타게 기다리고 있으니 부디 괴테가 이런 불안함을 없애달라는 것이다.

아마 쇼펜하우어는 몇 주를 기다린 후 괴테가 자신의 논문을 진지하게 읽을 거라는 희망도, 편찬자의 역할을 맡을 거라는 희망도 다 포기했을 것이다.

그러나 1815년 9월 7일 괴테의 답신이 도착한다. 답신의 어조는 친절하다. 원고를 "적당한 시간에" 받았고 읽었으며 그에 관해 숙고했다고 괴테는 말하지만 이건 과장이다. 사실은 괴테는 논문을 그저 훑어보았을 뿐이라서 나중에 쇼펜하우어에게 자신의 글에 쇼펜하우어를 언급할 수 있게끔 짧은 개요를 작성해 달라고 청할 정도다.

쇼펜하우어가 9월 7일 이 편지를 받고는 새로이 희망을 품는다. 괴테는 바이마르에 돌아가면 "순간의 기분에 맞게 자신의 소견"을 쓰겠다고 약속하기까지 한다. 그러나 편찬을 맡을지 여부에 대해서는 아무 말이 없다.

쇼펜하우어는 9월 16일자 편지에서 괴테가 자신의 저작에 대해 의견을 말하겠다고 약속했기에 "일단은 마음이 놓인다"며 감사의 마음을 전한다.

다시금 한 달이 지난 후 괴테는 10월 23일 답한다. 하지만 이 답신에는 약속했던 것과는 달리 쇼펜하우어의 논문에 대한 "소견"이 없다. 괴테는 "아주 흡족해하며" 원고를 읽었다며 논리전개가 "충실하다"고 칭찬하면서 쇼펜하우어는 "독자적으로 사유하는 인물"이라고 평한다.

서론에서 추켜세운 후 괴테는 요점을 끄집어낸다. 자신은 현재 색채론에서 너무 멀어져 있기에 쇼펜하우어와의 견해 차이를 논할 처지가 아닌데 그런 논의야말로 워낙 핵심 안건이니 난감하다는 얘기다. 어떻든 간에 쇼펜하우어는 색채 문제에서 같은 입장을 취하는 제벡^{Seebeck} 교수와 접촉하기를 바란다고 괴테는 쓴다. 쇼펜하우어가 동의한다면 자신이 제벡 교수에게 원고를 넘겨 식견을 들을 수 있게 하겠다고 제안한다. "요즘 저는 진기한 정신 여행(『서동시집』의 저술을 말한다. - 자프란스키)을 하느라 이리저리 돌아다닙니다. 그런 만큼 저의 가장 큰 바람은 두 분이 가까워져서 제가 다시 즐거이 조화로운 색채의 지대로 돌아올 때까지 오래 함께 활동하는 것입니다." 아르투어는 이 편지를 받고 실망하며 격노한다. 괴테가 논문의 주요내용을 제대로 언급하지도 않고 편찬을 맡겠냐는 물음에도 답하지 않는 데 대해 그는 실망한다. 괴테가 제벡과의 공동작업을 제안한 것은 자신을 저열한 방식으로 따돌리기 위해서라고 느끼기에 그는 격노한다. 1815년 11월 11일 쓴 아주 상세한 답장에서 아르투어 쇼펜하우어는 대놓고 분노하지는 않지만 자신의 처지와 유사점이 있는 문학장면들을 익살맞게 열거하면서 분노를 내비친다. 괴테가 그런 제안을 하자 그는 타우벤하인에 사는 목사의 딸(뷔르거가 쓴 발라드에 나오는 인물을 말한다. - 자프란스키)이 떠올랐다는 것이다. "그 처녀는 주인 나리와 결혼을 약속했다고 주장하는데 그분은 처녀를 자신의 용맹스런 사냥꾼과 결혼시키려 합니다. 장 자크 루소도 생각나는군요. 그는 젊은 시절에 어느 귀부인을 방문했는데 이 귀부인이 그를 식사에 초대합니다. 하지만 하인들과 같이 식사하라고 초대했다는 것을 루소는 잠시 후에 알게 됩니다."(B, 22)

쇼펜하우어는 주인의 식탁에 온 하인 취급을 받지 않으려 하기에 자존심 있게 괴테의 제안을 거절한다. 11월 11일에 쓰인 방대한 양의 편지를 보면 다른 구절의 표현과 내용에서도 이 자존심이 기세를 떨친다. 쇼펜하우어는 다음과 같은 논의로 괴테를 궁지에 몰아넣으려고 한다. 두 사람이 여러 관점에서 의견을 달리하므로 그가 오류를 범했거나 아니면 괴테가 오류를 범했음에 틀림없다는 것이다. 그가 오류를 범했을 경우 "각하께서 몇 마디만 하시면 제 글에서 옳은 것과 그른 것이 갈라서는 선을 제시하실 수 있습니다. 그러신다면 각하는 만족하실 거고 저는 가르침을 받을 수 있는데 왜 가만히 계십니까?"(B. 19) 아직은 공손하고 겸허하게 들리는 이런 말을 하고 난 후 쇼펜하우어는 이어간다. "하지만 솔직히 고백하자면 저는 그런 선을 제시하는 건 불가능하다고 믿습니다. 저의 이론은 더 이상 쪼갤 수 없는 단 하나의 사유를 전개한 것입니다. 따라서 모두 틀리거나 모두 옳을 수밖에 없습니다. 비유를 하자면 저의 이론은 돌 하나만 들어내도 전체가 무너져 내리는 대성당과 같습니다."(B. 19) 그에 반하여 괴테의 색채론은 전혀 다르게 이루어졌다는 것이다. 그것은 "여러 가지 […] 다양한 사실들을 체계적으로 합쳐놓은 것이라서 작은 오류가 쉽사리 끼어들 수 있었을 겁니다."

쇼펜하우어는 듣기 좋은 말을 아끼지 않으면서도 노골적으로 괴테의 색채론을 상당히 평가절하한다. 괴테는 "세계를 주의 깊게 보기만 해도 벌써 우리는 이론을 전개한다"고 쓴 바 있다. 그는 자신의 저작으로 이론형성의 새로운 유형을 제시했다고 여겼다. 그런데 이제 쇼펜하우어가 자신의 논문 덕에 괴테 자신의 연구가 이론의 고지로 올라섰다고 말하는 걸 그가 들어야 한단 말인가? 아르투어는 자신의 업적에 대해 느끼는 긍지를 부각시키려고 비유를 하나 사용하는데 그 비유가 괴테에게는 기분이 좋을 수 없다. "각하의 색채론을 피라미드에 비유한다면 제 이론은 피라미드의 꼭대기가 될 겁니다. 다시 말해 수학에서 더 이상 쪼갤 수 없는 점 하나가 있고 그 점으로부터 커다란 건축물 전체가 퍼져 내려가는 형국입니다. 이 점이 없이는 피라미드가 존재할 수 없을 만큼 이 점은 본질적입니다. 반면에 아래쪽에서 일부분을 잘라낸다 해도 피라미드는 없어지지 않을 것입니다…."(B, 21) 괴테 역시 아리스토텔레스에 정통해 있기에 한 사물(재료)의 본질(이념)은 그 형상의 엔텔레키[Entelechie][21]에 있음을 숙지한다는 걸 쇼펜하우어는 알고 있다. 그렇기에 쇼펜하우어는 피라미드의 이미지에 빗대어 괴테가 자신의 작품을 쇼펜하우어의 정신에 의해서 비로소 생명을 얻게 되는 '재료'로 인정하라고 제안하고 있다.

괴테가 예의 바르게 거리를 취하자 쇼펜하우어는 자신의 역량을 최고로 추켜세우며 맞서려 한다. 아래와 같은 문장을 거침없이 편지에 쓸 정도다. "제가 처음으로, 학문의 역사를 통틀어서 처음으로 진정한 색채이론을 내놓았다는 것을 추호도 의심하지 않습니다."(B, 20)

괴테는 저서 『색채론』으로 세계사에 자신의 이름을 남겼다고 믿는다는 걸 독자는 기억할 것이다. 『색채론』의 저자인 자신이야말로 정신의 제국을 지배하는 나폴레옹이라고 괴테는 믿었다. 그런데 아직 서른 살도 안된 무명의 철학자가 그의 연구 덕에 비로소 괴테의 저작이 이론의 고지에 올랐다고 주장한다. 게다가 이 젊은 철학자는 – 이것이야말로 철면피함의 극치이다. – 이런 필생의 작업을 자신의 이론 연구 중 남는 시간에 해냈다는 것이다. 거장은 반평생을 '색채론'에 투자했는데 스물일곱 살 먹은 자칭 "완성자"는 뻔뻔하기 그지없게도 이렇게 쓴다. "색채에 관한 논문은 몇 주를 제외하고는 제게는 주된 일감이 아니었습니다. 반면에 색채와는 동떨어진 다른 이론을 저는 항상 마음에 품고 다닙니다."

억눌린 분노와 실망, 넘치는 자부심과 참된 존경이 기묘하게 섞인 이 편지에 괴테는 놀랍게도 친절하고도 태연하게 답한다. 괴테의 답장에는 새파란 철학자가 자신의 필생의 역작인 『색채론』을 기분 나쁘게 평가한 탓에 마음이 상했다는 낌새가 전혀 느껴지지 않으며 화난 흔적도 없다. 일단 괴테는 제벡은 원고에 대해 아직 모르며 저자가 원하지 않는다면 제벡이 원고를 받는 일이 없을 거라고 쇼펜하우어를 안심시킨다. 그러고는 탁월한 아이러니를 구사하며 쇼펜하우어와의 견해 차이에 대해 판결을 내린다. 쇼펜하우어가 주장하는 초월철학의 입장을 괴테가 장난스럽게 논거로 쓴다는 데에 아이러니가 있다. 괴테는 삶에서 오류를 범할 권리, 그리고 서로 다른 길을 가야만 "본연의 것"이 유지되는 경우 서로 다른 길을 가는 삶의 지혜를 초월철학에서 이끌어낸다. 괴테는 이렇게 쓴다. "세계를 주체로부터 지으려는 사람은 주체는 현상의 단계에서는 늘 개인일 뿐이기에 자신의 고유성을 유지하기 위하여 진실과 오류의 일정 부분을 필요로 한다는 생각을 받아들일 것입니다. 하지만 이 두 성분의 양이 상이한 비율로 섞여있다면 사람들은 갈라설 수밖에 없을 것입니다."

쇼펜하우어는 괴테가 위의 문장으로 두 사람 사이의 문제 전반에 대해 판결을 내렸고 더 이상 기대할 것은 없다는 사실을 받아들이려 하지 않는다. 그렇다면 그는 도대체 무엇을 기대하는 것일까? 네, 당신은 저의 산만한 견해들을 진짜 이론으로 격상시켰습니다. 젊은 친구, 몇 주 안에 제 필생의 역작에 화룡점정을 찍으시다니 놀랍습니다. 제 저작에 드디어 볕이 들게 한 당신의 작품이 대중에게 알려지도록 서두르겠습니다. – 이런 얘기를 괴테가 편지에 쓰기를 그는 원하는 것일까?

바로 그렇다. 젊은 철학자는 자신의 아버지를 대신하실 분께 축복을 받고 싶다. 너는 내 사랑하는 아들이고 내 마음에 드는 아들이다[22], 이런 축복의 말을 아르투어 쇼펜하우어는 기다리지만 소용이 없다. 그는 족장의 옥좌 앞에서 진심으로 경의를 표하기는 해도 자신을 낮추고 겸허히 굴지는 않는다. 대신에 자신이 얼마나 뛰어난지를 거듭 알리면서 축복을 해 달라고 한동안 간청한다. 거리낌 없이 자신을 칭찬하며 머리를 치켜 세우면서 그는 축복의 손길을 머리 위로 끌어당기려 한다.

그러나 괴테는 답하지 않는다. 그러자 쇼펜하우어는 체념하기 시작한다. 1816년 1월 23일 쇼펜하우어의 편지를 보자. "각하께서 관심을 가지고 제 논문의 출판을 도와주시기를 저는 처음에는 조심스레 희망했건만 그 희망은 서서히 깨졌습니다. 제게는 약간의 기대도 있었지만 […] 거의 일곱 달을 기약 없이 기다린 후 그런 기대는 사라집니다."(B, 23) 그는 원고를 돌려보내라고 부탁하지만 다시금 대단한 제스처를 그 부탁에 덧붙인다. 축복을 받지 못한 아들은 이제 아버지 앞에 서서 전례 없이 대담하게 선언한다. '당신이 거리를 취하는 건 내가 옳고 당신이 틀렸다는 걸 당신이 깨달았기 때문이다. 당신이 내게 호의를 베풀지 않는다면 아량이 좁기 때문이다.' 쇼펜하우어는 이렇게 쓴다. "솔직히 말해서 저는 각하께서 제 이론이 옳다는 것을 깨닫지 못하셨다고는 상상할 수도 없습니다. 진실이 제 입을 빌어서 말했다는 걸 알기 때문입니다. 이번의 작은 과제에 그러했듯이 앞으로 있을 더 큰 과제에도 진실은 제 입을 빌어 말할 것입니다. 게다가 각하의 정신은 너무도 완벽하고 정확하게 조율되어 있어서 진실의 음이 들리면 화음을 내지 않을 수 없습니다. 하지만 군이 추측하자면 각하께서 제시하신 몇몇 명제에 저의 특정명제들이 모두 일치하지는 않는 탓에 각하께서는 객관적이지 못한 반감을 느끼시기에 제 이론을 검토하기가 싫으실 겁니다. 그래서 각하께서 제 글을 항상 멀리 두시고 검토를 미루시는 탓에 제게 동의하실 수도 없고 반대하실 수도 없어서 그저 침묵하신다고 봅니다."(B, 23)

괴테의 침묵. 쇼펜하우어는 이러한 침묵을 자신이 - 적어도 이 경우에는 - 우월하다는 증거로 받아들인다. 그리고 색채 연구를 '작은 과제'

라고 칭함으로써 의도하지는 않았겠지만 괴테에게 다시 한 번 상처를 준다. 왜 그러는 걸까?

쇼펜하우어에게는 사실 색채라는 주제를 논의하는 것은 괴테와의 개인적 관계가 그에게 가지는 가치에 비하면 부수적인 일이다. 그러나 실제 상황에서는 핵심주제가 없으면 개인적 관계는 성립될 수도 유지될 수도 없다. 관계가 균형을 이루려면 '아들'은 적어도 한 분야에서는 '아버지'를 능가함으로써 삶에서 '아버지의' 막강함을 상쇄할 기회를 얻어야 한다. 아르투어는 자신이 '아버지'에게 무언가를 줄 수 있다는 것을 증명함으로써 축복을 얻어내려 한다. 하지만 괴테는 자신을 아버지로 삼으려는 요구를 받아들이지 않는다. 친아들조차 비서의 역할을 할 때에만 참아낼 수 있었던 괴테가 그런 요구에 응할 리가 있겠는가! 그러나 그는 "선생" 역할을 하려는 이 "학생"에게 경의를 표한다. 그러지 않았다면 그는 가차 없이 절교를 선언하거나 완전히 무시함으로써 쇼펜하우어의 무례함을 벌했을 것이다.

1816년 1월 28일 그는 원고를 돌려보낸다. 친절하게도 덧붙인 서한에서 그는 겨울 저녁에 함께 앉아 토론한다면 얼마나 좋겠냐며 상상의 날개를 펴서 아르투어의 마음을 설레게 한다. "이야기하다 보면 […] 의견 차이는 늘 있는 법"이라는 것이다. 그러나 편지 마지막에 괴테는 쇼펜하우어의 과대망상 탓에 모욕을 참아내야 했던 것을 되갚는다. 괴테의 색채론의 완성자로 행동하려는 바로 그 사람에게 괴테는 자신이 그의 소견을 이따금 인용할 수 있게끔 "소견을 짧게 서술하라"고 통보한다. 괴테는 윗사람답게 완성자를 대수롭지 않게 대한다. 그렇게 해서 그는 둘 사이의 위계질서를 바로잡는다.

괴테나 칸트가 아닌 누군가가 자신을 이렇게 다루었다면 가만히 있지 않았을 것이라고 쇼펜하우어는 답한다.

그는 이제 괴테의 축복 없이 자신의 색채 연구서를 출간한다. 그는 1816년 5월 4일 한 권을 괴테에게 보내며 이렇게 쓴다. "각하의 의견을 들을 수 있다는 희망을 제가 포기하지 않았더라면 의견을 알려달라고 당부했을 겁니다."(B. 28) 한 주가 지난 후 괴테는 예의 바르게 감사를 표한다. "이따금 소식을 전해주십시오." 괴테에게는 무덤덤한 작별이지만 쇼펜하우어에게는 고통스러운 작별이다.

괴테는 그의 『연감』에서 나중에 이렇게 회상한다. "쇼펜하우어 박사는 내게 좋은 친구가 되었다. 우리는 많은 것을 토의했고 의견을 공유했다. 하지만 결국은 모종의 이혼을 피할 수 없었다. 두 친구가 지금껏 함께 걷다가 이별의 악수를 하고 하나는 북쪽으로 다른 하나는 남쪽으로 가는 순간 둘은 금세 상대의 시야에서 사라지는 것과 같은 이치이다."[23]

제 14 장

———

드레스덴. 아르투어는 자신과는 다른 사람들 틈에 있다. '천재적 구상'의 시간. 하숙집 여주인: "박사님, 꽃을 피우시네요." 원고노트에 담긴 철학적 독백. 아르투어는 '더 나은 의식'을 위한 언어를 발견한다. 의지가 '물자체'임을 발견하다.

———

크리스토프 마르틴 빌란트(1733년~1813년)

드레스덴. 아르투어는 자신과는 다른 사람들 틈에 있다. '천재적 구상'의 시간. 하숙집 여주인: "박사님, 꽃을 피우시네요." 원고노트에 담긴 철학적 독백. 아르투어는 '더 나은 의식'을 위한 언어를 발견한다. 의지가 '물자체'임을 발견하다.

세계사를 뒤흔드는 전투가 포연과 소음과 시체 썩는 냄새를 가득 담고 서쪽으로 옮겨 가고 집에서 벌어지는 어머니와의 접전이 최고점에 달한 즈음인 1814년 봄 아르투어 쇼펜하우어는 대규모의 저작에 몰두할 수 있는 장소를 찾고 있다. 그는 드레스덴을 선택한다. 몇 차례 그는 당시 "북유럽의 피렌체"라고 칭송받던 이 도시에 머문 바 있다. 기후와 건축양식, 풍경과 분위기, 여기 모여 있는 값진 예술품, 대규모의 도서관, 사교 생활 – 이 모든 게 그의 마음에 들었다.

드레스덴에는 대학이 없지만 쇼펜하우어는 생존해 있는 철학자에게 자신이 무언가를 배울 수 있다고는 생각하지 않기에 대학이 없다는 것이 이 도시로 가지 말아야 할 이유가 될 수는 없다. 어머니의 사교모임에 참석했던 카를 아우구스트 뵈티거^{Karl August Böttiger}는 당시 드레스덴에 있는 왕립 고대박물관의 감독관으로 재직하고 있었는데 쇼펜하우어로부터 1814년 4월 24일자 편지를 받는다. "더 소중한 본연의 삶은 제게는 철학 연구이기에 그 밖의 것들은 그 아래에 예속되어 있으며 하찮은 덤에 불과하다 할 수 있습니다. 하지만 제가 고를 수 있다면 저는 아름다운 자연과 예술품과 학문적 참고 문헌을 제공할 수 있으며 조용히 지낼 수 있는 장소를 원합니다. 제가 돌아다닌 곳들 중에서 드레스덴만큼 이 모든 것이 멋지게 어우러진 곳은 보지 못했기에 오래전부터 그곳에서 한 번 장기간 체류하고 싶었습니다. 드레스덴으로 갈 수 있기를 간곡히 희망합니다."(B, 10)

전쟁의 참화가 있은 후에도 드레스덴에서 여전히 이전의 쾌적함을 누릴 수 있는지 알려달라고 아르투어는 뵈티거에게 청한다. 드레스덴이 최근 전쟁으로 큰 손상을 입었다는 사실을 알고 있다고 덧붙인다. 뵈티거가 염려를 잠재우자 쇼펜하우어는 1814년 5월 드레스덴으로 이주하여 4년을 머문다.

사실 전쟁은 드레스덴 시를 짓밟았고 어디서든 그 흔적이 보였다. 드레스덴은 작년 한해 내내 전쟁의 중심에 위치해 있었다. 봄에는 이곳에 프랑스군이 자리를 잡았다. 작센왕[1]은 거의 마지막까지 나폴레옹의 봉신이었다. 1813년 5월 초 프랑스군은 연합군이 진격해 오자 후퇴하면서 당시 건축기념물이었던 아우구스트교를 폭파했다. 드레스덴은 '해방'되었다. 시민들은 양쪽에 도열했고 시인들은 환영의 시를 지었고 학교 합창단은 노래를 불렀다. 하지만 '해방군'이 머물렀던 건 두 주뿐이었다. 5월 중순 프랑스군이 돌아왔다. 나폴레옹은 한동안 드레스덴에 머물렀다. 시민들은 양쪽에 도열했고 시인들은 환영의 시를 지었으며 학교 합창단은 노래를 불렀다. 8월 말 대규모의 드레스덴 전투가 벌어졌다. 프랑스군은 연합군의 공격에 맞서 도시를 방어했다. 드레스덴은 여태껏 겪던 중 최악의 폭격을 당한다. 200채가 넘는 집들이 손상되거나 파괴된다. 도시 외곽의 전쟁터에는 수만 명의 사망자들이 버려져 있었다. 이 전쟁으로 인해 드레스덴 시민들이 "미풍양속을 모두" 내팽개쳤다고 한 동시대인이 한탄하며 보고한다. "여자들의 무리가 사지를 쭉 뻗은 채 난도질 당한 전투의 희생자들 사이를 마치 정원에서 꽃밭 사이를 거닐듯 거닐면서 어이없는 음란함을 드러냈는데 […] 원래 예의 바르고 정숙하다고 여겨졌던 교양 있는 계급의 부인들과 처녀들조차 그 무리에 끼여 있었다."[2]

프랑스군은 드레스덴 전투에서는 이겼지만 더 큰 단위의 전쟁에서 패하려는 찰나에 있었다. 드레스덴은 포위되어 있었다.

인근에 교외가 없는 드레스덴에 군대가 숙소를 차리는 바람에 생활고가 가중되면서 시민들은 몇 주 동안 고초를 겪었다. 굶어 죽을 지경의 사람들이 거리에서 굶어 죽은 말의 시체에 달려들었다. 빵집 앞에서는 칼부림이 벌어졌다. 발진티푸스와 티푸스가 창궐했다. 병원에서는 날마다 100여 명이 사망했고 그만한 수가 거리에서 사망했다. 비더마이어[3]의 평화로운 정경을 그리는 화가인 루트비히 리히터^{Ludwig Richter}는 전율의 나날을 회상한다. "집이 한 채 […] 있었는데 거기서는 날마다 온통 옷이 벗겨진 송장들이 2층과 3층 창문에서 던져져서 사다리 달린 커다란 마차에 수북이 쌓였다. 그런 화물에서는 앙상한 팔다리와 머리, 몸뚱이가 삐쳐 나와서 정말이지 끔찍하게 보였다. 마부들은 이런 뒤엉킨 실타래를 밟고 다니며 셔츠 소매를 걷어 부치고 마치 땔감을 다루는 것처럼 일했다."[4]

1814년 봄 쇼펜하우어가 드레스덴에 당도했을 무렵 드레스덴은 아직 이런 곤궁함에서 회복하지 못하고 있었다. 비축해둔 곡물이 빠듯하다 보니 물가가 비싸질 수밖에 없다. 청결함과 호화로움으로 이름을 떨쳤던 드레스덴이 오물로 뒤덮여 있으며 공원들은 방치되어 있고 거리에는 빈민과 상이군인들이 근근이 목숨을 이어가고 있다. 부서진 건물들의 잔해가 주변에 널려 있다. 드레스덴이 복구되는 데에는 일 년이 넘게 걸린다. 왕이 나폴레옹과 함께했던 모험에서 돌아오는 데에도 그만큼의 시간이 걸린다. 1815년 6월 17일 왕은 이날을 위해 곱게 단장한 드레스덴에 입성한다. 다시 시민들은 양쪽에 도열하고 시인들은 환영의 시를 짓고 학교 합창단은 노래를 부른다. 보아하니 드레스덴 시민들은 정치적 충성심을 매우 폭넓게 발휘하고 있다. 그래서 정치적으로 지조를 지키려는 동시대인들은 드레스덴 시민들을 못마땅해했다. 슈타인 남작은 드레스덴 시민들을 "자신들의 재산에 집착하는 지조 없는 말 재간꾼"이라고 부른다. 남작의 글을 보자. "그들은 조국이 처해 있는 굴욕적 상태와 조국을 덮친 재난들보다 전쟁에서 오는 불편함과 […] 드레스덴 다리가 파괴된 것에 더 신경을 쓰는데" 이는 "보기가 역겹다."[5]

아르투어 쇼펜하우어는 정치적 신조가 확고하지 않다는 점에 오히려 호감을 품었을 수 있다. 알다시피 그는 전쟁이 "죽고 죽이는 사육제"여서 거기 끼여들 경우 대개 치명적인 방식으로 자신을 웃음거리로 만들 수밖에 없다고 보기 때문이다.

쇼펜하우어는 그로세 마이센 가세 35번지에 숙소를 정한다. 그 근처에는 "검은 성문"이 있다. 바로 이 성문에서 E.T.A. 호프만의 단편소설 『황금단지』의 주인공 안젤무스가 달려 나와서 자신의 행운이자 불운에 돌진한다. 쇼펜하우어보다 반년 전에 드레스덴에 머물렀던 호프만과는 달리 젊은 철학자는 와자지껄한 모임에 가는 법이 없다. 그는 부지런히 극장과 오페라를 관람하지만 그곳에서 그는 대부분 너무 늦게 급히 들이닥쳐서는 종종 공연이 끝나기 전에 내빼며 마음에 안 들면 거리낌 없이 야유를 하는 사람으로 어느새 알려졌다. 그는 최신 이탈리아 오페라를 좋아하며 롯시니^{Rossini}를 각별히 숭배하기 때문에 독일 오페라를 선호하는 새 음악감독 카를 마리아 폰 베버$^{Karl\ Maria\ von\ Weber}$의 작업을 좋아하지 않는다. 쇼펜하우어에게 독일 오페라는 욕심껏 멋을 부린 노래극에 불과하다.

그는 드레스덴에서 자신의 작업에만 몰두하며 친구를 사귀지는 않지만 자신을 우러러보는 사람들, 혹은 그저 자극을 주는 괴짜 인물로 존중하는 사람들을 주변에 두는 것을 즐긴다.

창작욕에 사로잡혀 있는 한 그는 고독을 아주 잘 견딜 수 있다. 하지만 일에 지친 순간에는 이따금 홀로 남았다는 느낌에 괴로워한다. 그는 그런 느낌에서 빠져나오려 하지만 그러다가 자기를 상실한다는 느낌이 들어서는 안 된다. 자부심 강한 젊은 철학자가 사람들과 어울리는 경우 자신의 정체성을 잃을까 두려워하다니 정말 의외의 일이다. 1814년 원고노트에 그는 기록한다. "타인과의 연대와 대화가 이루어지려면 서로가 자신을 제약하고 부정해야 한다. 따라서 체념을 한 다음에야만 대화에 임해야 한다.(HN I, 95)

스스로 떠맡은 이 "체념"을 그는 원고노트의 다른 부분에서 제동을 걸고 함께 가는 기술이라고 정의한다. 고독을 견디지 못하면 사람들과 어울려야 할 것이지만 그럴 경우 고독과 사교 생활, 이 둘을 서로 결합시킬 수 있어야 한다. "즉 사람들과 어울리면서도 외로움을 유지하는 방식을 배워야 한다. 생각하는 걸 모두 다 타인에게 얘기해서는 안 되며 타인이 하는 말을 고스란히 믿어서도 안 된다. 오히려 도덕적으로나 지적으로나 그들에게 거의 기대를 걸지 말아야 하며 평정을 잃지 않기 위해서는 그들의 의견을 대수롭지 않게 받아들여야 한다. 다시 말해서 그들과 함께 있더라도 절대 그들과 허심탄회하게 어울려서는 안 된다. 그렇게 하면 그들에게 많은 걸 요구하는 일이 없어진다. [⋯] 이런 식으로 사람들과 직접 맞부딪히지 않고 항상 '거리를 두고 대한다면' 그들로부터 상처도 모욕도 받지 않을 것이기에 그들을 참아낼 수 있다. 이렇게 본다면 사람들과 어울리는 것은 불과 비교할 수 있다. 영리한 자는 어느 정도 떨어져서 불에 몸을 녹이지만 불을 움켜쥐지는 않는다.

반면에 어리석은 자는 불에 데이고 나서 춥고 외로운 곳으로 도망가서는 불이 뜨겁다고 징징거린다."(HN I, 113)

자신이 상처를 입고 모욕을 받을까 봐 두려워하며 교제를 시작하는 사람은 그 누구와도 쉽게 우정을 맺을 수 없다. 친구가 없다는 사실에 쇼펜하우어는 불안해하지 않는다. 반대로 그는 이런 단점을 이리저리 돌려서 장점으로 만든다. "누군가의 가치와 업적을 입증하기 위해서 그 사람에게 친구가 많다는 걸 거론한다면 세상물정을 몰라도 너무 모른다는 걸 드러내는 것이다. 사람들이 우정을 가치와 업적에 따라 배분한다는 말인가! 개는 누군가가 자신을 쓰다듬거나 먹다 남은 찌꺼기를 주면 더 이상 보살펴주지 않을지라도 그 사람을 따른다. 사람들은 개와는 다르다는 말인가! 사람들을 – 그들이 지독히 구역질 나는 짐승일지라도 – 쓰다듬는 걸 가장 잘하는 자에게는 친구가 많다."

아르투어는 1814년 원고노트에 "같은 것은 단지 같은 것에 의해서만 인식될 수 있다"는 플라톤의 명제를 변형하며 이렇게 쓴다. "모든 재화는 고유의 영역에서 획득된다고 한다. […] 우정과 사랑 그리고 충성심을 얻으려면 사람들에게 우정과 사랑과 충성심을 주어야 한다. […] 한 사람이 살아가며 얼마나 많은 행복을 얻을 수 있는가를 알기 위해서는 얼마나 그가 주었는지를 알면 된다."(HN I, 101) 친구가 없는 게 특권이라고 여기려면 쇼펜하우어는 이런 깨달음을 자기 탐구에 적용하지 않아야 한다.

'내 친구가 될 만큼 가치 있는 사람이 없기 때문에 나는 친구가 없다'고 당당하게 자신에게 되새기면서 쇼펜하우어는 자신이 우정을 줄 수 없기에 우정을 얻지 못한다는 깨달음을 멀리하려는 것일까? '내가 얼마나 많이 베풀 수 있을까?' – 이렇게 물어본다면 외톨이의 강함 뒤에 있는 약한 면모가, 즉 타인을 신뢰할 용기가 없다는 사실이 드러날 것이다. 악순환이 거듭되어 남을 믿지 않는 것이 옳다고 확신할 수 있기 때문에 결국에는 쇼펜하우어의 불신은 난공불락의 성이 될 것이다. 불신하다 보니 거리를 두게 되고 거리를 두다 보니 재차 불신이 생길 수밖에 없는 상황이 생긴다. 아델레는 1820년 3월 5일 일기장에 오빠를 언급한다. "한 번도 사랑해 본 적이 없는 사람은 다른 사람을 신뢰할 수 없다."

아르투어 쇼펜하우어는 사랑은 거의 받지 못하지만 많은 이들의 존경을 받는 괴짜의 역할을 떠맡는다. 때로는 경탄의 대상이고 종종 두려움의 대상이기도 한 이 괴짜가 "철학 전체를 뒤엎으려 한다"는 얘기가 돈다. 그가 구체적으로 무엇을 가르치려 하는지 사람들은 알지 못했고 제대로 알려고도 하지 않았다. 셸링의 『세계영혼Weltseele』이 드레스덴 시민들의 철학적 굶주림을 당분간은 해소했기 때문이다. 드레스덴의 지인들 중 아무도 그동안 출간된 쇼펜하우어의 학위 논문을 주목하지 않았다. 그가 새로운 메시지를 전하리라고는 아무도 기대하지 않았지만 사람들은 비판적인 논쟁에서 발군의 총명함을 보이는 그를 경탄하거나 두려워했다. 극장 운영자이자 작가인 폰 비덴펠트 남작Freiherr von Biedenfeld(1788년~1862년)은 후일 출판업자 브로크하우스가 쇼펜하우어의 주저를 출판하도록 도와준 인물인데 드레스덴 시절 알게 된 쇼펜하우어를 "숨기는 거라곤 없이 너무도 솔직한 사람"이었다며 이렇게 묘사한다. 그는 "노골적으로 자기 생각을 신랄하고 거칠게 말했다. 학문과 문학에 관한 물음에는 대단히 단호했으며 친구에게건 적에게건 모든 것을 있는 그대로 지적해야 직성이 풀렸다. 그는 위트를 즐겼고 어떨 때는 정말이지 유머가 넘치는 무뢰한이었다. 그의 외모를 보자면 금발머리에 청회색 눈이 반짝거리고 코 양옆 뺨에는 주름이 길게 패었는데 그가 짜랑짜랑한 음성으로 말을 하며 느닷없이 급하게 손짓할 때면 격노한 듯이 보였다."

'사람들과 어울리고' 싶어하지만 어울리더라도 혼자 있고 싶은 쇼펜하우어에게는 마음껏 논쟁을 할 수 있는 장소들이 매력적이다. 연기로 그을린 천장에 베네치아 살라미와 송로버섯이 든 소시지, 파르마 햄이 매달려 있는 이탈리아 식당 "키아포네Chiappone"가 있었는데 그곳에서 당시 드레스덴에서 영향력 있던 문학 서클이 모이곤 했다. 그 서클은 「아벤트차이퉁」[6]에 속한 사람들과 독일에서 이름을 떨친 대중문학작가들 – 프리드리히 라운Friedrich Laun, 테오도르 헬Theodor Hell, 프리드리히 킨트Friedrich Kind(오페라 「마탄의 사수Der Freischütz」의 대본을 썼다), 클라우렌Clauren – 로 이루어져 있었다. 이들은 자신을 "노래꾼Liederkreis"이라고 불렀다. 그들이 출간한 히트작 「아벤트차이퉁」은 지역을 뛰어넘어 옛날 식의 교양을 지닌 독자층에게서 인기를 높여갔다. 이 독자들은 정치와 철학 그리고 문학 분야에서 여가 시간에 즐길 만큼 온건한 읽을 거리를 선호했다. 건전한 인간지성은 이 신문에서는 유별날 정도로 건전했다. 신문의 창간호를 장식한 발행인 테오도르 헬의 시를 보자. "내가 일하다 지쳐서/저녁에 쉴 때면/나는 시 예술이 피운 꽃을/편안히 즐기고 싶다/앉아서 우리 노래꾼들의/최신 책을 읽을 때면/나는 꽃 속에 앉아서/향기를 들이마시고 있다."[7]

쇼펜하우어는 이탈리아 소시지를 좋아했고 단골손님인 시인들이 자신을 두려워한다는 걸 알고 있었기 때문에 "키아포네"를 자주 찾았다. 정기적으로 그가 드레스덴의 명사들과 언쟁을 시작할 때면 최신 취향을 대표하는 대가들에게 반감을 품고 있던 사람들이 항상 청중과 관중이 되어서 즐겼다. 비덴펠트는 이렇게 보고한다. "그는 아벤트차이퉁을 단호히 배격했으며 나아가 삽화를 곁들인 문집이나 가요집 따위와 그가 문학 파벌이라 부르는 것에 속한 사람들 모두를 단호히 배격했음에도 불구하고 […] 아주 자주 이런 남자들이 즐겨 머무는 공공장소에 모습을 보이곤 했다. 보통 금세 싸움이 벌어졌고 그는 노골적이며 직설적인 언사를 써가며 껄끄러운 사람의 역할을 떠맡았다. 항상 휘스트 게임이 벌어지는 탁자 앞에 다리를 꼬고 앉아서는 지독히 신랄한 조롱을 퍼부어서 분위기를 망쳤고 아슬아슬한 유머를 거리낌 없이 펼치면서 셰익스피어와 괴테의 글 중 난삽하기 그지 없는 부분들을 사람들의 면전에 쏘아대는 바람에 사람들은 패배에 패배를 거듭했다. […] 모두들 그를 두려워해서 그 누구도 당한 것을 같은 식으로 되돌려주려는 엄두를 내지 못했다."

"노래꾼 무리"에게 쇼펜하우어는 그의 번개를 내리쳤지만 거기 속한 회원인 – 프리드리히 라운이라는 필명으로 알려진 – 프리드리히 아우구스트 슐체Friedrich August Schulze와는 거의 친구와 같은 관계를 유지한다. 쇼펜하우어는 세월이 흐른 후에도 "착하고 소중하고 충실한 오랜 나의 벗 슐체"라고 부른다. 젊은 철학자에게 "천둥번개를 내리치는 주피터Jupiter tonans"라는 별명을 붙였던 슐체는 쇼펜하우어가 "연애사건"에서 빠져 나오도록 도왔다고 한다. 이에 관한 세부 사항은 알려진 바가 없다.

쇼펜하우어는 소년 시절 친구 앙티메에게 애정행각을 부풀려 말하곤 했는데 1816년 12월 그에게 편지를 보내 연애를 하고 있다고 보고한다. 앙티메는 1817년 6월 1일 답장에 쓴다. "보아하니 몹시 사랑에 빠졌구먼, 이 친구야. 그러면 모든 게 장밋빛으로 보이지. 내 노련한 경험자로서 털어놓자면 네 애인이 오래 지조를 지키리라고는 난 믿을 수 없어. 그러니 착각에 빠진 동안 잘 즐기게." 아델레 쇼펜하우어가 1819년 4월 27일 일기장에 "드레스덴에 사는 소녀"가 "임신"했다고 언급한 바 있는데 아마도 이 편지에서 거론되는 인물인 듯하다. 아델레는 그 소녀가 낮은 신분이라서 결혼은 생각할 수 없다며 경악한다. 그러고는 아르투어가 "그 사이 올바르게 잘 처신하고 있다"고 덧붙인다.

　드레스덴의 지인들이 아르투어 쇼펜하우어에 관해 전하는 소식들은 빈약하다. 그가 무슨 생각을 하는지 마음속에서 무엇을 궁리하는지에 관해 지인들은 거의 알지 못했다. 루트비히 지기스문트 룰Ludwig Sigismund Ruhl(1794년~1887년)은 아르투어의 청년기 초상화를 그린 화가인데 아르투어는 이 화가를 이따금 산책에 동반하며 몇 차례 더없이 신성한 장소인 서재에까지 데리고 간다. "우리가 당신 방에 앉아 있을 때면 당신은 내게 이런저런 얘기를 하다가 당신의 철학이 성공할지에 대해 강연을 하곤 했다"고 나중에 룰이 추억을 떠올린다. 쇼펜하우어가 여기서 보낸 몇 년간 자신을 조금 열어 보인 인물은 아마 요한 고틀롭 크반트Johann Gottlob Quandt(1787년~1859년)가 유일한 듯한데 그는 유복하며 직업은 없이 예술에 조예가 깊다. 크반트는 1815년 요한나를 알게 되었고 아델레와도 친해졌다. 크반트를 보면 쇼펜하우어는 재차 가족 간의 아픈 불화를 떠올리지 않을 수 없다. 그가 다른 사람들에게 어머니와 누이를 언급할 때면 "바보 같은 거위들"이라고 일축했지만 크반트와 함께 있을 때에는 가족들을 목청 높여 나무라는 데 그치지 않고 자신이 얼마나 근심하고 마음을 상했는지 넌지시 암시했다. 아무튼 크반트는 이렇게 주장한다. "그가 자신의 삶에서 끔찍했던 시기를 떠올릴 때면 엄청난 고통이 그의 마음속 깊은 곳에서 꿈틀거리는 것을 나는 감지할 수 있었다. 그 일에 관해서 그가 했던 말들은 모호했지만 그가 어머니에게 존경심과 더 나아가 - 본인은 제대로 의식하지 않았어도 - 애정을 품고 있다는 게 곳곳에서 엿보였다."

　그렇다고 해도 쇼펜하우어가 공적인 존재로 가졌던 사교 생활을 통해 알 수 있는 것보다는 숨겨진 게 더 많다. 비덴펠트의 보고에 따르면 그는 대부분 "자신의 책들과 함께 연구자로 살았고 […] 거의 완전히 고립되어서 아주 단조롭게 살았다." 그러나 단순하고 고립된 생활로 쌓은 요새 안에서 아르투어 쇼펜하우어의 삶 중 엄청난 모험이 일어나고 있다. 다름 아닌 "구상을 한다는 쾌락"과 위대한 작품을 마침내 완성한다는 모험이다.

이런 내면의 삶에서 몇몇 순간은 거의 무아지경의 기쁨으로 모습을 드러냈는데 그걸 가장 뚜렷이 경험한 것은 아마도 아르투어의 하숙집 안주인일 것이다. 언젠가 쇼펜하우어는 츠빙어 궁전에 있는 오렌지 온실을 들른 후 귀가했는데 상의에는 꽃 한송이가 꽂혀 있었다. 안주인이 말한다. "꽃을 피우셨네요, 박사님." "네", 쇼펜하우어가 답한다. "나무가 꽃을 피우지 않으면 열매를 맺을 수 없을 테니까요!"

아르투어 쇼펜하우어는 드레스덴에서 보낸 4년이 자신의 삶에서 가장 생산적인 시간이었다고 회상한다. "유리한 환경 덕에 […] 뇌가 최고로 활성화되는 시간이 오자 나의 눈이 어떤 대상을 향하건 간에 그것은 내게 천상의 비밀을 보여주었다." 말년에 쓴 한 편지에서 그는 이렇게 주장한다. 저작 전체의 체계는 "내가 손을 많이 대지 않아도 방사선의 결정체가 중심을 향하듯이 하나로 녹아들었고 나는 곧장 그 결과물을 내 주저의 제1권에 적어 넣었다." 그는 1818년 3월 28일 출판업자에게 제1권의 원고를 제안하면서 이렇게 말할 것이다. "저의 저술은 새로운 철학 체계를 다룹니다. 새롭다 함은 글자 그대로 새롭다는 의미입니다. 기존의 것을 새로이 서술했다는 뜻이 아니라 이제껏 그 누구의 머릿속에도 떠오르지 않았던 일련의 생각들이 제 저술에서 지극히 긴밀히 결합되어 있습니다."(B. 29) 이 "일련의 생각들"이 어떻게 그의 머릿속에서 형성되었는지 그 자취를 우리는 이 시기를 상세하게 기록한 원고노트에서 볼 수 있다. 이 노트에서는 쇼펜하우어의 사유가 주저에서와는 다른 상태로 응결되어 있는 것을 포착할 수 있다. 여기서 그의 사유는 탐색하고 실존적으로 참여하고 있으며 아직은 충층이 건설적 체계를 이룰 만큼 안정적이지 않다. 주저는 문제를 풀려고 하는 반면 원고노트는 문제들의 실존적 의미를 전면에 내세우고 있다. 원고노트는 육체와 삶에 연루된 질문들을 담고 있으며 주저는 이 질문들에 답하고자 한다.

알다시피 쇼펜하우어는 칸트 철학이란 수련과정을 거쳤는데 철학을 선택함으로써 아버지의 정신에서 벗어났던 그는 이런 수련과정을 통해 아버지의 정신에 포섭된 셈이었다. 아버지는 형이상학에 관해서는 마티아스 클라우디우스가 그랬듯이 아이의 겸허함을 유지했으며 철학이 자력으로 천국을 탐사하려는 것을 마땅치 않아 하면서 주시했다. 칸트의 영향을 받은 아르투어가 절대자의 개념을 철학적으로 구성하는데 대해 비판적이었다는 점에서 그는 아버지의 아들답다.

이와 같은 비판의 맥락에서 쇼펜하우어는 베를린에서 공부했던 셸링의 청년기 저작을 다시금 잡고서 분석한다. 쇼펜하우어의 기록을 보자. "셸링이 자신의 절대자를 가지고 벌이는 일은 모든 경건하고 명민한 이신론자理神論者들이 신을 가지고 벌이는 일과 동일하다. 이신론자들은 신에 관하여 논리적으로 있을 수 없는 일들을 말했는데 이는 다음과 같은 추상적 명제를 비유적으로 표현한 것에 불과했다. '지성은 감각세계를 전제로 하는 능력에 불과하며 감각세계에서만 유효한 능력이다. 그러나 명민한 이신론자인 나는 의식의 더 높은 단계에 서 있다.'"
(HN II, 326)

지성을 넘어서는 경험이 존재한다는 것을 쇼펜하우어는 인정하지만 그런 경험을 지성적 견지에서 정당하다고 인정하는 데 대해 경고한다. 그럴 경우에 지성은 헛소리를 지껄이고 경험은 명료함을 상실함으로써 두 가지 다 손상을 입기 때문이다. 알다시피 쇼펜하우어는 지성의 범주들과 일치하지 않는 경험을 "더 나은 의식"이라고 부른다. 그것에 관해서는 아주 조심스럽게만 말할 수 있기에 공론의 장에서는 입을 다물어야 한다. 비트겐슈타인^{Wittgenstein}이 『논리 – 철학 논고^{Tractatus}』의 끝에서 정말로 감동을 주는 것을 언급하며 "말할 수 없는 것에 대해서는 침묵해야 한다"고 결론지었던 태도는 쇼펜하우어의 신중함과 동일선상에 있다. 아르투어 쇼펜하우어는 어디에서 이 침묵이 시작되며 어디까지 언어가 – 아마 변형된 언어일 테지만 – 사용가능한지를 정확히 알고자 한다. 1814년에서 1815년 초반까지의 기록들은 이 문제를 맴돌고 있다. 쇼펜하우어는 "더 나은 의식"에 걸맞은 언어를 찾고 있으며 독자적으로 의미를 창출해내는 비유를 주저 없이 사용한다. 그는 공의 이미지를 다양하게 활용한다. 쇼펜하우어에 따르면 "근거율에 따른 인식"을 가지고서는 우리는 항상 표면을 맴돌 뿐 공의 중심에 도달하지 못한다. 우리 지식이 아무리 확장되더라도 넓이는 부피가 될 수 없으며 "더 나은 의식"이 나서야만 새로운 차원이 열리고 평면이 공간이 된다는 것이다. 마치 공의 속으로 들어가는 것과 같은 이치다. 이 이미지에서 그 이상의 의미를 도출해 낼 수도 있다. 어떻게 하면 표면을 떠나서 깊은 곳에 이를 수 있을까? 이 물음에 대한 답은 이렇다. 무거워져야, 고뇌에 눌려 무거워져야 한다. 그래야만 자기를 주장함으로써 표면에 머무르게 만드는 부력浮力을 이겨낸다. "인간이 숭고한 신념을 가지려면, […] 더 나은 의식을 자신의 내부에서 활성화하려면 그는 고통을 느끼고 고뇌해야 하며 실패를 겪어야만 한다. 배에 무게가 나가는 밸러스트^{Ballast}[8]를 적재하지 않으면 배가 깊이에 이르지 못하는 것과 같은 이치이다."(HN I, 87) 물론 배가 침몰하면 안되니까 밸러스트가 너무 무거워서는 안 되지만 바람과 파도에 전복되지 않기 위해 필요한 깊이에 다다를 만큼은 무거워야 한다. 깊이가 적당해야 한다는 표현에서 알 수 있듯이 "더 나은 의식"은 아직은 자기보존에 쓰이고 있다.

"더 나은 의식"과는 대조적으로 그 짝인 "경험적 의식"이 갖는 의미는 점차 변한다. 칸트와 마찬가지로 쇼펜하우어도 경험적 의식은 "현상하는", 즉 자신에게 "현상하는" 세계에만 연관된 것이라고 정의했다. "경험적 의식"에 나타나는 존재는 표상된 존재이다. "경험적 의식"은 인지하고 인식하는 방식이다. 칸트는 "현상하는" 세계에 불가피하게 붙잡혀 있다는 것이 결코 잘못된 삶의 표시라고 보지 않는다. 특히 『순수이성비판』의 재판再版에서 칸트는 "현상하는" 세계를 기만과 사기라는 의미의 "가상"으로만 파악해서는 안 된다고 주장했다. 우리는 "자연스럽고 피할 수 없는 환상" 속에서 사는데 이 환상은 "쫓아낼 수 없기에," 인류의 기본장비에 속하며 우리를 삶의 세계에 적응시키는 기능을 한다는 것이다. 우리가 "현상하는" 세계만 상대한다고 해도 칸트가 보기에 실제로 살아가는 데 문제될 것이 없다. 쇼펜하우어는 의견을 달리한다. 그는 "경험적 의식"에 이중의 의미를 부여한다. 한편으로는 경험적 의식은 칸트의 초월철학에서 입증되었듯이 우리의 인지능력과 인식능력을 한정하는 것을 의미한다. 하지만 다른 한편으로는 기만에 내맡겨진 잘못된 삶에 매여있음을 의미하기도 한다. 이런 뜻에서 쇼펜하우어는 "현상하는" 세계를 "가상의" 세계로, 나아가 기만하는 세계로 격하시킨다. 이를 시각적으로 설명하기 위해서 쇼펜하우어는 공의 비유를 계속 펼친다. "경험적" 의식은 "바퀴를 돌리는 다람쥐"를 닮았다고 그는 1814년 적는다. 방금 전에 "경험적" 의식이 공의 표면을 더듬는 것이라고 간주되었다면 이제 그것은 우리를 의미도 목적도 없는 짓을 하게 만드는 욕망, 그 잠재울 수 없는 욕망의 움직임과 동일시된다. 쇼펜하우어의 박사 학위 논문에서는 인식론적 주제로 다루어졌던 "경험적" 의식이 이제 윤리의 문제가 되어버렸다. "경험적" 의식은 초월철학 안에서의 결백함을 잃었고 실존적 어리석음이 되었다. "실제의 삶에서 우리는 단 한 번이라도 의욕[10]으로부터 벗어나서 자신 속으로 들어가 더 나은 의식 속에 머무르지 않는다. 소망을 만족시키고 나면 새로운 소망을 향해 달려가고 그러면서 마침내 행복을 찾기를 바라기에 우리는 모두 다 항상 어리석다. 이론에서도 우리는 바로 이런 식으로 어리석었다."(HN, I 155)

1814년 기록된 이 문장은 "더 나은 의식"은 "의욕"으로부터의 구원이라는 결정적인 안티테제[11]를 거론하고 있다. 경험이 "의지"의 현상이라는 것 – 이 인식은 현 시점에는 아직 명확히 형성되어 있지 않다. '의지'는 세계의 자물쇠를 열 마법의 주문은 아직 아니지만 이미 진실한 삶에 대척하고 있는 모든 적대적인 것들의 이름이다. 쇼펜하우어가 의지의 형이상학을 전개시키기 전에도 이 형이상학에서 나오는 결론, 즉 "의지의 부정"이 구원을 가져올 것이라는 결론은 이미 나와 있다. 처음에 쇼펜하우어는 "의지"가 자신에게 고통을 주는 어떤 것이며 그것에서 자신이 해방되고자 한다는 것을 체험했다. 그러고 나서 그는 의지가 "물자체"이며 모든 현상들의 기본에 놓인 보편적 현실임을 인식한다. 주저의 저자 쇼펜하우어는 의지가 세계의 본질임을 발견하게 된 후 의지를 부정하게 된다. 그러나 실존 인물인 쇼펜하우어는 의지를 부정하고 난 후 ("더 나은 의식"에 이르고서서) 모든 현실 안에서 현상하는 것이 의지라는 깨달음에 이른다. 쇼펜하우어는 "더 나은 의식"이라는 이름으로 "의지"에서 벗어나려 하다가 의지가 전체 존재의 합치점임을 발견한다. 적대적인 것을 세계의 핵심에 놓음으로써, 즉 고통스럽다고 체험한 바 있는 의지를 "물자체"와 동일시함으로써 쇼펜하우어의 의지의 형이상학이 탄생하게 된다. 1814년 말이나 1815년 초에 쇼펜하우어는 원고노트에 아래의 문장을 기록한다. "물자체로서의 세계는 거대한 의지이며 이 의지는 자신이 무엇을 원하는지 모른다. 의지는 아는 것이 없으며 무작정 원할 뿐이다. 의지는 그저 의지이며 다른 어떤 것도 아니기 때문이다."(HN I, 169) 이 문장 안에 뒤따라올 내용들이 모두 담겨 있다.

하지만 쇼펜하우어가 칸트철학을 공부한 게 헛수고는 아니었다. 칸트는 그의 이론적 양심이 되어서 인식하고 표상하는 우리의 능력이 '우리를 위해' 있는 것만을 포착할 뿐 결코 '그것 자체'를 포착하지 못한다는 사실을 그가 명심하게끔 했다. "물자체"와 동일시되는 '의지'는 결코 표상된, '대상'으로 인식된 의지일 수는 없다는 의미이다. 아르투어가 자신의 박사 학위 논문에서 네 종류의 표상대상들 중 하나로 설정한 그 '의지'가 아니라는 의미이다.

쇼펜하우어는 어떻게 "물자체"의 불가지성이라는 칸트의 교리를 유지하는 동시에 자신이 "물자체"의 "수수께끼"를 풀었다고 말할 수 있었을까? 그는 '의지'가 어떻게 자신에게 "물자체"로서 모습을 드러냈는지를 깨달으면서 이 난제를 극복한다. 그가 "물자체"와 동일시하는 것은 표상되고 추론적으로 인식된 의지가 아니라 "내적 체험"에서, 자신의 육체에서 느낀 의지이다.

쇼펜하우어로서는 이 "내적 체험"이 어떤 것인지를 밝히고 이 체험을 표상하고 인지하는 활동으로부터 명확히 구분하는 것이 무엇보다도 중요하다. 그의 기록들은 이제 이 문제를 맴돌고 있다.

내·외부에 있는 세계 전체는 내게는 표상으로만 주어져 있다. 쇼펜하우어에 따르면 표상의 통로 말고 다른 통로를 거쳐서 세계에 접근할 수 있는 지점이 단 하나 있다. 그런데 이 지점은 나 자신에게 있다. 내가 나의 육체를 보고 육체의 활동을 관찰하고 설명하는 경우 인지된 것과 인식된 것은 여전히 표상이다. 하지만 여기 있는 나 자신의 육체에서 나는 충동과 욕망과 고통과 쾌락을 느끼기도 하는데 이것들 모두는 동시에 육체의 활동을 통하여 나의 표상과 타인의 표상들에게 모습을 드러낸다. 오직 나 자신 안에서만 나는 내게 (그리고 타인에게) 표상으로 보이는 것인 동시에 그것에 대해 숙고하게 만드는 어떤 것으로 존재한다. 오직 나 자신 안에서만 앞면과 뒷면으로 이루어진 이 이중의 세계가 있다. 오직 나 자신 안에서만 나는 표상으로 내게 주어진 세계 이외에 어떤 세계가 더 있다는 것을 체험한다. '바깥' 세계의 '내부'는 내게는 그저 표상된 것일 뿐이고 오직 나 자신 안에서만 나는 이 '내부'이다. 나는 세계의 내면이다. 나는 표상으로서의 세계에 추가로 존재하는 그 무엇인 세계이다. "사람들은 바깥으로 나가 제각기 온갖 방향으로 갔지만 수수께끼를 죄다 풀 수 있는 장소인 자신 속으로는 가지 않았다."(HN I, 154)

이 통찰로 쇼펜하우어는 오랜 꿈을 성취한다. "네 속의 진실을 깨달으면 […] 저기서 하늘이 대지를 어루만진다"(HN I, 17)고 1812년 그는 기록했다. 여기서 관건이 되는 것은 전통적인 도덕의 의미에서의 '자기인식Selbsterkenntnis'이 아니고 주체의 사유로부터 객관적 세계 전체를 인식하는 성찰철학 식의 자기인식도 아니다. 쇼펜하우어는 자신의 육체에서 의지를 내적으로 경험하는 것을 전체 세계를 이해하는 수단으로 삼고자 한다. 그렇게 함으로써 그는 이중으로 움직인다. 수축의 움직임이 자신의 체험 속으로 (성찰철학에서처럼 자신의 사유 속으로가 아니다) 침잠한다면 팽창의 움직임은 세계 전체를 이런 내적 체험의 유형에 따라서 풀이한다.

이 시점에서 재차 쇼펜하우어가 "더 나은 의식"에 관해 제기했던 문제가 등장한다. 내면에서 체험한 이런 의지에 대하여 그리고 그 의지와 세계 전체와의 동일성에 대하여 어떻게 (근거율에 의해서) 분석하고 객관화하는 사유를 쓰지 않고 말할 수 있을까? 피히테와 셸링, 헤겔의 동일성 체계들에서 쇼펜하우어가 도움이 되는 표현을 취할 수 없다는 것은 당연하다. 이 철학자들은 의지하는 주체가 아니라 사유하는 주체에 합치점을 두기 때문이다. 예상치 않게도 그는 전혀 알려지지 않은 정신의 대륙을 새로이 발견하면서 이에 관한 단편적 정보들로부터 도움과 영감을 받게 된다. 그 정신의 대륙은 다름 아닌 고대 인도의 종교이다.

정신적인 인도를 발견한 것은 그 무엇보다도 낭만주의였다. 헤르더가 터를 닦아 놓았다. 칸트로서는 이해하기 힘든 일이었다. 그는 티벳인들이 하는 일들이 경직된 가톨릭 교리를 극단으로 실행하는 것과 다를 바 없다고 보았고 신자들은 라마승의 배설물까지 먹을 거라고 비웃었다. 반면에 헤르더는 브라만교의 심오함을 칭찬했다. 그는 브라만교를 범신론으로 해석했다. 브라만교는 유일한 영적 본질('브라마das Brahma')이 표명된 것이 세계라고 본다는 것이다. 성직자인 헤르더는 브라만교에는 신과 내세가 없을 뿐 아니라 유아적인 포상 및 처벌체계 또한 없다며 그 종교성을 칭찬했다. 쉴 새 없이 일하는 중부 유럽인들에게 그는 침잠과 명상의 기술을 추천했다. 하지만 인도의 고요하고 온화한 영혼은 유럽의 폭행범들을 끌어들이다시피 했다고 그는 보았다. 이런 정신 자세는 자기를 주장하는 데에는 소용이 없다는 얘기다.

슐레겔, 괴레스Göress, 바아더Baader, 빈디쉬만Windischmann과 노발리스 같은 낭만주의자들은 이성이 분해와 분리를 통해 설정한 좁은 경계를 폭파시킨다고 보장하는 것이면 무엇이든 손을 뻗쳤기에 헤르더가 단서를 제공하자 탐색에 들어갔다. 그동안 - 물론 의미가 훼손된 번역이기는 해도 - 원전 텍스트들이 잇달아 출간되었다. 가장 중요한 것은 아마 1801년 발간된『우파니샤드Upanischaden』[12] 번역본일 것이다. 불교 이전에 있었던 브라만교의 비밀 교리가 기록되어 전해내려 온 것이『우파니샤드』다. 프랑스인 앙커틸^{Anquetil}은 원전 모음집을 "우프네카트^{Oupnekhat}"라는 제목(이 이름은 산스크리트어 우파니샤드가 왜곡되면서 생겨난 것이다)으로 출판했다. 여기 실린 글들은 이중으로 훼손되었다. 산스크리트어에서 페르시아어로 번역된 글이 라틴어로 번역되었기 때문이다.

이 작품에 대해 쇼펜하우어가 알게 된 시기는 바이마르에서 보낸 1813년에서 1814년에 걸친 겨울이다. 그는 어머니의 살롱에서 예나에 거주하는 재야 학자 프리드리히 마이어^{Friedrich Majer}를 알게 되었는데 마이어는 헤르더의 제자이며 인도학자로 이름을 날렸다.

여러 해가 지난 후에도 아르투어 쇼펜하우어는 1814년 여름 처음 연구했던 이 책을 열광적으로 칭찬한다. 그의 마지막 저작인 『소품과 부록^{Parerga und Paralipomena}』(1851년)에서 쇼펜하우어는 뒤돌아보며 이렇게 토로한다. "'우프네카트'는 시종일관 베다의 성스러운 정신을 숨쉬고 있지 아니한가! 이 둘도 없는 책을 부지런히 읽다 보니 페르시아어와 라틴어에 능숙해진 독자는 그 정신에 깊이 감동받지 않겠는가! 매 행마다 빈틈 없이 탄탄하고 뚜렷한 의미들이 어우러지며 넘쳐나지 않는가! [⋯] 이 책에 있는 모든 것이 인도의 대기를 숨쉬고 있으며 자연에 밀착한 태고의 존재를 발산하고 있다. 이 책을 읽다 보면 예전에 주입되었던 유대교의 미신이 씻겨나가고 그 미신을 받들던 철학들이 씻겨나가서 정신이 맑아진다! 이것이야 말로 (원본을 제외하고는) 세상에서 가장 유익하고 정신을 고양시키는 책이다. 이 책은 내 삶에서 위안이 되어 주었고 내가 죽을 때에도 위안이 되어 줄 것이다."(V, 469)

인도의 열혈 팬으로 새로이 태어난 쇼펜하우어는 1815년에서 1817년까지 2년간 드레스덴에 있는 그로세 마이센 가세에서 자신처럼 전혀 알려지지 않은 한 철학자와 이웃해 살았다. 카를 크리스티안 프리드리히 크라우제^{Karl Christian Friedrich Krause}(1781년~1832년)는 당대 철학의 주류에서 벗어나는 자신의 사유를 인도 성현의 가르침과 연결시키려 하고 있었다. 크라우제는 쇼펜하우어보다 더 운이 나빴기에 말년에조차 인정을 받지 못했지만 그의 철학은 우여곡절 끝에 스페인에 그리고 스페인어를 사용하는 남아메리카에 유입되었다. 인도의 연민의 윤리를 연대의 윤리Solidaritätsethik로 희석시킨 "크라우시모Crausismo"[13]는 남아메리카의 사회 자유주의적 진보주의를 이론적으로 구상하는 데 쓰였다.

쇼펜하우어와는 달리 크라우제는 산스크리트어를 능숙히 구사했기에 몸소 번역을 했다. 인도학자인 이웃 크라우제에게서 쇼펜하우어는 전문적 조언을 구했고 책을 빌렸으며 별다른 일이 없어도 오가며 지냈다. 크라우제에게서 그는 명상의 기술에 대해서도 조금 배울 수 있었다. 크라우제 자신은 체계적으로 명상을 연습했고 자신의 제자들에게 "내적 체험Inlebnisse과 내적 정신Ingeistnisse"[14, 15]을 통하여 "존재의 합일"에 이를 것을 촉구했다. 크라우제는 낭만주의자들처럼 인도철학과 종교가 담긴 토막글들을 현실의 경계를 대담히 뛰어넘는 자신들의 사색에 끼워 넣는 데 그치지 않고 인도의 전통을 실제 삶의 실천에 유입시키려 했다. 이런 경우는 크라우제 말고는 그 시대에 없을 것이다.

1814년부터 쇼펜하우어는 『우파니샤드』를 연구하며 「아시아 매거진Asiatische Magazin」에 실리는 인도에 관한 논문들을 정기적으로 읽고 가질 수 있는 인도 문헌이라면 죄다 구입한다. 그러나 그가 불교를 집중해서 분석하기 시작한 것은 주저를 마무리한 이후이다.

인도 성현의 가르침을 그토록 숭배하는 것에 비추어 1814년에서 1818년에 걸친 쇼펜하우어의 기록에서 인도의 철학과 종교를 다룬 부분이 많을 것이라고 기대할 법하다. 사실 쇼펜하우어는 1816년 원고노트에 이렇게 털어놓는다. "여담 삼아 고백하자면 우파니샤드와 플라톤, 그리고 칸트에서 나오는 광선이 동시에 한 인간의 정신을 비추지 않았

더라면 내 학설은 이루어질 수 없었으리라고 믿는다."(HN I, 422)

그러나 실제로는 인도의 종교와 철학에 직접 관련된 진술은 얼마 안 된다. 그렇다 해도 이 얼마 안 되는 진술들은 형성되는 그의 철학의 주요관점들을 인도 사유의 특정 요소들과 합선시키기 때문에 엄청난 비중을 지닌다.

세계의 생성과 소멸, 그 세계에 존재하는 천태만상을 『우파니샤드』는 "마야Maja"[16]라고 부른다. 개체로서 자신을 경험하며 이러한 개별성으로 자신을 주장하고자 시도하는 것들은 모두 이 마야의 지배를 받는다. 이에 관하여 쇼펜하우어는 1814년 이렇게 적는다. "인간은 [⋯] 망상에 (빠져 있는데) [⋯] 이 망상은 삶 만큼이나 사실이며 감각세계 자체만큼이나 사실이다. 나아가 이 망상은 삶과 감각세계와 하나가 된다. (이것이 인도인들이 말하는 마야이다.) 이 망상이라는 터에 우리의 모든 소원과 병적 욕망들이 자리 잡는다. 망상이 표현된 것이 삶이듯이 그런 소원과 병적 욕망들은 삶의 표현일 뿐이다."(HN I, 104) 2년 후 아르투어는 간결히 말한다. "베다에서 말하는 '마야'는 [⋯] 칸트가 말하는 '현상'과 동일하다."(HN I, 380)

우리 안에 있는 "의지"이자 동시에 모든 현상들 뒤에 숨어 있는 "물자체"로서의 "의지"에 맞아떨어지는 것을 『우파니샤드』에서 발견했다고 쇼펜하우어는 믿는다. 세계의 영혼을 의미하는 '브라마'가 그것이다. 『우파니샤드』에서 아르투어는 다음의 문장을 읽게 된다. "모든 생명체를 만들어내는 그것, 일단 태어난 생명체들을 살게끔 하는 그것, 생명체들이 목표로 삼는 그것, 생명체들이 서둘러 향하는 그것, 그대가 찾는 그것은 브라마이다." 아르투어는 이 글귀에 "삶에의 의지는 사물의 원천이자 본질"(HN II, 396)이라는 주석을 단다.

'마야'와 '브라마'로서의 세계 – 이는 쇼펜하우어가 보기에는 자신의 착상인 '표상'과 '의지'로서의 세계와 동일하다. 인도 식의 구원은 천태만상에서 해방되어 '무'로 돌아가 침잠하는 것인데 이 역시 쇼펜하우어가 의지의 부정이라 부르는 것과 일치하는 듯이 보인다. 『우파니샤드』에는 앞서 말한 세계를 보는 관점(마야와 브라마) 외에는 유럽 종교를 특징짓는 조물주와 내세 그리고 초월체험 등에 상응하는 것이 전혀 없어서 쇼펜하우어는 특히 매력을 느꼈다. 천상을 배제한 형이상학을 찾던 쇼펜하우어는 『우파니샤드』에서 신이 없는 종교를 발견했기에 자신이 제대로 된 길을 가고 있다는 확인을 받은 느낌이었다.

자신의 철학 체계를 지어나가던 몇 년 동안 아르투어 쇼펜하우어는 그러한 확인 이상의 것을 추구하지 않았다. 자신만의 언어를 찾아내고자 하기 때문이다. 자신의 철학을 유럽철학 전통의 지평 안에서 펼치기 위해 그는 무진 애를 쓴다. 의지를 자신의 육체에서 '내적으로 경험'하는 수축의 움직임과 이런 '내적 경험'의 유형에 따라서 세계를 해석하는 팽창의 움직임, 이 두 움직임을 그는 발견한 바 있다. 그는 이 두 움직임이 개념을 도구 삼아 작업하는 인식에 의하여 통찰될 수 있게끔 만들려 한다. 자신의 철학이 비록 "개념으로" 구성된 것은 아니라 해도 그 철학에서 얻은 통찰은 "개념을 사용하여" 기록되었다고 그는 재차 강조한다. 그렇기 때문에 그는 인도철학의 어구를 뜻을 생생히 하기 위해서만 사용한다. 체계가 성립되던 시기를 되돌아보면서 쇼펜하우어는 후에 이렇게 쓴다. "나는 세계의 내적 본질인 물자체를 우리에게 너무도 잘 알려진 것의 이름을 따라서 의지라고 불렀다. 물론 이것은 인식의 주체를 고려해서 선택한 주관적 표현이다. 하지만 인식을 전달하는 자는 우리이기에 이렇게 고려하지 않을 수 없다. 그러므로 내가 그것을 브람이나 브라마라고 부르거나 세계 영혼이나 또 다른 이름으로 부르는 것보다는 훨씬 낫다."

쇼펜하우어는 세계를 '의지'로서 이해하고자 한다. 강조점은 '이해하기'에 놓여 있다. 이해하는 것은 설명하는 것과는 다르다. 쇼펜하우어는 이 차이를 아주 분명히 밝혀야만 한다. 원인을 탐구할 경우 우리는 설명하면서 접근한다. 우리의 지성은 그렇게 작업해야 한다고 쇼펜하우어는 박사 학위 논문에서 증명했다. "설명하기"는 표상 활동에 속한다. 이 경우 우리는 대상들을 인과적으로 서로 연결한다. 이런 방식으로 의지의 활동 역시 '설명' 가능하다. 이것 역시 쇼펜하우어는 박사 학위 논문에서 의지가 어떻게 동기에 의하여 작동되는지를 통해 증명했다.[17] 하지만 그런 견지에서는 의지는 내면에서 체험된 의지가 아니라 여러 대상들 중의 한 대상이 된다. '이해하기'의 경우 이 '의지라는 대상'을 다른 대상들과 인과적으로 결부시키는 것이 관건이 아니다. 이해한다는 것은 원인과 작용을 찾는 게 아니다. "왜 그러한가"를 찾는 게 아니라 의미를 포착하는 것이며 의지가 도대체 무엇인가를 묻는 것이다. 의지가 무엇인지를 우리는 오직 우리 안에서만 경험할 수 있다. 우리 내부에서 우리는 표상의 대상으로서 의지를 마주칠 뿐 아니라 그 의지를 '내면에서' 체험한다. 다시 말해서 우리 내부에서는 우리 스스로가 의지이다. 세계를 이해하고자 한다면 우리는 스스로를 이해해야 한다. 쇼펜하우어의 의지의 형이상학은 경험세계를 분석하려는 기획이 아니기에 자연과학과 경쟁관계에 있지 않다. 그것은 존재의 해석학Hermeneutik des Daseins이다. 의지의 형이상학은 존재하는 것이 서로 어떻게 인과적으로 연결되어 있는지를 설명하는 대신 존재가 무엇이냐고 묻는다.

쇼펜하우어는 1816년 기록에서 자연과학에 경계를 두며 이 해석학의 윤곽을 그려내고 있다. "이제까지 사람들은 전혀 가공되지 않은 재료가 갖는 힘을 가장 잘 알려진 것으로 가정하고는 그것에서 출발하여 덜 알려진 것을 설명하려고 했는데 이는 자연과학에는 올바른 길이다. […] 이러한 가공되지 않은 재료가 갖는 힘을 통하여 사람들은 마침내 조직체를 그리고 인간의 인식과 의욕을 설명하려고 했으며 그러면서 완전한 자연과학에 도달하고자 했다. 사람들은 '숨겨진 성질qualitates occultae'을 밝히는 것을 온통 포기한 채 그 숨겨진 성질에서 출발하는 것에 익숙해졌다. 숨겨진 성질을 건축의 기반으로 삼기 위해서 그것을 파헤치지 않으려 했기 때문이며 그 성질에서 무엇이 나오는지를 관찰하려고만 했고 그것 자체에 대해서는 설명을 바라지 않았기 때문이다. […] 나는 우선은 아주 대척된 길을 택했다. 앞의 경우처럼 나 역시 가장 잘 알려진 것에서 출발하려 한다. 그들은 가장 일반적인 현상이자 가장 불완전하며 그래서 가장 단순한 현상을 – 그 현상이 그들에게 전혀 알려지지 않았음을 알고 있음에도 – 가장 잘 알려진 현상으로 여겼다. 하지만 내가 가장 잘 아는 것은 내 인식에 가장 가까이 위치하는 데다가 가장 완전하며 다른 모든 것에게 최고의 활력이 되는 – 그래서 가장 뚜렷이 가장 완벽하게 만물의 본질을 밝히는 – 하나의 자연현상이다. 그 현상은 다름 아닌 인간의 육체와 그 육체의 활동이다. 그들은 이 육체와 그 육체의 활동을 비유기적인 자연의 힘에서 출발하여 최종의 것으로 설명하려 했다. 그에 반하여 나는 그 최종의 것인 인간의 육체로부터 비유기적인 자연의 힘을 이해하는 것을 배우고 있다. 그렇게 함에 있어서 나는 – 결코 사물의 본질로 인도하지 않는 – 인과성의 법칙에 따라서 나아가지 않는 대신에 세상에서 가장 의미심장한 현상의 본질, 즉 인간을 직접 관찰한다. 그 인간이 나의 표상이라는 것을 도외시하면 나는 그 인간이 속속들이 의지라는 것을 발견한다. 의지는 인간의 본질 자체로 남는다. 의지가 무엇인지는 모두에게 직접 사실로 주어져 있다. 모두에게 의지는 자기 자신이다."(HN I, 365)

쇼펜하우어는 이러한 행보를 취함으로써 자신이 '의지'라는 개념을 통상적으로 이해되는 것과는 다르게 파악한다는 것을 알고 있다. 철학 전통에서 의지의 개념은, 또 일상언어에서 이 용어의 사용은 '의지'를 '의도', '목표', '목적'과 연결시킨다. 나는 무엇인가를 하려고 한다^{Ich will} ^{etwas}. 이 '무엇'은 내가 표상했고 생각해 냈고 보았던 것이다. 여하튼 '하려 하는 것^{Gewollte}'은 내가 의지를 행동에 옮기기 전에 이미 내 정신에 있다. 이렇게 이해할 경우 '의지'는 지성화된다. 하지만 쇼펜하우어는 '의지'를 그렇게 이해하지는 않는다. 그렇기에 그는 오해를 자초하게 될 것이다. 추측하건대 사람들은 익숙한 개념을 붙잡고 놓지 않았기에 쇼펜하우어가 변화된 개념을 사용하여 드러내려 했던 새로운 것을 알아채지 못했고 그랬기에 초반에는 쇼펜하우어에 거의 주목하지 않았던 듯하다. 쇼펜하우어는 '의지'라는 개념이 즉흥적으로 불러일으키는 연상의 흐름에 맞서 싸워야 한다. 그는 지성화된 의지를 특수한 경우로만 인정하려고 한다. 의지를 인식이 동반할 수 있지만 의지에게는 그런 동반은 중요하지 않다. 의지는 원초적 생동적 노력이자 움직임이다. 특수한 경우 의지는 자신을 의식할 수도 있으며 그렇게 되고 나서야 목표와 의도와 목적을 의식하게 된다. 이 지점에서 쇼펜하우어를 제대로 이해하는 것은 대단히 중요하다. 그러지 않을 경우 그가 의식철학에서처럼 의도에 찬 의지, 즉 정신을 자연에 투사한다고 잘못 가정하게 되기 때문이다. 하지만 그 반대이다. 쇼펜하우어는 자연을 정신화하려 하지 않으며 정신을 자연화하려 한다.

쇼펜하우어는 자신이 쉽게 이해되지 않으리라는 것을 예감한다. 1816년 그는 원고노트에 이렇게 쓴다. "나는 '의지'라는 개념의 외연을 상당히 넓혔다. [⋯] 사람들은 인식이 의지를 동반하는 경우, 다시 말해서 동기에 의해 의지가 외화^{外化} 하는 경우에만 의지를 인식했다. 그러나 나는 형성하고 노력하고 존재하는 모든 움직임, 이 모든 것들이 의지의 현상이자 객관화라고 말한다. 의지는 모든 사물 그 자체이다. 다시 말해서 우리의 표상인 세계에서 눈을 돌린 후에도 세계에 아직 남아 있는 것이 의지이다."(HN I, 353)

우리가 – 내면에서 체험된 의지인 – 우리 '자체'에서 출발하면 우리는 세계 '자체'에 도달한다. "내가 어떤 활동을 할 때 내 안에서 일어나는 것과 이 활동이 어떻게 동기를 따르는지를 비교하는 경우에서만 나는 생명이 없는 물체가 어떻게 원인에 반응하여 변하는지 그리고 그 물체의 내면의 본질이 무엇인지 유추에 의해 이해할 수 있다. […] 이 이해가 가능한 이유는 나는 자신에게서만, 나의 육체에서만 내가 의지라고 이름 붙인 제2의 면을 인식할 수 있기 때문이다."(HN I, 390) 그러고서는 대담한 전환이 이어진다. "스피노자는 던져져서 움직이는 돌이 의식을 가지고 있다면 자신의 의지에 의하여 움직이고 있다고 생각할 것이라고 말했다. 돌의 생각이 옳다고 나는 덧붙인다."

우리는 육체화된 의지이며 이 의지는 또한 자기 자신을 의식하게 될 것이다. 우리를 돌과 구분하는 것은 우리가 의식을 가지고 있다는 사실 뿐이다. 우리와 돌은 둘 다 의지이다.

이 관점에서 사유가 어떻게 더 전개되는지에 대해 쇼펜하우어는 주저에서 밝힐 것이다. 그의 일기에서 그는 일단은 방법론적 문제에 특히 집중하고 있다.

앞에서 보았듯이 그는 자연과학들, 다시 말해 경험적 학문들의 분석적 접근에 대해 해석학자로서 거리를 두었다. 철학전통과 동시대 철학자들로부터 자신을 구분하기 위하여 그는 더욱 많은 노력을 기울인다. 1814년 쇼펜하우어는 이렇게 기록한다. "이제까지의 철학이 저지른 주된 실수는 철학을 학문으로 추구했다는 데에서 비롯된다. 직접적 인식이 주어진 곳에서도 간접적인 인식, 다시 말해 근거에서 나오는 인식을 찾았다는 것이 주된 실수이다. 예를 들어보면 나의 육체가 나의 의지와 동일하다는 사실은 직접적 인식이다."(HN I, 209)

이 직접성은 칸트 이후의 성찰철학이 출발점으로 삼은 직접성과는 천양지판이다. 칸트는 『순수이성비판』의 초판에서 조심스레 "외적 현상들의 근간을 이루는 어떤 것이 […] 사유의 주체일지도 모른다"고 추측했다.

그리고 칸트는 사유가, 즉 인식의 주체가 자신을 재료 삼아 외부세계의 내면("물자체")을 구성하는 것을 막기 위해 할 수 있는 건 다 했다. 그럼에도 칸트 이후의 철학은 잘못할까 봐 두려워 하는 것 자체가 잘못이라고 나무라면서 바로 칸트의 조심스런 추측에서 단서를 얻어냈다. 피히테와 그 이후 셸링과 헤겔은 "가장 큰 것뿐 아니라 가장 작은 것도, 천체의 운동뿐 아니라 미세한 풀 줄기의 구조도 의식에서, 그리고 의식의 선험 형식에서 도출하겠다"(피히테)고 마음 먹었다. 이것이 성찰철학의 직접성이다. 성찰철학은 사유의 운동에서 출발한다. 우리는 이 운동을 탐색해야 한다는 것이다. 인식의 주체는 일을 하면서 자신을 주시해야 하므로 어떻게 보면 자신의 등 뒤로 가야 한다는 것이다. 피히테와 셸링은 이것을 "지성적 직관intellektuelle Anschauung"이라 불렀다. 사유의 작업장을 친숙히 알게 되면 세계의 비밀로 이끄는 문이 우리에게 열리게 된다. 이는 세계라는 수수께끼의 해답을 자신 안에서 찾는 방식이기도 한데 쇼펜하우어 역시 그런 주장을 했던 바 있다. 하지만 쇼펜하우어는 내면으로 가는 길을 그렇게 이해하지는 않았다. 인식의 주체가 아닌 의지의 주체, 다시 말해서 이성의 타자를 그는 출발점으로 삼는다.

이미 자신의 박사 논문에서 그는 인식의 주체는 자신을 결코 인식할 수 없다고 의심의 여지없이 설명했다. 인식이 자신을 인식하려고 할 때마다, 다시 말해 자신을 대상으로 만들려 할 때마다 인식하는 주체가 항상 전제되어야 하기 때문이다. 결국 사람들은 인식을 인식하고자 하는 것이다. 쇼펜하우어는 박사 학위 논문에서 이렇게 쓴다. "표상하는 자아는 결코 표상 혹은 대상이 될 수 없다. 그렇기에 인식의 인식은 가능하지 않다."(D, 68)

쇼펜하우어는 자신의 인식론이 인식의 인식을 시도한 것은 아닌가 하는 당연한 이의를 자발적으로 제기하고는 이렇게 답한다. 인식능력과 인지능력의 구조를 그는 (대상이 없는) 자기성찰을 통해서 얻어내지 않고 다양한 종류의 대상인식을 추상화시킴으로써 얻어낸 것이다. 다시 말해서 인식의 주체에 대해 궁리함으로써 얻어낸 것이 아니라 인식의 모든 대상들에 대해 궁리함으로써 얻어낸 것이다.

인식의 인식이 소득 없는 중복으로 귀결된다는 걸 깨닫게 되면서 쇼펜하우어는 이미 베를린에서 피히테의 성찰궤도에서 빠져나왔다. 그렇게 함으로써 그가 직접성으로 가는 새로운 통로를 열고는 바로 육화된 의지인 신체라는 직접성을 마주한다는 것을 그제서야 알게 된다.

성찰철학은 "물자체"를 사유에 위치시킨 반면 쇼펜하우어는 그것을 의지에서 발견했다. 표상의 뒷면은 작업하면서 자신을 관찰하는 정신이 아니라 자연이다. 외적 대상인 자연이 아니라 우리 안에서 체험된 자연이다.

그가 성찰철학에서 떨어져 나와 위와 같이 이해한 자연을 지향하게 되자 파장이 몹시 커진다. 아르투어 쇼펜하우어는 역사철학을 선호하는 근대의 경향을 따르지 않게 되는 것이다.

인간과 자연의 삶 전반을 정신의 구조에서 산출해내는 성찰철학은 피히테에서 헤겔에 이르기까지 점점 더 높은 강도로 정신이 자기 자신에게 당도하게 만드는 과제를 역사 과정에 떠맡겼다. 역사는 진실이 생겨나는 것이라고 해석되었다. 정신은 수많은 형상들 속으로 외화되면서 자신으로부터 멀어지지만 개념의 노동과 역사의 노동에 의하여 더 높은 단계에서 자신으로 돌아오는 행보를 취한다는 것이다. 역사를 들여다본다는 것은 이 경우 열정적으로 이해된 역사과정 안에서의 발전적 순간으로, 다시 말해 자신을 획득하는 순간으로 해석된다. 이런 것들 모두 쇼펜하우어와는 동떨어진 얘기다. 만물의 근간을 이루는 의지는 자기실현을 하는 정신이 아니다. 맹목적이며 무성하게 자라고 목적이 없고 자신을 갈기갈기 찢는 충동이다. 이 충동은 어떤 의미, 어떤 합리적인 것을 위하여 투명해지는 일이 없다. 현실적인 것은 이성에 의해서가 아니라 그런 '의지'에 의하여 속속들이 지배되고 있다. 쇼펜하우어가 사랑하는 드레스덴을 초토화한 나폴레옹은 철학자인 그가 보기에는 위의 경우를 간단명료하게 나타내는 예이다. "보나파르트가 대부분의 사람들보다 더 나쁘지 않다고 말하는 것은 좀 과할지 몰라도 그는 사실 다수의 사람들보다 더 나쁘지 않다. 그는 자신의 행복을 추구하려고 다른 사람들을 희생시키는 지극히 평범한 이기주의를 가지고 있을 뿐이다. 그를 두드러지게 하는 것은 이런 의지를 충족시킬 수 있는 막강한 힘이다. […] 그런 희귀한 힘을 지녔던 탓에 그는 인간의 의지가 얼마나 악한지를 보여주었다. 그의 시대가 겪은 고난은 그런 악함에 수반되는 또 다른 면이다. 그 시대의 참담함은 악한 의지와 뗄 수 없이 연결되어 있으며 악한 의지가 모두 현상한 것이 이 세계이다."(HN I, 202)

근본적인 변화는 있을 수 없으며 따라서 희망도 없다. 남은 것이라고는 의지에서 풀려나는 것이다. 그것을 가능하게 하는 것은 철학적 신중함이고 예술이며 마지막으로 – 후일 '의지의 부정'이라 불리는 – "더 나은 의식"이다. "더 나은 의식"은 활활 타오르는 순간이며 이 순간 의지는 소멸된다. 이는 헤겔이 말하는 부정, 다시 말해 더 높은 수준에서 화해로 만들어지는 모순이 아니다. '변증법'이라는 사고유형은 쇼펜하우어에게는 낯설다. 그는 "더 나은 의식"과 경험적인 의식, 다시 말해 의지에 의해 규정되는 의식이 화해될 수 없는 "이중성"으로 남는다는 입장을 고수한다. 둘 사이를 매개한다는 것은 "여름의 한 시간을 겨울로 들여오는 것만큼이나 혹은 눈송이를 따뜻한 방에서 보관하는 것만큼이나 드문 일이다. 아름다운 꿈 한 토막을 현실로 가져갈 수 있는 것만큼이나 혹은 음악에서 음이 다 울리고 난 후에 자취를 남기는 만큼이나 드문 일이다."(HN I, 79)

쇼펜하우어가 의지의 형이상학의 핵심개념을 발견하자 "더 나은 의식"이라는 표현은 기록에서 사라진다.

물론 사라진 건 표현에 불과하고 그것이 의미했던 것은 사라지지 않는다. "더 나은 의식"이라는 표현은 단계적으로만 다른 어떤 것을 의미했다는 것을 쇼펜하우어는 이제야 알게 된다. 이 표현은 한편으로는 세계 내적인 초월과 황홀경을 의미했는데 쇼펜하우어는 그것을 이제는 의지의 형이상학에 연관시켜서 '의지의 부정'이라 부른다. 다른 한편으로 "더 나은 의식"이라는 표현은 신중한 철학적 태도를, 다시 말해서 자명한 것을 되묻게 만드는 놀라움이라는 태도를 의미했다. 놀라움은 전체 형이상학의 시작에 서 있으며 부정은 형이상학의 끝에 서 있다.

이렇게 놀라움과 부정을 한곳에 모으는 "더 나은 의식"은 – 익명이긴 해도 처음부터 끝까지 – 저술에 상존한다.

제 15 장

—

『의지와 표상으로서의 세계』. 아르투어의 형이상학
에는 천국이 빠져 있다. 인식비판이라는 우회로의 필
요성에 관하여. 세계를 설명하는 것이 아니라 세계를
이해하는 것이다. 존재의 해석학. 진실은 가까이 있
다. 모든 게 하나다. 통합을 적대시하다. 나가는 길.
예술. 관조적 삶으로 노동하는 세계정신에 맞서다.

—

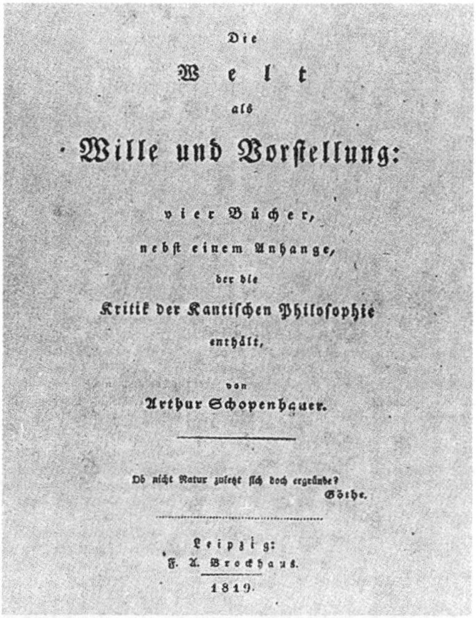

Die

Welt

als

Wille und Vorstellung:

vier Bücher,

nebst einem Anhange,

der die

Kritik der Kantischen Philosophie

enthält,

von

Arthur Schopenhauer.

Ob nicht Natur zuletzt sich doch ergründe?

Göthe.

Leipzig:

F. A. Brockhaus.

1819.

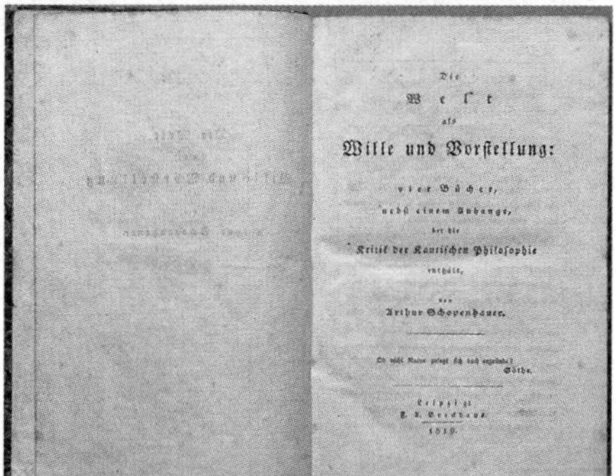

『의지와 표상으로서의 세계』(1819년) 초판 표지

『의지와 표상으로서의 세계』. 아르투어의 형이상학에는 천국이 빠져 있다. 인식비판이라는 우회로의 필요성에 관하여. 세계를 설명하는 것이 아니라 세계를 이해하는 것이다. 존재의 해석학. 진실은 가까이 있다. 모든 게 하나다. 통합을 적대시하다. 나가는 길. 예술. 관조적 삶으로 노동하는 세계정신에 맞서다.

SCHOPENHAUER

쇼펜하우어는 1818년 주저의 초판 서문을 다음의 문장으로 끝맺는다. "이제 [···] 나는 [···] 이 책 역시 [···] 어느 시대에서건 진리에 닥치는 운명을 에누리 없이 겪으리라고 차분히 각오하면서 이 책을 내놓는다. 그 운명이란 오랫동안 역설적이라 낙인찍히다가 짧디짧은 승리의 축제를 누린 후 오랫동안 진부하다고 무시당하는 것이다."

맞는 말이다. 새삼 절대자의 형이상학에 몰두했던 시대에 쇼펜하우어의 철학은 역설적으로 여겨질 수밖에 없었다. 칸트의 초월철학은 "물자체"를 배제했지만 새로운 형이상학은 "물자체"야말로 온갖 축복을 약속한다고 본다. 이 약속들은 미루어 둘 수 없는 것들이며 자기성찰의 작업과 역사의 작업이 행해지면 이 약속들이 이루어질 수 있다고 이 형이상학은 믿는다. 쇼펜하우어의 동시대 철학자들은 초월적 비판을 거쳐 초월 자체에 도달한다. 그들은 존재의 기반에서 혹은 존재의 목표점에서 어떤 의미를 발견하는데 그것은 투명하며 다른 의미를 지시하고 있다. "물자체"는 우리에게 무엇인가를 말하려 한다는 것이다. 즉 물자체는 의미를 가지고 있으며 철학은 이 의미를 해독해낸다. 이때 새로운 점은 이 '의미'를 궁극적으로 철학 안에서만 찾을 수 있다고 공언하는 것이다. 쇼펜하우어 역시 초월철학으로 시작하지만 그는 투명한 초월성에 당도하지 않는다. 그가 보기에 존재는 바로 "맹목적 의지", 즉 활력 넘치는 그 무엇이며 불투명한 것이라서 의미나 목적을 지시하지 않는다. 존재의 의미는 단지 존재할 뿐 다른 의미는 갖지 않는다는 데 있다. 삶의 본질은 삶에의 의지이다. 이는 확연히 동어반복문이다. 왜냐하면 의지란 곧 삶이기에 '삶에의 의지'라는 말은 언어의 중복일 따름이다. 쇼펜하우어 역시 "물자체"를 지향점으로 삼고 나아가는데 그의 여정은 가장 어둡고 가장 밀폐된 내재성에서, 즉 신체에서 감지한 의지에서 끝난다. 이 사실은 바깥에 있을 빛을 지향하며 사유하고 작업하는 모든 이들에게는 어불성설로 들린다.

하지만 이 통찰이 진부해지는 경우는 그것이 여정의 끝이 아니라 초입에 벌써 피력될 때일 것이다. 무미건조한 유물론적 생물학 만능주의가 의지란 질료로부터 살아 있는 온갖 형상을 만들어내는 힘이라고 정의하는 경우가 여기 해당된다. '…에 다름 아니다'라는 용어를 과다히 사용하여 살아있는 것이 화학과 기계와 물리의 원리로 축소되는 경우 또한 여기 해당된다. 그렇다면 그것은 자명하며 그래서 진부한 자연과학의 내재성일 뿐 아르투어 쇼펜하우어가 거론하는 내재성과는 거의 관계가 없다. 쇼펜하우어의 내재성은 형이상학적 질문("물자체"란 무엇인가?)에 답하고 있다. 자연과학에서 말하는 내재는 애당초 형이상학적 문제 제기를 차단한다. 사유의 전통상 '현상하는 세계 뒤에는 무엇이 숨어 있는가?'라고 질문하면 – 경험을 넘어서는 – 초자연적인 것으로 이행하게 되는데 쇼펜하우어의 사유는 이 이행점 직전까지는 같은 길을 간다. 쇼펜하우어 역시 같은 질문을 제기한다. 쇼펜하우어가 차린 무대는 보통 신과 절대자, 정신 등이 등장하는 무대와 같다. 하지만 이러한 고상한 캐릭터들이 나와서 의미를 부여하는 대신에 내재성 자체라고 할 '의지'가 무대 뒤에서 등장한다. 그러나 이런 무대에서는 이전의 형이상학을 남김 없이 갉아먹는 쇼펜하우어의 '의지'도 형이상학적 역할을 연기해야만 한다. 왜냐하면 이 연극 전체를 연출하는 것은 형이상학적 호기심이기 때문이다. 최후의 형이상학이 펼치는 의미의 연극이란 맥락을 놓친 사람은 쇼펜하우어의 철학을 잘못 이해하고 진부하게 여길 수 있다.

쇼펜하우어는 자신의 박사 학위 논문에 근거하여 초월철학으로 시작한다. '세계는 나의 표상'이라는 것이다. 표상 활동은 주관과 객관이라는 양극을 포함한다. 이 둘은 상관개념들이기에 객관이 없으면 주관이 있을 수 없고 주관이 없으면 객관이 있을 수 없다. 초월철학으로 구성된 서막에서 쇼펜하우어는 아주 조심스럽게 다음 막으로의 이행을 준비한다. 그는 초월철학의 폐쇄된 세계에서 나가는 길을 제시하려 한다. 즉 그는 "물자체"에 이르고자 하는 것이다. 하지만 동시대 철학이 가장 많이 통과한 두 출구를 그는 우선 차단하려고 한다. 주관 혹은 객관을 통해서는 나갈 수 없다는 것이다. 이 사실을 증명하려면 다시금 주관과 객관의 관계에 대한 철저한 점검이 필요하다. 둘의 관계에는 이른바 논리적으로 앞서는 것이 존재하지 않는다고 쇼펜하우어는 말한다. 객관으로부터 주관을 설명할 수 없고 주관으로부터 객관을 설명할 수도 없다는 얘기다. 둘 중 어느 하나를 보더라도 다른 하나가 늘 함께 사유되고 전제되어 있다. 다시 말해 내가 나를 인식하는 주관으로 발견하면서 나는 객관을 가지게 되고 역으로 보자면 내가 객관을 가지는 한에만 나는 나를 주관으로 발견하게 된다. 그에 반하여 주관에서 객관의 세계를 만들어내려 하거나 (피히테의 주관주의가 대표적 예이다) 객관들의 세계로부터 주관을 설명하려는 (엘베티우스와 홀바흐Holbach의 유물론이 여기

해당된다) 잘못된 시도들은 가짜 출구를 제공할 따름이다. 쇼펜하우어는 주관주의를 몇 마디 논박으로 물리치는 반면 몹시 꼼꼼히 유물론적 객관주의와 선을 긋고 있는데 이는 자신의 의지의 형이상학이 유물론과 혼동되리라고 예상하기 때문이다. "유물론은 물질뿐 아니라 시간과 공간 역시 그 자체로 성립하는 것으로 보기에 이 모든 것이 주관과의 관계 속에서만 존재함에도 그 관계를 건너뛴다. 더구나 유물론은 인과율을 그 자체로 성립하는 사물의 질서로 여기며 […] 인과율을 길잡이 삼아서 앞으로 나아가려한다. 그 결과 인과율이 지성 속에서만 존재하고 지성에게만 존재함에도 유물론은 지성을 건너뛴다. 이제 유물론은 물질 최초의 가장 단순한 상태를 찾으려고 하며, 그 단순한 상태에서 다른 모든 것을 풀어내려 한다. 단순한 메커니즘에서 화학적 현상으로, 양극성, 식물성, 동물성으로 올라가는 식이다. 이것이 잘되어간다면 이 연쇄의 마지막 단계는 동물적 감수성, 즉 인식작용이 될 수도 있다. 따라서 인식작용은 이제 물질이 그저 변경된 것, 즉 물질에 인과성이 가해지며 생겨난 어떤 상태로 나타날지도 모른다. 그런데 만약 우리가 명료히 표상하며 유물론을 뒤쫓아 여기까지 왔다고 한다면 우리가 유물론의 정점에 이르렀을 때 올림피아 신들의 그 잊지 못할 웃음[1]이 갑자기 터지는 것을 느낄지도 모른다. 그러면서 우리는 꿈에서 깨어난 듯, 유물론이 이렇게 힘들여 추론해낸 최종 결과인 인식작용은 이미 최초의 출발점에서 단순한 물질의 필수 조건으로 전제되어 있었음을 단번에 깨닫게 될 것이다. 그리고 유물론을 따르던 우리는 물질을 사유한다고 자만했지만 실제로는 물질을 표상하는 주관, 물질을 보는 눈, 물질을 느끼는 손, 물질을 인식하는 지성을 사유했을 뿐임을 단번에 깨닫게 될 것이다. […] 졸지에 마지막 마디였던 것이 최초 마디를 잇는 논거임이 밝혀지면서 연쇄사슬은 원 모양이 되어버렸다. 이제 유물론자는 뭔히하우젠 남작[2]과 같은 처지에 빠지는 듯하다. 말을 타고 물속에서 헤엄치는 와중에 양다리로는 말을 끌어올리면서 자신의 댕기머리를 곧추 세워 당기며 자신의 몸을 위로 끌어올리려는 뮌히하우젠 남작 말이다." 제3판(1858년)에 쇼펜하우어는 다음 문장을 추가한다. "따라서 유물론의 근본적 불합리성은 유물론이 객관을 출발점으로 삼는다는 데 있다. […] 실은 모든 객관은 본래부터 인식의 여러 형태를 취하는 인식 주관에 의하여 다양한 방식으로 조건지어져 있고 그런 인식 형태를 전제로 삼고 있다. 따라서 주관을 사유에서 배제하면 모든 객관은 아주 사라지고 만다."(I, 61)

이처럼 원형의 순환(주관주의 역시 이렇게 원형의 순환을 한다)에서 빠져나오려면 우리는 반드시 세계가 우리에게 표상, 즉 주관 – 객관의 관계인 것에 그치지 않고 다른 무엇이기도 한 지점을 찾아내야 한다고 쇼펜하우어는 말한다. 원형의 순환을 했던 인식은 "이제는 세계의 가장 내적인 본질인 물자체를 표상의 두 요소인 주관과 객관의 어느 쪽에서 찾지 않고 곧장 표상과 전혀 다른 요소에서 찾아야"(I, 68) 한다.

이런 순환에서의 탈출은 철학적 탐구심을 가진 자가 증명해야 하는 일이기에 철학적 신중함이 전제된다. 그런데 몹시도 기본적인 경험이 바로 나가는 방향을 가리키고 있다. 이 경험은 너무나도 기본적이었던 탓에 이제껏 철학적 성찰의 사각지대에 남아 있었다. 쇼펜하우어는 상류 시민계급 출신인 데다 뒤늦게 철학에 입문했던 까닭에 전업專業 철학자들의 관행에 의해 거의 사회화되지 않았고 자의식이 강하고 편견이 없기에 이 기본적인 경험을 조명한다. 그러면서 세계가 비록 우리의 표상이라 해도 우리가 일상적으로 세계를 접하는 경우 우리는 무언가 다른 것을 깨닫는다고 말한다. 세계는 인식하는 주관인 우리를 표상으로 스쳐 지나갈 뿐 아니라 우리에게 "흥미Interesse"를 유발하는데 "그 흥미에 우리의 존재 전체가 빨려 들게 된다"(I, 151)는 것이다. 인간의 본질을 사유와 인식으로 보았던 철학의 전통은 세계에 관한 모든 "흥미"를 인식에서 출발시킬 수밖에 없었다. 스피노자의 경우 물품의 가공이나 성행위는 본래 일종의 '인식'이다. 그러한 해석에 따르면 충동성은 인식이 혼탁해진 것이다. 인간의 이미지는 머리가 그려낸다. 머리로 인간에 대해 숙고하다 보면 대개는 숙고의 대상인 인간 역시 사유에서 시작하게끔 그려지곤 한다. 이와는 달리 쇼펜하우어는 "흥미"는 인식에서 기원하는 것이 아니라 인식에 선행한다고 본다. 흥미를 느끼면 우리는 인식의 차원과는 전혀 다른 차원에 연루된다는 것이다. "나의 표상인 이 직관적 세계는 표상인 것 말고도 다른 무엇인가"라고 쇼펜하우어는 묻고 우리가 이미 알고 있는 답을 제시한다. 이 세계는 의지이다.

의지는 가장 확실한 것이다. '의지'는 본인의 몸을 스스로 경험함을 칭한다. 우리의 몸만이 우리에게 표상의 대상인 현실일 뿐 아니라 우리 자신이고 이것이 현실이다. 우리는 동시에 자신의 육체를 향해 표상하는 태도를 취할 수도 있기 때문에 우리의 몸은 우리에게 "아주 상이한 두 가지 방식으로 주어져 있다고 하겠다. 첫째로 몸은 지성적 직관으로 이루어진 표상으로서 여러 객관들 중의 객관으로 주어진다…. 그러나 이와 동시에 전혀 다른 방식으로, 말하자면 누구에게나 즉각적으로 익숙한 것으로 주어진다. 그것은 의지라는 단어로 표기된다."(I, 157) 우리는 우리의 몸의 행위를 '설명'할 수 있다. 다시 말해 그 행위를 근거율에 따라서 여러 객관들 중의 객관으로 인과적으로 도출해낼 수 있다. 하지만 우리의 몸이 있기에 우리는 그 순간 표상행위를 통해 설명할 수 있는 그것으로 존재하며 그것을 느낀다. 우리는 자신을 객관들의 세계 속에 위치시킬 수 있지만 동시에 우리는 "물자체"로 존재한다. 본인의 몸을 스스로 경험함은 세계가 우리의 표상인 것 외에 무엇인지를 우리가 경험할 수 있는 유일무이한 지점이다.

스콜라 철학이 가장 확실한 존재인 신을 표기할 때 썼던 용어가 있는데 쇼펜하우어는 가끔, 위와 같이 정의된 의지에 그 이름을 붙인다. 즉 그는 본인의 몸에서 체험한 '의지'를 "가장 실재하는 것^{Realissimum}"이라고 부른다. 스콜라 철학이 신으로부터 모든 다른 확실한 것들을 유추하듯이 쇼펜하우어도 자신이 새로 명명한 "가장 실재하는 것"을 똑같이 활용한다. 나의 몸을 스스로 경험한다면 나는 내 밖의 세계가 그저 표상인 것에 그치지 않고 그 이상의 무엇이라는 확신을 가지게 된다. "우리의 표상 속에서만 […] 존재하는 물질세계에서 우리가 아는 최대한의 실재성을 부여하려 한다면 우리는 각 개인에게 자신의 신체가 갖는 그 실재성을 물질세계에 부여할 것이다. 누구에게나 본인의 신체가 가장 실재적인 것이기 때문이다."(I, 164)

본인의 신체에서 경험한 의지라는 가장 실재하는 것으로부터 외부 세계로 넘어가는 지극히 까다로운 과정을 쇼펜하우어는 '유추' 절차로 처리한다. "우리는 우리 자신의 신체의 본질과 작용에 대해 두 가지 전혀 이질적인 방식으로 생겨난 […] 인식을 […] 가지고 있는데 우리는 이 신체에 관한 인식을 자연에서의 모든 현상의 본질을 이해하는 열쇠로 사용할 것이다. 우리 자신의 신체가 아닌 모든 객관, 그렇기에 이중의 방식이 아니라 표상으로서만 우리의 의식에 주어진 모든 객관을 우리의 신체에 유추하여 평가할 것이다. 한편으로는 모든 객관이 우리 신체와 꼭 같은 표상이며 그 점에서는 신체와 같은 종류이다. 다른 한편으로는 모든 객관에서 주관의 표상으로 존재한다는 사실을 제쳐 놓고도 여전히 객관으로 남아있는 것을 그 내적 본질상 우리 자신이 의지라고 부르는 것과 분명 동일한 것이라 가정할 것이다. 한 번 생각해보라. 우리가 여타 물체계에 의지가 아닌 어떤 다른 종류의 현존재와 실재성을 부여해야 한단 말인가? 어디서 그런 물질세계를 구성하는 요소를 만들어내라는 말인가? 의지와 표상 외에 우리는 아무것도 알지 못하며 생각해낼 수 없다."(I, 163f.)

위의 사유는 소박하기에 흡인력이 있다. 자연을 우리의 표상능력에 맞는 측면에만 한정시켜서 허깨비로 만들고 싶지 않다면 모든 자연에도 위와 같은 이중의 존재 방식(우리는 표상된 세계를 소유하는 동시에 의지로 존재한다)을 적용해야 한다고 가정함으로써 유추의 결론이 내려진다. 극도로 회의적인 철학자가 아닌 사람이 이런 견해를 품는다면 "정신병원"으로 직행하기에 안성맞춤이라고 쇼펜하우어는 말한다.

이 사유가 명료하면서도 설득력이 있는 것은 쇼펜하우어가 초월철학을 철저히 고수하고 있기 때문이다. 초월철학은 인식 및 인지된 세계 전반이 우리의 표상이라고 가르친다. 하지만 우리가 표상하는 것이 전부가 아니기에 표상이 도달하지 못하는 것(칸트에 따르면 "물자체")을 찾으려면 우리 스스로가 표상하는 존재 말고도 다른 무엇인 곳 - 일단은 우리 자신만이 표상하는 존재 말고도 다른 무엇일 수 있다 - 으로 가야 한다는 것이다.

쇼펜하우어의 의지의 철학이 초월철학이라는 우회로를 가지 말았어야 했다는 비난을 니체가 제기한 후 오늘날까지 (겔렌[3]을 예로 들 수 있다) 그 비난은 계속된다. 하지만 초월철학의 여정을 거쳤기에 쇼펜하우어는 부지불식간에 '의지'를 여러 대상들 중의 하나의 대상으로 언급하는 것을 차단할 수 있었다. 여러 대상들 중의 하나라면 그것은 더 이상 쇼펜하우어가 의중에 둔 '의지'(우리는 의지를 표상하기 이전에 이미 의지로 존재한다)가 아니다. 초월철학의 여정에서 그는 (일단은 부정적으로만) 표상과 객관, 인과성 안에서 소진하지 않는 것들을 추려낸다. 이러한 표상된 존재가 아닌 존재에 '의지'가 있다고 쇼펜하우어는 본다. 의지를 이 영역

밖으로 끌어낸다면 그것은 표상의 객관들 중 하나인 표상의 객관이 될 것이고 그럼으로써 객관들로 이루어진 인과성의 연쇄에서 설명에 쓰이는 한 고리가 될 것이다.

쇼펜하우어는 그러한 오해를 막기 위해 부단히 애쓴다. 그에 따르면 의지를 참조해봤자 그 어느 것도 설명되지 않는다. 우리는 세계를 (자연과학의) 설명이 필요하며 그런 설명이 가능한 것으로 여기며 취급한다. 그런데 의지를 참조할 경우 그런 세계 외에도 다른 어떤 세계가 또 있다는 사실이 드러난다고 그는 강조한다. "물리적인 설명을 하는 대신 조물주의 창조력을 끌어들여서는 안 되는 것과 마찬가지로 객관화된 의지를 물리적 설명 대신 끌어들여서는 안 된다. 물리학은 원인을 밝히자는 것이지만 의지는 결코 원인이 아니기 때문이다. 현상에 대한 의지의 관계는 결코 근거율에 따르지 않는다. 그 자체로 의지인 것이 다른 한편으로는 표상으로 존재하는데, 그것이 현상이다. 그 자체로는 의지일지라도 이런 경우 현상의 형태를 이루는 법칙을 쫓는다."(I, 208)

쇼펜하우어의 의지철학은 설명을 과제로 삼는 여러 자연과학과 그 어떤 경쟁관계에도 있지 않다. 그래서 의지를 체험한 것에서 세계를 이해하려는 쇼펜하우어의 방식을 필자는 존재의 해석학^{Daseinshermeneutik}이라 명명했다. 쇼펜하우어가 표상에서 의지로 결정적인 전환을 할 때 그는 철두철미하게 해석학적으로 문제를 제기한다. 아래의 인용문에서 해석학의 용어는 강조되어 있다. "우리가 이처럼 전적으로 직관적 표상에 의존하기에 [···] 그 표상의 본래 의미를 밝혀내는 것이 필요하다. 그 의미는 보통 그냥 느껴질 뿐이지만 그 의미가 없다면 직관적 표상에 의한 여러 형상은 어쩔 수 없이 전혀 낯설고 무의미하게 우리 곁을 스쳐가고 말 것이다. 그러나 본래 의미가 있기에 이 형상들은 곧장 우리에게 호소하며 우리는 그것들을 이해하고 우리 전 존재가 몰입할 정도로 그것들에 흥

미를 가지기까지 한다."(I, 151)

이 문제제기에 함축된 해석학적 요소를 우리가 진지하게 받아들이지 않는다면 쇼펜하우어 철학에서 가장 중요한 포인트를 놓치게 된다. 쇼펜하우어는 (설명을 찾는 대신) 의미를 찾는 자세로 현실에 접근한다는 점이다. 이러한 자세를 취하는 그가 세계라는 책에서 읽어내는 것은 세계가 세계 밖에 있는 그 어떤 것을 의미하는 것이 아니라 질문을 던지는 자, 자신을 의미한다는 사실이다. 완벽한 내재가 아닐 수 없다.

이런 시선을 취하면 세계는 어떻게 보일까? 이처럼 직감의 해석학으로 직관할 경우 자신의 내면을 밖에서 재발견하게 되는 몇 가지 예가 주저에서 제시된다.

"탐구하는 시선으로 무기물無機物 세계를 바라보면 우리는 물이 억누를 수 없이 엄청난 갈망에 휘말려 심연으로 치닫는 것을 보게 된다. 또 자석이 집요하게 거듭 북극을 향하는 것을, 쇠가 열망에 차 자석에 달라붙으려는 것을, 전기의 양극이 격렬히 재결합하려는 것을 보게 된다. 인간의 소망이 방해를 받으면 그 격렬함이 더욱 고조되듯이 무기물역시 방해를 받을 경우 더욱 격렬해진다. 우리는 눈 깜짝할 사이에 결정結晶이 생성되는 것을 본다. 매우 단호하고 몹시 확고한 듯 보이는 단하나의 지향성이 동결凍結되고 억류되면 제각각의 방향을 취하게 되어 한결같이 결정이 형성되는 것이다. 우리는 물체가 액체 상태로 되면서 자유로워지고 경직성의 속박에서 벗어나 서로 찾고 피하며 선택적으로 이합집산을 하는 것을 보게 된다. 마지막 예를 들겠다. 무게를 가진 물건이 땅으로 향하려는 것을 우리 신체가 막으면 그 물건은 우리 신체를 계속 누르고 밀어붙이며 자신의 유일한 노력을 고수한다. 우리가 이 노력을 몸으로 느낀다면 크게 상상력을 동원하지 않아도 우리로부터 멀리 떨어진 현상에서조차 우리 자신의 본질을 재차 인식할 수 있을 것이다. 우리 인간의 경우 본질은 인식의 빛을 받으며 내부에서 자신의 목적을 추구한다. 그러나 무기물 세계에서 같은 본질은 가장 미약한 현상 안에 자리를 잡고는 맹목적으로, 둔감하게 한결같이 변함없이 나아갈 뿐이다. 그렇다 해도 그 본질은 어디서나 동일한 것이기에 우리는 멀리 떨어진 현상에서 우리 자신의 본질을 인식할 수 있다. 새벽의 여명도 한낮의 햇살도 햇빛이라 불리듯이, 무기계의 본질에건 인간계의 본질에건 의지라는 이름을 붙이지 않을 수 없다. 이 의지야말로 세계 안에 있는 만물의 존재 그 자체를 부르는 이름이며 모든 현상의 유일무이한 핵심을 부르는 이름이다."(I, 180)

독자가 이 문단에 사용된 비유를 어떤 경험, 즉 모든 존재에 동일한 의지가 살고 있다는 경험에 딱 맞아떨어지는 표현으로 이해하는 대신에 그저 문체를 수식하는 어법이라고 이해한다면 그 독자는 이 문단 전체를 잘못 이해하는 셈이 될 것이다.

이번에는 유기적 자연의 직관에 관련된 다른 예를 들어보겠다.

"식물이 동물보다 단순한 것과 마찬가지로 동물은 인간보다 훨씬 단순하다. 우리는 삶에의 의지가 인간에게서보다 동물에게서 더 적나라하게 드러나는 것을 본다. 인간의 경우 삶에의 의지가 숱한 인식으로 덮여 있는 데다가 위장술에 의해 가려 있어서 의지의 참된 본질은 거의 예기치 않게 간헐적으로만 드러날 뿐이다. 식물의 경우 그 의지가 훨씬 약하기는 해도 아주 적나라하게 나타나는데 그 의지는 목적도 목표도 없이 그저 생존하기 위한 맹목적 갈망에 다름 아니다. 그렇기에 식물은 관찰자에게 단번에 자신의 존재 전체를 순진무구하게 드러내며 모든 동물의 경우 가장 내밀한 곳에 자리 잡은 생식기를 맨 위에 내보이는 것을 꺼리지 않는다. 이처럼 식물이 순진무구한 것은 인식을 하지 못하기 때문이다. 다시 말해 죄는 의지에 있는 것이 아니라 인식을 동반한 의지에 있는 것이다. 모든 식물은 맨 먼저 자신의 고향과 그 고향의 기후에 관해 그리고 자신이 싹을 피운 토양의 성질에 관해 이야기한다. […] 하지만 그것 외에도 모든 식물은 자신이 속한 종種의 특수한 의지를 표명하며 다른 언어로는 표현할 수 없는 무엇인가를 말하고 있다." (I, 230)

저작의 다른 부분에서 쇼펜하우어는 몇 걸음 더 나아간다. 아주 대담무쌍하게 그는 식물이 자신을 관찰하는 데 푹 빠진 자에게 말할지도 모르는 것을 표현하고자 한다. "특히 식물들을 보면 심미적 관찰을 하게 된다는 것이 확연하다. […] 그래서 식물이 심미적 관찰을 돕는다는 사실이 다음과 같은 가정과 연관이 있다고 말하고 싶어진다. 이 유기적 존재는 […] 맹목적인 의욕Wollen의 세계에서 나와 표상의 세계로 진입할 수 없지만 […] 자신이 직접 할 수 없는 것을 간접적으로나마 달성해보기 위해서 […] 지성이 있는 다른 개체를 필요로 할 것이라는 가정이다." 이러한 "몽상에 가까운 사유"를 쇼펜하우어는 더 이상 논의하지 않겠다고 말한다. 하지만 주저의 차후 판본에서 그는 유사한 사유가 담긴 성聖 아우구스티누스의 문장을 추가로 인용한다. "감각이 지각하도록 식물들이 각양각색의 형태를 제공한 덕분에 눈에 보이는 이 세계는 아름다운 형태를 한 구성물들로 가득하다. 식물들은 스스로 인식할 수 없는 까닭에 흡사 인식되기를 원하는 것처럼 보인다."(I, 258)

쇼펜하우어가 아우구스티누스를 거론했듯이 후일 마르셀 프루스트 Marcel Proust는 식물과 무언의 대화를 하는 예술의 동지로 쇼펜하우어를 언급할 것이다. 『잃어버린 시간을 찾아서』 중 화자가 흰 아가위 꽃이 무성한 울타리를 보고 상념에 빠지는 그 유명한 장면을 떠올려 보자. 화자는 이 꽃이 자신에게 무언가를 "말하려" 한다는 느낌을 떨쳐낼 수 없다. 화자는 이렇게 직관하고 '경청'하는 데 푹 빠진 나머지 현 시간과 현

위치에 관한 의식을 망각하며 자신이라는 인물에 관한 의식 또한 망각하는데 할아버지가 그를 찾아내고는 평범한 세계로 되돌려 놓는다.

쇼펜하우어도 『잃어버린 시간을 찾아서』의 화자에게 일어난 일을 한차례 겪었다. 쇼펜하우어는 한 방문객에게 드레스덴 시절의 일화를 들려주었는데 그 내용은 다음과 같다. 그는 "어느 날 드레스덴의 온실을 둘러보며 식물의 외양을 관찰하는 데 몰입한" 가운데 식물은 이처럼 다양한 형태와 색채를 어디서 취하는 것인지 스스로에게 물었다고 한다. 몹시도 특이한 모양을 한 여기 이 식물은 내게 무엇을 말하려는 것일까? 그는 아마도 큰 소리로 자신과 대화를 나누는 데다가 몸짓까지 했기에 온실 관리인의 눈에 띄게 된 듯하다. 관리인은 이 기이한 신사가 대체 누구인지 궁금해져서 가려는 그를 붙잡고 캐물었다. 그러자 쇼펜하우어는 이렇게 말했다고 한다. "내가 누구인지 당신이 내게 말해 줄 수 있다면 대단히 감사하겠습니다."

자연을 설명하려는 대신에 자연을 이해하려는 시선, 이러한 시선은 관조적^{kontemplativ} 자세에 속한다. 하지만 이러한 종류의 직관을 얻으려면 내면에서 경험한 의지를 유추해서 바깥 세계에 적용해야 한다는 사실을 기억하자. 그런데 의지는 비밀스러운 웅성거림이며 맹목적 충동이며 의식이 없는 존재이다. 즉 인식이 의지를 "동반"할 수는 있지만 인식은 의지의 본질에 속하지는 않는다. 따라서 우리가 우리 스스로를 "의욕의 주관"으로 경험하는 한 ─ 현상하는 세계의 핵심을 우리 안에서 포착하고자 한다면 우리는 의욕의 주관일 수밖에 없다. ─ 자신을 망각한, 고뇌가 없는 관조로부터 우리는 멀어도 너무 멀어져 있다. "가장 현실적인 것^{Realissimum}"으로 의지를 체험함으로써 "자연의 온갖 것들에 깃든 가장 내밀한 본질을 밝힐"(I, 172) 수 있다면 그러한 의지는 "마술 주문"과 다를 바 없을 것이다. 그러나 이 "의지"가 유추되어 바깥 세계로 넘어가면서 의지는 너무도 많이 변했다! 저 바깥에서 의지가 온갖 곳에서 우리에게 '말을 걸지만' 우리는 관조의 자세를 취할 경우에만 이 말을 들을 수 있는 듯하다. 우리 신체를 경험해야 우리는 세계가 품은 비밀의 자취에 다가가지만 그러는 동안 우리는 신체와의 연관을 잃어버려야만 한다. 의지가 펼치는 우주적 차원의 스펙터클을 관람하고자 한다면 우리는 전적으로 "세계의 눈^{Weltauge}"이 되어야 한다고 쇼펜하우어는 말한다. 의지의 충동이던 것이 의지가 펼치는 스펙터클이 되다니 – 이는 정말이지 쉽게 납득되지 않는 변형이다. 쇼펜하우어는 사유의 균형을 유지하며 앞으로 나아간다. 여기서 이 철학자의 사고 능력이 얼마나 탁월한지 알 수 있으며 아울러 이 철학자의 내밀한 성향이 어떤지 알 수 있다.

쇼펜하우어에게 관건이 되는 것은 자아와 세계의 분리가 지양되는 경험, 즉 표상을 벗어나서 존재로 진입하는 경험이다. 이러한 망아_{忘我}의 경지를 향한 소망은 칸트 이래로 "물자체"라는 이름의 지향점으로 모아진다. 자신의 신체에서 체험한 의지는 이러한 "물자체"로 그에게 모습을 드러냈다. 아니 고통스럽게 그에게 파고들었다. 실제로 의지를 직접적으로 스스로 경험하게 되면 우리는 "개별화의 원리^{principium individuationis}" 아래에 위치한 차원으로 가라앉게 된다. 하지만 경험적 의식은 어쨌든 개인적 의식이기에 디오니소스의 적인 쇼펜하우어는 경험적 의식 아래로 내려가고 싶지는 않다. 그렇게 한다면 우리는 신체의 갈망과 아우성과 욕망과 고통에 속수무책으로 내맡겨지기 때문이다. "물자체"는 다음과 같은 처지에 있다. 눈이 자기 스스로를 볼 수 없는 것과 마찬가지로 물자체로 존재하는 인간은 물자체를 밖에서 볼 수 없다. 쇼펜하우어가 펼치는 의지의 형이상학의 성패는 이 난관을 어떻게 돌파하느냐에 달려 있다. 어떤 지점에서 우리는 스스로 의지로 존재하지 않으면서 의지, 즉 "물자체"를 볼 수 있을까? 의지 자체는 개체의 경계를 뛰어넘기 때문에 이와 마찬가지로 개체의 경계를 뛰어넘을 수 있는 관점을 확보하는 것이 중요하다. 개체에서 빠져나오지 못한다면 현상들의 덤불에 걸려서 나아갈 수 없기 때문이다. 이제 쇼펜하우어의 절묘한 표현법이 등장한다. 개체 위에 있는^{über-individuell} "물자체", 즉 인식의 순수한 주관만이 개체 아래 있는^{unter-individuell} "물자체", 즉 의욕의 주관을 직관할 수 있다는 것이다. '순수하다'는 말은 여기서는 의지에서 풀려났고 개체가 갖는 경험적 이해관계에서도 풀려났음을 의미한다. 따라서 의지 없이 의지를 직관하는 것^{willenlose Anschauung des Willens}이 가능하다. 개체 아래에 있는 물자체가 개체 위의 물자체가 되기까지는 만만치 않은 조정을 거쳐야 한다. 이를테면 의지에 함의된 형이상학적인 매력(의지에는 공간도 시간도 근거도 부재한다)은 직관행위로 반입搬入되어야 하지만 의지의 본질인 욕망과 압박과 아우성이 직관행위로 반입되는 것은 막아야 한다. 쇼펜하우어는 놀라우리만치 능수능란하게 개념으로 곡예를 한다. 개념으로 유령을 창출해내는 대신 의지를 직관하는 것이 가능하다는 것을 그가 증명할 수 있는지에 만사가 달려 있다. 의지가 없이 의지를 직관하는 것을 상상할 수 있는지는 중요하지 않다. 그런 직관이 존재하는지가 중요하다. 그 직관이 존재하는지를 알기 위해서는 몸소 그것을 경험해야만 한다. 쇼펜하우어는 그런 직관을 경험하였고 이제 개념을 사용하여 그 직관에 관해 말하려 한다. 그의 철학 전체가 그것에 관해 말하고 있다.

쇼펜하우어는 자신의 원고노트에서 그러한 직관을 "더 나은 의식"이라 불렀는데 이는 공간과 시간의 감각을 잃고 자아를 잃은 채 순간에 침잠해 있는 황홀경의 상태를 의미한다. 그 상태에 있는 사람은 평온 속에 있고 그 순간은 그 사람에게 평온을 허락한다. 이렇게 세계를 들여다보려는 사람은 어떤 이해관계를 지키려고 이 세계에서 자기를 주장하려 해서는 안 된다. 목표를 추구하고 이익을 따져보며 군림하려는 의지에서 한순간이나마 풀려나야 한다. 그러한 순간에 우리는 "비열한 의지의 충동에서 해방되고 의욕의 강제노동에서 벗어나 안식일 축제를 벌인다. 그 순간 익시온^{Ixion}[5]의 바퀴는 멈춰 선다."(I, 280) 그 순간 우리는 "의지가 없는 직관이 주는 희열"(I, 283)을 향유한다. 누구나 그러한 직관을 할 수 있으며 누구에게든 그런 직관이 닥쳐온다. 그 순간을 겪는 사람은 – 그 경로는 각기 다를지라도 – 살면서 처리해야 하는, 판에 박힌 업무에서 벗어나 놀라서 눈을 비비며 이게 대체 무엇이냐고 스스로 질문하게 된다. 형이상학적 활동 본연의 순간이 온 것이다. 이 지점에 이르려면 개념으로 일해서는 안 될뿐더러 일을 한다는 것 자체가 아무런 소용이 없다. 반대로 업무를 헐겁게 하고 중단하며 단절해야 한다. 본래 철학은 누구든 이런 식으로 멈춰 서면 알게 되는 것을 개념으로 옮긴 것에 다름 아니라고 쇼펜하우어는 말한 바 있다. "철학이 할 수 있는 것은 이미 있는 것을 해석하고 설명하는 것이 전부다. 다시 말해서 누구나 세계의 본질을 느끼며 이해할 수 있게끔 세계의 본질은 구체적으로 표현되어 있는데 철학은 그것을 이성의 인식으로 만들어 분명하고 추상적으로 표현한다."(I, 520)

인식이 의지에서 해방되어 본연의 형이상학적 활동을 개진하는 것은 다름 아닌 심미적 태도를 의미한다. 심미적 태도를 취하는 사람에게는 세계가 스펙터클로 변하기에 그는 무관심한 만족^{interessenloses Wohlgefallen}의 상태에서 그 스펙터클을 관람할 수 있는 것이다. 예술은, 아니 더 정확히 말해서 예술을 관찰하는 자가 취하는 태도는, 이러한 현실경험의 본보기이다. "삶 그 자체인 의지와 현존재는 항구적 고뇌이고 때로는 참담하고 때로는 끔찍하다. 반면 동일한 존재를 표상으로 순수하게 직관하거나 예술에 의해 재현하면 고통이 없어지면서 그 동일한 존재가 의미심장한 스펙터클이 된다. […] 바로 그 때문에 모든 아름다움이 주는 쾌락과 예술에서 얻는 위안이 생겨나며 그 때문에 예술가는 열정에 휩싸여 삶의 노고를 잊어버리게 된다."(I, 372)

니체는 한 세대 후에 동일한 생각을 선포하면서 마치 자신이 앞에 나왔던 이론 모두를 훌쩍 뛰어넘었다는 듯한 태도를 취할 것이다. 세계는 단지 심미적으로만 정당화될 수 있다는 그의 명언이 정확히 의미하는 바는 세계가 심미적 현상으로 바뀌어야만 우리는 세계를 견딜 수 있다는 것이다. 쇼펜하우어와는 달리 니체는 의지와 합의를 이루라고 촉구하는데 이때 니체가 거론하는 의지는 이미 심미적 유희로 변화된 의지이다. 니체의 "힘에의 의지"는 "눈을 껌벅인다." 이 의지는 자기 자신을 볼 만큼 자신으로부터 충분히 멀어져서 자신을 주시하고 있다.

쇼펜하우어는 – 그보다 앞서 살았던 철학자들과는 달리 – 심미적인 것에 철학에서의 최고 지위를 부여할 것이다. 세계를 심미적으로 경험함으로써 생겨나는 철학은 세계를 설명하지 않으며 그 대신 세계가 본래 무엇이며 무엇을 의미하는지에 대해 알려준다고 쇼펜하우어는 주장한다. 그의 원고노트에는 이런 주장이 주저에서보다 더 명확히 표현되어 있다. 1814년의 기록을 보자. "오랫동안 철학이 시도되었지만 성과를 거두지 못한 이유는 사람들이 예술의 길 대신에 학문의 길에서 철학을 찾았다는 데 있다."(HN I, 154)

세계를 보는 철학의 시선은 의지에서 풀려나 있는 까닭에 심미적이다. 이처럼 의지 없이 직관하게 되면 직관의 대상이 스펙터클로 변하며 나아가 쇼펜하우어가 "의지의 순수한 객관화reine Objektivation des Willens" 혹은 "이념Idee"이라고 명명한 것이 등장하게 된다. 이때 "이념"은 결코 사유의 산물이 아니다. 직관 세계의 형상들을 관조의 관점에서 본 것이 이 넘이다. "네 겹으로 이루어진 근거와 결과는 쉬지 않고 불안정하게 흘러가고 학문은 그 흐름을 쫓아가고 있다. 따라서 학문은 하나의 목표를 달성한다 해도 매번 계속 앞으로 나아가라는 지시를 받기에 결코 최종 목표를 발견하지 못하며 충분한 만족도 얻지 못한다. 우리가 아무리 걸어가도 구름이 수평선과 맞닿아 있는 지점에 이르지 못하듯이 말이다. 반면에 예술은 어디서건 목표점에 도달해 있다. 자신의 관조 대상을 세상만사의 흐름에서 끄집어내어 홀로 고립시키기 때문이다. 흐름 속에서는 불면 꺼질 듯 작은 일부분에 지나지 않던 개별적인 것이 예술에서는 전체를 대표하게 되며 공간과 시간을 거친 무한한 다수의 것들과 동일한 가치를 지니게 된다. 그렇게 개별적인 것에 머물러 있는 예술은 시간의 바퀴를 멈춰 세운다. 예술은 관계들에 개의치 않고 본질적인 이념만을 자신의 대상으로 취한다. 따라서 우리는 예술을 근거율과 무관하게 사물을 관찰하는 방식이라고 부를 수 있다. 이와는 반대로 경험과 과학은 바로 이 근거율에 따른 관찰이라는 길을 택한다. 경험과 과학의 관찰방식을 수평으로 내닫는 끝없는 선에 비유할 수 있다면 예술의 관찰방식은 그러한 수평선을 어느 지점에서건 가로지르는 수직선에 비유할 수 있다. 근거율에 따르는 관찰방식은 이성적 관찰방식으로 학문과 실제 생활에만 적용되며 도움이 된다. 근거율의 내용을 도외시하는 관찰방식은 [⋯] 예술에만 적용되고 도움이 된다. [⋯] 전자가 시작도 없고 목적도 없이 몰아쳐서 모든 것을 굽히고 움직이며 휩쓸어 가는 엄청난 폭풍과 비유된다면, 후자는 눈 하나 깜짝 않고 이 폭풍의 길을 가로지르는 고요한 햇살과 비유된다. 폭포를 이루는 숱한 물방울들은 한 순간도 쉬지 못하고 계속 위치를 바꾸어야 한다. 이런 폭포의 물방울을 전자에 비유할 수 있다면, 이 아우성 치는 폭포 위에 조용히 걸려 있는 무지개를 후자에 비유할 수 있다."(I, 265)

위의 말들은 예술에 관한 것이지만 쇼펜하우어의 눈에는 그 전부가 철학에도 유효하다. 단지 철학은 그러한 관조행위를 개념의 언어라는 다른 언어로 "번역"할 뿐이다. 그런 까닭에 쇼펜하우어는 철학이 예술과 학문 사이의 중재자라고 말하기까지 한다. 철학은 심미적인 예술과는 경험의 방법을, 학문과는 개념들을 공유하고 있다. 그래서 철학은 개념을 통해 진실을 얻은 것이 아니라 진실을 "개념으로 받아 적었을" 뿐이라는 것이다. 이러한 견해 때문에 쇼펜하우어는 헤겔과 구분되며 자신의 전후로 이어지는 철학의 전체 전통과도 구분된다. 헤겔을 비롯한 철학 전통에서는 개념적인 것이 최고의 위치를 취하는 반면 쇼펜하우어에게서는 직관이 최고의 위치를 취한다. 헤겔을 비롯한 철학 전통은 예술에 칭찬을 아끼지 않지만 결국 예술은 진실의 비본래적 표현에 지나지 않는다고 여긴다. 반면에 쇼펜하우어는 개념이 진실의 비본래적 표현이며 진실에 더 가까운 것은 예술이라고 여긴다. 리하르트 바그너Richard Wagner와 토마스 만Thomas Mann, 마르셀 프루스트, 프란츠 카프카Franz Kafka와 사뮈엘 베케트Samuel Beckett를 거쳐 볼프강 힐데스하이머Wolfgang Hildesheimer에 이르기까지 쇼펜하우어가 후세에 예술가들의 철학자로 영향을 끼칠 수 있었던 데에는 이런 견해가 한몫을 한다.

예술과 철학은 두 경우 다 똑같이 "순전히 직관적인 태도를 취하며 직관에 몰입할 수 있는 능력"에 근거하고 있다. "이 능력으로 인해 원래 의지에 봉사하기 위해서만 존재하는 인식은 이 봉사에서 멀어진다. 다시 말해서 직관에 몰입할 수 있는 능력 덕분에 인식은 의지의 이해관계와 의욕, 목적을 전혀 안중에 두지 않게 된다. 그에 따라 한동안 사사로운 의지는 모조리 포기되고 순수한 인식 주관, 즉 세계의 청명한 눈이 남게 된다."(I, 266)

혜안을 얻는 행복을 누리려면 실제로 살면서 처리해야 할 업무에서 하차해야 한다고 쇼펜하우어는 본다. 역사에서 그리고 관능의 책동에서 하차해야 한다는 것이다. 이런 삶은 예전에는 '관조적 삶$^{Vita\ contemplativa}$'이라 불렸다.

전통적으로 존중되어온 관조적 삶이라는 양식은 칩거함으로써 진실에 다가가고자 한다.

예전에는 무엇에도 연루되지 않은 진실이 높은 명망을 누렸지만 19세기가 시작되면서 그 위신은 상당히 타격을 입게 되었다. 정치가 숙명이 되어버린 시대에서는 피할 수 없는 일이었다. 이 시대는 역사와 행복 역시 '제조될 수' 있다고 믿기 시작했다. 제조의 정신이 형이상학에도 스며들었다.

칸트는 예술의 "무관심한 만족"을 이론이성과 실천이성 사이에 놓았다. 칸트가 보기에는 실천이성이 명하는 더 숭고한 과제를 위해 예술로 워밍업을 하는 것이 가능하다. 정언명령은 무위를 즐기는 이들이나 명상하며 물러나 있는 이들을 쫓아낸다.

그에 반해 낭만주의는 예술을 종교화하면서 인간의 지적 능력의 정점에 예술을 위치시켰고 "비속한 목적과 이익"이 예술을 삼켜서는 "안된다"(바켄로더)고 여겼다. 그러기 위해서 예술은 "무관심"을 유지해야 했지만 행동주의적 경향 또한 갖게 되었다. 사실인즉 예술가는 소소한 데까지 신경을 쓰면서 세계를 지어내는 건축사이다. 예술가가 꾸는 꿈에는 현실이 함께 깃들어 있다. 예술가의 생산성은 – 나중에 생긴 표현을 빌자면 – "소외되지 않은" 삶의 활동의 본보기로 꼽힌다. 낭만주의의 몽환적 요소는 구원의 공간이며 구원의 꿈일 뿐 아니라 행동이 성공하게끔 실험을 하는 데 필요한 조건이기도 했다. 낭만주의자들은 존재가 '포이에시스^{Poiesis}'⁶라고 본다. 낭만주의는 결코 활동적 세계로부터의 분리가 아니었다. 낭만주의는 행동으로 자기실현을 원하는 아방가르드

프로젝트라고 스스로를 이해했다.

19세기 초만큼 형이상학이 활동을 갈망했던 적은 없었다. 칸트에서 출발한 성찰철학은 실천철학이다. 칸트 본인은 애써 만든 초월철학이 시대에 맞는 실천적 윤리를 가능하게 한다고 이해했다. 하지만 후계자들이 보기에는 칸트가 지나치게 조심스러웠던 탓에 그의 철학에서는 존재와 당위가 충분히 매개되지 않은 채 대립하고 있었다. 그들은 당위와 존재의 이원론을 사유를 통해 제거하고자 했다. 이처럼 이원론이 사유를 통해 제거되면서 '변증법'이라는 마술의 주문이 생겨났다. 존재는 당위가 되어야 할 뿐 아니라 당위는 존재해야만 했다. 이제부터 존재는 자아의 활동(피히테)이거나 정신으로 승화된 자연주체의 활동(셸링)이거나 세계정신의 활동(헤겔)으로 여겨졌다. 가상의 시나리오 안에서 존재는 자체동력(변증법)에 힘입어 ─ 칸트가 정언명령의 형태로 요구하는 데 그쳤던 ─ 그 지점으로 부지런히 달려갔다. 사람들이 서로 화해해서 이뤄낼 행복한 공동체는 이제부터는 실천윤리에 실현 과제로 부과된 규제적 이념regulative Idee일 뿐 아니라 역사의 전개에 의해서 가능하다고 여겨졌다. 그런 공동체의 이념은 정말 일상의 질서 안에 상존했다. 하늘은 땅을 입맞춤으로 깨웠고 땅은 일하기 시작했다. 역사철학이 프로테스탄트적인 노동개념을 성체인 양 떠받드는 일이 추후에 생긴다.

반면에 쇼펜하우어의 의지 개념은 노동하는 정신을 쫓아낸다. 의지는 목표도 없이 맹목적 충동으로 인해 맴돌 따름이다. 그래서 의지로부터 그 어떤 희망도 얻어낼 수 없다. '역사적 이성'이라는 프로젝트를 의지에 맡길 수는 없다. 의지로 인해 사람들은 움직이고 있지만 그들은 노역을 하고 있다. 의지의 작업장에서는 결코 미래의 행복이 벼려지지 않는다. 그렇기에 일하지 않아도 되는 먼 곳을 찾는 게 더 낫다. 그곳에서는 의지가 펼치는 스펙터클을 즐길 수까지 있다. 쇼펜하우어가 말하는 의지는 피히테에서 헤겔에 이르는 철학자들이 내세운 정신 주체들 모두보다 훨씬 역동적으로 기초되어 있다. 하지만 그 의지의 역동성에는 행복을 기약하는 미래가 없으며 고통만 있다. 이러한 배경에서 관조적 삶이 갖는 가치는 행동을 갈망하는 철학자들에게서 관조적 삶이 갖는 가치와는 전혀 다를 수밖에 없다.

쇼펜하우어가 주저를 쓰던 당시 헤겔은 베를린에서 두 가지 진실에 관한 성찰로 첫 강의를 시작한다. "평일"의 진실과 "일요일"의 진실이 존재한다. "곤궁에서 생기는 관심"은 평일의 몫이다. 이 경우 실제로 삶을 영위하는 것이 관건이기에 우리는 '이 인식이 내게 무슨 이득을 주는가?'라고 묻지 않을 수 없다. 하지만 일요일에는 조물주가 작업을 멈추고 휴식을 취하고 다른 이들도 그렇게 한다. 일요일은 평온한 날이다. 이제 우리는 우리가 이룬 것들을 직관할 수 있다. 철학 전통 안에서 일요일의 철학은 "영원철학^{philosophia perennis}"[7]이라 불린다. 일요일의 철학에서는 우리는 유익한 진실을 소유하는 게 아니라 그 진실 속에 서 있다. 영원철학은 인식이 주는 이익이 아니라 인식이 주는 행복을 전면에 내세운다. 헤겔 역시 아주 열광적인 단어로 자신의 존재만으로 만족해하는 이론, 즉 일요일의 존재론에 대해 말한다. 이런 존재론은 평일의 고단함에서 빠져나와서 그런 고단함을 주시한다는 것이다. 하지만 이런 이론적 흥미는 모든 욕구를 충족시킨 이들이 차후에 느끼는 '욕구'라는 것을 헤겔은 한순간도 잊지 않는다. 이런 맥락에서 헤겔은 영원철학이 "무욕無慾의 욕구"라고 말한다.

헤겔은 베를린대학교 강의에서 이렇게 말한다. "사실 순수하게 사유에 종사하고 싶은 욕구가 생기려면 인간정신이 먼 길을 걸어왔어야 한다. 인간정신이 필수불가결한 욕구들을 이미 충족시킨 후 무욕의 욕구에 도달해야만 한다는 얘기다. 그렇게 되면 욕망과 충동과 의지로 이루어진 […] 구체적 이해관계의 질료를 추상화하려는 욕구가 생긴다."[8] 쇼펜하우어는 유산을 물려받은 덕에 물질적으로 안정된 반면 헤겔은 그처럼 운이 좋지 않았기에 철학을 위해서 살 뿐 아니라 철학으로 먹고살아야만 했다. 따라서 헤겔은 일요일과 평일을 함께 사유하고자 했다. 그의 역사철학에는 한 주가 모조리 담겨 있다. 인간은 "자신의 행복을 만드는 공장의 우두머리"[9]이기에 역사의 평일은 역사의 일요일을 향해 갈 것이라고 그는 위안한다. 역사의 일요일에 정신은 "변형의 작업"을 마무리한 후 자기 자신에게 도착할 것이다. 그러고서는 자유로이 자신의 삶을 즐길 것이다. (마르크스의 유명한 표현을 빌자면 정신은 아침에는 낚시와 사냥 등을 할 것이다.) 하지만 아직 세계정신은 잠정적으로 "일하고" 있으며 헤겔의 머릿속에서만 일요일의 자족의 상태에 이르렀다. 세계정신이 이런 행복한 상태에 이른 시기에 헤겔은 베를린대학교에서 고액의 보수를 받는 철학교수로 재직하고 있다.

역사를 작업해 나가면 진실이 따른다고 헤겔은 확신한다. 우리 개개인이 일을 중단하고 너무 이르게 사적인 일요일로 방향을 튼다면 우리는 진실에 이를 기회를 내던지게 된다. 세계정신이 작업하는 역사에 동참하는 것이 헤겔에게는 가장 중요하다. 그렇지 않다면 아무리 "심오한 척"해 봤자 속 빈 강정일 뿐이다.

주지하듯이 헤겔 이후 작업하는 세계정신은 점점 탄탄한 형태를 취한다.

포이어바흐는 세계정신이 실제 "화재보험 및 생명보험"에서 일한다고 보며 다비트 프리드리히 슈트라우스David Friedrich Strauß는 기차를 탈 때 세계정신을 경험한다. 그는 이렇게 쓴다. "기적과도 같은 현대의 작품은 엄청난 인상을 남겼다. […] 마술에 걸린 듯 날아다니는 동안 내 의식은 꿈을 꾸는 듯했다. 전혀 겁이 나지 않았다. 나를 이루는 원리가 그러한 발명품들과 긴밀히 연관되어 있다고 느꼈다."[10] 마지막으로 마르크스는 산업이야말로 "인간의 본질적 힘들이 책으로 펼쳐져 있는 것"이라고 본다. 하지만 활동성을 옹호하는 사람조차 이따금 불안해진다. 슈트라우스의 편지를 보자. "막 시작된 새 시대가 우리에게 기쁨을 가져올 거란 착각을 당분간은 하지 맙시다. 우리는 지금껏 어떤 원소 안에서 움직이는 걸 가장 선호했는데 그 원소가 없어지는 셈이니까요. 노아의 시대에 물이 덮쳤을 때 들짐승과 날짐승이 겪은 일과 다르지 않을 수도 있습니다. 우리의 원소는 […] 이론이었습니다. 정신이 목적과 필요를 지향하지 않은 채 자유로이 활동하는 것이었습니다. 이런 이론은 이제 더 이상 가능하지 않고 머지않아 경멸받는 지경에까지 이를 겁니다."[11]

제 16 장

—

『의지와 표상으로서의 세계』. 신체의 철학: 농담이 통하지 않는 경우. 자기를 주장하는 것과 자기를 해체한다는 것. 이기주의의 힘. 국가와 권리. 소유. 연민에서 합일의 신비로. 위대한 부정. 음악. 구경꾼의 관점에서 행해진 부정. 끝에서 두 번째와 끝.

—

『의지와 표상으로서의 세계』 초고

『의지와 표상으로서의 세계』. 신체의 철학: 농담이 통하지 않는 경우. 자기를 주장하는 것과 자기를 해체한다는 것. 이기주의의 힘. 국가와 권리. 소유. 연민에서 합일의 신비로. 위대한 부정. 음악. 구경꾼의 관점에서 행해진 부정. 끝에서 두 번째와 끝.

SCHOPENHAUER

"정신이 목적과 필요를 지향하지 않은 채 자유로이 활동하는 것"(다비트 프리드리히 슈트라우스), 이것이야말로 쇼펜하우어 철학의 "원소이자 본령"이다. 세계와 삶 전체를 파노라마로 개관하고 직관하려면 제대로 된 장소와 제대로 된 시간이 필요하다. 아르투어는 소년 시절 산에 올랐을 때 처음으로 그런 경험을 할 기회를 가졌다. 쇼펜하우어는 주저에서 철학에서의 산꼭대기가 의미하는 바를 이렇게 묘사한다. "그러나 외적 계기에 의해서건 내적 기분에 의해서건 우리가 갑자기 의욕의 끝없는 흐름에서 빠져나올 때가 있다. 그럴 때에 우리는 의지의 노역을 벗어나서 인식하며 […] 이해관계 없이 […] 집중하여 […] 사물을 파악하고 […] 그 사물들에 온통 몰두하게 된다. […] 처음 의욕을 쫓아갈 때에 우리는 늘 마음의 안정을 갈구했지만 번번히 놓치곤 했다. 그러나 위와 같이 되면 마음의 안정이 단번에 저절로 찾아들기에 우리는 마냥 행복하다. 이런 고통 없는 상태를 에피쿠로스는 최고선이자 신들의 상태라고 찬양했다. 그 순간 우리는 비열한 의지의 충동에서 해방되고 의욕이 시키는 강제노동에서 벗어나 안식의 축제를 벌이기 때문이다. 그 순간 익시온의 바퀴는 멈춰 선다."(I, 280)

"비열한 의지의 충동"에서 해방된 사람은 모든 것을 그저 의지의 스펙터클로 볼 만큼 자유롭다. 이 스펙터클의 주역은 신체이다. 쇼펜하우어의 신체 철학은 전통적 심신이원론Leib-Seele-Dualismus을 쓸어낸 후 신체, 즉 체화된 의지를 전체 형이상학에서의 기본원칙으로 삼는다는 전대미문의 일에 착수한다. "의지의 […] 진짜 행동은 모두 예외 없이 곧장 그의 신체가 하는 운동이기도 하다. […] 의지 행위와 신체 행위는 […] 몹시 상이한 두 가지 방식으로 – 한 번은 아주 직접적으로, 다른 한 번은 지성의 직관을 거쳐 – 주어져 있지만 동일한 것이다."(I, 157)

그에 반해 전통적 심신이원론의 견해는 의지 행위와 신체 행위가 동일한 것이 아니라는 데 근거하고 있었다. 플라톤 이후로 '의지'는 육체를 지배하는 정신적 영혼적 동인이라고 정의되었다. 플라톤은 인식을 통해 육체로부터의 독자성을 얻을 수 있다고 보았다. 그런 인식은 육체에 명령을 내리며 '순수한' 의지의 근원이 된다. 이런 의지는 육체의 힘을 격파한다. 플라톤이 신체를 "무덤"이라 부른 바 있듯이 육체는 죽음의 힘이자 비존재非存在의 힘이기도 하다. 유럽철학은 사유로 육체를 제거하려는 야심 찬 시도들로 넘친다. 그러기 위해서는 매번 명령을 내릴 중추부를 어렵사리 찾아내서 그 중추부가 하는 지시를 육체가 따르게끔 해야 했다. 육체의 운명에 속수무책으로 내맡겨진 시대를 돌이켜보면 그런 노력들은 전혀 이상하지 않다. 옛 시대의 사람들은 자신의 신체를 실제로 자연이 지배한다는 것을 아직 알지 못했고 중환자 병동도, 의료보험도, 삼켜 먹는 예방약도 몰랐기에 상상으로나마 육체의 공격으로부터 자신을 지켜내야 했다. 정신이 통치권자라는 주장은 어깨에 힘을 주고 등장했지만 사실은 방어하기 위해 생겨난 것이었다. 이와 같은 관념론은 쾌락을 적대시하는 태도에서 유래했다고 오늘날 사람들은 의심하곤 하지만 관념론은 죽음과 고통에 대한 두려움에서, 병과 전염병과 숙환에 대한 두려움에서 유래했다. 삶을 사랑했던 탓에 사람들은 육체에 억류되어 있었다. 관념론은 적군의 침략에 유리한 장소로 여겨졌던 육체를 힘의 환상을 펼쳐서 제압하려고 했다. "전쟁과 민중봉기, 투쟁을 야기하는 것은 다름 아닌 육체와 육체의 욕망"이라고 플라톤은 쓴다. 사도 바울이 보기에 "살덩어리"는 "죽음의 법칙"에 매몰되어 있다. 그는 구원을 동경하지만 육체에 적대적이지는 않기에 그리스도의 정신 안에서 살아가는 사람들에게 "새로운 신체"를 약속한다.

물론 견유주의犬儒主義는 육체의 힘에서 벗어나려는 유심론唯心論 Spiritualismus에 대해 부단히 이의를 제기해왔다. 견유주의는 대개의 경우 인간이 자신의 육체를 제집처럼 느끼며 그 안에서 편안히 지낼 수 있다는 데 근거하여 이의를 제기한다. 하지만 견유주의 역시 노화의 법칙에 굴복하는 탓에 육체의 괴로움이 커질수록 육체에서 자유로이 독립하려는 요구는 이 경우에도 커진다. 육체에 우호적인 르네상스는 정말이지 청년문화였다.

요란스레 신체를 지지하는 문화는 늘 논쟁적 태도를 취해왔으며 그런 점에서 한 세기에 걸친 관념론의 역사를 비판적으로 보완해왔다. 그런 비판적 보완을 가장 또렷이 표현하는 것은 아마도 사육제의 뒤집힌 세계인 듯하다. 사육제를 특징짓는 웃음의 문화에서는 축제에 걸맞게 신체를 풀어놓으라는 요구가 한정된 기간에 봇물처럼 터진다. 하지만 어느 누구도 신체와 동맹을 맺고서 구원과 행복을 추구한다는 아이디어를 진지하게 모색하지 않았다. 그런 일은 20세기의 몫으로, 특히 20세기 마지막 10년의 몫으로 남았다. 한 세대 전체가 행복을 기약하는 주체를 역사 안에서 찾아 나서서는 그 주체에게 메시아 신앙에 맞먹는 희망을 위탁하고자 했고 이 세대는 그 사이 퇴위한 '프롤레타리아'를 육체로 대치했다. 프롤레타리아와 결합하고 동맹했던 것처럼 이제 육체와 결합하고 동맹해야 한다는 것이다. 육체의 황금시대에 대하여, 그리고 혹시 올지도 모르는 육체의 황금빛 미래에 대하여 역사서가 쓰여진다. 종복의 처지에 있는 육체와 혈맹을 맺으라는 설교가 들리며 머리와 배가 계급투쟁을 벌이는 상황이 생긴다. 비밀의 담지자가 된 육체는 중요한 것들을 전부 털어놓기에 우리는 그저 제대로 알아듣기만 하면 된다. 이제 우리는 육체가 웅얼대는 신탁의 말에 귀 기울이며 의료보험의 보호를 받는 육체를 해석의 문화로 빈틈없이 에워싼다. "감지하기Spüren"야말로 진실에 이르는 왕도이다. 육체는 "물자체"의 경력이 거쳐가는 변형들 중 최신의 것이다. 언제나 그렇듯이 이 "물자체" 또한 행복을 약속함에 있어 인색하지 않다.

쇼펜하우어는 자신의 형이상학의 중심에 신체를 힘껏 밀어 넣는다. 관념론이 영혼을 내세에 위치시키는 것에 맞서서 신체의 종교를 새로운 현세 종교로 정립하려고 그러는 것이 아니다. 신체의 막강한 힘에서 벗어날 수 있으리라는 착각을 뿌리 뽑고 싶기 때문에 그러는 것이다. 자신을 지배하는 것, 즉 자신의 육체를 사랑한다는 것은 쇼펜하우어에게는 있을 수 없는 일이었다. 영혼이 천국으로 간다는 환상은 깨졌다 해도 그는 육체가 천국으로 간다는 환상으로 상쇄하려고 하지 않았다.

전통적 이해에 따르면 (영혼적이고 정신적인) 의지가 육체에 지시를 내린다. 쇼펜하우어는 의지의 행위를 의지가 그저 정신적으로 의도하는 것으로부터 구분함으로써 이런 이해를 내동댕이친다. "미래에 관련하여 의지가 내리는 결정은 언젠가 우리가 원하게 될 것이 무엇인지 이성으로 숙고한 것에 불과하며 엄밀히 말해 의지의 행위는 아니다."(I, 158) 이성으로 내린 의지의 결정이 실현될지는 이성의 힘에 달려 있는 것이 아니라 이러한 의도가 내 – 신체 존재 전반에서 분명히 드러나는 – 의지를 움직이느냐의 여부에 달려 있다. 이성은 의지에 동기들을 제시하지만 의지가 이런 동기들에 어떻게 반응할지는 이성의 힘 밖에 놓여 있다. 결정과 행위 간의 인과성이라는 의미가 성립되게끔 행위 전에 결정이 내려지는 게 아니라 결정과 행위는 동시에 함께 내려진다. 행위 이전에 특정 방식으로 결정하려는 의도가 있기는 하지만 그것이 제대로 행해지고 나서야 결정이 된 것이라고 할 수 있다. "결정이 유효하게 되려면 실행되어야 한다"고 쇼펜하우어는 쓴다. 나는 내가 누구인지를 나의 의도로부터 추론할 수 없다. 현실화된 형상, 다시 말해서 나의 삶으로 체화된 형상으로부터만 늘 내가 누구인지를 추론할 수 있다. 나의 실제의 삶에 '심오한' 의미를 부여하며 죄를 사하여 주기까지 하는 정신적 배후 세계는 없기에 그리로 빠져나갈 수는 없다. 내가 살면서 한 일들을 보면 마치 책이 펼쳐져 있듯이 나의 정체성이 펼쳐져 있다. 내 현재의 상태는 내가 원한 것이다. 내 안의 의지는 내가 '만들어'낼 수 있는 것이 전혀 아니다. 의지가 곧 나이며 의지는 진행된다. 의지의 자유를 주장하는 전통적 이론을 쇼펜하우어는 다음과 같이 반박한다.

"이 이론에 따르면 인간은 자기 자신의 작품이며 인식의 빛으로 밝혀져 있다. 그에 반하여 나는 이렇게 말한다. 인간은 모든 인식이 있기 전에도 자기 자신의 작품이며 인식은 이 작품을 비추기 위해 추가된 것일 뿐이다. 그렇기 때문에 인간은 이런저런 사람이 되겠다고 결정할 수 없으며 그는 다른 사람이 될 수도 없다. 단연코 인간은 있는 그대로 있으며 그가 그대로 있다는 것을 연이어 인식하게 된다. 전통적 견해로 본다면 인간은 자신이 인식하는 것을 원하지만 내가 보기에 인간은 원하는 것을 인식한다."(I, 403)

쇼펜하우어가 보기에는 엄밀한 의미에서 머리 역시 육체의 한 부분이다. 그렇기에 머리가 하는 사고는 궁극적으로는 의지의 행위에 불과하다. 총괄적으로 보아 우리가 곧 의지이기는 하지만 우리의 육체에서 의지가 나타나는 강도는 상이하며 인지되는 정도 역시 상이하다. 우리 육체의 자율신경적 삶이 이미 의지이지만 그 기능에 장애가 생겨서 고통과 불쾌를 느낄 경우를 제외하고는 그 의지를 알아채지 못하는 게 일반적이다. 쇼펜하우어는 인간이 인식능력을 갖추었다 해도 자신의 몸에서 진행되는 의지로부터 벗어날 수는 없다면서 인식이 의지의 기관이며 육체 장비의 결점들을 상쇄하는 기능을 할 따름이라고 정의한다. 인간이 기타 자연에 대해 차지하는 위치에 관해 쇼펜하우어는 이렇게 쓴다. "지금까지(인간이 아닌 자연을 말한다. – 자프란스키) 어둠 속에서 아주 확실하고 실수 없이 자신의 충동을 추구해온 의지는 이 단계(인간적 자연을 말한다. – 자프란스키)에서 빛을 밝혔다."(I, 223) 이는 필요한 조치였다. "인간이라는 존재는 복잡하고 다면적이며 유연하고 몹시도 곤궁한 처지에 있는 데다가 숱한 상처에 노출되어 있기"(I, 224) 때문이다. 따라서 인식능력의 소유자인 우리는 큰 맥락에서는 의지에 매여 있다. "그러므로 인식은 직관적인 것이든 이성적인 것이든 […] 원래 의지를 받들고 의지의 목표를 달성하도록 정해져 있기에 인식은 거의 멈춤 없이 의지의 시중을 든다."(I, 225)

"자연의 막강한 목소리에 맞서서 성찰이 할 수 있는 것은 거의 없다"(I, 389)고 쇼펜하우어는 쓴다. 쇼펜하우어는 자신이 지닌 풍부한 풍자 재능을 마음껏 발휘하여 육체가 꾸민 음모에 정신이 걸려들어서 망신을 당하는 경우들을 서술하고 있다. 정신이 망신을 당할 수밖에 없을 만큼 가장 힘차게 자연이 목소리를 내는 경우는 두말할 것도 없이 성생활이다. 쇼펜하우어는 생식기를 "원래 의지의 발화점Brennpunkt"(I, 452)이라 부른다. 우리 안에는 종족의 목적인 번식을 인정사정없이 추구하는 자연이 자리한다. 우리의 의식과 감성이 이런 자연을 마주할 경우 보통 우리는 사랑에 빠졌다고 느낀다. 그리하여 서로 찾는 것은 생식기들이지만 영혼들이 서로 찾고 있다고 믿게 되는 것이다. 스스로가 개개인이 라고 믿게끔 사람들이 속아야만 종족이 목적하는 것이 이루어진다. 육 체가 쾌락을 느끼고 영혼이 사랑에 빠지면 개인성의 경계를 즐거이 넘 어서게 된다. 이러한 교접이 있고서 말똥말똥한 정신으로 되돌아오면 성교 후 우울증을 느끼는 경우가 꽤 있다. 토끼를 잡으면 사냥개가 쓸 모없어지는 것과 같은 이치이다. 동물의 왕국에서는 자연은 더 "단순하 게" 일을 처리한다고 쇼펜하우어는 말한다. 교미 이후에 수컷은 살해당 하거나 자살하기까지 한다. 인간세계의 신화에는 사랑과 죽음이 매혹 적으로 함께 어우러져 있지만 일상에서 그런 신화는 "짜증스러운 가정 생활"이 되어버린다. "갖은 힘을 다해서 동물을 내몰아 번식하게 만드 는 […] 자연은 인간 역시 그렇게 내몰아서 번식하게 만든다. 그러고 나 면 자연은 개체를 도구 삼아 자신의 목적을 달성했기에 개체가 파멸하 건 말건 전혀 개의치 않는다. 삶에의 의지로서 자연은 오직 종족을 보 존하려고 할 뿐이며 개체에는 전혀 가치를 두지 않는다."(I, 452)

"인식이 의지의 시중을 든다"는 주장은 초개인적인 힘으로 개인을 쥐락펴락하는 성생활에 특히 해당된다. "의지의 발화점"은 성생활에 자리하고 있다. 그렇기 때문에 은밀한 성적 충동이 사람들이 흔히 예측 하지 않는 곳에서 발견된다 해도 쇼펜하우어는 놀라지 않는다. 생의 후 반부에 쓴 주저 제2권과 『소품과 부록』에서 그는 심리적 관찰들을 풍 부하게 제공함으로써 니체와 프로이트 업적의 상당 부분을 앞서 이뤄 낸다. 제1권에서 쇼펜하우어는 자신의 철학 전반의 윤곽을 단숨에 묘 사하는 탓에 심리적 관찰을 할 만한 시간적 여유가 없으며 아직은 그런 연구들을 세부적으로 해낼 만큼 충분한 자료들을 모으지 못했다. 하지 만 성생활에 대해서 일단은 길지 않게 다루고 있는 제1권에서도 이미 성생활은 핵심적 의미를 지니고 있다. 그가 체험한 성생활이 고통스럽게 느꼈던 의지의 진행 자체의 모델이 되기 때문이다. 그래서 쇼펜하우어가 의지에 대해 내리는 판단에는 격앙된 감정이 깔려 있다. 예를 하나 들어보자. 돌은 자신의 무게에 의해 쉴새 없이 중심을 향하여 끌린다고 말하던 도중 "끊임 없는 인력引力"이라는 문구가 등장하자 쇼펜하우어는 돌연 끊임 없이 행해지는 번식을 이야기한다. "동물의 이력 또한 다르지 않다. 후손을 낳음으로써 동물의 이력은 정점을 찍고 그러고 나서 첫 번째 개체는 빠르게 혹은 천천히 소멸한다. 그러는 동안에 새로운 개체가 나타나 자연이 종을 유지하게끔 보장하고는 마찬가지로 소멸하는 현상이 되풀이된다."(I, 240) 세대에 걸친 번식의 과정은 개개의 생명체 위에서 무심하게 진행된다. 게다가 인간은 – 자신을 개인으로 경험함에도 불구하고 – 불운하게도 자신 안에 자연이 무심하게 자리 잡고 있음을 깨닫지 않을 수 없다. 성생활을 하기만 하면 인간은 눈 깜짝할 사이에 동물의 왕국으로 내동댕이쳐진다. 성교를 하면 자신이 속한 종의 하나가 되어버리는 것이다. 쇼펜하우어는 대개의 경우 소심하게 개별화의 원리에 매달리는 것을 비웃어왔지만 당연히 '위에서' "더 나은 의식"에 기반하여 그래왔던 까닭에 이러한 '아래로부터의' 모욕을 참아낼 수 없었다. 더 내밀한 내용을 담은 원고노트에 그가 어떻게 쓰는지 보자. "너무나 아름답고 매력이 넘치는 한 쌍의 남녀를 떠올려보라. […] 이제 육욕을 누리는 순간의 그들을 보라. '행위'가 시작되면 온갖 장난스러움과 은은하고 우아한 분위기는 돌연 간데없이 자취를 감춘다. 그러고는 그 자리에 묵직한 진지함이 들어선다. 이 진지함은 어떤 종류인가? – 그것은 동물의 진지함이다."(HN I, 42) 이렇게 "진지"해지면 모든 즐거움이 멈춘다고 쇼펜하우어는 본다. 성애性愛에 대한 즐거움뿐 아니라 –성애를 하듯 자연에 감정이입을 하던 – 당대의 자연철학에 대해 느끼는 즐거움이 없어진다는 것이다. 원고노트에서 그는 자연철학자들 – 셸링, 슈테펜스, 트록슬러^{Troxler} 등 – 이야말로 본인들이 무슨 말을 하는지 알지 못하는 "희한한 바보들의 무리"라고 부르고 있다. 그들은 자연을 플라토닉 러브의 대상으로 만들고 자연이 종이호랑이일 때에만 열을 올린다는 것이다. "그러나 자연 전체로 존재하고자 한 번 시도해보라. 부득이할 경우 당신 자신을 파괴하고 그렇게 함으로써 당신이 보는 모든 자연을 파괴할 각오가 되어 있어야만 당신 마음의 평정을 유지할 수 있을 거라고 생각한다면 경악하게 될 것이다."(HN I, 27) 그런 경악에 찬 느낌을 쇼펜하우어는 그 후 주저에서 웅대한 이미지로 포착했다. "망망대해에서는 집채 같은 파도가 철썩 치솟았다가 내려앉으며 울부짖는데 쪽배를 탄 뱃사람은 그 빈약한 탈것을 믿고 있다. 쪽배 위의 뱃사람마냥 개개 인간은 고통으로 가득 찬 세계 한복판에 태연히 앉아 있다. 개별화의 원리를 믿고 의지하는 것이다. […] 무한한 과거와 무한한 미래의 모습을 한 끝없는 세계는 어디든 고뇌로 꽉 차 있건만 그에게 그런 세계는 낯설은 허튼 소리로 다가온다. 그의 미미한 인격체와 연장이 없는 그의 현재, 그의 순간적 쾌적함, 이런 것들만이 그에게는 현실이다. […] 그럴 때 의식 가장 깊숙한 데서만 아주 막연하게 개개 인간은 예감한다. 무한한 세계가 사실은 그다지 낯설지 않고 자신과 연관이 있다고, 그래서 개별화의 원칙을 내세워봤자 무한한 세계와 연관된 자신은 안전하지 않다고 말이다. 이렇게 예감하다 보면 누구든 등골이 오싹해지지 않을 수 없다. […] 무슨 예기치 않은 일이 생겨서 개별화의 원리에 혼돈이 온다면 어떤 인간이든 돌연 등골이 오싹해질 것이다."(I, 482)

쇼펜하우어가 낭만주의의 자연철학에 가깝다고 즐겨 분류되기도 하지만 그의 등골을 "오싹하게" 하는 것에 낭만주의의 자연철학은 매료된다. 예를 들어보자. 노발리스 역시 바다의 이미지를 사용하는데 이

후 프로이트가 언급한 "대양적 감성das ozeanische Gefühl"[1], 즉 자아가 해체되었다는 느낌이 노발리스에게는 유혹으로 다가온다. "자연 가장 깊숙이 자리한 생명이 차고 넘쳐서 누군가의 마음에 흘러들어 온다면 그 사람의 심장은 즐거움에 겨워 […] 껑충껑충 뛰지 않겠는가! 사랑과 쾌락이라는 말을 빼고는 언어로 담아낼 수 없는 어마어마한 느낌이 그의 안에서 부풀어 오른다면 […] 그는 달콤한 불안에 떨면서 어둡고 유혹적인 자연의 품속으로 가라앉을 것이고 불쌍한 인격체는 몰아치는 쾌락의 파도에 빨려들 것이다. 광활한 대양에는 무한한 생식력이라는 하나의 발화점만이 남아서 소용돌이치며 모든 걸 삼킨다면 그 사람의 심장은 즐거움에 겨워 […] 껑충껑충 뛰지 않겠는가!"[2]

쇼펜하우어와 마찬가지로 노발리스도 자연의 초개인적인 힘과 맞닥뜨린 개인을 "불쌍한 인격체"라고 부르긴 하지만 낭만주의자들은 자신을 포기한다는 즐거움이 어떨지 시험해 본다.("나는 몸을 사리지 않으련다…"-아이헨도르프) 이렇게 디오니소스의 주변부를 기웃거리는 이들은 자아의 해체라는 유혹적인 요소의 민낯을 직시할 힘을 가지고 있지 않다고 쇼펜하우어는 비판한다. 우리 속의 내밀한 자연을 쫓아가다 보면 도달하게 되는 "어머니들의 나라"(괴테)[3]는 결코 안전지대가 아니며 우리는 그곳에서 안정을 찾는 대신 혼돈에 빠지기 때문이다. 낭만주의자 슈테펜스는 "대지는 우리를 다정히 끌어안는다. 살아 움직이는 대지를 우리 마음은 친구로 받아들인다"[4]고 쓴다. 쇼펜하우어는 이를 부정하며 우리는 대지와 친해질 수 없다고 말한다. 대지는 우리를 죽게 함으로써 우리가 속한 종을 유지시킬 뿐 우리에게 시선 한 번 제대로 주지 않는다는 것이다. 우리가 속속들이 자연이긴 하지만 - 이 점에서는 낭만주의자들이 옳다고 그는 인정한다 - 바로 그렇기 때문에 우리는 자연의 가혹함과 분열을 피할 수 없으며 무법천지에서 벌어지는 자연의 격투를 피할 수 없다. "그래서 자연의 어디에 눈을 돌리건 간에 우리가 보는 것은 다툼과 싸움이며 승패의 번복이다. 바로 거기에서 의지의 본질이 자기분열임을 더 분명히 인식하게 될 것이다. [⋯] 이 보편적 싸움이 가장 뚜렷이 모습을 드러내는 곳은 식물계를 먹이로 삼는 동물계이다. 다시금 이 싸움은 어떤 동물이건 다른 동물의 사냥감과 먹이가 되는 동물계 안에서 일어난다. [⋯] 어떤 동물이건 다른 존재를 끊임없이 제거해야만 자신의 존재를 보존할 수 있다는 얘기다. 그리하여 삶에의 의지는 갖가지 모습을 취한 자신을 시종일관 먹이로 삼아서 자신의 수족을 뜯어먹고 있다. 그러다가 결국에는 인류는 다른 것들 모두를 제압하고는 자연을 인류가 사용하는 공장제품으로 취급한다. 하지만 그런 경지에 이른 인류의 [⋯] 내부에서는 의지의 자기분열이라는 싸움이 끔찍하리만치 선명히 드러나면서 '인간은 인간에게 늑대^{homo homini lupus}'가 된다."(I, 218)

의지에 지배당하는 개인은 이기적일 수밖에 없기에 공동사회는 홉스^{Hobbes}가 주장하듯이 이기주의들이 서로 겨루는 잠재적 전쟁 상태에 있다. 홉스는 국가론에서도 '인간은 인간에게 늑대'라는 인류학 명제를 근거로 삼는다. 쇼펜하우어는 개인적 이기주의라는 개념을 초월철학의 근본사유와 연관 짓는데 이 전환은 놀랍긴 해도 자체 논리상 명쾌하다. 그 내용을 들여다보자. 모든 것이 '그 자체'로는 의지이다. 하지만 의욕의 주관이자 인식의 주관이기도 한 개인은 자신을 제외한 다른 의지들을 '표상'으로만 여기는 동시에 자신의 안에 있는 의지만을 내적 현실로 체험한다고 쇼펜하우어는 본다. 다시 말해 모든 현상의 기반이 되고 있는 의지, 즉 "실제 현실을 개인은 직접적으로 자신의 내면에서만 발견한다"(I, 454)는 것이다. 이 지점에서 쇼펜하우어는 계속 설명을 이어간다. "무한한 세계 안에서 개인은 작아지고 무^{Nichts}에 근접할 만큼 사라저감에도 불구하고 개인은 자신을 세계의 중심점으로 만든다. 개인은 다른 모든 것에 우선하여 자신의 생존과 안녕을 고려하며 이를 위해 당연히 다른 모든 것을 희생시킬 차비가 되어 있다. 다시 말해서 바다의 물 한 방울일 뿐인 자신을 조금 더 오래 유지하기 위해서 세계쯤이야 없애버릴 용의를 개인은 품고 있다. 모든 자연의 사물에 깃들어 있는 이 성향은 이기심이다. 의지 내부의 대립이 무시무시하게 모습을 드러내는 경우가 바로 이기심이 발동한 경우이다. […] 어느 개인이든 자신을 온전한 의지이자 온전한 표상자로 받아들이는 반면에 기타 개인들을 일단은 자신의 표상으로만 받아들인다. 따라서 그에게는 자신의 존재와 그 존재의 유지가 다른 어느 것보다 소중하다. 누구든 자신이 아는 사람이 죽으면 대수롭지 않은 일로 치부하는 반면 자신의 죽음이 다가오면 세계의 종말이 온다고 여긴다. […] 인간의 의식이 최고의 단계에 올라서면서 인식과 고통, 기쁨이 최고 단계에 이르렀듯이 이기심 역시 인간에게서 최고의 단계에 이르렀음에 분명하다. 따라서 이기심으로 인한 개개 인간들의 대립이 가장 무시무시하게 불거져 나올 것이 분명하다. 대규모이건 소규모이건 곳곳에서 우리는 이런 대립을 목격한다. 엄청난 폭군과 악당이 살아간 행적, 그리고 세계를 초토화시키는 전쟁이라는 끔찍한 측면에서 목격할 때도 있고 우스꽝스러운 측면에서 목격할 때도 있다. […] 하지만 이런 일은 한 떼의 사람들이 모든 법률과 질서에서 풀려날 때 가장 극명히 불거져 나온다. 이 경우 - 홉스가 […] 탁월하게 묘사한 - 만인에 대한 만인의 투쟁bellum omnium contra omnes이 가장 잘 드러난다."(I, 455)

이런 맥락에서 쇼펜하우어는 자신의 국가론을 전개하는데 그것은 실제로 홉스에 근거하고 있다. 국가는 "맹수"에게 "입마개"를 채우는데 그렇게 함으로써 맹수가 더 도덕적이 되지는 않지만 "초식동물처럼 무해"하게 된다는 얘기다. 이렇듯 국가는 총괄적으로 보아서 방어를 위한 강제조직이다. 누구든 불의를 행하고 싶어하지만 그 누구도 불의를 당하지 않으려 한다. 인류학적 카테고리의 기저가 도덕이 아닌 의지에 있다고 여기는 쇼펜하우어는 본연의 정의감을 부정하며 불의를 겪는 것에 대한 고통만을 인정한다. 개인에게 딸린 의지영역이 침해받고 무시당하며 손상될 때 이런 고통이 생겨난다. 각 개인은 언제든 타인의 의지영역을 침범할 태세가 되어있지만 동시에 자신의 의지영역이 침범을 당하지 않고 안전하기를 원한다. 따라서 개인은 자신이 남을 침범한다는 생각에 소스라친 나머지 침범하는 것을 단념해야 한다. 이렇게 각 개인이 단념하면 타인이 자신의 영역을 침범하는 일도 아울러 없어질 것이다.

칸트의 계승자들이 전개시킨 이론은 국가가 인간을 개선하며 윤리적으로 만들 것이라고 한다(실러, 헤겔). 혹은 국가를 인간들로 이루어진, 일종의 고급스러운 유기체(노발리스, 슐라이어마허)라고 본다. 쇼펜하우어는 이런 견해들을 죄다 명시적으로 반박한다. 국가는 인간을 인간으로부터 보호할 뿐 인간을 개선하지는 못한다고 그는 말한다. 국가는 사회적 기계장치이고 고작해야 집단생존을 둘러싼 이해관계와 집단 이기주의를 연결시킬 뿐이라는 것이다. "국가는 […] 이기심 일반에 반대하여 생긴 것이 아니며 국가로 존재하기 위해 생긴 것도 아니다. 역으로 국가는 바로 공동체적 이기심에 그 기원을 두고 있다. 공동체의 이기심이 생성되려면 구성원들이 서로를 잘 이해하고 효율적으로 처신하며 일방적이 아닌 일반적인 입장을 취함으로써 각각의 이기심이 합쳐져야 한다. 국가란 오직 공동체의 이기심에 봉사하기 위해서만 존재한다. 도덕적 이유에서 정의를 행하는 따위의 순수한 도덕성을 기대할 수는 없다는 전제하에서, 만약 그런 걸 기대할 수만 있다면 국가 자체가 불필요할 것이라는 전제하에서 국가가 세워지며 이런 전제는 옳다. 따라서 국가는 결코 이기심에 반대하여 세워지는 것이 아니라 이기심에서 비롯되는 부정적 결과에 반대하여 세워질 따름이다. 다수의 개인이 이기적으로 굴면 모두가 번갈아가며 그 부정적 결과를 겪어야 하며 그럼으로써 모두의 안녕이 방해받기에 안녕을 목적으로 하는 국가는 이기심에서 비롯되는 부정적 결과에 맞선다."(I, 472)

이런 목적을 달성하기 위해 국가가 강력한 권력 수단으로 무장하기를 쇼펜하우어는 원하지만 국가는 외부 권력 이상이어서는 안 된다. 쇼펜하우어는 국가의 도덕적 능력을 인정하지 않기에 국가가 국민의 내면 세계에 끼어 들어서 지시를 내려서는 안 된다는 의견이다. "누가 어떤 의지와 성향을 가지건 국가는 전혀 관심이 없으며 […] 그저 행위에만 관심이 있을 뿐이다. […] 국가로서는 행위와 사건만이 유일한 실재이다. 성향 내지는 의도에서 행위의 의미를 알 수 있는 경우에 한해 성향은 연구의 대상이 될 뿐이다. 그래서 누군가가 다른 사람을 살해하려거나 독살하려는 생각을 항상 뇌리에 품고 있더라도 국가는 이를 금지하지 않을 것이다. 누구든 목이 잘리고 능지처참을 당할 것이 두려워서 그런 생각을 실행하지 못할 것임을 국가가 확실히 안다면 이를 금지할 이유가 없다. 또 국가는 부당행위를 하려는 악한 성향을 뿌리 뽑으려고 어리석게 개입하지 않는다. 국가는 불의를 행하게 만들 수 있는 모든 동기를 압도할 만큼 무게가 나가는 동기를 제시할 따름이다. 처벌을 피하기 위해서 불의를 행하지 말자는 동기이다."(I, 470)

낭만주의자들이 국가를 삶에 의미를 부여하는 제도로 보는 반면 쇼펜하우어는 국가가 기계처럼 작동하기를 원할 뿐이다. 쇼펜하우어의 스승인 슐라이어마허는 이렇게 쓴다. "인간이 만든 가장 아름다운 예술작품(국가를 말한다 – 자프란스키)을 […] 그저 필요악으로만 여기는 사람은 […] 자신에게 최고의 삶을 보장하게끔 정해진 것을 단지 제약으로 느껴야 한다."[5]

쇼펜하우어에게 국가는 사실 "필요악"이다.

"사람들이 국가를 천국으로 만들려 했기 때문에 국가는 지옥이 되었다"고 횔덜린은 경고한 바 있는데 같은 취지에서 쇼펜하우어는 영혼을 가진 국가를 바라지 않는다. 그런 국가라면 국민의 영혼을 향해 손을 뻗칠 수도 있기 때문이다. 한 치의 양보도 없이 쇼펜하우어는 사유의 자유를 변호한다. 사유는 국가 운영자의 기준과는 무관해야 한다. 이런 맥락에서 그는 헤겔이 프로이센 내각의 구호와 신호에 맞추어 자신의 철학 전반을 만들어냈다고 질책하면서 헤겔에게 온갖 조롱을 퍼부었다.

쇼펜하우어는 자신의 국가이론에 기대어 소유의 문제에 관해 아주 대담한 주장을 펼친다. 어느 정도까지 어떤 범위에서 국가가 소유를 보호해야 하는지 쇼펜하우어는 묻는다. 그의 용어로 옮기면 이런 질문이 된다. '각 개인의 재산은 어느 정도까지 그 재산에의 권리를 주장하는 개인의 의지영역에 속하는 것일까?' 쇼펜하우어는 이어지는 답변에서 의지는 신체에 결부되어 있다는 입장을 시종일관 유지한다. "인간은 자신의 힘으로 이룩해낸 것만을 […] 소유할 수 있다. 그런 소유물을 빼앗는다면 신체 안에 객관화된 의지로부터 신체의 힘을 빼앗아 그 힘이 다른 신체 안에 객관화된 의지에 봉사하도록 하는 것이다."(I, 459)

다시 말해 육체의 온전함이 보호받아야 하듯이 소유 역시 보호받아야 하기에 우리는 어떤 것이 "노동의 결실"일 경우에만 소유할 수 있다. "도덕적 소유권"은 "일을 한 경우에만"(I, 460) 생겨난다. 따라서 일하지 않고 축적된 소유물은 절도와 다를 바 없을 것이다.

하지만 쇼펜하우어는 여전히 아버지가 물려준 유산으로 살고 있다.

이제 그는 독자에게 정신과 이해관계 사이의 알력이라는 스펙터클을 보여준다. 이해관계와 부닥트리면 정신은 늘 비겁해지는 법이다. 불로소득으로 먹고사는 쇼펜하우어가 자신의 소유론을 고수하면 본인 스스로 불의의 편에 서게 된다. 따라서 자신이 제대로 된 자리에 서게끔 그는 소유론을 완화해야 한다. 그렇게 하기 위해서는 다음의 몇 문장이면 족하지만 – 핑계를 찾을 경우에도 쇼펜하우어는 불필요한 말을 하지 않는다 – 이 문장으로 인해 방금 펼쳐진 소유론은 준엄함과 단호함을 잃는다. "물건의 소유자가 도덕에 근거한 소유권을 가질 경우 그 소유자는 앞에서 말한 소유권의 본성 덕분에 무제한의 권력을 소유물에 행사할 수 있다. 그 사람이 자신의 신체에 대해 무제한의 권력을 행사하듯이 말이다. 여기서 추론할 수 있는 사실은 소유자는 자신의 소유물을 교환이나 증여에 의해 다른 사람에게 양도할 수 있으며 그 소유물을 갖게 된 사람은 애초의 소유자와 동일한 도덕적 권리로 그것을 소유한다는 것이다."(I, 461)

그렇게 본다면 그는 아버지의 유산을 "양도" 받음으로써 아버지의 의지의 영역에 속한 권리를 차지하게 되었다. 소유관계로 본다면 그는 아버지의 혈육이기에 소유한 재산은 자신의 육체나 다름없이 된다. 따라서 그는 소유한 것에 대해 "무제한의 권력"을 행사할 수 있다. 그런 까닭에 그는 이후 1848년의 혁명을 자신의 합법적인 재산을 노리는 무뢰한의 봉기라고 간주할 것이다.

정의와 불의 그리고 국가를 분석해나가며 쇼펜하우어는 자신은 지시를 내리거나 도덕 준칙을 만들어내려 하지 않으며 단지 눈앞에서 벌어지는 것을 서술하고 관찰할 뿐이라고 강조한다. 의지는 세계를 지배하며 의지를 효과적으로 제어할 수 있는 도덕이란 존재하지 않는다는 것이다. 논리 정연한 쇼펜하우어는 정의감을 논의의 출발점으로 삼는 대신 불의를 겪는 자가 느끼는 고통의 명료성을 논의의 출발점으로 삼는다. 그는 육체와 하나를 이루는 의지영역을 손상하는 것이 불의라고 해석한다. 그가 보기에는 불의를 겪는 자가 느끼는 고통이야말로 사람들이 정의를 행하게 만드는 유일한 내적 명료성이다. 의지는 본래 타인의 의지영역을 존중할 줄 모르며 의지의 염치없는 식탐은 끝 간 데를 모르기에 이 식탐에 맞설 수 있는 것은 오직 단 하나, 불의가 행해지면 고통을 겪을 것이라는 두려움이다. ('양심', '정언명령' 같은) 내적인 명료성이 존재한다고 언제나 거듭 주장되어왔지만 쇼펜하우어가 보기에는 그런 내적인 명료성은 희망적 관측을 현실로 착각하면서 생겨난 사변적 환상에 지나지 않는다.

인간의 공존 방식뿐 아니라 인간 자체를 개선하려는 시도가 여러 차례 인기를 끌었으며 프랑스 혁명 이후에는 더욱 인기를 끈다는 것을 쇼펜하우어는 물론 알고 있다. 쇼펜하우어는 그런 시도에 관하여 이른바 '진보'는 인간이라는 환자를 괴롭혔을 뿐 치유시키지는 못했다고 공공연히 악의에 찬 조소를 퍼붓곤 한다. 자신의 현 세대가 햇빛을 받으며 삶을 누리도록 하기 위해서 인간의 역사가 수천 년에 걸쳐 일해왔음에 틀림 없다는 자기도취적 주장에 대하여 그는 낙관주의란 "후안무치"하며 "어리석은 짓거리"라고 공격한다. 끔찍한 차원으로 전개된 근대 역사를 보면 사실 염세주의를 주장하는 쇼펜하우어 혼자만 시대의 첨단을 걷는 듯하다. 쇼펜하우어가 보는 역사는 최종점을 향한 기획이 아니다. 역사란 – 적당히 거리를 두고 관찰한다면 – 항상 동일한 일들이 벌어지는 대규모의 사육제이다. 쇼펜하우어에 따르면 의지의 형이상학의 입장을 취하는 사람은 다음의 사실을 발견할 것이다. "고치Gozzi[6]의 연극에서는 동일한 인물들이 같은 의도를 품고 살다가 같은 운명을 겪게 된다. 세상에서 벌어지는 일 역시 이와 다를 바 없다. 물론 동기와 사건은 각 연극마다 매번 다르지만 사건의 정신은 동일하다. 한 작품의 인물들은 앞서 쓰인 다른 작품에 그들 자신이 등장했었던 것을 모른다. 그렇기 때문에 이전의 작품에서 갖가지 경험을 죄다 겪었다 해도 판탈로네는 더 날렵하거나 인심이 후해지지 못했고 타르타글리아는 더 양심적이 되지 못했으며 브리겔라는 더 용감해지지 못했고 콜롬비네의 품행은 더 단정해지지 않았다."[7] (I, 263)

태양 아래에는 새로운 것이란 없기에 언제 어디서건 의지는 결국 동일한 스펙터클을 펼친다. 자기보호본능을 지닌 인간은 놀람을 당할지라도 너무 고통받지는 않으려고 온갖 지혜를 발휘한다는 얘기다. 정치와 국가와 법 – 이 세 영역은 의지의 막강함에 약삭빠르게 대처할 의무를 맡는다고 쇼펜하우어는 본다. 정치의 과제는 오직 하나, 더 큰 불행을 피하는 것이다.

정치가 곧 "숙명"(나폴레옹)이라는 구호가 외쳐지는 시대, 온전한 인간은 정치를 통해 자기실현을 하려는 시대, 정치가 인간의 모든 것에 손을 뻗치는 시대에 쇼펜하우어는 너무도 앙상한 정치 개념을 옹호한다.

역사와 법과 정치에 대해 쇼펜하우어는 참여하지 않는 관찰자의 관점에서 판단을 내리며 스스로도 이 사실을 인정한다. 이런 관찰자만이 만사를 사육제로 여길 수 있다. 우리의 철학자는 웃음거리가 되기보다는 최후에 웃는 자가 되려 한다. 그는 재의 수요일Aschermittwoch[8]로부터 자신을 보호하기 위해서 사육제를 멀리한다. 이것이 쇼펜하우어가 취하는 행복의 전략이다.

주저의 1, 2, 3권은 인간의 일상적 삶과 역사적 삶을 모아서 분석하고 있다. 이 분석들에 영혼을 불어넣고 있는 것은 두말할 것도 없이 저 위대한 부정Nein이다. 바로 이 부정을 쇼펜하우어는 주저를 종결하는 제

4권에서 다루고 있다.

여태껏 쇼펜하우어는 의지가 넘어설 수 없는 현실적 힘이라고 우리에게 말해왔다. 그러더니 이제 의지의 부정을 말한다. 의지의 부정은 어디서 와야 하며 어디로 이어져야 하는가?

쇼펜하우어는 예술을 논하는 글에서 의지의 부정이 어떤 것인지 우리가 예감하게끔 했다. 예술가뿐 아니라 예술의 영향에 자신을 내맡기는 자를 한순간 무의지 상태로 데려가는 것이 바로 예술이다. 그 말인즉 예술이 생성될 때와 예술이 직관될 때 항상 의지가 부정되는 효과가 따른다는 것이다. 하지만 재차 묻지 않을 수 없다. 쇼펜하우어가 전개한 의지의 형이상학 안에서 의지의 부정이 도대체 가능하기는 한 것인가?

의지, 즉 우리 안에 있는 "물자체"는 우리의 처분에 따르지 않으며 우리가 넘어설 수 없는 우리의 존재가 바로 의지라고 쇼펜하우어는 가르쳤다. 이제 독자가 유념해야 할 것이 하나 있다. 쇼펜하우어는 의지가 없는 상태에서의 황홀경을 – 어째서 그런지 파악하기 전부터 – 알고 있다. 그렇기에 그는 지치지도 않고 여러 번 강조한다. "의지의 부정은 추상적이 아닌 직감적 인식에서 나온다. 이와 마찬가지로 추상적 개념이 아니라 행위에서만 의지의 부정이 완벽하게 구현된다."(I, 521)

쇼펜하우어는 의지의 부정이란 태도가 가능하다는 것을 개념의 요술을 써서 제시하는 대신 의지의 형이상학이란 개념 틀 안에서 납득시키고자 한다.

이 개념 틀을 고수하려면 쇼펜하우어는 의지의 부정이 곧 의지가 이루어지는 것이라고 해석해야 한다. 의지로부터 독자적인 인식이 의지를 압도하면서 생긴 결과라고 해석해서는 안 된다. 의지의 형이상학이 지닌 철두철미한 내재성은 더 높은 힘이 초월적으로 개입하는 것을 허락하지 않는다. 다른 철학자가 더 높은 힘의 개입을 언급하는 것을 보면 그는 비웃곤 했다. 쇼펜하우어가 원칙적으로는 입에 올려서 안 될 말이 인식이 의지를 "꺾는다"는 것이지만 종종 그는 그런 말을 하기도 한다. 그는 의지가 "스러진다"고, 의지가 "방향을 틀어서" "스스로에게 반기를 든다"고 말해야만 할 것이다. 그런 과정에서 황홀경에 빠져 세계를 부정적으로 인식하는 일이 부수현상으로 생길 수 있다. 다시 말해 쇼펜하우어는 의지의 부정을 인식의 사건이 아닌 존재의 사건으로 파악해야만 할 것이다. 모든 것이 곧 의지이기에 의지가 아닌 다른 것이 의지를 부정할 수는 없을 것이다. 의지의 형이상학자의 시각에서는 의지가 자신을 지양해야만 의지는 부정될 수 있다.

쇼펜하우어는 연민의 이론을 활용하여 의지의 부정이라는 신비주의로 이행하려는 준비를 한다.

쇼펜하우어에게 연민이란 결코 도덕적 요청이 아니다. 이따금 강렬한 감정을 동반하며 번개 치듯 덮치는 어떤 경험의 이름이 연민이다. 내 밖에 있는 모든 것 역시 의지임을 경험하게 되며 내가 모든 고통에 아파하듯이 내 밖의 모든 것도 모든 고통에 아파한다는 사실을 경험하게 되는 것이다. 연민을 느끼는 사람에게는 "마야의 베일이 걷히기에 그는 개별화의 원리에 속지 않는다. 그는 모든 존재에게서 자기 자신과 자신의 의지를 인식하게 되면서 고통받는 자에게서도 자기 자신을 인식한다."(I, 507f.) 의지가 개인적인 자기주장을 하지 않은 채 개인으로 자기를 경험하는 것이 연민이다. 특정한 순간에 개인은 자신의 육체가 의지임을 강렬히 경험한다. 이 강렬한 경험을 자신의 육체라는 경계 밖으로 확장할 수 있는 능력이 개인에게 있다. 그것이 바로 연민이다. 내 안의 의지는 힘을 죄다 유지하지만 이제 더 이상 자기를 주장하기 위한 싸움을 하지 않는다. 독특한 분산 상태에 처한 내 안의 의지는 더 이상 자신의 육체에 집중되지 않고 퍼져 나가서는 자신과 타인을 구분할 수조차 없게 된다. "이 모든 게 바로 너다!Tat twam asi!"⁹라고 깨닫게 되는 것이다.

이렇게 고대 인도의 경구로 연민을 통한 동일성 경험을 표현하고서 쇼펜하우어는 이 경험으로부터 부정의 신비주의를 이끌어낸다. 이 신비주의는 그 어떤 이성보다 우위에 있지만 영리한 이들은 이를 어리석다고 여긴다.

"개별화의 원리를 의미하는 마야의 베일이 어떤 사람의 눈앞에서 활짝 걷혀서 그가 더 이상 이기심을 가지고 자신과 타인을 구분하지 않는다면 […] 어떤 존재에 눈을 돌리더라도 그는 자기 자신의 가장 내밀하고 참된 모습을 인식하게 된다. 그런 사람은 어느새 모든 생물이 겪는 끝없는 괴로움 또한 자신의 괴로움으로 여기며 전 세계의 고통을 자신의 것으로 받아들일 것이다. 그에게는 이제 어떤 괴로움도 남의 것이 아니다. […] 전체를 인식하고 전체의 본질을 파악한 그는 전체가 내적 분쟁, 그리고 지속적인 괴로움에 빠져서 아무 소용이 없는 분투를 하며 끊임 없이 소멸해간다는 것을 깨닫는다. 그의 시선이 어디를 향하건 그는 괴로워하는 인류와 동물, 그리고 소진해가는 세계를 보게 된다. 이 기주의자에게는 자신이라는 인물만이 친숙하겠지만 지금 그에게는 이 모든 것이 너무나 친숙하다. 그렇게 세계를 인식한 사람이 어떻게 이제 항구적으로 의지를 행함으로써 그토록 괴로운 삶을 긍정할 수 있겠는가? 어떻게 점점 더 단단히 삶에 자신을 연결시킬 수 있겠는가? 어떻게 삶을 꽉 부여안을 수 있겠는가? 개별화의 원리인 이기심에 아직 사로잡힌 사람은 개개 사물, 그리고 그것과 자신과의 관계만을 인식하기에 개개 사물이 그에게는 매번 새롭게 의욕의 동기가 된다. 이와는 달리 앞에서 서술한 전체 및 사물의 본질을 인식한 사람은 그 어떤 의욕에도 드는 진정제를 가지고 있다. 의지는 이제부터는 삶에 등을 돌린다. 의지는 이제 삶을 향유하는 것에 진저리를 낸다. 그런 향유야말로 삶을 긍정하는 것임을 의지가 인식하는 까닭이다. 인간은 자발적인 단념과 체념의 상태에 이르게 되며 참된 여유로움과 완전한 무의지의 상태에 이르게 된다."(I, 514)

이 구절은 다음 단계로 이행하는 데 중심적 역할을 하지만 설명을 충분히 하지 않고 있어서 오해의 여지가 있다.

"그렇게 세계를 인식한" 사람이 어떻게 "항구적으로 의지를 행함으로써" 이런 삶을 "긍정할 수 있겠느냐"고 쇼펜하우어는 쓴다. 마치 의지에 얽힌 끈을 잘라낼 힘이 인식 자체에 깃들어 있는 것처럼 말이다. 여기서 쇼펜하우어가 서술하는 것을 보면 지성이 얼마나 시종일관하냐는 것인데 결국 의지의 부정에 좌우되는 듯하다. 칸트주의의 관점에서 보면 "덕"은 윤리적 이성에서 비롯되며 이 "덕"이 세계를 부정하는 금욕으로까지 치닫게 된다. "자신의 본질을 완벽하게 인식"하게 된다면 "모든 의욕을 치유하는 진정제"를 갖게 된다고 논하는 쇼펜하우어는 다시 칸트주의로 돌아간 것이나 진배없어 보인다. 하지만 쇼펜하우어는 앞서 "추상적 인식"과 "직감적 인식"을 구분했던 것을 상기시키며 이성을 떠받드는 칸트주의로 후퇴하는 것을 막는다. 이 두 인식 사이에는 엄청난 차이가 있다. "직감적" 인식을 하게 되면 추론적 통찰을 하기보다는 영감을 따르며, 납득하기보다는 귀의한다. 쇼펜하우어는 노년의 마티아스 클라우디우스가 경건주의 안에서 "재탄생"한 것을 생생히 묘사하며 몸소 삶으로 이 위대한 부정을 실현한 성자와 금욕주의자들에 주목한다. 바로 이것이다. 의지의 부정이 모습을 드러내는 데에는 특별한 지성적 인식이 필요하지 않다. 의지의 부정은 실천과 삶의 행적으로 구체화된다. 의지의 부정을 전달하려면 시간의 언어를 취해야 하기에 그것을 완전하게 옮길 수는 없다. 부정의 태도는 각자가 이성 안에 받아들인 기독교나 무신론이나 불교라는 "교리에 맞게끔" 아주 판이하게 해석된다. 교리에 따라 자신을 해석하는 것은 "이성을 만족시키기"(I, 520) 위해서이다. 하지만 이성적 통찰을 한 덕분에 의지를 부정하게 되는 것은 아니다. 쇼펜하우어는 의지의 부정이라는 불가사의는 마음을 단단히 먹고 이루어내는 것이 아니라 그저 닥쳐오는 것임을 분명히 밝히려 한다. 이를 위하여 그는 신이 은총을 받을 자를 선택한다는 "구원예정설Gnadenwahl"이라는 기독교 용어를 사용한다. 누군가가 부정이라는 불가사의에 이르는 것이 아니라 이 불가사의가 누군가를 덮친다는 얘기이다. 하지만 인식이 부정의 행위에서 하는 역할을 규정지을 때 쇼펜하우어는 일관성 없이 서로 모순되는 말까지 한다. 그는 곧 이렇게 쓴다. "삶에의 의지가 존재하고 있다면 그것은 유일무이한 형이상학적인 것이거나 물자체이기에 그 어떤 힘도 의지를 파손할 수 없다. […] 오직 인식만이 의지를 지양할 수 있다."(I, 544). 그러나 몇 줄 밖에 안 지나서 그는 그런 인식의 힘은 방향을 바꾼 의지가 발휘하는 자연의 힘이라고 해석한다. 이런 해석은 전체논리에는 들어맞는다. "자연은 의지를 빛으로 인도한다. 의지가 빛을 받아야만 구원을 얻을 수 있기 때문이다."(I, 544) 따라서 의지를 부정한다는 것은 의지의 자연역사 중 하나의 행위 - 그것이 마지막 행위인지는 알 수 없지만 - 에 불과하다. 이렇게 본다면 의지를 부정한다는 것은 결코 삶에의 의지에 승리를 거두는 것이 아니라 의지가 스스로를 지양한다는 불가사의이다. 이 문제에 관해 몇 차례 오락가락한 후 마지막에 쇼펜하우어는 이렇게 쓴다. "결국에는 의지의 자유로운 행위가 있기에 진정제가 작용한다."(I, 549)

　모든 것이 평온해질 때, 미동 없는 맑디맑은 수면처럼 무념무상한 시선이 세계를 비치는 거울이 될 때, 내 몸이 나를 더 이상 불사르지 않고 그저 "살포시 깜박이는 불꽃"(I, 530)이 될 때 부정의 "축복"이 깃든다. 그때에는 사라진다는 것 안에 찬란한 탄생이 또 한 번 숨어 있을 수 있다고 쇼펜하우어는 속삭이듯 말한다. "우리 현존의 뒤에는 무언가 다른 것이 숨어 있다. 그것에 다가가려면 우리는 우선 세계와의 인연을 떨쳐내야 한다."(I, 549)

쇼펜하우어는 다음과 같은 문장으로 주저를 마무리한다. "이제 나는 스스럼없이 털어놓겠다. 아직 의지에 푹 빠져 있는 사람에게는 의지가 완전히 소멸한 뒤 남아있는 것이 무Nichts라는 사실을 말이다. […] 그러나 역으로 의지가 등을 돌려서 스스로를 부정하는 일을 겪은 사람에게는 이토록 현실적인 우리의 세계와 그 안에 담긴 태양과 은하수 역시 무Nichts이다."(I, 558)

쇼펜하우어는 자신이 무슨 말을 하는지 아는 것일까? 그는 성자가 아니었고 금욕을 실천하지도 않았다. 말년에도 그는 프랑크푸르트의 부처가 되지 않았다. 자신의 육체가 "살포시 깜박이는 불꽃"이 되게끔 방치하기는커녕 그는 거의 건강염려증 환자처럼 자신의 육체를 관리하고 보살폈다. 성생활을 절제하지도 않았다. 화류병을 지독히 겁내면서도 그는 자제할 수 없었다. 자신의 의지를 부정하는 것만 빼고는 그는 그 누구보다도 잘 의지를 부정할 줄 알았다. 또 자신의 의지를 관철하기 위해서 그는 종종 사납게 싸울 줄 알았다. 하지만 이 불평꾼은 나름대로 "더 나은 의식"의 순간들을 겪는다. 그는 자기주장을 포기하면 어디를 들어설 수 있는지 넘겨다 보았다. 주저의 마지막에서 그는 부정이 가져다주는 황홀경을 펼쳐 보이지만 본인은 그 밖에서 기웃거리며 구경하는 데 그친다. 바깥에서 기웃대는 구경꾼답게 그는 경계를 넘어서는 순간에 각별한 관심을 기울인다. 그런 순간을 그는 예술에서 체험한다. 바로 이 경계현상인 음악에 할애된 부분은 전 저서를 통틀어 가장 감동적이다. "물자체", 즉 의지가 육체가 되지 않고 순수한 유희로 현존하는 것이 곧 음악이다. 작별 파티를 하듯이 모두가 다시 한 번 모여 있지만 현상하는 세계는 어느새 사라진다. "음악은 […] 현상하는 세계와는 완전히 독자적으로 존재하기에 이 세계를 한마디로 무시한다. 어쩌면 세계가 아예 없어진다 해도 음악은 존재할 것 같다."(I, 359) 음악에는 모든 것이 다시금 담겨 있지만 육체는 없다. 그런 음악은 "사물의 정수"(I, 367)를 털어놓는다. "우리 본질의 가장 심오한 내면을 말하고 있는 것"(I, 357)이 곧 음악이다. 음악 안에서 "물자체"가 정말로 노래를 시작한다는 얘기다.

그러나 이 모든 것은 바깥에서 기웃대는 구경꾼의 관점이다. 의지는 부정되지 않았으며 그저 예술 안에서 한순간 막강한 힘을 잃었을 뿐이다. 예술 안에서 의지를 직관하면 의지는 "많은 것을 함축한, 괴롭지 않은 스펙터클"(I, 372)이 된다.

우리가 부정 속으로 사라져야 하는 것은 아니다. 이미 세계를 떠난 사람처럼 세계를 볼 수 있는 가능성을 예술이 우리에게 준다면 우리는 여기 머무를 수 있다.

'마치 … 처럼als ob' 사는 것과 '마치 … 처럼als ob' 부정하는 것, 금욕을 하지도 않고 성스러운 데라곤 없는 쇼펜하우어는 삶과 부정, 둘 다를 '마치 … 처럼als ob'의 태도로 대하면서 균형을 유지한다. 식욕이 왕성한 아르투어는 식당에서 풍성한 점심을 즐기곤 한다. 식사 전의 한 시간 동안 그는 플루트로 롯시니의 "천상의 음악"을 연주한다. 쇼펜하우어는 한정된 시간에만 "더 나은 의식"이 보장하는 황홀경을 누릴 수 있다. 성스러움 등의 지속적인 황홀경을 그는 멀리한다. 유감스럽게도 니체는 이를 배우지 못했다. 쇼펜하우어는 제일 마지막으로 부정이 행해질 때 그 자리에 있으려 하기 때문에 마지막에서 두 번째인 예술을 마지막으로 삼는다. 마지막에서 두 번째를 마지막으로 삼는 다른 이유는 모든 것에 대해서 철학자로서 이야기하고 싶어서이다. 여기 머무를 이

유는 차고 넘친다. 마지막 이유가 또 있다. 세계에 내보낸 작품을 독자
가 어떻게 받아들이는지, 혹시 부정의 메시지가 긍정되는지 기다려 봐
야 한다.

제 17 장

브로크하우스와의 불화. 첫 번째 이탈리아 여행. 연애행각. 카페 그레코에서 싸움이 벌어지다. '저 친구를 내쫓아 버리자!' 다시 독일로. 재정적 위기와 가족 간의 분쟁. 아르투어와 아델레.

출판인 프리드리히 아르놀트 브로크하우스

브로크하우스와의 불화. 첫 번째 이탈리아 여행. 연애행각. 카페 그레코
에서 싸움이 벌어지다. '저 친구를 내쫓아 버리자!' 다시 독일로. 재정적
위기와 가족 간의 분쟁. 아르투어와 아델레.

원고 작업이 아직 완결되지 않은 1818년 봄 쇼펜하우어는 비덴펠트
남작의 주선으로 출판업자 브로크하우스와 접촉을 시작한다. 1년 전에
브로크하우스는 그의 어머니가 쓴 네 번째 작품 『라인강으로 도피하다
Ausflucht in den Rhein』를 출판했다. 하지만 가족 간 불화 때문에 쇼펜하우어는
모친이 맺어온 관계의 덕을 볼 수 없다. 하여튼 그녀의 명성은 아직 알
려지지 않은 철학자인 아들에게 도움이 된다. 그가 아무리 자의식에 부
풀어 원고를 제공했다 해도 그것만으로는 출판이 성사되지 않았을 것
이다. 쇼펜하우어가 브로크하우스에게 보낸 편지를 보자. "제 저서는
새로운 철학 체계입니다. 문자 그대로 완전히 새로운 것입니다. 이미 알
려진 내용을 새롭게 서술한 것이 아닙니다. 이 저서에서처럼 사상들이
서로 긴밀히 맞물린 체계는 지금까지 어느 누구의 머릿속에서도 떠오
른 적이 없습니다."(B. 29) 거침없이 그는 앞선 시대와 동시대의 철학자
들을 폄하한다. 자신의 책은 "새 철학 학파의 허황된 청산유수, 그리고
칸트 이전 시대 철학자들의 지루하고 진부한 헛소리"(B. 29)와는 전혀
상관이 없다고 그는 쓴다. 이 저서에는 자신의 삶 모두가 들어 있기에
원고의 값을 매겨서 지불한다는 게 불가능하다는 것이다. 그러니 품격
을 갖춰 책을 제작하라고 그는 출판업자에게 각별히 요구한다. 인쇄를

제대로 하고 세심히 교정을 보아야 하며 양질의 종이가 사용되어야 한다는 것이다. 자신이 요구하는 원고료는 전지全紙 1매당 1두카트Dukat금화[1]로 책 전체로는 40두카트이니 "별 의미가 없다"고 그는 쓴다. 긴 안목으로 보자면 출판업자에게 손해 될 일은 전혀 아니라는 말이 이어진다. "이 책은 […] 언젠가 수백 권의 다른 책을 탄생시키는 원천이 되고 자극이 될 것입니다."(B, 29)

쇼펜하우어는 맛보기용 원고를 미리 넘기지 않기 때문에 브로크하우스는 무슨 음식인지도 모르고 식사를 주문해야 한다. 브로크하우스는 정말로 주문한다.

브로크하우스[2]는 몇 년 안에 자신의 출판사를 경제적 성공으로 이끈 대담한 사업가이다. 브로크하우스는 파산한 출판업자 로이폴트Leupold로부터 『백과사전Konversationslexikon』의 판권을 헐값에 사서는 직접 지휘하여 1811년 『백과사전』을 완성했다. 이 사전은 황금알을 낳는 거위가 되었다. 브로크하우스는 사업능력이 탁월한 계몽주의자였고 검열당국과의 갈등을 두려워하지 않았다. 나폴레옹이 독일을 점거하던 시기에 그는 애국적 반대세력과 접촉을 유지했다. 브로크하우스 출판사는 1813년과 1814년 사이에 반反 나폴레옹 연맹의 비공식적인 기관지였던 「독일잡지Deutsche Blätter」를 발간했다. 위험이 없어진 1814년 그는 『최악의 치욕에 빠진 독일Deutschland in seiner tiefsten Erniedrigung』이라는 팸플릿을 새로이 펴냈다. 몇 년 전에 나폴레옹은 그 팸플릿을 발행한 출판업자 팔름Palm을 총살형에 처했다. 브로크하우스는 결코 정치적 신념에서 목숨을 거는 사람은 아니었기에 계산할 수 있는 모험에만 뛰어들고자 했다. 그는 문학의 모든 분야를 다루려고 했기에 여성을 위한 문고본과 여행 안내서, 문학서와 학술서를 출판했다. 그는 철학출판사라는 명성을 얻고 싶었지만 그가 내놓는 서적들 중 철학서는 아직 드물었다. 단골 여류 작가

의 철학자 아들은 그의 계획에 맞아떨어지는 제안을 한 셈이다. 1818
년 3월 31일 브로크하우스는 쇼펜하우어에게 이렇게 쓴다. "귀하의 제
안을 저는 [···] 영광스럽게 받아들입니다."[3] 쇼펜하우어는 감사를 표하
고는 공식 계약을 청한다. 자신의 저서가 "유대교 및 그리스도교의 교
리"(B, 31)와 충돌하기 때문에 검열에서 어려움을 겪을 수 있다고 그는
출판업자에게 경고한다. 최악의 경우에 그의 저서는 다른 곳에서 – 이
를테면 자유로운 삶이 자리 잡은 듯한 메르제부르크[4]에서 – 인쇄되고
출판되어야 한다고도 말한다. 그럴 경우에도 출판업자는 손해 볼 것이
없을 것이다. "아시다시피 어떤 책이 금서조치를 당하는 것은 결코 나
쁜 일이 아닙니다."(B, 32)

쇼펜하우어는 빨리 진행하자고 채근한다. 저서가 추계 박람회 기간
까지 출간되면 그는 이탈리아로 여행을 떠나려 한다. 쇼펜하우어는 계
약 기간에 맞춰서 여름에 원고를 넘기고는 초조하게 교정쇄를 기다린
다. 아르투어는 아직 출판업계의 사정을 잘 모른다. 2주가 지나자 그는
브로크하우스에게 항의를 해야 한다고 생각한다. 한 주가 더 지나고 교
정쇄가 아직 도착하지 않자 처음으로 쇼펜하우어는 무례해진다. "백과
사전의 저자들과 엉터리 저질 작가"를 다루듯이 브로크하우스가 자신
을 다루려고 해서는 안 된다고 그는 쓴다. 그런 저자들처럼 그도 우연
찮게 잉크와 펜을 사용하기는 하지만 그걸 제외하면 양측 사이에 아무
런 공통점이 없다는 것이다.(B, 38) 백과사전의 출판자인 브로크하우스
는 이런 모욕에 반응하지 않는다. 아무 주석도 달지 않고 브로크하우스
는 첫 번째 견본쇄를 보낸다. 쇼펜하우어에게는 너무 적은 양이다. 이런
속도로 가다가는 책이 박람회 때까지 완성될 수 없기 때문이다. 화를
내며 그는 약정된 기한을 상기시킨다. "신뢰할 수 없는 말을 일삼는 사
람들을 상대하는 것보다 더 끔찍한 일은 제게는 없습니다."(B, 40) 브로

크하우스가 진지하게 업무에 임한다는 것을 증명하려면 즉시 원고료를 지불하라고 그는 요구한다. 그리고 그가 덧붙인 문장은 그와 출판업자 사이의 신뢰관계를 복구할 수 없게끔 파괴해 버린다. "그 외에도 저는 귀하가 대부분의 경우 원고료를 제때에 지불하지 않고, 지불하는 것을 거르기까지 한다고 여러 군데에서 듣고 있습니다."(B, 41) 이제 브로크하우스는 반응한다. "제가 원고료를 […] 제때 지불하지 않는다고 귀하께서 […] 들었다고 주장하신다면 원고료를 못 받은 작가를 최소한 한 명이라도 제게 데리고 오셔서 제 말문이 막히게 해보십시오. 그러지 못하신다면 제가 귀하를 신사라고 여기지 않는다 해도 섭섭해하지 마시기 바랍니다."[5] 쇼펜하우어는 이 발언에 답하지 않는다. 이어지는 편지에서 그는 다시 재촉을 거듭한다. 브로크하우스는 접촉을 끊어버리고는 계약서대로 인쇄를 진행시키지만 이따위 "개자식" - 제3자에게 그는 쇼펜하우어를 이렇게 부른다 - 과는 다시는 상대하지 않으려 한다. 1818년 9월 24일 브로크하우스는 마지막 편지를 쓴다. "저는 […] 귀하가 앞선 편지에서 하셨던 모욕적 주장에 대해 증거를 대시거나 그 주장을 철회하시기를 기대했습니다. 하지만 증거를 제시하지도 않으셨고 주장을 철회하지도 않으셨기 때문에 제가 앞서 선언한 대로 저는 귀하를 신사라고 여기지 않으렵니다. 이런 상황에서는 추후 저희가 편지를 교환하는 일은 더 이상 있을 수 없습니다. 그렇기에 저는 귀하의 편지를 받지 않겠습니다. 철학자가 썼다기보다는 마부가 썼다는 생각이 들 만큼 귀하의 편지는 너무도 거칠고 무례합니다. […] 귀하의 작품을 인쇄하느라 아까운 종이를 낭비했다는 제 염려가 기우가 되기만을 바랄 뿐입니다."[6]

책이 추계 박람회까지 완성되지 않을 것이 확실해지자 쇼펜하우어는 기다리는 것을 포기하고 1818년 10월에 오래전부터 계획했던 이탈리아 여행을 떠난다. 1819년 초 로마에서 그는 갓 인쇄된 저서를 손에 쥐게 될 것이다.

브로크하우스와의 관계가 파국으로 치달은 이유는 간단하다. 너무도 초조하고 불안해진 쇼펜하우어는 독자들 앞에서 무대에 서는 순간을 차분히 기다리지 못했기 때문이다.

이탈리아로 출발하기 전에 쇼펜하우어는 다시 한 번 괴테에게 편지를 쓴다. 괴테는 1년 전에 『이탈리아 기행Italienische Reise』을 발표했다. 이 편지에서 쇼펜하우어는 자신이 "매일 하던 업무"를 완결했는데 그것보다 "더 나은 것이나 더 내용이 풍부한" 것을 앞으로 이루어내지 못할 것이라고 쓴다. 이제 "레몬이 열리는" 나라로 갈 것이기에 "문학신문들이 부정적 평을 연달아 실어도 저를 따라잡을 수는 없을 것입니다." (B. 34) 곧 시작될 이탈리아 여행을 위해서 "충고"와 "지침"을 달라고 그는 괴테에게 청한다. 색채론을 연구할 때 아버지의 권위를 지닌 괴테의 발자취를 따라갔듯이 여행을 할 때도 그는 그 발자취를 따르려고 한다. 사실 괴테에게는 그런 동기에서 여행하는 것이 낯설지 않았을 것이다. 괴테가 남쪽으로 여행할 때 그 역시 아버지가 갔던 길을 갔었다.

괴테는 간략하고 친절하게 답하지만 "충고"와 "지침"을 주지는 않는다. "동시대를 사는 소중한 친구"(B. 501)인 쇼펜하우어가 쓴 저서를 읽을 것이라고 쓰며 괴테는 바이런Byron 경에게 보내는 추천장을 동봉한다.

아르투어는 1818년 11월 초 바이런 경이 현재 체류 중인 베네치아에 도착한다.

바이런 경은 아르메니아어와 영어의 문법에 관한 책을 작업 중이다. 그는 구익촐리Guiccioli 백작부인과의 연애행각에 빠져 있으며 날마다 아침 시간에는 말을 타고 리도강변을 질주한다. 그곳에서 아르투어 쇼펜하우어는 바이런을 보았다. 쇼펜하우어는 한 여자와 같이 있었는데 그녀는 말을 탄 돈 후안을 보자 황홀함에 넋을 잃고 새된 소리를 지른다. 질투가 난 쇼펜하우어는 괴테의 추천서를 가지고 바이런 경을 찾아 가려던 계획을 취소한다.

후일 그는 "여편네들"이 또 다시 훼방을 놓는 바람에 중요한 일을 망쳤다고 속상해할 것이다. 하지만 베네치아에서의 첫 몇 주 동안 그에게 더 중요한 일은 따로 있다. 한 지인에게 그는 이탈리아에서 "아름다운 것을 즐겼을 뿐 아니라 아름다운 여인들을 즐겼다"(G, 133)고 말한다. 그는 자신이 연애대장인 양 꽤 허풍을 떤 것 같다. 이탈리아 여행을 회상하며 쇼펜하우어는 다른 지인에게 어렵사리 고백한다. "한 번 생각해 보게나. 서른 살인데 삶이 내게 웃음을 보낸다고 말일세! 여자들 얘기를 해보자면 나는 여자들에게 호감이 많았다네. 여자들이 나를 원하기만 했더라면 좋았을 걸세."(G, 239)

리도강변을 같이 걷던 여인이 그를 "원했는지" 우리는 알 수 없다. 아마 쇼펜하우어 자신도 몰랐을 것이다. 그래도 그는 바이런 경을 경쟁 상대로 삼을까 봐 걱정했음에 분명하다. 그렇게 불안해하긴 해도 아르투어는 행복하다. 베네치아에서 "놀랍게도 부드러운 기분"[7]이 들었다고 그는 누이동생 아델레에게 쓴다.

베네치아의 가을을 그려 보자. "안개 자욱한 북쪽 땅"을 떠나온 사람에게 베네치아는 "기쁨이 가득한 정경"을 펼쳐 보인다고 괴테는 쓴다. "해가 중천에 떠 있을 무렵 나는 곤돌라를 타고는 사공들이 곤돌라 가장자리에 붕붕 떠 있는 듯 노 젓는 것을 지켜보았다. 하늘은 파랑고 수면은 초록으로 환한데 알록달록한 옷을 입은 사공들이 어찌나 도드라져 보이던지! 베네치아 파가 그린 가장 신선한 최고의 그림을 나는 보고 있었다."[8]

베네치아 공화국[9]은 더 이상 존재하지 않았다. 성 마르코의 날개 달린 사자들[10]은 이제 공화국의 지도자를 지키는 대신에 오스트리아 총사령관 메테르니히 후작이 보낸 총독을 지키고 있었다. 카르보나리 당[11]이 모반을 꾀하고 있다고 의심을 받고 있었던 탓에 – 바이런 경은 여기에 연루되었다는 혐의를 받았다. – 베네치아에는 오스트리아의 첩보원이 차고 넘쳤다. 그럼에도 베네치아는 밝고 감각적인 도시였다. 마르코 광장의 카페에는 손님이 넘쳤다. 베네치아에는 극장이 여덟 개 있어서 런던과 파리를 능가했다. 명문가 출신임을 자부하는 쇼펜하우어는 괴테의 추천장을 지니고 베네치아의 호화로운 사교모임을 방문했다. 드레스덴의 공부방을 막 떠나온지라 그는 일단은 이런 새로운 세계에 다시 익숙해져야 한다. 그는 모든 게 낯선 탓에 자신이 모든 사람들 눈에 낯설게 보일까 겁이 난다고 여행일기에 쓴다. 하지만 그는 금세 "동화되어" "자신이라는 인물에 골몰하는 것"을 중단하고 모든 관심을 "주위 환경"에만 돌린다. "방금 전까지 주위 환경이 자신을 억누르는 것 같았지만 거기 끼어들지 않은 채 객관적으로 환경을 관찰하게 되자 자신이 우월함을 느끼게 된다"(HN Ⅲ, 2)는 얘기다.

아르투어는 이제 인상들에 자신을 열지만 집중을 계속한다. 단풍으로 물든 베네치아 한복판에서도 부정이라는 암울한 신비에 대하여 계속 골똘히 생각할 정도로 그는 집중한다. 사육제 시즌이 막 시작된 베네치아는 자유분방한 삶에의 의지를 형형색색으로 긍정하고 있다. 표상의 세계가 그를 짓누른다. 부정을 "표상할 수조차 없다"고 그는 여행일기에 적는다. "어둠과 침묵"(HN Ⅲ, 2)만이 부정을 표현해낼 수 있다. 하지만 그러기에는 여기 베네치아는 너무 환하고 너무 소란스럽다. 쾌감에 제동을 걸어 가며 그는 북적대는 인파에 끼어들지만 항상 "우월함"을 잃지 않으려고 주의한다. 11월 말 그는 베네치아를 떠난다. 볼로

나에서 벌써 그는 베네치아에서 누릴 수 있었던 행복을 자신이 적극적으로 거머쥐지 않았다고 느끼며 괴로워한다. 그는 여행일기에서 이 느낌을 인간의 일반적 운명에 대한 생각으로 정리한다. "모든 행복은 소극적이기 때문에 우리가 어쩌다가 한 번 행복해지면 우리는 전혀 행복을 느끼지 못한다. 모든 게 그저 가볍게 살포시 우리를 스쳐갈 뿐이다. 그 편안함이 사라지면 결핍이 적극적으로 느껴지면서 이제 행복이 사라졌다는 게 드러난다. 그러고서야 우리는 행복을 붙잡는 것을 미적거렸다는 사실을 깨닫는다. 그러면 행복 없이 지내야 할 뿐 아니라 후회까지 하게 된다."(HN III, 2)

12월 말 쇼펜하우어는 로마에 도착하여 1819년 2월 말까지 이곳에 머문다. 괴테가 "세계의 수도"라고 부른 곳이다. 쇼펜하우어는 이 도시에서 흔히들 하듯이 시간을 보낸다. 고대의 건축문화재와 르네상스의 예술품을 관람하는 것은 필수이다. 괴테는 로마에 처음 들어선 날 "정말 다시 태어났기에" 그날은 자신의 "또 다른 생일"이라고 말했다. 쇼펜하우어는 부지런히 둘러보지만 다시 태어나고 있다고는 느끼지 않는다. 그는 여행일기에 회화와 고대 건축에 대한 생각을 기록하며 동시대 예술이 불완전하며 거짓투성이라고 평가한다. 어찌 됐건 쇼펜하우어는 여기서 "또 다른 생일"을 자축하게 된다. 앞에서 말했듯이 드디어 그의 책의 초판본이 로마에 도착한 것이다. 그는 2월에 아델레의 편지를 받고는 괴테가 자신의 책을 받았으며 "당장" 읽기 시작했다는 것을 알게 된다. "아버님이 책에 푹 빠지셔서 열심히 읽으시는데 그런 모습을 전에는 본 적이 없다"고 오틸리에가 말했다고 아델레는 쓴다. 괴테는 "앞으로 1년 내내 즐길 수 있겠군. 나는 처음부터 끝까지 읽을 작정이니 아마 그 정도 시간은 필요할 거야"[12] 라고 말했다는 것이다.

물론 그 말은 과장에 지나지 않았다. 괴테는 동시대 저자들의 책들을 몇 페이지만 읽고 그치는데 쇼펜하우어의 경우 역시 괴테는 이 습관을 유지했다. 그러나 『의지와 표상으로서의 세계』에 일별을 던진 후 괴테는 실제로 관심을 갖는다. 괴테는 자신에게 "큰 기쁨"을 준 몇몇 구절을 기록하고는 그 쪽지를 아델레에게 건넨다. 괴테가 호감을 갖고 적은 구절들 중 하나는 "선취Antizipation", 즉 예술가의 영혼이 아름다움을 먼저 취한다는 사실에 관한 것이다. 자연이 말을 더듬을 때 예술가가 나서서 자연을 제대로 말하게 한다고 쇼펜하우어는 썼다. 예술가가 선취에 관한 사유를 마음에 꼭 들어 하는 것은 당연하다. 괴테 역시 이 사유에 즉시 관심을 갖는다. 며칠 후 괴테의 『연감』에는 "시인은 선취를 통하여 세계를 먼저 만든다"[13]고 쓰여 있다.

쇼펜하우어는 이제 자신의 저서의 호화본 한 권을 한 손에 쥐고 다른 한 손에는 아델레의 편지를 쥐고 있다. "괴테가 진지하게 정독하는 저자는 오빠뿐"[14]이라고 그 편지에는 쓰여 있다. 쇼펜하우어는 수세기가 배출한 천재들이 서로 목례를 건네며 담소를 나누는 사상계의 귀빈석에 앉게끔 자신이 격상되었다고 느낀다. 그런 느낌은 시로 옮겨야 제격이다. 사상가 쇼펜하우어는 몇 년 만에 다시 시작詩作에 도전한다. "오랫동안 품어왔던 뼈저린 고통에서 / 내 깊숙한 심장에서 솟구쳐 오른 그것 / 그것을 포착하려고 내 오래 애써 싸웠다. / 나는 안다, 결국 내가 해냈다는 것을. / 당신들 맘 내키는 대로 무슨 짓이든 해 보시라. / 어차피 작품의 생명에 아무런 위해도 가하지 못할 테니. / 억누를지언정 파괴하지는 못하리라. / 후세는 내게 기념비를 세우리라."(HN Ⅲ, 9)

산문을 쓸 때 역시 쇼펜하우어는 여러 주 내내 들떠 있다. 그는 '천재'를 주제로 한 메모를 연달아 여행일기에 적는다. 예를 하나 들어 보겠다. "많은 것을 배운 사람이 학자인 반면 인류가 여태껏 몰랐던 것을 가르치는 사람은 천재이다."(HN Ⅲ, 5) 그런데 문제가 하나 있다. 쇼펜하우어는 로마에 거주하는 독일 예술가 집단과 알고 지내는데 그 집단은 그를 천재로 인정할 의사가 없다. 카페 그레코에 모이는 사람들은 사실은 그를 그동안 유명해진 요한나 쇼펜하우어의 아들이라고만 알고 있다. 가족 간의 불화에 관한 소식이 이곳에까지 퍼져 있다. 카페 그레코의 단골손님들 중 하나는 가족에게 이런 편지를 쓴다. "저는 쇼펜하우어와 자주 만났습니다. […] 이곳에는 그에 대한 나쁜 편견이 많습니다. 주로 그와 모친 관계에 관해서입니다. […] 여기 사는 독일인들은 늘 그렇듯이 그의 억지 때문에 거의 모두가 그의 적이 되었습니다. 그래서 저는 그와 사귀지 말라는 경고를 여러 차례 받았습니다."[15]

이 편지를 쓴 사람은 괴팅엔 시절의 지인인 카를 비테이다. 1800년생인 비테는 괴팅엔에서는 많은 주목을 받았던 신동이었다. 비테는 열 살의 나이로 대학에 진학해 수학과 법학을 전공했다. 학위를 받았을 당시 그는 16세였다. 일 년 후인 1817년 베를린에서 그는 대학교수 자격 취득에 실패했다. 대학생들은 자신들을 가르치기로 예정된 10대 소년이 강의를 하는 것을 용납하지 않았다. 관청은 그에게 장학금을 주었고 비테는 이탈리아에서 그 장학금으로 생활하고 있었다. 비테와 쇼펜하우어는 한동안 아주 친밀한 관계를 유지했음이 분명하다. 아르투어가 비테에게 보낸 짧은 메모가 남아 있는데 그것은 이렇게 시작한다. "친애하는 친구! 소풍은 취소되었다네. 네 시 반에 내가 자네를 데리러 헤르멜린(로마의 주점을 가리킨다 – 자프란스키)으로 가겠네."(B, 42) 쇼펜하우어는 '아르멜리노 식당'과 카페 그레코에 자리 잡고는 사람들을 자극해서 반감을 샀다. 여기 모이는 예술가 무리와 주민들을 10년 후 펠릭스 멘델스존Felix Mendelssohn은 아버지에게 보낸 편지에서 이렇게 묘사했다. "카페 그레코에는 끔찍한 사람들이 앉아 있습니다. […] 여덟 보 넓이의 작고 어두운 방이 하나 있습니다. 방 한쪽에선 담배를 피워도 되지만 다른 편에서는 피우면 안 됩니다. 그 방 벤치에 그들이 챙 넓은 모자를 쓰고 둘러 앉아 있습니다. 옆에는 험상궂은 개들을 데리고 있지요. 뺨과 목을 비롯해 얼굴 전체가 털로 뒤덮인 이들은 견디기 힘든 소음을 내면서 […] 서로 무례한 말들을 합니다. 개들은 해충을 퍼트리는 데 일조하고 있습니다. 넥타이나 프록코트는 여기서는 혁신적 소품으로 여겨질 지경입니다. 얼굴에서 수염이 없는 부위는 안경으로 덮고 커피를 마시면서 그들은 티치안^{Tizian}과 포르데노네^{Pordenone}¹⁶에 관해 이야기합니다. 마치 이 두 화가들이 수염이 덥수룩한 얼굴에 바람막이 모자를 쓰고 그들 옆에 앉아 있는 것처럼 말입니다. 게다가 이들이 그리는 마돈나는 병이 들었고 성자는 약골입니다. 이들이 그리는 영웅은 하도 풋내기라서 한 대 갈겨주고 싶은 마음이 들 지경입니다."¹⁷

나사렛 파 화가들¹⁸은 독일적인 것을 숭배하며 마돈나와 풋내기 소년을 선호한다. 이런 무리에게 아르투어 쇼펜하우어는 거부감을 주는 존재가 아닐 수 없었다. 어느 날 저녁 그는 그리스의 다신교를 칭찬하면서 올림푸스산에 있는 온갖 신들 중에서 예술가는 개성에 맞게 다양한 선택을 할 수 있다고 말한다. 이교도를 칭송하는 것은 카페 그레코에서는 있을 수 없는 일이다. 무리 중 한 사람이 이의를 제기한다. "하지만 우리에게는 열두 사도가 있습니다!" 쇼펜하우어는 "예루살렘 출신의 열두 속물을 가지고 저를 괴롭히지 마십시오"라고 응수한다.(G, 46)

다른 기회에 아르투어는 독일민족이야말로 가장 어리석다고 공언한다. 이념으로 똘똘 뭉친 카페의 단골들은 이 말을 그냥 넘길 수 없다. 고함이 터져 나온다. '저 친구를 내쫓아 버리자!' 아마 쇼펜하우어는 자발적으로 나가버렸을 것이다. 귀가해서 그는 여행일기에 이렇게 쓴다. "저 두꺼비와 독사 떼들이 나와 같은 종이라는 환각을 떨쳐낼 수만 있다면 난 훨씬 더 잘 지낼 수 있을 텐데 말이다."(HN III, 8)

로마에 거주하는 독일인 집단은 이런 환각에 괴로움을 당하지 않는다. 그들은 쇼펜하우어가 자신들과 같다고는 전혀 생각하지 않는다. 눈앞에서는 그를 두려워하지만 조금만 멀어지면 그를 비웃는다. 카페 그레코의 한 단골손님은 가족에게 이런 편지를 쓴다. "언제부터인가 독일에서 온 여행객들이 이곳에 등장했습니다. 그중 하나가 쇼펜하우어입니다. 바이마르의 작가이며 박식한 요한나 쇼펜하우어의 아들이지요. 그는 정말이지 바보 천치입니다…" 불쾌한 일이 있은 후 쇼펜하우어는 동포들을 피하고 부유한 영국 관광객들과 친교를 맺으려 한다. 영국 관광객들은 편하게 여행을 다닌다. 짐차 여러 대에 양질의 와인과 침대, 요강을 싣고 다닌다. 그러한 여행 그룹과 함께 1819년 3월 아르투어는 남쪽 나폴리로 간다. 괴테는 나폴리에 간 사람은 - 로마에서 그렇듯이 - 많은 걸 배울 수 있지만 그저 살며 사랑할 수 있다고 『이탈리아 기행』에 쓴다. 쇼펜하우어는 그럴 수 있는 시간을 충분히 갖지 않았다. 4월에 벌써 그는 로마로 돌아와서는 며칠을 머물다가 피렌체로 가서 한 달을 머문다. 나폴리가 아닌 이곳 피렌체에서 "에로스의 화살"이 다시금 그를 스쳐간다.

쇼펜하우어가 프랑크푸르트에서 말년을 보낼 당시 말상대가 되었던 고등참사관 에두아르트 크뤼거Eduard Crüger의 얘기를 들어보자. "쇼펜하우어는 피렌체에서 유수한 가문의 규수와 약혼을 했었다. 하지만 약혼녀에게 폐병이 있다는 걸 알게 되자 파혼했다."(G, 197) 쇼펜하우어는 나중에 희극작가인 게오르크 뢰머Georg Römer에게도 자신이 결혼할 의사가 있었다고 말했다. "반은 호기심에서 반은 의무감에서 결혼하려 했었고 […] 극복할 수 없는 장애가 없었다면 결혼했을 것"이라는 것이다. "그 장애 때문에 꽤 괴로워했지만 그럼에도 불구하고 이제는 그런 장애가 있었던 게 행운이라고 여겨야만 한다고 그는 말했다. '아내라는 존

재는 철학자에게는 어울리지 않으니까요.'"(G. 71)

하지만 이 로맨스가 정말 피렌체에서 일어났는지에 관해서는 의심의 소지가 있다. 그는 아델레에게 보낸 한 편지(이 편지는 남아 있지 않다)에서 1818년 11월 베네치아에서 겪었던 모험을 언급하며 결혼할 의사를 표명했음에 분명하다. 아델레가 1819년 5월 오빠에게 이렇게 쓰기 때문이다. "그곳(베네치아를 의미한다. ─ 자프란스키)에서 있었던 이야기에 관심이 가기 시작하네요. 행복하게 끝났으면 해요. 연인이 부유하고 귀족 신분이기까지 하다니 […] 오빠는 정말 그 여자가 오빠랑 결혼하려 한다고 생각해요?"[19]

"귀족 신분"의 부유한 이탈리아 여자와 결혼하려 한다니 ─ 이 여자는 베네치아 여인 테레사 푸가Teresa Fuga일 수는 없다. 쇼펜하우어는 처음으로 베네치아에 머무르던 시절 이 여인과 관계를 맺었다. 1819년 5월 그녀에게 자신이 베네치아로 돌아온다고 알리자 그녀는 답장을 보내는데 수신인의 이름은 아르투어 샤렌한스Arthur Scharrenhans이다. 이 편지에서 그녀는 매력적인 제안을 한다. "친애하는 친구에게. 당신의 편지를 받고 정말 기뻤어요. 당신이 나를 잊지 않았고 내게 관심이 많다는 걸 알수 있었지요. 하지만 친구여, 나 또한 당신을 잊은 적이 없어요. […] 난 당신을 사랑하고 당신이 보고 싶어요. 어서 와요. 당신을 끌어안고 당신과 며칠을 함께 보내기를 고대하고 있으니까요. 내게는 남자 친구가 있는데 그 사람은 늘 베네치아를 떠나 있어서 나를 이따금 방문할 뿐이에요. 분명한 건 그 사람이 일요일 날 시골로 가서 15일에서 20일을 거기머무를 거라는 사실이에요. 그러니 걱정 없이 오면 돼요. 당신을 온 마음으로 기다리고 있을게요. 그때 그 '극장 주인'과의 관계는 정리했어요. 오래전부터 내겐 새 친구가 있으니까요. 영국에서 도망쳐 벌벌 떨며 베네치아로 온 영국인들과 관계를 맺었는데 이제 더 이상 그들과 연애를 하지 않고 있어요."[20]

영국인들과 극장 주인, 기타 남자 친구들과 연애행각을 벌여온 테레사는 – 이름도 제대로 모르는 남자인 – 아르투어가 헤집고 들어올 수 있는 작은 틈을 마련해보려 한다. 물론 며칠 동안이다. 쇼펜하우어가 이 이야기를 아델레에게 결혼할 좋은 기회라고 알렸다면 그는 상당히 허풍을 떤 셈이다. 아니면 지독한 환상에 빠져 있었을 것이다.

아델레는 언젠가 일기장에 "내가 사랑하는 것처럼은 그 누구도 나를 사랑하지 않을 것"이라고 썼다. 그녀는 연애에서 피상적인 감정과 깊은 감정을 구분하는 데 자신이야말로 전문가라고 여긴다. 더군다나 그녀는 남자들을 믿지 않으며 아르투어 오빠 역시 믿지 않는다. 그가 자신이 겪은 모험들을 이야기하자 그녀는 이렇게 주석을 단다. "오빠가 비속하고 천한 여자들을 상대하느라 여자를 평가하는 능력을 아주 잃어버리지는 않기를 바라요. 오빠가 언젠가 하늘의 뜻으로 한 여인을 만나게 되었으면 해요. 여자에게 홀리는 것 이상의 깊은 감정을 느낄 수 있어야 할 텐데요."[21] 1819년 5월 22일 아델레는 아르투어에게 이렇게 쓴다. "오빠가 보낸 편지 한 통에 사랑 이야기가 둘이나 있지만 둘 다 사랑과는 상관없는 이야기들이군요. […] 정말 마음이 아프네요. […] 내가 오빠를 위해 바랐던 건 이런 게 아니에요."[22] 아델레가 쓴 편지를 보면 아르투어가 누이에게 자신의 온갖 비밀을 털어놓았던 듯하다. 이는 뜻밖이다. 아르투어가 1814년 5월 22일 어머니와 다투고 바이마르를 떠날 무렵 오누이의 관계 역시 상당히 위기에 처했다. 아델레는 당시 친구인 오틸리에 폰 괴테에게 "오빠가 어머니께 파렴치하게 굴었다"[23]고 쓴다. 하지만 쇼펜하우어는 어머니와는 의절했어도 누이동생과의 관계를 유지하려 하기에 곧 다시 누이에게 편지를 보낸다. 그러나 자신의 속내를 누이에게 털어놓으려 한 것이 아니라 – 아델레는 1816

년 일기장에 "오빠에 대해 아는 게 없다"[24]고 적는다 – 어머니의 영향에서 누이를 끌어내기 위해서였다. 그는 아델레에게 빨리 결혼해서 집을 떠나라고 충고한 것 같다. 아델레는 그런 충고를 흔쾌히 받아들이지 않는다. 1814년 여름, 친구인 오틸리에에게 그녀는 한탄한다. "오빠가 내게 편지를 보냈어. […] 난 결혼할 수 없어, 당분간은 못해, 아마도, 아니 분명 하지 못할 거야. 오빠는 날 괴롭히고 있어."[25] 아델레는 남편감을 물색하지만 적당한 남자는 나타나지 않는다. 그녀가 오빠의 충고에 답하는 것을 미루는 것은 전혀 놀랍지 않다. "벌써 오래전에 […] 답장을 했어야 할 편지들이 밀려 있어. 오빠의 편지에 답장을 쓰는 게 제일 안 되는 군."[26] 1815년 여름 그녀는 이렇게 오틸리에에게 털어놓는다.

일 년 후에 아델레는 당분간 오빠가 있는 드레스덴에 가서 살겠다는 계획을 혼자 세운다. 오빠의 도움을 받으러 가는 게 아니고 – 아델레는 자존심이 아주 세다. – 본인이 오빠를 돕겠다는 것이다. 그녀는 아르투어가 지독히 폐쇄된 삶을 산다고 추측하고는 그를 그런 삶에서 끌어내 보려고 한다. 또 그녀는 오빠와 어머니가 화해하게끔 애써보려 한다. 하지만 그녀는 한집에 사는 어머니의 친구 게르스텐베르크를 당분간 멀리할 수 있는 기회 또한 찾았던 게 분명하다. 쇼펜하우어는 이 계획에 찬성하지 않는다. 그는 아델레를 어머니에게서 해방시키려 하지만 누이가 옆에 있는 것을 원하지 않는다. 그는 아주 퉁명스러운 편지를 썼던 듯하다. 아델레는 비탄에 잠겨 일기에 이렇게 쓴다. "답장을 받고는 분노하지 않을 수 없었다. 넋이 나가다시피 나는 오틸리에에게 달려갔다. […] 아, 드레스덴으로 가려던 계획에 얼마나 많은 희망이 걸려 있었던가. 내가 힘겹게 쌓아 올렸던 것이 와르르 무너졌다."[27]

이런 실망을 겪은 후 누이는 몇 달 동안 오빠와의 서신왕래를 중단한다. 1816년 10월 여행 도중 만하임에서 연극을 관람하다가 그녀는 이런 대사를 듣는다. "당신은 친구들을 몽땅 잃어버릴 수 있다. – 그래도 당신 곁에 남아 있는 건 오빠다."[28] 이 말을 듣자 그녀의 마음이 누그러진다. "오빠에게 상냥하고 친절한 편지를 썼다"고 그녀는 일기장에 적는다.

쇼펜하우어도 답장을 보내서 저서가 곧 완성될 것이라고 알린다. 그가 아델레에게 저서에 대해 몇몇 가지를 얘기한 건 분명하다. 그가 얘기한 것만 듣고도 아델레는 불안에 빠진다. 오빠가 특유의 냉혹한 방식으로 가족과 분쟁을 일으켰듯이 이제는 시대정신과 분쟁을 일으키고 통상의 종교 및 윤리와 분쟁을 일으킬 것이라고 말이다. 1818년 여름에 아델레는 오틸리에에게 쓴다. "아침에 오빠한테서 편지가 왔어. 오빠는 세계 여행을 가고 8월에는 책이 출판된다는 거야. 그걸 떠올리기만 해도 등골이 오싹해져. […] 오빠 생각이 내 뇌리에서 떠나지를 않고 있어."[29]

이제 저서를 작업하는 것에서 해방된 쇼펜하우어는 이탈리아 여행 내내 화창한 기후를 즐기고 있다. 이전과는 달리 그는 누이에게 많은 것을 이야기한다. 하지만 그가 그렇게 하는 데에는 아주 구체적인 이유가 있다. 드레스덴에서 한 하녀와 관계를 맺은 결과 여자가 임신을 하게 되고 쇼펜하우어가 이탈리아에 머무는 동안 여자는 딸을 낳는다. 이런 상황에서는 누이가 자신을 도울 채비가 되어 있다는 건 환영할 일이다. 이 경우 누이는 실제로 오빠를 위해 무언가를 할 수 있다고 그는 생각한다. 그래서 그는 그녀에게 사정을 털어놓는다. 1819년 봄이었을 것이다. 아델레가 1819년 4월 27일 일기장에 이렇게 적기 때문이다. "드레스덴에 있는 오빠의 여자는 홀몸이 아니라고 한다. 정말 경악할 일이다. – 오빠는 그래도 제대로 잘 처신하고 있다."[30] 그렇다면 쇼펜하우어는 자신이 아이의 아버지임을 인정하고 재정적 지원을 약속했던 것 같다. 그럼에도 불구하고 아델레는 의심을 풀지 않고 오빠에게 당부한다. "오빠는 못된 사람이라서 의무를 통상적인 좁은 의미로 줄이곤 하지요. 이번에는 그렇게 하지 말아요. 그 아이는 태어나지 말았어야 했어요. 하지만 태어났으니 오빠가 아이를 돌봐야 해요."[31]

아델레가 조금이나마 아이와 젊은 어머니를 돌봤으면 한다고 쇼펜하우어는 내비쳤다. "내가 [⋯] 그 여자를 위해 무언가 해 줄 수 있다면 거리낌 없이 말해요"라고 아델레가 답한다. 그녀는 즉시 돕겠다고 나선다. 젊은 어머니에게 돈을 보내겠다는 것이다. 하지만 그 여자를 방문하는 건 정말이지 있을 수 없는 일이다. 들리는 바에 의하면 그 여자는 이제 다른 남자와 살고 있다고 한다. 만일 자신이 이들을 방문하기를 기대한다면 오빠는 "황당한 생각"을 하고 있다고 아델레는 쓴다.

1819년 늦여름 아이가 사망한다. 아델레가 아르투어에게 보낸 편지이다. "오빠의 딸이 죽었다니 유감이에요. 그 아이가 성장했더라면 오빠에게 기쁨이 되었을 텐데요."[33]

아델레가 이 편지를 쓴 건 1819년 9월 8일이다. 이 시점에 쇼펜하우어는 다시 독일로 돌아와서 드레스덴에 거주하고 있다. 하지만 그동안 쇼펜하우어가에는 재앙이 닥쳤다. 요한나와 아델레의 전 재산과 아르투어 재산의 1/3을 관리하고 있는 단치히의 은행가 물Muhl이 1819년 5월 지불을 정지한 것이다. 그는 채권자들에게 합의가 성사되게끔 가만히 있어달라고 부탁한다. 그렇지 않으면 완전히 파산한다는 것이다. 쇼펜하우어는 5월 말경 베네치아에서 아델레를 통해 이를 알게 된다. 아델레는 엄청난 충격을 받는다. "지상에서의 운명 전체"가 "통째로 흔들리고 있다"[34]는 게 그녀의 말이다. 사실 아델레는 불안해하지 않을 수 없다. 바이마르에서 사치스럽게 살았던 탓에 어머니 몫의 재산은 상당량 줄어들었기 때문이다. 어머니와 딸은 어느새 아델레 몫의 재산을 공동의 삶의 기반으로 삼고 있었다. – 둘은 앞으로도 계속 이렇게 살 것이다. 아델레가 결혼을 해서 분가할 전망은 보이지 않는다. – 게르스텐베르크는 돕겠다고 자청했지만 어머니와 딸은 도움을 받지 않으려고 한다. 모녀는 시녀와 요리사와 하인을 해고하는 긴급조치를 취한다. 이들은 단치히로 가기 위해 꽤 큰 액수의 돈을 빌린다. 합의를 하려면 현지에 있는 게 가장 유리하다. 단치히에서 아델레가 아르투어에게 쓴 편지이다. "큰 세상에 나와서 여러 파티에 참석하자니 정말 힘들어요. […] 머릿속에서는 최후의 순간이 왔다는 생각이 항상 맴돌고 있어요. 새로운 길을 가며 새 삶을 살아야 한다는 생각이지요! […] 어머니와 나는 남은 것으로 아주 소박하게 살 것이고 난 건강이 허락하는 한 내게 필요한 것을 살 비용을 벌려고 해요. […] 최악의 사태가 오면, 정말 최악의 경우에만 난 조국을 떠나서 러시아로 가서 가정교사가 되려고 해요. […] 애정이 없는 결혼은 할 수도 없고 하고 싶지도 않아요. 누구든 자기의 강점을 알고 있지요. 수천 명이 힘들어하는 일이 내게는 아무것도 아니지만 수 천명이 견뎌내는 일이 내게는 파국일 수 있어요."[35] 아델레는 힘닿는 대로 아르투어에게 상황을 알려준다. 그녀는 은행가 물Muhl이 모녀에게 몰래 특별 조건을 제공했음을 넌지시 알리며 오빠에게 비밀을 지켜 달라고 청한다. 9월 8일에 쓴 편지이다. "언제든 미래에 물Muhl이 재산을 회복하면 지금 잃어버리는 액수의 일부를 다시 얻어내겠다는 게 내 계획이에요."[36] 채권자인 오빠가 가만히 있어 달라고, 공식적 합의 제안이 오면 거기에 동의하라고 그녀는 당부한다. 채권자 중 그 누구도 합의에 반대하지 않을 경우에만 합의가 이루어지기 때문이라는 것이다. "오빠의 이익이 내 이익만큼이나 내게는 가치가 있다는 […] 보장을 난 할 수 있어요. 내가 오빠를 위해 더 이상 아무것도 할 수 없는 경우라면 나 자신의 이익을 챙기는 것을 오빠는 이해하겠지요. 하지만 난 약속할 수 있어요. 오빠에게 어떤 손실이 간다면 난 내 이익을 박차 버리겠다고요. 계속 날 믿어줘요."[37]

그러나 쇼펜하우어는 그렇게 할 마음이 없다. 누이가 특별 조건을 암시하자 그에게는 의심이 싹튼다.

그는 부분적으로만 파산의 위협에 처해 있기 때문에 처음에는 돕겠다고 서슴지 않고 나선다. "자신에게 남은 것"을 어머니와 누이와 함께 나누겠다고 그는 쓴다. 누이에게 이렇게 쓰면서 그는 어머니에게 보내는 다른 편지를 동봉한다. 이 편지에는 똑같은 제안이 담겨 있지만 상처를 주는 말로 그는 이 제안을 한다. "명예로운 분이셨던 제 아버지에 대해 아들과 딸이 품고 있는 추억을 당신은 존중하지 않으셨음에도 불구하고 도와드리겠습니다."[38]

아델레는 동봉된 편지를 어머니 앞에서 숨기려고 하지만 어머니는 그것을 결국 읽는다. "무시무시한 장면이 이어졌다"고 아델레는 일기장에 쓴다. 오틸리에에게는 이렇게 보고한다. "어머니가 아버지에 대해 하는 심한 말을 듣자니 억장이 무너져 내렸어. 어머니는 오빠에 대해서도 끔찍한 말을 서슴지 않으셨어. '아르투어가 어머니 뜻에 따라 살았어야 했다'고 말하시는 거야."[39]

벌집을 쑤셔 놓은 듯 적대감이 가득한 이곳을 아델레는 빠져나가려한다. 첫 번째 생각은 창문에서 뛰어내리는 것이다. 아델레의 일기장을 보자. "삶의 육중한 무게에 비하면 죽는다는 것은 내게는 애들 장난에 불과했다. 하지만 내가 이 끔찍한 욕구를 느낄 때 신은 나를 진정시키고 내게 힘을 주셨다."[40]

상황이 이렇게 치닫다 보니 쇼펜하우어의 제안은 당연히 받아들여지지 않는다. 그 역시 제안을 반복하지 않는다. 반대로 그의 불신은 커져만 간다. 그의 불신은 물Muhl을 향한다. 그는 물Muhl이 합의를 통하여 재기하려고 한다고 추측하는데 이 추측은 틀리지 않다. 하지만 그의 불신은 어머니와 누이동생에게도 향한다. 이 둘이 물^{Muhl}에게서 특별 조건을 얻는 대가로 그에게 손해를 끼치는 것을 감수하려 한다고 그는 의심한다. 특별 합의가 있었던 것은 사실이다. 요한나는 합의 액수로 재산의 30%를 돌려받는 것 이외에도 300라이히스 탈러의 종신연금을 받게 될 것이다. "몇몇 부분을 배상하기 위해서"⁴¹라고 이에 관련하여 1820년 7월 8일 작성된 문서에는 쓰여 있다. 그 외에도 요한나는 파올로 베로네제^{Paolo Verenese}⁴²가 그린 진품을 받는다. 그녀는 그 그림을 팔겠다고 내놓지만 팔지는 못한다.

그러나 이러한 합의가 아르투어에게 손해를 끼치는 것은 아니라고 아델레는 이해한다. 그녀가 보기에는 아르투어를 위해 건질 만한 것은 이미 없다. 그녀는 아르투어에게 "오빠를 위해 더 이상 아무것도 할 수 없는 경우라면 나 자신의 이익을 챙긴다"고 썼다.

아델레는 잘못을 했다고는 전혀 생각하지 않기 때문에 아르투어가 불신을 드러내자 깊이 상처를 받는다. 이탈리아에서 왔던 다정한 편지들이 아직도 기억에 생생한데 말이다. 그녀는 이렇게 편지에 쓴다. "나는 한 번은 천사 취급을 받다가 다음 번에는 지옥에 던져지고 싶지 않아요. 내가 어떤 사람인지 분명히 마음에 새겨 넣어요. 그렇게 할 수 없다면 나를 포기하고요."⁴³

그러나 불행하게도 아델레는 불신에 가득 찬 아르투어를 설득하는 과제를 떠맡아야 한다. 그는 합의에 동의하는 것을 완강하게 거부한다. 아델레는 합의가 성사되지 않으면 모든 게 끝이라며 오빠가 누이동생과 어머니를 포함해 모두를 파멸시킬 거냐며 그에게 간청한다. 그러자 쇼펜하우어는 더욱 냉정해진다. 예전에 상인이었던 덕에 그는 아델레가 모르는 것을 알고 있기 때문이다. 지금은 포커 판이 벌어졌기에 강

심장을 유지해야 한다. 합의를 원하는 사람은 합의가 불발될 것이라고 겁을 주어야 하며 물Muhl이 바로 그렇게 하고 있다. 하지만 쇼펜하우어가 참여하지 않더라도 합의는 성사될 것이다. 물Muhl에게는 이해관계상 다른 길이 없다. 그렇기 때문에 쇼펜하우어는 다른 전략을 취했다. 그는 물Muhl이 지불정지에 처했다는 것에 동요하지 않고 자신의 어음을 간직한 채 기다리고 있다. 물Muhl이 합의를 통해 살아나면 그는 자신의 청구액을 받아낼 것이다. 그동안 그는 합의에 반대하지 않을 것이다. 그럴 이유가 전혀 없다. 그의 입장에서는 합의가 성사되어야 한다. 그래야만 물Muhl이 다시 지불 가능하게 되기 때문이다.

꼬이고 꼬인 상황을 들여다보자. 물Muhl은 요한나와 아델레를 이용하여 자신을 구해내고 쇼펜하우어는 물Muhl의 전략을 이용하여 자신을 구해낸다. 어머니와 누이가 재산의 3/4을 잃어버린 덕분에 쇼펜하우어는 자신의 몫을 100퍼센트 지켜낼 것이다. 물론 물Muhl이 어머니와 누이를 희생시키고도 지급불능에서 벗어나지 못한다면 그는 전부를 잃어버릴 테지만 그는 이 위험을 무릅쓴다. 합의에 참여하는 것을 자신이 거부한다면 합의가 막바지에 성사되지 않을 수도 있다. 이 위험 또한 그는 무릅쓴다. 그러면서 그는 어머니와 누이를 위험에 말려들게 한다. 쇼펜하우어는 두 사람을 해칠 생각은 없지만 그에게 더 중요한 것은 절대로 자신이 속임을 당하지 않는다는 것이다. 속임을 당할 것을 두려워하는 마음은 가족 간의 그 어떤 연대감을 능가한다.

실제로 그가 추측한 대로 일이 전개되자 그는 격한 만족을 느낀다. 물Muhl이 일 년 후 지급능력을 회복하자 아르투어는 1821년 5월 1일 자신의 어음을 들이민다. "만약 귀하가 지급불능이라는 평계를 대려고 하신다면 저는 위대한 칸트가 철학에 도입한 유명한 삼단논법을 사용하여 그 평계가 틀렸음을 증명하려 합니다. 인간이 도덕적으로 자유롭다는 것을 증명하기 위해서입니다. 바로 당위에서 가능을 도출하는 것입니다. 쉽게 말하겠습니다. 귀하가 자발적으로 지불하지 않으신다면 저는 어음을 근거로 고발하겠습니다. 보시다시피 철학자라고 다 바보는 아닙니다."(B, 69)

당연히 쇼펜하우어는 바보가 아니다. 그는 "더 나은 의식"의 전문가일 뿐 아니라 "경험적 의식"을 능숙히 사용할 줄 안다.

그는 이 사건에서 승자가 된다. 하지만 그 와중에서 잃는 게 있다. 짧은 기간 그는 아델레와 가까워졌지만 이제 그런 친근함은 사라진다. 2월 9일 아델레는 일기장에 이렇게 쓴다. "드디어 오빠의 편지가 와서 나에게 치명타를 가했다. 난 아직 답을 할 수가 없지만 결별을 알리는 구절은 써 놓았다. 내 영혼은 오빠를 떠났기 때문이다."[44]

제 18 장

—

베를린에서 강사로 일하다. '불의를 응징하는 자'로
나서지만 아무도 귀 기울이지 않는다.
네 번째 철학 시나리오: 승승장구하는 헤겔 그리고
비더마이어의 정신.
왜 아르투어는 성공하지 못하는가.

—

베를린 대학의 대강당(위)과 베를린 대학(1820년 무렵, 아래)

베를린에서 강사로 일하다. '불의를 응징하는 자'로 나서지만 아무도 귀 기울이지 않는다.

네 번째 철학 시나리오: 승승장구하는 헤겔 그리고 비더마이어의 정신. 왜 아르투어는 성공하지 못하는가.

SCHOPENHAUER

말년에 아르투어 쇼펜하우어는 대학에서 경력을 쌓으려 애쓴 이유는 단 하나, 물^{Muhl}이 파산 지경까지 가는 바람에 재산을 잃을까 봐 우려되었기에 교수로 일하면서 얻는 수입으로 이 손실을 상쇄하기 위함일 뿐이라고 주장할 것이다. 잠시 위기상황 때문에 철학을 위해 사는 대신 철학으로 먹고살려고 했다는 주장이다. 위기상황은 오래가지 않았고 실제로는 처음에 그가 추측했던 것만큼 심각하지 않았다.

사실은 다른 동기가 있었다. 그는 1819년 12월 베를린에 있는 리히텐슈타인 교수에게 이렇게 쓴다. "저는 드디어 […] 실용적 삶 속으로 들어가고 싶습니다."(B, 44)

그는 또 다른 동기를 더 외교적이고 조심스럽게 표현한다. 대학교에서 선생이 되어서 철학의 시대정신에 도전하는 동시에 철학의 시대정신에 마지노선을 가르쳐 주고 싶다는 것이다. 아직 그는 자신이 영향을 발휘하려면 다음 세상이 와야만 한다는 체념을 하지 않고 있다. 그는 동시대인들의 호응을 얻으려 한다. 달리 말한다면 그는 자신이 헤라클레스라고 느끼고 있다. 아우게우스의 외양간과 다를 바 없는 당대 철학계에서 오물을 쓸어내는 것은 헤라클레스의 몫이다. 괴팅엔대학교에 재직하는 블루멘바흐 교수에게 보낸 편지에는 이 계획이 절제된 언어로 표현되어 있다. "저는 수업시대와 방랑시대를 거쳤습니다. 이제 […] 이런저런 사람들이 제게서 많은 것을 배울 수 있을 거라고 저는 믿습니다.(B, 43) 1819년 12월 드레스덴에 거주하는 쇼펜하우어는 베를린대학교의 리히텐슈타인과 괴팅엔대학교의 블루멘바흐에게 편지를 보내어 해당 대학들의 상황을 탐색하려고 한다. 두 대학은 학창 시절을 보낸 친숙한 장소이기에 그는 미래의 경력을 펼칠 유력 후보지로 이 둘을 선택한다. 1819년 가을 잠시 하이델베르크도 고려의 대상이 된다. 1819년 7월 이탈리아에서 돌아올 때 그는 거기 들렀다.

하이델베르크는 주변의 풍광이 아름답기에 그는 매력을 느꼈다. 그곳에는 교수직이 비어 있기까지 했다. 하이델베르크대학교에 재직하던 헤겔이 일 년도 더 전에 베를린으로 불려간 탓이다. 게다가 이곳에는 그를 지지해 줄 사람이 있었다. 쇼펜하우어는 고타 시절 에른스트 안톤 레발트와 김나지움을 같이 다녔고 괴팅엔대학교에서 같이 공부했다. 그 친구가 이제 하이델베르크대학교의 고전어문학과 교수였다. 반면 하이델베르크에서 벌어지는 제반 상황은 쇼펜하우어의 마음에 들지 않았다. 1819년 3월 23일 부르셴샤프트Burschenschaft[1]의 회원인 잔트Sand는 인근 도시 만하임에서 코체부[2]를 살해했고 그 후 독일 낭만주의의 보루인 하이델베르크에서는 열광적인 애국의 물결이 하늘 높이 솟구쳐 올랐다. 하이델베르크 시민과 대학생들은 조국에 몸 바치려는 신념에 차 있었고 이 신념은 먼저 유대인을 겨냥한 거친 폭행으로 터져 나왔다. 하이델베르크 시민들이 각별히 잔트를 존경한다는 사실은 수년이 지난 후에도 체감할 수 있었다. 사형을 집행했던 브라운은 이토록 경건하고 고귀한 사람을 자신이 처형했다는 생각에 우울증에 걸렸다. 그는 잔트가 처형되었던 단두대에서 널빤지와 각목을 떼어내어 하이델베르크 주변에 있는 자신의 포도원에 오두막집을 하나 지었다. 부르셴샤프트의 회원들은 그 집에서 몰래 모임을 갖곤 했다. 순교자 잔트의 피로 얼룩진 판자 조각을 두고 사람들이 다투었으니 성유물聖遺物 거래 또한 하이델베르크에서 번창했다고 할 수 있다. 이곳에서는 잔트의 초상으로 장식된 파이프와 커피 잔도 살 수 있었다.

이런 일들은 쇼펜하우어의 취향이 아니다. 그는 한 달을 하이델베르크에 머물다가 드레스덴 방향으로 여행을 계속한다. 여행 도중 1819년 8월 19일과 20일 그는 바이마르에 머무르며 괴테를 방문한다. 그는 예고 없이 괴테의 집에 들른다. 다른 손님과 대화를 나누던 괴테는 "아직 이탈리아에 있다고 생각했던 사람이 어떻게 이렇게 불쑥 예기치 않게 나타납니까?"[3]라는 싸늘한 질문으로 그를 맞는다. 그러고는 한 시간 후에 다시 와 달라고 청한다. 쇼펜하우어는 이런 대접을 받으리라고는 예상하지 않았다. 괴테가 자신의 책에 큰 관심을 기울이고 있다는 아델레의 말이 그의 기억에 생생하다. 쇼펜하우어가 한 시간 후 다시 괴테를 찾았을 때 그는 자신의 실망을 감추지 않는다. 하지만 괴테가 이번에는 그를 따뜻하게 대해서 그의 마음이 풀렸던 것 같다. 아델레의 일기장에 다음과 같은 구절이 있기 때문이다. "오빠가 편지를 보내 바이마르에 머물고 있다고 […] 알렸다. 괴테가 따뜻이 맞아 주었다고 오빠는 기뻐 어쩔 줄 모른다. 그가 사랑을 받으면 어떻게 바뀌는지, 그가 어떤 사람이 될 뻔했는지 예감하게 된다."[4]

괴테와 쇼펜하우어는 저녁 나절과 오전을 함께 보낸다. 쇼펜하우어는 자신의 여행과 앞으로의 계획에 대해 이야기한다. 어느새 두 사람은 오랜 주제인 색채론에 이른다. 괴테는 몇몇 실험을 재연해 보여준다. 괴테는 자신의 『일기와 연감Tag- und Jahreshefte』에서 부드러운 어조로 이 만남을 회상한다. "쇼펜하우어 박사가 방문했다. 그는 사귀기 힘든 사람이라서 오해를 많이 받고 있긴 하지만 칭찬 받을 만한 젊은이다. 그의 방문으로 나는 자극을 받았고 우리는 서로 많은 것을 배웠다."[5]

1819년 8월 말 쇼펜하우어는 다시 드레스덴에 와 있다. 이곳에서 왕성한 창작을 하며 살던 기억이 생생하기 때문에 그에게 드레스덴은 소중한 도시이다. 그가 도착하고 나서 얼마 후 한 살도 채 안 된 그의 딸이 사망하지만 아르투어는 별다른 충격을 받지 않는다. 그가 염려하는 것은 자신의 학문적 장래뿐이다. 어느 곳이 그에게 최고의 기회를 제공할 것인가? 레발트가 하이델베르크에서 쓴 편지에 따르면 쇼펜하우어의 철학 저서가 그곳에서는 전혀 알려지지 않았지만 아무도 그의 임용에 이의를 제기하지는 않을 것이다. 가을은 아름답고 포도주 농사에 풍년이 들 것 같으며 유대인을 겨냥한 몇몇 폭행을 제외하면 다시 조용해졌다는 얘기도 편지에 쓰여 있다.

그러나 이제 쇼펜하우어는 괴팅엔과 베를린에 더 마음이 쏠린다. 그는 블루멘바흐에게 쓴 편지에서 괴팅엔대학교가 "분명 최고의 품격을 갖춘 세계 최고의 대학"(B, 43)이라고 칭찬한다. 특히 경험과학의 업적이 탁월하다면서 사변철학에 관한 수요는 어떠냐고, 자신의 강의에 사람들이 오겠냐고 그는 블루멘바흐에게 묻는다. 자연과학 분야에서 쇼펜하우어의 스승이었던 블루멘바흐는 이렇게 답한다. "동료들은 분명 호감을 갖고 당신을 맞을 겁니다. 하지만 당신 강의에 사람들이 올지는 미지수입니다. […] 사람들이 기존의 것과 다른 철학 강의를 원한다는 얘기는 들은 적이 없습니다."[6] 간단히 말하자면 괴팅엔은 철학 혁신을 필요로 하지 않는다는 것이다. 이에 비하면 리히텐슈타인이 베를린에서 보낸 답장은 고무적이다. "당신 저서가 어떤 평을 받았는지는 모르겠습니다"라고 리히텐슈타인은 말하지만 "하지만 이곳 사람들이 당신 저서를 그 가치에 맞게 평가할 것임을 기대해도 됩니다"[7]라고 덧붙인다.

리히텐슈타인에게 보낸 편지에서 아르투어는 자신의 눈에 베를린이 좋은 이유와 그렇지 않은 이유를 열거했다. 대도시에서는 "수준 높은 지적 문화"가 존재하기에 학생 외의 청중을 찾기가 쉽다는 이유가 있다. 또 드레스덴에서 베를린으로 가면 괴팅엔이나 하이델베르크로 가는 것보다 이사 준비가 수월해진다는 이유도 있다. 베를린이 좋지 않은 이유로는 "집세가 비싸다"는 것과 "하필이면 모래 날리는 황야에 위치하고 있다"는 것이다.(B, 45) 쇼펜하우어는 베를린으로 가기로 결정한다. 리히텐슈타인이 답장에서 언급한 어떤 사실이 그를 매료시켰기 때문이다. "헤겔이 이곳에 온 이후 철학 연구가 더욱 인기가 있어지는 듯합니다."[8]

쇼펜하우어는 호랑이 굴로 가고 싶다. 그는 위대한 논쟁 상대에게 맞서려 한다. 그 상대자가 지금까지는 그를 전혀 주목하지 않고 있을지라도 말이다. 아직 드레스덴에서 교수 자격 논문을 작업하던 당시 그는 베를린대학교 학장에게 강의록에 자신의 수업을 공지해 달라고 청한다. 그는 "철학 전반에 대해, 다시 말해 세계의 본질론과 인간의 정신론에 대해 강의하겠다"면서 자신이 강의할 시간으로는 "헤겔 교수가 주요 강의를 하는 시간이 가장 적당하다"고 쓴다.(B, 55)

쇼펜하우어는 헤겔 정신의 권능을 과소평가하는 만용을 부린다. 헤겔의 강의에 200명이 훨씬 넘는 학생들이 몰리는 반면 베를린에서의 첫 학기에 쇼펜하우어에게서 "세계의 본질론"을 배우려는 열성 수강생은 고작 다섯 명이다. 쇼펜하우어는 첫 강의 시간에 칸트 이후의 철학은 "역설"에 빠져 있으며 "정제되지 않고 모호한 언어"(VTE, 57)를 사용하면서 파멸로 갔다고 말한다. 이렇게 철학의 목을 조르고 있는 사람들로부터 자신이 철학을 해방시키기 위해 왔다면서 자신을 "불의를 응징하는 자Rächer"라고 선포하지만 별 소용이 없다. 메시지를 들은 사람들이 그를 신뢰하지 않기 때문이다. 반면에 쇼펜하우어가 응징을 예고한 주요 대상인 헤겔은 사람들의 신뢰를 받는다.

이런 상황에서는 응징하는 자 쇼펜하우어는 한창 번성하는 헤겔주의라는 교회에 맞서는 사이비 종교단체의 교주 같이 보였을 수밖에 없다. 미미한 위안거리가 하나 있긴 했다. 교수 자격 논문을 발표한 후 '동기動機'라는 개념을 놓고 그는 헤겔과 대단치 않은 사소한 논쟁을 벌였는데 - 얼굴을 마주하고 둘이 논쟁한 유일한 경우이다. - 그가 자연과학 분야에서 아는 게 더 많다는 걸 입증한 것이다.

1818년 봄 피히테가 사망한 후 4년 동안 비어 있던 교수 자리에 헤겔이 임명되었다.

프로이센의 교육부 장관인 알텐슈타인Altenstein은 상대적으로 리버럴한 정치인이었고 헤겔 철학을 떠받드는 무리에 속했다. 그는 헤겔이 베를린대학교 교수가 되도록 힘을 보탰다. 헤겔은 프랑스 혁명 이후 이어진 근대화의 동인動因들을 다듬어서 국가에 충성하는 보수적 태도와 연결시키는 독특한 방식을 취했다. 이런 방식에 청중은 주목하며 매료되었다. 사람들은 지난 몇 해 동안 격동의 상황에 휘말리며 열광했기에 이제는 안정을 원한다. 알텐슈타인 역시 헤겔 특유의 방식을 높이 평가했다. 헤겔이 1820년 발표한 『법철학Philosophie des Rechts』의 서문에는 "이성적인 것은 현실적이고 현실적인 것은 이성적이다"라는 그 유명한 구절이 실려 있다. 알텐슈타인 장관은 저자에게 축하 인사를 건넨다. "교수님이 […] 말씀하신 철학과 현실의 연관관계야말로 유일하게 올바른 관계라고 저는 봅니다. 사람들은 기존의 것을 제대로 알지도 못하면서 매도하고 특히 국가와 관련해서는 알맹이 없는 이상들을 제멋대로 제시하며 흡족해하고 오만에 빠지곤 합니다. 교수님은 강의를 듣는 이들이 그런 그릇된 오만에 빠지지 않도록 아주 잘 막으실 수 있을 겁니다."[9]

헤겔의 철학은 근대의 프로젝트답게, 역사적 진보와 사회적 이성의 차원에 자리한 사유에 전념했지만 동시에 "오만한 주체가 제멋대로 구는 것"에 반대했다.

예를 들어보자. 국가관청에 박해를 당한 철학자이자 부르센샤프트 회원인 프리스[10]를 헤겔은 "철학자 행세를 하는 천박한 싸움꾼들의 지도자"라고 부른다. 이 싸움꾼들은 수백 년에 걸친 "이성의 작업"에 의해 지어진 건축물인 국가를 감히 "뜨거운 심장과 우정, 열광의 뒤범벅에 녹여 넣으려고"[11] 한다고 비난한다.

헤겔은 권력의 비호를 받으며 이런 수구적 논쟁을 펼치면서도 말년까지 매년 7월 14일 프랑스 혁명을 기념하여 적포도주 한잔을 마실 만큼 옛 신념을 지니고 있었다. 헤겔이 보기에는 자가당착이 아니었다. 헤겔에게 혁명은 "장엄한 일출"이며 "자유의 정수를 발견하는 엄청난 이벤트"이다. 1822년 헤겔은 자신의 철학을 비판한 문예지에 대한 조치를 내려달라고 프로이센 관청에 요구하는 동시에 프랑스 혁명에 대해 이렇게 말한다. "태양이 하늘에 자리 잡고 태양 주위를 위성들이 도는 한 머리로 선 인간, 다시 말해 사유를 기반으로 선 인간이 사유에 맞추어 현실을 건축하는 일은 이전에는 단 한 번도 없었다."[12] 다른 기회에 헤겔은 오직 혁명이 있었기에 근대 철학, 특히 자신의 철학이 태어날 수 있었다고 털어놓는다.

개인이나 사회집단이 혁명적 행동을 하는 것을 비난하면서도 헤겔은 세계정신의 심장 속으로 혁명의 맥박을 집어넣는다. 그러면 철학자가 끼어들지 않아도 세계정신은 자신의 업무를 처리한다. 어차피 일어나는 일을 철학자는 개념으로만 표현해내어야 하며 달리는 표현할 수 없다. 어차피 정신은 사회적 삶이라는 물질적 현실을 거쳐 자기 자신에게 도달하므로 역사의 과정은 진보적일 수밖에 없다. 전체는 진리가 될 것이기 때문에 진리이다. 헤겔은 『법철학』의 서문에서 이 저서가 지나간 미래의 철학을 다룬다고 소개한다. "이제 세계가 어떠해야만 하는지 가르치는 것에 대해 한마디 덧붙이자면 철학은 이 과제를 수행하기에는 항상 너무 늦게 등장한다는 것이다. 현실이 그 형성과정을 종료하여 확고히 윤곽을 굳히고 난 후에야 세계를 사유하는 철학은 비로소 나타난다. […] 철학이 회색의 현실을 회색으로 그려내는 동안 살아있는 인물은 이미 늙어버렸다. 회색에 회색을 덧칠해봤자 그 인물은 젊음을 되찾지 못하고 미네르바의 부엉이는 황혼이 깃들 무렵에야 비로소 날기 시작한다는 것을 깨달을 뿐이다." 헤겔은 역사가 정말 최후의 심판이라고 본다. 역사는 고물이 되어버린 것과 정신의 자기실현욕구를 막았던 것을 모조리 심판장에 세울 것이다. 거친 반항아와 폭도나 선동가가 없어도, 한마디로 "제멋대로 구는 주체"가 없어도 그렇게 된다. 그런 주체는 개인적 이해관계에 얽힌 자유를 물고 늘어지는 데 그친다. 그 주체는 결국 자신을 파멸로 몰고 가기에 그렇게 되도록 조금 도와도 아무 문제가 없다. 그래서 '선동가'를 제거하려는 조치를 현재 취하고 있는 국가에 헤겔은 충성한다. 니트함머Niethammer[13]에게 보낸 편지에서 헤겔은 이렇게 쓴다. "세계정신이 이 시대에게 진격명령을 내렸다고 저는 믿습니다. 그런 명령에 복종하지 않을 수 없습니다. 철갑을 두르고 꽁꽁 뭉친 고대 그리스의 밀집전투대형처럼 이 존재는 파죽지세로 쉬지 않고 나아갑니다. 하지만 태양이 움직이는 것을 감지할 수 없듯이 그 움직임은 감지되지 않습니다. 경무장을 한 숱한 군대가 쉴새 없이 밀집전투대형에 맞서서 싸우거나 밀집전투대형을 돕고 있습니다. 그들 대부분은 무엇이 문제인지 전혀 모르는 채 보이지 않는 손에 머리를 얻어맞는 꼴입니다."[14]

지난 시절 피히테는 일상에서 벌어지는 행동에 용감하게 끼어들었지만 헤겔은 세계정신과 한통속인 까닭에 그럴 필요가 없다. 피히테의 행동주의가 현존재에 치중했다면 헤겔은 그런 행동주의를 나폴레옹의 수준으로 격상시켰다. 헤겔은 더 이상 '자잘한 싸움'에 자신을 소모하는 대신 고지에 자리 잡고 전투를 지휘하고 있다. 헤겔의 명성을 굳힐 저서인 『정신현상학Phänomenologie des Geistes』이 탄생했을 때 나폴레옹도 마침 가까이 있었다는 건 우연 치고는 너무 숙명적이다.

　　바야흐로 1806년, 헤겔은 예나에 살고 있었고 저서를 완성시키려고 박차를 가하고 있었다. 나폴레옹이 군대를 이끌고 프로이센을 공격하자 예나 사람들은 최악의 상황이 올 것을 두려워한다. 나폴레옹이 예나에 진격하면서 두려움이 현실이 된다. 헤겔이 저서의 마지막 구절을 쓰다가 창문 밖을 내다보니 군인들이 시장에서 야영을 하고 있다. 노점 탁자와 푸줏간 작업대에서 뜯어낸 널빤지와 각목이 훨훨 타오르고 푸줏간 연기가 창문 틈새를 뚫고 스며든다. 이 밤에 그는 저서를 완성한다. 『정신현상학』을 마무리 짓는 그 유명한 문장을 쓴 것이다. "목표가 되는 절대지絶對智, 즉 스스로가 정신임을 아는 정신은 그의 도정에서 만난 온갖 정신들을 기억하고 있다. […] 그 기억을 보존하는 일은 […] 현상하는 현존의 측면에서 보면 '역사'이고 이를 개념적으로 체계화한다는 측면에서 보면 '현상하는 지智의 학문'이다. 이 양자를 합쳐놓은 것이 개념화된 역사이다. 개념화된 역사야말로 절대정신의 기억이 새겨져 있는 골고다의 언덕[15]이다. 개념화된 역사가 있기에 우리는 절대정신이 군림하고 있다는 현실이 진실임을 확신한다. 이렇게 군림하지 못했다면 절대정신은 외로운 무생물체에 불과했을 것이다. 오직 이 정신의 왕국의 술잔으로부터 정신의 무한성이 치솟는다."[16,17]

　　그날 밤에 예나가 불탄다. 프랑스 군대는 예나대학교에 불을 붙이고 약탈한다. 헤겔은 『정신현상학』을 주머니에 쑤셔 넣고 도망친다. 다시 돌아와 보니 그의 거처는 만신창이가 되어 있다. 옷가지는 물론이고 새 종이 쪼가리 하나 남아 있지 않다. 그렇지만 이 모든 것은 – 헤겔에게 이런 짓을 한 – 나폴레옹을 본 것에 비하면 하찮은 일이다. "세계의 영혼인 황제가 탐사를 하기 위해 말을 타고 도시를 가로지르는 것을 나는 보았다. 세계를 움켜쥐고 지배하는 한 개인이 말 위에 앉은 하나의 점으로 응축되어 있는 것을 본다는 것은 정말 멋진 느낌이었다."[18]

하인리히 만의 소설 『충복Der Untertan』[19]의 주인공 디트리히 헤스링이 절로 떠오른다. 기골이 장대한 대위에게 지독한 모욕을 받고서도 헤스링은 "아무도 저 사람에 미치지 못해"라고 자랑스레 말한다. 헤겔도 다를 바 없다. 세계정신에 호되게 당하고도 그는 세계정신을 경탄하는 것을 멈출 수 없다.

톱질을 하게 되면 나무 톱밥이 흩날린다는 원리는 세계정신에도 통용된다. 예나에 있을 당시 헤겔은 아직 나무 톱밥이지만 지금 베를린에서는 톱질을 하는 사람들에게 상당히 가깝게 다가간 상태다.

헤겔에게 역사는 연인과 같은 존재였다. "바커스 축제에서는 누구든 흠뻑 취하지 않을 수 없듯이 진리를 접하면 누구든 열광의 도가니로 빠져든다."[20]

시작은 튀빙엔 신학교에서였다. 바스티유 감옥이 무너졌다는 소식을 들은 헤겔과 그의 기숙사 동료 셸링과 횔덜린은 네카강변에 자유의 나무를 한 그루 심었다. 역사가 진보하게 만들 수 있다는 기쁨은 칸트가 형이상학에 맞서서 설치했던 장벽을 무너뜨렸다. 칸트가 가르친 것처럼 의식을 존재에서 분리시켜 사유해야 하는 이유를 그들은 납득할 수 없었다. 네카강변에서 세 친구는 역사가 얼마나 강력한지를 떠올리면서 존재를 다르게 정의하게 되었다. 이 정의에 따르면 '존재'는 정신의 소유물이다. 혁명에 공감하는 신학교 학생들은 그리스도가 자기 땅에 가지만 백성들의 영접을 받지 못한 것[21]과 같은 처지에 '정신'이 처해 있다고 믿는다. 헤겔은 '정신의 백성들'이 정신을 영접하도록 힘쓰겠다고 작정한다. 십자가에서 목숨을 바치던 시대는 지나갔다. 판단을 내릴 때 사유는 맨 먼저 존재로부터 자신을 분리했는데 이제 이 분리를 지양해야 한다는 의견을 횔덜린은 친구들에게 토로한다. 화해를 원하는 열기 속에서 이성은 자연 및 역사와 같은 타자도 종국에는 자기 자신과 진배없다고 인식하게 된다. 헤겔은 이성이 "사물의 오장육부를 뒤엎고""사물의 혈관을 열어젖히면" 이성이 "혈관에서"[22] 솟구친다고 『정신현상학』에서 묘사한다.

하지만 혁명이 일어난 후 사반세기 동안 역사는 자신의 열광적인 팬들을 많이 실망시켰다. 그래서 헤겔은 다시는 실망하지 않도록 역사적 이성에 대한 신뢰를 정립하는 것이 무엇보다도 중요하다고 본다. 비록 연인에게 속임을 당할지라도 이 모든 게 "이성의 간계Listen der Vernunft"[23]에 따른 것임을 알고 있다면 아픈 마음을 달랠 수 있다. 실망이 없도록 역사적 이성의 체계를 구상하는 데에 헤겔은 전력투구한다. 혁명이 나폴레옹의 통치로 변질된 직후인 1802년 한 정치적 추도사에서 헤겔은 이렇게 쓴다. "이 글에 담긴 사상은 오직 하나의 목적과 하나의 효과를 원할 뿐이다. 존재하는 것에 대한 이해를 높임으로써 더 안정된 견해가 활성화되기를 원하며, 사람들이 실제 교류하며 대화를 나눌 때 더 안정된 견해를 배척하지 않는 태도가 활성화되기를 원한다. 우리를 뒤흔들고 괴롭히는 것은 존재하는 것이 아니다. 존재해야 할 것이 존재하지 않는다는 사실이야말로 우리를 괴롭히는 것이다. 하지만 존재하지 않을 수 없는 것이 존재한다고, 다시 말해 존재는 자의나 우연에 따른 것이 아니라는 사실을 우리가 인식하게 되면 존재하는 것이야말로 존재해야만 하는 것임을 우리는 인식한다."[24]

이로써 헤겔은 자기 자신에게 당도한다. 이성적인 것은 어차피 실현되기 때문에 현실을 향해 요구를 할 필요가 없다는 것이다. 존재하는 것은 존재해야만 하는 것을 잠식한다. 실망을 거듭할 수록 우리는 진리에 접근한다. "의견"에 불과한 것은 해체되고 우리는 객관적 이성의 공범이 될 만큼 성숙해져 버린다. 마침내 베를린에서 헤겔은 이 "성숙함"을 개인적으로 지니게 되고 그것을 쾌적함으로 격상시킨다.

헤겔이 베를린에서 보낸 마지막 10년 동안 그를 근거리에서 접해왔던 루돌프 하임[25]은 그 시절을 돌아보며 이렇게 쓴다. "어떤 철학 체계가 실제로 지배력을 행사하며 인정받는다는 것이 무엇을 의미하는지 알려면 헤겔의 시절로 돌아가야 한다. 헤겔주의자들이 품었던 열정과 확신을 […] 마음속에 그려 봐야 한다. 그들은 세계정신이 헤겔 철학의 품안에서 자기 자신을 알게 되는 목표를 이루어내었다고 보고는 그 이후 세계사에서 가능한 내용은 어떤 것일까 하는 문제를 일말의 회의도 품지 않고 너무도 진지하게 논의하였다."[26]

베를린 시절, 세계정신이 목표에 도달했기에 헤겔은 쾌적한 기분으로 『법철학』과 『철학사Geschichte der Philosophie』, 『역사철학Philosophie der Geschichte』과 같은 자신의 대작들을 저술하고 『논리학Logik』과 『철학총설Enzyklopädie』의 보완 작업을 한다. 그러면서 평범한 속물처럼 산다. 철학은 "강단에서 하는 것"으로 족하다고 그는 말하곤 했다. 그를 개인적으로 알게 된 이들은 그가 피상적이고 평범한 데다가 지루하기까지 한 대화를 즐기는 것에 의아해하곤 했다. 1820년대에 헤겔을 알게 된 하인리히 호토[27]는 그를 이렇게 묘사한다. "빨리 늙어버린 몸매는 구부정했다. […] 아무렇게나 편안히 걸친 누런 빛이 도는 회색 모닝가운은 움츠린 몸을 감싸며 바닥까지 축 늘어져 있었다. 밖으로 보이는 모습만으로는 그의 내면에서 당당한 기품과 강렬한 매력이 넘친다는 걸 알아차리기 힘들었다. 그의 거동 전반에서 가장 특징적인 것은 옛날 사람들의 올곧은 솔직함이었다.”[28]

촌철살인을 쏟아내지도 않고 달변도 아닌 이 남자는 어눌하게 한마디 한마디를 이어간다. 그가 하는 말은 강한 슈바벤 사투리 때문에 때로는 알아듣기조차 어렵다. 한 번은 ‘워뜬 깃eppes’이 무슨 뜻인지 다들 머리를 싸맨 후에야 그 말이 철학에서 대단히 중요한 범주인 ‘어떤 것Etwas’임을 알 수 있었다. 세계정신이 이런 모습을 하고 있다는 건 정말 상상 밖이었다. 하지만 슈바벤 출신의 개신교 신자로서 평생 그 종교를 떠나지 않았던 그는 가톨릭에 맞서는 경우에는 독설을 퍼부을 줄 알았다. 한 강의에서 헤겔은 이런 우스개 소리를 하기까지 한다. 생쥐가 축성을 받은 성체를 삼켰다고 치자. 가톨릭의 성체변화론에 따르면 생쥐가 구세주의 몸을 받아들인 셈이 된다. 그러니 생쥐를 경배하는 것이 맞다고 그는 말한다.

이런 무례한 도발이 있은 후 가톨릭계의 사람들은 국가가 이를 벌해 달라고 요청한다. 헤겔은 자신은 루터교 신자이기에 교황을 우상처럼 받드는 행태를 폭로해야 한다고 맞선다. 학생들 앞에서도 그는 그렇게 공언한다. 강당에 앉아 있던 한 보좌신부는 교수에게 위협적인 시선을 던진다. 헤겔은 그 시선을 맞받으며 이렇게 말한다. “저를 그렇게 노려보셔도 저는 꿈쩍하지 않습니다.”[29]

철학자 헤겔은 정말 공무원처럼 행동한다. 1826년 「학술비판연감」이라는 학회지를 창간하면서 그는 원래 국가 공직자와 협업을 하려고 했다. 협업은 성사되지 않았지만 이 평론지는 마치 국가 직속 기관처럼 운영된다. 뵈르네Börne[30]는 거기에 반발하며 정신이 국가에 귀속될 날이 멀지 않았다고 말한다.

1819년 "민중 선동가 색출"이 시작되면서 몇몇 반정부 인사들이 체포되고 베를린의 신학자 드 베테De Wette[31]를 비롯한 인사들은 공직에서 쫓겨난다. 그러다 보니 1820년대의 베를린은 정치적 무풍지대가 된다. 부르셴샤프트는 금지되었다. 사람들은 모여서 술을 마시긴 했지만 정치를 논하지는 않았으며 일을 하기는 했지만 불평을 하지는 않았다. 당시 베를린에서 대학을 다니던 루트비히 포이어바흐Ludwig Feuerbach는 1824년 아버지에게 이런 편지를 쓴다. "이곳처럼 학생들 모두가 부지런한 대학은 다시없을 것입니다. 학생들은 그저 모여서 이야기를 하는 것보다 더 높은 무엇을 선호합니다. 학문적 성취를 이루고자 노력하며 평온함과 정적을 선호합니다. 이곳이 풍기는 작업장 분위기에 비교하면 다른 대학들은 정말이지 주점에 불과합니다."[32]

헤겔 철학은 세계정신 역시 일을 한다고 주장하기 때문에 이런 분위기에 꼭 들어맞는다. 일을 한 다음에는 휴식을 취하게 된다. 예술이 일을 한 다음 제공되는 휴식 이상의 것이 되려 한다면 상황은 어려워진다.

정치적 문화가 퇴행하자 극장과 오페라가 특히 이득을 본다. 어쨌든 이런 예술은 큰 규모로 사람들이 모이는 장을 마련하기에 사회적 불만을 안전하게 배출하는 역할을 한다. 라헬 바른하겐Rahel Varnhagen[33]은 이렇게 쓴다. "극장이 없는 도시는 내게는 눈을 가린 인간과 같으며 통풍이 안 되는 꽉 막힌 장소와 같다. 도시가 거주 공간이 되는 우리 시대에 극장은 모든 계급이 공유하는 기쁨과 정신과 관심이 어우러지는 유일한 보편적 장소이다."[34] 베른슈토프 장관은 한마디로 정곡을 찌른다. "개에게 뼈 한 조각은 줘야 물지 않습니다!"[35]

극장의 인기는 절정에 달한다. 극장 공연을 둘러싸고 다른 곳에서는 벌어질 수 없었던 대규모의 토론이 벌어졌다. 다수의 독자를 가졌던 오락신문 「솔직한 사람Der Freimütige」은 베를린의 거리에 편지함을 설치하여 사람들이 연극비평을 그 안에 집어넣게끔 하고 그렇게 받은 연극비평을 게재한다. 헤겔 역시 연극비평을 썼다.

취향이 달라지면서 고급문화가 최대의 위기에 봉착한 반면 가벼운 오락거리는 최고 인기를 누렸다. 1815년부터 1834년까지 베를린 국립극장은 56개의 비극과 292개의 희극을 상연했다. 세계가 나폴레옹의 손아귀에 있을 때 독일 극장가에는 운명을 주제로 한 비극이 등장했다. 나폴레옹이 몰락하면서 거대한 행위와 거대한 운명을 겪을 일이 없어지면서 그런 묵직한 소재를 다루는 연극 역시 사라졌다. 무대가 제공하는 가벼운 오락은 점점 더 가벼워지면서 광대 역할을 맡은 배우들이 스타가 되곤 했다. 그에 반해 무대장치는 점점 더 웅장해졌다. 호프만E. T. A. Hoffmann이 작곡한 오페라 「운디네Undine」[36]는 이런 시대적 경향을 잘 반영하고 있다. 쉰켈Schinkel[37]이 디자인한 무대는 웅장하기 이를 데 없었다. 베버의 오페라 「마탄의 사수」가 상연되면서(1821년) 무대는 이것보다도 더 웅장해졌다. 그러나 그 누구보다도 더 화려한 무대장치를 사용했던 건 스폰티니Spontini[38]였다. 그의 오페라에서는 코끼리가 무대에 등장했고 대포가 발사되었다.

가벼운 것을 좋아하다 보면 가벼운 발놀림 역시 좋아하게 된다. 베를린 사람들은 발레리나 파니 엘슬러[39]를 두고 "그녀는 세계사를 춤춘다"[40]고 말하곤 했다.

이렇게 춤을 추다 보면 헤겔이 수업하는 동안 편안히 쉬던 세계정신이 일어나 움직이는 데 도움이 될 법했다.

베를린이 지난 30년 간의 고생에서 휴식을 취하려 할 때 쇼펜하우어는 베를린으로 온다. 막간 휴식 동안 극장 로비에서 여러 목소리가 혼잡스럽게 뒤엉키다가 이내 잦아들듯이, 최근의 숨가빴던 일들을 이야기하는 여러 목소리가 혼잡스럽게 뒤엉키다가 이내 잦아든다. 몸소 엄청난 사건을 목격하며 강렬한 인상을 받았다 해도 진부한 일상을 살다 보면 그런 인상은 사라지게 마련이다. 이런 상황에서 헤겔의 웅장한 철학은 지난 날 모두를 긴장시켰던 사건들에 대해 편안하게 넓은 시야에서 평을 하는 듯이 여겨졌을 것이다. 추수를 할 때가 온 것이다. 사람들은 재고를 검토하고 보관한다. 비더마이어Biedermeier의 시대가 온다.

하지만 시대정신의 소박한 외관 뒤에는 치밀한 계산이 숨어 있다. 1815년 이후의 왕정복고 정치는 마치 그동안 아무 일도 없었던 것처럼 18세기의 낡은 질서로 삶을 되돌려 놓으려 한다. 하지만 그러기에는 너무 많은 일이 일어났다. 물려받은 것들이 오래 버티리라는 믿음은 저절로 생겨났다기보다는 강요된 것이었다. 사람들은 주어진 삶을 살아가지만 자신들이 디디고 선 땅이 무너져 내릴 수도 있다는 막연한 느낌을 떨쳐내지는 못한다. 신념이 흔들리기 시작하며 도덕이 곁눈질을 한다. 사람들은 몸을 웅크리고 머리를 숙인 채 나름 편안하게 "자그마한 내실에 자리 잡고"(아이헨도르프) 휜히 뚫린 자연을 내다보는 것을 즐긴다. 자연 안에서는 가늠할 수 없는 일들이 벌어지고 "수상한 원리"가 지배하고 있다. 이 시절 호프만의 단편소설들이 사랑을 받으며 볼파르트 교수[41]는 자신의 몽유병 환자들을 공개 강연에 데리고 나온다. 쇼펜하우어 역시 이것을 보려고 달려간다.

「문학잡지Literaturblatt」의 한 비평가는 "소박함"과 "진심 어린 마음"과 "영웅심"이 사라졌다고 한탄한다. 1820년대의 관점에서 보면 낭만주의의 아이러니가 펼치는 유희조차 "영웅적"으로 보인다. 이 유희는 자율적인 힘을 지닌 자아가 하늘로 오르느냐는 문제를 다루기에 어찌 됐건 전체를 주제로 삼고 있기 때문이다. 이제는 세련된 외양이 중시되며 대중의 마음을 사로잡기 위한 온갖 장치가 동원되기에 "난센스"가 모든 걸 대체해 버렸다고 이 비평가는 한탄한다.

견고함을 획득하려는 시도조차도 세련되게 진행되었다. 예전에 낭만주의 시절에는 방향을 잃는 것이 사랑받았지만 이제는 그 반대로 뿌리를 내리는 것이 사랑받는다. 프리드리히 슐레겔과 클레멘스 브렌타노는 가톨릭으로 개종하고 호프만은 대법원 사무관이 되고 헤겔은 국가라는 종교를 섬긴다. 이제 거의 모든 시민이 거실에 놓인 피아노를 연주할 때 페달을 밟아 소리를 높이듯이 사람들은 힘차게 페달을 밟으며 살아간다.

흔들리는 땅 위에 서서 마치 그 땅이 단단한 것처럼 사는 사람들은 이제 장광설을 펼치기 시작한다. 이 시기처럼 아늑한 사교모임이 사랑을 듬뿍 받은 적은 없었다. 이 시기처럼 사람들이 많이 쓰고 많이 읽은 적도 없었다. 베를린에서는 우후죽순처럼 클럽과 협회와 회식모임과 다과회가 생겨난다. "법이 없는 모임"[42]의 목적은 단 하나, "점심을 독일식으로 잘 먹는 것"이라고 회원인 호프만은 말한다. 게어라흐Gerlach형제를 중심으로 한 "독일어 모임"이 있다. 호프만은 "세라피온의 형제들Serapionsbrüder"[43]과 함께 만나며 클레멘스 브렌타노가 만든 "왕풍뎅이 모임"의 회원들은 "시를 지으려 노력하는 데" 전념한다. "예술을 사랑하는 이들"의 연합은 "잠자는 영혼을 깨우려 한다." 프리드리히 거리에서는 "풀리지 않는 문제들을 취급하는 토론 클럽"이 모임을 갖는다.

맘 놓고 공적인 의견을 토로하지 못하는 상황을 상쇄하기 위해 사교의 형태로 모여서 정치적으로 숨은 뜻을 공유하는 경우도 부분적으로 있다. 하지만 더 중요한 것은 문학을 통해 기분 좋게 오싹함을 느끼거나 탕아의 삶에 감동을 받는 종류의 즐거움이었다.

베를린의 문단 상황은 한심하다. 카페 로얄에 모인 몇몇 학생들은 괴테의 『파우스트』를 함께 완성하려고[44] 한다. 한담을 나누는 저녁 자리에서는 재주꾼들이 나서서 주어진 표제어에 맞춰 시를 지어서 갈채를 받는다. 오토 야코비Otto Jacobi라고 하는 판사시보는 카를 대제로 시작되는 독일 황제의 역사를 몽땅 수십 편의 희곡에서 다루겠다고 허풍을 친다. 에른스트 라우파흐Ernst Raupach가 호엔슈타우펜Hohenstaufer 왕조[45]를 다룬 50편의 희곡을 10년 안에 씀으로써 이 야심을 먼저 실천에 옮긴다. 이 작품들은 모두 베를린 극장에서 상연된다. 숙녀용 문고본과 삽화를 곁들인 모음집의 출판업자는 작가 선발 대회를 공지한다. 너나 할 것 없이 글을 써대건만 독자의 수요를 따라가지 못할 지경이다. 학생 시절 포이어바흐는 베를린대학교는 "작업장"이라고 아버지에게 쓴 적이 있는데 이 말은 사실이다. 창설자인 빌헬름 폰 홈볼트가 계획했던 것과는 달리 베를린대학교는 실용적 직업교육에 중점을 둔다. 그러나 학생들이 아무리 부지런히 학업에 열중한다 해도 그들이 딛고 선 바닥은 견고하지 않다. 그들이 두더지처럼 고지식하게 노력하는 이유는 이 모든 것이 어쩌다가 이리 되었으며 지금은 어떠한지에 대해 전반적인 개괄을 하려고 열을 올리기 때문이다. 조만간 톱니바퀴와 나사가 될 테지만 아직 호기심이 있고 불안해하는 학생들은 사회라는 기계가 어떻게 작동하는지, 이 모든 게 어떻게 될지 알고자 한다. 하지만 그들은 불안감에 사로잡힐 정도로까지 호기심에 빠지지는 않는다. 호기심은 있지만 모험을 꺼리는 이들에게 헤겔의 수업은 안성맞춤이다. 수의사와 보험 중개인, 행정직 공무원과 오페라 테너가수와 회사의 회계원이 그의 강의를 들으러 떼지어 오는 이유가 바로 여기에 있다. 헤겔이 하는 말을 제대로 이해하는 사람은 별로 없었을 것이다. 하지만 모든 것을 잘 이해하고 모든 게 옳다고 느끼는 사람이 하나 있다는 것을 이해하는 것만으로 사람들은 흡족해했다. 당시 사람들이 원하던 분위기가 이러했으니 쇼펜하우어의 메시지에 호응이 없었다는 것은 전혀 놀랍지 않다.

우선은 쇼펜하우어가 칸트로 돌아간 것이 문제였다. 칸트의 초월적 인식비판은 한마디로 시대에 뒤졌다는 게 통론이었다. 실제 세계가 무엇인지를 이제 정확히 알고 있다고 사람들은 믿었다. 편안함을 추구하자니 그럴 수밖에 없었다. 더구나 혼돈을 주던 역사는 잠잠해졌다. 사람들은 나폴레옹에게서 마성적인 것을 너무도 생생히 보았고 그것에 매혹되었지만 마성적인 것은 이제 매력을 상실했다. 그와 동시에 인식할 수 없는 "물자체"에 대한 외경심 역시 사라졌다. 나아가 경험에 근거해 자연을 인식하려는 사람들이 점차 늘어갔고 이들은 이론에는 거의 신경을 쓰지 않았다. 이런 추세가 대세가 되자 이성에 대해 의혹을 품는다는 게 불필요한 일처럼 여겨졌다. 사변에 열을 올리는 헤겔 철학은 개신교 및 기독교의 완고한 성향에 잘 어울렸다. 이런 헤겔 철학과 경험적이고 실용적인 냉철함이 뒤섞인 정신 안에는 의지의 형이상학이 설 자리는 없었다. 의지의 형이상학은 칸트의 인식비판을 급진화시킨 것에 기초를 둔 데다가 철저히 무신론적 입장을 고수하고 있었기 때문이다.

두 가지 이유로 쇼펜하우어는 배척되었다. 첫째로 사람들은 의지의 형이상학을 이해했기 때문에 그것을 거부했다. 둘째로 사람들은 의지의 형이상학을 오해했고 그 창의성을 간과했기에 그것을 묵살했다. 후자의 경우부터 시작하자. 쇼펜하우어의 저서에 대한 논평은 많지 않다. 그 논평들은 의지의 형이상학이 피히테 철학의 재탕이라고 보았다. 바꿔 말하면 논평의 필자는 '의지'가 정신, 즉 이성의 힘이라고 이해했다. 결정적인 오해가 아닐 수 없었다. 쇼펜하우어가 저서에서 그런 오해를 해서는 안 된다고 여러 차례 경고했던 것은 소용이 없었다. 그는 '의지'를 이성과 다른 어떤 것이라고 했지만 사람들은 '의지'를 그렇게 이해하지 않았다. 쇼펜하우어가 아무리 충동에 대해, 자연 속의 의지에 대해, 우리 안의 자연에 대해 말해봤자 아무 소용이 없었다. 사람들은 고작해야 셸링이 말하는 '자연'을 떠올리는 데 그쳤다. 하지만 셸링이 말하는 '자연' 안에는 여전히 정신의 주체가 숨어 있었다. 자연 안에 숨은 욕망은 정신, 즉 의식 안에서 자기 자신에게 다다름으로써 최고의 형태를 얻는다고 셸링은 보았다. 하지만 사람들이 쇼펜하우어의 의지의 형이상학을 제대로 이해했다 하더라도 헤겔의 범논리주의Panlogismus의 마력에 사로잡힌 시대에 이 철학은 너무도 황당하게 여겨질 수밖에 없었다. 이성은 단지 부수적 현상일 뿐이며 정신과 역사를 움직이는 것은 이성이 아니라고 쇼펜하우어는 주장한다. 핵심적 현실인 "물자체"가 "비이성적"이라고도 주장한다. 사람들은 그런 주장을 용납하려 하지 않았다.

어떤 사람은 쇼펜하우어의 창의성 있는 구상을 알아보지 못했고 어떤 사람은 그 창의성을 알아보긴 했지만 토론할 가치가 없는 그릇된 것이라고 보았다.

헤겔이 역사적 사유의 열기를 뜨겁게 불붙였던 시점이었기에 범논리주의에 반대하는 쇼펜하우어의 입장은 시대에 뒤져 보였다. 철학에 종사하는 대다수 동시대인들과는 달리 쇼펜하우어는 역사 속에서 진실은 앞으로 나아간다는 견해를 거부한다. 그로서는 거부하지 않을 수 없다. 역사라는 이름의 사육제와 가면극에는 온갖 열정과 성향이 등장하지만 그것들의 본질은 언제나 똑같다고 그는 악의에 차서 역사에게 호통을 쳤다. 당시 이런 그의 모습은 근대 이전 시대에서 튀어나온 구닥다리 철학자 같아 보였다.

그 외에도 쇼펜하우어가 표방하는 염세주의가 문제였다. 신비주의적으로 혹은 너무도 인도식으로 세계를 부정하는 것이 반감을 일으켰다. 그런 입장은 들어보지 못한 것은 아니었지만 기괴하게 여겨졌기에 거부당할 수밖에 없었다. 특히 그의 견해에서 드러나는 적나라한 무신론이 그가 거부당하는 데 결정적으로 한몫을 했다.

당시 철학계에서 주목을 받지 못한 것이 무신론자였던 쇼펜하우어에게는 잘된 일이었다. 그가 주목을 받았더라면 종교를 조롱한 것에 대한 처벌을 피하기 어려웠을 것이다. 왕정복고 시대였고 철학자가 종교를 조롱하는 것은 용납되지 않았다. 국가관청과 대학관청은 조롱의 정도가 훨씬 더 약한 경우에도 개입하곤 했다. 물론 국교에 감히 맞서는 목소리가 경청될 경우에 한해서였다. 앞서서 칸트가 그런 압력을 받아야 했고 피히테도 같은 운명을 겪었다. 『의지와 표상으로서의 세계』에 관해 평론을 썼다가 아르투어에게 심한 소리를 들어야 했던 에두아르트 베네케Eduard Beneke도 쇼펜하우어가 베를린에 있는 동안 징계를 당했다.

나중에 청년 헤겔파 내지는 헤겔 좌파가 거의 다 무신론자라는 이유로 강단에서 퇴출되었다.

헤겔은 종교를 역사화함으로써 후일 종교비판이 터져 나오게 하는 단초를 제공하기는 했지만 이처럼 민감한 상황에서는 무신론자라는 비난을 두려워하지 않을 수 없었기에 아주 조심스럽게 처신했다. 그는 베를린에서 철학과 종교라는 강의 중 이렇게 말한다. "철학이 종교 위에 군림한다는 비난이 있었습니다. 하지만 그런 비난은 팩트를 고려하면 맞지 않습니다. […] 철학은 믿음의 형식 위에 설 뿐이며 철학의 내용은 종교의 내용과 동일합니다."[46] 그렇지만 루터교의 정통신앙파 중 베를린의 강경론자들은 충실한 국민철학자인 헤겔조차 신뢰하지 않았다. 아일러트Eylert주교 주변의 사람들과 헹스텐베르크[47]가 펴내는 「개신교 교회신문evangelische Kirchenzeitung」 주변의 사람들은 궁정에서 헤겔을 중상모략했지만 일단은 아무 성과를 거두지 못했다. 반면에 이 무리는 쇼펜하우어의 의지의 형이상학 – 창조주와 세계의 목적을 부정하면서 의지를 유일한 본질로 보는 이론이니 가장 확실한 무신론이 아닐 수 없다. – 에 관해서는 전혀 몰랐다. 의지부정론은 너무도 괴상한 인도의 냄새를 풍겼기에 모든 정보에 귀 기울이던 아일러트 주교에게 보고조차 되지 않았다. 아일러트는 1819년 대학정책을 담당하는 정치인들이 명심해야 할 공문을 보냈다. 근대 철학의 "과도한 자의성"을 비난하면서 아일러트는 이런 말을 한다. "근대 철학은 도가 넘친 혁신욕에 사로잡힌 나머지 체계를 지었다가 부수기를 예사로 한다. 이렇게 변덕스럽게 철학 체계가 바뀌다 보니 언어와 개념에 혼란이 온다."[48] 쇼펜하우어는 자신의 "과도한 자의성"을 당시 경연장 밖에서 발휘했기에 아무런 징계도 받지 않았다. 아일러트는 몇몇 "철학 체계들"이 그들의 "영역을 넘어서서" "혁명적 정치"를 하려고 해서 우려된다고 썼는데 쇼펜하우어의 이론은 그런 체계와는 아무 상관이 없었다.

쇼펜하우어의 예술철학 역시 생소하게 여겨질 수밖에 없었다. 낭만주의가 예술을 종교의 위치에 올려놓던 시대는 1815년 이후 끝이 났다. 현실적이며 냉철한 사고가 지배하면서 예술가들의 패기는 스러졌다. 세기 전환기 즈음 "격동에 들끓던 이들"은 사망하지 않았으면 공직에 종사하고 있었다. 이제 사람들은 겸손하게 예술의 오락적 가치를 중시했다. 길을 떠나는 모험이 아니라 집에 도착해서 누리는 편안함이 높이 평가됐다. 헤겔에 따르면 정신의 단계에서 최고로 발전된 것은 예술이 아니다. 종교와 철학은 예술을 추월한다. 그리고 예술은 객관적 정신의 명령에 복종하는 것을 잊어서는 안 된다고 헤겔은 가르쳤다. 여기서 객관적 정신은 결국 국가이다. 종교가 역사적 사유의 소용돌이에서 중요성을 상실하듯이 예술 역시 역사적 사유의 소용돌이에서 중요성을 상실한다. 이제 예술은 세계 내에서 어떤 유용성을 가지며 도덕에 어떻게 기여하느냐는 질문에 맞닥뜨린다. 뮤즈 여신들도 시민적 삶 안에서 시민적 삶을 위해 일을 해야 한다는 것이다. 간단히 말하자면 사람들은 이제는 역동성을 잃었던 데다가 천진난만하지도 않았기에 예술을 온갖 가치들의 맨 앞에 세우려 하지 않았다. 사람들은 예술이 장식품으로 유용하게 봉사하기를 원했다.

쇼펜하우어는 전혀 다르다. 그는 예술을 역사적으로 다루지 않을뿐더러 현실의 원칙에 근거하여 예술의 유용성을 따지지 않는다. 칸트는 "무관심한 만족"을 느낄 때 예술을 향유할 수 있다고 규정했다. 쇼펜하우어가 진지하게, 전례 없이 과격한 방식으로 칸트의 견해를 수용했다는 것은 이미 언급한 바 있다. 쇼펜하우어가 사랑하는 예술은 장식이 아니며 삶을 위해서 취하는 휴식도 아니다. 예술은 삶에의 의지로 인해 겪는 애환과 고통으로부터 해방될 것임을 우리에게 미리 알리는 존재이다. 그가 사랑하는 예술은 삶에 대항한다. 쇼펜하우어는 종교의 위치에 있던 예술이 소유했던 힘을 모조리 복귀시키지만 이제 그 힘은 예술을 무신론적으로 다루는 형이상학 안에서 펼쳐진다. 리하르트 바그너에서 프루스트와 사뮈엘 베케트에 이르는 미래의 예술가 세대는 쇼펜하우어의 철학에 의해 자신들이 상승한다고 느끼게 될 것이다. 그러나 지금은 예술이 자중하는 시기가 시작된다. 예술은 전체를 목적으로 삼지 않으며 완전히 다른 것 속으로 사라지려 하지도 않는다. 지금 있는 자리에 머무르라는 게 현재의 슬로건이다.

쇼펜하우어 특유의 사유 스타일 역시 그가 국외자가 되는 데 일조한다. 독자적인 사상가임을 표방하는 태도가 지나치게 호전적으로 강조되었던 것이 문제이다. 주저의 초판에서 그는 동시대의 철학자들을 공격적으로 비방하긴 하지만 아직은 도를 넘지 않고 있다. 오히려 동시대의 철학을 모르는 체하는 그의 오만한 태도야말로 냉혹함을 넘어 적대감을 띠고 있다. 쇼펜하우어는 고대와 중세, 그리고 칸트에 이르는 근대의 거장들을 인용한다. 그는 수천 년을 넘나들며 대화를 나누면서 동시대의 철학은 잊어버려도 된다고 독자에게 시사한다. 쇼펜하우어는 자신이 일상의 소음과 몸싸움을 멀리하며 모든 것을 근본에서부터 다시 혼자 힘으로 생각해낸 사람이라고 저서에서 주장한다. 자신이 – 학계의 활동 저편에서 – 그 누구의 지도도 없이 거대한 철학을 자력으로 지어냈다는 것이다. 이 철학은 온갖 박식함을 담고 있지만 학문 특유의 냄새를 풍기지는 않는다. 꼬이지 않아 명료하고 아름다운 쇼펜하우어의 언어는 교수들의 담론과는 한참 거리가 멀다. 때로는 이 철학은 소박하고 순진하다 못해 거의 속마음을 털어놓는 듯 들린다. 쇼펜하우어가 베를린에서 자신의 첫 강의를 어떻게 예고했는지를 떠올려 보라. "아르투어 쇼펜하우어는 철학 전반에 관하여, 즉 세계의 본질과 인간의 정신에 관하여 강의하려 한다."

더욱 두드러지는 것은 쇼펜하우어 사유를 특징짓는 "실존적" 경향이다. 이 경향은 의지부정의 이론인 쇼펜하우어의 '윤리론'에서 아마도 가장 약하게 드러나는 듯하다. 그는 윤리론에서 "성자는 철학자"아니며 "철학자가 성자도" 아니라고 강조한다. – "조각가"가 "아름다운 사람들"을 묘사하기는 하지만 본인이 아름다울 필요는 없는 것과 마찬가지로 – 철학은 "세계의 본질"에 대하여 그리고 그 안에서의 올바른 삶에 대하여 "성찰을 거친 형상"(I, 521)을 제공할 따름이라는 얘기다. 나중에 키르케고르Kierkegaard는 쇼펜하우어가 자신이 가르친 대로 살지 않았다고 비판을 가할 것이다.

그렇다 치더라도 쇼펜하우어의 출발점은 동시대 철학자들과는 달리 속속들이 실존적이다. 그가 자신의 신체에서 비롯되는 유일무이한 경험, 속을 수 없고 착각할 수도 없는 이 신체 경험에 근거하여 세계를 철학적으로 해석하기 때문이다. 뒷부분에서 의지가 세계를 아우르는 이미지로 묘사되기도 하지만 의지라는 것이 본래 무엇인지는 각 개인이 신체와 정신으로 이루어진 자신의 동일성 안에서 경험할 수 있을 뿐이다. 쇼펜하우어는 한 개인의 동일성은 의욕의 주관과 인식의 주관으로 되어 있다고 말한 바 있다. 세계가 표상인 동시에 의지라는 사실을 나는 알 수도 있다. 하지만 나는 세계에 존재하는 하나의 지점에서만 그 사실을 경험할 수 있다. 그 지점은 바로 나 자신이다. 나는 다른 사람들이 생각하는 것을 생각할 수 있기에 표상으로서의 세계는 내 안으로 들어온다. 나 또한 다른 사람들에게는 하나의 표상이 된다. 이럴 경우 다른 사람들 혹은 역사와 관련된 나는 늘 밖에 있게 된다. 하지만 나는 나의 신체를 떠날 수 없으며 다른 사람의 신체 안으로 들어갈 수 없다. 이 신체라는 정체성은 행복할 때나 불행할 때나 나를 떠나지 않으며 이 정체성 안에 존재 전부가 빽빽이 농축되어 있다.

그러나 쇼펜하우어 주변의 철학자들은 다르게 사유한다. 존재는 저기 바깥에, 즉 사태와 사물에, 역사적 과정에, 정신의 행로에 있다고 이들은 본다. 가장 가까이 있는 우리의 신체는 거리를 두고 세분하여 연구해야 할 낯선 사물이 되어버리거나 아니면 정신이라는 범주로부터 연역된 멀리 있는 사물이 되어버린다. 이럴 경우 필연적인 것은 정신이며 정신은 내 신체에 우연히 자리를 잡았을 뿐이다. 쇼펜하우어 역시 의지의 우주를 펼치면서 개인을 배제하고 사유하기도 한다. 하지만 그는 개인을 배제하고 사유하는 존재가 곧 개인임을 한순간도 망각하지 않는다. 나의 세계가 곧 세계 전체이기 때문에 세계 전체는 개인의 존재라는 꼭지점 위에서 균형을 유지하고 있는 것이다. 그렇기 때문에 쇼펜하우어는 의욕의 주관과 인식의 주관이 한 개인 안에서 동일성을 이루는 것이야말로 가장 심오하며 경이로운 수수께끼라고 말했다. 이것

이야말로 철학적 문제 "그 자체^{kat' exochän}"라는 것이다.(I, 161)

쇼펜하우어는 이런 내용을 1820년 여름 베를린대학교에서 소수의 학생들에게 강의하려 한다. 옆에서는 헤겔이 강당을 꽉 메운 청중에게 강연을 하고 있다. 다음 겨울 학기에 쇼펜하우어는 베를린에 있을 이유가 없어진다. 관심 부족으로 그의 강의가 폐강되었기 때문이다. 쇼펜하우어에게는 실존적 위기가 아닐 수 없다. 그의 철학이 그가 위기를 극복하는 데 도움이 될 것인가? 쇼펜하우어는 자신의 철학을 만들어 냈다. 이제 이 철학은 철학자로부터 무엇을 만들어낼 것인가?

제 19 장

실망에 철학 전략으로 맞서기. 원고노트에서 주저를 보완하다. 연인 카롤리네 메돈. 마케와의 다툼. 두 번째 이탈리아 여행. 병에 걸리다. 이리저리 표류하다. 베를린으로 돌아오다. 막판에 벌어진 소극笑劇.

카롤리네 메돈(1802년-1882년)

실망에 철학 전략으로 맞서기. 원고노트에서 주저를 보완하다. 연인 카롤리네 메돈. 마케와의 다툼. 두 번째 이탈리아 여행. 병에 걸리다. 이리저리 표류하다. 베를린으로 돌아오다. 막판에 벌어진 소극笑劇.

SCHOPENHAUER

1823년 아르투어 쇼펜하우어는 자신의 비밀메모장인『자기성찰』에 이렇게 쓴다.

"내가 왕왕 불행하게 느꼈던 것은 사람을 착각한 데서 비롯됐다. 바꿔 말해서 나는 나를 실제의 내가 아닌 다른 사람으로 여겼고 그 사람의 입장에서 넋두리를 했다. 예를 들자면 교수로 진급하지 못하며 수강생에게 외면당하는 한 사강사私講師가 나라고 여겼다. 혹은 어느 속물이 헐뜯고 있는 사람이 나라고, 커피를 마시는 여인들에게 수닷거리를 제공하는 사람이 나라고, 상해소송으로 고발된 사람이 나라고 여겼다. 어떤 여인에게 푹 빠져 버렸지만 그 여인의 마음을 얻지 못하는 사람, 병이 들어서 집을 떠날 수 없는 사람이 나라고 여겼다. […] 그 모든 것들은 내가 아니며 내게는 낯선 소재이다. 나는 그 소재로 만들어진 상의를 한동안 입다가 다른 상의로 갈아입었을 뿐이다. 그렇다면 나는 도대체 누구인가?『의지와 표상으로서의 세계』를 쓴 사람이 나이며 현존재의 거대한 문제에 해답을 제공한 사람이 나이다. […] 나는 그런 사람이다. 그런 사람이 자신에게 남겨진 세월을 보내는 동안 무슨 일이 일어난다 해도 행여나 꿈쩍이나 하겠는가?"(HN IV, 2, 109)

그는 위의 인용문에서 자신이 당시 겪은 크고 작은 곤경을 열거하고 있다. 대학에서 경력을 쌓으려던 그의 꿈은 좌절됐다. 재봉사인 마케Marquet여인은 그에게 부상을 당하고는 그를 고소했고 상해소송을 진행 중이다. 합창단원이며 무희인 카롤리네 리히터Caroline Richter, 일명 메돈Medon과의 로맨스는 불쾌한 방향으로 흘러간다. 신경쇠약과 귀의 통증 때문에 그는 일년 내내 방을 떠나지 못한다. 앞의 인용문에서 쇼펜하우어는 이런 것들 모두에 맞서는 전략을 아주 재치 있게 표현하고 있다. 나를 덮치는 일들은 실제로 나를 덮치지 않는다고 쇼펜하우어는 말한다. 위대한 철학 작품의 저자인 나는 다른 사람이기 때문이다. 바깥에서 사회는 가면극을 벌이며 배역을 나누고 코미디를 펼친다. 본인이 사회에서 서툴게 처신하여 어려움을 겪으면 쇼펜하우어는 작품의 저자라는 자아로 물러난다. 작품의 저자라는 이 자아는 독특한 성격을 가지고 있다. 그것은 통상적 의미의 '자아'가 아니다. 바깥에 존재하는 것은 내가 아니며 나의 작품은 곧 나라고 쇼펜하우어는 우선 말한다. 그러고 나서 그는 자신의 작품이 나를 넘어선, 나 이상의 어떤 것이라고 말한다. 원고노트에 그는 (1825년경) 이렇게 쓴다. "내 철학명제들은 내가 만들어낸 것이 아니다. 그것들은 저절로 생겨났다. 그렇기에 내 철학명제들의 진실성은 영원히 보장될 것이다. 그것은 내 안의 모든 의지가 깊이 잠들어버린 듯한 순간에 내 안에서 생성되었으며 나는 아무것도 추가하지 않았다. [⋯] 의지로부터 자유로운 그러한 인식의 순간에 나의 내부에서 형성되는 것을 나는 그저 구경꾼이자 증인으로서 기록했고 나의 작품에 사용했다. 이렇듯 내 작품은 진실성을 보장받기에 내 작품이 관심을 끌지 못하고 인정을 받지 못할지라도 나는 흔들리지 않을 것이다."(HN Ⅲ, 209)

헤겔 역시 자신의 안에는 절대정신이 자리 잡고 있다고 스스로 말했다. 차이가 있다면 헤겔이 하는 말을 사람들이 믿는 반면 쇼펜하우어가 하는 말을 믿는 사람은 아무도 없다는 것뿐이다. 그가 이처럼 자기 확신에 넘침에도 불구하고 아니면 그가 너무도 자기 확신에 넘치기 때문에 그는 홀로 남는다. 아르투어는 온갖 실망에도 자부심이 손상받지 않도록 하기 위해 엄청난 양의 사유를 동원해야만 한 것이다. 다행스럽게도 그의 착상의 샘은 고갈되지 않는다. 워낙 곤궁에 처하면 창의력이 솟구치는 법이다. 더군다나 그의 철학은 그의 주저가 왜 관심을 끌지 못하는지를 설명할 수 있는 – 달리 말한다면 합리화할 수 있는 – 근거를 제공하고 있다.

1820년 쇼펜하우어는 원고노트에 이렇게 쓴다. "내가 사는 시대는 내가 역량을 발휘할 영역이 아니라 물리적 인간으로서의 내가 서 있는 기반일 뿐이다. 그리고 나라는 전체 인간을 놓고 보면 물리적 인간으로서의 나는 아주 하찮은 한 부분에 불과하다."(HN III, 14) "전체" 인간으로서의 그는 시대를 능가한다. 구름이 자욱한 평지에서 산꼭대기를 볼 수 없는 것처럼 사람들은 쇼펜하우어라는 전체 인간을 보지 못한다. 쇼펜하우어는 늘 그렇듯이 현재와 동시대인들을 폄하하는 방향으로 치닫는다. 현재 중요한 인물들이 없을 거라는 얘기가 아니다. 너나 할 것 없이 읽고 쓰는 데 점점 열을 올리는 시대에는 잠깐의 일상 소음이 지속적인 굉음으로 부풀어 오르면서 중요한 인물들의 목소리를 덮어 버리기 때문이다. 호세 오르테가 이 가세트[1]를 한 세기 앞서서 쇼펜하우어는 담론의 세계에서 '대중의 봉기Aufstand der Masse'가 일어난다고 진단한다. 대중이 자기표현을 할 수 있는 가능성이 점차 늘어나면서 대중의 소리에 귀 기울이는 경우가 점점 많아진다. 쇼펜하우어가 보기에 대중은 자기를 보존하는 데 유용한 것과 삶을 긍정하게끔 환상을 일으키는 것만을 높이 평가한다. 쇼펜하우어가 "공장제품" 혹은 "두발짐승"(HN II, 73)이라 부르는 평범한 인간은 겁이 많아서 자신의 마음에 드는 편안한 세계관을 발견하면 그것을 항구로 삼아서 안전하게 정착하려고 한다. 그렇기 때문에 신이 사람을 보살피며 – 가급적 사람을 통해서 – 만사를 제일 좋은 방향으로 이끈다는 믿음은 외양을 바꿔가며 지속된다. 이 신이 현재 '역사', '절대정신'이라고, 혹은 '자연', '학문'이라고 불리며 나중에는 '프롤레타리아'라고 불리게 되리라는 것은 중요하지 않다. 낡은 옷을 입었건 새 옷을 입었건 신에 대한 확신은 진정한 철학자에게는 아무런 보호를 제공할 수 없기에 철학자는 "위험하지만 자유롭게" 산다. 의미가 떠나버린 세상에는 고향이 없다는 것을 철학자는 견뎌내야 한다. 물론 이런 자세는 탄탄한 확실성을 중시하는 "공공의 의견"에는 합당치 않다. 그렇기 때문에 "동에 번쩍 서에 번쩍하는 공공의 의견"을 북극성인 양 "길잡이"로 삼아서는 안 된다.(HN III, 71)

쇼펜하우어는 자신의 철학에 반응이 없다는 데 대한 울분을 삭이기 위하여 갖가지 논의를 펼치고 있는데 그 바탕에는 다음과 같은 생각이 깔려 있다. 그의 철학에 담긴 통찰들은 삶에의 의지에 맞서서 사유하는 가운데 얻은 것이기에 인식이 삶에 봉사하기를 요구하는 사람들 – 이들은 물론 대다수이다. – 에게는 아무 쓸모가 없다는 것이다. 이 생각이 쇼펜하우어 철학의 내부에 굳건히 자리 잡고 있는 까닭에 그는 비교秘敎Esoterik를 긍정적으로 본다. 비교를 신봉하는 자는 '내가 한 말은 나를 무시하는 사람들을 향한 것이 아니라'며 사람들의 무반응을 당당히 달리 해석할 수 있기 때문이다. 내 진실은 시장판 사람들을 위한 것이 아니기에 그들에게는 마이동풍인 셈이다. 쇼펜하우어는 원고노트에서 그리스의 비밀종교의식에서 행해지는 은밀한 제식祭式에 관해 이렇게 숙고한다. "고대인의 비밀종교의식은 온전한 진실에 이르지 못하는 대다수의 사람들로부터 몇몇을 추려내어 이들에게 진실을 적당히 알려주며 이들 중에서 다시 이해력이 더 뛰어난 몇몇을 추려내어 그들에게 더 많

은 것을 알려준다는 생각에 근거를 둔다는 점에서는 탁월한 발명품이다."(HN Ⅲ, 211)

아주 세련되게 영향력을 행사하기 위해서 비교도秘教徒의 자세를 취할 수 있다. 혹은 - 18세기 후반에 성행하던 비밀조직의 역사를 떠올리면 알 수 있듯이 - 세련되게 영향력을 행사한다는 착각에서 그런 자세를 취할 수 있다. 하지만 어떤 사람은 전혀 다른, 근대 이전에 속하는 진실의 개념을 택했기에 비교도의 자세를 취할 수도 있다. 당시 사람들은 진실을 생각할 때 그 진실이 (대중에게, 역사에서, 자연을 지배함에 있어서) 어떤 영향력을 미치나를 동시에 생각했고 아울러 그 진실이 유용성을 가지는지를 생각하는 데 점차 익숙해져 갔다. 그런 시대에서 실제의 성공 여부와 다수결이 진실의 기준임을 거부하다 보면, 이익 대신 인식의 행복을 추구하다 보면 어쩔 수 없이 정신 세계의 귀족주의자가 되어 버린다. 쇼펜하우어가 바로 그런 경우이다. 니체는 그런 그를 경탄했고 모든 것을 꿰뚫어 보는 예언자처럼 미소 지으며 그를 따랐다.

쇼펜하우어는 아무리 비교도 내지는 귀족주의자 행세를 했다 하더라도 자신의 철학으로 "인류"에 봉사했다고 믿었다는 점은 니체에 비해 소박하다. "나는 내 개인 용도에 쓰일 힘들과 내 개인의 행복을 촉구하는 데 쓰일 힘들을 인류에 봉사하는 데 바쳐야 했다. 그럼으로써 나는 인간의 천성을 억눌렀고 스스로의 권리를 박탈했다. 나의 지성은 나의 것이 아니라 세계의 것이었다."(HN Ⅳ, 2, 107)

그러나 그가 "인류에 봉사한다"며 아무리 높이 자신의 사유를 격상시켜도 그의 사유는 아주 국한된 지극히 사적인 목적에 봉사하기도 한다. 예를 들어보자. 1822년 그는 자신이 인류에 봉사한다고 장엄하게 생각하는 까닭에 유산을 둘러싼 문제에서 이기적으로 처신하는 게 합당하다고 여긴다. 그런 그의 태도로 인해 가족 간의 불화는 돌이킬 수 없는 길로 치닫는다. "아버지가 물려주신 유산이라는 버팀목이 없었다면 나는 세계에 아무것도 줄 수 없었을 것이다. 이와 같은 이유에서 오랫동안 나를 지탱했던 버팀목이 노년에도 남아있게끔 내가 경계를 늦추지 않았던 것은 올바른 일이었다."(HN Ⅳ, 2, 107)

1820년대에 쇼펜하우어는 자신의 저서가 대중적 성공을 거두지 못하는 것을 정당화하기 위해 숙고했고 자신의 철학을 통해 실망감을 차단하려고 했지만 그게 다는 아니었다. 그는 대중을 욕하면서 자신감을 다질 뿐만 아니라 나아가 자신의 사유를 설명한다. 대단한 일을 이루어냈다는 느낌을 가지고 있기는 했지만 많은 문제점들이 여전히 남아있기에 그는 그것들을 설명하고자 한다. 이에 관한 성찰들은 추후의 작품에, 그중 특히 주저의 제2권에 통합될 것이다.

그의 철학의 요지는 그가 주저에서 "의지"와 "물자체"를 동일시했다는 사실인데 그러고 나서 그는 마음 편할 날이 없다. "의지"는 "어느 한도까지"만 물자체라고 본다. 『수첩Brieftasche』에 그는 1824년 이렇게 쓴다. "물자체를 인식한다는 것은 모순이다. 모든 인식은 표상이며 물자체는 표상이 아니라는 점에서 사물이기 때문이다."(HN Ⅲ, 778)

하지만 다음과 같은 상황이 있다고 그는 논의한다. "우리 내부에서 의지의 행위가 튀어나오는 것"(HN Ⅲ, 36)을 경험하는 시점이 있다. 바로 이 시점에서 표상은 현실 그 자체를 가장 명료하게 포착할 수 있다. 표상이 현실을 직접 몸으로 체험하기 때문이다. 그는 이런 상황이 있는 한 "물자체"가 의지라고 주장한다. 세계의 본질을 이루는 "물자체"를 우리는 스스로 경험 가능한 관점만큼 이해한다. "바로 의지가 물자체의 가장 직접적인 현상이라는 점에서 분명 다음과 같이 추론할 수 있다. 우리가 우리 안의 의지를 가까이 느끼는 것처럼 물자체의 기타 현상들이 우리에게 가까이 다가온다면, 다시 말해 기타 현상들에 대한 인식이 우리가 우리 안의 의지를 인식하는 정도로 명료하고 직접적으로 격상되다면 기타 현상들은 우리 안의 의지와 매한가지가 된다. 그렇기에 모든 사물의 내적인 본질이 의지라고 혹은 의지는 물자체라고 내가 말하는 것은 정당하다."(HN III, 36)

쇼펜하우어는 계속해서 파고든다. "이 의지는 도대체 어디에서 오는 것일까?"(HN III, 68)라고 묻고는 이런 질문은 무의미하다고 스스로 의문을 차단한다. 의지의 존재의 배후에 관해서 물을 수는 없는 법이다. 어떤 것이 무엇을 의미하냐고 우리는 물을 수 있다. 하지만 그 무엇이 존재한다는 것을 따져 물을 수는 없다. 철학은 지금까지 정신 혹은 신, 바꿔 말해서 본질을 존재 앞에 설정해 두었는데 쇼펜하우어는 그 관계를 역전시킨다. 존재는 본질에 선행한다. 그는 원고노트에 대담하게도 이렇게 쓴다. "세계의 내적 본질은 인식하는 본질이 아니다."(HN III, 70). 의지의 존재는 인식의 빛을 삼켜버리는 블랙홀과 같다. 그렇기에 자신의 철학이 "숱하게 많은 질문"을 대답하지 못한다는 것을 쇼펜하우어는 인정한다. "그러나 […] 그런 질문을 답하는데 필요한 형식이 우리의 사유에는 없다"(HN III, 70)고 그는 주장한다. 말년의 셸링은 다시금 동일한 난제, 즉 "…인 것Daß"이라는 수수께끼에 대해 골몰하게 될 것이다.

우리가 "어둠 속에서 근근이 살아가야 한다"고 "한탄"해야 하냐고 쇼펜하우어는 묻고 이렇게 답한다. "그런 한탄은 옳지 않다. 사물 전체가 지성에서 유래한 것이라는 그릇된 견해 때문에 착각을 하고 그런 한탄을 하게 된다. 이 견해에 따르면 사물 전체는 표상에서 유래했기에 현실이 되기 이전에 표상으로 존재해 왔으며 사물 전체는 표상 앞에 열려져 있기에 모조리 표상되어야 한다. 그러나 사실은 우리가 알지 못한다고 넋두리하는 것들 모두가 결코 알 수 없는 것들이다. 모든 지식이 담긴 표상이라는 것 자체가 존재의 외면에 불과하며 덧붙여진 것이다. 그런 표상은 사물들의 존재와 세계 전체의 존재를 유지하는 데 필요하지 않으며 그저 살아 숨쉬는 개체를 유지하는 데 필요할 뿐이다."(HN Ⅲ, 183) 간략히 말하자면 인식되고 인식하는 것은 존재에게는 핵심이 아니다.

인식을 하려면 차이를 두고 분리를 하고 개별화를 하게 된다. 그러나 차이가 존재 자체에도 있냐는 의문이 이어서 제기된다. 우리 자신의 존재를 들여다보자. "각자가 자신에 관해 무엇을 인식하는가? 각자는 감관感官에 힘입어 신체를 직관적으로 인식한다. 다음으로는 ─ 표상이 계기가 되어 생겨나는 일련의 의지의 행위라고 할 수 있는 ─ 각자의 의욕을 내면에서 인식한다. 이게 전부이다. 그에 반하여 이 모든 것의 토대인 의지하는 것과 인식하는 것에 우리는 이르지 못한다. 우리에게 보이는 것은 외관에 지나지 않으며 내부의 모든 것은 캄캄하다. [⋯] 물론 우리가 인식할 수 있는 부분을 놓고 보면 개개인이 타인과 아주 딴판이긴 하지만 아무도 알지 못하는 본질적인 부분을 놓고 보아도 그러하리라고 확신할 수 있을까? 설령 인식 가능한 부분을 놓고 보면 분리된 모습일지라도 전혀 알려지지 않은 부분을 놓고 보면 모든 것의 본질은 하나이며 동일할 수는 없는 걸까?"(HN Ⅲ, 283)

우리 존재 중 인식을 등진 부분을 놓고 보면 우리는 모두 '의지'이기 때문에 모두가 동일하다. 1823년 쇼펜하우어가 원고노트에 털어놓은 것을 보면 그가 이 생각을 얼마나 불편하게 여기는지 알 수 있다. "낙관주의자는 내게 눈을 열라고 말한다. 산과 식물, 대기와 동물 등을 보며 세계가 얼마나 아름다운지를 인정하라고 말한다. 그런 것들은 물론 보기에는 아름답다. 하지만 그런 것들로 존재한다는 것은 별개의 문제이다."(HN Ⅲ, 172)

이제 쇼펜하우어 철학이 열정을 가지고 다루는 주제가 등장한다. 존재를 떠나서 보기에 집중한다는 주제이다.

주관이 의지로 존재하기를 중단한다면 그 주관은 공공연한 세계의 비밀, 다시 말해 의지가 모든 곳에 자리한다는 비밀을 볼 수 있는 기회를 갖게 된다. 여기서 쇼펜하우어는 힘겹게 다음 단계인 의지의 형이상학으로 넘어간다. 의지의 형이상학은 내면에서 의지를 체험함으로써 출발한다. 이렇게 '열대 지역'을 출발점으로 삼는 의지의 형이상학은 의지가 냉각되고 정돈된 세계에 당도한다. 이런 세계는 한동안일지라도 의지에서 풀려나 신중하게 인식을 할 수 있는 자에게만 모습을 드러낸다. 개인 위에 있는 것("더 나은 의식")은 개인 아래에 있는 것(자연 속에 있는 의지)을 본다. 예전의 상업 사무소 견습생답게 그는 흡사 회계를 하듯이 한 편에서 마이너스로 기록된 것이 다른 편에서 플러스가 되게 만든다. 바꿔 말하면 주관에서 의지가 사라지면 객관에서는 의지가 더욱 또렷이 모습을 드러낸다.

의지가 없는 주관, 이런 주관은 존재를 결핍하고 있기에 동정의 대상이 아닐까? 쇼펜하우어는 이렇게 쓴다. "인간의 진정한 본질은 의지이며 표상은 이차적으로 추가된 외면적인 것이다. 하지만 의지가 의식에서 사라지고 표상만이 남아 있을 때 비로소 인간은 참된 구원을 발견한다. 따라서 본질적인 것은 지양되어야 하며 본질적인 것의 현상(표상)이며 본질에 추가된 것은 머물러야 한다. 여기에 관해서 많이 숙고하지 않을 수 없다."(HN III, 283)

니체는 "여기에 관해서 숙고하다가" 삶은 심미적 현상으로만 정당화될 수 있다는 결론을 내리게 될 것이다. 쇼펜하우어 본인은 숙고를 하다가 자신의 형이상학과 윤리학이 밀접히 연관되어 있다는 사실에 재차 맞닥뜨리게 된다. 그저 진실을 인식하기 위해서 의지의 충동으로부터 자유로워 신중해져야 한다면, 진실 안에 존재하기 위해서는 의욕 때문에 겪는 곤란함으로부터 더 철저히 더 지속적으로 해방되어야만 할 것이다. 진실을 현실로 구현하려면 의지가 삶에서 갖는 힘을 탈현실화해야 한다. 쇼펜하우어는 삶에 대립되는 진실을 구상한다. 니체는 그 진실을 실마리로 삼지만 중요한 점을 번복할 것이다. 진실이 삶과 병립할 수 없기에 철학자는 속임수를 써서라도 의지를 명예 회복시켜야만 한다. 결국 철학자에게 관건이 되는 것은 진실이 아니라 힘, 다시 말해 삶에서의 힘이다.

쇼펜하우어가 좇는 "참된 구원"이란 의지에서 해방되어 순수하게 "본다"는 것을 의미한다. 이때 그는 자신이 피하려는 대상이 누구인지 아주 정확히 알고 있다. 바로 디오니소스이다.

니체가 성애를 통한 구원을 의미하는 이 신의 품에 몸을 던지려 하는 것은 그가 쇼펜하우어를 뒤집어 놓은 철학자라는 점에서 보면 당연한 일이다.

"물자체"를 가장 또렷이 경험할 수 있는 것은 의지 안에서이다. 그렇다면 어디서 의지를 가장 또렷이 경험할 수 있을까? 성행위에서 그럴 수 있다고 쇼펜하우어는 원고노트에서 답한다. 이제껏 그가 이렇게 노골적으로 표현한 적은 없었다. "세계의 내적 본질인 물자체 – 나는 그것을 삶에의 의지라고 명명한 바 있다. – 가 가장 밀접히 인식되는 곳은 어디일까? 어디에서 그 내적 본질은 가장 또렷이 의식 속으로 들어서는 것일까? 어디에서 그 본질이 가장 순수하게 현현하는 것일까? 내가 이런 질문을 받는다면 성행위에서 오는 쾌락이 그런 장소라고 답하지 않을 수 없다. 그렇다! 성행위에서 오는 쾌락이야말로 모든 사물의 진정한 본질이자 핵심이며 모든 존재의 목적 그리고 목표이다."(HN III, 240)

쇼펜하우어가 위의 글을 쓴 건 1826년이다. 5년째 그는 카롤리네

리히터와 연인관계를 유지하고 있다. 메돈이라는 예명을 사용하는 그녀는 합창단원이자 배우이며 댄서로 일하고 있다.

1821년 쇼펜하우어는 당시 열아홉 살이었던 이 젊은 여성을 알게 되었다. 바로 이 시기에 그는 비밀메모장인 『자기성찰』에 이렇게 쓴다. "내가 독창적으로 구상을 할 수 있던 참된 시기는 지나갔으니 이제부터 교직에 종사한다면 내 삶을 가장 유용하게 보낼 수 있을 것이다. 그러자면 나의 삶은 그 누가 보아도 상관없게끔 열려있어야 하며 사회 안에서의 버팀목을 가져야 할 것이다. 독신인 나는 그런 버팀목을 가질 수 없다."(HN IV, 2, 106)

하지만 카롤리네 리히터는 그에게 "사회 안에서의 버팀목"을 제공할 수 있는 여자가 아니다. 그녀는 베를린 근교의 극장에서 두 번째 연인 역할을 단골로 연기하고 있었다. 이 사실을 상쇄하려는 듯 그녀는 스스로 여러 연인들과 동시에 관계를 맺는 정반대의 상황에서 살고 있었다. 극장의 주변 환경이 자유분방했던 데다가 그녀가 미모의 소유자였기에 가능한 일이었다. 연극을 열심히 관람하던 쇼펜하우어는 그러한 상황에서 그녀에게 푹 빠졌지만 그 후 늘 질투심에 시달려야 했다. 그가 1822년 5월 두 번째로 이탈리아를 여행하러 출발한 지 열 달이 지나서 카롤리네는 아이를 출산한다. 죽을 때까지 카롤리네에게 애틋한 정을 가지고 있던 아르투어는 유언장에서 그녀를 배려했지만 "배신"을 통해 태어난 이 아이를 평생 인정하지 않았다. 유언장에서 그는 카를 루트비히 구스타프 메돈 - 1823년 3월에 태어난 카롤리네의 아들 이름이다. - 을 명시적으로 배제시킨다. 쇼펜하우어는 1831년 카롤리네와 함께 베를린을 떠나고자 하지만 아들을 데려가겠다는 카롤리네의 소원을 그가 들어주지 않은 탓에 이 계획은 수포로 돌아간다. 실망한 쇼펜하우어는 화를 내며 혼자서 프랑크푸르트로 이주한다.

1819년 열일곱의 나이로 베를린에 온 카롤리네 리히터는 국립극장의 합창단원으로 채용되었다. 아마 높은 지위에 있는 누군가가 그녀를 추천했을 것이다. 그녀는 루이스 메돈Louis Medon이라는 비서관의 아이를 임신해서는 1820년 초여름 첫째 아들을 출산했다. 아이는 쇼펜하우어가 카롤리네를 알기 전에 사망했다.

그녀는 이후 비서관의 이름을 따서 자신을 "메돈"이라 칭한다.

아르투어가 카롤리네에게 보낸 편지는 남아 있지 않다. 굴곡은 있었지만 10년 동안이나 유지됐던 관계에 관한 기록은 거의 없다. 카롤리네가 쇼펜하우어에게 보낸 편지가 몇 통 발견되었는데 이것은 그가 이미 프랑크푸르트에 살던 1830년대 초반에 쓰여진 것이다. 이 편지들에서 카롤리네는 쇼펜하우어가 냉혹하게도 그녀의 아들을 인정하지 않았다고 한탄한다. 자신은 쇼펜하우어를 따라가고 싶었다고 털어놓으면서 그의 불신에 상처를 받았다고 말한다. 그는 카롤리네를 재정적으로 지원했는데 그녀가 다른 신사들로부터 후원을 받는다고 그녀를 비난했던 것 같다. 그녀는 답장에서 "내가 진 빚을 보면 내가 경박하게 살지 않았다는 걸 알 수 있어요"[2]라고 항변한다.

카롤리네는 때때로 심한 가슴통증으로 고통스러워한다. 그래서 그녀는 1820년대 중반 국립극장의 자리를 포기하고 교외극장에만 드문드문 출연한다. 여기서는 이따금 주역을 맡기까지 한다.

카롤리네의 알 수 없는 병 역시 쇼펜하우어를 주춤하게 한다. 그가 한 말을 믿는다면 그는 이탈리아에서 교제 중인 여인이 폐병환자임을 알고 그 여인을 떠난 적이 한 번 있다.

카롤리네는 자신의 건강 상태에 대해 연인이 품은 의심을 없애려고 시도한다. 1832년 편지에서 그녀는 "나랑 결혼하려는 남자가 있다는 건" "내가 병들지 않았다"[3]는 증거라고 반박한다. 물론 이런 말은 다시금 그의 질투심을 자극했음에 틀림이 없다.

이리저리 그는 동요한다. 연인이 병에 걸렸을까 봐 겁을 내다가 질투를 한다. 가정을 이루면 독자성을 잃을까 봐 겁을 내다가 카롤리네가 그런 계획에 합당하기나 한 여자인지에 대해 회의하기도 한다.

원고노트는 이 시절의 철학적 성찰을 기록하는 데 그치지 않고 연애 사건이 쇼펜하우어의 내부에 일으키는 파장을 보여준다. 너무나 당연하게도 사랑의 고통과 기쁨은 철학적 사유의 재료가 된다. 예를 들어 보겠다. "새로운 개인이 최초로 등장하는 순간은 그의 양친이 서로 사랑하기 시작할 때, 즉 두 사람이 몹시 개인적인 호감을 가지고 서로를 욕망하기 시작할 때이다. 엄밀히 보자면 사랑에 빠진 시선이 서로 마주치는 순간에 벌써 새로운 개인이 형성된다. 새로운 개인은 새로운 이념과 같다. 모든 이념들은 현상이 되어 나타나려고 탐욕스럽게 – 인과성의 법칙에 의해 이념에 분배되는 – 질료에 손을 뻗치며 몹시 성급해한다. 마찬가지로 인간 개인이라는 특별한 이념은 몹시 성급하게 현상이 되려고 노력한다. 이 성급함으로 인해 미래의 부모가 서로를 열망하게 되는 것이다."(HN III, 138)

쇼펜하우어가 1822년 이런 소견을 기록할 당시 – 이 소견은 나중에 에세이 「성애의 형이상학Metaphysik der Geschlechterliebe」에 다시 등장한다 –"인간 개인이라는 특별한 이념"은 카롤리네 안에서 "현상이 되려고" 애를 쓰고 있다. 하지만 이 "이념"이 자신에게서 나온 것이 아님을 깨닫고 그는 마음 상하지 않을 수 없다.

1822년에서 1823년까지 두 번째 이탈리아 여행을 하면서 그는 자신을 비난한다. 카롤리네와 자신의 관계를 더 공고히 했어야 하지 않았을까? 그런 근심을 시로 표출하기도 한다. "행운이 우리에게 무언가를 건네주었는데 / 우리가 미련한 탓에 부숴버린다면 / 이를 지켜보는 것은

천 배나 더 잔인하리."(HN Ⅲ,159)

남유럽의 하늘 아래에서 그는 자유분방한 사유를 전개해 보기도 한다. 자신의 연인 카롤리네를 신뢰하지 못하는 그는 일부일처제를 여성에게 요구해서는 안 된다고 생각한다. "여자가 한창 피어 올라서 쓸모 있는 짧은 시기에 한 남자만으로 지낸다는 것은 부자연스럽다. 여자가 한 남자에게 제공하는 것은 너무 많아서 그 남자는 다 사용할 수 없다. 반면 많은 다른 남자들은 이 여자가 제공하는 것을 열망한다. 이 여자가 다른 남자들을 체념을 할 경우 그녀는 결핍에 시달려야 한다. 있을 수 없는 일이다!"(HN Ⅲ, 163)

쇼펜하우어의 프로젝트에 따르면 여자는 여러 남자와 동시에 관계를 가져야 하며 남자는 여러 여자와 차례차례 관계를 가져야 한다. "일부일처제에서는 남자는 한 동안은 너무 많이 누리며 장기적으로는 너무 조금 누리게 된다. 여자의 경우는 정반대이다."(HN Ⅲ, 162) 그렇기 때문에 "남자들은 생애의 절반에는 오입쟁이로 살다가 나머지 절반에는 부정한 배우자를 견뎌내야 한다.

카롤리네와 사귀면서 쇼펜하우어는 어쩔 수 없이 "부정한 배우자를 견뎌내는" 역할을 해야 했다.

사랑에 빠진 사람은 신중함이 상실된다는 사실을 쇼펜하우어는 뼈저리게 체험할 수 있었다. 신중함이 사라진 탓에 그는 엉뚱한 사고에 휘말려야 했다. 한 여인이 연루된 이야기이지만 전혀 다른 종류이다.

1821년 8월 12일 쇼펜하우어는 카롤리네의 방문을 기다리고 있다. 옆집에 사는 47세의 재봉사 카롤리네 마케Carolline Marquet는 친구들과 함께 현관방에 자리 잡고 있었다. 쇼펜하우어는 자신의 랑데부를 호기심 어린 시선이 지켜보는 것을 막으려 한다. 게다가 현관방은 쇼펜하우어의 집에 속해 있기에 이웃 여인은 거기 머무를 권리가 없다. 그는 타자인 누군가가 자신의 의지 영역에 침입하였기에 그 누군가를 쫓아내야 한다고 생각한다. 쇼펜하우어는 세 여인에게 현관방에서 나가라고 명령한다. 마케 여인은 이를 거부한다. 그러고서 일어난 일을 쇼펜하우어는 – 재봉사 여인이 시작한 – 재판의 조서에서 다음과 같이 진술한다.

"마침내 나는 그녀를 끌어내겠다고 협박했다. 그녀가 물러서지 않았기에 나는 그녀를 끌어냈다. 하지만 내가 양손으로 그녀의 목을 잡은 것은 아니다. 그런 일은 생각할 수도 없다. 나는 그저 목적에 맞게끔 그녀의 몸 둘레를 잡고 온 힘을 다해 반항하는 그녀를 밖으로 끌고 갔다. 밖에서 그녀는 나를 고발하겠다면서 자기 물건들이 안에 있다고 소리를 질렀다. 나는 최대한 빨리 그것들을 던져 주었다. 그러나 내가 미처 보지 못한 사소한 물건이 안에 남았고 뻔뻔스럽게도 그녀는 그 물건을 핑계 삼아 다시 현관방으로 들어왔다. 나는 그녀를 또 한 번 끌어냈다. 그녀는 몹시 격렬하게 반항하며 목청껏 악을 썼다. 건물 전체를 들쑤셔 놓으려는 기세였다. 그렇게 내가 두 번째로 그녀를 문 밖으로 끌어냈을 때 그녀는 넘어졌다. 내가 보기에는 의도적으로 넘어진 것이다. 이 부류의 사람들은 적극적 저항이 아무 소용 없다는 것을 깨달으면 가능한 한 많이 고통을 받은 후 많이 고발하기 위해서 소극적으로 몸을 던져버리곤 하기 때문이다. 넘어지기 전부터 나를 고발하겠다고 소리를 지른 것을 보면 앞뒤가 맞는다. 내가 원고의 머릿수건을 찢었고 원고가 기절했으며 내가 그녀를 발로 밟고 주먹으로 때렸다는 원고의 진술은 맞지 않으며 거짓임을 나는 이 자리에서 단언한다. 그녀의 진술 중 맞는 말은 없다. 내 성격과 신분과 내가 받은 교육을 고려할 때 내가 야만스럽게 폭력을 행사한다는 것은 상상도 할 수 없는 일임을 나를 조금이라도 아는 사람은 선험적으로 통찰할 것이다."(B, 75)

마케 여인의 손해 배상 청구장을 받은 법원은 고발된 철학자에게는 그런 "야만스러움"이 "상상도 할 수 없는 일"임을 선험적으로든 후험적으로든 통찰하지 않았다.

　"실제의 부상이 대수롭지 않으며 두드러진 상해를 남기지 않았다"는 데 근거하여 법원은 쇼펜하우어에게 20탈러의 벌금형을 선고한다. 카롤리네 마케는 이 판결에 승복하지 않는다. 쇼펜하우어가 재산을 가지고 있다는 것을 알아낸 후 그녀는 "오른쪽 전체가 마비되었고 잠깐 동안만 간신히 팔을 쓸 수 있다"고 주장하면서 새 소송을 예심부터 시작한다. 그녀는 연금과 요양비용을 요구한다. 그 외에도 그녀는 쇼펜하우어를 체포해 달라는 청원을 낸다. 이제 기괴한 형태를 취하기 시작한 소송은 해를 넘어 이어졌고 예심은 원고의 손을 들어준다. 쇼펜하우어가 아직 여행에서 돌아오지 않고 있는 동안 베를린 은행에 위탁된 그의 재산은 압류된다. 1825년, 재판 3년째에 생긴 일이다. 재산의 압류를 풀기 위해 급히 베를린으로 돌아온 쇼펜하우어는 이 판결에 항소한다. 항소심 재판으로 연금 요구가 기각되면서 그의 항소는 성공을 거둔다. 마케 여인은 이제 대법원에 상고하고 대법원은 그녀의 요구가 정당하다고 인정한다. 쇼펜하우어는 법무부 장관에게 진정서를 내지만 받아들여지지 않는다. 5년에 걸친 소송이 있은 후 1827년 5월 4일 최종 판결이 내려진다. 쇼펜하우어는 구타와 낙상으로 야기된 신체상해가 지속되는 한 재봉사에게 3개월마다 15탈러를 지불해야 한다. 카롤리네 마케는 앞으로도 20년은 더 살 것이다. 그 세월 내내 "팔을 떠는 것을 멈추지 않을 만큼" 그녀가 "충분히 약았다"고 쇼펜하우어는 언젠가 분개해서 말했다.

　쇼펜하우어는 1820년 베를린으로 왔다. 이 도시에서 사는 동안 그에게는 연인이 생겼지만 철학 강사로서의 경력은 실패했고 짜증스러운 소송에 휘말려 들었기에 겨우 2년이 지나자 그는 이 도시에 염증을 낸다. 그는 1822년 1월 15일 아델레에게 보낸 편지에 드레스덴으로 이주하는 것을 고려하고 있다고 쓴다. "나는 많은 걸 필요로 하지 않기에 내 재산으로 살아갈 수 있다. 내게 주어진 삶 중 절반 이상은 지나갔으니 난 이제 내게 남은 날들을 여태껏 그래 왔듯이 연구와 사유를 하면서 드레스덴에서 보내려고 한다. 그러다 보면 내가 교수직에 임명될 수도 있을 것이다."(B, 79) 그러나 아직 그는 자신의 앞으로의 삶에 대한 최종 결론을 내리는 것을 주저한다. 그동안 그는 강의록에 자신의 강의를 예고하기만 할 뿐 실제 강의를 하지 않았으면서 베를린의 강사 지위를 완전히 포기하려고 하지는 않는다. 그는 유예기간을 갖는다. 또 다시 그는 이탈리아로 여행할 계획을 세운다. 바이마르 시절의 친구인 프리드리히 오잔⁴에게 그는 이렇게 쓴다. "내가 이탈리아 사람들에게 알려져 있지 않고 평가받지 못하는 것은 당연하다는 걸 난 알고 있어. 똑같은 일이 독일에서 벌어진다면 내가 독일을 좋아할 수 없는 이유로부터 그 사실을 연역하는 수밖에 없겠지."(B, 82)

1822년 5월 27일 쇼펜하우어는 출발한다. 프리드리히 오잔에게 그는 자신의 귀가 되어달라고 부탁한다. 그가 남유럽의 하늘 아래 머물며 「예나 문학신문」을 읽지 못하는 동안 "독일에 남은 충실한 친구" 오잔은 "책이나 잡지, 문학 신문 등에 내가 언급되는 것"(B, 83)을 놓치지 말라고 철학자는 당부한다. 오잔이 할 일은 거의 없을 것이다. 아무도 쇼펜하우어를 언급하지 않기 때문이다.

이탈리아 초행 때와는 달리 쇼펜하우어는 "분주한 여행객처럼 늘 이리저리 옮겨 다니는" 대신 스위스를 충분히 "관광"한 다음에 밀라노를 거쳐서 피렌체로 가서는 그곳에서 "아주 조용히" 한동안 살려고 한다.(B, 84) 이 계획을 그는 실천에 옮긴다. 1822년 6월과 7월을 스위스에서 보내고 그는 8월 17일 밀라노에 도착한다. 2주 후에 밀라노를 떠나 피렌체에 와서는 1822년 9월 11일부터 1823년 5월까지 유유자적하게 머문다. 1822년 10월 29일 오잔에게 쓴 편지는 그가 쓴 것치고는 명랑한 분위기를 풍긴다. "다시금 큰곰자리가 이제 하늘 밑자락에 떠 있다네. 다시금 짙은 초록의 활엽수는 바람 한 점 없이 짙푸른 하늘에 날카로운 윤곽을 드리운 채 진지하고 우울하게 서 있다네. 다시금 올리브와 포도덩굴, 소나무와 실측백나무로 이루어진 풍경 속에는 작은 집 여러 채가 점점이 흐트러져 있다네. 다시금 나는 포석들이 일종의 모자이크를 이룬 도시에 와 있다네. [⋯] 그리고 다시금 나는 입상조각들이 즐비한 신기한 광장을 날마다 지나가고 있다네." "다시금 나는 평판이 나쁜 민족과 함께 살고 있다네"라는 말로 그는 마무리한다. 하지만 이런 험담을 어떻게 받아들여야 할지를 그는 같은 편지 안에서 설명하고 있다. "이탈리아 민족과 사는 것은 연인과 사는 것과 같아. 오늘은 격렬하게 싸우지만 내일은 연인을 숭배하지. 독일민족과 사는 것은 조강지처와 사는 것과 같아. 불같이 화를 내지도 않고 뜨겁게 사랑하지도 않지."(B, 87)

쇼펜하우어가 이 시절에 구체적으로 무엇을 하며 보냈는지 우리는 알지 못한다. 그가 말을 아끼기 때문이다. 나중에 그의 말벗이 된 카를 베어^{Carl Bähr}는 이렇게 전한다. "그는 거의 영국 귀족들하고만 교제했고 호메로스를 읽는 것 말고는 아무것도 하지 않았다."(B, 512) 오잔에게 보낸 편지에서 그는 도미니크 수도사와 영국 귀부인을 언급한다. 수도사와 함께 보볼리 정원에서 산책을 했는데 수도사가 "수도원들이 타락했다고 한탄"하는 것을 들어 주었다는 것이다. "영국 귀부인"에게 "구애"를 하기도 했는데 "그녀의 집에는 선조들을 추모하는 홀이 촛불로 환하게 밝혀져 있다"(B, 88)고도 쓴다. 피렌체에서는 "뮤즈 여신에게 봉사"하기 위하여 열심히 연극과 오페라를 관람하고 박물관을 방문했으며

"예전과는 달리 사람들과 잘 어울리고" 있다고 쓴다. "신분이 높은 사람들"이 "권태"에 시달리는 것을 가까이에서 관찰하면서 "경험을 늘리고 사람에 대한 지식을 늘리게 되었다"(B. 92)고도 쓴다.

"그곳에서의 즐거웠던 시간을 나는 언제나 기꺼이 회상할 걸세"라고 그는 1824년 5월 21일 뮌헨에서 오잔에게 쓴다. 이탈리아에서 돌아온 지도 어언 1년이 지났는데 그 1년은 아주 힘든 시간이었다. 그 1년에 대해 그는 오잔에게 이렇게 이야기한다. "1년 전에 나는 이리로 (뮌헨을 가리킨다. – 자프란스키) 왔었고 6주 후 여행을 계속하려 했네. 그런데 잇달아 병에 걸리기 시작한 걸세. 나는 겨울 내내 이곳에서 꼼짝도 할 수 없었다네. 치질과 누공瘻孔이 생겼고 관절염과 신경통이 뒤따랐지. 나는 겨우내 방을 지키며 고통스러웠다네."(B. 92)

이 간략한 소식 뒤에는 삶에서의 커다란 위기가 숨어 있다. 아마 이제까지 그의 삶을 통틀어서 가장 커다란 위기였을 것이다. 이탈리아에서 그가 무명인으로 살았던 것이 자연스러운 일이었다면 독일로 돌아와서는 그가 무명인일 수밖에 없다는 사실이 다시금 육중한 무게로 그를 짓누른다. 그동안 아무것도 바뀌지 않았다. 일반 대중에게 쇼펜하우어의 철학은 존재하지 않는다. 그러나 독창적 구상이 가능했던 몇 년 동안 그가 이루어냈던 이 철학은 이따금 위압적인 존재감으로 그를 덮친다. 사람들은 그의 저서에 조금도 주의를 기울이지 않지만 그 저서가 드리우는 그림자에 그는 주눅들기까지 한다. 그는 그런 저서를 다시는 창조하지 못할 거라고 여러 차례 의기소침하게 인정한다. 그러고 나면 자신의 진짜 삶은 이미 끝났다는 생각이 들곤 한다.

여러 주에 걸쳐 우울증을 겪는 동안 그는 자신의 『수첩』에 이런 메모를 한다. "산다는 건 쉴새 없이 수업을 받고 또 받는 것이지만 그래봤자 대부분 부정적인 결과가 나온다는 말이 있다. 그게 사실이라면 나는 허무가 제공하는 평온함 속에서 아무런 필요도 느끼고 싶지 않다고 대답하겠다. 그렇게 하면 수업을 안 받아도 되고 다른 어떤 것도 안 해도 될 것이다." 이런 메모도 있다. "삶의 불행이 닥치면 사람들은 죽음이 있다는 데서 위로를 받는다. 죽음이 닥치면 삶이 불행했다는 사실에 위로를 받는다. 참으로 멋진 입장이 아닐 수 없다."(HN Ⅲ, 170)

힘들었던 겨울이 지나고 그는 뮌헨에서 봄을 맞지만 전망은 여전히 암울하다. 여전히 손이 떨리고 낮이 되어도 기운이 나질 않는데다가 오른쪽 귀는 "전혀 들리지 않는다." 1825년 5월 말 그는 요양을 하러 바트 가슈타인Bad Gastein까지 가까스로 가서는 한 달을 거기 머문다. 그러고서는 뮌헨으로 돌아오지 않는다. 그는 뮌헨의 "지옥 같은 기후"가 베를린의 "모래사막"만큼이나 끔찍하다고 여긴다. 지금 그는 베를린에 갈 마음이 없다. 연인 카롤리네는 그동안 다른 남자의 아이를 낳았기에 베를린을 매력적으로 만드는 데 기여할 수 없다.

그는 만하임에서 여름을 보내려 한다. 하지만 안전을 기하기 위해서 오잔에게 "숙녀들" – 어머니와 여동생을 의미한다. – 도 그리로 갈 계획이 있냐고 물어본다. 어떻게든 "재회"를 피하려는 것이다. 오잔은 그런 걱정은 안 해도 된다고 말해 주었고 그는 1824년 7월과 8월을 만하임에 머문다. 1824년 9월 드레스덴으로 가서 겨울을 보내면서 패배의 현장인 베를린을 여전히 피한다.

이번 겨울 학기에도 그는 베를린대학교에서 강의를 한다고 예고하지만 순전히 형식적이다. 아무도 수강하지 않거나 너무 적은 인원이 수강하리라고 그는 벌써 예상하고 있다. 실제도 그러하다.

그는 새로운 활동을 모색하다가 스턴의 소설 『트리스트럼 샌디Tristram Shandy』[5]를 새로이 번역하겠다고 출판업자 브로크하우스에게 제안하지만 브로크하우스는 이 제안을 거절한다. 종교 비판을 다룬 흄의 대중철학적 에세이를 번역하려는 시도 역시 호응을 얻지 못한다. 드레스덴에서 몇 달을 보내는 동안 그는 흄의 번역에 넣을 서문의 몇 문장을 쓰는데 이 번역은 성사되지 않는다. 서문의 초안을 보면 쇼펜하우어가 흄을 번역함으로써 자신을 홍보하려 한다는 것을 알 수 있다. "나는 동시대인들이 데이비드 흄이 쓴 탁월한 글에 관심을 갖도록 하기 위해 새로이 번역을 시도한다. 미래의 독자는 내가 어쩌다가 이런 일을 하게 되었는지 알 것이다. 동시대인들이 내가 저서에 들인 노고를 치하했다면 내가 이 번역을 할 필요가 없었을 것이다."(HN III, 177) 얼마 지나지 않아 서문의 두 번째 초고를 쓰면서 그는 본래 자신의 본업인 집필을 접었음을 내세우며 관심을 끌려 한다. "내가 어쩌다가 이런 소소한 일거리를 잡게 된 것은 내 사유를 독자에게 알리는 작업을 할 필요가 없어지면서 내게 시간이 남아돌기 때문이다. 동시대인들이 나의 사유에 관심을 보이지 않으리라는 것을 나는 예견했고 예언했는데 그 예언이 경험을 통해 증명된 것이다."(HN III, 182) 번역을 하려는 계획이 좌절되지만 쇼펜하우어는 일단은 흔들리지 않는다. 1820년대 말 그는 17세기 초반에 활약했던 스페인의 회의론자 그라시안이 쓴 삶의 격언을 번역하게 될 것이다. 이 번역서는 쇼펜하우어가 사망한 지 2년이 지나서야 출간된다.

쇼펜하우어는 이 시기에 가장 중요한 번역 프로젝트를 야심만만하게 추진하지만 이 역시 이루어지지 못한다. 1829년 「포린 리뷰Foreign Review」에 익명으로 실린 논문은 칸트의 주요 작품들이 영어로 번역되어야 한다고 주장한다. 쇼펜하우어는 즉각 이에 반응하여 출판사에 익명의 저자와 연결시켜 달라고 청한다. 그러고는 이 익명의 저자에게 자신이 번역을 하겠다고 자청한다. 이 저자는 프란시스 헤이우드Francis Haywood라고 자신을 소개하며 다른 제안을 한다. 헤이우드 자신이 번역을 할 생각이니 쇼펜하우어가 원고를 감수하는 게 어떠냐는 제안이다. 기분이 상한 쇼펜하우어는 직접 「포린 리뷰」의 출판사와 접촉하며 자신의 관심사를 추진하지만 성공하지 못한다.

쇼펜하우어가 번역자로 일하려고 했던 것은 물론 돈을 벌기 위해서가 아니었다. 저술가로서 최소한의 공적인 활동이라도 하기 위해서였다. 이 영역에서 그가 성공한 경우는 자신의 작품을 번역한 것이 유일하다. 안과에 관련된 소논문 모음집Scriptores Ophthalmologici Minores을 위해 그는 자신의 논문 『시각과 색채에 관하여』를 라틴어로 번역한다. 이 번역서는 1830년에 출판된다. 아르투어의 자부심이 외부로부터 자양분을 얻은 몇 안 되는 기회 중 하나이다. 그런 기회를 장 파울이 또 제공한다. 장 파울은 1824년 발표된 「미학입문에 붙이는 글Kleine Nachschule zur ästhetischen Vorschule」에서 짧게 쇼펜하우어를 언급한다. "쇼펜하우어의 『의지와 표상으로서의 세계』는 독창적인 철학서이다. 대담하고 다층적인 데다가 예리함과 깊이로 가득하다. 하지만 독자는 여러 차례 바닥 모를 암담한 깊이에 마주하게 된다. 이 작품은 노르웨이에 있는 우수에 찬 호수에나 비교할 수 있을 듯하다. 깎아지른 절벽으로 음침하게 에워싸인 그곳에는 해가 비치지 않는다. 대낮인데도 별이 박힌 듯한 밤하늘이 나직이 드리워진 것을 볼 수 있을 뿐이다. 그 하늘에는 새 한 마리 날아가지 않고 구름 한 점 흘러가지 않는다. 다행히도 나는 그 책을 그저 칭찬할 뿐 그 책과 의견을 같이하지는 않는다."[6]

낭만주의 운동의 스승이었지만 지금은 구시대의 유물인 장 파울의 평가이다. 1824년에서 1825년에 걸친 겨울날 쇼펜하우어는 낭만주의 운동의 또 다른 스승인 루트비히 티크를 드레스덴에서 개인적으로 만나서 논쟁을 벌인다. 논쟁 당시 옆에 있었던 카를 폰 홀타이Karl von Holtei는 어머니의 친구로 그녀와 같은 집에 살았다. 나중에 그는 이 논쟁을 회고하며 이렇게 이야기한다. "나는 앞서 말한 괴짜(쇼펜하우어를 말한다. – 자프란스키)를 몇 년 전에 드레스덴에 있는 티크의 집에서 만났는데 그의 언행에 기가 막혔다. 이 만남을 그녀(요한나 쇼펜하우어를 말한다. – 자프란스키)에게 누설하지 않으려고 나는 온갖 주의를 기울였다. 쇼펜하우어와 티크는 갖가지 철학 체계에 대해서 토론을 벌였다. 티크가 선호하는 철학자 야코비도 거론됐다. 그러다가 둘은 종교를 두고 논쟁을 하게 되었다. 티크가 신을 거론하자 쇼펜하우어는 벌에 쏘인 듯 벌떡 일어나서는 팽이처럼 뱅뱅 돌았다. 기분 나쁘게 웃으며 그는 여러 차례 '뭐라고요? 선생님은 신이 필요하십니까?'라는 말을 반복했다. 이 소리를 루트비히 티크는 죽을 때까지 잊을 수 없었다."[7]

1825년 봄, 3년 만에 그는 베를린으로 돌아온다. 지긋지긋한 마케와의 소송으로 그가 출석해야 하는 이유도 있겠지만 아마 카롤리네 메돈을 다시 보고 싶어서일 것이다. 곧장 그는 다시 그녀와 만나기 시작한다. 쇼펜하우어의 유고를 관리한 빌헬름 그빈너에 따르면 아르투어는 그녀와의 결혼을 숙고한 적도 있다.

베를린의 상황은 쇼펜하우어가 보기에는 거의 변하지 않았다. 헤겔은 예전과 마찬가지로 정상에 우뚝 서 있다. 자연탐구가로 세계를 여행하는 알렉산더 폰 훔볼트가 1827년 개선장군처럼 베를린에 돌아왔지만 훔볼트조차 헤겔의 위상을 흔들지 못한다. 교양 있는 중산층 여성들의 우상(헤겔의 아내 역시 훔볼트의 강연을 들으러 가서 남편의 심기를 해쳤다)이자 식물학에 심취한 귀족층의 우상인 훔볼트는 사변적으로 사물을 파악하는 것을 무엇보다도 반대한다. 하지만 훔볼트조차도 슈바벤 사투리를 쓰는 베를린의 철학왕에게는 경의를 표한다. 훔볼트는 "지식과 경험이 없는 형이상학"[8]이 성행한다고 빈정대기는 한다. 소문을 들은 헤겔은 바른하겐 폰 엔제를 시켜 어떻게 그런 이야기를 이해해야 하냐고 훔볼트에게 묻는다. 그러자 훔볼트는 기세등등한 철학자에게 자신의 강연 원고를 보낸다. 그 원고에서 헤겔은 문제가 될 만한 것을 발견하지 못한다. 하지만 헤겔이 모르는 게 하나 있다. 훔볼트가 약삭빠르게 다른 원고를 보냈다는 사실이다. 여기에서 알 수 있듯이 헤겔을 이길 자는 없다. 쇼펜하우어는 애당초 지게 되어있다. 2년이 지난 후 그는 다시 새로운 주거지를 물색한다. 몹시 절망적인 경험을 했음에도 불구하고 그는 대학에서 경력을 쌓는 것을 아직까지 완전히 포기하지 않고 있다. 최근에는 대학의 시설 관리인까지도 쇼펜하우어를 무례하게 대했다. 시설 관리인이 "용납할 수 없이 파렴치하게" 굴어서 "이른 아침부터 맨정신이 아닌지 의심"하지 않을 수 없다(B, 102)고 그는 학부에 항의한다.

뮌헨 시절 그는 바이에른 교육부의 고위관리인 프리드리히 빌헬름 티어쉬Friedrich Wilhelm Thiersch를 알고 지냈다. 그는 티어쉬에게 자신이 "외부 활동을 좀 하려고 하는데" 혹시 남부 독일의 대학에 그가 일할 만한 자리가 있는지 혹은 그런 자리가 마련될 수 있는지 문의한다. "풍광이 아름다운" 도시 뷔르츠부르크Würzburg를 염두에 두고 있다면서 뷔르츠부르크의 "밝고 온화한 기후"(B, 105)가 마음에 든다고 덧붙인다.

티어쉬는 쇼펜하우어를 돕는 한편 공식적으로 지원을 하라고 그를 격려한다. 바이에른의 교육부는 그의 지원서를 받고는 조회를 한다. 베를린에 있는 바이에른 공사는 이렇게 보고한다. 쇼펜하우어는 "저술가나 교사로서 쌓은 명성이 전혀 없다. […] 그의 외모는 호감을 주지 않는다. 따라서 언급된 쇼펜하우어는 뷔르츠부르크대학교에 도움이 될 인물이 아니다."(B, 516) 문의를 받은 사비니 교수가 제공하는 정보 역시 그에게 유리하지 않다. "귀하는 사강사인 쇼펜하우어 박사에 대해 드디어 묻고 계십니다. 저는 그의 저작을 전혀 모르기에 그것에 관해서는 판단을 내릴 수 없습니다. 하지만 그의 사람됨에 관해서는 저는 그가 늘 아주 오만하다고 여겨왔습니다. 다른 데에서도 그에 관해 좋게 이야기하는 사람보다는 나쁘게 이야기하는 사람이 더 많습니다."(B, 516)

뷔르츠부르크에 자리를 잡으려던 시도는 무산된다. 쇼펜하우어는 하이델베르크대학교에서 자신의 행운을 시도한다. 그는 고대와 신화를 연구하는 저명한 학자인 게오르크 프리드리히 크로이처Georg Friedrich Creuzer에게 편지를 써서 "시민사회에서 자리를 차지하고"(B, 106) 싶다면서 하이델베르크에서 이 소망이 이루어질 수 있겠냐고 문의한다. 크로이처는 그런 생각을 접으라고 충고한다. 하이델베르크에서 철학에 대한 관심은 줄어들고 있다는 것이다. 쇼펜하우어가 이 추세를 멈추는 데 도움이 될 인물이 못 된다는 견해를 크로이처는 내비친다.

여기저기 지원을 해 보지만 거절만 당한 채 몇 달을 보내니 쇼펜하우어는 비참한 기분이다. 그와 알고 지내던 아델베르트 폰 샤미소'는 보다 못해 악마를 너무 시커멓게 그리지 말라고 그에게 충고한다. 회색으로만 그려도 충분하다는 것이다. 하지만 쇼펜하우어는 자신을 훼방하려고 음모하는 악마들이 시커멓다는 것을 믿어 의심치 않는다.

물론 그는 지난 몇 해 동안 자신의 저작이 그 가치에 걸맞게 받아들여지리라는 희망을 접지 않았다. 그는 자신의 기대를 낮추려고 애를 쓰지만 낮춰진 기대조차 너무 낙관적이었음이 드러난다. 1821년 그는 저작의 제2판이 나오리라 예상하고는 서문의 초안을 작성한다. 그는 제2판이 필요한 시점이 1828년일 것이라고 어림잡는다. 하지만 그는 너무 이르게 추정했다. 1828년 그가 문의하자 브로크하우스는 초판의 800부 중 150부의 재고가 남아있다고 알린다. 여러 해 전에 상당한 양이 폐지로 처분되었으므로 얼마나 많은 부수가 실제로 팔렸는지는 이제 추정할 수 없다는 것이다.

이 소식을 들은 아르투어는 1836년에 제2판이 나오리라는 예상을 하며 새로이 서문의 초안을 작성한다. 이 초안에서 그는 대중을 "아둔한 동시대인들"이라 욕하는 동시에 오히려 무시당하는 게 자신에게는 더 낫다는 듯 자부심에 찬 모습을 연출한다. "진실을 사랑하며 즐길 줄 아는 사람은 대중의 호응을 필요로 하지 않는다. 문외한이 관심을 갖고 지지나 반대를 표명하면 혼란이 생기기 마련이다."(HN Ⅲ, 524) 제2판이 발행되는 것은 "원숭이 […] 무리"를 위해서가 아니라 후세를 위해서라는 이야기이다. 누가 "원숭이"에 속하는지 1830년 작성된 서문의 초안은 명시하고 있다: 여기서 그의 분노는 최고조에 달한다. 원숭이는 "허풍선이 피히테"와 "조야한 협잡꾼 헤겔"(HN Ⅳ, Ⅰ, 13)에 넘어간 사람들을 의미한다. 그런 사람들이 자신의 저작에 관심을 보이지 않았다는 건 자랑할 만한 일이라고 그는 주장한다.

이 초안을 보면 그는 높은 경지에서 분노를 추스르는 것 같다. 그러나 그 과장된 방식에서는 진가를 인정받지 못하는 사람의 깊은 상처와 비애가 묻어난다. 「내 아버지의 혼령께 바침^{Den Manen meines Vaters}」이라는 헌사를 작성할 때 그는 다른 어조를 사용한다. 쇼펜하우어는 제2판 맨 앞에 헌사를 넣으려 했다. 처음으로 그 초안을 작성했던 건 1828년이었다. 학계에 발붙이려는 마지막 시도가 실패했던 시기였다. 저작의 판매가 전혀 이루어지지 않고 있다는 걸 확인해야 했던 시기이자 번역자로 일하려 했지만 거절당했던 시기였으며, 자신의 업적과 활동으로 가까운 장래에 시민사회 안에서 자리를 얻는다는 게 불가능함을 분명히 깨달았던 시기였다. 그가 시민사회 안에서 살아가는 것은 아버지 덕이다. 따로 밥벌이를 하지 않고 철학을 위해서 살 수 있다는 것에 그는 아버지께 고마워해야 한다. 시민사회의 척도로 재면 그는 낙오자이며 아버지로부터 물려받은 재산이 없었다면 존재할 수도 없었을 것이다. 그는 다음과 같은 문장을 적는다. "고귀하고 훌륭하신 영혼이여! 제가 존재한다는 사실과 제가 누리는 것들은 전부 당신이 제게 베푸신 것입니다. 당신은 배려 깊게 아무것도 할 줄 모르던 어린 시절과 생각이 짧던 소년기 내내 저를 보호하셨고 받쳐주셨을 뿐 아니라 제가 남자로 성장한 후에도 그리고 지금까지도 저를 보호하시고 받쳐주십니다. 저와 같은 아들을 이 세상에 태어나게 하시면서 당신은 그런 아들이 이 세상에서 존재하며 성장할 수 있도록 배려하셨습니다. 당신은 그 아들이 땅을 일구는 데 적합하지 않을 경우를 대비하셨습니다. […] 당당한 공화주의자셨던 당신은 당신의 아들이 […] 장관과 고위관리 앞에서 절절 기며 빵 조각을 얻기 위해 비굴하게 구걸할 재능이 없다는 것을 내다보셨습니다. 당신의 아들이 잘난 체하는 범속한 사람들에게 아부할 재능이 없다는 것을, 얼간이 사기꾼을 칭송하는 사람들이 모여들 때 겸허히 그들을 따라갈 재능이 없다는 것을 내다보셨습니다. […] 이런 이유로 저는 당신께 제 저서를 바칩니다. 이 저서는 당신이 저를 보호해 주시지 않으셨더라면 생겨날 수 없었던 것이기에 당신의 저서이기도 합니다. […] 그러니 제 저서에서 어떤 기쁨이나 위로, 가르침을 얻는 사람이라면 누구든 당신의 이름을 들어야 마땅합니다. H.F.S.(하인리히 플로리스 쇼펜하우어)가 그런 분이 아니셨다면 A.S.(아르투어 쇼펜하우어)는 백 번은 파멸했을 것이라는 사실을 알아야 마땅합니다…."(HN Ⅲ, 380) 여러 해에 걸쳐 아르투어는 이 헌사를 다듬을 것이다. "A.S.는 백 번은 파멸했을 것"이라는 말을 그는 삭제할 것이며 결국은 헌사 자체를 포기할 것이다. 그가 철학으로 먹고사는 대신에 철학을 위해 살 수 있는 게 누구 덕분이며 어떻게 그럴 수 있었는지를 제2판과 제3판(1844년과 1859년)의 두 서문에서는 밝히지 않는다.

쇼펜하우어의 베를린 시절은 우스꽝스럽게 막을 내린다. 1831년 8월 콜레라를 피해서 베를린을 떠나기 전에 그는 거의 알지 못하는 17세 소녀에게 청혼을 한다. 보트 파티에서 그는 플로라 바이스Flora Weiß — 소녀의 이름이다 —에게 포도를 선물한다. 플로라의 말을 들어보자. "나는 그 포도가 싫었다. 쇼펜하우어 영감의 손에 닿았기 때문이다. 그래서 나는 살그머니 포도를 내 뒤의 물살에 집어넣었다."(G, 58)

아르투어가 소녀의 아버지를 방문해 청혼 의사를 밝히자 아버지는 기겁을 한다. "제 딸은 아직 어립니다!" 아버지는 미성년자인 딸이 결정하도록 한다. 아르투어가 자신이 상당한 재산을 가지고 있다고 넌지시 운을 띄웠기 때문일 것이다. 가족 간에 전해 내려오는 이야기에 따르면 딸은 "S. 씨를 지독히 싫어했다. S. 씨가 그녀에게 몇 차례 관심을 보일수록 반감은 커지기만 했다. 그러니 청혼이 거절당하리라는 건 너무나 분명했다."(G, 59)

거의 20년 전에 아르투어가 원고노트에 써놓은 말이 있다. "매번 눈앞에 닥친 현재는 중요해 보일 수밖에 없기에 우리는 현재를 진지하게 다루게 된다. 그러다 보면 우리는 어쩔 수 없이 우스꽝스러운 사람이 되어버린다. 얼마 안 되는 위대한 영혼들만이 이를 극복하면서 우스꽝스러운 사람에서 웃는 사람이 되었다."(HN I, 24)

제 20 장

—

베를린에서 도피하다. 쇼펜하우어는 가구를 두드린
다. 프랑크푸르트. 불안을 이기기 위해 고정된 방식
으로 매사를 처리하기. 삶의 스타일과 언어의 스타
일. 어머니의 죽음과 아델레의 슬픈 운명.

—

das die Physik aber nicht aufzeigt, ungeachtet sie vorgibt, sich auf Erfahrung und Beobachtung zu stützen. — Ein Beispiel von existirendem Specificiren der Schwere ist die Erscheinung, daß ein auf seinem Unterstützungspunkte gleichgewichtig schwebender Eisenstab, wie er magnetisirt wird, sein Gleichgewicht verliert und sich an dem einen Pole jetzt schwerer zeigt als an dem andern. Hier wird der eine Theil so inficirt, daß er ohne sein Volumen zu verändern, schwerer wird; die Materie, deren Masse nicht vermehrt worden, ist somit specifisch schwerer geworden. — Die Sätze, welche die Physik bei ihrer Art, die Dichtigkeit vorzustellen, voraussetzt, sind: 1) daß eine gleiche Anzahl gleichgroßer materieller Theile gleich schwer sind; wobei 2) das Maaß der Anzahl der Theile das Gewicht ist, aber 3) auch der Raum, so daß, was von gleichem Gewicht ist, auch gleichen Raum einnimmt; wenn daher 4) gleiche Gewichte doch in einem verschiedenen Volumen erscheinen, so wird durch Annahme der Poren die Gleichheit des

Quelle bêtise.

4, 7, p.28

1. 게오르크 빌헬름 프리드리히 헤겔(1770년~1831년)

2. 쇼펜하우어가 헤겔의 저서 『철학총설Encyklopädie der philosophischen Wissenschaften im Grundrisse』에 써놓은 낙서와 그림: "이런 헛소리!"

베를린에서 도피하다. 쇼펜하우어는 가구를 두드린다. 프랑크푸르트. 불안을 이기기 위해 고정된 방식으로 매사를 처리하기. 삶의 스타일과 언어의 스타일. 어머니의 죽음과 아델레의 슬픈 운명.

SCHOPENHAUER

베를린에서 보낸 마지막 해 쇼펜하우어는 꿈을 꾼다. "모든 형태의 진실에 죽을 때까지 충실하기 위해 나는 다음의 내용을 기록한다"고 쇼펜하우어는 원고노트에 적는다. "1830년에서 1831년이 되는 밤, 내가 올해에 죽을 것을 암시하는 꿈을 꿨다. 여섯 살에서 열 살 때까지 내게는 동갑내기인 단짝친구가 있어서 늘 둘이 함께 놀았다. 그의 이름은 고트프리트 예니쉬였다. 그가 죽었을 때 나는 열 살이었고 프랑스에 있었다. 지난 30년 동안 나는 그 친구를 거의 생각하지 않았다. 그러다가 앞서 말한 밤 나는 낯선 땅에 가 있는 꿈을 꾸었다. 한 무리의 남자들이 들판에 서 있었는데 그중 날씬하고 키가 훤칠한 남자가 있었다. 나는 그 남자가 고트프리트라는 것을 알았지만 어떻게 알았는지는 모르겠다. 그는 나를 환영했다."(HN Ⅳ, Ⅰ, 46)

베를린에서 콜레라가 기승을 부리던 시절이다. 쇼펜하우어는 이 꿈을 도피하지 않는다면 죽을 것이라는 경고로 받아들인다. 막상 이별을 하려니 그는 자신이 카롤리네 메돈을 나름대로 사랑하고 있다는 것을 깨닫고는 그녀를 데려가려 한다. 부침이 많은 두 사람의 관계 탓에 출발은 지연된다. 그는 어디로 도피하려 하는 걸까? 그는 프랑크푸르트를 선택한다. 이 도시에는 "콜레라가 발생하지 않는다"고 들었기 때문이며 다른 이유는 없다.

프랑크푸르트에 도착한 지 얼마 지나지 않은 1831년 9월 아르투어는 두 번째 꿈을 꾼다. "나는 부모님을 꿈에서 뵈었다. 이 꿈은 내가 어머니보다 더 오래 살 것임을 암시한다. 이미 돌아가신 아버지는 손에 등을 들고 계셨다."(HN IV, I, 47)

몇 주 후 그는 앓아 눕게 되고 힘겹게 겨울을 보낸다. 그는 아는 사람 하나 없는 낯선 도시, 운터마인콰이에 위치한 가구 딸린 아파트에서 사는데 집 밖으로 나가지도 않을뿐더러 누구 하나 그를 찾아오는 이도 없다. 죽음에 대한 공포에 사로잡힌 그에게 고독은 즐겁지 않다. 카롤리네 생각이 계속 나기 때문이다. 그는 베를린에 있는 친구인 로프초프Lowtzow에게 그녀가 어떻게 소일하며 누가 그녀를 재정적으로 지원하느냐는 등의 질문을 퍼붓는다. 로프초프에게 그녀를 지켜보라고 당부한다. 로프초프는 쇼펜하우어의 의심을 없애려고 한다. 상대를 믿지 못하는 사람은 쓸데없이 삶을 어렵게 산다면서 카롤리네를 믿지 못했기에 둘의 관계가 망가진 거라는 설교를 늘어놓는다.

쇼펜하우어는 프랑크푸르트를 선택한 것이 옳았는지 회의한다. 그는 만하임에 좋은 기억을 가지고 있다. 1824년 그곳에서 그의 중병과 우울증이 나았고 그는 피상적이긴 해도 사람들을 알고 지냈다. 그래서 그는 다시금 이주하기로 결정한다. 1832년 7월 그는 만하임으로 간다.

1년을 그는 그곳에 머문다. 그는 지역 유지들의 모임인 "하모니 협회"에 가입한다. 이 협회는 자체의 공간과 도서관을 가지고 있다. 하지만 그 모임에서 사람들과 어울려 저녁을 보내도 종종 매사에 대한, 만인에 대한 분노가 그를 덮친다. 이 무기력한 분노는 한번 솟아오르면 쉽게 가라앉지 않는다. 저녁 늦게 세 들어 사는 제화공 미하엘 로이스의 집으로 돌아오면 그는 지팡이로 가구를 두드려서 거주자들을 깨운다. 왜 그렇게 소란을 피우냐고 항의를 받자 쇼펜하우어는 이렇게 대답한다. "영혼들을 불러내는 중입니다."(G, 64)

1833년 그는 계산서 표지에 만하임에 남아야 할 이유와 프랑크푸르트로 돌아가야 할 이유를 전부 적어본다. 그는 프랑크푸르트를 택한다. 결정에 기여한 이유는 이렇다. "눈치보지 않고 살기에 더 낫다. 원하지 않았는데도 우연으로 친분을 맺을 일이 더 적으니 방해도 덜 받을 것이다. 그러니 마음에 맞지 않는 교제를 차단하고 피할 수 있는 자유가 있다." "커피숍이 더 낫다", "영국인이 더 많다", "홍수가 일어나지 않는다", "솜씨 좋은 치과의사가 있으며 나쁜 의사는 적다", "기후가 건강에 좋다", "관찰 받는 일이 더 적다."[1]

1년을 만하임에서 보낸 후 쇼펜하우어는 1833년 7월 6일 프랑크푸르트에 도착한다. 그러고서는 짧게 대부분 당일 여행을 가는 것을 제외하고는 사망 시점인 1860년까지 이 도시를 떠나지 않을 것이다.

이전에 자유제국도시[2]였던 프랑크푸르트는 빈 회의 이후 "자유도시"라는 명칭을 얻었다. 이 도시의 헌법은 비교적 민주적이었다. 시 정부의 주축을 이루는 층은 여전히 명문가 출신들이지만 일종의 제2의회라고 하는 "시민단Bürgerkolleg"과 "입법부"가 시 정부를 견제하고 있었다. 어떻든 입법부의 절반은 시민들의 자유선거에서 당선된 이들이었다.

독일연방의회Bundestag[3]가 이 도시에 상주하고 있었다. 소유 영지 전부가 독일에 있는 영주들이나 소유 영지 일부가 독일에 있는 영주들이 보낸 사절들이 연방의회에서 모였다. 도시공화국에 모인 사절들은 공화국과 자유를 지향하는 추세를 어떻게 억압할지를 놓고 메테르니히의 감독 아래 끝없이 장광설을 펼쳤다. 영주가 보낸 수많은 사절들은 우아한 숙소에 머물렀고 함께 어울려 식사했다. 프로이센의 사절인 비스마르크가 다니던 식당 "영국 궁Englischer Hof"은 쇼펜하우어가 주로 점심식사를 하던 곳이었다. 이 사절들은 중산층 분위기가 강한 환경에 세련된 맛을 더했다. 당시 프랑크푸르트에는 대략 5만 명이 거주하고 있었고 그중 절반은 선거권과 피선거권을 가진 도시 시민이었다. 도시의 빈곤층은 고도시의 구불구불하고 어두운 골목에서 근근이 살아갔고 부유한 시민은 도시 외곽의 새로운 거주 지역으로 옮겨갔다. 그곳에는 도시를 둘러싼 오래된 진지가 헐린 자리에 널찍한 공원과 정원, 가로수길이 생겨났다.

프랑크푸르트는 독일연방Deutscher Bund[4]의 정치적 수도일 뿐 아니라 로트쉴트Rothschild가문이 거주한다는 점에서 중부 유럽에 있는 자본시장의 중심지이기도 했다. "돈은 우리 시대의 신이며 로트쉴트는 그 신의 예언자이다"[5]라고 하이네는 암셀 마이어 폰 로트쉴트[6]에 대해 쓴다. 프록코트를 입은 로트쉴트는 월요일마다 멍석을 펼치고 서서 증권거래소에 증권의 시세를 불러주었다. 그가 차일 거리에 있는 화려한 저택에서 사는 반면 그의 어머니는 평생 유대인 골목에 있는 구멍가게에서 살았다.

프랑크푸르트는 유럽의 중심지라고 쇼펜하우어는 대화 중에 언급한다. "모든 게 다 이곳 프랑크푸르트를 거치기에 세상에서 무슨 일이 일어나는지 여기서 보고 들을 수 있습니다."[7] 이제 붙박이로 사는 방식을 택한 아르투어 쇼펜하우어는 커다란 세계를 찾아가지 않아도 된다. 커다란 세계가 스쳐가는 것을 "영국 궁"에서 볼 수 있기 때문이다. 박람회가 열리는 도시, 프랑크푸르트에는 외국인이 넘친다. 프랑크푸르트 토박이를 높이 평가하지 않는 쇼펜하우어로서는 다행스러운 일이다. "프랑크푸르트 사람들은 왜소하고 뻣뻣하며 마음이 거칠다. 자유도시에 산다고 으스대며 잘난 체하는 촌뜨기들이다. 이런 아둔한 족속을 나는 가급적 멀리하고 싶다."[8]

프랑크푸르트에는 아직 대학이 없지만 프랑크푸르트 시는 현대 자연과학을 비롯한 학문에 관심을 보이며 후원을 한다. 여기서는 유능한 현실감각이 선호된다. "물리학 단체"와 "지리학 단체", "역사 단체"가 있으며 그 유명한 "젱켄베르크 자연연구협회Senckenbergische Naturforschende Gesellschaft"[9]가 있다. 쇼펜하우어는 이 협회의 회원이다. 이 협회의 주도로 대규모의 자연과학 도서관이 지어졌다. 쇼펜하우어는 자신의 저서 『자연에서의 의지』(1835년)를 집필하기 위해 이 도서관을 많이 이용하게 된다. 이 협회는 당시 독일에서는 제일 우수한 박물 표본실을 운영하고 있었다. 이 표본실 덕에 "희귀한 자연현상들을 항상 프랑크푸르트에서 제일 먼저 볼 수 있다"[10]고 쇼펜하우어는 말한다.

이 도시는 근대적인 것과 새로운 것에 호의적이다. 아스팔트로 포장된 거리가 처음 생긴다. 이 일을 해 낸 도시건축사는 "경험이 풍부한" 관리이며 "없어서는 안될" 인물이다. 시민들이 그에게 노래를 헌정할 정도다. 새 수도관이 설치되면서 제일 꼭대기 층에도 수돗물이 나오게 된다. 같은 해인 1828년 가스등이 거리를 밝히기 시작한다. 1845년의 헌법기념일에는 시내 거리들과 고급 상점의 쇼윈도들이 밝게 빛날 정도이다. 하지만 정반대되는 모습도 있다. 도시 경계선 안에 사는 농부들은 가축을 우리에서 사육하는 방식이 익숙하지 않다. 그들은 거리로 소와 돼지를 몰고 나와 목초지로 데려간다. 니콜라이 교회에는 지난 번 농산업자 축제 때 정육업자들이 걸어놓은 박제된 소머리가 여전히 꼬챙이에 꿰어져 걸려 있다. 하수도는 덮이지 않은 채 악취를 풍기며 여전히 거리에 흘러간다. 야경꾼이 귀에 거슬리게 소리치는 것도 여전히 들린다. 비가 쏟아지면 독일연방의회 의원들은 개천으로 변한 거리를 철벅거리며 의사당으로 가야 한다. 높으신 분들은 상원이 이런 상황을 개선해야 한다고 압력을 가한다. "이동 목욕센터"는 목욕물을 가정으로 배달하는 일을 하는데 상원은 거리가 몹시 더러워지는 것을 막기 위해서 "이동 목욕센터"가 각 가정을 방문하고 돌아오는 길에 사용된 물을 거리에 뿌리라고 권한다.

프랑크푸르트 주변에는 공장이 생겨나지만 도시 안에는 여전히 길드가 지배한다. 길드는 수공업자의 수가 적정선을 넘지 못하게 관리하고 재래의 생산방식을 지키도록 감독한다. 기능공들이 일자리를 구하지 못하자 불만이 늘어간다. 그래서 정치 클럽에 모인 사람들은 프랑스에서 건너온 생시몽주의Saint-Simonismus[11]의 이념에 대해 논의한다. 독일연방의회 의원들은 요즘 의회가 개최되는 도시에 "썩어빠진 정신"이 자리 잡고 있다고 개탄한다. 1830년 프랑스에서 7월 혁명이 일어난 후 몇 주 동안은 프랑크푸르트도 시끄럽다. 포도 수확기에 "행진"을 할 때에는 사격대회와 불꽃놀이를 즐기는 전통이 있어왔는데 이번 행진에서는 소요騷擾가 일어난다. 군인들이 여럿 부상을 당하고 외교사절들의 저택 몇 채가 오물 세례를 받는다. 1833년 소수의 학생들이 프랑크푸르트 주요 초소를 점령해서 "독일의 자유"를 널리 알리고자 한다. 그들은 뜻하던 바를 제대로 알리지도 못한 채 제압당하고 체포된다.

"천민들"이 난동을 부렸다는 소식이 들리자 쇼펜하우어는 불안해한다. 재산 덕분에 평안하게 철학에만 몰두해서 독자적으로 살 수 있기에 그는 재산을 잃을까 두렵다. 하지만 그는 위험을 직시하려 한다. 날마다 점심식사를 한 후 "카지노 협회"의 독서실에서 그는 「프랑크푸르트 우체국 신문」과 「더 타임스」를 읽는다. 이를 통해 가까운 주변과 넓은 세상에서 무슨 일이 벌어지는지를 알 수 있다. 그는 무엇보다도 안전을 중요시하기에 조심하려고 노력한다. "영국 궁"에 장교가 나타나면 이 퉁명스러운 사람이 상냥하고 친절해질 정도이다.

쇼펜하우어는 프로이센의 신민 신분을 유지하며 프랑크푸르트의 시민권을 얻으려 하지 않는다. "시민권이 없는 거주자"인 그는 선거권이 없지만 그것을 전혀 아쉬워하지 않는다. "잠정적으로 거주하는 외부인"으로 분류되는 그는 거주권을 받은 것에 만족하며 납세의 의무가 적은 것을 기뻐한다. 처음 몇 년 동안 그는 거주지를 자주 바꿨다. 알테 쉴레징어 가세와 쉬나이트발(운터마인콰이)에 살다가 노이에 마인처슈트라세로 옮겨가고 거기서 잘 가세에 있는 "항엔데 한트"라는 건물로 간다. 잘 가세는 성문에서 대성당 뒤에 있는 벡마르크트로 이어지는 좁은 골목길이다. 1843년 그는 "쇠네 아우스지히트" 17번지 건물에 입주한다. 마찻길 모퉁이에 있는 집은 마인 다리와 가까이 있다. 이 집에서 그는 여러 해를 살다가 1859년 반려견 푸들 때문에 관리인과 싸움을 벌인 후 옆집에 있는 "훨씬 더 크고 멋진 저택"으로 이사를 간다. 1년 후 그곳에서 그는 사망할 것이다. 계속해서 그는 가정부에게 살림을 맡긴다. 1849년부터 마르가레테 슈넵이 계속 가정부로 일하게 되고 그는 "몹시 만족해한다." 유언장에서 마르가레테를 배려할 정도이다. 프랑크푸르트 시절 초반기에 이미 굳어진 엄격한 일상의 질서를 그는 죽을 때까지 유지한다. 아침의 첫 세 시간 동안 그는 글을 쓴다. 그가 이렇게 시간을 배당하는 이유는 시간이 더 늘어나면 생각이 흐릿해지고 독창성을 잃으며 문장이 나빠지기 때문이다. 헤겔이 종종 하루 열 시간 이상 그의 판례집을 작업하다가 "헛소리를 써대는" 것을 보면 자신의 주장이 옳다는 것을 알 수 있다고 말한다.

세 시간 글쓰기 작업을 한 후 그는 플루트를 집어 들고 한 시간 동안 "즐겁게" 연주한다. 그는 롯시니의 전 작품을 플루트 연주용으로 편곡한 악보를 가지고 있으며 말년에는 거의 롯시니의 작품만을 연주한다. 점심식사는 집 밖에서 한다. 처음에는 식당 "백조"와 "러시아 궁"에서 식사를 했고 나중에는 규칙적으로 로스마르크트 광장에 자리한 "영국 궁"에서 식사를 한다. 프랑스의 건축가 살랑 드 몽포르Salins de Montfort[12]가 지은 건물에 있는 이 식당은 프랑크푸르트를 통틀어 가장 격조 높은 곳이다. 홀의 높다란 창문으로 프랑크푸르트의 삶의 중심인 광장이 내다보인다. 수 년 후 쇼펜하우어의 숭배자와 호기심 많은 이들이 "영국 궁"으로 줄지어 몰려들 것이다. 그와 친교를 트고 싶어하는 사람들이거나 그새 유명해진 철학자를 그저 한 번쯤 보려는 사람들이다.

이 철학자의 식욕은 너무도 왕성해서 옆 탁자의 사람들이 놀라워할 정도이다. 기름진 소스를 그는 숟갈로 떠먹는다. 이따금 그는 2인분을 주문하기도 한다. 식사를 하는 동안 방해받는 것은 싫어하지만 커피를 마실 때에는 옆 사람들과 즐겨 대화하며 오후 다섯 시까지 앉아 있는 적도 있다. 식탁에서 우연히 만난 사람들과 얘기를 나누는 것을 그는 좋아한다. 이렇게 우연히 만난 사람들 중에 작가인 헤르만 롤레^{Hermann} ^{Rollet}가 있다. 롤레는 1846년 알게 된 철학자를 이렇게 묘사한다. "그는 탄탄한 중키의 몸매에 조금 구식이긴 해도 항상 기품 있게 옷을 입고 있었다. 은빛 머리는 짧았고 뺨의 수염은 거의 군대식으로 뾰족하게 손질되어 있었는데 항상 면도를 말끔히 하고 있었다. 화색이 도는 얼굴에 반짝이는 파란 눈은 대부분 만족스러운 듯 이해심에 차서 상대를 보고 있었다. 잘생기지는 않아도 총명함으로 빛나는 얼굴은 종종 아이러니컬한 미소를 짓곤 했다. 하지만 대개 그는 자신의 세계 속에 빠져 있었고 그러다가 기상천외한 발언을 하곤 했다. 식탁에 모여 앉은 사람들은 대부분 매우 점잖았지만 정신 수준은 천차만별이었다. 일부 버릇 없는 사람들은 날마다 그의 언행을 저렴한 농담의 소재로 삼곤 했다. 그는 때로는 우스꽝스럽고 퉁명스럽지만 알고 보면 누구도 해치지 않는 마음씨 좋고 무뚝뚝한 식탁의 이웃이었는데 하찮고 경박한 남자들은 그를 웃음거리로 삼아서는 정기적으로 – 물론 악의가 있었던 건 아니지만 – 그를 놀리곤 했다."[13]

프랑크푸르트 시절 초반부에 쇼펜하우어는 여유롭다기보다는 초조해했었는데 당시 그가 식탁에서 나눈 대화에 대해 음악저술가인 사버 슈니더 폰 바르텐제Xaver Schynider von Wartensee는 부정적으로 보고하고 있다. "쇼펜하우어는 종종 자신의 치아가 튼튼하며 많으니 자신은 '범속한 두 발 짐승'보다 뛰어나다고 자랑했다." "성병에 맞설 수 있는 탁월한 처방이 생긴 건 자연과학 덕택이라 칭찬하면서 성교 후에 페니스를 표백분한 봉지를 녹인 물컵에 넣고 씻으면 감염을 방지할 수 있다고 그는 식탁에서 큰 소리로 말했고 사람들은 어쩔 수 없이 그가 하는 말을 들어야만 했다." "자신의 푸들을 욕할 때면 그는 개를 '이 사람아'라고 부르며 옆에 앉은 사람에게 심술궂은 시선을 던졌다"고 슈니더는 이야기한다. 슈니더는 자신이 철학자와 다투게 된 사연도 소개한다. "우리는 음악을 주제로 한 언쟁을 하고 있었다. 마침 웨이터가 소고기 요리가 담긴 사발을 들고 쇼펜하우어 옆에 서서는 그가 요리를 덜기를 기다리고 있었다. 그는 논쟁에 열을 올린 나머지 이를 알아채지 못했다. 그래서 내가 말했다. 당신이 '선험적'으로 덜어 드시면 저도 '후험적'으로 덜어 먹겠습니다. 상당히 격분한 쇼펜하우어는 경멸감을 드러내며 내게 소리를 질렀다. '당신은 방금 성스러운 표현을 세속적으로 격하시켜서 사용했습니다. 있을 수 없는 일입니다. 그 표현들이 얼마나 중요한지 당신은 모르십니다.'"[14] 이 순간부터 쇼펜하우어는 슈니더와 말 한마디 나누지 않으며 식탁 다른 편으로 자리를 옮긴다. 그런 "무식한 사람들"에게 방해받고 싶지 않아서이다.

점심식사를 여유롭게 한 후 그는 "카지노 협회"의 독서실로 간다. 이곳 역시 로스마르크트 광장에 위치한다. 그러고 나서 그는 날마다 빠른 걸음으로 긴 산책을 한다. 그는 날씨에 구애받지 않는다. 때로는 독백에 빠져 웅얼거리느라 행인들에 개의치 않는 그를 푸들이 졸졸 따른다. 프랑크푸르트의 전망대에서 그는 오래 머물곤 한다. 노는 아이들은 그를 신기해하며 이따금 그에게 공을 던지기도 한다.

저녁에는 집에 머물며 책을 읽는다. 이 시간에는 모임에 가지 않고 손님도 받지 않는다. 처음 몇 년 동안 그는 자주 연극, 오페라, 연주회를 관람한다. 열성 관람객답게 그는 당시 악장과 극장감독을 겸하던 구어Guhr에게 청원을 한다. 늦게 온 사람들이 부주의하게 특별석 문을 쾅 닫고 접이 의자를 내릴 때 생기는 소음이 서곡 감상을 방해하니 조치를 취해 달라는 것이다. 늦게 온 사람들의 의지를 제어할 수 없다면 문과 의자에 쿠션이라도 부착해 달라고 그는 부탁한다. "귀하가 이 점을 개선해 주신다면 뮤즈 여신과 청중은 귀하께 감사드릴 것입니다"(B, 218)라고 그는 극장감독에게 쓴다.

일상의 소음은 쇼펜하우어의 적이다. 그는 소음에 민감한 것이야말로 지성이 뛰어나다는 표식이라고 여긴다. 누군가가 소음을 내거나 소음을 찾아 다닌다면 그 사람은 조용히 집중해서 사유할 두뇌를 가지고 있지 않다. 주저의 제2권에서 그는 소음으로 인한 방해에 관해 사유할 것이다. "각자가 힘들지 않게 견뎌낼 수 있는 소음의 양은 그 사람의 정신적 능력에 반비례한다. 그런 의미에서 소음을 견디는 능력을 보면 정신적 능력을 측정할 수 있다는 의견을 나는 오래전부터 품어 왔다. 집 마당에서 개가 제재를 받지 않고 몇 시간째 짖는 것을 듣는다면 그 집의 거주자들의 정신 수준이 어떤지 나는 이미 알고 있다. 방문을 손으로 닫는 대신 쾅 닫는 습관이 있는 사람이나 그렇게 하도록 내버려 두는 사람은 예의범절이 없을 뿐 아니라 야만적이고 우매한 인물이다. […] 사유하는 존재가 한 보 한 보 의식을 전개시키는 동안 이를 방해하는 소음을 낼 권리가 누구에게나 있다면 귀는 계속 치외법권 지대에 방치되어 있는 셈이다. 그렇다면 제대로 된 문명화는 이루어지지 않고 있다. 그 소음이 휘파람이든 울음소리이든, 고함, 망치소리, 채찍소리, 개 짖는 소리이든 상관 없이 말이다."(II. 45) 쇼펜하우어는 지극히 소음에 민감해서 그의 삶이 온통 소음에 좌우될 정도이다.

자신의 저서에서 그는 – 가능한 한도 내에서는 – 전체를 명료히 밝혔다고 믿는다. 통찰이 미치지 않는 곳에서부터는 밤이 시작된다. 밤은 그에게 불안을 줄 뿐 매력적인 존재는 아니다. 하지만 다행스럽게도 저서가 담고 있는 우주는 광활하다. 그의 삶의 일과가 이 저서를 축으로 도는 동안에 거기서 배제된 일상은 밤의 정글로 변한다. 거기에는 수많은 위험이 도사리고 있다. "외롭게 사는 사람은 자신의 내부에서 신을 떠받들거나 짐승을 키워야 한다"고 몽테뉴는 말한다. 쇼펜하우어의 신은 그의 저작이다. 하지만 그는 불안에 떠는 짐승이 되지 않기 위해 안간힘을 써야 한다. 비밀메모장인 『자기성찰』에 그는 이렇게 털어놓는다. "철학자의 '한결 같은 지성mens aequa'과 조화될 수 없을 정도로 나는 의심이 많고 흥분을 잘하며 성질이 급한 데다 자존심이 강하다. 자연이 내게 그런 천성을 준 탓에 내 마음은 고립될 수밖에 없었다. 나는 아버지로부터 그토록 저주스러운 불안감을 물려받았기에 […] 온갖 의지력을 총동원하여 맞서야 한다. 때때로 지극히 사소한 계기에도 나는 엄청난 불안감에 휘말려서 불가능하지는 않지만 일어나기 어려운 재앙을 생생하게 눈앞에 그린다. 이런 기질에 끔찍한 상상이 더해지면 나는 황당무계한 것을 떠올린다. 내가 여섯 살 때 저녁 산책에서 돌아온 부모님은 내가 부모에게 졸지에 버림받았다고 여긴 탓에 넋이 나가 있는 걸 발견했다. 소년 시절 내가 병에 걸렸다거나 싸움에 말려들었다고 상상한 탓에 나는 괴로워했다. 내가 베를린에서 공부하던 시절 나는 내가 나날이 쇠약해지고 있다고 믿었다. 1813년 전쟁이 발발하자 나는 전시 복무에 동원될까 봐 공포에 떨었다. 나폴리에서는 천연두가 무서워 도망쳤고 베를린에서는 콜레라가 무서워 도망쳤다. 베로나에서 나는 독이 든 코담배를 피웠다는 황당한 생각에 사로잡혔다. 만하임을 막 떠나려 할 즈음(1833년 7월을 가리킨다. - 자프란스키) 외면상 아무 일도 없었는데도 형언할 수 없는 불안감이 나를 짓눌렀다. 여러 해 동안 나는 베를린에서 다툼 때문에 벌어진 소송의 공포에 시달렸고 재산을 잃을지도 모른다는 공포와 내 어머니가 재산 분할을 청구할 것이라는 공포에 시달렸다. 밤에 소음이 들리면 나는 침대에서 벌떡 일어나 검과 피스톨을 잡았다. 난 항상 피스톨을 장전해 두곤 했다. 특별히 신경 쓸 일이 외부에 없어도 끊임없이 근심을 하는 탓에 나는 실제 위험이 없는데도 위험을 찾아내서 보고 있다. 이 근심 때문에 지극히 사소한 불편이 생겨도 나는 그것을 막중하게 여기게 되며 그 결과로 사람들과 교류를 꺼리게 된다."(HN IV, 2, 120)

쇼펜하우어는 곧잘 불안에 빠지기 때문에 늘 동일한 방식으로 매사를 처리해야만 마음이 놓인다. 그렇게 그의 일상은 짜여진다. 자신의 거래 은행이 그에게 배당되는 이자를 집으로 가져다줄 때 항상 똑같은 직원을 보내달라고 그는 부탁한다. 제화공은 그의 지시를 엄격하게 따라야 한다. 그의 책상은 지나치리만큼 꼼꼼히 정리되어 있다. 가정부가 감히 이 세계의 질서를 뒤엎을 경우 난리가 난다. 잉크병 아래에는 위급한 일에 쓸 비상금인 금괴가 숨겨져 있다. 자신의 책들을 그는 8절 크기로 제본시킨다. 중요한 물건들을 넣어두기 위해 그는 비밀공간을 고안해 낸다. 그는 이자채권을 묵은 편지와 악보 속에 보관한다. 자신의 일기장에 그는 틀린 이름과 주소를 기입하여 행여나 호기심 많은 이가 들여다 보더라도 착각을 하게 만든다. 예고 없이 방문한 손님은 자주 문전박대를 받는다. 이발사에게 가려면 그는 마음을 다잡아야 한다. 자칫하다 목이 잘릴 수도 있지 않은가? 부처의 상을 그는 애지중지한다. 한

번은 가정부가 감히 부처의 먼지를 털려고 했다가 집 밖으로 쫓겨날 뻔했다. 포도주는 절제해서 마시기에 단 한 번도 똑바로 걷지 못할 만큼 취한 적이 없다.

그가 사유하는 스타일과 그의 언어도 다를 바 없다. 헤겔은 언젠가 "바커스 축제에서는 누구든 흠뻑 취하지 않을 수 없듯이 진리를 접하면 누구든 열광의 도가니로 빠져든다"고 말한 바 있다. 쇼펜하우어가 이 말을 들었다면 '진실이 착란에 빠진 개념들로 이루어졌으니 당연히 그럴 것'이라고 받아쳤을 것이다. 그는 직관이라는 단단한 기반을 떠나지 않은 채 형이상학을 창안해냈다는 데 큰 자부심을 가지고 있다. 직관이라는 단단한 기반에서 추상화된 것이 개념이다. 그러니 우리가 어떤 개념을 신뢰하려면 그 개념이 어떤 직관에서 유래했는지 알아볼 수 있어야 한다. "절대자"나 "무시간적 존재"같이 직관의 기반을 떠난 개념은 그 가치가 몹시 미심쩍은 종이돈과 같다. 쇼펜하우어는 주저의 제2부에 이렇게 쓴다. "이런 종류의 개념이 등장하면 우리의 전체 인식을 떠받치는 단단한 기반, 즉 직관이 흔들리게 된다. 그렇기 때문에 가끔 피치 못할 경우에 철학자는 그런 인식으로 치달을 수는 있겠지만 결코 그 인식을 딛고 위로 올라가려 해서는 안 된다."(II, 114)

쇼펜하우어는 언어가 지닌 풍부한 의미를 능수능란하게 활용한다. 19세기의 철학자들 중 그는 가장 위대한 문필가이다. 하지만 그는 풍부한 의미를 지배하고 통제하려 한다. 그는 니체처럼 언어의 동력에 자신을 내맡기지 않는다. 언어에 귀 기울이며 언어가 저절로 움직이는 것을 느끼긴 해도 그는 솜씨 좋게 짜맞춘 문장을 유연한 창살처럼 사용함으로써 언어의 에너지를 포착하려고 한다. 언어의 힘으로 자신의 물레방아를 돌리려는 것이다. 세상은 의지 때문에 소란스럽고 세계를 포용하는 형이상학적 질서는 없다. 시간이 흐르면 구원과 진보에 이른다는 원리도 없는 마당에 그에게 남은 것은 단 하나, 언어라는 마술을 써서 질서를 구축하는 것이다. 그렇기 때문에 어떤 것이 인식될 수 있다면 명료히 인식될 수 있으며 어떤 것에 대하여 말할 수 있다면 명료히 말할 수 있다는 확신을 그는 가지고 있다.

이렇게 명료하게 언어를 구사해야만 우리는 인식할 수 있는 것이 어둠으로, 말할 수 있는 것이 말할 수 없는 것으로 넘어가는 경계가 어디 있는지 알아차릴 수 있다. "우리가 어떤 횃불을 밝히든, 어떤 공간을 그 횃불이 비추든 상관 없이 우리의 지평은 캄캄한 밤으로 둘러싸여 있을 것이다."(II, 240)

베를린에서 도망쳐 나온 후 그는 앞으로의 삶은 덤이라고 느끼면서 다시금 어머니와 여동생과 접촉을 한다. 이런 시도 역시 삶의 질서를 확고히 하고 경계를 정하려는 노력의 일환으로 볼 수 있다. 여동생과의 서신왕래가 완전히 끊긴 적은 없었다. 하지만 그는 1819년 이후 어머니와는 전혀 접촉이 없었다. 쇼펜하우어는 1831년 말 재산에 관련된 일 때문에 어머니에게 편지를 쓴다. 하지만 그는 자신이 어떻게 지내는지에 관한 이야기도 좀 끼워 넣었던 것 같다. 어머니의 답장에는 호의에 찬 조언이 담겨 있기 때문이다. "규칙적으로 살고 감기 걸리지 않게 조심해라. 몸이 조금이라도 불편하면 침대에 누워서 카밀레 차를 마시렴… 그러는 게 최고야."(1832년 1월 25일)[15] 이런 내용도 있다. "두 달 동안 방에 있으면서 사람 하나 안 만났다니, 애야 그러지 말아야지. 난 걱정이 되는구나. 사람은 그렇게 외톨이가 될 수 없고 그래서도 안 되는 거야."(1832년 3월 1일)[16]

쇼펜하우어는 어머니를 사무적으로 거리를 유지하면서 대한다. 표면상으로는 업무 이야기를 하지만 아직도 아이러니컬하게 상처를 주는 말을 저변에 깔고 있다. 가족 집단이 뭉쳐야 하는 이유는 유산을 되찾으려면 결국 함께 싸워야 하기 때문이며 다른 이유는 없다는 걸 그는 내비친다. 1830년대에 쇼펜하우어가 어머니에게 쓴 편지 중 하나만 남아있는데 거기에는 이렇게 쓰여있다. "당신은 분명 우리가 – 이런 표현을 써도 된다면 – 한탕 할 일이 단치히에서 생겼다는 즐겁고도 중요한 소식을 이미 들으셨을 것입니다. (이 자리를 빌어 가족답게 심심히 고개 숙여 축하드립니다.) 하지만 너무 탐욕스럽게 달려들지 말고 우선은 더 무엇이 없는지 둘러봐야 한다는 게 저의 쓸데없는 의견입니다."(1835년 7월 22일, B, 142)

어머니와 아델레는 그동안 바이마르의 집을 처분했다. 대규모의 살림을 하기에는 돈이 넉넉지 못하기 때문이다. 바이마르 사교계에 그들은 기후가 맞지 않는다며 건강을 핑계 삼는다. 쇼펜하우어가의 여인들은 1829년 라인강가로 이주해서 운켈의 시골집에서 여름을 보내고 겨울은 본에서 보낸다. 아델레에게는 지빌레 메르텐스-샤프하우젠Sybille Mertens-Schaaffhausen[17]이라는 부유한 친구가 있다. 은행가의 부인인 지빌레는 취미 삼아 고고학을 연구하며 예술품을 수집한다. 그녀가 두 여인에게 철 따라 바뀌는 숙소를 제공한다.

요한나 쇼펜하우어는 작가로서 최고의 위치에 와 있다. 1831년 브로크하우스 출판사는 그녀의 전 작품을 24권의 전집으로 발간한다. 그녀에게 글쓰기는 밥벌이를 의미한다. 사치스럽게 사는 데다가 물Muhl의 은행이 어려움을 겪는 바람에 재산을 잃어버렸기 때문에 그녀는 자신의 재산뿐 아니라 자신이 관리하던 딸의 유산을 얼마 안 남기고 다 써버렸다. 미혼인 아델레의 미래는 재정적으로 불안했지만 요한나는 그동안 자신의 수입과 재산 관계와 부채가 어떤지 개관할 능력을 상실했다. 손 대서는 안 될 딸 몫의 재산을 건드렸기에 자신이 딸에게 빚을 지고 있다는 것을 그녀는 알고 있었다. 그래서 그녀는 얼마 안 남은 자신의 재산을 모조리 아델레가 물려받도록 하고 아르투어에게는 아무것도 남기지 않는다.

1830년대 중반 작가 요한나 쇼펜하우어는 벌써 잊혀지기 시작하고 재정적 어려움은 늘어간다. 재정 문제를 쇼펜하우어는 어머니가 아니라 여동생을 통해서 알게 된다. 요한나는 병이 들고 아델레는 그녀를 보살핀다. 하지만 바이마르 사람들은 쇼펜하우어가의 여인들을 아주 잊어버리지는 않았다. 대공은 요한나가 약간의 연금을 받도록 조치한다. 1837년 가을 모녀는 예나로 이주한다. 요한나는 자신의 회고록을 쓰기 시작해서 아르투어가 탄생하는 시점까지 이른다. 그러고 나서는 1838년 4월 16일 사망한다.

아델레는 이 몇 해 동안 암울한 시간을 보낸다. 그녀는 어머니의 손아귀에서 벗어나지 못했고 어머니가 병이 들자 어머니를 보살핀다.

지빌레의 친구였던 아네테 폰 드로스테-휠스호프[18]는 1830년대에 쇼펜하우어가의 두 여인을 가까이에서 관찰할 수 있었다. 아네테는 조피 폰 학스트하우젠Sophie von Haxthausen에게 1837년 보낸 편지에서 모녀를 묘사하고 있는데 어머니에 대한 묘사는 호의적이지 않다. "잘 들어요, 소피. 당신은 한 귀로 듣고 한 귀로 흘려버리곤 하지요. 그렇지 않았다면 내가 아델레에 관해 했던 이야기를 기억했을 텐데요. 다들 어머니를 더 좋아하고 아델레를 싫어한다는 이야기를 난 했어요. 나 역시 꽤 오래 아델레를 좋아하지 않았어요. 하지만 둘을 오랫동안 제대로 알고 지내다 보면 어머니의 성품은 값어치가 없는 반면 아델레의 성품은 우러러 볼 만하다는 게 드러나지요. 아델레는 허영심이 많고 어떨 때는 정말 바보스럽기까지 해요. 하지만 그녀는 파리 한 마리 죽이지 못하는 성격이에요. 비열한 데라고는 찾아볼 수 없지요. 게다가 가장 큰 것을 희생할 수 있고 날마다 허세 부리지 않고 희생을 하고 있어요. 오랫동안 어떤 즐거움을 누리려고 기다렸을지라도 망설임 없이 그 즐거움을 체념하는 사람이에요. 꼭 원하는 걸 하려고 오랫동안 돈을 절약해 두었어도 고난을 겪는 사람이나 친구를 돕기 위해 그 돈을 주는 사람이에요. 그녀가 제일 친한 친구에게 하소연 한마디 않고 어머니의 어리석음을 인내심 있게 견디는 걸 보면 맘이 뭉클해져요. 어머니는 몹시 호감이 가게 굴기도 하지만 […] 혼자 있게 되면 지루해하며 기분이 언짢아서 못 견뎌 해요. 딸을 그냥 내버려 두지 않고 종일 괴롭히지만 딸 기분이 어떤지 전혀 관심이 없답니다. 지루해서 못 참을 지경이 되면 딸에게 당장 일어나서 모임에 가자고 강권하곤 하는 걸 여러 차례 내가 직접 보기도 했어요. 어머니가 눈 하나 꿈쩍 않고 딸의 재산(그들의 재산은 전부 아델레 것이에요)으로 고급음식을 먹어 치우고 다른 유흥거리에도 써버리는 걸 보면 화가 안 날 수 없어요. 어머니가 아델레를 거지 신세로 만들고 있다고 일침을 가하는 사람이 있으면 요한나는 아델레는 사랑받고 있으니 누군가가 그녀를 데려가 보살필 것이라고 냉랭히 말한답니다. 이런 짓들이 당신 보기엔 어때요? 그런데 아델레는 항변 한마디 없이 집안 사정이 처참하다는 걸 어떻게든 숨기려고 애쓴답니다. 그렇게 할 수 있는 사람은 세상을 뒤져도 없을 거에요. 사람됨이 이렇다 보니 그녀에게 약간 신파조가 있고 허영심이 있다는 건 눈감아주게 되지요. 아델레는 거기다가 정직하고 행실이 바르지요. 사랑받으려 애쓰는 성격도 아니에요. 단지 남자뿐 아니라 여자들한테도 흥미 있는 사람으로 여겨지고 싶어할 뿐이지요. 그녀가 내게 사랑을 고백해서 나를 수중에 넣은 거라고 생각하지는 말아줘요."[19]

우리가 알고 있듯이 쇼펜하우어는 어머니에 대해 불평할 이유가 없었다. 그녀의 삶의 의지는 그의 삶의 의지를 가로막지 않았다. 그녀는 남편이 사망한 후 아들이 차세대 가부장 노릇을 하려는 것을 자신의 의지로 막았을 뿐이다. 반면 아델레는 드센 어머니에게 눌려 자랐고 자신의 삶을 살 수 없었다. 오빠가 어머니에게 격렬히 맞선 것은 여동생에게는 아무 이득이 되지 못했다. 오빠는 아델레의 편에 서지 않았고 그녀가 어머니에 대항해서 자신을 주장하도록 돕지도 않았기 때문이다.

아델레는 여전히 삶이 자신을 위해 점지한 남자를 찾고 있다. 1813년의 영웅이었던 경기병 하인케는 이제 브레스라우에서 경찰법관시보가되었는데 그의 이미지는 그동안 희미해졌다. 의대생인 슈트로마이어 Stromeyer는 그녀에게 호감을 보이며 접근한다. 즉시 그녀가 자신이 가진 가장 값진 물건 – 희곡 『이피게니에』의 특별 판본으로 괴테가 서명을 해서 증정한 것이다. – 을 선물하자 그는 이 선물을 챙기고는 떠나간다. 그 후 그는 다른 여자와 결혼하고 나중에 유명한 외과 의사가 된다. 그녀는 야심만만한 젊은 자연과학자인 고트프리트 오잔Gottfried Osann – 그의 형 프리드리히 오잔은 아르투어의 친구이다. – 과 여러 해에 걸쳐 관계를 이어왔는데 1826년 이 관계는 슬프게 끝이 난다. 두 사람은 거의 약혼한 상태이나 남자의 가족은 이 관계를 환영하지 않는다. 어쩌면 아델레가 단지 그럴 거라고 염려했던 것일지도 모른다. 어떻든 두 사람은 헤어진다. 오잔은 화풀이를 하려는 듯 하녀와 결혼한다. 오잔과 헤어진 해에 아델레는 예나에서 바이마르로 가는 마차에서 굴러떨어진다. 아델레가 자살을 시도했다는 소문이 돈다.

쇼펜하우어가 오랜 침묵을 깨고 1831년 다시 아델레에게 연락을 하자 그녀는 즉시 답장을 보내 자신이 그동안 어떻게 살았는지를 상세히 알리는 편지를 곧 보내겠다고 쓴다. 1831년 10월 27일 그녀는 예고한 대로 상세한 편지를 쓴다. 이 편지에서 그녀는 지난 세월 동안 있었던 일을 이야기한다. 사랑은 불행하게 끝났고 돈 때문에 어려움을 겪었으며 이제 바이마르를 떠나서 운켈과 본에서 살고 있다고 이야기한다. 자신의 영혼이 "광기와 죽음" 사이에서 왔다 갔다 했지만 이제는 마음이 가라앉았다는 것이다. "나는 열정에 전혀 동요되지 않아요. 희망도 계획도 없고 바라는 게 있다고도 할 수 없지요. 난 불가능에 가까운 것을 바라고 있으니까요. 그래서 내가 바라던 것들이 푸른 하늘의 새처럼 훨훨 날아가는 걸 보는 데 익숙해져 있어요. 나는 사는 걸 좋아하지 않아요. 늙어서 외롭게 살 수밖에 없는 내 운명이 두렵지요. 결혼은 하고 싶지 않아요. 내게 어울리는 남자를 찾을 수 없을 테니까요. […] 나는 이 적막함을 견뎌낼 만큼 충분히 강한 사람이에요. 하지만 콜레라가 큰 고통 없이 이 모든 것들에서 나를 해방시켜 준다면 콜레라야말로 정말 고마운 존재가 되겠지요."[20] 아주 친밀하게 그녀는 죽음을 바라는 마음을 오빠에게 털어놓으며 오빠와 공유하려 한다. 아르투어가 왜 그토록 삶에 집착하는지, 왜 콜레라에 걸릴까 불안에 떨며 도망쳤는지 자신은 이해할 수 없다고 쓴다.

"나를 아는 사람은 거의 없어요"라고 그녀는 계속 쓴다. "내 영혼은 베네치아 사육제에서 쓰는 베일과 가면 같은 파티복을 입고 있기 때문에 사람들은 내가 실제로 어떤지는 보지 못하지요. 왜 사람들은 지루해하는 걸까요? 그들은 대부분 피상적인 이야기만 하려고 해요. 파티에 참석하면 나 역시 피상적인 이야기만 하지요."[21]

그녀는 아르투어가 자신에게 다가와서 자신의 "파티복" 뒤에 무엇이 있는지 알아주기를 바란다고 암시한다. 하지만 그녀는 오빠에게 부담이 되려 하지 않는다. 그의 편에서도 스스로를 개방할 준비가 되어 있다면 그에게 다가가려고 할 뿐이지 그를 다그칠 생각은 없다. "내가 스파이 노릇을 할까 봐 걱정하지 말아요. 오빠가 숨기고 싶은 일들을 난 결코 알려고 하지 않을 테니까요."[22]

그러나 쇼펜하우어에게는 아델레의 이런 바람조차 지나치게 성가

시다. 여동생이 어려운 처지에 있다는 것을 그는 알려고 하지 않는다. 그는 그녀의 비참한 삶에 말려들지 않으려 한다. 연민을 느끼지 않아서가 아니라 연민에 휘말릴까 봐 겁이 나서이다. 연민을 느끼게 되면 자신의 우울증이 악화되어서 스스로 아무것도 할 수 없기 때문에 방어를 하는 것이다. 아델레가 그의 연민을 그다지 필요로 하지 않는 경우 예를 들어 그녀가 치통이 있다고 오빠에게 이야기했을 때 그는 연민을 억누르지 못한다. "오빠가 내 치통 때문에 그렇게 마음을 졸이다니"[23] 뜻밖이라고 아델레는 답장에 쓴다. 하지만 아르투어가 그녀의 다른 어려움에 대해서는 모른 체를 하기 때문에 그녀는 실망한다.

쇼펜하우어는 아델레가 자신의 짐이 될까 봐 병적으로 두려워한다. 여동생을 조금이라도 책임지고 싶지 않기 때문이다. 여러 차례 아델레는 오빠의 염려를 덜어주어야 한다. "나는 어머니보다 오래 살겠지요. 그러나 내가 불안에 떨며 어쩔 줄 몰라 오빠에게 매달리는 일은 결코 없을 거예요. 물론 나는 오빠보다 가난하게 살겠지요. 하지만 알아서 살 테니 걱정 말아요. 내가 언젠가 외롭게 죽는다면 아직 남은 것을 잘 정돈해 놓을 테니까 오빠가 그걸 물려받으면 돼요."[24]

아델레는 이 편지를 쓰면서 오빠에게 마음을 열기 시작했지만 쇼펜하우어는 겁에 질려 장벽을 치고는 여동생이 자신의 내부를 들여다 보지 못하게 한다. 그러다 보니 결국에는 사무적인 이야기만 오고 가게 된다. 쇼펜하우어는 아델레의 재산 문제에 대해 조언을 한다. 뜻밖에도 그는 자신의 유언장 사본을 밀봉하여 여동생에게 보낸다. 아델레로서는 믿을 수 없는 일이기에 그녀는 그 문서를 기회가 닿는 대로 돌려보낸다. 그러자 쇼펜하우어는 재차 그 문서를 그녀에게 보낸다.

1840년 아델레는 여행 도중 오빠를 방문한다. 남매는 친절하게 서로를 대하지만 그 누구도 이런 만남을 반복하고 싶지 않아 한다. 다시 보자는 말은 있었지만 아델레는 여행에서 돌아올 때 다시 오빠를 찾지 않는다.

아델레는 삶의 마지막 10년을 자신을 충실히 돌보는 친구 지빌레와 함께 본과 이탈리아에서 보낸다. 그러면서 그녀는 문학작품을 쓰려고 시도한다. 피렌체의 거리에서는 십 대들이 지독히 못생긴 늙은 여인이 어린 소녀처럼 군다고 놀려댄다. 모임에서도 사람들은 그녀에 대해 혹평을 하지만 그래도 그녀를 존중한다. 그녀가 "지성"을 갖추었기 때문이며 그녀가 늙은 괴테의 "총아"였기 때문이다.

아델레의 서글픈 삶은 1849년에 끝난다. 사망 몇 주 전에 그녀는 프랑크푸르트로 가서 마지막으로 오빠와 만났다. 그녀가 사망한 날인 1849년 8월 20일 그녀는 아르투어에게 편지를 쓴다. 이 편지는 사무적이기 때문에 오히려 감동적이다. "내가 갑작스럽게 죽을 경우 오빠에게는 필요 없는 물건들을 내 친구 지빌레 메르텐스가 내 뜻에 따라서 나의 젊은 시절 친구들에게 나누어 주도록 조치했으니 양해해 주기 바라요. 그 물건들을 팔아 봤자 오빠에게 별로 이득이 되지는 않을 테니까요."[25]

1849년 8월 20일 이후 아르투어는 누군가가 다가와 마음을 털어놓으라고 할까 봐 걱정하지 않아도 된다.

제 21 장

—

『자연에서의 의지에 관하여』. 존재를 공고히 하기와
존재를 망각하기.

다섯 번째 철학 시나리오: 실천철학. 만들기의 철학과
현실적 현실의 철학. 3월 혁명 전기의 정신: 헤겔에서
마르크스로. 가면 벗기기 싸움.

—

Parerga und Paralipomena:

kleine philosophische Schriften,

von

Arthur Schopenhauer.

Vitam impendere vero.

Erster Band.

Berlin,
Druck und Verlag von A. W. Hayn.
1851.

쇼펜하우어의 『소품과 부록』(1851년) 초판 표지

『자연에서의 의지에 관하여』. 존재를 공고히 하기와 존재를 망각하기.
다섯 번째 철학 시나리오: 실천철학. 만들기의 철학과 현실적 현실의 철
학. 3월 혁명 전기의 정신: 헤겔에서 마르크스로. 가면 벗기기 싸움.

SCHOPENHAUER

1830년 4월 30일 쇼펜하우어는 『의지와 표상으로서의 세계』의 초
판이 얼마나 팔렸는지, 드디어 제2판을 찍을 예정이 있는지 재차 브
로크하우스에게 문의한다. "귀하에게는 믿기지 않겠지만 저는 제2판
이 나오는 것을 살아서 볼 것이라는 희망을 접지 않고 있습니다. 저는
1819년부터 많은 성찰을 해 왔는데 제2판을 이 성찰들로 풍성하게 만
들고자 합니다."(B, 141)

브로크하우스가 근래에는 유감스럽게도 아무도 그 저작을 찾지 않
아서 재고는 폐지로 처분되었다고 답한다.

그러니 제2판을 찍을 일은 없다. 그런 이유로 그해 여름 쇼펜하우
어는 원고노트에 모인 "많은 성찰"을 독립된 작품으로 독자에게 선보
이겠다고 결정한다. 브로크하우스에게는 새 작품을 아예 제안하지도
않는다. 프랑크푸르트의 서적상이 출판을 맡는다. 쇼펜하우어는 인쇄
비용을 보태야 하며 원고료는 당연히 없다. 이 저서는 1836년 발간되
며 수량은 500부이다. 제목은 "자연에서의 의지에 관하여Über den Willen in der
Natur"이며 부제는 "저자의 철학이 출간된 이후 경험과학을 통해 획득한
증명에 대한 논의"이다.

쇼펜하우어는 자신의 형이상학이 자연과학과 경쟁 관계에 있지 않

다고 항상 강조해왔다. '의지'라는 개념이 낡은 경험론적 설명의 사슬을 땜질하는 데 쓰여서는 안 된다는 것이다. "물리적인 설명을 하는 대신 조물주의 창조력을 끌어들여서는 안 되는 것과 마찬가지로 의지의 객관화를 물리적 설명 대신 끌어들여서는 안 된다. 물리학은 원인을 밝히자는 것이지만 의지는 결코 원인이 아니기 때문이다."(I, 208) 모든 인과의 과정을 안에서 보면 의지가 있으며 설명에 의하여 서로 연결된 물질들을 해석하면 의지가 나온다. "자연의 원인학과 자연철학은 결코 상대에 위해를 가하지 않고 공존한다. 둘은 같은 대상을 상이한 관점에서 바라볼 뿐이다."(I, 209)

쇼펜하우어는 생리학과 비교해부학을 비롯한 최신 자연과학의 연구들을 면밀히 주시해왔다. 그러면서 특히 동물의 본능적 행동에 대한 관찰과 유기체의 종합기능의 분석들이 자신의 견해와 일치하고 있음을 확신하게 되었다.

많은 학자들이 생물체의 자율신경이 겪는 과정을 "무의식적 의지"라는 개념으로 표기한다는 것을 보며 그는 흡족해한다. 나중에 그는 브란디스[Brandis][1]라는 생리학자가 인용문 표시도 하지 않은 채 자신의 저서를 표절했다는 것을 발견한다. 그가 불쾌해하는 건 자신의 지적 재산을 도난당해서이기도 하지만 더 중요한 이유가 따로 있다. 경험과학이 독자적으로 의지의 형이상학과 자연과학이 만나는 경계선까지 진격했다는 데에 그는 불쾌해한다. 『자연에서의 의지에 관하여』의 서문에서 쇼펜하우어는 이렇게 쓴다. "이를 통해 내 형이상학만이 자연과학과 공통의 경계를 갖는 유일한 형이상학이라는 사실이 입증된다. 자연과학들은 형이상학과 경계를 이루는 점까지는 자신의 수단으로 나아간다. 그러고서는 형이상학에 합류해 하나가 된다."(III, 320)

아직 쇼펜하우어는 이른바 속류 유물론[Vulgärmaterialismus][2]을 공격 목표

로 삼지 않아도 된다. 속류 유물론은 – 철학의 격동시대의 막바지인 –
1850년대에야 비로소 승리의 깃발을 올릴 것이다. 이 유물론은 "압력"
과 "충돌"에 근거하여 세계를 설명하면서 악명을 떨치고 "무엇을 먹느
냐에 따라서 어떤 인간인지가 정해진다"라는 식의 지혜를 선포하며 승
리를 자축할 것이다. 쇼펜하우어는 『자연에서의 의지에 관하여』의 제2
판 서문(1854년)에서 유행 중인 유물론을 "이발사 도제와 약국 수련생의
철학"이라고 폄하할 것이다.

　　새날이 밝아오지만 헤겔이 언급한 미네르바의 부엉이가 아직 날아
다니고 있는 1836년 쇼펜하우어는 경험과학 영역에서의 논의를 활용
하여 정신철학을 주로 공격한다. 나아가 그는 "17년의 침묵 후에" 다
시 한 번 자신의 철학 원칙을 간략하게 소개하고자 한다. "물리 천문학"
이라는 장에서 그는 자신의 철학 원칙을 머리에 쏙쏙 들어오게 설명하
는 데 성공한다. 그가 나중에 이보다 더 잘 설명할 수는 없을 것이라고
말할 정도이다. 이 부분은 세계를 경험하는 두 관점을 다루고 있다. 대
상적 인식은 인과성에 관해 묻는 반면에 내적 경험은 자신의 존재가 의
지임을 의식하게 되고는 이 '자기의식'으로 외부세계의 내부를 밝힌다.
쇼펜하우어에 따르면 우리가 비유기적이며 성(性)을 지니지 않은 생명을
알고자 하는 경우 인과성을 설명하면 충분하다. 우리가 지성을 사용하
여 다른 '더 높은' 생명 현상을 알고자 할 때도 역시 (선험적으로) 인과성
을 전제해야만 한다. 그러나 살아있는 동물, 나아가 우리 자신을 인과
성으로 설명하려 한다면 우리는 점점 더 커지는 난관에 봉착한다. "이
제 […] 지성의 빛은 인과성의 형식을 사용하며 밖을 향해 가지만 점
차 어둠에 압도당하면서 결국 약하고 희미한 빛만이 남아 깜박이게 된
다. 바로 이때 전혀 다른 종류의 광명이 전혀 다른 쪽에서 즉 우리의 내
면에서부터 지성의 빛을 마중 나온다. 판단을 내리는 우리가 우연히도

바로 우리의 내면에서는 스스로 판단의 객체가 되면서 이런 일이 일어난다. […] 관찰자는 자신을 관찰한 결과 모든 행동이 취해질 때 동인이 되는 것은 의지임을 깨닫게 된다. 의지는 외적 직관에 의해 지금껏 드러난 모든 것들보다 더 잘 알려진 친숙한 것인데 그런 의지가 행동의 동인이라는 것을 직접 깨닫게 되는 것이다. 철학자가 인식 기능이 없는 자연과정의 내부를 통찰하려 한다면 오직 이 깨달음을 열쇠로 써야 한다. 방금 관찰했던 (동물의 – 옮긴이) 과정과 비교하면 인식 기능이 없는 자연의 과정은 인과성으로 충분히 설명되었고 이 과정이 동물의 과정에서 멀리 떨어져 있을수록 더욱 명료히 인과성으로 설명될 수 있었다. 하지만 그런 경우에도 인과적 설명은 알 수 없는 x를 남겼다. 충돌에 의해 움직이거나 무게를 통해 아래로 당겨지는 물체의 경우에도 인과적 설명만으로는 과정의 내부가 제대로 밝혀지지 못했다. […] 이 x는 낮은 단계에서도 희미하긴 하지만 나타났고 그 다음 더 높은 단계에서 x는 자신의 어두움을 점차 퍼트렸으며 최고 단계에서 결국 모든 것을 어둠으로 덮어버렸다. 그리고 마지막으로 우리라는 현상 안에 있는 x는 자의식에게 자신이 의지임을 알리는 지점에 오게 된다. 이러한 관찰에 근거하여 이 모든 x가 동일한 것임을 인정하지 않을 수 없다. 우리 인식은 외적 원천과 내적 원천이라는 근본적으로 판이한 두 가지 원천을 가지고 있지만 이 지점부터 이 두 원천은 성찰을 통해 관계를 맺어야 한다. 그래야만 우리는 자연과 우리 스스로를 이해할 수 있다. 우리의 지성은 늘 자연의 외부만을 인지할 수 있었는데 이 두 원천이 관계를 맺으면 지성은 자연의 내부를 알 수 있게 된다. 그리고 철학이 그토록 오래 탐구하던 비밀이 풀린다. […] 따라서 우리는 너무도 명백하게 어떤 원인에 의해 작용이 일어난 경우에도 남아있던 비밀스러운 어떤 것인 x, 달리 말해 그 과정의 내면에 원래 있던 어떤 것이야말로 진정한 동인이며 이 현상의 본질이라고 단언한다. […] 육체는 직관과 표상으로 우리에게 주어져 있는데 그 육체가 활동하면 의지가 움직인다는 사실을 우리는 직접 속속들이 깨닫는다. x는 이 의지와 근본적으로 동일한 것이다. […] 이런 사실을 있는 그대로 인식하기 어려운 이유는 인과성과 의지가 판이한 두 가지 방식으로 인식된다는 정황에 있다. 인과성은 외부로부터만 간접적으로만 지성을 통해서만 인식되는 반면 의지는 내부로부터만 직접적으로만 인식된다. 그렇기 때문에 어떤 경우든 하나에 대한 인식이 더 분명할수록 다른 하나에 대한 인식은 더 흐릿해진다. 따라서 인과성이 가장 선명히 부각되는 경우 우리는 의지의 본질을 가장 적게 인식한다. 의지가 확연히 모습을 드러내는 경우 인과성은 너무도 흐릿해져서 조야한 지성을 지닌 자가 감히 인과성을 부인했던 적도 있었다. […] 생명이 없는 자연의 경우처럼 한 사물이 우리에게 현상으로서만, 다시 말해 표상으로서만 주어지는 일이 늘어날수록 표상의 선험적 형식인 인과성은 더욱 분명히 모습을 드러낸다. 반대로 우리 인간의 경우처럼 의지를 직접 의식할수록 표상의 형식인 인과성은 뒤로 물러난다. 따라서 세계의 한 측면에 더 가까이 갈수록 우리는 다른 측면을 보지 못하게 된다."(III, 414-418)

전적으로 대상적이며 설명하는 인식의 경우에도 풀리지 않고 남는 것이 있는데 쇼펜하우어는 이것을 "x 혹은 내면에 원래 있는 것"이라고 부른다. 의지가 꿈틀대며 살아 있다는 것을 몸소 의식할 때 우리는 x를 가장 또렷이 느끼게 된다. 오랜 전통을 지닌 유럽의 철학은 존재를 공고히 하는 아르키메데스의 점을 찾아 헤맸고 그 점에 온갖 이름을 부여했는데 그 점이 바로 x이다. 종교적 신앙은 존재를 공고히 하는 데 일조했다. 신앙은 존재에 참여한다는 점에서 인식 이상의 것이었기 때문에 '인식'은 '하녀'의 역할에 만족해야 했다. 신앙이 존재에 참여할 경우 존재는 존재하게 허락하는 힘이자 존재할 수 있게 하는 힘으로 경험된다. 존재는 무엇을 만든다는 것과는 대척점에 있다. 존재는 우리가 받아들이는 어떤 것, 다시 말해 우리를 자유롭게 하는 은총이기 때문이다.

근대에 와서는 이런 경험이 무너지기 시작한다. 사유는 사유 자체만을 사용하여 존재를 공고히 해야 한다는 과제를 떠안게 된다. 칸트 이후로는 모든 존재론Ontologie의 출발점은 존재론을 '사유'하는 주관이 된다. '인식된다는 것'이 존재의 주도범주가 된다. 이런 관점에서 보면 우리의 삶에 속하는 그 무엇이 인식되지 않은 모호한 상태로 작용한다면 그것은 열등한 존재이므로 다른 것의 기초가 될 수 없다. 사람들은 모든 것을 자신으로부터 만들어내려 하기에 그들 스스로를 존재하게 허락하는 것이 있다는 사실을 두려워한다. 그러다 보니 존재론은 사면이 거울인 방이 되어버린다. 존재에 대해 묻는 사람은 어디서든 자기 자신을 맞닥뜨린다. 달리 말하자면 질문을 던진 자는 자신의 질문에 답변을 하는 그 무엇이 자신의 안에서 질문을 던지던 그 무엇과 동일하다는 것을 알아챈다. 당연히 그런 대답은 비밀을 말하지 않으며 쇼펜하우어가 "표상"이라고 부른 영역에 머문다.

하지만 쇼펜하우어는 존재를 공고히 한다는 게 본래 무엇을 뜻하는지 아직 잊지 않고 있다. 인식될 수 있음으로 인해 존재하는 그런 존재가 아니라 모든 인식 이전에 존재하는 존재가 관건이 된다. 그런 존재는 우리 속에 있는 거울의 뒷면이다. 쇼펜하우어는 이렇게 방향을 틀어서 인식하는 존재와 인식된 존재의 뒷덜미를 붙잡으려고 한다. 우리가 무엇을 인식하는 것은 맞지만 인식하지 않더라도 우리는 존재한다. 우리를 둘러싼 세계인 자연과 인간들은 우리에게 영향을 미친다. 의심의 여지 없이 그것들은 현실이다. 우리가 아무리 빙빙 돌아봤자 그것들은 변함 없이 우리에게는 현실이며 우리에게 영향을 미친다. 칸트는 그것들을 "현상"이라 했고 쇼펜하우어는 "표상"이라 했다. 명칭이야 어떻든 우리는 그것들이 독자적인 현실이라는 것을 당연히 인정한다. 우리 자신이 현실적으로 존재하듯이 그것들도 현실적으로 존재한다고 우리는 가정한다. 하지만 우리는 그렇다고 가정할 뿐이다. 우리 자신은 우리에게 현실이지만 다른 것이 그만큼 우리에게 현실일 수는 없다. 우리 자신에게서 경험한 존재 – 쇼펜하우어는 그것을 "가장 실재하는 것 Realissimum"이라고 부른다 – 를 우리는 우리가 아닌 것 모두에 옮겨놓는다. 세계가 우리의 표상인 것 외에 또 무엇이냐고 쇼펜하우어는 묻고 우리가 의지인 것과 마찬가지로 세계 또한 의지라고 답한다. 그는 이 질문을 함으로써 또 다른 인식의 차원을 열려고 하는 게 아니라 (인식은 항상 표상이다) 인식이 아닌 어떤 것, 다시 말해 존재를 공고히 하려 한다. 초월철학의 틀은 인식활동에 국한된 틀이기 때문에 쇼펜하우어는 그 틀을 깨고 나온다. 우리가 지금까지 어떤 방식으로 존재를 경험해왔는지 그리고 우리가 단지 인식된 (표상된) 세계를 접했을 때 과연 – 우리 자신이 표상이며 존재인 것과 마찬가지로 – 그 세계의 존재를 이해할 수 있는지를 알아내려면 그는 인식활동에 국한된 초월철학의 틀을 깨고 나와야만 한다.

일찍이 무엇인가가 존재한다는 것 자체와 아무것도 아닌 것은 없다는 데 대해 사람들은 놀라워했었다. 그런 놀라움에는 존재에 대한 질문이 숨어 있었다. 존재라는 것, 그것은 대체 무엇인가? 내가 존재한다는 사실은 무엇을 의미하는가? 이런 질문들이 아직 전면에 제기되는 한 신비주의가 존재했고 형이상학은 대성당처럼 위풍당당했다.

근대 이후 급성장한 대상적 인식은 놀라운 변별을 갖추게 되었다. 존재하는 것은 생명체를 이루는 가장 미세한 구성 요소로 쪼개질 수 있다. 쇼펜하우어가 언급한 "미지의 x"는 사라진 듯 보인다. 우리의 능력이 커지면서 쇼펜하우어가 "의지"라고 불렀던 원래의 생명성 역시 남김 없이 인식의 대상이 되어버리는 듯하기 때문이다. 예를 들자면 언제부터인가는 정신분석학이 수력학 용어를 차용하면서 그것이 내면의 언어가 되어버렸다.[3]

대상화하는 인식이 인식의 주체를 대상으로 삼게 되면 인식의 주체는 "사물들 중의 한 사물"(푸코)이 되어버린다. 동시에 만든다는 것의 힘은 늘어난다. 존재에 관한 오랜 문제가 그것을 만들 수 있느냐는 문제가 되어버렸다. 왜 무엇이 있으며 아무것도 아닌 것은 왜 없느냐? — 요즈음에 이 질문을 제기하는 사람은 더 이상 감동이나 경탄을 불러 일으키지 못한다. 세계를 파멸시킬 어마어마한 설비를 갖춘 문명의 시대에서는 이런 질문은 실용적인 의미를 가질 뿐이다.

커다란 경탄을 불러일으키던 존재가 대체 무엇인지 이해하는 사람이 이제 거의 없다는 게 놀랍지 않다. 오로지 "존재망각Seinsvergessenheit"에 대해서만 골몰하며 존재질문의 의미를 다시금 이해할 수 있게 만들고자 하는 — 하이데거 류의 — 철학이 생겨날 수밖에 없었다는 것 역시 놀랍지 않다. 이런 철학은 몹시 복잡하며 다가가기 힘들다.

모든 것 "뒤"에 있으며 우리 자신이기도 한 "미지의 x"를 쇼펜하우어는 "의지"라고 부른다.

쇼펜하우어 이후의 학문은 이 "x" 없이 살아나갈 것이다. 쇼펜하우어가 살던 시절만 해도 존재에 대한 질문은 여전히 활발했지만 그 활발함은 무너지려는 찰나에 있었다. 칸트 이후의 철학이 "x"를 정신과 동일시했기 때문이었다. 더 이상 사유가 존재의 속성이 아니었고 역으로 존재가 사유의 속성으로 파악되었다. 존재가 사유의 한 종류이기 때문에 우리는 사유하면서 존재를 파악할 수 있게 된다. 존재에 관해 사유되는 경우 존재는 사유의 소유물이 된다. 이런 정신사조에 힘입어 피히테와 헤겔은 세계를 신新형이상학적으로 거대하게 구상할 수 있었다. 하지만 신형이상학적 구상은 존재가 아닌 사유를 합일의 지점으로 삼았기에 만들어진 것 속에서 존재는 이미 사라지기 시작했다. 이 형이상학은 일하는 정신을 추구하며 그 정신이 자연과 문화를 산출하는 것을 관찰한다. 헤겔이 존재에 대한 질문을 던질 때 그 핵심에는 '어떻게 정신(우리 자신도 정신이다)이 존재를 만들어내었느냐'는 생산기술적 의문이 이미 있다. 그렇기에 "정신"에 관한 질문은 다시금 생산하는 인간에게로 되돌아온다. 형이상학 역시 '생산된' 것임이 드러났기 때문에 어떤 형이상학도 오래 버티지 못한다. 와야만 할 것이 결국 온 셈이다.

1829년 10월 헤겔은 베를린대학교의 총장으로 선출되었다. 그에 대한 정부의 신뢰는 매우 두터워서 그는 국가의 대리인 자격으로 대학을 통제하는 관직에 임명되기까지 한다. (이 관직은 카를스바트의 결의 Karlsbader Beschlüsse [4] 이후 만들어졌다.) 대학정신의 자율성을 대표하는 사람이 헤겔이었으며 이 자율성을 무너뜨리는 권력을 대표하는 사람 역시 헤겔이었기에 그는 변증법적 종합 Synthese 을 온몸으로 구현한 셈이다.

헤겔이 총장으로 재직하던 1830년 프랑스에서 7월 혁명이 일어나면서 독일의 정신적 문화와 정치적 문화도 전환점을 맞게 된다. 하지만 처음에는 아무 일도 없다. 1830년 8월 3일 왕의 생일을 축하하는 행사가 열리고 헤겔은 거기서 연설을 한다. 사람들은 프랑스에서 일어난 일에 큰 관심을 가지지만 자신의 정부를 반대하려고 하지는 않는다. 바른하겐은 이렇게 보고한다. "8월 3일 […] 밤 늦게까지 사람들은 곳곳에서 크게 환호하며 축제를 벌였다. 우리의 대중은 신분에 상관 없이 프랑스 민족이 겪는 일에 열렬한 관심을 드러냈고 바로 그런 관심 때문에 프로이센 군주에 대한 호감을 더욱 공공연히 드러내려고 하는 듯이 보였다."[5]

헤겔이 총장으로 재직하는 동안 – 1830년 말까지이다. – 경찰이 구금한 학생은 단 한 명이었다. 프랑스 휘장을 찼다는 게 그 이유였다. 그 밖에도 규정을 어긴 학생들이 있었지만 진지하게 우려할 일은 없었다. 열두 명의 학생이 금연장소에서 흡연을 했고 세 명은 결투를 했으며 열다섯 명은 싸움을 벌이려 했고 서른 명은 주점에서 무례하게 처신했다. 모두 정치적 동기가 전혀 없는 일들이었다. 표면은 이렇게 태평해 보였지만 – 라인강 저 편에서 일어난 혁명 중 두 번째로 큰 혁명인 – 1830년의 사건은 저변에서 영향력을 행사했다. 특히 1830년 혁명의 영향을 받은 철학자들은 이제부터는 머리로 선 헤겔을 바로 세우려는 시도를 멈추지 않을 것이며 1830년 혁명을 겪은 새 세대는 새로이 열광하며 마지막 형이상학의 유산을 현세에 투자하여 미래에 수확하려 할 것이다.

정치적 토론이 부쩍 늘어나는 데에서 이런 징조가 보인다. 헤겔은 말년의 편지에서 이런 추세에 대해 개탄한다. 1830년 12월 13일 그는 자신의 제자 괴쉘Goeschel에게 이렇게 쓴다. "요즈음 정치에 대한 관심이 엄청나게 늘어나면서 다른 관심들은 사라지고 있네. 별일 없이 통용되어 왔던 것들 모두가 문제시되는 듯하니 위기라고 해야겠지."[6] 지금껏 통용되어 왔던 것들 모두가 이제는 문제시되고 있으니 사실 위기가 맞다. 하지만 문제시하는 방법을 제공했던 것은 헤겔 철학이었다. 1831년 가을 그는 콜레라로 사망한다.

1830년 여름 헬고란트에 있던 하이네는 프랑스에서 벌어진 혁명을 이렇게 환영한다. "나는 더는 잘 수 없다. 몹시 흥분한 탓에 밤이면 황당무계한 헛것에 쫓기곤 한다. 반은 깬 상태에서 꿈을 꾸는 바람에 […] 미칠 지경이다. […] 지난밤 나는 독일의 방방곳곳을 돌면서 내 친구들을 찾아 문을 두드렸고 사람들을 잠에서 깨웠다. […] 뚱뚱한 속물들이 너무도 역겹게 코를 골고 있었는데 나는 의미심장하게 그들의 옆구리를 찔렀다. 하품을 하며 그들이 물었다. '대체 지금 몇 시요?' 친구여, 내가 아는 건 딱 하나, 파리에서 수탉이 새벽을 알렸다는 겁니다."[7] 닥쳐올 15년 동안 수탉은 새벽을 알리는 것을 멈추지 않을 것이다. 철학 분야에서도 마찬가지이다. 1844년 카를 마르크스는 『헤겔 법철학 비판 Kritik der Hegelschen Rechtsphilosophie』의 서문 막바지에 이렇게 쓸 것이다. "프롤레타리아를 폐기하지 않으면 철학이 실현될 수 없으며 철학이 실현되지 않으면 프롤레타리아는 폐기될 수 없다. 모든 내부 조건들이 충족된다면 갈리아의 수탉은 힘찬 소리로 독일 부활의 날을 알릴 것이다."[8]

마르크스뿐 아니라 1830년 이후 여타 문화적 움직임 역시 '실현'을 관건으로 삼는다. 새 세대 문인 구츠코프Gutzkow, 빈바르크Wienbarg, 하이네, 뵈르네와 문트Mundt는 "꿈꾸어 왔던 천상의 왕국"과 결별한다. 낭만주의는 세계를 시적詩的으로 만들었는데 이제 시를 실현해야 한다고 이들은 말한다. 이제껏 철학은 세계를 해석하기만 했는데 이제는 세계를 변화시켜야 한다고 철학자들은 말한다. '청년독일Junges Deutschland'[9]이라고 자칭하는 이 운동의 대변인인 구츠코프는 자신의 희곡 『네로』에서 운문으로 이렇게 표현한다. "망령들이 비추는 거짓된 빛에 현혹되어 / 공허한 환상에 빠지는 대신 / 말도 안 되는 꿈으로 혼란스런 시대에 / 참되고 순수하며 더 나은 / 현실을 드디어 만들어보자."[10]

비판의 기본 의미는 다음과 같다. '철학자와 시인들은 진실을 이 땅으로 끌어 내리는 대신에 진실을 꿈꾸어 왔다. 꿈꾸던 것을 우리는 이제 행동으로 옮겨야 한다. 하늘로 던져 올렸던 보물들을 우리는 도로 찾아서 소유해야 한다.' 그렇게 되려면 우리가 깨달아야 할 것이 세 가지 있다고 이 운동은 주장한다. 첫째, 우리가 스스로를 억압하고 있다는 것을 깨달아야 한다. 이를 위해 육체의 해방이라는 구호가 제시된다. 테오도르 문트는 「벌거벗은 비너스Nackte Venus」에서 이렇게 쓴다. "나는 인간의 육체에 대단히 경외심을 품고 있다. 영혼이 그 안에 있기 때문이다."[11] 둘째, 제대로 된 삶을 살기 위해서는 전통에 맞추려 애쓸 필요가 없으며 미래에서 위안을 찾아서도 안 된다는 사실을 깨달아야 한다. 모든 것이 지금 여기에 맞게 결정되어야 한다. 이 운동의 모토는 "모던"하자는 것이다. "오래된 것은 죽었고 참된 것은 모던하다"고 글라스브렌너[12]는 말한다. "우리를 열광시키는 것은 현재 일어나는 일들"이며 "찰나는 자신의 권리를 행사한다"고 다른 이들은 쓴다. 1832년 사망한 괴테는 이 그룹에서는 크게 존경받지 못한다. 그들이 보기에 괴테는 "안정밖에 모르는 멍청이"에다가 "군주의 종복"이었다. 그런 괴테가 도를 지켜야 한다고 촉구하는 것을 그들은 질리도록 들어왔다. 셋째, 우리가 깨달아야 하는 것은 해방되려면 혼자 싸워서는 안 되며 집단이 함께해야 한다는 사실이다. 그렇기 때문에 "인격체"로 자신을 형성해야 한다는 휴머니티의 요구는 만족스럽지 않다. 그래서 "운동문학Literatur der Bewegung"이라는 유행어가 도처에서 튀어나온다. 하이네는 에세이 『낭만파Die romantische Schule』에서 "우리 운동하는 남자들"이라는 표현을 반어적으로 쓴다. 1840년대에는 운동의 일원이라는 느낌이 당파의식으로 농축된다. 사람들은 상대방의 "입장"이 무엇인지 물어보며 "당파를 분명히 하라"는 요구를 한다. 머리는 운동의 심장을 찾아내야 한다. 그것은 처음에는 그저 "민중"이었다가 마르크스에게서 "프롤레타리아"가 된다. 그동안 사실 사회적 움직임이 있었다. 1832년에는 함바흐 축제[13]가 있었고 1844년에는 직조공의 봉기가[14] 있었다. 하지만 뷔히너가 팸플릿 『헤센의 사자Hessicher Landboten』에서 농민들에게 봉기하라고 촉구하자 농민들은 이 팸플릿을 가장 가까운 경찰서에 가져다준다.

1840년대의 활동가는 1830년대의 문예란 집필자를 얕잡아본다. 문예란 집필자들은 고작 찻잔 속의 폭풍을 일으키고서는 허영심과 과대망상에 차 있다는 것이다. 문예란 집필자인 프라일리그라트[15]는 "당파가 요새지붕에서 싸울 때 / 시인은 더 높은 망루에 서 있다"고 선언한다. 활동가 헤르베크[16]는 「당파Die Partei」라는 시를 써서 화답한다. "당파! 당파! 당파를 부인할 자 누구인가? / 당파야말로 모든 승리의 어머니였다! / 어찌 시인이 당파라는 말을 헐뜯을 수 있는가? / 모든 장려한 것을 이 말이 낳지 않았나? / […] / 신들조차도 올림푸스산에서 내려와서 / 당파를 이루고는 요새지붕 위에서 싸웠다!"[17]

문인들은 이제는 "자신만의 음색"을 외려 피한다. 예를 들자면 하이네가 자신만의 음색을 취한다며 사람들은 못마땅해 한다. 그가 휘황찬란한 효과를 노리며 자기도취적인 글을 쓴다는 비난이 이어진다. 논쟁을 즐기는 시대의 문인답게 하이네는 이렇게 화답한다. "내가 번개를 치는 데 걸출하기에 / 천둥을 칠 수 없다고 여기는가! / 착각하지 말게. 나는 / 천둥 치는 데에도 귀재이니까."

1840년대에는 급진주의들이 서로 경쟁을 벌인다. 용어가 중복되는 악습이 생겨난다. 비판적 비판이 나온 후 마르크스는 비판적 비판의 비판을 내놓는다. 현실적 현실에 이어 진정한 사회주의가 거론된다. 이 경쟁은 극도로 과민하게 진행된다. "당파들"이 서로를 공격한다. 헤르베크는 프라일리그라트를 비난하고 엥겔스는 하이네에게 싸움을 건다. 하이네는 뵈르네에게, 뵈르네는 하이네에게 싸움을 건다. 포이어바흐는 슈트라우스를 비판하고 바우어는 포이어바흐를 비판한다. 슈티르너는 이들 모두를 제치려고 하지만 이제 마르크스가 『독일 이데올로기Deutsche Ideologie』를 발표해 모두를 제압한다. 쇼펜하우어가 『자연에서의 의지에 관하여』를 마지막으로 손질하던 1835년, 뉘른베르크와 퓌르트 사이에 독일 최초의 철도가 개통된다. 정신의 세계에서 역시 강렬한 근대성을 띤 사건이 둘이나 있다. 그것들은 – 너무도 당연하게도 – 벌거벗기는 사건이다. 덮개가 밀쳐지며 사람들은 현실적 현실에 맞닥뜨린다.

첫 번째 사건은 구츠코프가 쓴 소설 『회의하는 여인 발리Wally, Die Zweiflerin』이다. 이 소설이 다루는 것은 "육체의 해방"이다. 발리의 연인은 말한다. "당신이 내게 아무것도, 그 아무것도 숨기지 않는다는 것을 보여주오. 우리는 하나였소. 나는 앞으로의 삶 전부를 지탱할 축복을 받은 거요!"[18] 발리와 작가는 응하지 않다가 결국 둘 다 양보한다. 작가는 자신의 여주인공 발리가 모여든 독자들 앞에서 몇 줄 동안 "벌거벗고" 창가에 서 있게 한다. 독일연방은 그런 외설을 쓴 작가를 용서하지 않는다. 소설은 금지되며 이것이 빌미가 되어 이른바 "청년독일"의 여타 서적도 즉시 금서 목록에 올라간다.

이 소설이 금지된 이유는 용납될 수 없는 나체 장면이 있어서였지만 그것이 전부는 아니었다. 발리가 회의를 품고 있다는 사실 역시 미풍양속을 해쳤다. 발리가 자연스러움을 선호한다는 것은 창문 장면에서뿐 아니라 종교적 문제에서도 부각되었다. 그녀는 마음에서 우러나는 종교에 찬성하며 교회신앙이 내세우는 낡은 교리에 반대한다. "우리에게 새로운 하늘과 새로운 대지가 주어지지는 않을 것이다. 하지만 둘 사이를 잇는 다리를 새로 짓는 것은 피할 수 없어 보인다"[19]고 발리는 일기장에 적으며 작가를 대변한다.

두 번째 벌거벗기의 사건에서는 오직 종교적 주제만이 다루어진다. 1835년 다비트 프리드리히 슈트라우스David Friedrich Strauß는 『예수의 생애Das Leben Jesu』를 발표한다. 19세기의 책들 중 이 책만큼 큰 영향을 미친 책은 얼마 없다.

헤겔의 제자 슈트라우스(그는 헤겔이 사망하기 직전에 헤겔을 방문했다)는 헤겔의 종교철학에서 급진적인 결론을 도출했다. 헤겔은 철학은 "신앙의 형식 위에 설 뿐이며 철학의 내용은 종교의 내용과 동일하다"고 가르쳤다. 다시 말해 정신은 역사 안에서 스스로를 드러내는데 그중 특정한 한 형태가 종교임을 철학적 성찰을 거쳐 알 수 있다. 이 정신은 종교의 형식을 떨치고 철학에 이르러야만 "온전히" 자기 자신에게 당도한다. 종교를 역사적 시각에서 고찰하는 것을 엄중히 받아들인 슈트라우스는 기존 권력과의 조화를 중시했던 헤겔이 내리지 않았던 결론을 헤겔 철학에서 도출한다. 낭만주의 시절부터 전개된 원문 비판을 진보적으로 수용한 슈트라우스는 성경에서 전승되어 온 것을 벗겨낸 후 '실제의' 예수를 끄집어낸다. 그러고는 역사적으로 정확히 위치시킬 수 있는 이 인물과 전승된 이야기 속의 그리스도를 구분한다. 그는 '그리스도'의 이야기는 신화이며 이 신화에는 나름의 진실이 담겨있다고 본다. 그는 이 '진실'을 헤겔 식으로 파악한다. 신화는 진정한 인류의 이념에 관한 이야기이다. 오랜 시간이 흐르면서 어떤 실제 인간을 둘러싸고 이 이념은 알알이 맺히게 되는데 그런 이념에 관해 이야기하는 것이 신화라는 것이다. 나아가 그리스도 안에서 인간 종족의 이념이 표현되면서 나온 것이 그리스도의 신화라고 슈트라우스는 풀이한다. "신은 인간이 되며 무한한 [⋯] 정신은 영광된 모습을 취한다." 실제의 여인에게서 태어났지만 보이지 않는 아버지에 의해 잉태된 신적 인간은 정신과 자연을 변증법적으로 종합한다. "정신이 점차 자연을 지배하게 되면서 자연은 정신이 활동할 때 사용하는 무기력한 소재로 격하되었음"을 신화적으로 표현하다보니 그리스도가 기적을 행했다는 이야기가 생겨난 것이다. 그리스도가 죄가 없다는 것은 "인류의 행보가 나무랄 데 없이 진척되어 왔으며 개인은 항상 실수를 하지만 그런 실수는 인간 종족과 그 종족의 역사라는 차원에서는 폐기된다"[20]는 것을 의미한다. 따라서 그리스도의 승천은 인류의 앞에 놓인 영광스러운 미래를 약속하는 신화와 다름이 없다.

『예수의 생애』는 금세 교양시민들의 필독서가 되었다. 현세에서 누릴 미래를 신뢰하는 그들의 성향에 이 책이 자양분을 제공했기 때문이다. 이 책이 – 몇 년 후 십만 부 이상이 팔렸을 정도로 – 시대를 각인할 수 있었던 것은 다음 두 요소를 시대에 맞게 결부시켰기 때문이다. 첫째, 이 책은 폭로의 몸짓으로 일관한다. 덮개들을 꿰뚫고 '실제의' 핵심으로 돌진하며 탈신비화를 행한다. 둘째, 이 책은 미래를 향한 낙관주의에 박차를 가하는 어떤 것, 즉 인류의 진보라는 이념이 "현실"임을 확인한다. 슈트라우스에 고무된 포이어바흐는 얼마 후 "내세의 지망생"은 마침내 "현세의 학생"이 되어야 한다고 말한다.

슈트라우스 종교비판의 기본에는 현세의 진보라는 '종교'가 깔려 있었는데 세월이 흐르면서 슈트라우스 본인이 점차 쾌적하게 이 종교를 전면에 드러냈다. 한 세대가 지난 후 니체는 "속물성이 체계를 갖추고 지배력을 행사하려"[21]한다며 가차없는 비판을 슈트라우스에게 할 것이다. 알다시피 니체는 세속화라는 사건이 지닌 비극적 느낌을 만끽하려고 하는 반면 슈트라우스는 당연히 그런 격정과는 뚝 떨어져 있다. 슈트라우스는 "털 슬리퍼를 신었을 때 은근히 스며드는 온기만큼이나 뜨겁게 열광"[22]하면서 자신이 거주하는 세계가 자신을 위해서 존재한다고 한결같이 믿고 있다고 니체는 비난한다. 노년의 슈트라우스는 "구식의 경건한 신자가 신에게 보이는 정도의 경건함을 우리의 우주에 보이자"[23]는 명언을 남겼는데 젊은 시절의 슈트라우스라도 주장할 법한 말이라며 니체는 이 명언에 대해 조소와 야유를 퍼붓는다.

슈트라우스의 종교비판을 계기로 헤겔 학파는 다음 세대에서 분열된다. 보수적 혹은 구舊 헤겔파에게 좌파적 혹은 청년 헤겔파가 맞선다. 후자는 거리낌 없이 근대의 프로젝트에 헌신한다. 청년 헤겔파는 종교 비판을 급진화시키며 비판의 대상을 천국에서 지상으로 옮긴다.

1840년 또 다른 돌풍이 일어난다. 루트비히 포이어바흐가 『기독교의 본질Das Wesen des Christentums』을 출간한 것이다.

슈트라우스는 종교에 신화화의 과정이 내포되어 있음을 발견하였는데 포이어바흐는 이 과정을 거치며 인간은 스스로로부터 소외된다고 해석한다는 점에서 슈트라우스보다 더 나아간다. 인간이 바라는 것과 스스로 알고 있는 자신의 잠재력, 그의 본질적 힘에 잠재된 풍부함 등 인간 안에 숨어있는 최고의 것을 인간은 천국에 "투사한다projizieren." 인류는 자신이 할 수 있는 것을 행하는 대신 그런 것을 하는 신을 만들었기에 이제 신들의 지배를 받고 있다. 할 수 있다는 가능성이 해야만 한다는 당위로 전도되어버린 셈이다. 신들이 인간의 제조품인데도 불구하고 제조품이 제조자를 지배하게 된 것이다. 포이어바흐는 투사에서 종교가 생겨났음을 폭로하는 것을 과제로 삼는다. 인간은 자의식을 되찾은 후 천국으로 던져버린 보물들을 도로 가져와야 하며 신학은 자신의 핵심인 인류학으로 돌아와야 한다. 포이어바흐는 종교를 비판함에 있어서 뒤집기의 방법을 시험해본다. 인간이 창조자이며 신은 피조물이라는 것이다. 이 방법으로 포이어바흐는 이제 헤겔을 공격한다. 그의 방식은 오늘날 "해체구성Dekonstruktion"이라고 불리는 것과 흡사하다. 루소는 데카르트의 명언인 '나는 생각한다. 고로 나는 존재한다'를 '나는 존재한다. 고로 나는 생각한다'로 뒤집으며 표면으로 치고 올라왔었다. 포이어바흐 역시 같은 식으로 헤겔 철학의 심연에서부터 표면으로 치고 올라온다. 다만 포이어바흐는 '나는 존재한다'는 문장에 '나는 나의 신체이다'라는 의미를 부여한다.

그러나 포이어바흐는 쇼펜하우어와는 다르게 신체를 이야기한다. 쇼펜하우어에게는 신체와 의지는 상관개념^{Wechselbegriff}[24]이다. 의지가 스스로를 경험할 경우 우리는 내면에서 신체를 경험한다. 동시에 "가장 실재하는 것"인 이 신체는 우리를 의지의 우주라는 혼돈 속에 던져버린다. 그곳에는 행복도 만족도 없으며 목적 없는 충동과 욕망이 끝없이 있을 뿐이다. 우리는 신체이기에 항상 존재의 비극의 발화점에 위치한다.

포이어바흐는 머리로 선 헤겔을 시대정신에 맞게 바로 세우고는 사유의 나선궤도에서 빠져나와 신체의 존재를 인지하려고 한다. 이런 노력은 현세에서 구원을 얻기 위해서라고 그는 – 시대의 경향에 맞게 – 주장한다. 포이어바흐는 신체에 구원의 약속이 담겨 있다고 본다. 신체는 "형이상학 최고의 원칙이며 창조의 비밀을 담고 있는 데다가 […] 세계의 기반"[25]을 이루고 있다. 쇼펜하우어와 마찬가지로 포이어바흐도 "사유하는 자아"를 절대시하는 것을 비판한다. 그런 경향에 맞서서 그는 모든 인식의 기초는 육체를 지닌 자아라고 강조한다. 사유를 통해 우리는 존재한다고 추정되는 것을 파악한다. 따라서 사유는 존재의 가능성과 연관이 있다. 하지만 무엇이 존재하는지를 우리는 감각으로만 체험할 수 있다. 감각만이 현재 존재하는 것과 연대를 맺고 있으며 환상으로 도피하지 않는다. 감각은 우리에게 현실을 제공하고 우리는 감각으로 현실을 받아들이며 감각으로 현실을 창출한다. "다름 아닌 일상적인 감정에 가장 심오한 최고의 진리가 숨겨져있다. 사랑은 우리 머리 밖에 어떤 대상이 존재한다는 것을 진실되게 존재론적으로 증명하고 있다. 사랑을 비롯한 감정이야말로 존재 유무를 증명하는 유일한 것이다. 어떤 것이 존재하면 기뻐지고 존재하지 않으면 고통스러워지는 것, 그것만이 존재한다."[26]

온몸으로 사랑을 체험하게 되면 우리는 자신의 육체라는 경계 밖에 현실이 있다는 것을 확신하게 된다. 정신으로 이루어진 헤겔의 현실은 사실은 외로이 사유하는 자아가 펼치는 방대한 독백에 지나지 않는다고 포이어바흐는 비판한다. 어떤 실존적인 도전이 일상에서 닥친다고 할지라도 헤겔은 이를 자신의 철학 체계에 집어넣지 않았을 것이라는 이야기다. 자아가 자신과 동등한 다른 자아와 교류를 하는 경우 자아는 아주 다른 것, 즉 "너"와 마주하게 된다. "인간은 혼자만 놓고 볼 경우 인간의 본질을 지니고 있지 않다. 그런 인간 안에는 도덕적인 본질도 사고하는 본질도 담겨 있지 않다. 인간의 본질은 공동체 안에만, 즉 인간이 인간과 함께 이루는 통합에만 담겨 있다. 그러나 나와 너의 차이가 있다는 사실을 인정해야만 이 통합이 가능하다."[27]

"주관"에 대해 말하다 보면 언어의 암시 효과 때문에 "주관"인 것은 모두 동일하다고 가정하게 된다. 이런 끈질기게 이어져온 허구를 포이어바흐는 공격의 대상으로 삼고는 이에 맞서서 자아의 타자는 수많은 자아들로 된 세계의 한 부분이며 이러한 타자성, 즉 이런 "커다란 차이"는 나와 너의 차이라는 단순하지만 기본적인 생각을 전개시킨다.

이처럼 우리는 태곳적부터 – 신체를 경험하듯이 – 일상적으로 차이를 경험해 왔으며 이 경험은 모든 사유에 우선한다.

포이어바흐의 신체 철학이 해방의 열정으로 이어지듯이 너라는 존재에 관한 철학 역시 해방의 열정으로 이어진다. 허구의 '투사'와 '소외'를 꿰뚫고 '현실'을 발견하는 것이 관건이다. 이런 발견을 하고 나면 자기기만에서 비롯되는 압박에 굴하지 않고 현실을 펼쳐나갈 수 있다. 포이어바흐의 철학적 인류학은 윤리적 요청을 하지 않으며 인류의 현실이 참되게 표현되는 것을 방해하는 독단과 윤리적 요청을 비판하려 한다.

포이어바흐는 이렇게 말한다. "나는 제일 먼저 신을 생각했고 두 번째로 이성을 생각했다. 내가 세 번째로 생각했던 것은 인간이었고 그것이 내 마지막 생각이 될 것이다."[28] 포이어바흐는 이것이 환멸을 겪는 단계라고 보지 않는다. 그에 따르면 우리는 우리 자신을 모르고 있다. 그렇기 때문에 신 혹은 절대적 이성 같은 것을 만들었고 그것들이 우리를 지배하게끔 했다. 우리는 우리를 먼저 발견해야 한다. 그래야 해방될 수 있다. 우리에게 우리의 신체가 낯설어졌기 때문에 우리는 신체를 두려워한다. 우리의 몸을 우리 것으로 만들어야 한다! 다른 사람들을 "너"라는 존재로 체험하는 대신에 우리의 "자아"와 일치하지 않는 것으로 체험하기 때문에 우리는 다른 사람을 두려워한다. "너"라는 존재가 사랑의 신비와 공동체의 신비라는 모험을 할 기회를 열어준다는 것을 우리는 깨달아야 한다.

포이어바흐는 신에서 출발하여 이성을 거쳐 인간으로 가는 길을 빛으로 인도하는 길로 이해한다. 정말 종교적인 열정으로 그는 자신의 최고 존엄인 신체와 너라는 존재 그리고 공동체에 관해 언급한다. 그런 언급을 보면 신으로부터 인간에게 가는 길을 완주한 후 그가 인간으로부터 신적인 것에게로 - 더 정확히 말하자면 신격화된 인간에게로 - 되돌아 갔음을 알 수 있다. 예를 들면 그는 육체적 감각을 "절대자의 기관"이라고 부르며 "너라는 존재"와 "공동체"에 관해서는 이렇게 말한다. "외로움은 유한성과 제약이다. 공동체의 속성은 자유와 무한성이다. 혼자 있는 인간은 (평범한 의미에서의) 인간이다. 함께하는 인간, 다시 말해 나와 너의 합일을 이룬 인간은 신이다."[29]

이제 카를 마르크스의 차례이다. 그 역시 역사상 "3월 혁명 전기前期 Vormärz"[30]의 운동에 속한다. 이 운동은 진실을 찾고자 헤겔의 형이상학을 뒤엎고는 이제 "현실적 현실"에 도달했다고 믿는다.

포이어바흐가 신체와 너라는 존재 그리고 공동체를 '발견'했듯이

마르크스는 사회적 본체Gesellschaftskörper와 그것의 중심인 프롤레타리아를 '발견'한다. 프랑스 혁명이 주장했던 자유의 권리가 독일에서는 여전히 보장되고 있지 않다는 사실은 정치적으로 격앙된 시기에 정치적 추동력을 더한다. 거기에다가 도시인은 초기자본주의의 특징인 빈곤을 경험한다. 베를린에서 법학과 철학을 공부하는 대학생 카를 마르크스 역시 빈곤을 감지한다. 식량난으로 소요가 일어나고 기계가 파괴되니 감지하지 않을 수가 없다. 하지만 마르크스가 현실의 빈곤을 안 탓에 자신의 철학에 이르게 되는 것은 아니다. 그 반대로 철학이 빈곤하기 때문에 그는 현실의 빈곤을 알게 된다. 사회가 겪는 고통에 눈을 돌리게 한 것은 철학적 열정이다. 사유가 현실이 되고자 밀치고 나오는 셈이다. 시민 계급 출신인 마르크스는 프롤레타리아가 철학적 역할을 해야 한다고 생각하기 때문에 프롤레타리아에게 끌린다. 포이어바흐가 언급하는 신체는 현실의 신체가 아니라 철학적 역할을 연기하는 신체처럼 다가온다. 마찬가지로 마르크스가 문제 삼는 프롤레타리아는 현실의 프롤레타리아가 아니라 수많은 다리가 달린 하나의 범주이다. 마르크스가 포이어바흐와 철학 전통 전반에 반기를 들며 한 말이 있다. "철학자들은 세계를 다양하게 해석하기만 했다. 정작 중요한 것은 세계를 변화시키는 것이다."[31] 이 말의 핵심을 이렇게 풀 수 있다. '변화시킨다는 것은 다른 수단으로 철학을 계속하는 것이며 최첨단의 해석 방식이다. 철학이 행동을 하면 그 철학은 "실천"이 되지만 여전히 철학이라는 사실에는 변함이 없다.' 사람들이 자신을 사회운동을 하는 정치인으로 분류했더라면 마르크스는 이를 모욕으로 받아들였을 것이다.

1840년대에 마르크스는 헤겔로부터 자유로워지기 위해 전념했다. 에피쿠로스와 데모크리토스를 다룬 박사 논문에서 그는 연극 같은 상황을 펼쳐 보이면서 자신의 시대에 이런 상황이 반복되고 있으며 자신이 그 안에서 한 역할을 맡고 있다고 넌지시 운을 떠운다. 당시에는 "플라톤과 아리스토텔레스처럼 이론을 전체로 확장하는 철학자들"[32] 이후 데모크리토스와 에피쿠로스 같은 철학자들이 등장하여 다시 단순하고 근원적인 질문을 들이대면서 질서 정연한 정신 세계를 깨뜨렸다. 전체를 다룬 헤겔 철학 이후 단순한 질문을 던지는 과제는 이제 자신의 몫이라고 야심만만한 젊은 철학자는 암시한다. 우리는 단순한 것으로 되돌아 가야 하지만 이는 지극히 어려운 일이다. 존재가 의식을 규정하기 때문이라는 것이다.

그런데 존재란 무엇인가? 마르크스에게 있어서 존재란 자연과 신진대사를 하는 인간이다. 즉 노동하는 인간이 존재이며 노동을 함으로써 사회화가 되는 인간이 존재이다. 노동을 하면서 인간은 자신의 본질적 힘을 외화外化한다. 노동을 통하여 그는 자신과 사회를 산출하지만 노동은 "자연발생적으로" "소외된" 형식으로 행해진다. 필연성의 왕국에 머물러 있는 인간은 아직 자유의 왕국으로 진입하지 못했다. 인간은 자신이 만들어낸 생산품과 자신이 맺는 사회적 관계에 의해 짓눌린다. 이 자리에서 마르크스는 포이어바흐가 종교에 대해 했던 비판을 다시 언급한다. 신성한 차원에서의 소외를 비판하는 것을 넘어서 신성하지 않은 차원에서의 소외를 비판해야 한다는 것이다. "그러므로 진리였던 내세가 사라진 뒤에 현세의 진리를 확립하는 것은 역사의 과제이다. 인간의 자기소외가 취한 거룩한 모습을 폭로한 다음 자기소외가 취하는 거룩하지 않은 모습을 폭로하는 것이야말로 역사에 봉사하는 철학의 우선 과제이다. 그렇게 함으로써 천상에 대한 비판은 지상에 대한 비판으로 바뀌며 종교에 대한 비판은 법에 대한 비판으로, 신학에 대한 비판은 정치에 대한 비판으로 바뀐다."[33]

이러한 비판에서는 철학적 열기가 튀고 있다. 철학의 격동시대를 채

웠던 열정이 고스란히 여기 담겨있다. 하지만 이 비판은 자신이 비판을 종결할 것이라고 여기고 있다. 마지막으로 철학을 실천한 후 행복이 실현되면 철학은 사라질 수 있다. 헤겔의 경우 미네르바의 부엉이는 현실이 완성된 후에 날기 시작했다. 마르크스의 경우 미네르바의 부엉이는 동트는 새벽을 향해 날아가야 한다. 마르크스의 말을 들어보자. "비판은 몸을 묶은 사슬 틈틈이 상상에서 피어난 꽃들을 뜯어내버렸다. 인간이 환상도 위안도 없는 사슬을 차게 하려고 그런 게 아니다. 그가 사슬을 벗어던지고 살아있는 꽃을 꺾게 하기 위해서이다."[34]

"살아있는 꽃" – 노발리스는 꿈속에서 이 꽃을 찾았다. 마르크스는 낭만주의를 훌쩍 뛰어넘어서 이렇게 선포한다. "꿈을 꾸던 […] 세계를 깨워서 어떤 일을 해야 할지 설명해 주어야만 의식의 개혁이 이루어진다. […] 세계는 어떤 것을 오래전부터 꿈꾸고 있었는데 그것을 실제로 소유하려면 그것에 대한 의식을 가지기만 하면 된다는 것을 알게 될 것이다."[35]

꿈꾸던 것을 실제 소유한다는 것은 모든 꿈을 능가할 것이라고 마르크스 철학은 엄청난 약속을 한다. 자유로운 인류 앞에 펼쳐질 찬란한 미래는 신격화된다. 이 나팔 소리는 쇼펜하우어의 귀에도 들린다. 하지만 그는 그런 낙관주의가 "후안무치한" 사고방식이라고 여긴다. 1858년 쇼펜하우어는 프랑스 철학자 모랑^{Morin}과의 대화 중 이렇게 말한다. "진정한 철학에서는 행간의 눈물과 울부짖음을 느낄 수 있어야 합니다. 이를 부드득 가는 소리와 다들 죽고 죽이느라 아우성치는 끔찍한 소리가 들리지 않는다면 그건 철학이 아닙니다."(G, 325)

제 22 장

—

여섯 번째 철학 시나리오: 자유라는 불가사의와 그 불
가사의의 역사.

윤리학의 두 가지 기본 문제: 개별화의 고통과 개별화
의 죄.

1848년 혁명 당시의 쇼펜하우어: 재산의 이자로 먹
고사는 사람의 운명에 대하여.

—

프리드리히 에른스트 다니엘 슐라이어마허(1768년~1834년, 왼쪽)
요한 고트프리트 헤르더(1744년~1803년, 오른쪽)

여섯 번째 철학 시나리오: 자유라는 불가사의와 그 불가사의의 역사.
윤리학의 두 가지 기본 문제: 개별화의 고통과 개별화의 죄.
1848년 혁명 당시의 쇼펜하우어: 재산의 이자로 먹고사는 사람의 운명
에 대하여.

SCHOPENHAUER

헤겔은 시대를 사유에 담아놓은 것이 철학이라고 말함으로써 역사를 철학의 수준으로 끌어올렸다. 나아가 당대를 진단하는 일에 철학의 품격이 깃들게 했으며 정치 싸움의 한복판에서 철학을 하도록 독려했다. 그는 "이성적인 것은 현실적이고 현실적인 것은 이성적이다"라는 유명한 말을 한 바 있는데 이 말은 상반된 방향으로 정치적 영향력을 행사했다. 일부는 이 발언이 기존의 것을 정당화하고 있다고 이해한 반면 다른 일부는 – 루게^{Ruge}, 바우어, 엥겔스와 마르크스 – 이 발언이 존재하는 데 불과한 것을 '이성'과 합치시킴으로써 '진정한 현실'이 되기를 요청하고 있다고 이해했다. 일부에게는 이 문장은 있는 대로의 상태를 표현하고 있고 다른 일부에게는 앞으로 되어야 할 상태를 촉구하고 있다. 하지만 모두가 확신하고 있었던 게 하나 있다. 사회와 역사라는 차원이 진실의 추이에 결정적이라는 사실이다. 그렇기에 헤겔을 극복하고 뛰어넘으려는 시도 역시 헤겔의 궤도에 머무르고 있다.

헤겔 이후 철학의 새로운 유형이 자리 잡는다. 헤겔 이전에는 개별자와 전체를 직접 대치시키는 게 지배적이었다. 신과 인간 혹은 인간과 자연 혹은 인간과 존재가 대치되었다.

복수의 인간이라는 것은 별도의 범주가 아니라 개별자들이 항시 가지는 온갖 속성들이 더해진 것에 불과했다. '인류Menschheit'라는 개념은 역사적 동력을 지닌 복수의 주체를 의미하기보다는 '인간적인 것das Menschliche'이라는 뜻으로 사용되었다. 그렇기에 모두가 자신 안의 "인류"를 존중할 의무가 있다고 말하는 것이 18세기에는 아직 가능했다.

늦게 잡아도 헤겔 이후에는 '개별자와 전체'라는 이원성 사이에 새로운 세계가 끼어든다. 사회 그리고 역동하는 사회, 다시 말해 역사라는 중간 세계가 그것이다. 이 중간 세계는 이제까지 대척하던 양자의 핵심을 갉아먹는다. 전체와 존재를 다루는 옛 형이상학은 사회와 역사의 형이상학 속에서 사라지며 개별자에 대한 언술은 무의미해져 대상을 잃어버린다. 개별자가 항상 사회적 역사적으로 제한되어 나타나기 때문이다. 사회와 역사로 이루어진 중간 세계는 개별자에 대한 언술 중 오직 단 하나만이 자신의 밖에 있다고 인정한다. 인간 안에 있는 '자연', 그것을 다루는 인류학이다. 그러나 자연의 유적類的 존재인 인간은 당연히 개별 존재가 아니다. 그 외에도 마르크스의 경우를 보면 사회와 역사의 개념이 너무도 압도적이어서 '자연'이 그 안에 파묻힌 것처럼 보인다.

이리 보면 사회와 역사의 중간 세계가 버티고 있고, 저리 보면 '자연'이 버티고 있기에 어느 쪽에서든 빠져나올 길이라곤 없다. 사람들은 자연의 필연성과 당대의 사회적 필연성에 묶여 버둥거린다. 이 두 필연성 중 어떤 것이 압도적인가를 두고 싸움이 벌어진다. 헤겔과 마르크스는 사회적 필연성이 자연의 필연성을 이길 것이라고 믿는다. 헤겔은 "정신이 자기 자신에게로 돌아온다"고 말하며 마르크스는 "자연 그대로의 성질을 지양"하자고 이야기한다. 둘 다 그렇게 하는 것이 자유로 가는 길이라고 여긴다. 양자 모두 '자유'를 역사의 사회적 산물이라고 이해한다.

그에 반해 유물론자들은 자연의 필연성이 월등하다고 믿는다. 하지만 그들 역시 형이상학이 오래전부터 해온 구원의 약속을 세속화시키고 있다고 한다. 자연이 진화의 역사를 거쳐 더 높이 발전하고 있는 것이다.

기계의 시대가 시작될 무렵 철학은 존재와 자연과 사회의 남아있는 차원들을 일종의 '기계장치'로 바꾸어서 사유하기 시작한다. 각자가 기능에 맞게 처신한다는 전제를 충족시킨다면 이 '기계들'이 성공적인 삶을 제조할 것이라고 믿어도 된다. 헤겔은 "자유란 필연성을 통찰하는 것"이라고 말한다. 『공산당 선언』은 그 필연성을 이렇게 표현한다. "부르주아지는 무엇을 한들 제 무덤을 팔 뿐이다. 부르주아지의 몰락과 프롤레타리아의 승리는 불가피하다."[1] 역사의 합법칙성이라는 '기계'가 방해받지 않고 일하도록 둔다면 승리는 "불가피"해질 것이다. 방해 요소들은 배제되어야 하며 그렇기 때문에 그런 "선언"을 민중에게 전달하는 하나의 '정당'만이 존재해야 한다.

그 시절 사람들은 정치적 압제와 사회적 빈곤에 맞서서 갖은 종류의 '자유들'을 쟁취해야 했다. 농부들은 반半봉건적인 조세의 부담에서, 수공업자 견습생과 매뉴팩처 근로자들은 길드의 압박으로부터 자유로워지길 원했다. 독일인들은 시장의 목을 조르는 국내 관세에서 자유로워지길 원했으며 의견을 표명할 자유와 국가의 자의恣意로부터의 자유를 원했다. 그들은 정치적 의지를 체계화하여 관철할 자유와 학문의 자유 그리고 도덕적으로 살게끔 스스로 결정할 자유를 원했다.

사람들은 이러한 요구들을 관철시키는 데 오랜 기간이 필요하다고 추정하기 시작한다. 장기간에 걸쳐 전투를 하려면 전략적으로 행동해야 한다. 사람들은 상황을 어떻게 풀어나갈지를 계획하며 누구와 연합을 맺을지를 궁리하고 어떻게 전개가 될지를 예측한다. 이렇게 하다보면 업무를 위해서 엄수할 것들이 생겨난다. 참여자들은 즉흥적인 행동으로 인해 경솔하게 '큰' 목표를 위험에 빠트리지 말고 '큰' 목표에 충성해야 한다. 자유를 쟁취하기 위한 운동은 사회라는 '기계'를 사용하려 하기 때문에 운동원의 행위에 어느 정도 제약을 가해야 한다. 그래서 하인리히 하이네처럼 '믿을 수 없는' 인물을 비방하게 되며 기계파괴운동을 비난하게 된다. 그래서 마르크스와 엥겔스는 막스 슈티르너와 그 뒤를 잇는 미하일 바쿠닌Michail Bakunin 같이 당장 자유를 쟁취하려는 이론가를 비난한다. 어쨌든 자유를 목표로 삼는 이에게 활동 공간은 열려 있다.

그러나 기이하게도 앞에서는 자유를 관철하려는 의식이 뒤에서는 자유를 대규모로 박탈하는 작업을 진행하고 있다. 의식은 자유를 원하지만 자유롭고 즉흥적이라고 여겨지던 행동이 사회적 혹은 자연적으로 규정된 원인에 의하여 포위되어 있다는 것을 이전과는 달리 아주 정확히 알고 있는 듯하다. 자유를 요구하는 동시에 존재가 필연적임을 학문을 통하여 알고 있다는 것, 이것이 근대성이다. 순진한 자발성과 환상이 없는 냉소주의가 희한하게 섞인 것이 근대성이다. 사회학과 정신분석학이 양면공세를 펴기 때문에 사실 자유의 공간은 더 이상 남아있지 않다. 우리 스스로를 해석하다 보면 우리는 경제적인 성격마스크[2]이고 사회적 역할[3]이며 충동에 좌우되는 자연적 존재가 되어버린다. 자유 의식은 거듭되는 치욕에 맞닥뜨린다. 그렇지만 자유를 향한 요구는 활발하다. 자유를 요구하면서도 사람들은 자신의 자발성이 어떤 사회학적이고 정신분석학적인 배경을 가지고 있는지 "캐묻는 것"을 빠트리지 않는다. 아마 자유를 향한 요구만큼은 책임을 떠맡을 용기와 능력이 강력하지 않기 때문인 듯하다. 사람들은 가능한 모든 일을 할 수 있는 자유를 원하며 욕구를 충족시킬 수 있는 자유를 원하지만 일이 안 좋게 되어서 뒤따르는 대가를 치러야 할 경우가 생기면 자유가 박탈되고 있다는 담론에 결정적 역할을 맡긴다. 그렇게 될 수밖에 없었다고 설명할 수 있는 사람은 책임을 내려놓는다. 설명 가능성의 문화가 전개되면 그 문화는 미심쩍은 회색지대에서 작동한다. 설명하는 것과 변명하는 것 사이에 뚜렷한 경계란 없기 때문이다. 잘못될 경우에 대비해 면죄부를 미리 주기 위해서 나중에 해야 할 설명을 행동을 시작할 때 덧붙이는 것도 가능하다. 잘못된 경우를 선취하면서 벌써 "잘 되지 않았을 경우"에 대비하는 것이다.

철학적 품격을 새로이 갖춘 사회와 역사의 '중간 세계'는 한편으로는 진실이 펼쳐지는 장소이며 자유의 성장을 관건으로 삼는다. 다른 한편으로는 자유로 인한 파국이 닥칠 경우 이 중간 세계는 부담을 덜어주며 변명을 가능하게 한다. 오늘날 우리는 극단적인 악함이 존재한다는 것을 두고 보지 않으려 한다. (예를 들자면 히틀러라는 현상은 어떻게든 설명되어야 한다. 불행한 어린 시절과 시간증屍姦症, 소시민의 두려움, 자본의 이해관계, 근대화의 충격 등으로 말이다. 이러다 보면 결국에는 공포를 가라앉힐 수도 있으니까….)

부담을 덜어주는 설명의 문화가 새로운 것은 아니다. 형이상학적 욕구를 지닌 인류는 이미 몇 세기 전, 존재하는 것은 필연적인 존재이자 질서 있는 우주라고 개괄하였다. 현실의 질서와 그 법칙과 필연성을 파악하기 오래전에 질서는 존재한다고 추정되었다. 존재와 카오스를 함께 사유한다는 것은 있을 수 없는 일이었다. 뉴턴은 행성이 유랑한다는 테제 – 벨리코프스키⁴가 이를 다시 주장하고 나섰다 – 를 반박하는 데 반생을 보냈다. 그는 자신이 발견한 만유인력의 법칙에 의존하기보다는 신에 의존해서 격렬한 논쟁을 벌였다. 디드로는 우연을 감히 세계의 심장에 놓으려 했기 때문에 극도로 격노한 이들의 공격을 받아야 했다. 우연보다는 차라리 악마를 사람들은 용납했을 것이다. 악마는 나름대로 예측가능하며 필연적이고 시종일관하기 때문이다. (사드 후작[5]은 그러한 '부정적' 신학을 아주 인상적으로 보여주었다.)

필연적 존재라는 형이상학적 개념과 신에 대한 종교적 이해, 이 둘은 학문적 개념인 필연성을 선취하고 있다. 당시와 마찬가지로 오늘날에도 질서가 어떻게 기능하는지를 아직 세세히 파악하지 못했을수록 질서가 있다고 미리 추정하여 작업을 이어나간다. 신앙이 세속화되어서 설명 가능성이라는 가설이 된 것이다.

근대 이전의 시대는 질서가 존재한다고 추정했던 까닭에 '자유'는 당시에도 이미 골치 아픈 문제가 되었다. 한편으로는 피조물인 인간이 자유의지를 갖는 것이 필요했다. 그래야만 세상에 있는 악이 선한 창조자의 탓이 되지 않을 수 있었다. 다른 한편으로는 피조물은 창조자에게 대항할 수 없었다. 그렇게 된다면 창조자가 전능하지 않다는 의미가 된다. 따라서 자유의지는 있을 수 없었다. 인간들이 신에게 완강히 맞서는 것 역시 결국은 필연적이며 신이 계획해놓은 일이었다. 아우구스티누스에서 라이프니츠에 이르기까지 이 문제를 놓고 싸움이 벌어졌으며 종종 화형과 고문 기구가 동원되기도 했다.

사도 바울은 "그리스도는 너희들을 죄와 죽음의 법칙으로부터 자유롭게 했다"고 가르쳤는데 이 해석을 루터가 넘겨받았다. 인간은 원죄에 예속되어 있으며 악에 함몰되어 자유롭지 못하다. 하지만 그리스도가 은총을 베푼 이후 인간은 선택할 수 있다. 신앙을 통하여, 신앙 안에서 스스로를 자유롭게 할 자유를 갖게 된 것이다. 인간은 육욕의 죄에 얽매여 있지만 정신은 자유롭기에 해방될 수 있다. 자유는 인간이 취할 수 있는 게 아니라 오직 받을 수 있는 것이다.

자유는 우리가 행하는 것이 아니며 생겨나는 것이다. 하지만 인간은 은총이 베푸는 자유를 거절할 수 있기 때문에 자신의 원죄에서 비롯된 부자유를 책임져야 한다고 루터는 가르친다. 부자유와 책임을 함께 사유한다는 것은 대담한 방식이며 자유를 무책임에 연결시키는 데 익숙한 요즈음과는 극명한 대조를 이룬다. 자신의 행동을 책임지는 형이상학에서 출발하여 책임 불능의 경험주의에 이르기까지는 먼 길을 가야 한다.

신학자들뿐만 아니라 철학자들에게도 자유의 문제는 당연히 도전할 만한 테마 그 자체였다. 자유 때문에 신이 곤경에 처하게 된다고 의심받아 왔기에 철학자들은 이 부분을 파고들지 않을 수 없었다. 그렇게 함으로써 철학자들은 은밀한 적대감을 풀 수 있었다. 미사에서 시중드는 처지로 격하되어 있던 철학은 각자 원하는 대로 위험에 처한 신을 도우러 나서거나 신을 더욱 궁지에 몰 수 있었다.

스피노자는 자유의 의식을 직접성의 환각이라고 분석한다. 인간이 직접성 안에 머무는 한 자신의 결정과 행동이 자유롭다고 느낀다는 것이다. "인간은 자신이 […] 원하는 것을 의식하지만 자신을 규정짓는 원인들을 알지 못하기" 때문에 자유가 성립한다. 이것은 자기기만에서 나온 자유이다. 원인을 발견하면 자유를 갖게 되는데 이것은 자기기만으로부터의 자유이기에 스피노자가 보기에는 진짜 자유이다. 우리가 자유의 환상에서 우리를 자유롭게 만들 때 우리는 자유롭다. 자유를 비판하는 자유를 행하면서 우리는 전체를 이루는 저 숭고한 필연성에 동참하게 된다.

데카르트 역시 자유에 관해 온갖 측면에서 사유한다. 그는 자유로운 행동을 자의적인 행동과 구분한다. 인간이 느끼는 자극이 이성에 의해 조정되지 않으며 이성적 '근거'를 갖지 않는다면 그것은 '자의'이다. 그런 점에서 '자의'는 근거를 갖지 않는 우리 안의 무엇이다. 근거를 갖지 않는 것은 '필연적'이지 않은 것이다. 우리의 지성은 '필연적'인 것에 깃들어 있으므로 '자의'는 우리의 지성에 폭력을 가하는 낯선 존재이다. 그리고 지성은 (신적인 것인 까닭에) 가장 인간적인 것이기에 '자의'는 인간적인 것 자체를 위협하지 않을 수 없다. '자의'에 빠지면 사람들은 자율성을 잃고 자신이 직접 하지 않은 일에 휘말려 들어서 희생양이 된다. 따라서 데카르트에게 자의는 부자유이며 필연성은 자유이다.

이런 식으로 철학은 수 세기 동안 하나의 문제 주변을 이리저리 돌고 있다. 자유의 문제는 사실 불가사의이다. 이 뜨겁고 어두운 지대에서 철학의 담론은 더 나아가지 못하고 빙빙 돌고만 있다.

칸트는 자유의 문제를 풀지 않았고 불가사의를 해소하지 않았다. 오히려 자유의 문제를 풀거나 해소하는 것은 원칙적으로 불가능하다는 것을 증명함으로써 나름 자유의 문제에 기여했다.

칸트는 이중의 관점이 있으며 있어야만 한다고 본다. 우리가 우리 자신을 시간 안의 존재로 경험할 때 모든 현재는 앞서간 시간의 열에 연결되어 있다. 그러나 나는 항상 현재에만 존재하며 과거는 더 이상 "나의 힘"이 미치지 않는 곳에 있기에 나는 내 현재를 결정짓는 과거에 아무런 힘을 가할 수 없다. 시간적 존재로 자신을 경험하는 경우가 여기에 해당된다고 앞서 말한 바 있다. 하지만 칸트에 따르면 '시간'은 세계 '자체'에 속하지 않으며 그저 우리(내적) 감관의 직관 형식일 뿐이다. 세계 '자체'와 우리 '자체'는 시간 없이 존재한다. 하지만 그런 '무시간성'을 우리는 표상할 수 없다. 표상할 경우 '시간'이란 직관의 형식을 건너뛸 수 없는데 어떻게 무시간성을 표상할 수 있겠는가? 하지만 우리 안에 있는 단 하나의 지점에서 우리는 제한적인 시간의 열에서 빠져나가 아직 존재하지 않으며 미래에 존재해야 할 것과 우리를 연결시키는 경험을 할 수 있다고 칸트는 본다. 우리의 현재가 과거에 의해 결정되어 있을지라도 우리가 원한다면 우리는 현재를 앞으로 가능한 것과 연결된 것으로 경험하게 된다는 말이다. 그럼으로써 우리를 결정짓는 것이 뒤집어진다. 무언가가 미래에 실현되기를 우리가 소망할 경우 그 무엇이 우리를 결정한다. 그러나 우리의 소망은 우리 안에 있는 충동의 도움을 받아서는 안 된다고 칸트는 말한다. 그럴 경우 감성이 우리에게 힘을 행사하게 되면서 우리는 감성의 제물이 되어버릴 것이다. 그렇기 때문에 원하는Wollen 것은 당위Sollen가 되어야만 한다. 당위는 소망에 내재된 비밀스러운 자연의 힘으로 채워져서는 안 된다. 반대로 당위는 소망의 자연 충동에 맞서면서 자신의 힘만으로 소망을 만들어낸다. 당신은 그것을 해야만 하기 때문에 그것을 원한다, 그러니 당신은 원해야만 한다는 식이다. 당위는 어떤 것이 가능한지의 여부에 신경을 쓰지 않는다. 당위는 조건에 구애받지 않고 어떤 것을 가능하게 함으로써 자신의 힘을 증명한다. 칸트는 가능한지의 여부를 근거로 당위를 추론하지 않고 당위를 근거로 가능함을 추론한다. "당신이 해야만 하는 것을 당신은 할 수 있다"고 양심은 결연히 명령을 내린다. 양심 안에서 – 오직 여기에서만 – 우리는 필연성의 왕국을 벗어나게 된다. 양심 안에서 자신의 존재를 알리는 '물자체'는 바로 우리 자신의 존재이다. 여기서 우리는 우리의 초험적transzendent 존재의 한 모퉁이를 부여 줄 수 있다. 여기서 우리가 경험하게 되는 "자유의 절대적 자발성"(칸트)은 바로 우리 자신의 존재이다.

그렇다 해도 자유라는 불가사의는 풀리지 않은 채 모호하게 남아 있다. 자신을 경험하는 이중의 관점이 사라지지 않기 때문이다. 지금 막 열거한 대로의 성질을 가진 '양심'이 어떤 행동을 시킨다 해도 그 행동은 경험적 관점에서 보면 이전의 원인으로부터 결정된 행동이다. 그 행동은 필연적으로 그 원인에서 비롯되므로 부자유스러운 행동으로 여겨져야 한다. 경험적 관점에서 보면 '양심' 역시 여러 인과성들 중 하나로 파악될 수 있다. 그렇지만 '양심'은 현재의 순간마다 우리가 다르게 행동할 수밖에 없으므로 다르게 행동할 수 있다는 것을 상기시킨다. 양심은 우리에게 무죄판결을 내리지 않기 때문에 우리를 자유롭게 한다는 역설이 유효하게 된다. 역으로 말하자면 인과성 안에서 사유하다 보면 우리는 필연적 존재 안에서 함몰하게 되지만 바로 그렇기 때문에 우리는 무죄판결을 받게 된다.

칸트는 양심을 통하여 우리에게 존재의 차원이 열린다고 말하며 그것을 "예지적intelligible" 존재라고 명명한다. 우리의 경험적 존재와 "예지적" 존재는 터질 듯한 긴장 상태를 서로 유지하고 있다고 칸트는 본다. 왜 그러한지, 왜 그 긴장을 완화해서는 안 되는지, 어떻게 그 긴장 상태를 유지하며 살 수 있는지를 설명하기 위하여 칸트는 선험철학 전체를 기획한다. 칸트 식으로 문제의 정점에서 균형을 잡으려면 철학의 기술과 삶의 기술이 필요하다. 후계자들은 대부분 균형을 유지할 수 없었다. 추락한 그들은 긴장 상태에 있던 양극 중 하나에 자신을 고정시킨다. 일부는 경험적 존재를, 다른 일부는 "예지적" 존재를 택한다. 먼저 주관의 형이상학자인 "예지론자"를 살펴보겠다.

피히테는 훗날의 사르트르처럼 "자유의 절대적인 자발성"(칸트)에서부터 논의를 전개한다. "자신이 독자적이라는 사실과 자신의 밖에 있는 모든 것으로부터 독립되어 있다는 사실을 의식하게 된 사람은 - 그렇게 되기 위해서는 모든 것에서 독립하면서 자신을 통해서 무엇인가가 되어야 한다. - 자신의 존재를 지탱하기 위해 사물이 필요하지 않다. 그리고 사물을 사용하면 독자성이 텅 빈 가상이 되어 사라져버리기 때문에 사물을 쓰면 안 된다. 그가 소유하는 자아와 그가 흥미를 느끼는 자아는 사물에 대한 믿음을 폐기한다."[6]

셸링이 피히테와 결별하자 여론은 관심을 보이며 요란하게 이에 대해 논평한다. 그 후 1809년 셸링은 「인간 자유의 본질에 관하여Über das Wesen der menschlichen Freiheit」라는 논문을 발표한다. 자유와 필연성이라는 까다로운 이중성을 칸트는 인간의 경험에만 적용하였는데 셸링은 이 논문에서 그 이중성을 바로 존재에 투사한다. 스피노자는 존재와 신을 상관 개념으로 다루지만 스피노자와는 달리 셸링은 존재가 사물들로 이루어진 질서 있는 세계Kosmos라고 보지 않고 과정과 사건과 활동들이 일어나는 우주Universum라고 본다. 사건들이 결정結晶으로 굳어지고 고정되면서 '사물들'이 된 것이다. 따라서 사물화된 것은 다시 사물들의 저변에 놓여있는 과정으로 풀려나야 한다. 그렇게 셸링은 무제약자das Unbedingte의 개념을 빼어난 표현으로 전개해 나간다. "무제약자는 결코 사물로 만들어질 수 없는 것을 의미한다."[7] 이 문장은 이미 셸링의 청년기 저작에도 실려있는데 거기서는 – 피히테와 아주 흡사하게 – '자아'를 염두에 두고 있다. 하지만 1809년에 나온 이 논문에서 셸링은 피히테보다 더 나아간다. 그는 자신의 논문은 "모든 현실(자연과 사물의 세계)의 근본에는 활동과 삶과 자유가 있으며 […] 자아성Ichheit이 모두 다일 뿐만 아니라 나아가 모든 것이 자아성이기도 하다는 것"[8]을 보여주는 것을 과제로 삼는다고 쓴다.

"모든 것", 다시 말해 존재 전체와 '자연' 또한 '자아'로 파악되어야 한다. 자아성을 지닌 전체를 셸링은 '신'이라고 명명한다. 인간이 자신의 내부에서 경험하게 되는 자유라는 어두운 불가사의는 이렇게 존재 안에서의 불가사의, 신 안에서의 불가사의가 된다. 칸트는 인간이 필연성과 자유라는 이중성으로 자신을 경험하게 된다고 했는데 셸링에게서는 두 상반된 가치가 존재와 신 안에서 폭넓게 공존하게 된다.

"자유를 맛본 사람만이 모든 것을 자유롭게 만들고 자유를 우주 전체에 퍼트리려는 열망을 느낄 수 있다"고 셸링은 쓴다. 그러나 필연성을 경험한 경우에도 동일한 주장이 가능하다. 필연성 역시 "우주 전체에" 퍼질 만큼 명료성을 지닌다. 존재는 질서와 규칙과 법칙, 다시 말해 필연성에 묶여 있기 때문이다. 그러나 이런 규정된 질서를 이루는 궁극적 기반은 자발성이라는 것이 셸링 사유의 핵심이다. 절대적 자발성 – 이것을 셸링은 '신'이라 부른다. – 이 스스로를 묶은 결과가 규정된 존재라는 것이다. 우리에게 펼쳐지는 세계에서는 "모든 것이 규칙이고 질서이며 형식"이라고 셸링은 쓴다. "그러나 항상 그 기반에는 무규칙성이 자리하며 무규칙성은 언제든 다시 뚫고 나올 듯한 기세이다. […] 사물 안에 있는 무규칙성은 현실의 토대이며 제어될 수 없다. 그것은 결코 소진되지 않고 남으며 아무리 애써도 지성 속에 녹아들지 않은 채 영원히 바닥에 머무른다."

바닥에 있는 무규칙성, 다시 말해 자유는 존재의 심연인 동시에 인간 안에 있는 심연이기도 하다. 셸링의 형이상학은 과거로 거슬러 올라가면서 자신 안의 심연을 내려다보려 한다. 훗날 지그문트 프로이트가 인간 안에 있는 충동의 심연을 숙고할 때 모세와 오이디푸스와 엘렉트라와 신화의 기타 유명인물들에 대해 이야기 보따리를 펼치듯이 셸링 역시 태곳적 이야기를 하는데 마냥 빠져든다. 그는 신 안에 두 개의 본질이 있다고 '이야기'한다. 신은 혼란을 일으키는 자이기에 자신과 자신이 만든 형상들에 질서가 깃들어야 한다고 외치면서도 정돈된 자신에게 반기를 든다는 것이다.

쇼펜하우어는 셸링이야말로 질서를 지켜야 한다고 비난한다. 수상논문인 「의지의 자유에 관하여Über die Freiheit des Willens」(1841년)에서 그는 자유에 관한 셸링의 논문에 대해 이렇게 말한다. "논문의 주요 내용은 […]

신에 관해 상세히 보고하고 있다. 논문의 저자는 신이 어떻게 생겨났는 지를 묘사할 정도로 신과 친밀히 아는 사이라는 것을 과시한다. 어떻게 신과 아는 사이가 되었는지에 관해 저자가 한마디도 언급하지 않는 것 이 유감스러울 뿐이다."(III, 609)

그러나 쇼펜하우어의 비난은 적절하지 않다. 셸링은 자신에게 있는 심연성을 친밀히 알게 됨으로써 신과 존재에게 있는 심연과도 "아는 사 이"가 된다. 자유에 관한 셸링의 논문은 자유를 직접 경험한다는 불가 사의로부터 카오스를 세계의 기초로 삼는 장려한 형이상학을 우뚝 세 운다. 그렇게 함으로써 셸링은 주관에서 도출해낸 범논리주의에 치중 하는 칸트 이후의 철학에 쇼펜하우어보다 먼저 이의를 제기한다. 이런 점에서 이 논문은 참으로 대담하다. 인간 안의 자연이 파괴적이며 치명 적인 힘이 될 수 있다는 것을 발견한 셸링은 자연의 본질 자체를 새로 이 파악하고자 한다. 쇼펜하우어의 동시대인들 중 쇼펜하우어의 의지 개념에 가장 가까이 다가간 사람이 바로 셸링이다. "의욕Wollen은 태고의 존재"라고 셸링은 쓴다. "무근거성, 영원성, 시간으로부터의 독자성, 자 기 긍정성 같이 태고의 존재를 규정하는 모든 개념들에 어울리는 대상 은 의욕뿐이다."[10]

셸링에게도 의지는 더 이상 지성의 기능이 아니다. 반대로 지성이 의지의 기능이다. 그리하여 지성의 질서 역시 혼란을 야기하는 의지에 의해 와해된다. 그러나 이 문제에서 셸링의 최종 결론은 이렇다. 정신 안에서는 "사랑"이 힘을 발하기 때문에 "정신"은 더 강하다. "그러나 사 랑은 가장 숭고한 것이다. 바닥에 있는 것과 존재하는 것이 (나뉘어) 있 기 전에 이미 있었던 것, 그것이 사랑이다…."[11] 이렇게 셸링은 다시 바 른길로 돌아간다. 한층 더 깊이 가면 심연 아래에 우리를 연결하고 지 탱하는 "신의 사랑"이 있다.

첫째 층에서는 필연성이 우리를 결박짓는다. 둘째 층에서 우리는 자유를 찾아내지만 동시에 혼돈의 심연이 열리며 우리를 위협한다.

한 층 더 내려간 셋째 층에서는 우리는 모든 것이 하나이며 선한 까닭에 우리가 합쳐지고 받쳐진다고 느낀다.

이렇게도 표현할 수 있다. 너는 해야만 한다 – 너는 할 수 있다 – 너는 해도 된다.

자유는 불가사의이다. 셸링의 논문이 자유의 문제가 지닌 모호성 전부를 다시 한 번 웅장하게 펼치고 있다는 것을 독자는 알아차렸을 것이다. 아마도 이런 점이 이 논문의 가장 큰 강점일 것이다.

1838년 쇼펜하우어 역시 자유의 문제를 잡는다.

1837년 그는 「할레 문학신문Hallische Literaturzeitung」을 읽다가 드론트하임에 위치한 노르웨이 왕립 학술원이 주최하는 현상모집 공고를 발견한다. 어디서든 "자유가 모토"(프라일리그라트)였던 시절이었기에 공고의 주제 역시 이 추세를 따르고 있었다. "인간 의지의 자유를 자의식으로부터 증명할 수 있는가?"

쇼펜하우어는 막 작은 일을 성공적으로 해낸 후라서 고무된 상태로 이 과제에 몰두한다.

쇼펜하우어는 1837년 여름, 칸트 전집 신판을 편집하고 있던 슈베르트 교수와 로젠크란츠 교수에게 긴 편지를 보낸다. 그 편지에서 그는 첨삭되지 않은 『순수이성비판』의 초판을 기본으로 삼아 편집할 것을 당부한다. 제2판(1787년)은 원문이 지녔던 급진성을 삭제하면서 종교와 일반 상식에 순응하고 있다는 것을 쇼펜하우어는 세세히 예를 들어 입증한다. 편집자들은 그의 권고를 따르며 서문에 그의 편지의 주요 부분을 인쇄하기까지 한다. 이제 쇼펜하우어는 최소한 칸트 전문가로 인정받았다고 느껴도 된다. 이와 같은 경험은 그에게 용기를 주며 1837년

6월 『자연에서의 의지에 관하여』가 그동안 고작 125부 팔렸다는 소식을 출판업자로부터 받았을 때 느낀 울분을 달래준다.

무언가 해 보겠다는 마음이 새로이 강해지면서 쇼펜하우어는 현상논문을 쓴다. 아직 논문이 완성되지 않았을 즈음 그는 철학적 윤리학의 문제를 내걸은 또 다른 현상모집이 있다는 걸 알게 된다. 덴마크 왕립학술원은 철학자들에게 조금은 장황한 질문을 논문 주제로 제시한다. "도덕의 근원과 기반을 의식에(혹은 양심에) 놓여 있는 도덕성의 이념에서, 그리고 이 이념으로부터 비롯되는 도덕의 기본 개념들을 분석하는 데에서 찾을 것인가? 아니면 어떤 다른 인식 근거에서 찾을 것인가?"

쇼펜하우어는 1838년 말 첫 번째 현상모집을 위한 논문을 발송한다. 이 논문은 1839년 1월 1등상을 받는다. 상을 받게 된 것에 대해 "어린 아이"(호른슈타인)처럼 기뻐하면서 쇼펜하우어는 초조하게 메달이 오기를 기다린다. 이어지는 몇 달 내내 프랑크푸르트에 있는 노르웨이 관저를 여러 차례 드나들기까지 한다. 그러면서 그는 두 번째 현상논문을 써서는 1839년 초여름 논문을 발송한다. 그는 승리를 자신하며 벌써 1839년 7월에 성급하게 코펜하겐의 "존경하는 학술원"에게 이런 편지를 보낸다. "제가 수상을 하게 되면 가급적 빨리 우편으로 알려주실 것을 부탁드립니다. 그러나 제가 받게 될 상은 [⋯] 외교적 통로를 거쳐서 받았으면 합니다."(B, 675)

하지만 코펜하겐의 존경하는 학술원은 생각이 다르다. 현상모집에 응모한 사람은 쇼펜하우어 밖에 없었는데 학술원은 그의 논문이 수상작이 될 수 없다고 평가한다. 저자는 학술원이 제시한 문제를 제대로 다루지 않았다는 것이다. 학술원은 이렇게 쓴다. "또 저자는 근래의 몇몇 탁월한 철학자들에 대해 상당히 부적절하게 언급하고 있는데 이는 심한 불쾌감을 불러일으킨다는 점을 지적하지 않을 수 없다."

쇼펜하우어는 1841년 두 논문을 프랑크푸르트의 작은 서점 겸 출판사에서 출판한다. 전체의 제목은 "윤리학의 두 가지 기본 문제, 두 학술현상논문에서 다루다Die beiden Grundprobleme der Ethik, behandelt in zwei akademischen Preisschriften"이다. 표지를 보면 쇼펜하우어는 첫 번째 논문이 "1839년 1월 26일 드론트하임에서 수상"했으며 두 번째 논문이 "1840년 1월 30일 코펜하겐에서 수상하지 못했다"고 명확히 밝히고 있다. 코펜하겐 학술원을 공공연히 비난하려는 의도였다. 10년이 지나고 그가 유명세를 타기 시작하자 비로소 그의 비난이 효력을 발휘할 수 있었다.

두 논문에서 쇼펜하우어는 그의 형이상학 전체를 전제로 삼아서 논리를 전개할 수 없었고 - 응모자는 익명을 유지해야 했다. - 제기된 문제에서 출발하여 "귀납적으로" 자신의 입장을 전개해야 했다. 노르웨이 학술원의 질문 ("인간 의지의 자유를 자의식으로부터 증명할 수 있는가?")에 쇼펜하우어는 이렇게 답한다. 우리가 자의식을 아무리 파헤쳐 봤자 거기서 발견하는 것은 자유가 아니라 그저 자유의 환상일 뿐이다.

그러나 이런 주장을 하려면 그는 우선 "자의식"이 무엇을 의미하는지부터 명확히 해야 한다. 자유의지가 존재하는지 아닌지를 어떤 영역에서 찾을지부터 우리는 알아야 한다.

쇼펜하우어는 일단 "자의식"을 이렇게 정의한다. 우리가 "다른 사물에 대한 의식"을 배제했을 때 남는 의식이 자의식이다. 우리는 "다른 사물에 대한 의식"으로 거의 가득 차 있다. 그렇다면 '나머지'에는 무엇이 담겨 있을까? 말 그대로 고유한 '자신' (이것이 "다른 사물"이 아닌 한)의 의식이 담겨있다. 쇼펜하우어는 "인간이 자기 자신을 어떻게 인식하느냐"고 묻고는 "전적으로 의지하는 자로서" 인식한다고 답을 한다. "외부"를 향하지 않은 의식은 자신을 의지하는 자로 직접 인지하게 된다. 한 사람 안에서 "의지하는" 그 무엇은 의지의 행위가 실현된다거나 "형식적으로 결론이 내려진다" 해서 없어지지 않는다. 그것은 "욕망, 분투, 소원, 요구, 동경, 희망, 사랑, 기쁨, 환호 등의 온갖 감정과 열정의 넓은 영역을 포함한다. "마찬가지로 혐오, 기피, 두려움, 분노, 증오, 회한, 고통 같은 온갖 상반되는 감정도 포함한다."(Ⅲ, 529) 이러한 의지의 분투와 의지의 흥분은 내적인 것이기는 하지만 어떤 외부의 것을 향하거나 외부의 것에 의해 자극을 받기에 당연히 항상 외부의 것과 관련되었다. 하지만 이 외부의 것은 더 이상 자의식의 구역 안에 있지 않고 "다른 사물들의 의식"이라는 영역에 속한다. 이러한 구분이 학문적 궤변처럼 보일 수도 있지만 그렇지 않다. '자의식' 개념을 (의지의 사건을 직접 동반하는 의식이라고) 엄격히 정의함으로써 쇼펜하우어는 자유에 대한 환상을 설명할 수 있기 때문이다. 자의식이 자신의 의지의 사건을 직접 의식하는 것이라면 자의식은 내부로부터 경험할 수 있는 의지의 사건 자체보다 더 먼 곳에 이를 수는 없다. 스스로 경험한 의지는 자의식에게는 최초의 무엇이며 최초의 무엇이어야만 한다. 외부의 사물들은 동기부여를 하고 원인 제공을 하면서 의지를 자극할 수 있는 것들인데 처음에는 이런 외부의 사물들에 대한 의식이 작동되지 않기 때문이다.

자의식이 자신의 의지의 행위와 관련해 행하는 발언을 "누구든 자신의 내부에서 들을 수 있는데" "그 내용의 골자를 드러내면" 다음과 같다. "나는 내가 원하는 것을 할 수 있다. 내가 왼쪽으로 가기를 원하면 나는 왼쪽으로 간다. 내가 오른쪽으로 가기를 원하면 나는 오른쪽으로 간다. 이는 전적으로 내 의지에 달려 있다. 따라서 나는 자유롭다." (Ⅲ, 536) 쇼펜하우어는 이것이 자기기만이라고 주장한다. 나는 내 자의식 안에서 의지를 항상 행위로 체험하는데 그러한 의지 자체가 자유로운지는 모호하기 때문이다. 특정한 일을 할 만큼 내가 자유롭다면 내가 그것을 원할 만큼 자유롭기도 하냐고 물어야 한다. 직접적 자의식의 관점에서는 이 질문에 답할 수 없다. 의지는 자의식에게는 최초의 것이기 때문이다. 엄밀히 말하자면 우리가 이미 원하고 나서야 우리가 무엇을 의지하는지 알 수 있을 만큼 자의식에게 의지는 최초의 것이다. 자신의 의지를 의식하는 것은 실은 '너무 늦게' 가능하다.

의지 자체가 자유로운가라는 물음의 정보를 우리는 자의식으로부터 얻지 못한다. 자의식은 우리를 "어두운 내부"로 데리고 갈 뿐인데 그곳에서는 항상 우리 안의 의지가 살고 있다. 우리가 직접적 의식을 넘어서서 "다른 사물들의" 의식을 향할 때 다시 말해 우리가 스스로를 여러 사물 중의 한 사물로 외부에서부터 관찰할 때 우리는 이 물음에 대한 정보를 얻는다. 외부에서 관찰하면 다르게 보인다. 나는 사물과 인간으로 된 세계 전체에 둘러싸여 있으며 그 세계는 내 의지에 영향을 미친다. 그 세계는 내 의지가 어떤 자극을 받을지 정하며 내 의지에 대상을 조달하며 동기를 제시한다. '주변 세계'와 나의 의지 사이의 관계는 이 관점에서는 엄격하게 인과적으로 볼 수 있다고 쇼펜하우어는 주장한다. 인간은 특정한 동기가 부여되면 돌이 떨어지고 식물이 반응하듯이 필연적으로 행동한다. 동기는 가장 넓은 의미의 식별활동에 (그러니까 무의식적인 인지 등에도) 줄곧 인과성으로서 함께한다. 특정한 동기가 의지의 '시야'에 들어오면 의지는 특정한 방식으로 반응하지 않을 수 없다. 의지에 작용하는 동기와 의지의 행동 사이에는 엄격한 인과성과 필연성이 성립하면서 자유는 배제된다. 하지만 인간은 "사유능력이 있기에 자신의 의지에 영향을 미치는 여러 동기를 순서를 바꿔가며 여러 차례 마음속에 그려낼 수 있으며 그렇게 마음속에 그려낸 동기를 자신의 의지에게 제시할 수 있다. 이것이 숙고라는 것이다. 인간은 숙고 능력이 있으며 이 능력 덕에 동물보다 훨씬 선택이 폭넓다. 이를 통해서 인간은 어찌 됐건 상대적으로 자유롭다. 다시 말해 직관적으로 맞닥뜨리는 대상들이 그의 의지에 동기로 작용하는 경우 직접적인 강제를 받게 될 텐데 인간은 그런 강제로부터 자유롭다. 동물들이 그런 강제의 지배를 받고 있는데 반해 인간은 눈앞의 대상들에 종속되지 않고 사유에 의해 스스로를 결정하므로 사유가 그의 동기가 된다. 교양은 있지만 깊이 사유하지 않는 사람들은 동물보다 우월한 인간은 의지의 자유를 지니고 있다고 이해하는데 이 자유는 사실은 상대적 자유이다."(Ⅲ, 554) 하지만 아무리 "숙고"하는 능력을 발휘해도 나의 의지가 가장 강한 동기와 하나가 되고 이 동기와 나의 행동 사이에 엄격한 인과성과 필연성이 지배하는 것을 막을 수는 없다.

따라서 나의 의지는 곧 나 자신이며 – 쇼펜하우어에 따르면 – 나의 "성격"이다. 성격의 정체성을 내부에서 인식할 수는 없으나 성격은 돌의 정체성만큼이나 확고하고 규정적이고 불변한다. 그리고 거기에는 의지에 영향을 미치며 의지를 이런저런 방식으로 움직이게 하는 전체 세계가 존재한다. 특정한 힘에 의해 던져진 돌이 특정한 궤도를 그리며 나르다가 바닥에 떨어지는 것과 같은 원리이다. 돌이 던져지면 날아야 하듯이 나의 의지가 특정한 동기에 의해 움직여지면 나는 특정한 방식으로 무언가를 하고자 해야 한다.

이렇게 쇼펜하우어는 우주가 인정사정없는 필연성으로 되어 있다는 그림을 그려낸다. 그러나 이 그림은 이미 말했듯이 "외부 사물들"에 대한 의식의 관점에서, 즉 사물화하는 의식의 관점에서 그려진 것이다.

그러나 쇼펜하우어는 이 관점에 머무르지 않는다. 그는 얽히고설킨 과정을 거쳐 다시 직접적인 자의식으로 돌아온다. 그러고는 처음에는 자유의 환상으로 드러났던 것이 이제 진실이 된다. 결론으로 넘어가면서 그는 이렇게 쓴다. "지금까지 서술해오면서 우리는 인간 행동의 모든 자유가 완전히 폐기되고 인간의 행동이 지독히 엄격한 필연성의 지배를 받고 있다고 인식했다. 그렇게 함으로써 우리는 이제야 진정한 도덕의 자유 – 이 자유는 더 높은 종류이다. – 를 파악할 수 있는 지점에 이르렀다."(Ⅲ, 618) 칸트가 그랬듯이 쇼펜하우어 역시 자신의 행위의 행위자라는 의식과 거기에 결부된 책임감을 근거로 댄다. 의식이 설명을 통하여 스스로를 사면할 수 있어도 책임감은 끈덕지게 직접적 자의식 안에 머문다. "인간이 – 지금까지 묘사된 – 필연성에 이끌려 행동한다는 것을 전적으로 믿고 있는 사람조차도 직접적 자의식을 가진 덕분에 자신이 저지른 범행을 필연성에 의해 변명하려거나 동기가 있어서 행위를 피할 수 없었다는 이유로 죄를 동기에 넘기려는 생각을 단한 번도 하지 않는다."(Ⅲ, 618) 죄를 떠넘기려는 시도가 늘 있다는 것을 쇼펜하우어는 물론 알고 있다. 그가 말하려는 것은 다음과 같다. '죄를 덜려고 해도 되지 않으며 책임감을 궁극적으로 몰아낼 수는 없다. 뒤틀린 모습을 하고서라도 책임감은 집요하게 존재를 유지한다. 철저하게 우리는 우리 자신에 대하여 책임이 있다.' 쇼펜하우어는 이제껏 들어본 적이 없는 역설적인 표현을 한다. "이런 이유로 '행동operari'에서는 없던 자유가 '존재esse'에는 있어야만 한다."(Ⅲ, 622)

그리하여 초반부에 반박됐던 자유의 환상과 절대적 독립의 느낌이 논문 후반부에서 옳다고 인정된다. 직접적 자의식을 조사한 결과 놀라운 진실이 모습을 드러낸다. "우리의 행동들이 동기에 종속됨에도 우리가 자주성과 근원성을 의식하며 행동한다는 것을 부인할 수 없다. 이러한 의식 덕분에 우리의 행동은 우리의 것이 된다. 자주성과 근원성의 의식은 속임수가 아니다. 이 의식의 참된 내용은 행동보다 더 멀리 미치며 더 높은 곳에서 시작한다. 사실 이 의식은 – 모든 행동이 (동기에 자극을 받아서) 필연적으로 출발하는 곳인 – 우리의 존재와 본질 자체를 포함하고 있다. 그런 의미에서 자주성과 근원성의 의식, 그리고 우리의 행동을 동반하는 책임성의 의식을 표지판에 비교할 수 있다. 이 표지판은 가까이 놓인 대상을 가리키는 듯 보이지만 실은 같은 방향에 있는 더 먼 대상을 가리키고 있다."(Ⅲ, 623)

우리가 결정되어 있다는 통찰에도 불구하고 우리에게 죄를 지우며 책임을 지우는 느낌, 이 느낌이 어느 방향을 가리키는지 쇼펜하우어는 이 논문에서 암시조차 할 수 없다. 그렇게 하려면 의지의 형이상학 전체를 전개해야 하기 때문이다. 그는 다음과 같은 내용만 드러내 보인다. 모순된 죄책감과 모순된 책임성의 기반에는 – 자신이 바로 자신으로 존재한다는 – 개별화의 죄가 자리하고 있다. 바로 자신인 까닭에, 다름 아닌 자신으로 존재하는 까닭에 다들 서로 싸우느라 속속들이 찢겨진 의지의 우주에서 누구든 하나의 입자로 존재해야 한다는 게 죄이다. 직접적 자기의식은 의지가 자신을 몰아가는 동시에 파먹는다는 경험을 넘치도록 하게 된다. 그러면서 자유와 책임을 느끼는 동시에 이런 개별화의 죄를 뉘우치게 된다. 쇼펜하우어는 직접적 자의식으로 돌아가서 자유의지라는 환상 속에 진실이 숨어있음을 발견한다. 그러고 나서는 경험을 비판하면서도 경험을 저버리지 않는 내재적 형이상학 특유의 원형을 재차 따르고 있다. 그는 직접적 자의식 안에 있는 명료성(자유와 책임의 감정)을 처음에는 설명(필연성의 연쇄고리)을 통하여 제거한 후 그 명료성으로 복귀한다. 우리에게 죄가 있다고 말하는 음성, 우리를 우리 행위의 행위자로 선언하며 우리에게 책임을 지우는 음성이 잠잠해지지 않는 사실이 무엇을 의미하는지를 물음으로써 그는 온갖 설명을 해도 사라지지 않는 이 명료성을 이제 이해하고자 한다.

그렇게 함으로써 다시 두 차원이 생겨난다. 우리는 한편으로는 설명을 통하여 안도하고 책임을 덜게 되지만 다른 한편으로는 아무리 설명을 해도 남는 "알 수 없는 x"를 이해를 통해 소유하려고 조바심 한다. 쇼펜하우어는 필연적 존재에 관해 설명을 함으로써 자유의 환상을 해체하지만 그 후 원을 그리며 이 필연적 존재의 존재로 되돌아간다. 초반에 분석을 통해 폐지되었던 자유의 경험은 이제 이렇게 말한다. '나와 더불어 내 안에서 이 존재는 항상 새로이 시작한다.'

이 경우를 하이데거는 '평온함Gelassenheit'이라 부를 것이고 아도르노는 사물화하는 동일성의 강제에 저항하는 '비동일자Das Nichtidentische'라 부를 것이다.

쇼펜하우어의 내재적 형이상학은 "경험을 아주 떨쳐내는 것이 아니고 그저 경험을 해석하고 풀이하는 것이다."(Ⅱ, 237) 이렇게 쇼펜하우어는 주저의 제2권에서 자신의 형이상학을 말한다.

자유의 문제에 관련해서 이 말은 다음의 의미이다. 내가 왜 무엇을 하며 무엇을 했는지를 내게 알려주는 것이 설명이다. 그런 일을 하는 나는 대체 무엇인지를 묻는 것이 이해이다.

보다시피 쇼펜하우어에게도 자유는 불가사의로 남는다. 그러나 이 불가사의는 우리에게 너무도 가깝고 일상적이기에 이 불가사의를 피해 가려면 책임을 면제하는 문화가 필요하다. '사회/역사'라는 행동의 주체에 관한 신화가 한 예이다. 우리는 이 주체에 우리의 책임을 전가할 수 있다. 그러고는 자유를 달라고 이 주체에게 요구하지만 실은 우리는 자유에서 벗어나고자 한다.

쇼펜하우어는 자유에 관한 논문 말미에 "진정한 도덕적 자유"에 대해 말했다. "수상작이 되지 못한" 그의 두 번째 현상논문은 "도덕의 기초"를 다루고 있다.

아주 자신감 있게 그는 서론에서 이렇게 쓴다. "지금까지 택해진 길들 모두가 목적지로 이끌지 못했다는 것을 본 사람이라면 나와 함께 그 길들과는 전혀 다른 길로 들어설 것이다. 이 길은 지금까지 아무도 보지 못했거나 보았어도 무시하며 내버려둔 길이다. 아마 이 길이 가장 자연스러운 길이었기 때문일 것이다."(III, 640)

목적지로 이끌지 못하는 길들을 쇼펜하우어는 차례차례 열거하며 그중 특히 칸트가 간 길을 조명한다. 그의 비판은 두 가지로 요약될 수 있다. 도덕의 문제에서 이성이 과대평가되는 것에 대한 비판, 그리고 도덕과 이기주의가 몰래 연합을 한다는 것에 대한 비판이다.

첫째 비판을 보자. 사람들은 오랜 시간 도덕의 기초를 지성에서 찾았는데 이는 오류다. "삶이 진지하고 절박해지면" 그와 같은 지성의 도덕에 아랑곳하는 사람은 아무도 없다. 막강한 의지와 열정을 그런 '도덕'으로 제어하려는 것은 "타오르는 불을 관장기灌腸器로 끄려 하는 것"(III, 670)과 마찬가지이다. 칸트의 '실천이성'은 "선험적으로 지어진 사상누각"이기에 아무 소용이 없다. 인간은 "자신의 의지가 복종하고 따를 법칙을 찾고 문의하려는"(III, 669) 착상을 하게끔 되어있지 않기 때문이다. 쇼펜하우어에 따르면 우리의 인식능력의 선험성에 대해 탁월한 통찰을 했던 칸트는 그 탁월한 통찰을 도덕화하는 용서받을 수 없는 실수를 하였다. 칸트는 경험의 소재를 범주로 포착하는 이론이성의 힘을 도덕의 영역에 전이하였는데 이것은 오류이다. 칸트는 이론이성이 선험적으로 경험 위에 군림하듯이 이성이 도덕적 이성으로서 실제 행위 위에 선험적으로 군림하게끔 구상하였다는 것이다. 이 구상의 결과로 대부분의 도덕이론은 많든 적든 늘 변장을 하고 등장하게 되었다. 다시 말해 – 이는 쇼펜하우어 비판의 두 번째 측면이다 – 이기주의가 이론적으로 정당화된다는 것이다.

이기주의는 우리의 의지가 지니는 자연의 힘과 다름이 없다. 의지는 애초부터 이기적이며 자신의 "안락과 아픔"을 원하기에 도덕의 지원을 필요로 하지 않는다. 이기주의는 어차피 생겨날 수밖에 없다. 이기주의적 이해관계에 봉사하는 도덕은 도덕이 아니라 도덕으로 변장한 이기주의일 뿐이다. 천국에서 보상을 받으리라는 기대에서 선행을 하는 사람은 도덕적으로 행동하는 게 아니라 이기적으로 행동한다. 신자가 천국에서 높은 이자를 받을 거라고 예상하기에 돈을 빌려주는 셈이다. 칸트 역시 여러 차례 의견을 번복한 후 결국은 정언명령을 따르는 이들이 보상받을 가능성은 배제하지 않았다고 쇼펜하우어는 본다. 그럼으로써 칸트는 이기주의에 의지하여 도덕을 정립했다는 것이다.

쇼펜하우어가 도덕적 외양을 한 것들에 심리학적으로 접근해 변장을 벗기고 비판하는 솜씨는 - 다음 세대의 니체만큼이나 - 빼어나다. 그는 이기주의가 꼼수를 부리는 것을 잡아내며 가면을 들추며 어음거래가 사기임을 폭로한다. "진정한 도덕적 가치"를 지닌 행동을 그는 "자발적인 정의, 순수한 인간애와 참된 고결함"(III, 726)에서 나오는 행동이라고 간결하게 정의한다. 이런 행동들은 이기주의의 추동력에 맞서서 행해진다. 이 행동들은 자신의 안락함을 직접은 물론 우회적으로도 목표로 삼지 않는다. 그러나 - 이제 쇼펜하우어가 아주 중대하게 여기는 것이 등장한다 - 이런 행동 역시 추동력을 필요로 한다. 지성의 "관장기"는 이런 추동력을 제공하지 못한다. 쇼펜하우어는 서문에서 도덕은 기초를 가지고 있는데 그 기초가 가장 자연스러운 것이기 때문에 아무도 보지 못했다고 썼다. 그 기초는 바로 연민이다.

연민은 "자연스러운" 것일 수도 있지만 쇼펜하우어에게 연민은 그의 형이상학의 핵심으로 이끄는 "불가사의"이다.

자유에 관한 논문에서 쇼펜하우어가 마침내 개별화의 죄와 마주쳤다면 이제 그는 개별화의 고통을 다룬다.

연민은 성찰의 영역이 아닌 의지 자체의 영역에서 벌어지는 사건이다. 연민을 느끼면 "마야의 베일"이 찢겨나간다. 다른 사람이 괴로워하는 것을 보면서 나는 "아我 와 비아非我 를 가르는 빗장이 그 순간 사라지는 걸" 체험한다. 나는 "내 아픔을 느낄 때"(III, 763) 만큼이나 강렬히 다른 사람의 괴로움을 함께 괴로워한다.

이 과정은 "신비롭다. 그 과정에 대해 이성이 직접적으로 어떤 해명도 해줄 수 없기 때문이며 이 과정의 근거들을 경험이라는 과정에서 찾을 수 없기 때문이다."(III, 763)

연민을 느끼는 나는 고통으로 가득 찬 세계와 아프게 연결되어 있다. 여기서 쇼펜하우어는 고통을 정당화하고 있다. 존재는 의지이기 때문에 존재는 곧 고통이다. 내 의지가 이기적으로 자신을 주장하면서 만든 개인의 경계를 벗어난 순간 자유로워진 나는 괴로워하는 존재에 관여하게 된다. 관조적이며 보편적으로 개관을 할 때가 아니라 구체적인 개개의 '경우'에 말려들 때 연민을 느끼며 타인과 하나가 되는 일이 생긴다. 행동을 하기 위해서는 누구든 그런 경우를 경험해야만 한다. 연민은 가지고 있거나 가지고 있지 않은 것일 뿐 설교를 통해 연민을 불러일으킬 수는 없다. 연민이란 존재에 결부되어 있는 어떤 것이기에 자신을 주장하려는 온갖 이성보다 더 높은 곳에 위치한다. 연민은 의지의 차원에서 발생하는 것이다. 자신의 존재로 인해 괴로워하던 의지가 다른 사람들의 고통을 보는 순간 자신의 개인적 한계 안에서만 의지하는 것을 중단하게 된다는 것이다.

쇼펜하우어는 연민은 "근원 현상이며 경계석이기에 형이상학적으로 사변을 펼칠 경우에만 감히 그 경계석을 넘어서 일보를 내디딜 수 있다"(III, 741)고 본다.

그의 연민의 윤리학이 "실천적 신비주의"(뤼트케하우스)[12]라고 불리는 것은 타당하다. 연민은 개별화의 원칙을 정신으로 극복함으로써 생기며 연민은 철저하게 '사심이 없기에' 내세나 현세에서의 보상을 위해 투자하지 않는다. 그러나 무엇보다도 중요한 것은 연민은 '역사에도 불구하고' 연대한다는 점이다. 연민은 고통과 빈곤이 역사적으로 극복될 것이란 희망을 품지 않는다. 알다시피 넓은 영역을 개선하려는 이론과 연민에서 행해지는 개별 행동은 서로 긴장된 관계를 유지하고 있다. 일 반적으로 연민에서 우러난 행위는 다음과 같은 이유로 공격당한다. 도 구적이며 전략적으로 '해방'을 위해 행동함으로써 '주된 악'을 제거해야 하는데 개별적으로 연민에서 우러난 행위를 하다 보면 주된 악에 초점을 맞추지 않게 되므로 이런 행위는 아무런 전망을 제공하지 못한다는 것이다. 이 관점에서 보면 연민은 '증상'을 접하고 감상적이 되는 것이다. 그러다 보면 뿌리치료라는 힘든 일을 하기 위해 써야 할 에너지가 "뒤범벅이 된 감정" 속에서 소모된다는 논리이다. 막스 호르크하이머는 '해방'을 이루기 위해 이성이 지나치게 전략적이고 도구적이 되는 것을 반박할 때 쇼펜하우어가 주장하는 연민의 윤리학을 근거로 제시한다. "커다란 전체를 도울 수 없으면 아예 돕지 않아야 한다고 주장하는 사람을 불신해야 한다. 현실에서는 도울 의지가 없으며 눈앞에 닥친 개개의 경우 의무를 회피하려고 거대한 이론을 둘러대는 사람들이 단골로 하는 거짓말이기 때문이다. 이런 사람들은 자신들의 비인간성을 합리화한다."[13]

쇼펜하우어의 연민의 윤리학은 '그럼에도 불구하고Trotzdem'의 윤리학이다. 역사철학의 보증과 정당화 없이 암울한 형이상학을 배경으로 하는 이 윤리학은 자발적으로 영원한 고통을 조금이나마 줄여야 한다고 설파한다. 고통에 맞서 싸우라고 격려하는 동시에 고통에서 벗어날 수는 없다고 선언하는 셈이다. 뤼트케하우스가 아주 적절하게 표현했듯이 이 윤리학은 "마치 … 처럼의 실천철학Praxisphilosophie des als ob"이다.

쇼펜하우어가 다방면에 걸친 고통의 장면들을 방대하게 묘사하는 것을 보면 그가 동시대의 사회적 빈곤을 주의 깊게 지켜보고 있다는 것을 알 수 있다.

주저의 제2권에서 그는 "누구든 다른 사람의 악마가 되어야 한다는 점에서" 이 세계는 "단테의 지옥을 능가한다"(Ⅱ, 740)고 서술하고 있다. 그런 "지옥"은 "끝없는 이기심"이나 의도적인 "악의"에 의해 생겨난다. 쇼펜하우어는 먼저 "흑인을 노예로 쓰는 것"을 지적하고는 이어서 말한다. "사실 그렇게 멀리 갈 필요가 없다. 다섯 살에 방직공장이나 다른 공장에 들어가서는 처음에는 10시간 다음에는 12시간, 결국에는 14시간을 날마다 공장에 앉아서 똑같은 기계적인 일을 하는 사람은 숨을 돌린다는 즐거움에 비싼 대가를 치러야 한다. 이것이 수백만 사람들의 운명이며 다른 수많은 사람들의 운명도 비슷하다."(Ⅱ, 740)

그러나 혁명의 해인 1848년에 사회적 약자들은 꿈틀거렸고 반항했으며 방어벽을 쌓고 여기저기서 무기를 잡기까지 했다. 빈민의 참상을 현란한 어휘로 그려내며 분노해왔던 아르투어 쇼펜하우어는 이런 일이 터지자 격분하고 불안해할 뿐 빈민에게 아무런 연민을 보이지 않는다.

3월에는 독일의 여타 지역처럼 프랑크푸르트에서도 사회적·정치적 폭동이 일어난다.

1847년 말에 이미 프로이센의 대사는 프랑크푸르트의 시 정부에 정치적 단체들이 급격히 세를 확장하고 있다고 경고했다. 폭동을 부추기는 연설이 행해지며 기존 세력에 대한 분노가 만연하며 수공업자들이 공산주의와 사회주의의 이념에 상당히 솔깃해 있으며 시민계급에 속한 청중도 "민주주의 선동가"의 말에 귀를 기울이고 있다는 것이다. 경찰청은 이렇게 답한다. '프랑크푸르트 같이 번성하는 부자도시에는 불만에 찬 무산계급은 없습니다. 가난한 사람들은 보살핌을 받고 있으며 공공정신에 가득 찬 시민들은 1816년의 도시 헌법에 충성합니다.

자유도시에서는 "민중선동가"가 설 자리는 없습니다.'

그러나 이런 확신이 틀렸다는 것은 1848년 3월에 일어난 일들을 보면 알 수 있다.

독일 어디서나 제기된 요구들이 프랑크푸르트에서도 터져 나온다. 언론과 집회의 자유, 유대인의 평등권과 배심원 재판이 요구된다. 주로 명문가 출신으로 구성된 시 정부의 힘을 축소하고 "시민단"의 권한을 확장하라는 요구도 나온다.

"월요 다과회", "시민연합" 등의 단체들이 우후죽순처럼 생겨난다. 체조단체는 이제 "노동자단체"로 이름을 바꾼다. "노래모임"의 회원들은 흑색과 적색과 금색[14]으로 된 모자를 쓰고 다닌다. 수공업자회의가 열리고 "백만의 불행한 사람들이 상업의 자유에 엄숙히 저항한다"는 선언문이 채택된다. 여기서 수공업자들은 자본주의가 "프랑스에서 누리는 자유"에 반대하며 길드의 정신에 맞게 노동의 규칙을 정하고자 한다. 아직은 우두머리 장인들이 회의를 주도한다. 하지만 1848년 5월 이후 훨씬 급진적인 「프랑크푸르트 노동자신문Frankfurter Arbeiterzeitung」이 발간된다. 신문의 편집자들은 "자유주의적 수전노"를 욕했다는 이유로 추방된다. 이웃도시인 오펜바흐에서는 4월 2일 "독일 노동자 단체"의 총집회가 열린다. 이 집회에서 채택된 결의는 다음 날 프랑크푸르트에서도 큰 관심을 불러 일으킨다. "독일 노동자는 아직은 공산주의자가 아니다. 독일 노동자는 일자리를 요구할 뿐이며 힘들여 일한 만큼 생계유지에 충분한 임금을 받기를 요구할 뿐이다. 독일 노동자는 개인적 자유와 중립적 여론, 권리의 균등을 요구한다. 따라서 독일 노동자가 원하는 것은 평화이다."[15] 용기를 얻은 프랑크푸르트의 노동자 단체들은 파울 교회에서 개최되는 의회[16]에 노동자 대표가 참석해야 한다고 요구한다. 그들은 국민 중 자신들이 "가장 뛰어나며 가장 정직하고 가장 충실하며 가장 도덕적"인 구성원이라고 일컫는다. 그들의 어조는 갈수록 자신감에 넘치며 위압적이 된다. "군주, 부자, 부르주아지와 기타 민중의 적들의 한심한 간계에 맞선다"고 소리 높이는 팸플릿이 시내에서 돌아다닌다. 그러는 동안 프랑크푸르트의 파울교회에서는 처음으로 자유로이 선출된 독일의회가 열려서 인권의 규준에 관해 토론한다. 출입구에는 다음과 같은 슬로건이 시선을 사로잡는다. "위대한 조국, 행복한 조국을 되찾아서 민중에게 돌려주자."

1848년 3월 쇼펜하우어는 즉시 "온갖 제한조치"를 취했다고 프라우엔슈태트에게 보낸 7월 11일자 편지에 쓴다. 지출을 줄이고 책 주문을 취소했다는 것이다. "폭풍이 일면 돛을 거둬 들이듯이"(B, 231) 가진 것을 지켜야 하는 법이다.

파울교회에 모인 의회는 그동안 요한 대공을 독일제국의 섭정으로 선출했다. 쇼펜하우어는 질서가 다시 돌아올지도 모른다는 희망을 품는다. 자신이 힘든 일을 겪어야 했다고 그는 1848년 7월 프라우엔슈태트에게 편지에 쓴다. "최근 4개월 동안 저는 불안과 근심 때문에 몹시 괴로워했습니다. 재산 전부와 법적 질서까지 위협을 받았으니까요. 평생을 의지해 왔으며 자신의 것이라고 여겨오던 밑받침이 휘청거리는 것을 보면 제 나이 또래는 큰 충격을 받게 됩니다."(B, 231)

혁명에 대한 쇼펜하우어의 적대감이 커지는 데에는 온갖 동기가 겹겹이 쌓여 있고 이 적대감은 갖가지 형태로 표출된다. 때때로 그는 혁명이 ─ 철학을 위해서 사는 것을 가능하게 하는 ─ 자신의 재산을 앗아갈 것이라는 지독한 공포에 사로잡힌다. 몇 차례 그의 적대감은 상상을 뛰어넘는 분노로 표출된다. 그럴 경우 보수주의자들과 입헌주의자들이 즐겨 찾는 식당인 "영국 궁"에서조차 쇼펜하우어는 조롱거리가 된다. 그의 "민주주의자들에 대한 증오"가 너무 도를 넘는다고 여기 모인 사람들은 여긴다. 로베르트 폰 호른슈타인에 따르면 그는 "영국 궁의 공동 식탁에 앉은 귀족 장교들을 사회의 구원자라고 추켜세우곤 했는데" 그의 "총아"인 장교들조차 "그를 항상 예의 바르게 대하지는 않았다." 쇼펜하우어는 여러 사람의 목숨을 빼앗은 반혁명주의자인 "고귀한 빈디쉬그래츠 후작"[17]을 위해서 건배를 하며 후작이 "너무 인정이 많다"고 소리 높여 유감스러워한다. 후작은 "블룸"[18]을 총살하는 대신 교수형에 처했어야 했다는 것이다."(G, 222)

1848년 9월 파울교회의 의회는 말뫼Malmö[19]에서 체결된 휴전에 동의한다. 덴마크가 슐레스비히의 영토권을 주장했기 때문에 프로이센은 덴마크와 전쟁을 벌였던 바 있다. 사람들은 이 군사행동을 애국적 행위라고 여겼던 만큼 프로이센이 군대를 후퇴시키자 이를 배반으로 받아들였다. 파울교회의 의회가 여기 동의한 것은 무력함의 증거이며 민족의 명예를 망각한 증거라는 의견이 팽배했다. 3월 혁명이 사회적·정치적으로 더 많은 것을 가져오리라고 기대했던 사람들은 실망했고 이들의 불만이 여기 더해졌다.

1848년 9월 18일 이 모든 불만이 폭력으로 터져 나온다. 분노한 민중의 무리는 의회를 점거하려 한다. 거리에는 방어벽이 설치되고 실탄이 발사된다. 반혁명을 대표하는 두 저명인사인 리히노프스키Lichnowsky 후작과 아우어스발트Auerswald 장군이 민중의 무리에 의해 잔인하게 살해된다. 무리들은 한 사람의 머리를 잘라 죽이고 다른 한 사람의 팔을 부러뜨린 후 그를 과녁 삼아 사격훈련을 한다.

노인이 된 에른스트 모리츠 아른트는 이렇게 한탄한다. "우리를 덮치는 큰 물결은 어리석음과 탐욕과 지배욕 때문에 한 세대 동안 고였던 것이다. 이 물결이 터져 나오며 가장 깊숙이 있던 진흙과 오물이 우리 머리 위에 쏟아졌다."[20]

이 소란스럽던 날 쇼펜하우어는 불운하게도 싸우는 무리들 틈새에 끼인다. 그는 반란군의 신원을 확인하는 것을 돕기 위해서 경찰청에 사건을 기록으로 남긴다. "동년 9월 18일 대략 열두 시 반쯤에 나는 삼지창과 작대기와 소총으로 무장한 하층민의 무리가 붉은 기를 앞세우고 작센하우젠 쪽에서 다리를 건너오는 것을 창문을 통해 보았다. […] 대략 여덟 내지 열 명이 소총으로 무장하고 있었다. […] 그들은 일부는 다리 입구에 머물렀고 일부는 다리 중간에 있는 원형 요새로 들어갔다. 나머지는 엎어진 마차 뒤에 자리를 잡았다. 그러고는 몹시 차분하게 가늠하면서 마찻길을 향해 소총을 발사했다. 그들은 항상 아주 집중해서 조준했다. 이들 중 회색 조끼에 붉고 긴 수염을 기른 한 사수가 특히 열심히 총을 쏘았다⋯."(Bw 16, 164)

프라우엔슈태트에게 보낸 편지에서 쇼펜하우어는 흥미로운 일화를 들려준다. "갑자기 목소리가 들리고 잠긴 내 방문을 누군가가 두들겼습니다. 저는 절대권력자인 천민들이 왔다고 생각하며 작대기로 문을 가로막았습니다. 그러자 누군가가 위협적으로 문을 쾅쾅 쳤습니다. 마침내 내 가정부의 가냘픈 목소리가 들렸습니다. '오스트리아 군인들이 몇 명 온 것뿐입니다!' 즉시 나는 이 소중한 친구들에게 문을 열어주었습니다. 파란 바지를 입은 토박이 보헤미아[21] 출신 스무 명이 들이닥쳐서는 내 창문을 통해 절대권력을 행사하는 자들을 쏘려 했습니다. 하지만 그들은 곧 옆집에서 쏘는 것이 나을 거라고 생각을 바꿨습니다. 2층에서 장교는 방어벽 뒤에 있는 무뢰한의 신원을 확인하고 있었습니다. 즉시 나는 그에게 커다란 오페라 쌍안경을 보냈습니다."(B, 234)

"절대권력자인 천민들"에 쇼펜하우어는 분노하지만 무엇보다도 그의 분노를 자극하는 것은 그들의 지적 대변자들이다. 그의 반감은 "세계를 개선하겠다는 오만"과 낙관주의라는 "후안무치한 사고"를 향한 것이기 때문에 어느 만큼은 '철학적' 근거를 지니고 있다. 그가 보기에 "절대권력자인 천민들"은 자신들의 삶이 비참한 것은 국가기관의 탓이라고 여긴다. 그러니 기존 국가를 파괴하고 다른 국가를 그 자리에 세우면 행복이 올 것이라는 그릇된 믿음에 이끌려 그들은 폭도가 되었다는 것이다. 쇼펜하우어는 이것이 민중에 맞게 좌경화된 헤겔주의라고 본다. 국가는 진보하는 기계가 아니기에 국가를 진보하는 기계로 만들려고 하면 불가피하게 국가를 신격화하게 된다. 쇼펜하우어는 – 오늘날의 용어를 쓰자면 – '전체주의'가 가져올 위험을 지적하며 권위적 국가를 옹호한다.

1841년에 쓰인 도덕의 기초에 관한 논문에서 그는 국가의 유일한 목적은 "개인들을 서로로부터, 그리고 전체를 외부의 적으로부터 보호하는 것"이라고 밝힌다. "돈이면 안 되는 게 없는 이 시대에 독일의 몇몇 사이비 철학자들은 국가를 도덕성 교육과 교화 기관으로 둔갑시키려고 한다. 그 배후에는 개인적 자유와 개인의 발전을 지양해서 개인을 중국에서처럼 국가 기계와 종교 기계의 일개 부속품으로 만들려는 […] 목적이 도사리고 있다. 그러나 이렇게 했던 과거의 국가는 종교재판과 […] 종교전쟁의 길로 갔다."(III, 750)

방어벽 뒤에서 싸우는 "무뢰한"은 국가를 신격화하는 병에 걸렸으며 "시대의" 두 번째 "질병"인 조야한 유물론에도 빠졌다고 쇼펜하우어는 본다. 물질적 필요를 만족시키면 인간 실존이 겪는 비참함을 벗어날 수 있다는 환상에 사람들이 빠져든다는 것이다. 운동의 대변인은 사실은 "썩어빠진 학생들"이며 정확히 말하면 "청년 헤겔파들"이다. 이들은 "지독히 형이하학적인 견해로 추락한 결과 '먹고 마시자, 죽고 나면 즐길 수 없다'는 입장을 취한다. 그런 점에서 그들은 짐승과 다를 바 없다."(II, 592)

하지만 이 모든 '철학적' 이유를 동원해서 쇼펜하우어의 적대감을 이해하려 해도 이따금 그가 돌발적으로 불안해하며 도에 넘게 분노하는 것을 설명할 수는 없다. 그가 그렇게 반응하는 진짜 이유는 단 하나이다. 쇼펜하우어는 자신의 재산을 잃을까 봐 불안해한다.

바로 혁명이 벌어지는 동안 그는 자신을 지키고 주장하는 데 열을 올린다. 그러다 보니 연민의 철학에서 사회적 빈곤과 정치적 억압에서 오는 고통을 심금을 울리는 말로 묘사했던 그가 그런 고통에 아주 둔감해져버린다. 그는 자신의 집인 '쇠네 아우스지히트 17번지'에 진을 치고는 돈키호테처럼 개별화의 원칙을 방어한다. 그의 전 재산은 사실 위험에 처해 있지 않으며 누구도 그에게 해를 가하려 하지 않는다. 하지만 그는 불안에 떨며 자신의 돈주머니를 부여잡고 있다.

철학으로 먹고살지 않기 위해서, 출판업자와 관청과 책을 살 독자들의 눈치를 보지 않기 위해서 그는 돈주머니를 필요로 한다. 그는 맞닥뜨리는 사람들을 붙잡고 이를 설명한다. 그러면서 자신에게 스스로를 정당화한다. 이 주장이 맞기는 하지만 여기에는 심각한 허위가 숨어있다. 돈주머니는 그를 독립적으로 만들었어야 했는데 그는 돈주머니를 걱정하느라 – 연민의 철학이며 '실천적 신비'인 – 자신의 철학에서 얻은 통찰을 지금 몇 주 동안 아주 조금도 실천하지 못하기 때문이다. 사실 그의 철학에는 혁명에 대한 공감은 들어 있지 않지만 혁명의 사회적이고 정치적인 동기에 대한 깊은 이해가 담겨 있다. 그런 이해능력을 가진 사람인 그는 자신의 오페라 안경을 조준용 망원경으로 쓰라고 보내지는 않았어야 했다. 혁명 내내 쇼펜하우어는 재산의 이자로 먹고사는 철학자가 자기를 보호하는 데에만 전념하느라 오그라든 모습을 보여준다. 3년 후 다시 연민의 순간이 온다. 1852년 6월 26일 유언장에서 그는 "1848년과 1849년 반란과 폭동이 일어났을 때 독일의 법적 질서를 지키고 세우기 위해 싸우다가 불구가 된 프로이센의 군인들과 전투에서 전사한 군인들의 유족들을 돕기 위해 베를린에 설립된 기금"을 단독 상속자로 정한다.

제 23 장

—

산이 예언자에게로 오다. 사도와 복음서의 저자와 대
규모의 청중. 쇼펜하우어의 '세계를 위한 철학': 삶의
지혜를 위한 잠언들. 사실주의의 정신. '마치 … 처럼'.
철두철미하지 않음을 찬미하다.
일곱 번째 철학 시나리오: 쇼펜하우어와 몇몇 귀결들.

—

빌헬름 부쉬wilhelm Busch가 그린 쇼펜하우어와 푸들

산이 예언자에게로 오다. 사도와 복음서의 저자와 대규모의 청중. 쇼펜하우어의 '세계를 위한 철학': 삶의 지혜를 위한 잠언들. 사실주의의 정신. '마치 … 처럼'. 철두철미하지 않음을 찬미하다.
일곱 번째 철학 시나리오: 쇼펜하우어와 몇몇 귀결들.

SCHOPENHAUER

쇼펜하우어와 그의 전 재산은 혁명보다 오래 살아남지만 혁명은 죽는다. 혁명은 아주 많이 진척되지는 못했다. 입헌군주제 헌법을 채택한 의회는 프로이센의 왕에게 앞으로 국민으로부터 주권을 부여받는 독일 황제가 되어달라고 청한다. 1849년 3월 28일의 일이다. 하지만 왕은 자신이 신으로부터 주권을 부여받았으며 독일의 황제는 합스부르크 가문에서 나와야 합당하다는 생각에 가득 차 있기 때문에 거절한다. 의회가 제안하는 "오물과 진흙이 묻은" 왕관은 그에게는 "1848년 혁명에 나를 매어두기 위한 개의 목줄"일 뿐이다.

프리드리히 빌헬름 4세로서는 왕관을 거절할 만한 정치적 이유가 상당히 있었다. 그가 입헌제를 표방하는 신新독일제국의 왕관을 수락했었더라면 러시아와 오스트리아가 반발했을 것이고 전쟁까지 일어날 수 있는 상황이었기 때문이다. 그러나 그가 거절한 결정적인 이유는 – 비록 수그러들긴 했지만 – 자유주의 혁명과 연관되고 싶지 않았기 때문이다.

왕이 거절한 후 의회의 일부는 비준된 제국헌법에 힘을 보태어 그것을 관철시키는 것을 포기한다. 입헌주의자들이 프랑크푸르트를 떠난 후 남은 무력한 좌파는 소수 의회 노릇을 하다가 슈투트가르트로 간다. 뷔르템베르크 정부는 1849년 6월 18일 슈투트가르트의 회의 장소를 봉쇄한다. 이렇게 독일의회의 역사는 일단은 끝이 난다. 이 즈음 몇 주 동안 이른바 '제국헌법 수호운동Reichsverfassungskampagne'[1]이 퍼지면서 여기 저기에서 다시금 봉기가 일어난다. 예를 들어 나중에 쇼펜하우어 신봉 자가 된 리하르트 바그너는 드레스덴에서 바쿠닌과 함께 방어벽을 치 고 투쟁한다. 독일의 여러 정부는 대규모로 군대를 투입하고 약식군사 재판을 열고 사형을 집행하며 국가전복죄를 물어 소송을 하고 징역형 을 선고하면서 평화와 질서를 다시금 이루어 낸다. 리하르트 바그너는 「니벨룽의 반지」를 머릿속에 담은 채 스위스로 피신한다. 쇼펜하우어는 프랑크푸르트에서 안도의 한숨을 내쉰다. "절대권력자인 천민들"이 쇠 네 아우스지히트 17번지 앞에서 난동을 부리는 일은 더 이상 없다. 쇼 펜하우어는 이전처럼 자신의 삶을 이어나간다. 아침에는 글을 쓰고 식 사하러 가기 전에는 플루트를 분다. 정오에는 "영국 궁"에서 식사를 하 고 오후에는 "카지노"에서 신문을 읽는다. 그러고는 산책을 하고 저녁 에는 독서를 한다. 잠자리에 들기 전에는 『우파니샤드』를 들고 경건한 시간을 갖는다. 철학계의 카스파 하우저는 아직 어둠 속에서 나오지 못 하고 있다. 하지만 그 순간은 다가온다.

1844년 3월에 2권으로 확장된 주저의 제2판이 출간된다. 출판업자 는 처음에는 반대했지만 결국 동의했다. 하지만 쇼펜하우어는 원고료 를 포기해야 했다. "나는 완성된 나의 저서를 동시대인과 동포가 아니 라 인류에게 바친다"고 쇼펜하우어는 서문에 쓴다. 그와 출판업자가 예 감했던 일이 사실로 드러난다. "아둔한 세계의 저항"을 아직은 이길 수 없다. 이 작품을 논하는 비중 있는 평론이라곤 카를 포르트라게Carl Fortlage 가 「예나 문학신문」에 1845년 발표한 것이 유일하다. 평론의 저자는 이 작품이 칸트와 피히테 사이를 "잇고 보충하는 고리" 역할을 한다고 다소 오만하게 칭찬한다. 자신과 더불어 철학의 새 시대가 열렸다고 믿는 철학자에게 이런 말이 마음에 들 리가 없다.

쇼펜하우어가 1846년 8월 저서의 판매량에 대해 문의하자 브로크하우스는 이렇게 대답한다. "제가 밑지는 거래를 했다는 이야기 외엔 드릴 말씀이 없어서 유감입니다. 더 상세한 설명을 드리지 않는 것을 양해해 주십시오."[2]

하지만 1840년대에는 아르투어 주위에 소수의 열성 팬들이 모이기 시작한다. 그는 이들을 "복음서의 저자"와 "사도"라고 불렀는데 이런 표현은 농담만은 아니었다.

"원조 복음서의 저자"는 막데부르크에서 지방법원판사로 근무하는 프리드리히 도르구트Friedrich Dorguth(1776년~1854년)이다. 이 법조인은 전에는 바르샤바에서 참사관으로 근무하면서 역시 그곳에서 참사관으로 근무하던 E.T.A. 호프만과 알고 지냈다. 철학을 연구하는 것을 즐기는 그는 "이상주의"와 "현실-이상주의"에 대한 두툼한 "비평집"을 내지만 별다른 주목을 끌지 못한다. 그는 1830년대 말에 쇼펜하우어를 발견하고는 목청껏 높여 외친다. "전체 문학사를 통틀어서 쇼펜하우어야말로 체계적으로 사유하는 최초의 철학자라고 인정하지 않을 수 없다."[3] 말할 필요도 없이 도르구트가 부르는 찬가에 반응하는 이는 거의 없다.

다음 "복음서의 저자"는 베를린의 재야학자이며 철학자인 율리우스 프라우엔슈태트(1813년~1879년)이다. 그는 대학에서 공부하는 동안 쇼펜하우어에 관해 전혀 들은 적이 없었는데 철학백과사전을 읽다가 『의지와 표상으로서의 세계』가 "기지가 넘치며 개성 있는 작품"이라고 쓴 구절과 마주친다. 책을 찾아내서 읽던 그는 매료된다. 1841년『할레 연감^{Hallische Jahrbücher}』에 그는 이렇게 공포한다. "내가 아는 한 최근의 철학자들 중 쇼펜하우어만큼 순수하고 심오하며 예리한 철학을 제공한 이는 없다. 그의 철학은 지금까지 거의 혹은 전혀 관심을 받지 못하긴 했지만 그럴수록 더욱 확실히 미래에 빛을 낼 것이다. 철학자 본인 역시 그 사실을 분명히 알고 확신하고 있다."[4]

주저의 제2판이 1844년 출간된 후 아르투어에게는 두 명의 새로운 신봉자가 생긴다. 요한 아우구스트 베커^{Johann August Becker}(1803년~1881년)와 아담 폰 도스^{Adan von Doß}(1820년~1873년)인데 이 둘을 그는 제일 좋아한다.

두 사람은 법조인이며 철학을 직업으로 삼고 있지 않다. 마인츠에서 변호사로 일하는 베커는 1844년 쇼펜하우어에게 편지를 쓴다. 그는 철학자에게 몇몇 "의문점"을 제시하고자 한다. 그 편지를 본 쇼펜하우어는 베커가 자신의 작품을 속속들이 꿰뚫고 있다는 걸 알고는 편지를 통해 베커와 상세하게 토론하기 시작한다. 쇼펜하우어 스스로 가치가 있다고 평가한 서신 토론은 이것이 유일하다. 베커는 자신을 소개할 때 그가 품은 의문점을 이야기했을 뿐 아니라 칸트 이후의 철학에 대한 불만을 토로했다. 이렇게 그는 쇼펜하우어의 호감을 얻는다. 쇼펜하우어가 누군가를 만나려고 이따금 프랑크푸르트를 떠난 경우는 베커가 유일하다. 화창한 여름날 그는 기차를 타고 베커를 만나러 마인츠로 간다. 하지만 안타깝게도 베커는 "사도"로 머물 뿐이고 아무리 격려해도 "복음서의 저자"로 나서지는 않는다.

그에 반해 아담 폰 도스는 더 부지런하다.

막 시험을 통과한 이 법조인은 『의지와 표상으로서의 세계』를 읽은 후 프랑크푸르트로 순례를 간다. 쇼펜하우어는 도스를 만나서는 이 추종자가 청년답게 열을 올리는 것에 매료된다. 그는 도스를 "사도 요한"⁵이라고 부른다. 자신의 작은 공동체에 박차를 가하기 위해서 그는 프라우엔슈테트에게 도스와의 즐거웠던 만남에 대해 이야기한다. "제가 쓴 글들을 모두 정확히 알고 있고 그것들이 진리임을 확신한다는 점에서 도스는 – 당신보다 더 낫다고 할 수는 없더라도 – 최소한 당신과 동급입니다. 그의 열정은 정말 대단해서 저를 많이 기쁘게 했습니다. […] 한마디로 광신도입니다."(B. 240)

도스 역시 "복음서의 저자"는 못 되지만 "사도"답게 – 자신이 개인적으로 전혀 알지 못하는 – 교양 있고 저명한 사람들에게 쇼펜하우어 저서를 읽어야 한다는 편지를 쓴다.

이 작은 공동체 중 외부 활동을 가장 활발히 하는 사람은 율리우스 프라우엔슈테트이다. 쇼펜하우어는 그를 자신의 "최고 복음서의 저자"라고 부르지만 실제로는 가장 불친절하게 대한다. 프라우엔슈테트는 성실한 조수답게 부지런히 글을 발표하고 거장의 이론을 논평하며 적들에 맞서 싸운다. 책과 잡지에서 쇼펜하우어에 관한 언급을 찾아내서는 자신이 발견한 것에 대해 충실히 보고한다. 쇼펜하우어를 위해 서적을 조달하며 주식거래 시세에 관한 소식을 알려서 도움이 되기도 한다. 하지만 그는 자주 쇼펜하우어에게 심한 질책을 받는다. 프라우엔슈테트는 차분한 맛이 없고 덤벙거리며 신경질적인 데다가 호기심은 많지만 이해력이 부족한 사람이다. 그런 까닭에 그는 온갖 불필요한 오해에 빠져든다. 예를 들자면 그는 "의지"를 경험을 초월하는 절대자라고 미화한다. 아마도 신학자들이 의지에 매력을 느끼게 하기 위해서 그랬을 것이다. 쇼펜하우어는 그를 이렇게 질책한다. "저는 인내심과 자제력을 통째로 잃지 않기 위해서 당신이 제 철학을 알리기 위해 여러 차례 큰일을 했다는 사실을 되새기고 있습니다. […] 물자체를 공상의 나라(다시 말해 유대인의 신이 자리 잡은 곳)에서 찾지 말고 이 세상의 사물들 안에서 – 당신이 마주하고 있는 책상과 당신의 엉덩이 아래 있는 의자에서 – 찾으라고 제가 썼는데 당신은 이해하지 못했습니다. […] 제 철학은 뜬구름 속 꿈나라가 아닌 이 세계에 대해서 말하고 있습니다. 즉 제 철학은 초험적이 아니라 내재적입니다."(B. 290)

프라우엔슈태트가 한번은 무례하게 "고함을 지르지" 말라고 항의하자 – 쇼펜하우어는 프라우엔슈태트가 "짐승 같은" 유물론의 도덕에 슬그머니 다가가고 있다고 비난하는 중이었다 – 아르투어는 서신 왕래를 끊는다. 그러나 충실한 영혼의 소유자인 프라우엔슈태트는 복음서의 저자 노릇을 계속한다. 몇 년이 지난 후 1859년에 쇼펜하우어는 그에게 감사를 전하며 그를 자신의 저서와 유작의 상속인으로 지정한다.

사도와 복음서의 저자로 이루어진 여전히 작은 공동체 안에서 쇼펜하우어는 교회의 우두머리가 하는 역할을 누린다. 철학에서의 독단주의를 비판해 온 쇼펜하우어는 어느새 이 소수파 교회를 독단적으로 엄격하게 감독한다. 그는 공동체에서 나오는 비판을 쉽게 용납하지 못한다. 그럴 경우에 그는 "말을 더 하지 말라고" 명한다. 공동체 회원들이 서로 만난다는 얘기를 들으면 그는 이렇게 말하곤 했다. "두 사람이 내 이름 안에서 모인 곳에는 내가 그들 속에 함께합니다."(G. 139)

명성을 얻기까지 쇼펜하우어는 이런 사이비 교도 내지는 비밀 결사의 집회 같은 만남을 유지한다. 이런 만남은 장기간의 무명 시절을 보내느라 날이 선 자존심을 달래준다. 1850년대 초반에도 그는 거절을 당하는 수모를 겪으며 자존심을 추슬러야 한다.

1850년 쇼펜하우어는 6년간의 작업 후 『소품과 부록』을 완성한다. 이 작품은 "출판되지 않고 남은 것"을 모은 "변두리 작품"이며 쇼펜하우어의 말을 빌자면 "갖가지 대상에 대해 개별적으로 사유한 것을 체계적으로 정돈한 것"이다. 그중에는 이후에 아주 유명해진 「삶의 지혜에 관한 잠언Aphorismen zur Lebensweisheit」이 있다.

1856년 7월 26일 쇼펜하우어는 브로크하우스에게 이 작품의 출판을 제안한다. "저는 이 작품 이후에는 더 이상 저술하지 않을 작정입니다. 늙어서 낳은 약한 아이들을 세상에 내보내면 그 아이들은 아버지를 비난하며 아버지의 명예를 해치기 때문입니다."(B. 242) 이 작품은 "이제까지 쓴 저술들과는 다르게 대단히 대중적"이므로 자신은 "세계를 위한 철학"(B. 244)을 쓴 셈이라고 말한다. 브로크하우스는 그 말을 믿을 수 없기에 거절하고 다른 출판사들도 관심을 보이지 않는다. 그러자 프라우엔슈태트가 나서서 『소품과 부록』을 출판하게끔 베를린의 한 서점을 설득해낸다. 두 권으로 이루어진 이 책이 1851년 11월에 발간되면서 전환점이 온다. "세계를 위한 철학"으로 아르투어는 드디어 성공하게 될 것이다. 하지만 그가 혼자서 자신만의 힘으로 이루어낸 일은 아니다. 그렇게 된 이유의 절반은 변화한 시대정신이 그에게 성큼 다가온 데 있다. 그리하여 쇼펜하우어와 그의 시대는 마침내 서로 만나게 된다.

혁명이 좌절된 후 비관적 세계관과 실망감, 울적함과 염세주의가 문화계를 지배했던 까닭에 쇼펜하우어의 시대가 시작되었다는 의견이 널리 퍼져 있지만 이는 결코 사실에 부합하지 않는다.

물론 저항운동가들, 특히 과격한 운동가들은 실망감과 우울증과 허탈감에 시달렸고 이런 정서에서 쇼펜하우어의 철학은 당연히 많은 호응을 받았다. 헤르베크가 좋은 예이다. "당파의 요새지붕" 위에서 노래하던 시인이자 과격한 저항운동가 - 그는 1848년 4월 바덴에서 벌어졌던 군사 봉기에 참여했다. - 는 도주해서 스위스에 망명한 후 쇼펜하우어의 작품에 몰두했다. 그는 친구인 리하르트 바그너 역시 쇼펜하우어에 푹 빠지게 만들었다.

그러나 폭넓은 독자층인 교양시민 - 바로 이들이 쇼펜하우어의 "세계를 위한 철학"은 반응하기 시작했다. - 은 염세주의라는 기본정서를 거의 느끼지 않았다. 정반대로 진보를 향한 믿음은 널리 퍼지고 더 자라기까지 한다. 물론 이 믿음은 형태를 바꾼다. 당대인들의 말을 빌리자면 진보를 향한 믿음은 "사실주의" 성향을 띤다. 사실주의는 기상천외한 것들과 공허한 사변을 멀리하며 부자연스러운 것을 우스꽝스럽게 여긴다. 현실에 과장된 요구를 하지 말고 인내심을 가지라고 권한다. 정신의 주관적 경향은 이제 사물들과 상황에 맞는 '객관적' 경향으로 대치된다. "사실의 기반으로 되돌아가자!"는 외침이 사방에서 - 정치, 문학, 학문, 일상의 삶과 철학의 세계에서 - 울려 퍼진다. 자유주의자인 루트비히 아우구스트 폰 로하우[6]는 1853년 『현실정치의 원칙들Grundsätze der Realpolitik』을 출간함으로써 그의 시대를 오래 각인하는 슬로건을 만들어 낸다. 현실정치라는 슬로건은 실현 가능한 정치, 기존의 것에 적응함으로써 변화를 꾀하는 정치, 구체적으로 말하자면 '민족의 문제'를 프로이센 식으로 해결하는 정치를 의미한다. 마르크스 역시 사실의 기반에 발을 디디려 한다. 프롤레타리아가 구세주가 되리라는 기대를 뒷전에 밀어둔 채 그는 꼼꼼히 공들여 사회구성체를 해부해서 그것의 영혼이 '자본'임을 밝힌다. 이제 이런 질문이 뒤따른다. 혹시 인간이 아닌 구조가 역사를 만드는 게 아닐까?

1850년대 초반기에는 속류 유물론을 표방하는 몇몇 베스트셀러가 책 시장을 휩쓴다. 몰레쇼트의 『생의 순환』, 포크트의 『동물의 삶의 그림들』, 특히 루트비히 뷔히너의 『힘과 물질』이 주목을 받는다. 이런 저서들은 가장 명백한 형태의 사실을 근거로 삼아서 형이상학과 사변적 사유 자체를 공격한다. 사유와 뇌의 관계는 담즙과 간, 소변과 신장의 관계와 마찬가지라고 이들은 가르친다.

졸베[Czolbe]는 1855년 유물론자로서 느끼는 자아도취적 쾌감을 더 높은 철학적 수준에서 표명했다. "초감각적인 세계를 고안해 인간이 아는 세계를 개선하려고 하거나 인간에게 초감각적 성질을 부여해 인간을 자연 위에 군림하는 존재로 만들려고 하는 것은 바로 […] 오만과 허영의 증거이다. 분명 그렇다. 현상의 세계에 만족하지 못하고 초감각적으로 세계를 이해하려는 사람은 사실은 도덕적인 이유에서가 아니라 도덕적으로 약하기 때문에 그렇게 한다."[7]

이런 생각은 "있는 그대로의 세계에 만족해야 한다"는 결론으로 이어진다. 촐베(그리고 그의 동시대인 다수)는 '사실주의' 편에 서야 한다는 도덕적 의무감을 느낀다.

폰타네[8]역시 – 그뿐 아니라 당대 문학의 흐름 전반이 – 사실주의를 의무로 받아들인다. 1848년 혁명 당시 극장의 소도구 창고에서 꺼낸 나무 장총으로 무장했던 폰타네는 몇 년 후 자신의 미학 프로그램을 이렇게 천명한다. "어디를 둘러보나 우리의 시대를 특징지우는 것은 사실주의이다. 의사들은 결론을 내리고 추리하는 일을 중단한다. 그들은 경험을 하고자 한다. (모든 정당의) 정치인들은 완벽한 모형도를 책상 서랍에 넣어두고는 실제로 무엇이 필요한지를 알고자 한다. […] 우리 시대의 사실주의가 가장 확실하게 모습을 드러내는 분야는 예술이다. 예술에서만큼 사실주의가 뚜렷하게 표현되는 경우는 우리 삶의 어떤 다른 영역에서도 찾을 수 없을 정도이다. […] 사실주의는 미사여구와 신파극을 불구대천의 원수로 여긴다. […] 사실주의는 거짓과 부자연스러운 것 외에는 그 무엇도 배제하지 않는다."[9]

철학에서 헤겔은 이제 한물갔다. 이미 3월 혁명 전기前期 시대에 철학자들은 헤겔이 "발로 서게" 만들었다. 당시 철학은 '현실'로 돌진하고자 했지만 '현실'은 독특한 아우라를 지니고 있어서 현실에 진입하는 길은 여전히 사변적이었다. 포이어바흐가 내세운 "신체"나 마르크스가 내세운 "프롤레타리아"에는 형이상학적인 잉여가치가 담겨 있었다. 포이어바흐나 마르크스나 말년의 셸링처럼 사변의 길을 뒷걸음질할 때 발견했던 것이 '현실'이었다. 사변적 유산은 그냥 무시될 수 없었고 일단락되어야 했다. '현실'은 동경의 목표였고 '1848년 혁명 이후 철학'이 내세운 자명한 – 현실을 놓고 토론하던 첫 시기가 지나가자 아주 빨리 진부해진 – 현실과는 달랐다.

헤겔은 완전히 한물갔기에 사람들은 그가 구축한 구조를 해체하지도 않은 채 그의 저술을 던져버린다. 그 시대에 걸맞게 프리드리히 알베르트 랑에[10]는 1875년 헤겔이 "낭만적으로 개념을 방종하게 남발했다"고 혹평을 한다.

사실의 기반 위에서 사람들은 철학과 정치와 문학과 학문에서 성공을 거두고 진보하려고 한다. 특히 학문에서 그런 노력이 활발하다. 화학자 유스투스 리비히Justus Liebig가 좋은 본보기이다. 기센에 있는 실험실에서 그는 '유기화학'이라는 영역을 개척해냄으로써 정밀한 실험과학을 가능하게 한다. 그의 발견으로 세상이 발칵 뒤집어진다. 농업화학과 인공비료학이 시작된 것이다. 실제로 성공을 거둔 덕에 거리낌 없이 의견을 말할 수 있는 특권을 누리게 된 리비히는 의사 교육과정에 자연철학이 아직 잔재해 있는 것을 전례 없이 날 세워 공격한다. 그는 자연철학을 "우리 세기의 페스트"라고 부르고는 이렇게 말한다. "우리는 미친 상태에서 다른 사람을 죽인 사람을 감금한다. 오늘날 우리는 자연과학이 우리의 의사들을 교육하고 의사들에게 자연철학 특유의 – 평온한 양심으로 원칙에 따라 수천 명을 죽일 수 있는 – 미친 상태를 퍼트리는 것을 허용한다."[11] 이런 발언을 들으면 과학자가 묵은 원한을 터트리고 있다는 것을 알 수 있다. 너무도 오래 정밀 과학은 사변적 학문의 그늘에 서 있었다가 이제 '사실주의'의 새로운 시대에서 쌓이고 쌓인 울분을 풀 수 있게 된 것이다.

현실이 무럭무럭 성장하도록 사실의 기반은 열심히 경작된다.

첫째, 사실들은 경험을 통하여 확인되어야 한다. 헤겔의 경우 이는 당연한 일은 결코 아니었다. 구체적인 것이 경험에 의해 확인되어도 헤겔은 그것이 아직 발견되지 않았다고 보았다. 개념의 구상 안에서 포착되고 난 후에야 그것은 '현실'이 되었다.

둘째, 경험이 확실하게끔 신경을 써야 한다. 경험은 통제되어야 하며 실험적으로 반복될 수 있어야 한다. 다시 말해 경험은 전달될 수 있어야 한다. 그렇다면 경험적 학문들에는 민주주의가 내재하고 있다. 주어진 (실험적으로 설정된) 조건에서 누구나 경험할 수 있는 것이 진실인 것이다. 학문적 경험론은 경험의 서열이나 경험자의 신분을 고려하지 않으며 모든 것을 – 시대적 추세에 맞게 – 진보 과정을 위해 일하는 피고용자로 여긴다. 시민들이 요구했던 진보와 평등이 경험론적 학문의 내부에서 얽히고 설킨 방식으로 이루어진다. 그렇기에 경험론적 학문이 이룬 실용적 성과들뿐만이 아니라 그 학문들에 내재된 경험의 구조 역시 진보의 사고를 유지하는 데 기여했다는 것은 놀랍지 않다.

셋째, '사실들'을 구성하는 것이 무엇인지 알 수 있게끔 사실들은 정밀작업을 통해 분자화되어야 한다. 그렇게 하면 발견된 요소들을 합쳐서 다시 새로운 '사실들'을 만들어낼 수 있을지도 모른다.

'삶'은 전체를 포괄하는 커다란 합성개념이었는데 생리학이 삶의 가장 작은 단위가 세포임을 발견해낸 후 삶 개념에 대하여 이제 다른 방식으로 이야기하는 것이 가능해진다. 라이프니츠의 단자론^{Monadenlehre}이 부활한 듯하지만 과학은 새로이 발견해낸 세포분열의 과정으로 유기체를 설명하기 때문에 라이프니츠의 '예정조화설'에 근거를 둘 필요가 없다. 삶에 적대적인 요소 역시 이제 작은 단위에서 확인된다. 박테리아가 발견된 것이다. 의학은 박테리아와의 전쟁을 시작하고 루돌프 비르효Rudolf Virchow[12]가 총지휘를 맡는다.

삶과 죽음을 주관하는 것은 현미경으로 관찰되는 그 무엇, 다시 말해 형이상학의 자취라고는 없는 자연체로 바뀐다. 정신적인 '삶의 힘'을 가정하는 것은 무의미해졌다.

다윈의 진화론이 밀어닥치자 그나마 남아있던 창조신앙 역시 의미를 잃었다.

다윈의 거작 『종의 기원』이 1859년 출간된 후 기존의 것에 (사실주의적으로) 적응하는 정신은 이 저술로부터 풍부한 자양분을 얻었다. 다윈에 따르면 생물체는 환경에 적응하여 자신을 바꾸는 능력이 있으며 그 능력이 클수록 "생존 경쟁struggle of life"에서 살아남을 기회를 더 많이 갖게 된다. 다윈은 이것이 진화의 역사를 이끄는 힘이라고 찬양했다. 적응을 잘한 생물체들이 살아남은 덕분에 진화의 역사는 물질적 진보의 역사라고 해석될 수 있다는 이야기였다. 물론 이런 진보에는 약자에 대한 배려가 빠져 있다. 이러한 자연의 이미지에는 동시대를 지배하던 영국의 경제자유주의가 스며든다. 이후 이런 시각은 사회진화론[13]이라 불리게 된다.

시대의 다른 커다란 경향인 역사주의Historismus[14]는 탈신화화에 기여하며 '사실주의'에 힘을 보탰다. 역사주의는 진실을 나폴레옹 식으로 다루었다. 모든 '정신의 제후국들'은 역사주의라는 황제에 의해 병합되었다. 철학은 이제는 철학사로 대치되었으며 문학작품이 빈약했던 시대에 훌륭한 문학사들이 나왔다. 랑케[15]의 저서는 초등학생용 독본이 출간될 만큼 명성을 누렸다. 역사주의는 존재와 존재의 의미에 관한 (형이상학적) 질문을 존재의 생성에 관한 질문으로 축소시켰다. 어떤 것이 어떻게 생겨났는지를 안다면 그걸로 충분하게 된다. 진실은 산산조각이 나고 '진실들'은 역사의 게임을 벌이게 된다. 복수형 '진실들'은 상대주의의 막강한 힘을 입증하고 있다.

문화의 모든 영역을 주름잡으며 위세를 떨치는 '사실주의'는 사실 세속화의 추세를 새롭게 강화하고 있지만 거기에는 맹점이 하나 있다. 하필이면 자연과학자들에게서 이 맹점이 드러난다. 1854년 괴팅엔에서 열린 자연과학자 모임에서 논쟁이 불거진다. 학자들 중 일부는 '영혼'을 구하려고 시도하다가 "맹목적 신앙"을 품고 있다는 비난을 받게 된다.[16]

유물론과 자연주의가 기승을 부리는 와중에 학자들이 '영혼'으로 바리케이드를 친다는 사실은 사람들이 불만을 품고 있다는 걸 보여준다. 이런 불만으로 인해 쇼펜하우어의 형이상학이 수용되기에 유리한 환경이 조성된다. 사람들은 자신들이 막 던져버린 정신철학에 오랫동안 반대해오면서도 철저한 유물론과 자연주의로 변질되지 않는 사유를 쇼펜하우어의 형이상학에서 발견한다. 쇼펜하우어의 철학이 유물론적이라고 오해할 수도 있었지만 의지의 형이상학은 시대의 정신이었던 조야한 유물론에 아주 분명하게 거리를 두고 있었다. 사람들은 쇼펜하우어가 어둠에 싸인 생기론을 주장한다고 믿었는데 그러자 또 다른 차원이 열렸다. 경험론적이며 냉정한 '내재성'을 결연히 지지하는 이들은 거기에 '깊이'가 없다는 불만을 품고 있었는데 생기론이 내재성에 바로 그 '깊이'를 부여했기 때문이다.

독자는 쇼펜하우어가 냉정한 현실감각과 유물론적 설명을 높이 평가한다는 것을 알게 되었고, 왜 우리의 경험적 호기심이 이 길을 가야 하는지를 칸트에 근거하여 입증한다는 것을 알게 되었다. 독자는 유물론적으로 행동해온 것이 옳다는 확신을 얻는 동시에 현실에 이렇게 접근하는 것이 유일한 길은 아니라는 사실을 쇼펜하우어가 힘주어 증명하고 있다는 것도 알게 되었다. 물질적으로 표상된 세계 역시 표상일 뿐이다. 쇼펜하우어는 칸트 르네상스의 기틀을 새로이 마련하며 '마치 … 처럼의 유물론'의 가능성을 연다. 엄격한 경험론적 학문을 지지하고 유물론적 정신에 몰두하면서도 그 정신에 완전히 매몰되지 않을 수 있는 가능성이었다.

쇼펜하우어가 자기 자신에게서 경험한 의지라는 '저 세상'을 제공했기에 사람들은 그저 물질적으로만 내재성을 파악하려는 강한 유혹에 저항할 수 있었다.

'마치 … 처럼의 유물론Als-ob-Materialismus'보다 더 영향력이 컸던 것은 – 쇼펜하우어가 "세계를 위한 철학"에서 구상한 – '마치 … 처럼의 윤리학Als-ob-Ethik'이었다. 1850년 이후 「삶의 지혜에 관한 잠언」은 순식간에 교양시민들의 필독서가 되었다.

쇼펜하우어 '본연의' 윤리학은 앞서 말했듯이 연민이라는 불가사의로 이어진다. 모든 존재가 겪는 고통과 하나가 되며 개별화의 원칙이라는 장벽을 뛰어넘고 자기를 주장하는 싸움을 하느라 무장했던 것을 풀어놓게 되는 것이다. 개인은 다른 사람의 고통을 자신 안에 받아들임으로써 삶의 의지에 대한 위대한 부정과 비밀연대를 맺게 된다. 연민하는 의지는 이미 "돌아서려고" 하는 의지이다. 연민을 가지라고 명령할 수는 없다는 것은 이미 말한 바 있다. 그 어떤 삶의 지혜도 연민을 가지게 만들 수 없다. 연민을 가지거나 안 가지거나 둘 중 하나이다.

연민을 가지게 되면 이기적 긴장이 풀리기 때문에 자기보존의 이성에 비추어보면 연민은 비이성적이다. 연민의 윤리학은 행복을 획득하는 것과는 아무 상관이 없다. 쇼펜하우어의 잠언에 묘사된 '마치 … 처럼'의 윤리학은 그에 반하여 전혀 다른 성격을 갖는다. 이 윤리학은 자기보존의 원칙에, 그리고 자신의 삶을 적절히 '행복하게' 보내겠다는 갈망에 '적응'하는 것을 핵심으로 삼는다. 하지만 쇼펜하우어는 행복한 삶을 위한 지침을 유보적 의미에서만 제시할 수 있다. "더 높은 형이상학적 – 윤리적 입장"을 지니면 삶을 부정하게 된다는 것을 그는 재차 서문에서 상기시킨다. "따라서 여기 실린 논의가 이른바 일상적이고 경험론적인 입장을 유지하며 그 입장의 오류를 수정하지 않는다는 점에서 나의 논의는 상당 부분 절충안에 기초를 두고 있다."(IV, 375)

기본에 깔려있는 염세주의는 완화되고 여태껏 폄하되던 생존과 자기주장을 위한 지혜가 실용적인 면에서 가치를 인정받는다. 마치 삶이 살 만한 것인 양 행동해 보자. 이 경우 가능한 최고치의 행복을 삶에서 끌어내려면 어떻게 살아야 하는가? –「삶의 지혜에 관한 잠언」은 이 질문에 답을 하고자 한다. 이것이 "세계를 위한 철학"이다. 이 철학은 형이상학의 스캔들을 다루지 않는다. 이 철학은 삶에 대한 엘리트적 부정을 대중적인 나직한 긍정으로 완화시킨다. 우리가 삶에 참여하는 것을 피할 수 없다면 적어도 회의하는 태도를 잊어서는 안 되며 쉽게 실망하지 말아야 한다. 또 삶이라는 게임을 할 때 판돈을 적게 걸고 가급적 돈을 빌려주지 말아야 한다. 우리가 삶의 희극이나 비극에서 함께 연기를 해야 한다면 적어도 "관객인 동시에 배우"(IV, 525)가 되도록 노력해야 하는 것이다.

쇼펜하우어는 '마치 … 처럼'의 태도를 취하라고 권한다. 요즘 말로 옮기면 이렇다. "너에게는 기회가 없지만 기회를 이용하라!"

그러한 상대적 '행복' – 어디서 이러한 행복이 오는가?

쇼펜하우어는 세 가지 근원을 제시한다. 행복은 "그가 어떤 사람인가", "그가 무엇을 가지고 있는가" 그리고 "그가 어떻게 보이는가"에 달려 있다. 쇼펜하우어가 보기에는 이 세 차원 – 본래의 존재, 소유, 그리고 위상 – 안에서 행복을 찾는 희극이 벌어진다.

쇼펜하우어는 스토아 철학 식으로 신빙성과 확실성에 따라 등급을 매긴다. 내가 빼앗길 수 있는 것은 무엇인가, 나는 무엇에 종속되어 있는가, 내 힘이 가장 적게 미치는 곳은 어디인가?

'위상'은 내 존재가 다른 사람의 눈에 반영되는 것이다. 나는 거기에 대해 거의 힘을 행사할 수 없다. 우리가 위상에서 행복을 얻으려 한다면 우리는 가장 불확실한 기반에 행복을 쌓게 된다. 나아가 다른 사람의 눈에 잘 보이려고 한다면 자신을 상실하기 쉽다.

우리가 '가진' 것은 우리를 편안하게 해 주고 보호하지만 (쇼펜하우어는 여기서 아주 분명히 자신의 경우를 이야기한다) 우리는 가진 것을 강탈당할 수 있다. 게다가 '소유'는 상황을 뒤집는 힘을 가지고 있어서 마지막에는 우리가 '소유'의 소유물이 되어버린다. 가장 좋은 것은 '마치 가지지 않은 것처럼 가지는 것'이다.

아르투어 쇼펜하우어는 "물러나 살라"고 권하며 공격받을 가능성이 줄어들게끔 사람들과 부대끼는 일을 줄이라고 권한다. 이렇게 "물러나 살다" 보면 우리는 "우리 자신으로 되돌아오는"(IV, 428) 행복을 얻는다. 우리는 우리가 무엇인지를 발견해야 한다. 우리 자신을 놓칠 수는 있지만 자신에게서 벗어날 수는 없다. 그가 주창하는 이상은 자신으로부터 즐거움을 얻는 자족Autarkie이다. 자신의 정신적 소질과 환상과 상상력으로부터, 타고난 기질과 능력으로부터 즐거움을 얻는 것이다. 이 모든 것들에 유익한 영향을 미치기 위해서는 인격을 뜻한 대로 발전시키고 교양을 쌓아야 한다. 물론 그렇게 하려면 우리는 자신의 의지의 힘과 겨루어야 할 것이다. 의지는 자신의 안에서 쉬는 대신 욕망의 모습을 취해서 우리를 소유의 세계에 그리고 타인들의 세계에 끌어넣으려 한다. 자족에 이르려면 의지를 약화시켜야 한다. 신중함이 우위를 점해야 하는데 이 신중함은 현실원칙을 중시하는 지혜로만은 얻을 수 없고 의지의 부정이 거기에 더해져야 생겨난다. 그런 점에서 쇼펜하우어는 어느 정도는 − 원래는 배제하려고 했던 − "더 높은 형이상학적이고 윤리적인 입장"을 전제하고 있다.

쇼펜하우어는 자아를 − 실존주의 식으로 − 소유와 타인에게서의 위상이라는 '비본래성Uneigentlichkeit'의 세계로부터 끌어낸다. 그리고 나서는 「삶의 지혜에 관한 잠언」의 대부분에서 이런 '외부의' 세계와 벌이는 싸움에 대해서 숙고한다. 여기에는 나름의 논리가 있다. 우리가 자아를 힘주어 끌어낼 때 우리를 외부와 연결시키는 수천의 실이 당겨지는 것을 아프게 느낀다. 쇼펜하우어 본인이 그 아픔을 시인한다. 우리 안에 있는 타인들의 세계는 "우리의 살"에 박혀서 빼내기가 몹시 어려운 가장 "고통스러운 가시"(IV, 427)이다. 이렇게 쇼펜하우어는 고대의 스토아 철학과는 달리 사회가 강대하다는 것을 인정한다. 하지만 그는 행복은 사회에 의하여 존재하는 것이 아니라 사회가 있음에도 불구하고 존재하는 것이라는 견해를 고수한다.

우리가 얽매여 있는 사회로부터 어떻게 작은 행복이나마 얻어낼 수 있는지를 쇼펜하우어가 충고한다. 가장 중요한 충고이자 다른 충고들의 기반이 되는 충고를 그는 이미 40년 전 원고노트에 적었던 비유로 표현하고 있다. "사회는 불과 비교될 수 있다. 영리한 자는 적당한 거리에서 몸을 녹이지만 어리석은 자는 불을 거머쥔다. 그는 불에 데인 후 춥고 외로운 곳으로 도망가서는 불이 뜨겁다고 징징거린다."(IV, 514)

『소품과 부록』에 실린 유명한 고슴도치의 비유 − 그는 1830년대 초에 예전에 사모했던 카롤리네 야게만을 만나 이 비유를 처음 이야기한다. − 에도 똑같은 가르침이 담겨 있다. "고슴도치 한 무리가 추운 겨울날 얼어 죽지 않도록 서로 온기를 나누려고 다들 바짝 붙어 섰다. 하지만 곧 상대방의 가시가 따가워 다시 서로 멀어졌다. 온기에 대한 욕구로 그들은 다시 다가섰지만 다른 괴로움이 다시 되풀이됐다. 이렇게 고슴도치들은 두 가지 고통 사이에서 우왕좌왕하다가 마침내 서로 적당히 간격을 취하면 가장 잘 지낼 수 있다는 것을 발견했다."(V, 765) "적당히 간격을 취하는" 이러한 삶의 기술은 모든 다른 충고들에 기본으로 깔려 있다. 우리는 우리의 외로움을 지닌 채 사람들을 대해야 한다. 쇼펜하우어는 공손함을 권하는데, 그에게 공손함이란 "상대방이 지닌 도덕적이고 지적인 취약점을 서로 못 본 척하고 질책하지 않는다는 암묵적인 합의"이다.(IV, 552) 그는 비밀을 털어놓지 말라고 권한다. 그 비밀이 언젠가는 - 우리가 지금 사랑하고 있는 사람에 의해 - 우리를 공격하는 데 사용될 것임이 확실하기 때문이다. 그는 민족적 자부심이 얼마나 어리석은 것인지 경고한다. "민족적 자부심에 사로잡힌 사람은 자랑스러워 할 만한 개인적 자질을 가지고 있지 않다는 걸 드러내기" 때문이다. "개인적 자부심이 있는 사람이라면 수백만의 사람들이 공유하는 자부심에 손을 뻗치지 않을 것이다."(IV, 429)

모든 충고에는 사회가 잠재적 적대성과 서로를 해치려는 악의로 이루어진 관계라는 전제가 깔려 있다. 사랑과 우정은 호의를 가능하게끔 하지만 대개 사람들이 믿는 것보다 더 빨리 닳아버린다. 그러니 우리는 사랑과 우정을 마치 가지지 않은 것처럼 가져야 할 재산들로 분류하는 것이 좋다. 사랑이 결혼으로 결실을 맺는 경우는 더 나쁘다. 그는 퉁명스러운 한마디로 결혼을 평가절하한다. "한 남자가 소유하는 것에 나는 아내와 아이들을 꼽지 않았다. 그는 오히려 이들에 의해 소유될 것이기 때문이다."(IV, 420) 따라서 결혼은 적당한 행복의 경제학과는 전혀 상관이 없다.

「삶의 지혜에 관한 잠언」에서 쇼펜하우어는 충고를 하는데 그치지 않고 최종적인 자화상을 여유 있게 거리를 두고서 그려낸다. 최고의 재산인 건강을 세심하게 돌봐야 한다고 서술하면서 그는 자신이 삶을 살아가는 방법을 펼쳐 보인다. 그는 재산 손실의 위험을 줄이게끔 신중하게 재산을 관리하는 법에 대해 충고하며 죽음을 어떻게 준비해야 할지를 숙고한다. 명예욕과 허영심에 대해 장황하게 늘어놓기도 한다. 인정을 받지 못해서 오랫동안 괴로워했던 쇼펜하우어는 자신이 무슨 말을 하는지 잘 알고 있다. "행복론의 견지에서 명성은 우리의 자부심과 허영심에 아주 드물게 주어지는 가장 맛있는 음식물에 지나지 않는다. 그러나 대부분의 인간은 드러내지는 않아도 자부심과 허영심을 지나치게 많이 가지고 있다. 아마도 명성을 얻을 자격이 있는 사람들은 자부심과 허영심을 가장 강하게 가지고 있을 것이다. 그런 사람들은 자신의 우월한 가치를 활용해서 인정을 받을 기회가 오기 전까지는 대부분 자신의 가치에 대해 마음속으로 불안해하며 버텨야 한다. 인정을 받기 전까지는 마치 자신에게 은밀히 불의가 가해지고 있다는 느낌이 들기까지 한다."(IV, 475)

쇼펜하우어는 마침내 외부세계가 그를 경탄할 때까지 오랫동안 스스로를 경탄하며 버티어냈다. 그리고 특히 「삶의 지혜에 관한 잠언」 덕분에 그는 외부의 경탄을 받게 되었다.

왜 하필 이 작품 덕분일까?

쇼펜하우어의 "세계를 위한 철학"은 염세주의를 절반으로 희석해서 제공하고 있다. 염세주의는 바탕색으로 작품 곳곳에 깔려 있지만 부정이라는 급진적 결론은 내려지지 않는다. 심한 불쾌감은 암시되기는 하지만 삶을 위해서 다시 차단된다. 쇼펜하우어의 인생론은 이 모든 것에도 어떻게 계속 살아갈지에 대해 말한다. 결국은 쇼펜하우어 자신도 계속 살아갔다. 그러는 동안 생겨난 가르침은 최악의 경우를 예측하는 까닭에 매번 차악次惡을 찾아내는 지혜를 담고 있다. "행복을 향한 동경"은 "불행을 방지하는"(IV, 523) 영리함으로 소리를 낮춘다.

절망의 문화건 진보의 문화건 상관 없이 그 어떤 프로젝트에도 온몸을 바쳐 매진할 생각이 없는 사람들은 쇼펜하우어에게 끌린다. 초기 쇼펜하우어의 추종자들은 아주 정직하고 착실하며 대개는 삶에서 평균 수준으로 성공한 사람들이었다. 그렇다면 쇼펜하우어의 "세계를 위한 철학"은 결국에는 소시민의 철학일까? 어떤 학설을 단호히 일관성 있게 실행하는 것을 거부하는 것이 소시민적이라고 비난받아야 한다면 그의 철학은 여기에 해당된다. 하지만 나는 그렇게 생각하지 않는다. 니체는 후일 어떤 진리들은 '실현'되지 않고 말해지지 않는 것이 더 나으며 결코 일관성의 계율 아래 세워져서는 안 된다는 사유를 전개할 것이다. 일관성을 고수해야 하는 이유가 대체 무엇인가?

사유는 행동으로 옮겨져야 한다고 주장되곤 한다. 깨달은 진리에 따라 일관성 있게 살아야 한다는 것이다. 하지만 그런 일관성의 계율이 종국에는 자기검열로 이어지는 것은 아닐까? 알고 보면 우리는 살아볼 수 있다고 믿는 것만을 감히 사유한다. 그 반대 경우도 있다. 우리는 단지 어떤 것을 사유했기 때문에 무슨 대가를 치르더라도 – 파괴의 대가도 불사하고 – 그것을 살아보려 한다. 첫 번째 경우 우리는 극단적인 사유를 놓치게 된다. 두 번째 경우 우리는 뒤섞여 존재하는 생생한 행동을 순수한 사유를 위하여 희생시킨다. 사유와 행동이 제각각 자신의 권리와 진실을 가지게끔 그 둘을 갈라놓아야 하지 않을까? 스피노자는 '내가 모든 것을 하지 않아도 될 경우만 나는 모든 것을 생각할 수 있다'고 말하는데 이는 맞는 말이다. 실제 행동에서 타협을 한 것에 구애받지 않고 극단적으로 사유할 수 있어야 한다고 가정해보자. 또 극단적 사유에 구애 받지 않고 실제 행동에서는 타협을 할 수 있어야 한다고 가정해보자. 이렇게 한다면 실제로 일관성을 포기하게 된다. 살아낼 수 있는 진실이 있고 살아낼 수 없는 진실이 있다. 우리는 이 두 진실에 충실해야 한다. 그러기 위해서 우리는 이 둘이 서로 호환될 수 있다는 위험한 환상을 버려야만 한다. 균형을 잡는다는 건 정말 어렵다. 어지럼증이 없는 사람만이 심연을 감히 내려다볼 것이다. 삶에의 의지를 확실히 가진 자만이 삶의 심원함과 부정성을 끝까지 사유할 용기를 낼 것이다. 쇼펜하우어가 바로 그랬다. 의지의 부정이라는 사유는 그의 경우 의지의 보호를 받고 있다. 그는 울타리 바깥에서 의지의 부정을 구경하는 관객으로 남는다. 문화에 대한 불쾌감이 주변에서 커져가면서 그의 철학에 끌린 다른 사람들은 관객이 되어 합류한다. 울타리 바깥에 있으면 총체적으로 점령될 위험은 없다. 긍정이 다가오면 부정으로, 부정이 다가오면 긍정으로 빠져나갈 수 있다. '마치 … 처럼 사는 것'은 광신론에 빠지거나 자신을 감금하는 것을 항상 가장 잘 막을 수 있는 방법이다. 또 모든 위험을 무릅쓰는 탓에 치명적인 결과를 야기하는 공명심에 찬 프로젝트를 가장 잘 막을 수 있는 방법이다.

쇼펜하우어의 철학에는 중의성이 담겨있다. 그의 철학은 삶의 실용적 측면과 개인적 자기주장의 실용적 측면을 다루는 동시에 '원래는' 개인은 아무것도 아니며 '원래는' 삶 자체가 아무것도 아니며 '원래는' 모든 것이 하나라고 선언하고 있다. 쇼펜하우어가 협의의 예술철학에 끼친 영향을 뛰어넘어 19세기 후반부터 오늘날까지 예술가들에게 영향을 미친 것은 이 중의성 때문이다. 심미적 감각을 가진 사람과 삶에 심미적 태도를 취하는 사람은 쇼펜하우어 철학의 중의성에 끌린다. 이 중의성은 삶의 진지함에 허망함이라는 바탕을 깐다. 누구나 "삶이라는 거대한 꼭두각시 극에서 함께 연기"해야만 하고 "자신을 꼭두각시 극에 끼워 넣고 조종하는 철사 줄"(V, 495)을 느끼지 않을 수 없다. 하지만 연기를 하던 자가 철학을 하게 되면 극장 전체를 볼 수 있게 된다. 한 순간 그는 배우 노릇을 중단하고 관중이 된다. 이것은 철학적 순간이지만 심미적 순간이기도 하다. 관여하지 않고 보며 진지함에 휘말려 맹목적으로 되지 않기 때문이다. 이러한 태도에서 토마스 만의 아이러니[17]가 탄생했다. 토마스 만은 이 사실을 알고 있었고 세계를 "마치 있을 수 있는 상태"로 보게 해준 쇼펜하우어에게 감사를 표했다.

쇼펜하우어 주저의 제2권을 여는 웅장한 이미지 역시 심미적 관점에서 쓰여졌다. "무한한 공간에 수없이 많은 공들이 빛나고 있다. 그 공들 하나하나의 주변에는 대략 한 다스의 조금 작은 공들이 빛을 받으며 맴돌고 있다. 이 작은 공들은 - 속은 뜨겁지만 - 말라붙은 차가운 껍질로 덮여 있다. 그 껍질 위에 낀 곰팡이는 살아서 인식하는 존재를 생성했다. 이렇게 경험적 진실과 현실과 세계가 생겨났다."(II, 11)

이 관점을 한 번 취하게 된 사람은 "껍질 위에 낀 곰팡이" 속에서 잘난 척하며 살고 움직이는 존재에 대해서 아이러니컬하게 혹은 거친 농담으로 이야기할 수밖에 없다는 것은 자명하다. 울리히 호르스트만은 이를 "인간을 멀리 하는 사유anthropofugales Denken"[18]라고 칭하며 거기에 자신을 소멸하고 싶은 욕구가 있다고 추측한다.[19]

심미적 관점에서 모든 게 덧없다고 선언을 하게 되면 - 일반적으로 적대시되는 - 삶의 진지함이 벌이는 파괴의 캠페인을 사실은 먼저 벌이는 것일까? 아마 진실은 그 반대일 것이다. 모든 게 덧없다는 심미적 선언을 하게 되면 아마 삶의 진지함은 긴장이 풀려서 실제로 파괴의 캠페인에 뛰어들 기분이 나지 않을 것이다.

쇼펜하우어는 확실히 이처럼 '긴장을 푸는' 효력을 발휘한다. 19세기 후반의 위대한 독일 사실주의 작가들의 유머는 - 토마스 만의 아이러니처럼 - 쇼펜하우어에 의존하고 있다. 빌헬름 부쉬와 테오도르 폰타네와 빌헬름 라베가 여기에 해당된다.

빌헬름 부쉬[20]는 쇼펜하우어를 읽은 후 쓴 편지에서 자신의 유머를 이루는 대립 쌍이 무엇인지를 시사한다. "좁다란 윗방에 지성이 앉아서 혼잡스러운 움직임을 지켜보고 있습니다. 지성은 의지에게 말합니다. '여보게, 그만두게! 힘들겠네!' 하지만 의지는 말을 듣지 않습니다. 실망을 겪고 잠깐 즐거움을 누린 후 오래 근심을 해야 하는데도 말입니다. 늙고 병들고 죽게 되도 의지는 지치지 않고 계속 일합니다. 의지가 자신이 자리 잡은 신체에서 수천 번 쫓겨난다 해도 의지는 자신의 시중을 들 다른 신체를 찾아냅니다." 부쉬는 거리낌 없이 자신의 거장이 취했던 거리를 둔 관점을 거장에게 적용한다. "우리가 얻을 수 없는 것들을 즐기는 방법은 금욕이다."

폰타네는 쇼펜하우어의 중의성으로 입문하는 성년식을 '사도' 비지케Wiesike에게서 체험했다. 비지케는 플라우엔[21]의 부유한 영주였는데 존경하는 쇼펜하우어를 위해 일종의 예배당을 만들었고 쇼펜하우어의 생일날마다 파티를 열었다. 1874년 폰타네는 거기 참석해서는 이렇게 이야기한다. "인류가 즐기는 주된 독물이 커피라고 모두들 마지막으로 결론지은 후 우리는 커피를 마시러 갔다."[22]

폰타네는 1888년 쇼펜하우어의 염세주의를 어떻게 다루어야 하는지를 아들에게 들려준다. "우리는 염세주의를 […] 길들여서 명랑하게 바꿀 수 있지. 그러면서 정말로 다시 명랑해질 수 있단다. […] 우리는 결국 모든 것에 법칙이 있다는 것을 깨닫게 되고 전부터 다르지 않았다는 것을 확신하게 되지. 그러고 나면 한 개인으로 일을 하고 의무를 충족시키는 걸 즐거워하게 된단다. 상황을 날카롭게 직시하는 것은 그 순간만 끔찍할 뿐이야. 곧 우리는 거기에 익숙해질 뿐만 아니라 – 비록 이상은 깨질지라도 – 상황에 대한 인식을 얻었다는 데에서 적지 않은 만족을 느끼게 되지."[23] 『슈테힐린 호수』[24]를 작업할 무렵 폰타네는 이렇게 쓴다.

임종 당시 슈테힐린은 마지막으로 이런 말을 남긴다. "자아라는 것은 아무것도 아니야. – 사람들은 그걸 깨달아야 해." 소설에는 물의 요정과 같은 이름을 가진 인물 멜루지네가 등장한다. 전설에 따르면 물의 요정 멜루지네는 단단한 땅 위에 있는 두 발 달린 인간들 틈에 살게 되었지만 결국에는 물이라는 요소로 되돌아가야만 한다. 소설 속의 멜루지네 백작부인은 보병 웅케가 꽁꽁 얼은 호수에 구멍을 뚫지 못하게 막는다. 구멍에서 손이 올라와서 자신을 움켜쥐고 물 밑으로 끌고 갈까봐 겁이 난다는 것이다. 맞는 이야기다. 자아를 믿어서는 안 된다. 자연의 힘이 자아를 끌고 갈 수 있기 때문이다. 슈테힐린 옹은 그 이치를 깨닫고는 여유로워졌다. 의지가 전부이며 의지는 반복을 거듭한다. 세계 어딘가에서 갈리아의 수탉이 울면 슈테힐린 호수 속에서도 수탉이 솟아 오른다.[25]

거의 같은 시기에 빌헬름 라베는 소설 『떡보Stopfkuchen』[26]를 쓰고 있다. 이 소설에서 라베는 프랑크푸르트의 철학자를 기리고 있다. 주인공 하인리히 샤우만은 자신의 농장 "빨간 보루"의 울타리 아래 누워 배에 햇빛을 받으며 적당한 거리에서 세상에서 벌어지는 일들을 지켜보고 있다. 학창시절 친구였던 에두아르트가 저 바깥 '세상'에서 온다. 라베는 이 인물을 "충족 근거율"의 바퀴 안에서 돌고 있다고 특징지운다. 다시 말해서 에두아르트는 경험론자이고 충족될 수 없는 욕구 때문에 세계의 도처를 누비고 다닌다. 자신의 장소에 머무르는 하인리히 샤우만은 작가를 대변하고 있다. "그래, 울타리 아래 누워서 세상의 모험이 내게 오게끔 하건 […] 바깥에서 모험을 하기 위해 […] 멀리 가건 결국은 매한가지야." 울타리 밑에 누워서 "쏟아지는 별들"을 보는 "빨간 보루"의 부처 샤우만에게 "지상의 형제관계"는 대단한 것이 아니다. 이러다 보면 "세계를 쾌적하게 부정하는" 순간이 온다.

의심할 여지없이 '사실주의자'들은 염세주의라는 바탕이 아주 쾌적한 특성을 지니게끔 다룬다.

쇼펜하우어의 또 다른 제자이며 분명 가장 위대한 제자인 프리드리히 니체는 바로 이런 쾌적함을 맹공했다. 그는 "사이비 속물" 염세주의로부터 쇼펜하우어를 지켜내야 한다고 믿는다. "윤리적 분위기와 파우스트적 향기, 십자가, 죽음 그리고 무덤" - 이런 것들 때문에 쇼펜하우어에게 끌렸다고 그는 말한다. 그에게 쇼펜하우어는 "반反시대적인" 고집쟁이이며 천민들에게 유행하는 지식에 개의치 않았던 정신의 귀족이다.

쇼펜하우어는 칸트의 인식비판을 극단화시켰는데 니체는 이에 크게 고무되었다. 인식의 경계선이 이처럼 엄격히 좁혀지면 철학은 사유의 시문학이 될 수 있다. "겁먹은 독수리"(베르너 로스Werner Ross가 니체를 이렇게 칭한다 - 옮긴이)가 『비극의 탄생Die Geburt der Tragödie』으로 문헌학의 "소매상들"을 도발하도록 용기를 준 사람은 리하르트 바그너뿐이 아니었다. 쇼펜하우어 역시 그에게 용기를 주었다.

니체는 쇼펜하우어의 자취를 따라갔다. 그는 쇼펜하우어의 의지의 형이상학을 이어받고는 거기에 영웅적 파토스를 실어서 "힘에의 의지"라고 바꾸어 표현한다. 쇼펜하우어가 'No'라고 말할 때 그는 새된 소리로 'Yes'라고 외친다. 니체는 무엇보다도 먼저 자신이 존재할 수 있다고 스스로를 설득해야만 했던 탓에 그의 'Yes'가 부자연스럽다는 것을 슬로터다이크Sloterdijk는 아주 세심하게 감지했다.

쇼펜하우어가 그저 자명하다는 듯이 신을 매장한 데 반해 니체는 요란하게 나팔을 불며 신의 죽음을 알린다. 신을 잃은 고통에는 새로운 신을 낳기 위한 진통이 섞여든다. 그 신의 이름은 차라투스트라이다. 그는 완결된 내재성의 신이며 항상 동일한 것의 신이자 영원회귀의 신이다. 이 신에게 니체는 저서 『선악의 저편』에서 "악순환의 신^{Circulus vitiosus} Deus"[27]이라는 이름을 붙인다.

디오니소스를 부정하는 쇼펜하우어는 연민을 통한 신비적인 합일을 택하지만 니체는 이를 거부한다. 분열된 자아를 극복하고 삶의 에너지의 물살을 타면서 초인성에 이르는 과정을 니체는 인식과 존재의 에로티시즘으로 체험한다. 이런 점에서 니체와 쇼펜하우어는 정반대의 입장을 취하지만 둘이 공통되게 통찰한 것이 하나 있다. 존재를 비대해진 자아(주관)나 '무딘 물질'(객관)로 사유해서는 안 되며 존재는 '이드'[28]라는 사실이다.

19세기 말에 프로이트와 그를 잇는 학자들은 '이드'의 존재론을 정신수압모델 식으로 변환해서 잘게 쪼갠다. 그리하여 쇼펜하우어의 철학은 이제 형이상학을 전부 포기하는 영혼의 자연과학으로 흘러들어간다. 이런 경로를 거쳐 '이드'는 대상들 중의 대상으로 사물화되며 심리치료의 과녁이 된다. 쇼펜하우어는 내면에서 의지를 체험함으로써 존재의 확실성을 얻었다. 다시 말해 대상화하는 경험론을 넘어서는 형이상학에 이르렀다. 그에 반해 오늘날 우리는 '자신의' 무의식과 대화하려 한다. 이제 무의식은 갑자기 거리낌 없이 말이 많아져서 온갖 지루한 이야기들을 털어놓는다. 그 이야기들은 실은 우리가 미리 무의식에게 가르쳐 준 것이다. 또 한 차례 탈주술화^{Entzauberung}가 진행된다.

19세기 후반에 쇼펜하우어의 영향이 진기한 양상을 보인 경우를 들자면 에두아르트 폰 하르트만과 필립 마인랜더^{Philipp Mainländer}의 이름을 거론하게 된다. 퇴역 장교인 에두아르트 폰 하르트만은 쇼펜하우어가 의지의 부정에 대해 썼던 것을 제대로 이해할 수 없었다. '부정'은 쇼펜하우어 자신에게도 불가사의이다. 그것은 본래 설명될 수 없으며 위대한 금욕자와 성자의 예에서 나타날 뿐이다. 하르트만이 보기에는 이러한 '부정'은 논거로 입증되어야, 다시 말해 "체계적으로 성취되어야" 했다. 이 '체계'를 짓기 위하여 하르트만은 다름 아닌 헤겔을 조력자로 삼는다. 이 희한한 결합으로부터 방대한 작품이 탄생한다. 『무의식의 철학Die Philosophie des Unbewussten』(1869년)에는 삶에의 의지가 환멸을 겪은 후 각성을 하게 되는 역사의 3단계 이론이 짜증나리만큼 꼼꼼하게 서술되어 있다. 그 핵심을 요약하면 이렇다. 삶에의 의지를 개인이 자력으로 부정할 수는 없으므로 우리는 이 과제를 차라리 헤겔 식으로 역사의 진행에 맡겨야 한다. 하르트만은 "인류의 염세적 의식이 지닌 힘"을 찬양한다. 처음에는 '무의식적으로' 작용하던 염세주의적 세계정신은 행복의 모든 환상 - 저 세상에서의 행복과 미래와 현재의 행복에 대한 환상 - 을 떨쳐낸 후 세계를 다시 자신의 품 안에 품고 사라짐으로써 마침내 자기 자신에 도달할 것이다. "그러나 그 과정의 종말을 어느 정도의 확실성을 가지고 상상하기에는 […] 우리의 지식은 너무도 불완전하다"[29]고 하르트만은 고백한다.

염세주의적 세계정신이 열을 올려 부지런히 일하는 모습은 웃음을 자아낸다. 하르트만이 미래에 고무되어 자기 식의 부정을 꼼꼼히 수행하는 모습 역시 웃음을 자아낸다. 그러나 핵폭탄의 시대인 오늘날, 인류가 자신을 소멸하리라는 그의 거대한 역사적 관점을 접하면 가슴이 답답해진다.

참으로 슬픈 사람인 필립 마인랜더는 죽음에의 의지라는 철학을 만들어냈다. 삶에의 의지는 자신을 소진하여 무가 되기 위해서만 존재한다고 그는 보았다. 마인랜더는 새로 발견된 엔트로피의 법칙[30]으로부터 영감을 받았던 것 같다.

어떤 것을 가질 수 없기 때문에 거부한다는 오해가 생겨 나지 않도록 하기 위해 그는 모든 국민을 행복하게 만드는 프로그램을 고안해낸다. 이 프로그램 대로 하다 보면 재산이 아무 가치가 없다는 것을 누구나 깨닫게 된다. 마일랜더는 사회주의자 법[31]이 유효하던 시기에 저서 『구원의 철학Philosophie der Erlösung』(1879년)을 출간했다. 이 책에서 그는 "사회적 문제의 해결"을 시도한다. 궁핍한 사람들에게 열망하는 것을 줌으로써 그들을 실망시켜야 한다고 그는 본다. 그러면 그들은 삶이 아무런 가치가 없다는 것을 몸소 확신할 것이고 그렇게 되면 마침내 모든 것이 끝날 것이다.

마인랜더 본인은 그렇게 오래 기다리려 하지 않고 자살을 선택했다.

이처럼 돌출적인 '부정의 체계'는 회사난립시대[32]의 건설열기에 그림자를 드리우며 그 열기의 위압적인 제스처를 모방한다. 이런 열띤 거부에서는 활동 의욕이 넘치지만 오늘날 거부의 소리는 의심과 회의로 나직이 가라앉아 있다. 아우슈비츠와 히로시마의 경험을 철학이 과연 다룰 수 있겠느냐는 질문이 제기된다. 귄터 안더스[33]가 다루는 듯하다. 프랑크푸르트 학파의 실천철학은 조심스럽기는 해도 화해의 유토피아를 여전히 고집하고 있다. 특히 호르크하이머는 '마치 … 처럼의 유토피아주의'를 사유하고 있는데 이 사유에서는 헤겔이 아니라 쇼펜하우어가 존재감을 드러내고 있다. 호르크하이머는 이렇게 말한다. "비관적이지 않은 실천은 이론적 염세주의와 함께할 수 있다. 널리 퍼진 참상을 잊지 않고 모든 난관에도 불구하고 가능한 만큼 개선하려는 것이 비관적이지 않은 실천이다."[34]

아도르노는 쇼펜하우어를 그리 높이 평가하지 않았지만 그 역시 음악에 관해 숙고했다는 점에서 쇼펜하우어와 나름 연결되어 있었다. 아도르노는 예술, 특히 음악에서 사회의 '진실'을 포착하고자 했다. 예전에 삶에 관한 형이상학적 '진실'이었다가 오그라든 나머지를 음악에서 포착하고자 한 것이다. 그가 보기에 음악은 자신의 밖에 놓인 것을 모사하지 않는다. 바로 그 때문에 음악은 특유의 논리로 역사적 순간의 '논리'를 실행한다. 이 견해를 쇼펜하우어의 용어로 옮기면 이렇다. 음악은 현상의 모사가 아니다. 음악 안에서 의지는 물질이나 현상 없이, 다른 어떤 것과의 관련 없이 유희하고 있다.[35] 음악은 물질 없이 의지가 행해지는 것이다. 그렇기 때문에 음악은 "사물들의 심장"으로부터 말을 한다. '물자체'가 울리는 것이 음악이다. 음악은 자신 이외에는 그 무엇도 가리키지 않는다. 음악은 온전히 자기 자신이다. 이를 아도르노 식으로 표현하면 이렇다. "예술작품은 동일성을 밝혀야 하는 의무에서 해방되어 자기 자신과 동일한 존재이다."[36]

아도르노가 전체의 '진실'을 음악에서 찾듯이 쇼펜하우어 역시 자신의 형이상학적 호기심을 음악에서 충족시킨다. "내 견해에 따르고 내 사고방식을 받아들인 사람은 내가 다음과 같이 말하더라도 그다지 역설적이라 생각하지 않을 것이다. 음악을 전적으로 올바르게 세부적인 것까지 완전히 설명할 수 있다면, 즉 음악이 표현하는 것을 개념으로 상세히 재현할 수 있다면, 이것은 즉각 세계를 개념으로 충분히 재현하고 설명하는 것이 되며 […] 따라서 참된 철학이 될 것이다."(I, 368)

쇼펜하우어는 음악에 대해 숙고하다 보면 세계의 비밀을 건드리게 된다고 본다.(아도르노 역시 같은 생각이다.) 음악은 현상하는 세계를 모사하는 것이 아니라 세계가 현상이게끔 하는 바로 그것이 음악이기 때문이다.

이런 음악철학은 음악가를 우쭐하게 한다. 쇼펜하우어가 아직 살아 있을 때 리하르트 바그너는 이 음악철학을 열정적으로 받아들였다. 다른 부분에서 그는 쇼펜하우어를 '개선'하려 했다. 의지를 ─ 너무도 당연히 ─ 사랑을 통하여 구원하려 한 것이다.

쇤베르크Schönberg[37](아도르노는 쇤베르크를 증거로 삼는다)는 음악이 모든 모사성을 거부해야 한다고 촉구했다는 점에서 바그너보다 더 엄격하게 쇼펜하우어의 음악철학을 이어 받았다. 음악의 '진실'은 순전히 자기지시적이라고 그는 본다.

마찬가지로 20세기 초, 빈에서 루트비히 비트겐슈타인은『논리철학논고Tractatus Logico- Philosophicus』를 발표하며 쇼펜하우어의 음악철학과 유사한 논리의 신비주의를 전개한다. 쇼펜하우어처럼 비트겐슈타인도 논리적 사유로부터 나름의 '더 나은 의식'을 분리한다. 비트겐슈타인은 쇼펜하우어처럼 말할 수 있는 것과 말할 수 없는 것 사이의 경계선을 표시하려고 한다. 언어의 논리로 우리는 언어 밖에서 "이슈가 되는" 것을 지적하는데 이제 언어의 논리 자체가 "이슈"가 된다. 언어는 자기지시적이며 언어의 유희를 한다. 비트겐슈타인에게 언어의 유희가 지닌 의미는 쇼펜하우어에게 음악이 지녔던 의미와 같다. 언어는 사물을 지시하는 가운데 무엇을 '의미한다'. 동시에 언어는 자기 자신을 지시한다. 언어 자체는 '의미'를 갖지 않지만 '의미'를 창조할 수 있는 무엇으로 자신을 드러낸다.

음악은 자기 자신에 대해 말하며, 언어는 자기 자신에 대해 말한다. 음악과 언어가 이렇게 함으로써 이 둘을 통하여 말로 표현할 수 없는 존재가 실현된다. 우리는 항상 그 존재이지만 결코 그 존재를 우리 앞에 데려올 수 없으며 그 존재를 볼 수도 없고 말할 수도 없다. 그 존재를 보고 말하려면 우리는 '바깥'에 있어야 하지만 그러면 우리는 존재하지 않는다. 음악이 음악을 말하게 하고 언어가 언어를 말하게 한다면 우리는 아마 이 경계선에 가까이 갈 것이다.

음악 안에서 유희하는 - 쇼펜하우어에게는 "가장 현실적인 것"인 - 의지, 이 의지는 유희 속에서 사라지려 하는 건 아닌가? 의지의 유희

자체가 – 의지의 관점에서 보면 '무'인 – 어떤 것이 되기 위한 리허설은 아닌가? 그러나 무에서 보면 거꾸로 의지인 모든 것이 '무'이기도 하지 않은가? "말할 수 없는 것에 관해서는 침묵해야 한다."(비트겐슈타인)

제 24 장

'인류는 내게서 몇 가지를 배웠고 그걸 잊어버리지 않을 것이다.' 마지막 시간. 명성의 코미디. 죽음: 나일 강은 카이로에 도착했다.

쇼펜하우어(1845년)와 친필 서명

'인류는 내게서 몇 가지를 배웠고 그걸 잊어버리지 않을 것이다.' 마지막 시간. 명성의 코미디. 죽음: 나일강은 카이로에 도착했다.

SCHOPENHAUER

죽음을 조금 앞 두고 쇼펜하우어는 이렇게 말했다. "인류는 내게서 몇 가지를 배웠고 그걸 잊어버리지 않을 것이다…." 사람들은 그에게서 배웠지만 그에게서 배웠다는 사실을 잊어버렸다.

쇼펜하우어는 세속화에서 오는 고통, 형이상학적 고향상실성과 근본적 신뢰의 손실을 사유하는 철학자이다. '하늘이 살포시 대지와 입 맞추니, 대지는 하늘하늘한 꽃잎에 싸여 하늘을 꿈꾸는 듯했다"[1]고 시인은 노래했지만 그런 일은 일어나지 않는다. 하늘이 텅 비어 있기 때문이다. 그러나 쇼펜하우어는 형이상학적 경탄을 아직 가지고 있으며 내세를 모르는 삶의 의지가 지닌 잔혹한 내재성에 경악하기도 한다. 그가 대용품에 불과한 신들(자연이성, 역사이성, 유물론, 실증주의)을 정리해냈던 시점에 사람들은 무엇이든 만들 수 있다고 믿는 이런 새로운 '종교들'로 도피하기 시작한다.

그는 세계와 인간 삶 '전체'를 사유하고자 시도했지만 '전체'에서 구원을 기대하지 않았다. 그는 이렇게 묻는다. 의미의 지평이 제시되지 않고 의미가 보장되지 않는다면 어떻게 살아야 할까? 그는 덜 나쁜 것을 취하는 지혜를 연마하며 보증이 없는 삶을 살고자 시도했다.

그는 인간의 과대망상에 가해진 커다란 모욕들을 그의 사유에 포함시켜서 철저히 사유했다.

첫째로 우주론적 모욕이다. 우리가 사는 세계는 무한한 공간에 있는 무수한 원형 물체 중 하나이며 그 위에 곰팡이가 덮이면서 살아서 인식하는 생물이 존재하게 된다. 둘째, 생물학적 모욕이다. 인간은 부족한 본능 때문에 주변환경에 유기적으로 적응하지 못하는 동물이다. 인간의 지성은 이런 약점을 보상하기 위한 것이다. 셋째, 심리학적 모욕이다. 우리의 의식적인 자아는 우리 안에서 주인 행세를 하지 못한다.

쇼펜하우어는 프로이트보다 거의 한 세기 전에 유럽의 사유를 지배하던 의식의 철학을 뒤엎었다. 쇼펜하우어는 최초로 철학에서 무의식과 신체를 다루었다. 존재는 의식을 규정한다. 하지만 존재는 마르크스의 주장처럼 사회구성체가 아니라 우리의 실제 육체이다. 이 육체는 우리를 모든 것과 똑같이 만들지만 살아있는 모든 것의 적이 되게도 한다. 쇼펜하우어는 메시아 신앙 없이 신체와 의지와 삶에 대하여 말하였다. 우리의 신체는 우리를 구원하지 않을 것이며 우리의 이성 역시 우리를 구원하지 않을 것이다. 그는 의지와 대비해 이성이 무기력하다는 것을 통렬히 보여주었다. 그러나 그는 "비합리적인 것을 가장 합리적으로 사유한 철학자"(토마스 만)였다. 그는 약자인 이성을 도와야 한다는 것을 알고 있었다. 거인인 의지를 자기 본연으로 돌아오게끔 해방시키려는 어리석은 자들에게 그는 경멸을 느낄 뿐이었다. 그는 하룻강아지가 범 무서운 줄 모르고 덤비는 시도에 끼어들려 하지 않았다.

그는 다른 꿈을 가지고 있었다. 혹시 이성이 한순간이나마 의지로부터 풀려 나게 되면 둘 다 긴장을 풀고서 의지는 유희할 수 있으며 이성은 보는 데에만 전념할 수 있으리라는 꿈이다. 그는 철학과 예술 안에서, 특히 음악 안에서 이 꿈이 이루어지리라 믿었다. 쇼펜하우어처럼 음악에 대하여 감동적으로 사색을 한 경우는 전무후무하다.

그러나 그의 가장 큰 꿈은 의지의 부정이며 의지가 사라지는 것이다. 최초로 유럽 신비주의의 전통을 동양 성현의 가르침과 연결시키면서 그는 이 꿈을 펼쳤다. 그는 살면서 자신이 사라지는 순간을 가진다. 보통은 말하고 쓸 수만 있는 어떤 것을 '더 나은 의식'을 통하여 느끼는 것이다.

그는 자신의 작품으로 '마야의 베일'을 찢으려 한다. 그리고 – 아이러니컬하게도 – 이 작품에 의하여 그는 '개별화의 원리'에 묶이게 된다. 모든 것이 말해지지 않고 들려지지 않은 채로 있을 수 있는 영역으로 돌진하는 그가 자신의 말을 들을 사람을 원하는 것이다. 모순된 소망 때문에 그는 이 한 발짝을 뗄 수 없다. 그는 침묵과 웃음으로 이루어진 평정함을 얻지 못한다. 그는 프랑크푸르트의 부처가 되지 않을 것이다. 자신을 둘러싼 침묵에 그는 힘들어한다. 그는 답을 원하며 혹시 누가 문을 두드리지 않나 하며 귀 기울인다. 문 두드리는 소리가 점점 커져서 요란해질 때 그는 죽게 된다.

아르투어 쇼펜하우어는 부처가 아니었고 다행히 부처가 되려고 힘들게 애쓰지도 않았다. 누군가가 자신의 영감과 통찰을 좇으며 살려 하면 비극을 겪기 마련인데 그는 현명하게도 그런 비극을 피했다. 쇼펜하우어는 자신을 자신의 사고와 혼동하지 않았다. 명료하고 힘찬 영감과 통찰은 우리를 관통해가는, 살아있는 그 무엇이다. 그것은 익명으로 벌어지는 일이기에 그 어떤 자아에도 속할 수 없다. 통찰과 영감을 자신의 것으로 만들려는 시도를 하게 되면 그 사람은 스스로를 압박하고 연극을 하게 된다. 살아있는 것은 멎어버리며 그 사람은 자신도 모르는 새에 파멸에 접어든다. 영감을 진지하게 받아들여서 그것을 '실현시키고' '행동으로 옮기고' '점유하려고' 시도하면 좋게 끝나지 않는다. 자기 자신이 저절로 하도록 두어야 한다. 자기 자신이 저절로 하도록 두고 자신을 점유하지 않는 것이 창조의 비밀이다. 이 비밀을 알고 있었기에 쇼펜하우어는 최고의 철학을 만든 것은 자신이 아니라 자신 안에 있는 다른 그 무엇이라는 사실에 놀라워하면서도 당혹감이나 불안감을 느끼지 않았다. 삶의 말년에 그는 프라우엔슈태트에게 이렇게 말했다. "자신이 한 일에 대해서 매 순간 설명을 할 수 있다고 […] 생각하십니까? 저는 이따금 제가 이 모든 걸 어떻게 해냈는지 신기합니다. 평범한 삶에서 저는 창조의 고양된 순간에 존재했던 사람이 전혀 아니기 때문입니다."(G, 124)

그는 이 두 삶을 일치시키기 위해서 애쓰지 않았다. 그럼으로써 그는 분명 '창조성'과 '평범한 삶' 양자 모두를 올바르게 대했다.

그러나 그의 '평범한 삶'은 끝을 향해간다. 『소품과 부록』이 출간되고 영국의 신문기사가 「포시셰 차이퉁」에 실린 후 쇼펜하우어는 졸지에 철학을 비롯한 여러 관심의 중심에 서게 된다. 그를 만나려는 방문객의 숫자가 늘어난다. 호기심 많은 이들은 철학자를 한 번 보기 위해서 "영국 궁"으로 간다. 리하르트 바그너는 인편을 통해 쇼펜하우어를 취리히로 초대하며 정치적 망명객인 자신은 독일로 올 수 없다는 사정을 알리지만 쇼펜하우어는 초대를 거절한다. 바그너가 헌사가 적힌 「니벨룽의 반지」의 대본을 그에게 보내자 아르투어는 그걸 가져온 사람에게 이렇게 말한다. "당신의 친구 바그너에게 「니벨룽의 반지」를 보내주신 데 대해 제가 감사한다고 전해주십시오. 하지만 그는 음악을 그만두는 게 좋겠습니다. 그는 시문학에 더 재능이 있습니다! 저 쇼펜하우어는 롯시니와 모차르트의 애호자로 남을 겁니다…."(G, 199)

프리드리히 헵벨[2]은 그를 방문한다. 헵벨에게 쇼펜하우어는 자신의 명성의 코미디에 관한 멋진 우화를 들려준다. "저에게는 지금 누리는 명성이 기이하게 느껴집니다. 연극이 시작되기 전에 극장이 캄캄해지고 막이 열리면 램프에 불을 붙이는 사람이 홀로 무대 앞쪽에서 일을 하다가 일어나서는 급히 무대 뒤로 사라지는 걸 당신은 보신 적이 있을 겁니다. 바로 그때 막이 올라갑니다. 제 자신이 그런 것 같습니다. 제 명성의 코미디가 시작되는 지금 저는 뒤처져서 잔류하는 사람일 따름입니다."(G, 308)

몇몇 일들은 정말로 코미디이다. 조용한 추종자인 아우구스트 킬처August Kilzer는 제2판에서 생략된 부분들을 읽기 위해 주저의 초판을 찾아 나선다. 최초의 쇼펜하우어 문헌학자인 셈이다. 다른 추종자는 쇼펜하우어의 작품들을 세 부 장만한다. 한 부는 자신을 위해서 다른 한 부는 아들을 위해서 또 다른 한 부는 빌려주기 위해서이다. 어떤 사람은 쇼펜하우어가 1813년 루돌슈타트에서 묵던 방의 창문에 새겨 넣은 문구를 찾아낸다. 이미 언급한 영주 비지케는 쇼펜하우어의 첫 번째 초상화를 사서는 그것을 둘 집을 짓는다. 어떤 목사는 그에게 경의를 표하는 2행시를 지어보낸다. 어떤 목수는 그에게 읽을 책을 추천해 달라고 청한다. 보헤미아에 사는 한 신사는 쇼펜하우어의 초상을 날마다 새 화환으로 장식한다. 군사교육기관의 사관후보생들은 「성애의 형이상학」[3]을 몰래 읽고 또 읽으며 밤을 지새운다. 이웃 도시 홈부르크에서 한 모임의 회원들이 방문한다. 독일인다운 철저함으로 염세주의를 장려하는 데 헌신하는 모임이다. 철학을 직업으로 삼는 학자들까지 이제 회합을 갖는다. 이들은 쇼펜하우어가 자신들을 혐오한다는 것을 알기에 대부분 신분을 밝히지 않은 채 "영국 궁" 안 옆 탁자에 앉아서 그가 사람들과 나누는 대화에 참여하는 것으로 만족한다. 한 철학교수는 용기를 내어 호랑이 굴에 들어갔다. 그에게 쇼펜하우어는 전갈 이야기를 들려주었다. 빛을 본 전갈은 어둠으로 빠져나갈 길이 없으면 자신의 독 가시로 머리를 찔러서 죽는다. "아시겠습니까, 선생님? 타오르는 촛불은 제 철학입니다. 정말이지 오랫동안 성가시게 굴던 전갈은 이 빛을 벗어날 수 없습니다. 그러니 이제 자신을 소멸할 용기를 내야 할 것입니다."(G, 181) 헤겔주의자 로젠크란츠는 악의를 그득 담아 쇼펜하우어를 현재 "독일 철학의 새 황제"라고 부른다. 독일 대학교수들은 쇼펜하우어를 해석하기 시작한다. 라이프치히 대학의 철학과는 "쇼펜하우어 철학의 해설과 비판"이라는 주제로 논문을 현상모집한다.

아르투어 쇼펜하우어는 여자들이 자신의 작품을 좋아한다는 사실에 신기해한다. 슐레지엔 출신의 한 아가씨는 「조국의 이방인」이라는 시를 써서 그에게 헌정한다. "영국 궁"에서 그는 몇 시간에 걸쳐 로마에서 온 지젤라 니끌로띠Gisella Niclotti와 함부르크에서 온 리케 폰 하세Rike von Hasse와 암스테르담에서 온 아다 판 주일렌Ada van Zuylen과 담소를 나눈다. 그런 자리에서 그는 마치 사랑에 빠진 젊은이처럼 논리학의 문제에 대하여 예를 들면 동일율 A=A에 대하여 말할 수 있다. 쇼펜하우어가 여성에 관해 가진 이미지가 흔들리게 된다. 리하르트 바그너의 친구인 말비다 폰 마이젠부크Malvida von Meysenbug와의 대화에서 그는 이렇게 고백한다. "여성에 관한 저의 최종 판결은 아직 내려지지 않았습니다. 어떤 여자가 대중을 멀리하거나 대중을 무시할 수 있다면 그 여자는 끝없이 성장해서 남자 이상이 될 거라고 저는 믿습니다."(G, 376) 여성성에 대한 감각이 새로이 깨어나면서 그는 젊은 조각가 엘리자베트 나이Elisabeth Ney의 매력에 끌린다. 나이는 그의 흉상을 만들기 위해 1859년 프랑크푸르트로 와서 4주 동안 그의 집에서 일한다. 아르투어는 더없이 행복하다. 한 방문객에게 그는 이렇게 이야기한다. "그녀는 하루 종일 제 집에 머뭅니다. 제가 식사를 마치고 오면 우리는 소파에 나란히 앉아 함께 커피를 마십니다. 그럴 때면 마치 제가 기혼자라는 느낌이 듭니다."(G, 225)

이 철학자의 저서를 읽지 않는 사람도 항상 푸들을 데리고 산책하는 그를 알고 있다. 프랑크푸르트 사람들은 그를 흉내 내어 푸들을 키우기까지 한다.

1857년 겨울 쇼펜하우어는 산책을 하다가 넘어진다. 프랑크푸르트의 신문들은 이 사건을 뉴스로 다룬다. "이곳에 살고 있는 철학자 쇼펜하우어는 넘어지면서 이마에 작지 않은 상처를 입었다. 하지만 그는 (우리가 문의한 바에 따르면) 빠른 시일 안에 회복될 것이다."

1860년 4월 말의 어느 날 점심식사 후 돌아오는 길에 그는 호흡곤란을 겪으며 그의 심장은 고동친다. 그런 일이 몇 달 동안 반복된다. 그는 빨리 걷는 습관을 바꾸지 않으려 하기에 산책 구간을 줄인다. 그는 자신의 살아가는 방식을 바꾸지 않는다. 마인강에서 냉수욕을 하는 습관까지도 그는 포기하지 않는다. 9월 18일 새삼 심한 질식성 발작이 그를 덮친다.

빌헬름 그빈너가 그를 방문한다. 그빈너와 쇼펜하우어는 마지막 대화를 나눈다. 그의 대표작과 신비주의자 야콥 뵈메에 대한 대화이다.

"그의 육체를 곧 벌레들이 갉아먹을 거란 생각을 하면 아무렇지도 않은데 반해서 '철학교수들'이 그의 정신을 난도질할 거란 생각을 하면 섬뜩해진다고 그는 말했다."(G, 394)

쇼펜하우어는 "천재적인 구상"을 해낸 젊은 시절을 떠올리며 70세의 나이로 주저에 덧붙인 마지막 문장들이 "여전히 신선하고" "생생한 흐름"을 유지한다며 흡족해한다. 대화를 나누다 보니 어두워지고 가정부는 촛불을 밝힌다. 쇼펜하우어는 다정해진다. 그빈너의 말을 들어보자. "그의 밝은 시선에서는 병이나 노령의 자취는 보이지 않았기에 나는 마음이 놓였다. 지금 죽어야 한다면 몹시 딱한 일이라고 그는 말했다. 『소품과 부록』에 추가할 중요한 문장들이 있다는 이야기였다."(G, 395) 그빈너는 자리를 뜬다. 쇼펜하우어는 작별하면서 이렇게 말한다.

"절대적인 무에 이른다는 것은 제게는 감사한 일일 겁니다. 하지만 유감스럽게도 죽는다고 해서 그런 전망이 열리지 않습니다. 하여튼 무슨 일이 일어나든 저는 '적어도 순수한 지적 양심'을 가지고 있습니다⋯." (G, 396)

사흘이 지난 후 9월 21일 아침 - 이날은 그의 생일과 마찬가지로 금요일이다. - 쇼펜하우어는 평소보다 늦게 기상한다. 가정부는 가을의 아침 공기가 들어오도록 창문을 열고는 자리를 뜬다. 잠시 후 의사가 온다. 아르투어 쇼펜하우어는 소파의 구석에 기대고 앉아 있다. 그는 숨을 거두었다. 일그러지지 않은 얼굴에는 죽음과 싸운 흔적이 없다.

나일강은 카이로에 도착했다.

미주

1장

1   카스파 하우저(1812년~1833년)는 1828년 바이에른 거리에서 발견된 소년이다. 지적장애
    증상을 보이는 소년은 지금껏 어두운 방에 갇혀 있었다고 주장했다. 곧 이 정체불명의 아
    이가 왕자라는 소문이 난무했다. 1833년 그가 살해되면서 그는 전설이 된다. 쇼펜하우어
    는 1854년 저서 『자연에서의 의지에 관하여』의 서문에서 자신을 카스파 하우저에 비유한
    다. 철학교수들이 자신을 40년간 가둬두었지만 이제 풀려났다는 것이다.(III, 303f.) – 옮긴이

2   빌헬름 그빈너(Wilhelm Gwinner), 『쇼펜하우어의 삶』, 349쪽에서 재인용.

3   앞의 책 350쪽에서 재인용.

4   휩셔(A. Hübscher), 『삶의 그림』, 115쪽에서 재인용.

5   요한나 쇼펜하우어(J. Schopenhauer), 『당신의 행복한 눈』, 204쪽.

6   카이저(E. Keyser), 『단치히 시의 역사』, 24쪽에서 재인용.

7   폴란드 분할 또는 폴란드-리투아니아 연방 분할은 18세기에 폴란드-리투아니아 연방
    의 영토가 세 차례에 걸쳐 프로이센 , 러시아, 오스트리아에 의해 분할된 사건을 말한다.
    1772년 폴란드는 1차 분할로 인해 국토와 인구를 1/3 가량 상실했다. – 옮긴이

8   프리드리히 대제(1712년~1786년)는 1740년부터 프로이센왕으로 군림했다. 오스트리아를
    상대로 한 전쟁에서 승리하며 프로이센을 유럽의 강국으로 만들었다. 그는 폭넓은 사회개
    혁을 주도한 계몽전제군주이다. – 옮긴이

9   단치히 서남쪽 지역. – 옮긴이

10 요한나 쇼펜하우어, 앞의 책, 83쪽.

11 요한나 쇼펜하우어, 앞의 책, 203쪽.

12 요한나 쇼펜하우어, 앞의 책, 5쪽.

13 요한나 쇼펜하우어, 앞의 책, 82쪽. "외투를 양 어깨에 걸치다"는 양다리를 걸치다와 같은
    의미이다. – 옮긴이

14 카이저, 앞의 책, 180쪽에서 재인용.

15 단치히 동쪽의 마을. – 옮긴이

16 요한나 쇼펜하우어, 앞의 책, 241쪽.

17 요한나 쇼펜하우어, 앞의 책, 242쪽.

18 요한나 쇼펜하우어, 앞의 책, 243쪽.

19 요한나 쇼펜하우어, 앞의 책, 243쪽.

20 요한나 쇼펜하우어, 앞의 책, 189쪽.

21 요한나 쇼펜하우어, 앞의 책, 189쪽.

22 요한나 쇼펜하우어, 앞의 책, 177쪽.

23 요한나 쇼펜하우어, 앞의 책, 172쪽.

24 요한나 쇼펜하우어, 앞의 책, 177쪽.

25 괴테의 장편소설 『친화력(Die Wahlverwandtschaften)』(1809년)은 샤를로테와 에두아르트 부부
    를 둘러싼 4각 관계를 다루고 있다. 서로 소원해진 부부 사이에서 태어난 아이는 어머니
    가 사랑한 대령과 아버지가 사랑한 오틸리에를 닮았다. 네 인물 사이의 갈등은 비극적으
    로 끝난다. – 옮긴이

26 요한나 쇼펜하우어, 앞의 책, 146쪽.

27 요한나 쇼펜하우어, 앞의 책, 177쪽.

28 요한나 쇼펜하우어, 앞의 책, 253쪽.

29 요한나 쇼펜하우어, 앞의 책, 190쪽.

30 요한나 쇼펜하우어, 앞의 책, 261쪽.

31 요한나 쇼펜하우어, 앞의 책, 262쪽.

32 요한나 쇼펜하우어, 앞의 책, 261쪽.

33 요한나 쇼펜하우어, 앞의 책, 190쪽.

34 Bw 14, 15쪽.

35 독일어로 Speicher는 창고를 의미한다. 16세기에는 슈파이혀섬에 300개 이상의 곡물창
    고가 있었다. – 옮긴이

2장

1   자유도시는 중세 신성로마제국에서 제국칙령에 의해 자치를 누렸던 도시이다. 한자 동맹 소속의 단치히는 신성로마제국에 속해 있지 않았으나 폴란드의 보호 아래 주요 한자 도시들과 마찬가지로 자치권을 누렸다는 점에서 자유도시였다.

신성로마제국(Sacrum Romanum Imperium)은 중세에서 1806년까지 이어진 중부 유럽 기독교 국가들의 정치적 연방체이다. 동프랑크 왕국의 오토 1세는 962년 교황으로부터 황제로 임명되자 기독교 정신에 맞게 고대 로마제국을 부활·계승할 것임을 선포한다. 이후 제후들에 의해 선출된 독일왕이 교황에 의해 황제로 추인되는 절차가 굳어진다. 1493년 막시밀리안 황제부터 교황의 대관 절차 없이 선제후들만의 선출만으로 황제가 되며 15세기부터는 대부분 합스부르크 가문의 오스트리아왕이 황제로 추대된다. 신성로마제국은 한 때는 중유럽 전부와 남유럽 일부를 영토로 삼을 정도의 세력을 과시했다. 하지만 황제의 권한이 제국 전역 곳곳에까지 미치는 중앙집권국가라기보다는 유럽 국가들의 느슨한 정치 연방체에 더 가까웠다. 전성기는 호엔슈타우펜 왕조가 지배한 12세기부터 13세기 중반까지이다. 이후 지방 제후들의 세력이 확대되면서 황제의 지배권은 차츰 약해지기 시작한다. 1618~1648년 독일을 무대로 벌어진 '30년 전쟁'을 계기로 신성로마제국은 많은 영토를 프랑스와 스웨덴에 내주며 나머지는 382개의 영방국가들로 분열된다. 많은 영방국가들이 독립국가와 다름 없는 지위를 얻게 됨으로써 제국의 결속력은 급속히 감소한다. 제국의 임무는 본래 영방국가들 간의 평화와 질서를 유지하며 외부세력에 맞서서 영방국가들을 보호하는 것이었다. 하지만 18세기 중반부터 제국은 이 임무를 수행할 능력이 없음을 드러낸다. 1806년 독일 전 지역이 나폴레옹의 지배를 받게 되자 당시 황제인 오스트리아왕 프란츠 2세가 결국 신성로마제국의 해체를 선언한다. '독일민족의 신성로마제국'이라는 명칭은 중세 후기부터 사용되다가 1512년 공식 문서에 처음 등장한다. 그러나 1806년까지 공식명칭은 여전히 신성로마제국이었다. 제국 소멸 후 19세기와 20세기에 민족주의적 성향의 역사학자들이 '독일민족의 신성로마제국'이라는 명칭을 선호하면서 - 프랑스의 철학자 볼테르는 "신성하지도 않았고 로마적인 요소도 없었으며 제국도 아니었다"라고 비판한 바 있다. - 이 이름이 널리 통용되기에 이른다. - 옮긴이

2   에마뉘엘 조제프 시에예스(Emmanuel Joseph Sieyès: 1748년~1836년)는 프랑스의 정치가이며 이론가이다. 그가 1789년 출판한 『제3신분이란 무엇인가?』는 프랑스 혁명의 핵심적 사상을

마련하였다. – 옮긴이

3 슈투트/올젠(B. Studt / H. Olsen), 『함부르크』, 159쪽에서 재인용.

4 앞의 책, 128쪽에서 재인용.

5 레반테(Levante)는 지중해 해안 동쪽에 위치한 지역을 뜻한다. 시리아, 레바논, 이스라엘, 요
   르단과 팔레스타인이 여기에 속한다. – 옮긴이

6 Jb. 1932, 210쪽.

7 인신보호청원(habeas corpus: '너는 몸이 있다'는 뜻)은 신체의 자유를 보장하는 영국의 법이다. 원
   어 발음대로 헤비어스 코퍼스라고도 한다. 1679년 이 법이 시행됨으로써 영국민은 이유
   없이 구금되었을 때 인신보호영장을 신청해 구금에서 풀려날 수 있게 되었다. – 옮긴이

8 슈투트/올젠, 앞의 책, 120쪽에서 재인용.

9 로트쉴트(Rothschield: 영어로는 로스차일드)는 독일–유대계 혈통의 국제적 금융 재벌 가문이다.
   로트쉴트 가문은 18세기말 프랑크푸르트에서 부의 기반을 쌓고는 곧 유럽 금융계를 주도
   했다. – 옮긴이

10 프리드리히 고트리프 클로프슈토크(Friedrich Gottlieb Klopstock: 1724년~1803년)는 계몽주의를
   대표하는 독일의 시인이다. 격조 높은 음악적 언어로 조국과 사랑, 우정, 신앙을 찬양하는
   송시(Oden)로 유명하다. – 옮긴이

11 슈투트/올젠, 앞의 책, 156쪽에서 재인용.

12 앞의 책 155쪽에서 재인용.

13 상퀼로트(Sans-culotte)는 "퀼로트 – 당시 귀족들이 일반적으로 입었던 하의 – 를 입지 않은
   사람"이라는 의미로 프랑스 혁명의 추진력이 된 사회 계층이다. 주로 수공업자, 장인, 소
   상인, 근로자 등 무산 시민으로 혁명을 급진화시키는 데 중요한 역할을 했다. – 옮긴이

14 뢰텔(H. K. Röthel), 『한자 도시들』, 95쪽에서 재인용.

15 제르멘 드 스탈–홀스타인(Germaine de Staël-Holstein, 1766년~1817년), 통칭 마담 드 스탈은 프랑
   스의 낭만주의 소설가이자 비평가이다. 비평집 『독일론(De l'Allemagne)』은 프랑스인들이 독
   일에 대해 가지는 인상에 큰 영향을 미쳤다. – 옮긴이

16 뢰텔, 앞의 책, 327쪽에서 재인용.

17 레뷔(Revue)는 음악과 춤과 연기로 이루어진 악극이다. 오페레타나 뮤지컬과 비슷하지만
   일관된 줄거리가 없다는 차이가 있다. – 옮긴이

18 보드빌(Vaudeville)은 17세기 말 프랑스 파리에서 시작된 연극 장르이다. 노래와 악기연주,

춤, 팬터마임이 섞여 있는 풍속희극으로 줄거리는 익살스럽고 풍자적이며 단순하다. – 옮 긴이

19 헤르만 사무엘 라이마루스(Hermann Samuel Reimarus: 1694년~1768년)는 계몽주의적 신학자로 성경의 비판적 독해를 시도하는 글을 썼다. 하지만 파장을 고려해 이 글을 발표하지 않았 다. 그의 사후, 친구 레싱이 당시의 종교관을 과감히 비난한 이 원고를 저자의 이름을 밝 히지 않은 채 『볼펜뷔텔 단편(Wolfenbüttler Fragmente)』이란 제목으로 출간했다. 곧 이 저술을 두고 종교계에서 열띤 논쟁이 벌어진다. – 옮긴이

20 Jb. 1932, 218쪽.

21 『슈나벨보프스키 씨의 회고록(Aus den Memoiren des Herrn v. Schnabelewopski)』은 하이네가 1834년에 쓴 악동소설로 미완성으로 남았다. – 옮긴이

22 하이네 전집 1, 515쪽.

23 앞의 책, 516쪽.

24 Bw 14, 109쪽.

25 슈투트/올젠, 앞의 책, 253쪽에서 재인용.

26 고트홀트 에프라임 레싱(Gotthold Ephraim Lessing: 1729년~1781년)은 독일 계몽주의 시대의 극 작가이며 비평가이다. 그의 작품은 지금도 극장에서 상연되고 있다. – 옮긴이

27 라이히스탈러(Reichsthaler)는 16세기에서 19세기까지 신성로마제국에서 주조된 대형 은화 이다. – 옮긴이

28 레싱 전집 4, 233쪽.

29 레싱 전집 4, 257쪽.

30 코피취(F. Kopitzsch), 『레싱과 함부르크』, 60쪽에서 재인용.

31 슈투트/올젠, 앞의 책, 153쪽에서 재인용.

32 저지 독일어(低地 獨逸語)는 독일 북부를 중심으로 엘베 강 서쪽의 독일과 네덜란드 북동부 에 걸쳐 사용되는 독일의 지역 언어이다. 약 500만명이 일상언어로 사용한다. 고지 독일 어hochdeutsch가 독일어의 표준이 되면서 오늘날에는 글로 쓰이는 일은 드물다. – 옮긴이

33 뢰텔, 앞의 책, 314쪽에서 재인용.

34 뢰텔, 앞의 책, 314쪽에서 재인용.

35 슈투름 운트 드랑 또는 질풍노도(疾風怒濤)는 18세기 후반에 독일에서 일어난 문학 운동이 다. 1765년 경부터 1785년 경까지의 약 20년 동안이 이에 해당된다. 이 운동의 주역은 청

년들이었고 그들은 규범에 얽매이지 않는 창작을 주장했다. 청년기의 괴테와 쉴러 역시 이 운동에 속한다. 질풍노도는 후대의 문학운동에 커다란 영향을 남긴다. - 옮긴이

36 브로케스(1680년~1747년)는 독일 계몽주의 초기의 시인이다. 시집 『하느님 안에서 누리는 현세의 만족(Irdisches Vergnügen in Gott)』은 아름다우면서도 유용한 자연을 신과 인간 사이의 매개자로 칭송하는 자연시로 이루어져 있다. - 옮긴이

37 슈투트/올젠, 앞의 책, 151쪽에서 재인용.

38 마티아스 클라우디우스(Matthias Claudius: 1740년~1815년)는 독일의 시인이자 언론인이다. 1771년부터 1775년까지 「반츠벡의 사자(Der Wandsbecker Bote)」라는 신문의 편집인으로 일했다. 독일 최초의 국민지라 할 수 있는 「반츠벡의 사자」는 4면 중 1면을 문화 일반에 할애했는데 클라우디우스는 괴테, 헤르더, 레싱, 클로프슈토크 같은 당대 일류 문인들을 필자로 확보했다. 재정적 어려움 때문에 「반츠벡의 사자」는 1775년 중단되었지만 클라우디우스는 계속 자신의 글을 '반츠벡의 사자'라는 이름으로 발표했다. - 옮긴이

39 경건주의(敬虔主義, Pietismus)는 17세기에 시작된 유럽 개신교의 혁신 운동이다. 종교 개혁 이후 개신교는 로마 가톨릭 교회와의 대립 상황에서 자신의 교리를 선명히 강조하며 상대로부터 차별화하려 했다. 그러다 보니- 종교개혁을 특징지었던 - 신에 대한 인간의 자발적 믿음 대신 권위적 교리가 강조되었고 교회는 제도를 통하여 중심화되었다. 이에 반발하는 움직임이 독일 개신교인 루터교의 내부에서 생겨나 점차 전 유럽의 개신교로 퍼져갔다. 경건주의 운동은 신앙심이 깊은 주체를 교리나 교회제도보다 우위에 둔다. 개인의 인격에 높은 가치를 부여한다는 점에서 이 운동의 시작은 근대적이며 초기 계몽주의적 성향을 띤다. 그러나 경건주의 운동은 전개되면서 상당 부분 보수적인 사회 운동으로 바뀐다. 1780년에서 1820년에 걸친 경건주의 - 클라우디우스가 여기 속한다 - 는 계몽주의에 거리를 두며 슈투름 운트 드랑과 낭만주의의 영향을 받았다. 이 경건주의는 초기의 경건주의보다 더욱 개성을 강조하고 감정의 문화를 배양하고자 한다. 칸트, 셸링, 횔덜린과 프리드리히 엥겔스 등 많은 문인과 철학자들이 경건주의의 영향을 받았다. - 옮긴이

40 슈투트/올젠, 앞의 책, 151쪽에서 재인용. - 옮긴이

41 뢰텔, 앞의 책, 325쪽에서 재인용.

42 르아브르는 프랑스 서북부, 대서양에 면한 항구도시이다. - 옮긴이

43 Bw 14, 19쪽.

44 피사(K. Pisa, 『쇼펜하우어』, 81쪽에서 재인용.

45 노르만인은 중세시대 스칸디나비아에서 건너와서 프랑스 북부지역 노르만디에 자리 잡은 민족이다. - 옮긴이

46 Bw 14, 5쪽.

47 1640~1795년에 발행된 프랑스 금화. - 옮긴이

48 Jb. 1971, 84쪽.

49 Jb. 1970, 32쪽.

50 앞의 책, 23쪽.

51 제임스 쿡(James Cook: 1728년~1779년)은 영국의 탐험가, 항해사, 지도 제작자이다. 태평양을 세 번 항해했다. - 옮긴이

52 Bw 14, 3쪽.

53 박애학교(Philanthropinum)은 1774년부터 1793년까지 데사우(Dessau)에 있던 교육기관으로 박애주의(Philanthropismus)를 지향했다. 이 학교는 실용성을 중시하는 새로운 교육법을 도입했고 현대 외국어와 자연과학, 스포츠와 수공업 등의 과목을 처음으로 다루었다. 박애학교의 컨셉을 본뜬 유사한 여러 교육기관이 생겨났다. 독일에서만 60개가 넘는 박애주의를 지향하는 학교가 세워졌고 프랑스와 스위스 러시아와 북아메리카에도 이런 종류의 학교가 세워졌다. - 옮긴이

54 김나지움은 독일의 전통적 중등 교육기관이다. 수업 연한은 9년으로, 16세기 초에는 고전적 교양을 목적으로 한 학교였으나 19세기 초부터 대학진학을 준비하는 학교가 되었다. - 옮긴이

55 Jb. 1968, 102쪽.

56 이신론(Deismus)은 계몽주의에 성행했던 종교적 견해이다. 세계의 근원으로서 신을 인정하나 이 신을 세상 일에 관여하거나 계시에 의해 자신을 드러내는 인격적 주재자로는 생각하지 않는다. 따라서 기적, 계시의 존재를 부정한다. - 옮긴이

57 앞의 책, 102쪽.

58 앞의 책, 103쪽.

59 앞의 책, 103쪽.

60 앞의 책, 104쪽.

61 배열태형(Spießrutenlauf)은 병사를 처벌하는 방식으로 고대 로마 시대부터 19세기 유럽까지 이어져 왔다. 태형을 받는 병사는 양쪽으로 늘어선 병사들 사이를 통과하며 회초리 내

지는 채찍을 맞아야 했다. 이 처벌 방식은 프로이센에서는 1806년, 뷔르템베르크에서는 1818년 폐지되었다. - 옮긴이

62 앞의 책, 108쪽.

63 앞의 책, 103쪽.

64 앞의 책, 105쪽.

65 프라우엔슈태트(Julius Frauenstädt: 1813년~1879년)는 1846년부터 쇼펜하우어와 교분을 맺게 되며 그의 철학을 널리 알리기 위해 노력한다. 쇼펜하우어는 프라우엔슈태트를 미발표원고 관리자로 지정한다. - 옮긴이

3장

1 사뮈엘 리처드슨(Samuel Richardson: 1689년~1761년)은 영국의 작가이다. 감상적이며 도덕적인 소설로 당시에 큰 인기를 끌었다. 대표작으로 『파멜라』, 『클라리사 할로』 등이 있다. - 옮긴이

2 요한 고트프리트 헤르더(Johann Gottfried Herder: 1744년~1803년)는 독일의 시인, 신학자이고 역사학자로 당대의 문화에 많은 영향을 끼쳤다. - 옮긴이

3 뢰텔, 앞의 책, 115쪽에서 재인용.

4 Jb. 1932, 211쪽.

5 Jb. 1968, 99쪽.

6 중세에 지중해에서 쓰던 배의 한 종류이다. 양쪽 뱃전에 아래위 두 줄로 노가 많이 달렸는데 전쟁 때에는 무장하여 병선(兵船)으로 쓰였다. - 옮긴이.

7 Jb. 1971, 88쪽

8 제국대표자회의주요결의(Der Reichsdeputationshauptschluss)는 신성로마제국이 내린 마지막 법령이다. 이에 따라 독일 영주들은 라인강 왼편의 영지를 프랑스에 잃은 사실을 승복해야 했다. - 옮긴이

9 Jb. 1971, 85쪽.

10 Bw 14, 16쪽.

11 『캉디드 혹은 낙관주의(Candide, ou l'Optimisme)』는 프랑스의 작가이자 철학자인 볼테르가 1759년에 쓴 철학적 풍자 소설이다. 순박한 주인공 캉디드는 유럽을 떠돌며 부패한 성직

자들과 오만한 귀족의 민낯을 보며 전쟁의 참상과 노예제도의 잔인함을 경험한다. 이를 통해 볼테르는 우리가 사는 세상이 가능한 모든 세계 중 최고라는 낙관적 세계관(G.W. 라이프니츠)을 신랄하게 비판한다. - 옮긴이

12 경과구(Roulade)는 독주 기악곡에서 멜로디를 높거나 낮은 방향으로 급하게 진행하는 데 쓰인다. - 옮긴이

13 요한나 쇼펜하우어, 『영국과 스코틀랜드 기행』, 168쪽.

14 연극 공연 때 배우에게 대사를 나지막이 읽어주는 사람을 뜻한다. - 옮긴이

15 피사, 앞의 책, 120쪽에서 재인용.

16 Jb. 1971, 88쪽.

17 시테섬(Île de la Cité)은 프랑스 파리 센강에 있는 자연 섬으로 파리의 발상지로 여겨지며 섬 안에는 노트르담 대성당과 생트샤펠 성당이 있다. - 옮긴이

18 프리드리히 횔덜린(1770년~1843년)은 독일의 시인으로 수많은 서정시 및 찬가를 지었다. 그는 자신이 가정교사로 있던 집의 안주인인 수제테 곤타르트와 비극적 사랑에 빠져 괴로워 하다가 생애 절반에 해당하는 37년을 정신착란에 시달리다 죽었다. - 옮긴이

19 전집 2, 931쪽.

20 혁명 후 프랑스 정부는 종교 억압 정책을 시행했다. 특히 자코뱅 당이 지배하던 1794~ 1795년에 가톨릭 교회 억압은 절정에 다다랐다. 1801년 나폴레옹은 교황청과 종교협약을 맺으며 가톨릭 교회에 대한 억압을 끝맺는다. - 옮긴이

21 전집 1, 389쪽.

22 툴루즈를 지중해와 연결하는 운하이다. 길이는 249km이며 1681년 완공되었다. - 옮긴이

23 라인 폭포(Rheinfall)는 스위스 샤프하우젠 주와 취리히 주 경계 지점에 위치한 유럽 최대의 폭포이다. - 옮긴이

24 내재(Immanenz)는 경험할 수 있는 범위 안에 있는 것을 의미한다. - 옮긴이

25 필라투스(Pilatus)는 스위스 루체른에 위치한 높이 2128미터의 바위산이다. - 옮긴이

26 슈네코페(Schneekoppe)는 체코와 폴란드에 걸쳐 있는 리젠산맥(Riesengebirge)에서 가장 높은 봉우리이다. - 옮긴이

4장

1   Bw 14, 14쪽.

2   앞의 책, 16쪽.

3   앞의 책, 16쪽.

4   앞의 책, 16쪽.

5   피사, 앞의 책, 136쪽에서 재인용.

6   그빈녀, 앞의 책, 27쪽에서 재인용.

7   Jb. 1971, 86쪽.

8   Jb. 1971, 89쪽.

9   E.T.A. 호프만(1776년~1822년)은 독일 낭만주의를 대표하는 작가이자 작곡가이다. 법관이
    었던 그는 한때 전업 예술가로 살아보려 시도했으나 결국 다시 법관직으로 돌아왔다. 근
    무를 마친 후, 그는 술과 환상에 취한 예술가의 삶을 즐겼다. 소설 『수코양이 무어의 인생
    관』과 단편 『황금단지』 그리고 오페라 「운디네」가 유명하다. - 옮긴이

10 피사, 앞의 책, 142쪽에서 재인용.

11 아델레 쇼펜하우어(Adele Schopenhauer), 일기 2, 32쪽.

12 Bw 14, 18쪽.

13 같은 책, 19쪽.

14 같은 책, 2쪽.

15 볼프 레페니스(W. Lepenies), 『멜랑콜리와 사회(Melancholie und Gesellschaft)』, 103쪽에서 재인용.

16 마티아스 클라우디우스(Matthias Claudius), 『전집』, 507쪽.

17 마티아스 클라우디우스, 앞의 책, 506쪽.

18 이 표현에는 고린도 전서 7장 29~31절의 가르침이 함축되어 있다. "아내 있는 자는 없
    는 자 같이 하며 / 우는 자는 울지 않는 자 같이 하며 기쁜 자는 기쁘지 않은 자 같이 하며
    물건을 가진 자는 없는 자 같이 하며 / 세상 물건을 쓰는 자는 다 쓰지 못하는 자 같이 하
    라." - 옮긴이

19 프랑스 도덕주의자는 16세기 후반부터 18세기까지 프랑스어로 철학적 에세이를 쓴 작가
    들을 뜻한다. 이들의 공통점은 위트와 아이러니로 인간의 행동을 분석한다는 데 있다. 따
    라서 '도덕주의자'라는 명칭에서의 도덕은 규범적 윤리의 관점과는 다른 의미이다. 미셸

드 몽테뉴, 파스칼, 라 로슈푸코, 몽테스키외가 여기 속한다. - 옮긴이

20 마티아스 클라우디우스, 앞의 책, 507쪽.

21 마티아스 클라우디우스 , 앞의 책, 506쪽.

22 리스본 대지진은 1755년, 라이프니츠가 별세한 지 39년 후에 일어났다. 수만 명이 죽은 이 지진은 유럽사 최대의 자연재앙이었다. 이로 인해 정치와 문화에 큰 변화가 있었으며 특히 변신론의 문제가 제기되었다. - 옮긴이

23 『야경꾼』은 1805년 보나벤투라라는 필명으로 발표된 시대 비판적인 풍자 소설이다. 작가가 누구인가를 두고 많은 논쟁이 있었으나 1987년 아우구스트 클링에만(August Klingemann: 1777년~1831년)이 작가로 확인되었다. 야경꾼인 주인공이 밤의 골목에서 숱한 인물들을 마주치며 사색한 것들을 축으로 줄거리와 관계 없는 시와 편지, 에세이 등이 헐겁게 이어진다. - 옮긴이

24 장 파울(Jean Paul: 1763년~1825년)은 고전주의와 낭만주의의 중간에 위치한 독일 작가이다. 18세기 말에 발표된 소설들은 최고의 인기를 누렸다. 본문에 언급된 우화는 소설 『지벤케스(Siebenkaes)』(1797년)에 삽입된 것으로 무신론적 생각을 악몽으로 서술하고 있다. - 옮긴이

25 횔덜린에 따르면 그리스인들이 일상적으로 경험했던 경쾌함과 자명성이 상실되면서 현실을 직시하고 올바르게 경험할 수 있는 관점이 사라져 버렸다. 이 때문에 우리는 더 이상 대지를 보지 못하고 새 소리도 듣지 못한다. 그리고 인간의 언어도 고갈되었다. 횔덜린은 이러한 상태를 '신들의 밤'이라고 칭한다. - 옮긴이

26 티크(Ludwig Tieck: 1773년~1853년)는 낭만주의를 대표하는 시인이자 작가이며 편집자이다. 『프란츠 슈테른발트의 방랑』(1798년)은 예술가를 주인공으로 하는 전형적 낭만주의 소설이다. - 옮긴이

27 바켄로더(Wilhelm Heinrich Wackenroder: 1773년~1798년)는 독일 낭만주의 작가이며 주로 예술론을 다룬 에세이 풍의 단편을 썼다. 본문에 언급된 동화는 『예술에 대한 환상(Phantasien über die Kunst)』(1799년)에 수록되어 있다. - 옮긴이

28 귄첼(K. Günzel), 『낭만주의의 왕』, 63쪽에서 재인용.

29 바켄로더, 『작품집』, 153쪽.

30 앞의 책, 171쪽.

31 노발리스(1772년~1801년. 본명: 프리드리히 폰 하르덴베르크Friedrich von Hardenberg)는 독일 초기 낭만주의 시인이며 철학자이다. 시 「밤의 찬가」는 낭만주의를 대표하는 작품으로 꼽힌다.

　　　　　　　　　　　　　　　　　　　　　　　　　　　- 옮긴이

32　노발리스, 『작품집』, 2, 749쪽.

33　에곤 프리델, 『근대의 문화사』, 920쪽에서 재인용.

34　야코비(Friedrich Heinrich Jacobi: 1743년~1819년)는 독일의 철학자이며 작가이다. 경건주의의 영
　　향을 받은 그는 스피노자 등 합리론 철학이 유한한 지성으로 무한한 신성을 파악하려는
　　것을 비판했다. - 옮긴이

35　슐츠G. Schulz, 『프랑스 혁명과 왕정복고 사이의 독일 문학』, 211쪽에서 재인용.

36　프리드리히 슐라이어마허(Friedrich Schleiermacher: 1768년~1834년)는 독일의 개신교 신학자이
　　며 철학자이다. 계몽주의, 경건주의 그리고 낭만주의의 영향을 받은 그는 주체로서의 인
　　간을 중심에 둔 근대 자유주의 신학을 정초하며 교리를 중시하는 정통주의와 작별한다.
　　직관과 감정을 중시한 그의 신학은 현대 기독교 사상에 깊은 영향을 미쳤다. - 옮긴이

37　앞의 책, 209쪽에서 재인용.

38　앞의 책, 208쪽에서 재인용.

39　프리드리히 슐레겔(Friedrich Schlegel: 1772년~1829년)은 초기낭만주의를 주도했던 작가이며
　　철학자, 비평가이다. 1808년에는 「인도인들의 언어와 지혜에 대해」라는 논문으로 비교언
　　어학과 인도 연구에서 선구적 역할을 했다. 같은 해 개신교에서 천주교로 개종하여 정치,
　　종교적 자유주의에 반대한다. 1815년에는 메테르니히를 대표하는 외교관으로 연방의회
　　에 파견되기도 했다. - 옮긴이

40　바켄로더, 『작품집』, 156쪽.

41　티크, 『작품집』, 1, 238쪽.

42　바켄로더, 『작품집』, 156쪽.

43　함부르크에서 동쪽으로 20km 거리에 있는 마을. - 옮긴이

44　Jb. 1932, 217쪽.

45　앞의 책, 217쪽.

46　아르투어 쇼펜하우어, 『대화집』, 15쪽.

5장

1 Bw 14, 34쪽.

2 앞의 책, 130쪽.

3 앞의 책, 110쪽.

4 앞의 책, 91쪽.

5 앞의 책, 91쪽.

6 형용사 '머리가 큰'은 독일어로 'dickköpfig'이다. 이 단어는 '고집스런'이란 뜻도 가진다.
   – 옮긴이

7 앞의 책, 108쪽.

8 빌란트(Christoph Martin Wieland: 1733년~1813년)는 계몽주의 시대를 주도한 독일 작가이다. 괴
   테, 헤르더, 실러와 함께 바이마르에서 활약했다. – 옮긴이

9 코체부(August von Kotzebue: 1761년~1819년)는 극작가 겸 언론인이다. 러시아를 오가며 바이
   마르에서 활동했다. 괴테와는 사이가 좋지 않았고 낭만주의자들을 비방해서 적이 많았다.
   – 옮긴이

10 장 파울, 『편지』 3, 236쪽.

11 플레티하(H. Pleticha(Hg.)), 『고전주의 시대의 바이마르』, 16쪽에서 재인용.

12 앞의 책, 12쪽에서 재인용.

13 귄터/발라프(G. Günther/ L. Wallraf (Hg.)), 『바이마르 시의 역사』, 238쪽에서 재인용.

14 괴테, 『바이마르 전집』, Abt. 4, 12, 50쪽.

15 「예나 일반 문학 신문」은 동시대에 발표되는 글 모두를 비평하겠다는 목표를 가지고
   1785년부터 1849년까지 발행된 문학잡지이다. 이 잡지는 당시 독일어로 나오는 동류의
   잡지들 중 가장 독자층이 많고 영향력이 강했다. – 옮긴이

16 플레티하(Hg.), 앞의 책, 13쪽에서 재인용.

17 앞의 책, 13쪽에서 재인용.

18 앞의 책, 18쪽에서 재인용.

19 앞의 책, 13쪽에서 재인용.

20 프리덴탈(R. Friedenthal), 『괴테』, 397쪽에서 재인용.

21 플레티하, 앞의 책, 287쪽에서 재인용.

22 파우스트 1부에 나오는 유명한 장면 - 옮긴이

23 앞의 책, 65쪽에서 재인용.

24 프리드리히 뤼케르트(Friedrich Rückert: 1788년~1866년)는 독일의 시인이며 언어학자이다. 동
    양학의 창시자이기도 하다. - 옮긴이.

25 앞의 책, 17쪽에서 재인용.

26 앞의 책, 17쪽에서 재인용.

27 프리덴탈, 앞의 책, 417쪽에서 재인용.

28 빌헬름 폰 훔볼트(Wilhelm von Humboldt: 1767년~1835년)는 언어학자이며 정치인이며 베를린
    훔볼트 대학의 창립자이다. 자연과학자 알렉산더 폰 훔볼트는 그의 동생이다. - 옮긴이

29 앞의 책, 399쪽에서 재인용.

30 Bw 14, 64쪽.

31 앞의 책, 69쪽.

32 예나 - 아우어슈테트 전투(Schlacht bei Jena und Auerstedt)는 1806년 10월 14일 예나 및 아우어
    슈테트 일대에서 벌어진 전투이다. 나폴레옹 1세가 이끄는 프랑스 제국군과 프리드리히
    빌헬름 3세가 이끄는 프로이센 군이 접전을 벌여 프랑스 군이 승리했다. 이 전투 직후 프
    랑스 군은 베를린에 입성하며 11월 말 프로이센의 영토 전역을 장악했다는 점에서 사실
    상 독일 전역의 승패를 결정지은 전투라고 할 수 있다. - 옮긴이

33 앞의 책, 69쪽.

34 앞의 책, 36쪽.

35 괴테, 『괴테 전집』 10, 491쪽.

36 Bw 14, 42쪽.

37 마인츠 공화국(Mainzer Republik)은 독일 영토에 최초로 세워진 시민 민주주의에 근거한 국
    가이다. 1793년 3월 프랑스 혁명정부군의 지지 아래 독일 내 급진 민주주의 세력은 라인
    강 왼편의 마인츠 대주교령에 공화국을 세우고는 프랑스 정부의 부속 공화국의 지위를
    얻었지만 실제의 지원 및 보호는 받지 못했다. 곧 프로이센군에 포위당한 마인츠 공화국
    은 같은 해 7월 항복한다. - 옮긴이

38 앞의 책, 46쪽.

39 앞의 책, 49쪽.

40 앞의 책, 50쪽.

41 앞의 책, 52쪽.

42 앞의 책, 52쪽.

43 요한 하인리히 마이어(Johann Heinrich Meyer: 1760년~1832년)는 스위스 출신의 화가이며 예술
    평론가이다. 괴테와 이탈리아에서 친구가 된 후 1791년부터 바이마르에서 활동했다. 그
    는 화가 마이어(Kunschtmeyer)혹은 괴테 마이어(Goethemeyer)라는 별명으로 불리기도 했다.
    – 옮긴이

44 앞의 책, 56쪽.

45 앞의 책, 62쪽.

46 앞의 책, 63쪽.

47 앞의 책, 63쪽.

48 앞의 책, 64쪽.

49 앞의 책, 43쪽.

50 블루멘베르크(H. Blumenberg), 『신화 작업』, 537쪽에서 재인용.

51 괴테, 『괴테 전집』1, 45.

52 후벤(H.H. Houben), 『당시의 바이마르』, 47쪽에서 재인용.

53 플레티하, 앞의 책, 264쪽에서 재인용.

54 블루멘베르크, 앞의 책, 535쪽에서 재인용.

55 라인동맹은 1806년 나폴레옹이 독일의 중소 국가들을 압박하여 결성한 연방체제이다.
    라인동맹은 프랑스 제국과 군사동맹을 맺었고 나폴레옹은 동맹의 보호자 역할을 맡았다.
    오스트리아 제국과 프로이센 왕국, 헤센 다름슈타트 대공국을 제외한 모든 신성로마제국
    의 제후국들이 이 동맹에 합류한다. 1813년 라이프치히 전투에서 나폴레옹이 패배하자
    라인동맹은 와해된다. – 옮긴이

56 Bw 14, 69쪽.

57 프리덴탈, 앞의 책, 438쪽에서 재인용.

58 플레티하, 앞의 책, 289쪽에서 재인용.

59 Bw 14, 69쪽.

60 앞의 책, 87쪽.

61 앞의 책, 130쪽.

62 앞의 책, 116쪽.

63 앞의 책, 125쪽.

64 앞의 책, 120쪽.

65 앞의 책, 125쪽.

66 앞의 책, 135쪽.

67 앞의 책, 130쪽.

68 앞의 책, 132쪽.

69 앞의 책, 132쪽.

70 앞의 책, 132쪽.

71 앞의 책, 132쪽.

72 그빈너, 앞의 책, 44쪽에서 재인용.

6장

1 Bw 14, 137쪽.

2 앞의 책, 138쪽.

3 앞의 책, 138쪽.

4 Bw 16, 620쪽.

5 Bw 16, 620쪽.

6 Bw 16, 620쪽.

7 발타사르 그라시안(Baltasar Gracián: 1601년~1658년)은 스페인의 작가이자 철학자이다. 쇼펜하우어는 그의 잠언모음집인 『세상을 보는 지혜』를 번역했다. - 옮긴이

8 그빈너, 앞의 책, 289쪽.

9 영국, 러시아, 오스트리아와 프로이센이 주도하는 유럽 연합군이 나폴레옹에 맞서 벌인 전쟁이다. 1813년 10월 라이프치히 전투에서 연합군이 승리하고 프랑스 군은 후퇴한다. 1814년 초 프랑스로 돌격한 연합군이 승리하면서 나폴레옹은 엘바 섬에 유배된다. - 옮긴이

10 끌로드 아드리앙 엘베티우스(Claude Adrien Helvétius: 1715년~1771년)는 감각론과 유물론을 지지하는 프랑스 철학자이다. - 옮긴이

11 프리메이슨(Freimauer)은 세계 동포주의, 인도주의, 개인주의, 합리주의, 자유주의 이념을

바탕으로 상호 친선, 사회사업, 박애 사업 따위를 벌이는 세계적인 민간단체이다. 1717년에 런던에서 계몽주의 정신을 기조로 결성되었으며 18세기를 거치며 인권과 사회 개선을 추구하는 엘리트들의 사교클럽으로 발전한다. 유럽 각국과 미국으로 확산되면서 정치, 문화, 과학 등 각계의 유명인사들과 개신교 신자들이 대거 이 단체에 가입하였다. - 옮긴이

12 Bw 16, 4쪽.

13 Jb. 1971, 92쪽.

14 Bw 16, 4쪽.

15 Jb. 1971, 94쪽.

16 앞의 책, 94쪽.

17 앞의 책, 104쪽.

18 Bw 14, 134쪽.

19 Jb. 1971, 94쪽.

20 Bw 14,72쪽.

21 Jb. 1971, 94쪽.

22 Bw 14, 124쪽.

23 Jb. 1971, 99쪽.

24 카를 아우구스트 바른하겐 폰 엔제(Karl August Varnhagen von Ense: 1785년~1858년)는 독일의 저술가이며 외교관이고 작가 라헬 폰 바른하겐의 남편이다. 그는 낭만주의 시대에서부터 1848년 혁명을 거쳐 보수화 시대까지의 연대기를 썼다. - 옮긴이

25 일곱 자유과목(sieben freie Künste)은 고대에서 정립된 학과목의 표준이다. 문법, 수사학, 논리학, 수학, 지리, 음악, 천문학이 여기 속했다. 근대에 이르면 일곱 자유과목은 그 시대를 살아가는 '교양 있는 지식인'이 기본적으로 갖춰야 할 폭넓은 소양과 이에 관련된 학문들을 의미하며 직업 또는 전문적 능력을 강조하는 교육과는 구분된다. - 옮긴이

26 Jb. 1971, 971쪽.

27 앞의 책, 95쪽.

28 앞의 책, 99쪽.

29 앞의 책, 101쪽.

30 앞의 책, 103쪽.

31 고대 철학, 특히 스토아 철학은 외부세계의 그 어떤 것에도 영향을 받지 않는 인간의 특성

을 아파테이아(apathie/apatheia)라고 불렀다. 그런 인간은 모든 정념을 초월한 상태에 도달하여 열정과 필요에 구애받지 않고 본인만으로 만족하므로 행복하다고 스토아 철학은 주장한다. - 옮긴이

32 Jb. 1971, 104쪽.

33 앞의 책, 104쪽.

34 Bw 14, 88쪽.

35 후벤, 앞의 책, 56쪽.

36 앞의 책, 91쪽.

37 앞의 책, 91쪽.

38 앞의 책, 91쪽.

39 베르너(1768년~1823년)는 사극 「힘의 축성」으로 낭만주의 극작가 중 유일하게 무대에서 성공을 거두었다. - 옮긴이

40 아우구스트 빌헬름 이플란트(August Wilhelm Iffland: 1759년~1814년)는 독일의 명배우 겸 극작가로 활약했다. 베르너의 사극 힘의 축성에서 그는 여러 차례 루터 역으로 갈채를 받았다. - 옮긴이

41 크리스티아네 빌헬미네 헤르츠립(Christiane Wilhelmine Herzlieb: 1789년~1865년, 일명 민헨)은 고아였는데 괴테의 관심을 끌었다. 몇몇 괴테 연구가들은 그녀가 소설 『친화력』의 등장인물인 오틸리에의 모델이었다고 주장한다.

42 플레티하, 앞의 책, 105쪽에서 재인용.

43 후벤, 앞의 책, 176쪽.

44 플레티하, 앞의 책, 106쪽에서 재인용.

45 국내선교(Innere Mission)는 개신교 내부에서 일어난 사회봉사활동이다. 요한 힌리히 비혁른(Johann Hinrich Wichern)이 1833년 함부르크 근교에 빈민이 된 어린이와 청소년을 구제하기 위한 숙박 및 교육기관을 건립함으로써 시작되었다. '국내선교'라는 명칭은 통상 해외 선교와는 달리 자국 내에서 선교활동을 펼친다는 의미로 1848년 이후 정착되었다. 이 운동은 19세기에 산업혁명으로 야기된 사회문제를 해결하려는 시도이다. - 옮긴이

46 플레티하, 앞의 책, 187쪽에서 재인용.

47 Jb. 1971, 92쪽.

48 실러의 희곡 『발렌슈타인』의 등장인물. - 옮긴이

7장

1   괴팅엔 대학의 별칭. - 옮긴이

2   아우구스트 빌헬름 슐레겔(August Wilhelm Schlegel: 1767년~1845년)은 문학평론가, 번역가, 고
    언어학자 겸 인도학자였다. 자신의 아내 카롤리네, 동생 프리드리히 슐레겔과 그의 아내
    도로테아, 피히테, 노발리스, 티크와 함께 낭만주의를 주도했다. - 옮긴이

3   피사, 앞의 책, 200쪽에서 재인용.

4   오퍼만(H. A. Oppermann), 『100년』, 제5부, 272쪽.

5   괴팅엔 외곽에 있는 유원지들. - 옮긴이

6   하이네(Heinrich Heine), 『전집』 3, 104쪽.

7   슈나이더(W. Schneider), 『쇼펜하우어』, 126쪽에서 재인용.

8   하이네, 『전집』 3, 103쪽.

9   슈나이더, 앞의 책, 123쪽.

10 슈나이더, 앞의 책, 123쪽에서 재인용.

11 블루멘바흐가 1780년 형성충동(Bildungstrieb)이란 개념을 도입한다. 모든 생물에는 스스로
    를 조절하는 능력이 있으며 이는 2세 낳기, 영양섭취, 재생산이라는 3단계로 이루어진다
    는 것이다. - 옮긴이

12 휩서, 『흐름에 역행하는 사상가』, 111쪽에서 재인용.

13 셸링은 1798년 『세계 영혼에 관하여(Von der Weltseele)』를 발표하였다. 그는 세계영혼의 개
    념을 유기적 자연과 비유기적 자연을 지속적으로 결합시키는 원칙의 메타포로 사용하고
    있다. 노발리스 등 낭만주의 문학에서는 이 개념이 자주 등장한다. - 옮긴이

14 칸트, 『전집』 3, 25쪽.

15 데카르트는 질서 아래 있거나 척도로 잴 수 있는 것들은 보편수학에 의해 전부 설명될 수
    있다고 보았다. 여기서는 연역법이 보편적 인식수단으로 쓰인다. 데카르트는 17세기 수학
    에서 인기 있었던 대수방법론의 영향을 받았다. - 옮긴이

16 라이프니츠에 따르면 신은 모든 가능한 세계 중 최상의 세계를 창출했다. 이는 신의 본질
    에서 자연히 도출되는 결론이다. - 옮긴이

17 통각統覺(Apperzeption)은 라틴어 apperceptio에서 유래한 개념이다. apperception의 동
    사형인 appercipere는 'ad'(-에 더하여, 향하여, 가까이로)와 'percipiere'(지각하다)의 합성어로

원래 '-에 더하여 지각하다'는 뜻을 가진다. 라이프니츠는 통각을 지각(Perzeption)과 구분
되는 영혼의 과정이라고 특징지었다. 감각적으로 주어진 것이 주의 깊게 파악되고 의식
에 통합되는 과정이 통각이라는 것이다. 칸트는 심리적/경험적 통각과 선험적 통각 두 가
지가 있다고 보았다. 전자는 감각적으로 인지한 것에서 명확한 표상을 형성하며 다양한
직관을 통일된 표상으로 요약하는 지성의 능력이다. 후자는 지성과 이성을 포괄하는 인
식능력으로, 자신의 내적 상태를 반성적으로 지각한다는 의미라고 볼 수 있다. 자기의식
으로서 선험적 통각은 자신의 인지과정을 인지하는 능력인 '메타인지'(metacognition)과 유
사하다. - 옮긴이

18 '초험적인 것'은 경험할 수 있는 모든 것을 넘어서기 때문에 믿음의 대상은 될지라도 지식
   의 대상은 될 수 없다고 칸트는 본다. - 옮긴이

19 앞의 책, 63쪽.

20 앞의 책, 120쪽.

21 앞의 책, 149쪽.

22 앞의 책, 176쪽.

23 앞의 책, 136쪽.

24 생물에는 무생물과 달리 비물질적인 힘 내지는 영혼이 있다고 가정하는 자연철학 이론이
   다. 아리스토텔레스는 엔텔레키(Entelechie)라는 삶의 원리에 의해 생물체가 존재한다고 보
   았다는 점에서 생기론의 선구자로 간주된다. 19세기에 모든 현상은 원인·결과의 역학적
   인과관계로 해명할 수 있다고 생각하는 기계론이 등장하자 그 대립개념으로 생기론이 자
   리 잡는다. 괴팅엔대학교 교수인 알브레히트 폰 할러와 블루멘슈타인을 대표적 생기론자
   로 보기도 한다. - 옮긴이

25 앞의 책, 267쪽.

26 앞의 책, 11쪽.

27 게오르크 뷔히너(1813년~1837년)는 희곡 『당통의 죽음(Dantons Tod)』(1835년)에서 프랑스 혁명
   의 공포정치 시기를 다룬다. 공포정치의 주역 중 하나인 당통은 회의와 무력감에 괴로워
   하는 인물로 그려진다. - 옮긴이

28 게오르크 뷔히너, 『작품집』, 33쪽.

29 에른스트 블로흐(Ernst Bloch: 1885년~1977년)의 주저 『희망의 원리(Das Prinzip Hoffnung)』에 등
   장하는 용어이다. '살고 있는 순간의 어두움'은 직접적인 현재를 의미한다. 현재의 순간에

우리는 살아 있지만 그 순간을 체험하지는 않음을 블로흐는 지적한다. – 옮긴이

30   칸트, 『전집』 4, 432쪽.

31   굴리가(Gulyga), 『이마누엘 칸트』, 186쪽에서 재인용.

32   루소, 『에밀』, 557쪽.

33   굴리가(Gulyga), 『이마누엘 칸트』, 186쪽에서 재인용.

34   굴리가(Gulyga), 『이마누엘 칸트』, 187쪽에서 재인용.

35   하이네, 『전집』 5, 531쪽.

36   앞의 책, 532쪽.

37   칸트, 『전집』 7, 51쪽.

38   굴리가, 앞의 책, 249쪽에서 재인용.

39   굴리가, 앞의 책, 243쪽에서 재인용.

40   앞의 책, 243쪽에서 재인용.

8장

1   베를린의 구 시가지에 있던 광장이다. 지금은 슐로스 광장에 통합되었다. – 옮긴이

2   쾰러/리히터(R. Köhler/W. Richter), 『베를린의 삶 – 1806년에서 1847년까지』, 301쪽에서 재
     인용.

3   앞의 책, 308쪽에서 재인용.

4   아터봄(P.D. Atterbom), 『낭만주의 독일의 여행풍경(Reisebilder aus dem romantischen Deutschland)』,
     48쪽.

5   스탈, 앞의 책, 101쪽.

6   야콥스(W.G. Jacobs), 『요한 고틀리프 피히테(Johann Gottlieb Fichte)』, 122쪽에서 재인용.

7   렌츠(M. Lenz), 『베를린 대학의 역사(Geschichte der Kgl. Universität zu Berlin)』 1, 416쪽에서 재인용.

8   야콥스, 앞의 책, 34쪽에서 재인용.

9   칸트, 『전집』 3, 136쪽.

10   피히테가 말하는 '사행(Tathandlung)'은 '활동하는 행위(tätige Handlung)'란 의미를 함축한 것
     이며, 이는 행위의 능동적이고 생산적인 측면을 강조하는 용어이다. – 옮긴이

11 피히테, 『전체 지식학의 기초(Grundlage der gesamten Wissenschaftslehre als Handschrift für seine Zuhörer)』, 55쪽.

12 장 파울, 『지벤케스(Siebenkäs)』.

13 잘로몬 마이몬(Salomon Maimon: 1753년~1800년)은 유대인 철학자이며 계몽주의자이다. 무명의 독학인인 그는 1788년 무렵 칸트의 『순수이성비판』의 약점을 지적한 상세한 주석서를 칸트에게 보냈고 1789년 칸트는 주석서를 칭찬했다. 이를 계기로 마이몬은 자신의 주석서를 출판하며 철학자로서의 입지를 굳힌다. - 옮긴이

14 루소, 『고백록』, 9쪽.

15 『젊은 베르터의 고뇌(Die Leiden des jungen Werther)』(1774년)는 괴테가 청년기에 쓴 소설이다. 지식인이자 화가인 베르터는 사회의 인습에 구애받지 않고 자유로운 자아를 실현하려는 슈투름운트드랑적 인물이다. - 옮긴이

16 카스파 다비트 프리드리히(Caspar David Friedrich: 1774년~1840년)는 독일 초기 낭만주의를 대표하는 화가이다. 그의 여러 그림 속 인물은 관찰자를 등지고 숭엄한 풍경을 굽어보고 있다.(예: 「안개 낀 바다 위의 방랑자Der Wanderer über dem Nebelmeer」) 화가는 이 구도를 통해 외롭지만 꿋꿋한 근대의 주체가 품은 초월을 향한 동경을 표현하고 있다. - 옮긴이

17 횔덜린, 『전집』, 2, 743쪽.

18 프라이츠(M. Preitz), 『프리드리히 슐레겔과 노발리스(Friedrich Schlegel und Novalis. Biographie einer Romatnikerfreundschaft in Berlin)』, 43쪽.

19 아렌트(D. Arendt (Hg.)), 『니힐리즘Nihilismus』, 33쪽에서 재인용.

20 헤라가 내린 광기로 자신의 처자식을 죽인 헤라클레스는 죄값을 치르기 위해 에우리스테우스 밑에서 12가지 노역을 하게 된다. 그중 다섯 번째 과업이 바로 아우게이아스가 소유한 외양간을 청소하는 일이다. 30년 동안 청소하지 않았으니 결코 쉬운 작업이 아닐 뿐더러 영웅에게는 치욕스러운 노역이기도 하다. 헤라클레스는 인근 두 강의 물줄기를 끌어다가 외양간을 청소한다. - 옮긴이

21 실러, 『전집』, 12, 263쪽.

22 티크, 『전집』 1, 670쪽.

23 장 파울, 『미학입문』.

24 노발리스, 『전집』 2, 201쪽 이하.

25 코르프(A. Korff), 『괴테 시대의 정신(Geist der Goethezeit)』, 3, 253쪽에서 재인용.

26 『자이스의 도제들』은 자연철학적 내용을 다룬 미완성 소설이다. 1798년에서 1799년 사이에 쓰였으며 1802년 작가 사망 후 슐레겔과 티크에 의해 출간되었다. - 옮긴이

9장

1 아라베스크(Arabeske)는 아랍인이 창안한 장식 무늬로, 식물의 줄기와 잎을 도안화하여 당초(唐草) 무늬나 기하학 무늬로 배합시킨 것이다. 르네상스 이후에는 유럽에서도 유행되었다. 프리드리히 슐레겔은 인간의 환상이 갖는 가장 오래되고 근본적인 형식이 아라베스크라고 보았다. 그는 아라베스크란 개념을 처음으로 문학에 적용했다. - 옮긴이

2 아이헨도르프, 『전집』, 9쪽.

3 요제프 폰 아이헨도르프 남작(Joseph Freiherr von Eichendorff: 1788년~1857년)은 독일 후기 낭만주의를 대표하는 서정시인이며 소설가이다. 그의 시는 펠릭스 멘델스존, 로베르트 슈만, 후고 볼프 등에 의해 작곡되었다. - 옮긴이

4 「빵과 포도주(Brot und Wein)」는 횔덜린이 1800년 경에 쓴 유명한 비가(Elegie)의 제목이다. 빵과 포도주는 기독교의 성찬 의식에서 예수의 살과 피를 상징할 뿐 아니라 곡물의 여신 데메터와 디오니소스에게 바치는 제물 또한 상징한다. 기독교와 고대는 이 시 안에서 공존하고 있다. - 옮긴이

5 페터 슬로터다이크(Peter Sloterdijk: 1947년~)는 독일의 철학자이며 문화학자이다. 1987년 저서 『무대 위의 사상가. 니체의 유물론』에서 그는 "모든 근원적 사유의 주변에는 광란의 축제 이후의 사색이 깃들어 있다"고 썼다. - 옮긴이

6 예수의 부활로부터 50일째 되는 날 그의 제자들이 모인 곳에 성령이 강림하자〈사도행전〉제2장 1~21절), 그들은 성령에 충만하게 되어 전도활동을 시작하게 되었으므로 이 날을 '성령강림일'이라고도 한다. 사실상 기독교의 성립일로 여겨지고 있다. - 옮긴이

7 푸코(M. Foucault, 『성과 진리(Sexualität und Wahrheit)』, 89쪽. [이 책은 국내에 "성의 역사 1. 지식의 의지"로 번역, 출간되었다. - 옮긴이]

8 장 폴 사르트르는 1971년에 19세기의 프랑스 작가 구스타프 플로베르에 관한 방대한 평전을 발표했다. 장르 상 전기보다는 전기적 소설에 가깝다. "집안의 천치(L'Idiot de la famille)"라는 제목의 이 저서에서 사르트르는 플로베르 모자간의 어려운 관계를 상상력을 더하여

묘사했다. - 옮긴이

9 토마스 만(Thomas Mann), 『파우스트 박사』, 197쪽.

10장

1 고트프리트 아우구스트 뷔르거(Gottfried August Bürger: 1747년~1794년)는 계몽주의와 슈투름 운트 드랑 시대의 작가이다. 위에 인용된 발라드 「레오노레(Leonore)」는 그의 대표작으로 당시 널리 사랑 받았다. 그의 또 다른 성공작 『뮌히하우젠 남작의 모험(Abenteuer des Baron Münchhausen)』은 이 책의 15장에 언급된다. - 옮긴이

2 『햄릿』 2막 2장에서 오필리아의 아버지 폴로니어스가 햄릿을 관찰한 후 하는 말이다. - 옮긴이

3 1807년부터 프로이센 정부는 낙후된 국가를 근대화하기 위해 행정, 군사, 경제, 교육 전 분야에 걸쳐 개혁을 실행한다. 사회의 엘리트가 야심 차게 추진한 이 개혁은 자유주의 이념에 근거한 근대국가 수립을 궁극적 목표로 삼았다. 그러나 위로부터의 개혁은 강력한 기득권 층의 반발로 한계를 가질 수밖에 없었다. 결국 프로이센의 개혁 운동은 1819년경 국내정책에 관한 한 사실상 정지되었고 원래 목표와는 달리 구체제를 더욱 강화시키는 결과를 초래하였다. - 옮긴이

4 하인리히 폰 클라이스트(Heinrich von Kleist: 1777년~1811년)는 당대 문학계의 국외자로서 고전주의나 낭만주의에 속하지 않았다. 그의 작품은 근대 리얼리즘을 선취하고 있다고 평가된다. 다혈질이었던 그는 프랑스와 나폴레옹에 대한 증오에 가득 차 애국심을 선전하는 글을 쓰기도 했기에 20세기 국수주의 내지는 나치즘 시대에 독일 우월주의의 선구자로 왜곡되기도 했다. - 옮긴이

5 『오를레앙의 처녀(Die Jungfrau von Orleans)』는 실러의 비극으로 백 년 전쟁 당시 프랑스의 영웅 잔다르크를 소재로 한다. 1801년 초연된 후 호평을 받았다. - 옮긴이

6 바른하겐 폰 엔제(Varnhagen von Ense), 『기억할 만한 일들』 1, 244쪽.

7 대육군(La Grande Armée)은 19세기 초 나폴레옹이 전투를 치르면서 모집한 다국적 군대를 의미한다. 대육군 혹은 그랑드 아르메는 1806년에서 1814년까지 숱한 전투에 참전했다. - 옮긴이

8   렌츠M. Lenz, 앞의 책, 469쪽에서 재인용.

9   앞의 책, 469쪽에서 재인용.

10 바르톨트 게오르크 니부어(Barthold Georg Niebuhr: 1776년~1831년)는 독일의 역사학자이다. 그
    의 주저『로마사』는 1811년에서 1832년에 걸쳐 출판되었다.

11 앞의 책, 471쪽에서 재인용.

12 카를 빌헬름 졸거(Karl Wilhelm Solger: 1780년~1819년)은 문헌학자이며 철학자이다. 그는 미학
    저서에서 아이러니와 상징 개념을 정의했다. - 옮긴이

13 앞의 책, 482쪽에서 재인용.

14 앞의 책, 482쪽에서 재인용.

15 클라이스트가 1809년 작성한『독일인의 교리문답서(Katechismus der Deutschen)』는 그의 작품
    중 가장 정치적이고 민족주의적인 것으로 많은 논란을 야기시켰다. - 옮긴이

16 유럽절대주의 시대에 행해졌던 전쟁들의 유형을 일컫는 명칭이다. 베스트팔렌 조약(1648
    년)부터 프랑스 혁명(1789년)까지 이 시기의 유럽 내각들은 전쟁 상황에서 작은 목표를 설
    정했고 생명과 재산을 가급적 보호하려고 노력했다. 이른바 내각전쟁에는 소규모의 군대
    와 대부분 귀족으로 이루어진 장교단이 참여했다. 하지만 군대가 통과하는 지역의 민간인
    들은 많은 피해를 겪었다고 한다. - 옮긴이

17 앞의 책, 499쪽에서 재인용.

18 앞의 책, 495쪽에서 재인용.

19 앞의 책, 495쪽에서 재인용.

20 아우구스트 뵈크 (August Böckh 1785년~1867년)은 독일의 고전 문헌학자이며 고대 연구가이
    다. 1811년부터 베를린대학 교수로 재직한다. 그는 문헌학이 학문으로서의 위상을 높이는
    데 크게 기여하며 당시 학자로서 최고의 영예를 누린다. - 옮긴이

21 앞의 책, 496쪽에서 재인용.

22 베티나 폰 아르님(Bettina von Arnim: 1785년~1859년)은 낭만주의의 대표적 여류 작가이다.
    클레멘스 브렌타노의 누이이며 아힘 폰 아르님과 결혼했다. 괴테와의 서간집이 알려져
    있다. - 옮긴이

23 프리드리히 카를 폰 사비니(Friedrich Carl von Savigny: 1779년~1861년)는 근대사법의 기초를 닦
    은 법학자이며 프로이센의 고위 관료였다. - 옮긴이

24 앞의 책, 505쪽에서 재인용.

11장

1 「마술사의 도제(Der Zauberlehrling)」는 1797년에 쓰인 괴테의 발라드로 당시 많은 사랑을 받았다. 그 내용은 이렇다. 마술사의 도제가 혼자 스승의 마술 주문을 써서 빗자루를 하인으로 바꾸어 놓고 일을 시킨다. 하지만 살아난 빗자루를 멈출 수도, 다시 이전의 상태로 되돌릴 수도 없어서 도제는 난감한 상태에 빠진다. - 옮긴이

2 독일어 단어 Vorstellung은 소개 혹은 표상이라는 의미를 갖는다. 따라서 이 문맥에서 Vorstellung은 중의적으로 쓰이고 있다. - 옮긴이

12장

1 프로이센의 금화로 프리드리히 대제의 이름을 따랐다. 1 프리드리히스도어의 가치는 5 라이히스탈러 은화와 같으며 1741년부터 1855년까지 사용되었다. - 옮긴이

2 마그나 쿰 라우데(Magna cum Laude)는 독일 박사 학위 점수 중 두 번째로 좋은 학점이다. - 옮긴이

3 후벤, 앞의 책, 183쪽에서 재인용.

4 아델레 쇼펜하우어, 『일기』 1, 128쪽.

5 Jb. 1973, 125쪽.

6 독일어(Gans)는 거위를 의미하며 멍청한 여자라는 욕으로도 쓰인다. - 옮긴이

7 앞의 책, 125쪽.

8 클라이스트는 프로이센의 유서 깊은 군인 귀족 가문이다. 위에서 언급된 극작가 클라이스트도 이 가문 출신이다. - 옮긴이

9 피사, 앞의 책, 264쪽.

10 앞의 책, 125쪽.

11 앞의 책, 124쪽.

12 앞의 책, 125쪽.

13 앞의 책, 126쪽.

14 앞의 책, 128쪽.

15 이중의 메시지(dobule-bind/ Doppelbotschaft)는 한 사람이 상대에게 두 가지 서로 모순되고 공존할 수 없는 메시지를 동시에 보내는 경우를 의미하는 심리학 용어이다. 이중의 메시지가 사용되면 오해와 혼돈이 야기되고 인간의 소통은 기능장애를 겪게 된다. 이 패턴은 서로 가까운, 대부분 서로 종속되어 있는 사람들 사이에 자주 나타난다. - 옮긴이

16 앞의 책, 126쪽.

17 헤르만 루트비히 하인리히 폰 퓌클러 무스카우(Hermann Ludwig Heinrich von Pückler-Muskau: 1785년~1871년) 는 귀족출신 장교였으며 정원 건축가, 작가였고 세계를 여행했다. - 옮긴이

18 아델레 쇼펜하우어, 『외로운 여인의 일기』, XIV쪽에서 재인용.

19 우미의 세 여신(Grazien)은 로마 신화에 따르면 제우스와 오이리노메의 세 딸이다. 이들은 인간에게 우아함과 아름다움과 쾌활함을 선물한다. - 옮긴이

20 앞의 책, XV쪽.

21 앞의 책, XIX쪽.

22 아델레 쇼펜하우어, 『일기』 2, 46쪽.

23 아델레 쇼펜하우어, 『외로운 여인의 일기』, 132쪽.

24 앞의 책, 98쪽.

25 아델레 쇼펜하우어, 『일기』 2, 5쪽.

26 이피게니에는 괴테의 희곡 『타우리스 섬의 이피게니에(Iphigenie auf Tauris)』, (1786년 완성)의 주인공이다. - 옮긴이

27 뤼초프 의용단Lützowsche Freikorps은 해방전쟁 당시 자원자들로 이루어진 프로이센 군대이다. 루트비히 폰 뤼초프 소령이 1813년 조직했다. 이 의용단은 전쟁에서는 큰 성공을 거두지 못했지만 거의 독일 전역에서 모여든 자원자들로 이루어졌다는 점에서 독일민족국가를 원하는 사람들에게는 큰 상징성을 가졌다. - 옮긴이

28 앞의 책, 1,148쪽.

29 아델레 쇼펜하우어, 『외로운 여인의 일기』, 290쪽.

30 아델레 쇼펜하우어, 『일기』 1, 85쪽.

31 앞의 책, 93쪽.

32 아델레 쇼펜하우어, 『외로운 여인의 일기』, 49쪽.

33 Jb. 1977, 133쪽.

34 앞의 책, 134쪽.

13장

1 괴테,『전집』 12, 406쪽.

2 G, 26쪽.

3 G, 28쪽.

4 G, 27쪽.

5 레지옹 도뇌르는 프랑스에서 가장 명예로운 훈장이다. 나폴레옹 보나파르트가 1802년 제정한 훈장으로 프랑스의 정치·경제·문화 등의 발전에 공적이 있는 사람에게 수여된다. 괴테는 1808년 나폴레옹의 지시로 이 훈장을 받았다. - 옮긴이

6 괴테,『전집』 13, 318쪽.

7 프리덴탈, 앞의 책, 456쪽에서 재인용.

8 앞의 책, 455쪽에서 재인용.

9 괴테,『전집』 14, 256쪽.

10 헬러E. Heller,『유산을 박탈당한 정신』, 56쪽에서 재인용.

11 이 작품은 이탈리아의 시인 타소(1544년~1595년)가 처한 상황을 소재로 궁정 사회에서 시인의 역할이 무엇인가라는 주제를 다루고 있다. 천재 시인 타소는 처세에 능한 시종장 안토니우스와 대립한다. - 옮긴이

12 앞의 책, 44쪽.

13 블루멘베르크(H. Blumenberg),『세계의 가독성』, 215쪽에서 재인용.

14 괴테,『전집』 13, 614쪽.

15 앞의 책, 629쪽.

16 앞의 책, 337쪽.

17 앞의 책, 324쪽.

18 앞의 책, 622쪽.

19 야콥 미하엘 렌츠(Jakob Michael Lenz: 1751년~1792년)는 슈투름 운트 드랑 시대의 작가이다. 1771년 슈트라스부르크에서 자신보다 두 살 많은 괴테를 알게 되고 문학의 우상으로 삼는다. 1776년 봄 바이마르를 방문하여 처음에는 환대를 받았으나 같은 해 말에 괴테의 사주로 바이마르를 떠나게 된다. 이 사건의 정확한 내막은 알려져 있지 않다. 1777년 말 렌츠는 정신병에 걸린다. - 옮긴이

20 아른트(Ernst Moritz Arndt: 1769년~1860년)는 독일의 시인이자 저술가이며 프랑크푸르트 국민
    의회 의원으로 활약했다. 나폴레옹 지배 시기에 쓴 애국적 민족주의적 내용의 시로 유명
    하다. - 옮긴이
21 아리스토텔레스는 육체와 영혼의 관계는 질료와 형상의 관계와 같다고 본다. 육체는 물질
    이고 영혼은 형상이기 때문이다. 육체를 움직이고 형성하는 영혼을 아리스토텔레스는 엔
    텔레키라고 부른다. - 옮긴이
22 예수가 세례를 받고 물에서 나오자 하늘로부터 음성이 들린다. "너는 내 사랑하는 아들이
    고 내 마음에 드는 아들이다." 신약성서 마태복음 3:17, 마가복음 1:11. - 옮긴이
23 괴테, 『전집』36, 112쪽.

14장

1   프리드리히 아우구스트 1세(1750년~1827년)는 1806년부터 사망 전까지 작센의 초대 왕이
    다. 1806년 예나 – 아우어슈테트 전투에서 프로이센 편으로 전쟁에 참여했으나 크게 패
    한 후 나폴레옹과 평화협상을 맺었다. 1812년 러시아 원정의 실패 후에도 작센은 계속 나
    폴레옹의 동맹자로 남았다. 1813년 10월 라이프치히 전투에서 작센군은 패했고 아우구
    스트는 프로이센의 포로가 되었다가 1815년 빈 회의에서 영토의 반 이상을 프로이센에
    게 넘길 것을 약속하고서야 드레스덴으로 돌아올 수 있었다. 작센 주민들은 돌아온 왕을
    따듯이 맞이하였다. - 옮긴이
2   해넬/칼크슈미트(Haenel / E. Kalkschmidt), 『옛날의 드레스덴』, 151쪽에서 재인용.
3   독일 역사에서 1815년 빈 회의가 끝난 후부터 1848년 시민혁명이 일어날 때까지의 시기
    를 비더마이어(Biedermeier)라고 칭한다. 비더마이어는 정치적으로는 왕정복고 시기와 연관
    되며 사회사에서는 이 시기에 생겨난 시민계급 특유의 예술과 삶의 양식을 의미한다. 목
    가적이며 평화로운 사생활에 많은 비중이 부여되며 예술의 소재가 된다. 반면 비더마이어
    양식에는 고루하고 보수적이라는 부정적 꼬리표가 따라다녔다. - 옮긴이
4   리히터(L. Richter), 『삶의 기억들』, 40쪽.
5   해넬/칼크슈미트, 앞의 책, 151쪽.
6   「아벤트차이퉁(Abendzeitung)」은 드레스덴에서 1805~1806에 처음 발간되었다가 1817

넌에 새로이 탄생한 후 1857년까지 유지되었다. - 옮긴이

7   해넬/칼크슈미트, 앞의 책, 245쪽에서 재인용.

8   배에 실은 화물의 양이 적어 배의 균형을 유지하기 어려울 때 안전을 위하여 배의 바닥에 싣는 물이나 자갈 따위의 중량물. - 옮긴이

9   칸트, 『전집』 3, 311쪽.

10   쇼펜하우어는 표상이 계기가 되어 생겨나는 일련의 의지 행위를 지칭하기 위해 동사 원형 wollen(원하다, 열망하다는 뜻)을 명사화한 단어 das Wollen을 재차 사용하고 있다. 의욕(das Wollen)은 구체적인 목표를 갖는 통상적인 의지행위라는 점에서 자연을 움직이는 힘이며 물자체인 의지(der Wille)와는 확연히 구분된다. 쇼펜하우어가 쓰는 이 용어는 영어에서는 willing 혹은 volition - 자발적으로 선택하거나 결정하는 힘 -으로 번역된다. - 옮긴이

11   반대 의견, 반정립, 반대 명제 등을 뜻하는 말이다. 정반합의 '반(反)'에 해당한다. 주로 변증법에서 논지를 전개시킬 때 이용된다. - 옮긴이

12   우파니샤드는 힌두교의 이론적·사상적 토대를 이루는 철학적 문헌들의 집성체이며 베다의 끝 부분또는 베다의 결론이라는 뜻에서 베단타(Vedanta)라고도 불린다. 모든 우파니샤드는 구전으로 전수되다가 기원전 700년에서 200년 사이에 기록되었다고 추정된다. 핵심사상인 범아일여(梵我一如)는 쇼펜하우어에게 큰 영향을 미친다. - 옮긴이

13   크라우시모는 1873년 이후 스페인의 제1공화국 시절 지식인들 사이에 널리 퍼졌던 세계관이다. 세계관은 유토피아적 사실주의와 유사하다. - 옮긴이

14   글라제납(H. v. Glasenapp), 『독일 사상가들이 본 인도』, 65쪽에서 재인용.

15   이 두 단어는 크라우제가 만든 신조어이다. - 옮긴이

16   산스크리트 어로 마술, 환상을 의미한다. 또 마야는 인도 신화에서 우주를 창조한 여신이다. - 옮긴이

17   충족 근거율의 네 번째 방식을 의미한다. - 옮긴이

15장

1   호메로스의 서사시에서 올림피아 신들은 정사를 벌이던 아프로디테와 아레스가 헤파이토스가 짠 보이지 않는 그물에 잡힌 것을 보고는 파안대소한다. 이 코믹한 장면이 인기를

끌면서 '호메로스 신들의 웃음'이라는 관용구가 영어와 프랑스어, 독일어에서 자리를 굳힌다. - 옮긴이

2   뮌히하우젠 남작(Karl Friedrich Hieronymus Freiherr von Münchhausen: 1720년~1797년)은 독일의 귀족 군인으로 오랜 세월을 러시아 일대에서 보내며 많은 모험을 한다. 독일로 돌아온 후 자신의 모험담을 부풀려서 얘기했던 탓에 허풍선이 남작이라는 별명을 얻게 된다. 1785년 영국으로 피신한 독일인이 뮌히하우젠의 모험담을 런던에서 발표한 후 1786년 뷔르거가 이를 번역하고 자신이 지은 몇몇 이야기를 첨가하여 책을 내놓음으로써 뮌히하우젠은 세계적으로 유명해진다. 쇼펜하우어가 언급한 일화에서 "뮌히하우젠 방식(Münchhausen-Methode)"이라는 개념이 형성된다. 누군가가 다른 사람의 도움 없이는 해결할 수 없는 위급한 상황에서 스스로의 힘으로 빠져 나오는 것을 의미한다. - 옮긴이

3   아르놀트 겔렌(Arnold Gehlen: 1904년~1976년)은 독일의 철학자이며 인류학자이다. - 옮긴이

4   마르셀 프루스트, 『잃어버린 시간을 찾아서』 1, 185쪽.

5   그리스 신화의 인물인 익시온은 제우스의 아내 헤라를 모독한 죄로 영원히 도는 바퀴에 묶이는 벌을 받는다. - 옮긴이

6   아리스토텔레스가 학문을 이론학, 실천학, 제작학으로 분류할 때에 사용한 용어이다. 넓게는 대상의 법칙을 깨우치고 그것에 따라 인간에게 필요한 것을 제작하는 기술 일반을 의미하며 좁게는 대상을 있는 그대로 모방하는 것(미메시스)이 아니라 작가가 참되다고 느낀 세계를 창조하는 활동을 의미한다. 첫 번째의 경우 포이에시스(독일어로는 '만들다'를 의미한다.)는 실천적이며 이론적인 행동과는 달리 목적에 연관된 구체적 행위를 의미한다. 낭만주의 예술은 광의와 협의의 포이에시스를 다 포괄한다고 할 수 있다. - 옮긴이

7   영원철학(永遠哲學)은 시공을 뛰어넘어 모두에게 보편적 진리가 되는 사상을 뜻한다. 영원철학의 대표자들은 인간과 자연과 정신을 포함한 현실 전반에 관해 불변의 진리가 있으며 그것을 표명할 수 있다고 여긴다. - 옮긴이

8   헤겔, 『전집』 4, 23쪽.

9   헤겔, 『전집』 2, 244쪽.

10   리델(M. Riedel), 『헤겔 철학의 이론과 실제』, 219쪽에서 재인용.

11   앞의 책, 223쪽에서 재인용.

16장

1 지그문트 프로이트는 저서 『환상의 미래(Die Zukunft einer Illusion)』(1927년)에서 종교는 보호자
   인 아버지에 대한 동경에서 생겨난다는 논지를 펼쳤다. 프랑스의 소설가 로맹 롤랑(Romain
   Rolland)은 프로이트에게 편지를 보내 종교는 아버지에 대한 동경이 아니라 "대양적 감성"
   에서 생겨난다고 반박했다. 프로이트는 『문명 속의 불만(Das Unbehagen in der Kultur)』(1930년)
   에서 롤랑이 거론한 대양적 감성을 상세히 다루고 있다. 대양적 감성은 자아와 외부세계
   사이에 경계가 없는 최초의 나르시시즘에 상응하며 그렇기에 종교가 생겨나게 하는 두
   번째 원천이라는 것이다. – 옮긴이

2 노발리스, 『전집』 1, 227쪽.

3 『파우스트』 제2부, 1막에서 파우스트는 혼자 어머니들의 나라로 간다. 그 나라는 단단한
   윤곽 없이 쉴새 없이 움직이는 혼령의 세계로 누구도 간 적이 없는 무서운 곳이다. – 옮긴이

4 슈테펜스(Heinrich Steffens), 『인류학』, 14쪽.

5 슐라이어마허, 『독백들』.

6 카를로 고치(Carlo Gozzi: 1720년~1806년)는 이탈리아의 극작가로 환상적 요소가 넘치는 동화
   극을 주로 썼다. 당시의 연극 개혁에 반대하여 이탈리아에서 16세기부터 지속해온 전통
   적 가면극 콤메디아 델라르테(Commedia dell'arte)를 옹호하며 '투란도트(Turandot)'(1762)등의
   동화극에 이를 원용했다. 고치는 초반에 성공을 거둔 후 고국에서는 잊혀졌지만 독일 낭
   만주의는 그를 재발견했다. – 옮긴이

7 위의 네 인물은 콤메디아 델라르테에 반복해서 등장하는 유형적 배역으로 각기 인간의
   약점을 풍자적으로 표현하고 있다. – 옮긴이

8 사육제가 '참회의 화요일'(Fastnachtsdienstag/ Mardi Gras)날 끝나면서 재의 수요일로 이어진다.
   이 날 예배에서 성직자가 신자들의 이마에 재로 십자가를 그려주는 관습이 있고 여기서
   재의 수요일이란 명칭이 유래한다. 신자들은 이 날부터 40일을 금식과 기도로 보낸 후 부
   활절을 맞게 된다. – 옮긴이

9 산스크리트어 '탓 트밤 아시'는 우파니샤드의 핵심을 이루는 사상이다. 한자 문화권에서
   는 범아일여(梵我一如)라고 번역한다. 대우주의 본체인 브라만(Brahman: 梵)과 개인의 본질인
   아트만(Atman: 我)이 일체라는 의미이다. – 옮긴이

1 베네치아 공화국에서 처음 만들어져 1284년부터 제1차 세계 대전 이전까지 유럽 각국에서 통용된 금화 또는 은화 단위를 말한다. - 옮긴이

2 브로크하우스(Friedrich Arnold Brockhaus: 1772년~1823년)는 1805년 브로크하우스 출판사를 설립했다. 1823년부터 그의 아들 프리드리히와 하인리히가 출판사를 이끈다. 이 출판사는 2009년까지 존재했다. 히트작인 백과사전은 17판부터 브로크하우스 백과사전이라 불리게 된다. 브로크하우스 백과사전은 21판(2005년~2006년)까지 발행된 후 2014년부터 책이 아닌 온라인 상품으로만 존재한다. - 옮긴이

3 Bw 14, 224쪽.

4 작센 안할트 주에 위치한 소도시. - 옮긴이

5 Bw 14, 243쪽.

6 Bw 14, 244쪽.

7 Bw 14, 249쪽.

8 괴테, 『전집』 11, 87쪽.

9 베네치아 공화국은 7~8세기 경부터 해상세력으로 군림한다. 한때는 크림 반도와 사이프러스 섬에 식민지를 두고 지중해 무역을 지배했다. 1797년 나폴레옹의 침략으로 공화국은 막을 내린다. - 옮긴이

10 베네치아에는 828년부터 마가복음의 저자로 알려진 마르코의 성체가 보관되고 있으며 마르코는 베네치아의 수호성인이다. 마르코의 상징은 복음서를 지닌 날개 달린 사자이다. 베네치아 공화국은 사자 공화국이란 별명을 가지고 있다. - 옮긴이

11 카르보나리(Karbonari) 당은 여러 국가들이 공존했던 19세기의 이탈리아에서 가장 중요한 비밀결사단체이다. 이 당은 이탈리아 통일운동이 계속 발전하는 데 기여했다. - 옮긴이

12 Bw 14, 250쪽.

13 휩셔, 앞의 책, 78쪽에서 재인용.

14 Bw 14, 151쪽.

15 G, 44쪽.

16 죠반니 안토니오 포르데노네(Giovanni Antonio da Pordenone: 1484년~1539년)는 이탈리아의 화가로 종교적 소재를 다룬 프레스코 벽화와 제단 장식그림 등을 남겼다. - 옮긴이

17 케스텐, 『카페의 시인들』, 316쪽에서 재인용.

18 나사렛 예술(Nazarenische Kunst)은 19세기 초 독일 예술가들이 빈과 로마에서 전개한 낭만
    주의적 종교 예술이다. 여기 속한 이들은 대개 가톨릭 신자였다. 나폴레옹 시대의 격변과
    억압적인 메테르니히 체제를 겪으며 이들은 기독교의 정신으로 예술을 혁신하고자 했다.
    나사렛 예술과 독일 낭만주의는 서로 영향을 주고 받는다. 페터 폰 코르넬리우스(Peter von
    Cornelius, 빌헬름 폰 샤도(Wilhelm von Schadow)가 나사렛 파에 속한다. - 옮긴이

19 Jb. 1977, 160쪽.

20 Jb. 1975, 189쪽.

21 Jb. 1977, 160쪽.

22 앞의 책, 160쪽.

23 앞의 책, 133쪽.

24 아델레 쇼펜하우어, 『일기』 1, 3쪽.

25 Jb. 1977, 134쪽.

26 Jb. 1977, 134쪽.

27 아델레 쇼펜하우어, 『일기』 1, 12쪽.

28 앞의 책, 1, 63쪽.

29 Jb. 1977, 137쪽.

30 아델레 쇼펜하우어, 『일기』 2, 20쪽.

31 Jb. 1977, 157쪽.

32 앞의 책, 157쪽.

33 앞의 책, 182쪽.

34 앞의 책, 161쪽.

35 앞의 책, 164쪽.

36 앞의 책, 168쪽.

37 앞의 책, 169쪽.

38 앞의 책, 140쪽.

39 앞의 책, 140쪽.

40 아델레 쇼펜하우어, 『일기』 2, 32쪽.

41 Jb. 1977, 142쪽.

42 베로네제(1528년~1588년)는 이탈리아 후기 르네상스의 화가이다. – 옮긴이

43 Jb. 1977, 173쪽.

44 아델레 쇼펜하우어, 『일기』 2, 42쪽.

18장

1   부르셴샤프트는 해방 전쟁 후 독일 대학생들이 결성한 단체다. 처음에는 향토모임으로 조
    직되어 정치적 의도는 없었으나 빈 체제 하에서 점차 반동정치와 대결하게 된다. 회원들
    은 자유통일운동의 선두에 서게 되었다. 1817년 10월 18일 이들은 바르트부르크에서 루
    터의 종교개혁 300년제와 라이프치히 전승기념을 겸한 제전을 개최하고, 전 독일을 포괄
    하는 부르셴샤프트를 창설하여 반동에 대한 투쟁에 기세를 올렸다. 1819년 코체부 암살
    을 계기로 부르셴샤프트가 금지되자 이 조직은 급진적인 경향을 띠게 되며 반유대주의,
    극우주의로 기운다. – 옮긴이

2   극작가 코체부는 나폴레옹의 지배 시기에 러시아로 피해 있다가 나폴레옹이 패한 후 러
    시아 영사로 귀국했다. 자유와 민족주의를 주장하는 독일인들, 특히 부르셴샤프트를 신랄
    하게 피난하는 글을 써서 많은 적을 만들었고 러시아의 첩보원이라는 의심을 받고 있었
    다. 부르셴샤프트 회원인 대학생 카를 루트비히 잔트(Karl Ludwig Sand: 1795년~1820년)는 반
    동적이며 민족의 배신자로 간주된 코체부를 암살한 후 처형되었다. 이 사건을 계기 삼아
    메테르니히는 카를스바트 결의를 통과시켜 부르셴샤프트를 금지시키고 자유통일운동을
    탄압한다. – 옮긴이

3   G, 35쪽.

4   아델레 쇼펜하우어, 『일기』 2, 35쪽.

5   G, 35쪽에서 재인용.

6   Bw 14, 276쪽.

7   Bw 14, 272쪽.

8   Bw 14, 272쪽.

9   굴리가(A. Gulyga), 『헤겔』, 167쪽에서 재인용.

10 프리스(Jakob Friedrich Fries: 1773년~1843년)는 독일의 철학자이다. 그는 정치적으로는 자유주

의자이자 민족주의자였으며 독일 통일을 촉구했다. 1817년 원조 부르셴샤프트가 주관한
바르트부르크 축제에 연사로 나서기도 했다. 예나대학교 교수 시절 코체부의 암살범 잔트
는 그의 제자였다. 그는 잔트에게 보낸 편지가 발견되면서 궁지에 몰렸고 1819년 카를스
바트 결의 후 교수 자격을 박탈당했다. - 옮긴이

11 앞의 책, 163쪽.

12 헤겔, 『전집』 11, 556쪽.

13 프리드리히 필립 니트함머(Friedrich Philipp Niethammer: 1766~1848년)는 독일의 철학자이자
신학자이다. 헤겔, 셸링과 함께 튀빙엔 신학교에서 공부했다. - 옮긴이

14 렌츠, 앞의 책, 2, 220쪽에서 재인용.

15 '골고다의 언덕'은 '해골의 땅(Schädelstätte)'이란 의미를 갖는데 이는 그리스도가 십자가에
못박힌 곳인 골고다가 두개골과 흡사한 모습이라는 데서 유래된 말이다. 이 표현은 가장
격심한 고통을 겪는 것을 비유하는 데 쓰인다. - 옮긴이

16 헤겔은 프리드리히 실러의 시 「우정(Die Freundschaft)」을 약간 변형시켜 인용하고 있다. - 옮긴이

17 헤겔, 『정신현상학』, 564쪽.

18 굴리가, 『헤겔』, 81쪽에서 재인용.

19 하인리히 만(Heinrich Mann)은 1914년 완성한 이 작품에서 주인공 디트리히 헤스링의 삶을
이야기한다. 약자에게 강하고 강자에게 약한 헤스링은 독일 제국의 권위적 분위기에서 신
민으로 성장해서 사회적 입지를 굳히는 데 성공한다. 하인리히 만은 이 인물의 삶을 풍자
하며 당시의 사회를 비판하고 있다. - 옮긴이

20 에르트만(E. Erdmann), 『근대의 철학』 7, 168쪽에서 재인용.

21 저자는 성경 중 "(예수가) 자기 땅에 오매 자기 백성이 영접하지 아니하였다"(요한 복음 1장, 11
절)는 구절을 간접 인용하고 있다. - 옮긴이

22 헤겔, 『전집』 2, 191쪽.

23 헤겔에 따르면 역사적 이성은 곧잘 개인의 의도나 목적에 반하는 방향으로 개인을 이용
한다. 이때 각 개인은 자신의 목적만을 따르고 있다고 믿을지라도 실제로는 역사적 필연
성이 개인의 목적 위에서 작용하며 개인을 도구로 사용한다. 결국 개인의 모든 행동은 이
성이 계획한 대로 나아간다는 점에서 '이성의 간계'가 작동하고 있다는 주장이다. - 옮긴이

24 헤겔, 『전집』

25 하임(Rudolf Haym: 1821년~1901년)은 독일의 철학가이며 저술가이다. 1848년 프랑크푸르트

의회의 의원이기도 했다. - 옮긴이

26 하임(R. Haym), 『헤겔과 그의 시대』, 4쪽.

27 호토(Heinrich Hotho: 1802년~1873년)는 독일의 철학자이며 예술사가이다. 헤겔 사후 발간된 미학(1835)의 편집자이기도 하다. - 옮긴이

28 굴리가, 『헤겔』, 246쪽에서 재인용.

29 앞의 책, 279쪽에서 재인용.

30 루트비히 뵈르네(Ludwig Börne: 1786년~1837년)는 독일의 언론인이며 문학평론가이다. 반 체제적 문학활동을 한 청년독일파에 속한다. 뵈르네는 자유 민주주의 혁명을 촉구하는 기사와 평론을 썼다. - 옮긴이

31 베를린 대학의 신학교수 드 베테(Wilhelm de Wette: 1780년~1849년)는 1819년 코체부의 암살범인 잔트의 어머니에게 위로 편지를 보낸 것을 빌미로 해고되고 프로이센에서 추방된다. - 옮긴이

32 렌츠, 앞의 책, II, 183쪽에서 재인용.

33 라헬 바른하겐(Rahel Varnhagen: 1771년~1833년)은 유대인 출신의 독일 작가이다. 바른하겐은 남편 바른하겐 폰 엔제와 함께 베를린에서 문학살롱을 운영하여 당대 문인과 학자, 정치가들의 교류에 기여했다. - 옮긴이

34 뵌(M.v. Böhn), 『비더마이어』, 440쪽에서 재인용.

35 앞의 책, 440쪽에서 재인용.

36 호프만은 친구인 F. H. 푸케(Fouqué)의 단편소설 『운디네』를 번안하여 낭만주의적 마술 오페라 「운디네」를 작곡한다. 초연은 1816년 베를린 왕립극장이었다. - 옮긴이

37 카를 프리드리히 쉥켈(Karl Friedrich Schinkel: 1781년~1841년)은 프로이센의 건축가이자 도시설계사이며 화가 겸 무대 디자이너이다. 그리스 건축의 고전 양식에 나름의 개성적 양식을 첨가하여 웅대한 건축을 완성하였다. 그의 건축물들은 지금도 베를린 시내에서 볼 수 있다. - 옮긴이

38 가스파레 스폰티니(Gaspare Spontini: 1774년~1851년)는 이태리의 오페라 작곡가이자 지휘자이다. 1805년부터 파리에서 나폴레옹 시절 궁정작곡가로 활동하였다. 1820년부터 1841년까지 베를린 왕립 오페라 총감독으로 활약했다. 1807년 오페라 「베스타의 무녀」(La Vestale: 1807년)가 유명하다. - 옮긴이

39 엘슬러(Fanny Elßler: 1810년~1884년)는 19세기의 전설적 발레리나이다. 오스트리아 출신으

로 베를린에서 입지를 굳힌 후 1832년부터 1851년까지 유럽과 북미 무대를 평정하였
다. - 옮긴이

40 앞의 책, 454쪽에서 재인용

41 카를 크리스티안 볼파르트(Karl Christian Wolfart: 1778년~1832년)는 자연철학적 성향의 의사로
   최면술을 신봉했다. 1817년부터 베를린 의대 교수로 재직했다. - 옮긴이

42 '법이 없는 모임'(Die Gesetzlose Gesellschaft zu Berlin)은 1809년 베를린에서 시작된 후 지금까
   지 이어지고 있다. 학계, 예술계, 법조계 등 각계의 엘리트가 회원이다. 이 친목 모임은 규
   정과 조항을 두지 않는다는 원칙을 고수한다. 헤겔, 아르님, 슐라이어마허, 사비니 등 숱한
   저명인사가 회원이었다. - 옮긴이

43 호프만은 1814년 베를린으로 온 후 아델베르트 폰 샤미소와 프리드리히 푸케 등의 작가
   들과 정기적으로 만나서 예술에 대해 토론한다. 이 모임은 1815년 샤미소의 세계 여행으
   로 중단되었다가 1818년 다시 계속된다. 이때부터 예술가들은 성자 세라피온의 이름을
   따서 자신들을 '세라피온의 형제들'이라 부른다. 호프만은 1819년에서 1821년에 걸쳐
   단편소설과 논문들을 "세라피온의 형제들"이란 제목으로 발표함으로써 이 모임에 문학
   적 기념비를 세운다. - 옮긴이

44 괴테는 『파우스트』 1부를 1808년 완성했다. 작품을 종결짓는 제2부는 괴테 사후인 1832년
   에야 출판되었다. - 옮긴이.

45 호엔슈타우펜 왕가는 독일의 제후 가문 중의 하나로 1138년부터 1254년까지 독일의 왕
   과 황제들을 배출하였다. 1194년부터는 시칠리아왕도 이 가문에서 배출되었다. - 옮긴이

46 헤겔, 『전집』 16, 353쪽.

47 에른스트 빌헬름 헹스텐베르크(Ernst Wilhelm Hengstenberg: 1802년~1869년)는 독일의 개신
   교 신학자이다. 1826년부터 베를린대학교 교수로 재직했다. 1827년부터 자유주의 신
   학과 합리론에 반대하는 입장을 취하는 「개신교 교회신문evangelische Kirchenzeitung」을 발
   간한다. - 옮긴이

48 렌츠, 앞의 책, 1, 118쪽에서 재인용.

19장

1 호세 오르테가 이 가세트(José Ortega y Gasset: 1883년~1955년)는 스페인의 철학자이자 사회학
자이다. 그의 대표작『대중의 봉기』(1929년)에서 그는 대중의 영향력이 커지는 현상을 분석
하면서 시대를 진단한다. 대중은 역사 의식과 지향성이 없기 때문에 파시즘이나 공산주의
의 선동에 넘어가기 쉬우며 대중의 부상은 사회의 비도덕화로 이어진다고 본다. – 옮긴이

2 Jb. 1974, 47쪽.

3 Jb. 1974, 47쪽.

4 프리드리히 오잔(Friedrich Osann: 1794년~1858년)은 독일의 고전문헌학자이다. 쇼펜하우어
보다 1년 먼저 베를린의 사강사가 되었고 1821년에 예나 대학의 객원교수로 부임한다.
– 옮긴이

5 로렌스 스턴(Laurence Sterne: 1713년~1768년)은 영국의 소설가이자 요크의 목사이다. 1759년
에서 1767년에 걸쳐『트리스트럼 샌디』를 발표하면서 문명을 떨쳤다. 그는 요크 교회에
서 분쟁이 일어나자 반대파를 야유하기 위해서 이 소설을 시작했다. 따라서 이 작품은 발
생부터 풍자적인 색채가 짙다. 파격적인 형식과 신랄하며 재기발랄한 서술로 당시 센세이
션을 일으키며 많은 공격을 받기도 했다. 독일에서는 레싱, 빌란트와 괴테, 낭만주의 작가
들로부터 호평을 받았다. – 옮긴이

6 피샤, 앞의 책, 342쪽에서 재인용.

7 G, 53쪽.

8 굴리가,『헤겔』, 272쪽에서 재인용.

9 샤미소(Adelbert von Chamisso: 1781년~1838년)는 프랑스 출신의 독일 작가이며 자연연구가이
다. 단편소설『페터 슐레밀의 놀라운 이야기(Peter Schlemihls wundersame Geschichte)』(1814년)가
널리 알려져 있다. – 옮긴이

20장

1 그빈너, 앞의 책, 242쪽에서 재인용.

2 제국도시 혹은 자유제국도시는 중세 신성로마제국에서 제국칙령에 의해 자치를 누렸던

도시이다. 중세 유럽의 대다수 지역과 소도시는 지방 영주나 성직에 있는 제후의 지배를
받았던 반면, 제국도시는 황제의 명령에만 복종했다. 자율성을 누린 제국도시에서는 일찍
이 시민계급이 상공업을 발전시켰고, 종교나 문화적으로도 다원성을 인정하는 경향이 점
차 나타났다. - 옮긴이

3 연방의회는 1848년 혁명으로 인해 2년간 중지된 후 다시 복구되어서 연방이 해체되는
1866년까지 존재했다. - 옮긴이

4 독일연방(Der Deutsche Bund)은 1815년 빈 체제하에 결성된 국가들의 연합이다. 독일의 영
주령과 자유도시들, 오스트리아와 프로이센, 덴마크와 네덜란드가 여기 속했다. 독일연방
은 연방국가적 성격을 지니고 있었지만 국가권력을 소유하지는 않았다. 1866년 프로이
센과 오스트리아가 전쟁을 벌이면서 독일연방은 붕괴되었다. - 옮긴이

5 보테(F. Bothe), 프랑크푸르트 암 마인 시의 역사, 273에서 재인용.

6 로트쉴트(Amschel Mayer von Rothschild: 1773년~1855년)는 로트쉴트 은행의 창립자인 마이어
암셸 로트쉴트의 맏아들이다. 아버지의 사망 후 그는 가족기업의 총수로 프랑크푸르트
에서 활약했으며 그의 네 동생들은 각각 런던, 빈, 파리, 나폴리에서 은행가로 활약했다.
- 옮긴이

7 Jb. 1968, 112쪽.

8 Jb. 1968, 112쪽.

9 1763년 자연과학자인 요한 크리스티안 젠켄베르크(Johann Christian Senckenberg: 1707년~1772
년)는 공공이익을 위해 자신의 이름을 딴 재단을 설립했다. 1817년 프랑크푸르트 시민
들은 그의 뜻을 이어가기 위하여 젠켄베르크 자연연구협회를 창립했다. 이 협회는 1821
년부터 자연과학 수집품들을 일반에 공개했다. 현재 '자연연구를 위한 젠켄베르크 협회
Senckenberg Gesellschaft für Naturforschung(SGN)'는 생명과학과 지구과학 분야에서 연구활동을
하고 있다. - 옮긴이.

10 Jb. 1968, 112쪽.

11 생시몽(Henri de Saint-Simon: 1760년~1825년)은 프랑스의 사상가이며 경제학자이다. 그는 지배
계급과 피지배계급이 힘을 합하여 계획 생산의 새 사회 제도를 건설해야 한다고 주장하
였다. 그의 사상에 근거를 둔 생시몽주의는 불로소득자가 없고 과학과 산업이 주도하는
이상사회를 구상했다. 아울러 새로워진 기독교가 이 사회로 이끄는 기폭제가 되리라고 믿
었다. 믿음과 사랑과 협동으로 자본주의 사회의 모순을 극복하려 하였다는 점에서 공상적

사회주의로 분류된다. - 옮긴이

12 니콜라 알렉상드르 살랑 드 몽포(Nicolas Alexandre Salins de Montfort: 1753년~1838년)는 신고전주의를 대표하는 프랑스 건축가이다. 1792년 혁명을 피해 프랑크푸르트 암 마인으로 피신한 후 그는 곧 프랑크푸르트 제일가는 건축가로 자리 잡았다. - 옮긴이

13 G, 88쪽.

14 G, 62쪽.

15 Jb. 1976, 112쪽.

16 Jb. 1976, 114쪽.

17 메르텐스-샤프하우젠은 본의 저택에서 살롱을 열어 문화계의 저명인사들을 모았다. 일명 '라인강의 백작부인(Rheingräfin)'이라 불린다. - 옮긴이

18 아네테 폰 드로스테-휠스호프(Annete von Droste-Hülshoff: 1797년~1848년)는 독일을 대표하는 여류시인이자 소설가이다. 대표작으로는 발라드 「황야의 소년」과 단편소설 『유대인의 너도밤나무』가 있다. - 옮긴이

19 Jb. 1978, 114쪽.

20 Jb. 1978, 133쪽.

21 Jb. 1978, 134쪽.

22 Jb. 1978, 134쪽.

23 Jb. 1978, 136쪽.

24 Jb. 1978, 137쪽.

25 아델레 쇼펜하우어, 『외로운 여인의 일기』, LXI쪽.

21장

1 요아힘 디트리히 브란디스(Joachim Dietrich Brandis: 1762년~1846년)는 독일의 의사이자 학자이며 스톡홀름 학술원 회원이었다. - 옮긴이

2 19세기 중반부터 카를 포크트, 루트비히 뷔히너와 야콥 몰레쇼트 등의 독일어권 자연과학자들은 유물론의 한 변형인 자연과학적 유물론을 표방하였다. 이들은 독일 관념론의 철학적 체계와 기독교적 세계상을 반박하며 급진적이면서도 대중적인 내용의 이론을 펼쳐

주목을 끌었다. 속류 유물론이라는 폄하하는 명칭은 프리드리히 엥겔스에서 유래한다. 소
위 속류 유물론은 특히 독일어 사용 지역에서 강세를 떨쳤다. - 옮긴이

3 오스트리아의 심리학자 콘라트 로렌츠(Konrad Lorenz: 1903년~1989년)는 1937년 정신수압모
   델(Das psychohydraulische Instinktmodell)로 생물의 행동을 설명하려 한다. 이 모델에 따르면 자
   극의 강도와 반응의 강도 사이에는 직접적 연관이 있다. 1980년 이후 신경심리학은 자극
   과 반응 간의 관계가 훨씬 복잡하다는 것을 점차 밝혀냈고 로렌츠의 모델은 더 이상 유효
   하지 않다. - 옮긴이

4 빈 체제를 주도하고 있던 오스트리아의 재상 클레멘스 폰 메테르니히는 1819년 오스트
   리아 제국의 카를스바트에서 빈 체제 반대 세력을 탄압하기 위한 결의안을 발의하고 독
   일연방은 이 카를스바트 결의를 통과시킨다. 결의안의 주요 내용은 급진주의자들의 취업
   제한, 부르셴샤프트의 해산, 대학 내 감독관 파견, 엄격한 출판물 검열 등이다. - 옮긴이

5 렌츠, 앞의 책, II, 1, 395쪽에서 재인용.

6 헤겔, 『편지들』 3, 323쪽.

7 하인리히 하이네, 『전집』 7, 55쪽.

8 MEW I, 391쪽.

9 청년독일(Junges Deutschland)은 자유주의 성향의 젊은 문인들이 1830년부터 주도한 독일문
   학운동을 의미한다. 이들은 프랑스의 7월 혁명에 고무되어 빈 체제를 비판하며 자유를 요
   구하는 출판활동을 활발히 했다. 1835년 독일연방의회는 이들을 반체제 활동을 하는 집
   단으로 규정하며 이들의 저서를 금지하였다. 그러나 실제로 이들은 문학 동아리를 이루지
   않았으며 서로 느슨한 연대를 유지했다. - 옮긴이

10 치글러(Th. Ziegler), 『19세기의 정신적 사회적 조류들』, 179쪽에서 재인용.

11 헤르만트(J. Hermand(Hg.)), 『청년독일파. 텍스트와 도큐멘트』, 185쪽에서 재인용.

12 아돌프 글라스브렌너(Adolf Glaßbrenner: 1810년~1876년)는 주로 베를린에서 활약한 풍자가이
   며 언론인이다. 베를린 방언으로 창작했으며 베를린 식 위트의 창시자로 불리기도 한다.
   - 옮긴이

13 함바흐 축제(Hambacher Fest)는 1832년 5월 27일부터 6월 1일까지 바이에른 왕국 라인란트
   팔츠의 함바흐 성에서 열린 축제로, 비정치적 행사로 위장하였으나 본질은 민족주의와 자
   유주의 집회였다. 축제 참가자들은 독일연방의 반동적 조치들에 저항하여 민족 통일, 자
   유, 주권재민 등을 요구하였다. 이 사건은 반동적 빈체제에 대한 시민들의 저항운동의 정

점이었으며 1848년 3월 혁명 전까지(Vormärz) 이어지는 저항문화의 시발점이 된다. - 옮긴이

14 1844년 슐레지엔 지방의 직조공들은 기계화를 이룬 지역에서 값싼 면직물이 대량 생산
되면서 임금이 줄고 해고되는 처지에 있었다. 기근에 시달리던 직조공들은 대대적인 폭
동을 일으켜 기계를 파괴하고 자본가의 집을 습격하였다. 약 3,000명의 직조공들이 가담
한 이 폭동은 군대에 의해 2일 만에 진압되었으나, 그 여파는 컸다. 이전의 폭동과는 달리
1844년 폭동은 여론의 관심을 끌었기 때문이다. 동시대의 문인들은 이 사건을 소재로 삼
았고(하이네의 「직조공의 노래」) 지식인들은 이 사건에 관해 토론했다. 이 폭동이 정치적 의견을
형성하는 데 기여했다는 점에서 1848년 혁명의 기폭제로 볼 수 있다. - 옮긴이

15 헤르만 페르디난트 프라일리그라트(Hermann Ferdinand Freiligrath: 1810년~1876년)는 독일의 시
인이자 언론인이다. 1841년 발표된 위의 시는 헤르베크를 비롯한 여러 동료들로부터 민
주주의 지지세력에 대한 공격이라는 비난을 받았다. 특히 1842년 발표된 헤르베크의 반
박시에 프라일리그라트는 깊은 인상을 받고 '당파적' 입장으로 선회한다. 1848년 혁명 당
시 정치적 성향이 강한 시를 발표했으며 카를 마르크스와 함께 저술활동을 하기도 했다.

16 게오르크 헤르베크(Georg Herwegh: 1817년~1875년)은 사회주의적이며 혁명적인 독일시인이다.
19세기에 그는 하이네, 프라일리그라트와 더불어 가장 인기 있는 정치시인이었다. - 옮긴이

17 파센(F. Vaßen(Hg.)), 『텍스트와 서술로 본 독일 문학. 왕정복고, 3월 혁명 전기와 1848년 혁
명』, 174쪽에서 재인용.

18 K. 구츠코프, 『회의하는 여인 발리』, 114쪽.

19 앞의 책, 302쪽.

20 치글러, 앞의 책, 195쪽에서 재인용.

21 니체, 『작품집』 1, 143쪽.

22 앞의 책, 157쪽.

23 앞의 책, 163쪽.

24 개념들이 상호 연관되어 있을 경우 이를 상관개념이라 부른다. 한 개념의 의미는 다른 개
념이 의미하는 바에 달려 있다. 아버지와 아들, 원인과 결과, 원의 중심과 원의 둘레 등을
예로 들 수 있다. - 옮긴이

25 포이어바흐, 『철학의 시작』, 152쪽.

26 포이어바흐, 『미래 철학의 원칙들』, 34쪽.

27 포이어바흐, 『미래 철학의 원칙들』, 61쪽.

28 치글러, 앞의 책, 203쪽에서 재인용.

29 포이어바흐, 『미래 철학의 원칙들』, 62쪽.

30 '3월 혁명 전기'는 후세의 역사학자들이 1848년 혁명 이전의 독일역사 시기에 붙인 명칭이다. 지리적으로 이 개념은 빈 체제에서 탄생한 독일연방의 지역에 한정된다. 이 시기가 언제 시작되는지에 관해서는 의견이 일치하지 않지만 일반적으로는 프랑스에서 1830년 일어난 7월 혁명부터 1848년 3월 혁명 이전까지의 시기를 3월 혁명 전기로 규정한다. 이 시기에 프로이센, 러시아와 오스트리아의 연합세력은 수구정책으로 진보적인 지식인과 예술인들을 탄압했지만 자유주의와 민족주의 지지 세력이 점차 늘어나면서 1848년 3월 혁명의 기반을 닦았다. 앞에서 언급된 헤겔 좌파 철학자들과 하이네, 뷔히너와 청년독일파의 문인들을 3월 혁명 전기를 각인한 인물로 들 수 있다. 동일한 시기에 문학과 예술, 문화 일반에서 3월 혁명 전기의 움직임에 상반되는 비정치적 사조가 공존했는데 이를 비더마이어라고 부른다. - 옮긴이

31 MEW 3, 7쪽.

32 EB 1, 267쪽.

33 MEW 1, 379쪽.

34 MEW1, 379쪽.

35 MEW 1, 346쪽.

22장

1 MEW 4, 474쪽. 『공산당 선언』의 제목은 독일어로 "Manifest der Kommunistischen Partei" 또는 "Das Kommunistische Manifest"로 표기된다. - 옮긴이

2 성격마스크(Charaktermaske)는 마르크스 사회학에서 나온 개념으로 자본주의 안에서 소외된 인간을 지칭한다. 이런 인간의 언행은 경제적 생산관계를 고스란히 반영하고 있다. - 옮긴이

3 사회적 역할은 사회 내에서 한 개인에게 기대되는 행동양식을 뜻하는 사회학 용어이다. 각각의 사회적 역할은 개인이 지닌 사회적 지위(예를 들어 어머니, 상관, 교사)에 따르는 권리, 의무, 기대, 규범과 행동의 총합이다. 이 개념은 개인이 예측 가능한 방향으로 행동한다고 전제한다. - 옮긴이

4 이마누엘 벨리코프스키(Immanuel Velikovsky: 1895년~1979년)는 러시아 출신의 의사이며 정신 분석학자이고 미국에서 재야학자로 활약했다. 1949년 발표된 『여러 세계의 충돌(Worlds in Kollision)』이란 저서는 5,000년에 걸친 고대의 역사를 대담한 공상적 가설을 적용하여 서술한다. 이 저서는 미국에서 베스트셀러가 되었으나 대부분의 학자들은 고대에 행성들의 충돌이 있었다는 그의 주장을 받아들이지 않았다. - 옮긴이

5 도나시앵 알퐁스 프랑수아 사드 후작(Donatien Alphonse François, marquis de Sade: 1740년~1814년) 는 프랑스의 작가이며 사상가이다. 외설적이고 가톨릭 교회에 적대적이며 철학적 사색이 담긴 소설을 주로 썼다. 사디즘이란 용어는 그의 이름에서 유래한다. - 옮긴이

6 피히테, 『전집』 1, 433쪽.

7 셸링, 『전집』 1, 56쪽.

8 셸링, 「인간 자유의 본질에 관하여」, 46쪽.

9 앞의 책, 54쪽.

10 앞의 책, 46쪽.

11 앞의 책, 97쪽.

12 루트거 뤼트케하우스(Ludger Lütkehaus: 1943년~)는 독일의 철학자이며 독문학자이다. 많은 쇼펜하우어 연구서를 발표하였다. - 옮긴이

13 막스 호르크하이머(Max Horkheimer), 『황혼』, 251쪽.

14 흑·적·금색의 기원은 1813년부터 1815년의 해방전쟁으로 거슬러간다. 부르센샤프트는 이 삼색을 처음으로 사용했고 독일 통일과 자유권의 상징으로 만들었다. 1848년 혁명 후 프랑크푸르트 국민의회는 이 삼색기를 공식적으로 인준하려 했다. 1871년 독일제국이 들어서면서 흑백적의 삼색기가 이를 대체했다. - 옮긴이

15 보테, 앞의 책, 295쪽에서 재인용.

16 프랑크푸르트 국민의회는 1848년 독일 혁명 후 설치된 입헌기관으로서, 1848년 5월 18일부터 1849년 5월 31일까지 프랑크푸르트의 파울교회에서 열렸다. 의원 중 81.7%가 대졸자였으며 많은 유명교수와 학자가 참여했던 반면 수공업자와 농민 대표는 극소수였고 노동자 대표는 전무했다. 그런 점에서 이 의회는 국민의회라기보다는 일종의 '명사'의회(Honoratiorenparlament)였다고 볼 수 있다. - 옮긴이

17 알프레트 빈디쉬그래츠(Alfred I Fürst zu Windisch-Graetz: 1787년~1862년)는 오스트리아의 귀족이며 군 지휘자이다. 1848년 10월 빈에 민주주의 혁명이 일어나자 그는 2,000명의 사

망자를 내며 혁명을 진압했고 로베르트 블룸을 군법재판에 넘겨 처형시켰다. 이후 그는 자유주의자들과 민주주의자들에게 반혁명 세력의 잔인함을 대표하는 아이콘이 되었다. - 옮긴이

18 로베르트 블룸(Robert Blum: 1807년~1848년)은 독일의 혁명가이자 저술가이며 시인이다. 가난한 가문 출신으로 독학자인 그는 1848년 독일 혁명에 적극 참가하였다. 같은 해 프랑크푸르트 국민의회 의원으로 선출되었고 정치적으로 자유주의와 독일의 민주적 통일을 지향하였다. 1848년 10월 빈에서 혁명이 일어나자 프랑크푸르트 의회의 민주주의 진영은 혁명을 지지하기 위해 몇몇 의원을 사절단으로 보내며 블룸을 지도자로 임명했다. 그러나 빈에서 혁명이 실패로 끝나면서 이들은 체포되었다. 동료들은 탈출하거나 사면을 받았지만 블룸은 빈에서 약식군사재판에 의해 처형되었다. 많은 독일인이 그의 처형에 분노했고 블룸은 19세기 동안 노동자 운동의 아이콘이 되었다. - 옮긴이

19 스웨덴 서남부에 위치한 도시로서 현재 스톡홀름과 예테보리에 이어서 세 번째로 큰 도시이다. - 옮긴이

20 보테, 앞의 책, 296쪽에서 재인용.

21 현재 체코 공화국을 구성하고 있는 세 지역 중의 하나이다. 보헤미아는 1848년 당시 오스트리아의 지배를 받고 있었다. - 옮긴이

23장

1 1849년 5월에서 7월에 걸쳐 급진적 민주주의자들은 독일 최초의 의회가 만들어낸 헌법이 인정받게 하고자 봉기했다. 3월 혁명의 막바지 단계를 이룬다. - 옮긴이

2 Bw 14, 609쪽.

3 휩셔, 『삶의 그림』, 107쪽에서 재인용.

4 앞의 책, 107쪽에서 재인용.

5 사도 요한은 예수의 열두 제자 중 하나이다. 「요한복음」에는 '예수가 사랑하는 자'(13장 23절 / 19장 26절 / 21장 20절)라는 표현이 나오는데 시간이 흐르며 이 표현이 사도 요한을 지칭한다는 견해가 정설로 굳어졌다. 따라서 사도 요한은 '예수가 가장 사랑하는 제자'를 의미한다. 쇼펜하우어는 도스에게 이 별칭을 붙임으로써 그를 총애한다는 사실을 과시한 셈

이다. – 옮긴이

6 루트비히 아우구스트 폰 로하우(Ludwig August von Rochau: 1810년~1873년)는 독일의 저술가이며 정치인이다. 부르센샤프트 회원인 그는 1833년 프랑크푸르트에서 몇몇 동료들과 – 이 책 제20장에 언급된 – 혁명을 시도하다가 체포되었고 1848년 혁명에 참여한 후 추방되었다. 1853년 독일로 돌아온 후 "현실정치의 원칙"에 맞게 프로이센의 통일정책을 지지하며 1871년에 제국의회의 의원으로 활동한다. – 옮긴이

7 랑에(F.A. Lange), 『유물론의 역사』 2, 557쪽에서 재인용.

8 폰타네(Theodor Fontane: 1819년~1898년)는 독일 사실주의를 대표하는 소설가이자 시인이다. 프로이센에서 태어나 주로 베를린에서 활동한 그는 프로이센의 현실을 반영하는 사회소설들을 주로 썼다. 대표작으로는 『에피 브리스트』, 『슈테힐린 호수』 등이 있다. – 옮긴이

9 A. Huyssen(Hg.), 『독일 문학. 원전과 서술: 시민적 사실주의』, 52쪽에서 재인용.

10 프리드리히 알베르트 랑에(Friedrich Albert Lange: 1828년~1875년)는 신칸트학파의 철학자이다. – 옮긴이

11 니퍼다이(Th. Nipperdey), 『독일 역사 1800~1866』, 488쪽에서 재인용.

12 루돌프 비르효(1821년~1902년)는 독일의 병리학자이며 인류학자이다. 근대 병리학의 창시자로 세포 병리학을 세웠다. – 옮긴이

13 사회진화론(Sozialdarwinismus)은 19세기 찰스 다윈이 발표한 생물진화론에 입각하여, 사회의 변화와 모습을 해석하려는 견해로 허버트 스펜서가 처음 사용한 개념이다. 그 후 19세기부터 20세기까지 크게 유행하였다. 사회진화론은 인종차별주의나 파시즘, 나치즘을 옹호하는 근거를 제공하였고 신자유주의의 경제적 약육강식 논리에 사용되기도 하였다. – 옮긴이

14 역사주의는 19세기 독일에서 강세를 보였던 역사연구의 조류로 인간의 모든 사고와 행동이 역사적으로 조건 지어져 있다고 본다. 역사주의는 역사를 철학이나 형이상학의 상부구조를 통해 설명하려 하지 않고 개개 시대나 사건을 독자적으로 이해하고자 한다. 대표적인 역사주의 연구가로 요한 구스타프 드로이젠, 테오도어 몸젠과 레오폴트 폰 랑케가 꼽힌다. – 옮긴이

15 레오폴트 폰 랑케(Leopold von Ranke: 1795년~1886년)는 엄밀한 사료 비판에 기초를 둔 근대 사학을 확립한 독일의 사학가이다. 그는 역사 사실은 사료 속에 원래 있었던 그대로 담겨 있다고 보았다. 따라서 역사가의 임무는 비판적인 방법을 엄격히 적용하여 사료 속에 담

긴 순수한 사실을 발견해내는 것이라고 확신하였다. - 옮긴이

16 포크트와 생리학자 루돌프 바그너가 벌인 이 논쟁은 "유물론 논쟁(Materialismusstreit)"의 시 발점이 된다. 바그너는 그의 강연에서 자연과학의 연구성과가 성서의 창조설과 영혼 불멸설을 폐기할 수는 없다고 주장하였다. 바그너가 자신은 소박한 맹신을 사랑한다고 선언하자, 포크트는 1854년 『맹신과 과학(Köhlerglaube und Wissenschaft)』이라는 팸플릿을 발표하여 바그너를 비판했다. - 옮긴이

17 아이러니를 소설의 구성원칙으로 택하는 작가는 서술 대상을 굴절된 시각에서 거리를 두고 다룬다. 인물들이 체험한 현실은 서술될 만한 가치가 있기는 하지만 작가는 이 현실을 진지하게 곧이곧대로 받아들이지 않는다. 아이러니는 현실이 모순되고 괴이하며 손상이가 있음을 강조하면서 표면의 가상을 벗긴다. - 옮긴이

18 울리히 호르스트만, 『비인간(Das Untier)』 참조.

19 울리히 호르스트만(Ulrich Horstmann: 1949년~)은 독일의 문예학자이며 작가이다. 그는 1983년 발표한 에세이 『잔인한 인간 - 인간회피 철학의 윤곽(Das Untier – Konturen einer Philosophie der Menschenflucht)』으로 많은 논란을 일으키며 유명해진다. 인류 안에 숨은 잔인한 인간이 핵폭탄의 도움으로 자신을 소멸함으로써 역사는 목적지점에 이를 것이라고 그는 본다. 인간이 자신과 역사에 거리를 취하며 자신이 속한 종의 종말을 동요 없이 방치하는 사유를 호르스트만은 '인간을 멀리하는 사유'라고 불렀다. - 옮긴이

20 부쉬(Wilhelm Busch: 1838년~1902년)는 독일의 작가이며 만화가, 풍자가이다. 그의 그림을 곁들인 이야기들(『막스와 모리츠』, 『크뇹』 3부작)로 부쉬는 새로운 장르를 개척했다. 1870년대부터그의 작품은 전 독일에 알려졌다. - 옮긴이

21 플라우엔은 독일 동부 작센 주에 있는 도시이다. - 옮긴이

22 Jb. 1970, 155쪽에서 재인용.

23 앞의 책, 158쪽에서 재인용.

24 『슈테힐린 호수』는 폰타네의 마지막 소설로 1898년 발표되었다. 시간적 배경은 동시대이다. 주인공 두프슬라프 폰 슈테힐린은 동일한 이름을 지닌 호수 주변에 거주하는 프로이센의 노귀족이다. 그를 중심으로 펼쳐지는 대화에서는 사라져 가는 시대에 대한 멜랑콜리와 미래에 대한 회의가 짙게 묻어나지만 전체적 분위기는 어둡지 않다. 호감이 가는 주인공은 작가의 특징을 지니고 있다. - 옮긴이

25 프랑스 - 갈리아 같은 혁명의 중심지에서 격변이 일면 목가적 장소인 슈테힐린 호수도 반

응을 보인다는 뜻이다. - 옮긴이

26 라베(Wilhelm Raabe: 1831년~1890년)는 독일의 소설가이며 사실주의를 대표한다. 사회비판적인 은둔자와 기인을 주인공으로 삼은 작품에는 쇼펜하우어의 철학이 드리워져 있다. 소설 『떡보』는 1891년 발표되었다. 주인공 샤우만은 어린 시절 어눌한 언행과 뚱뚱한 몸매 때문에 친구들로부터 떡보라는 별명으로 놀림을 받는다. 오랜 만에 재회한 친구 에두아르트에게 이 은둔자는 세상을 달관한 태도로 깊은 인상을 준다. - 옮긴이

27 니체, 『작품집』 3, 617쪽.

28 이드(Id, es)는 프로이트 정신분석학 용어 중 하나로 자아, 초자아와 함께 인간의 정신의 근간이 되는 요소이자 영역이다. 이드는 본능적인 생체 에너지로 리비도(libido)의 원천이자 쾌락을 극도로 추구하는 쾌감원리이다. - 옮긴이

29 에두아르트 하르트만(Eduard von Hartmann), 『무의식의 철학』, 2, 222쪽.

30 독일의 물리학자 루돌프 클라우지우스(Rudolf Clausius)는 1865년에 우주의 엔트로피는 항상 증가한다고 선언한다. 원래 엔트로피란 물체가 열을 받아 변화했을 때의 변화량을 가리키는 용어인데 클라우지우스는 엔트로피를 특정한 공간의 무질서한 정도라고 보았다. 따라서 엔트로피가 증가한다는 것은 무질서도가 높아진다는 의미이며 자연계는 시간이 지날수록 더 이상 쓸모 없는 것들로 가득 차게 된다는 의미이다. 실제로 19세기 중반에 엔트로피 개념을 명확하게 하는 데 기여했던 과학자들 - 톰슨(William Thomson), 헬름홀츠 (Hermann von Helmholtz), 클라우지우스 등 - 은 우주 종말의 비관론에 휩싸여 우울해 했다. 클라우지우스는 엔트로피 법칙의 우주론적 결과로서 열죽음(heat death)이 불가피하다고 보았다. - 옮긴이

31 독일제국의 비스마르크 수상이 1878년 공포한 사회주의자 법은 1890년까지 유효했다. 이 법은 사회민주주의와 공산주의 단체를 금지했고 국가질서를 위협하는 문건의 배포를 금지했다. 그 결과 사회민주주의의 활동은 지하로 잠적하거나 외국으로 옮겨갔다. - 옮긴이

32 1871년 독일연방이 프랑스에 승리한 후 프로이센을 주축으로 독일제국이 건립되고 프랑스에서 배상금이 지불되면서 독일 경제가 부흥하며 우후죽순으로 주식회사들이 창립되었던 시대를 일컫는다. 1873년까지 이어진다. - 옮긴이

33 귄터 안더스(Günther Anders: 1902년~1992년)는 독일의 시인이며 철학자이다. 그는 동시대의 기술적 발전이 야기한 윤리적 문제를 다루었고 휴머니티의 파괴를 주요 주제로 삼았다. 반핵운동을 주도하기도 했다. - 옮긴이

34 Jb. 1971, 6쪽.

35 독일어 spielen은 영어의 play에 해당한다. 'spielen'은 놀다, 유희하다, 게임을 하다, 악
    기를 연주하다, 배역을 연기하다 등의 뜻을 지닌다. 따라서 위 문장은 '의지가 […] 연주한
    다'고도 읽힐 수 있다. – 옮긴이

36 아도르노(T. W. Adorno), 『미학이론』, 190쪽.

37 쇤베르크(Arnold Schönberg: 1874년~1951년) 오스트리아에서 태어나 미국으로 귀화한 작곡가
    겸 음악이론가이다. 장조와 단조에 기반한 조성음악의 해체에 기여한 중심인물의 하나
    이다. – 옮긴이

24장

1 아이헨도르프의 시 「달밤(Mondnacht)」의 첫 구절이다. 1835년 완성되어 1837년 발표되었
   다. 낭만주의를 대표하는 시로 지금까지 애송되고 있다. – 옮긴이

2 프리드리히 헵벨(Friedrich Hebbel: 1813년~1863년)은 독일의 극작가이다. 대표작으로는 『마리
   아 막달레나』, 『니벨룽』이 있다. – 옮긴이

3 『의지와 표상으로서의 세계』 제2권 44장에 실린 에세이의 제목이다.

연표

1788년 2월 22일 무역상 하인리히 플로리스 쇼펜하우어와 그의 아내 요한나(결혼 전 이름 트로지네)의 아들 아르투어 쇼펜하우어가 단치히에서 출생한다.

1793년 단치히가 프로이센에 점령당하기 직전에 일가는 함부르크로 이주한다.

1797년 아델레 쇼펜하우어가 탄생한다.

7월: 아르투어는 아버지와 함께 파리를 거쳐 르아브르로 간다. 그곳에서 2년 동안 그레구아르 드 블리지메어 가족과 함께 거주한다. 그 집의 아들 앙티메와 친해진다.

1799년 8월: 함부르크로 돌아온다. 룽에 사립학교를 다닌다. (1803년까지)

1803년 3월: 아르투어는 아버지의 소원대로 인문계 고등학교에 진학하여 학자가 되겠다는 계획을 버리고 상인 교육을 받기로 결정한다. 이 결정에 대한 포상으로 그는 부모님을 따라 유럽여행을 가게 된다. (네덜란드, 영국, 프랑스, 스위스, 오스트리아)

5월 3일: 여행이 시작된다.

1804년 8월 25일 여행이 끝난다.

9월: 단치히의 무역상 카브룬에게 상인 교육을 받는다.

1805년 함부르크의 거상 예니쉬에게 상인 교육을 받는다.

4월 20일: 아버지가 자살(?)한다.

1806년 9월: 어머니는 회사를 정리한 후 딸 아델레와 함께 바이마르로 이주한다.

10월: 요한나 쇼펜하우어와 괴테 사이에 우정이 싹튼다. 요한나는 문학살롱을 시작한다.

1807년 5월: 아르투어는 어머니의 지지를 받아 상인 교육을 중단한다. 고타의 김나지움에서 대학입학자격을 얻기 위해 함부르크를 떠난다.

12월: 조소하는 시를 쓴 것 때문에 학교를 떠나야 한다. 바이마르로 이주하지만 어머니와 한 집에 살지는 않는다. 사설교육을 받는다. 카롤리네 야게만을 짝사랑하게 된다.

1809년 김나지움 과정을 완수한다. 아버지의 유산을 물려받는다. 어머니가 재산을 관리한다.

1809년 ~ 1811년 괴팅엔 대학에서 자연과학과 플라톤과 칸트를 공부한다.

1811년 부활절에 바이마르를 방문한다. 쇼펜하우어는 빌란트에게 이렇게 말한다. "삶이란 불쾌한 것이기에 저는 삶에 관해 숙고하며 살기로 결심했습니다." 가을에 베를린 대학으로 옮긴다.

1811년 ~ 1813년: 베를린에서 학업을 계속한다. 피히테와 슐라이어마허, 볼프의 강의를 듣는다.

1813년 5월 2일 전쟁의 소요를 피해 아르투어는 베를린에서 도피한다. 바이마르에 잠시 머문다. 어머니와 다툰다. 인근의 루돌슈타트에 자리 잡는다. 7월에서 11월까지 박사학위 논문 『충족 근거율의 네 겹의 뿌리에 관하여』를 작성한다.

11월 5일: 어머니의 집으로 돌아간다. 겨울: 괴테와 색채론에 관해 여러 차례 대화를 나눈다.

1814년 4월 쇼펜하우어와 어머니, 어머니의 친구 게르스텐베르크 사이의 논쟁이 절정에 달한다.

5월 어머니와 영영 결별을 한다. 쇼펜하우어는 바이마르를 떠난다.

1814년 ~ 1818년 드레스덴에 거주한다.

1815년 「시각과 색채에 관하여」, 주저 『의지와 표상으로서의 세계』 초판을 구상하고 작성한다.

1818년 3월: 원고가 완성된다. 브로크하우스가 출판을 맡게 된다. 가을: 이탈리아 여행을 시작한다(피렌체, 로마, 나폴리, 베네치아).

1819년 1월: 『의지와 표상으로서의 세계』가 출간된다. 여름: 단치히의 상회 물Muhl이 파산하는 바람에 쇼펜하우어 일가는 재정 위기를 겪는다. 이 때문에 쇼펜하우어는 독일로 돌아온다. 그와 어머니 사이에 새삼 긴장이 돈다. 누이동생 아델레와의 관계도 깨어진다.

8월 25일: 다시 드레스덴으로 온다. 베를린 대학의 강사 직에 응모하고 채용된다.

1820년 3월 23일: 강의가 시작된다. 극소수의 수강생만이 있다.

1821년 가수 카롤리네 메돈에게 반한다. '마케와의 다툼'(재봉사를 폭행했기 때문에 부상 여부를 두고 소송이 벌어진다.)

1822년 5월 27일: 두 번째 이탈리아 여행 (밀라노, 피렌체, 베네치아)

1823년 5월: 귀국. 뮌헨에 도착하다. 중병과 우울증에 걸린다. (그의 철학은 성공하지 못한다.)

1824년 바트 가슈타인, 만하임, 드레스덴에 체류한다.

1825년 4월: 베를린으로 돌아온다. 한 번 더 강의를 하려고 시도하지만 실패한다. 번역자로
　　　　일하려 하지만 이 역시 실패한다.

　1831년 8월: 콜레라 전염병 때문에 베를린에서 피난한다. 일단 프랑크푸르트 암 마인으로
　　　　간다.

1832년 ~ 1833년 만하임에 거주한다. (1832년 7월에서 1833년 6월)

1833년 7월 6일: 쇼펜하우어는 프랑크푸르트에 정착하여 남은 생 28년을 보낸다.

1835년 『자연에서의 의지에 관하여』

1838년 어머니가 사망한다.

1839년 현상논문 「인간 의지의 자유에 관하여」가 상을 받는다

1840년 현상논문 「도덕의 기초에 관하여」는 상을 받지 못한다.

1844년 『의지와 표상으로서의 세계』가 두 권으로 확장되어서 제2판이 출간된다.

1849년 누이동생 아델레가 사망한다.

1851년 『소품과 부록』이 출간된다

1853년 쇼펜하우어가 유명해지기 시작한다.

1859년 『의지와 표상으로서의 세계』 제3판이 출간된다.

1860년 9월 21일: 아르투어 쇼펜하우어가 사망한다.

참고 문헌

쇼펜하우어의 저서 및 약호

Arthur Schopenhauer, Sämtliche Werke. Textkritisch bearbeitet und hg. Wolfgang Freiherr von Löhneysen. 5 Bände. Stuttgart/Frankfurt a. M. Nachdruck 1986, Frankfurt a. M. (Suhrkamp–Taschenbuch).

Die Welt als Wille und Vorstellung (Bd. 1)	I
Die Welt als Wille und Vorstellung (Bd. 2)	II
Kleinere Schriften	III
Parerga und Paralipomena (Bd. 1)	IV
Parerga und Paralipomena (Bd. 2)	V

Arthur Schopenhauer, Über die vierfache Wurzel des Satzes vom zureichenden Grunde (Dissertation 1813, Urfassung). In: A. S., Sämtliche Werke. Hg. A. Hübscher. Band 7– Wiesbaden 1950. D

Arthur Schopenhauer, Philosophische Vorlesungen. Hg. Volker Spierling. 4 Bände. München / Zürich 1985 (Serie Piper).

Vorlesung: Theorie des Gesammten Vorstellens, Denkens und Erkennens	VTE
Volesung: Metaphysik der Natur	VMN
Vorlesung: Metaphysik des Schönen	VMSch
Vorlesung: Metaphysik der Sitten	VMS

Arthur Schopenhauer: Der handschriftliche Nachlaß. Hg. A. Hübscher. 5 Bände. Frankfurt a. M. 1966ff.. Nachdruck 1985 (Deutscher Taschenbuch Verlag).

Frühe Manuskipte (1804~1818)	HN I
Kritische Auseinandersetzungen (1809~1818)	HN II

Berliner Manuskipte (1818~1830)   HN III

Die manuskriptbücher der Jahre 1830~1852   HN IV, 1

Letzte Manuskripte. Gracians Handorakel   HN IV, 2

Randschriften zu Büchern   HN V

Arthur Schopenhauer, Reisetagebücher aus den Jahren 1803 bis 1804. Hg. Charlotte
von Gwinner. Leipzig 1923. RT

Arthur Schopenhauer, Gesammelte Briefe. Hg. A. Hübscher. Bonn 1978.   B

Arthur Schopenhauer, Der Briefwechsel. Hg. C. Gebhardt und A. Hübscher. 3 Bände
innerhalb der von Paul Deussen veranstalteten Werkausgabe. München 1929ff.

     Erster Band (1799~1849)   Bw 14

     Zweiter Band (1849~1860)   Bw 15

     Dritter Band (Nachträge, Anmerkungen)   Bw 16

Arthur Schopenhauer, Gespräche. Hg. A. Hübscher. Stuttgart 1971.   G

Jahrbuch der Schopenhauer-Gesellschaft, 1912-1944; seither Schopenhauer-Jahrbuch. Hg.
Paul Deussen u. a. Frankfurt a. M.   Jb (연도)

주요 참고 문헌

Anders, Günter, Die Antiquiertheit des Menschen. 2 Bände. München 1956 und 1980.

Foucault, Michel, Die Ordnung der Dinge. Frankfurt a. M. 1974.

Heidegger, Martin, Über den Humanismus. Frankfurt a. M. 1947.

Henrich, Dieter, Selbsverhältnisse. Stuttgart 1982.

Lem, Stanislaw, Solaris. Düsseldorf 1972.

Marquard, Odo, Abschied vom Prinzipiellen. Stuttgart 1981.

Sartre, Jean-Paul, Die Transzendenz des Ego. Reinbek b. Hamburg 1982.

Sloterdijk, Peter, Der Denker auf der Bühne. Nietzsches Materialismus. Frankfurt a. M. 1986.

쇼펜하우어 서지 총서

Hübscher, Arthur, Schopenhauer-Bibliographie. Stuttgart 1981.
(새 문헌 및 논문은 쇼펜하우어 연보Jahrbuch에 정기적으로 보완된다.)

쇼펜하우어에 관한 참고 문헌

Abendroth, Walter, Schopenhauer. Reinbek b. Hamburg 1967 (Rowohlt-Mongraphie).

Autrum, Hansjochen, Der Wille in der Natur und die Biologie heute. In: Jb. 1969.

Bahr, Hans Dieter, Das gefesselte Engagement. Zur Ideologie der kontemplativen Ästhetik Schopenhauers. Bonn 1970.

Becker, Aloys, Arthur Schopenhauer und Sigmund Freud. Historische und charakterologische Grundlagen ihrer gemeinsamen Denkstrukturen. In: Jb. 1971.

Borch, Rudolf, Schopenhauer. Sein Leben in Selbszeugnissen, Briefen und Berichten. Berlin 1941.

Ders., Schopenhauer in Gotha. In: Jb. 1944.

Bröcking, W., Schopenhauer und die Frankfurter Straßenkämpfe am 18. 9. 1848. In: Jb. 1922.

Bucher, Ewald (Hg.), Von der Aktualität Arthur Schopenhauers. Festschrift für A. Hübscher. Frankfurt 1972.

Cassirer, Ernst, Das Erkenntnisprohlem in der Philosophie und Wissenschaft der neueren Zeit. Band 3. Darmstadt 1971.

Diemer, Alwin, Schopenhauer und die moderne Existenzphilosophie. In: Jb. 1962.

Dorguth, Friedrich, Schopenhauer in seiner Wahrheit. Magdeburg 1845.

Ebeling, Hans/Lütkehaus, Ludger (Hg.), Schopenhauer und Marx. Philosophie des Elends - Elend der Philosophie. Konigstein/Ts. 1980.

Ehrlich, Walter, Der Freiheitsbegriff bei Kant und Schopenhauer. Berlin 1920.

Fischer, Kuno, Schopenhauers Leben, Werk und Lehre. Heidelberg 1934 (4. Auflage).

Frauenstädt, Julius, Briefe über die Schopenhauersche Philosophie. Leipzig 1854.

Ders., Neue Briefe über die Schopenhauersche Philosophie. Leipzig 1876.

Frost, Laura, Johanna Schopenhauer. Ein Frauenleben aus der klassischen Zeit. Leipzig

1920.

Glasenapp, Helmuth von, Das Indienbild deutscher Denker. Stuttgart 1960.

Gwinner, Wilhelm von, Schopenhauers Leben. Leipzig 1910.

Harich Wolfgang (Hg.), Schopenhauer. Berlin (Ost) 1955.

Hartmann, Hermann, Schopenhauer und die heutige Naturwissenschaft. In: Jb. 1964.

Hasse, Heinrich, Arthur Schopenhauer. München 1926.

Ders., Schopenhauers Erkenntnislehre als System einer Gemeinschaft des Rationalen und Irrationalen. Ein historisch-kritischer Versuch. Leipzig 1913.

Ders., Schopenhauers Religionsphilosophie. Frankfurt a. M. 1924.

Haym, Rudolf, Schopenhauer. Berlin 1864.

Heidtmand, Bernhard, Pessimismus und Geschichte in der Philosophie Schopenhauers. Berlin 1969.

Hoffmann, Paul Th., Schopenhauer und Hamburg. In: Jb. 1932.

Horkheimer, Max, Die Aktualität Schopenhauers. In: Jb. 1961.

Ders., Schopenhauer und die Gesellschaft. In: Jb. 1955.

Houben, H. H., Johanna Schopenhauer. Damals in Weimar. Leipzig 1924.

Hübscher, Arthur, Denker gegen den Strom: Arthur Schopenhauer gestern, heute, morgen. Bonn 1973.

Ders., Materialismus, Marxismus, Pessimismus. In: Jb. 1977.

Ders., Arthur Schopenhauer. Biographie eines Weltbildes. Leipzig 1952.

Ders., Arthur Schopenhauer. Ein Lebensbild. Wiesbaden 1949.

Ders., Schopenhauers Anekdotenbüchlein. Frankfurt a. M. 1981.

Ders., Schopenhauer und die Existenzphilosophie. In: Jb. 1962.

Ders., Schopenhauer als Hochschullehrer. In: Jb. 1965.

Ders., Ein vergessener Schuldfreund Schopenhauers. In: Jb. 1965.

Jaspers, Karl, Schopenhauer. Zu seinem 100. Todestag 1960. In: K. J., Aneignung und Polemik, München 1968.

Krauss, Ingrid, Studien über Schopenhauer und den Pessimismus in der deutschen Literatur des 19. Jahrhunderts. Bern 1931.

Landmann, Michael, Schopenhauer heute. In: Jb. 1958.

Lütkehaus, Ludger, Schopenhauer. Metaphysischer Pessimismus und 'soziale Frage'. Bonn 1980.

Marchtaler, Hildegard von, Lorenz Meyers Tagebücher. In: Jb. 1968.

Mühlethaler, Jacob, Die Mystik bei Schopenhauer. Berlin 1910.

Pfeiffer-Belli, Wolfgang, Schopenhauer und die Humanität des großen Asiens. Bad Wörishofen 1948.

Pisa, Karl, Schopenhauer. Geist und Sinnlichkeit. München 1978 (Taschenbuchausgabe).

Pothast, Ulrich, Die eigentliche metaphysische Tätigkeit. Über Schopenhauers Ästhetik und ihre Anwendung durch Samuel Beckett. Frankfurt a. M. 1982.

Salaquarda, Jörg, Erwägungen zur Ethik. Schopenhauers kritisches Gespräch mit Kant und die gegenwärtige Diskussion. In: Jb. 1975.

Ders., Zur gegensitigen Verdrängung von Schopenhauer und Nietzsche. In: Jb. 1984.

Schöndorf, Harald, Der Leib im Denken Schopenhauers und Fichtes. München 1982.

Schopenhauer, Adele, Gedichte und Scherenschnitte (Hg. H. H. Houben und H. Wahl). Leipzig 1920.

Dieselbe, Tagebuch einer Einsamen (Hg. H. H. Houben). München 1985 (Reprint).

Dieselbe, Tagebücher. 2 Bände. Leipzig 1909.

Schopenhauer, Johanna, Ihr glücklichen Augen. Jugenderinnerungen, Tagebücher, Briefe (Hg. R. Weber). Berlin (Ost) 1978.

Schopenhauer, Johanna, Reise durch England und Schottland. Frankfurt 1980.

Dieselbe, Gabriele. München 1985 (Deutscher Taschenbuch Verlag).

Schirmacher, Wolfgang (Hg.), Schopenhauer und Nietzsche - Wurzeln gegenwärtiger Vernunftkritik. In: Jb. 1984.

Ders. (Hg.), Zeit der Ernte. Studien zum Stand der Schopenhauer-Forschung. Stuttgart 1982.

Schmidt, Alfred, Drei Studien über Materialismus. Schopenhauer - Horkheimer - Glücksproblem. Frankfurt/Berlin/Wien 1979 (Ullstein).

Ders., Die Wahrheit im Gewande der Lüge. Schopenhauers Religionsphilosophie. München/Zürich 1986.

Schneider, Walther, Schopenhauer. Wien 1937.

Schulz, Walter, Bemerkungen zu Schopenhauer. In: Schulz, Walter (Hg.), Natur und Geschichte. K. Löwith zum 70. Geburtstag. Stuttgart 1967.

Simmel, Georg, Schopenhauer und Nietzsche. München/Leipzig 1920.

Sorg, Bernhard, Zur literarischen Schopenhauer-Rezeption im 19. Jahrhundert.

Heidelberg 1975.

Spierling, Volker (Hg.), Materialien zu Schopenhauers 『Die Welt als Wille und Vorstellung』. Frankfurt a. M. 1984.

Ders., Schopenhauers transzendentalidealistisches Selbstmißverständnis. München 1977.

Tengler, Richard, Schopenhauer und die Romantik. Berlin 1923.

Vaternahm Theodor, Schopenhauers Frankfurter Jahre. In: Jb. 1968.

Verrecchia, Anacleto, Schopenhauer e la vispa Theresa. In: Jb. 1975.

Voigt, Hans, Wille und Energie. In: Jb. 1970.

Volkelt, Johannes, Schopenhauer. Seine Persönlichkeit, seine Lehre, sein Glaube. Stuttgart 1900.

Weimer, Wolfgang, Schopenhauer. Erträge der Forschung. Darmstadt 1982.

Zimmer, Heinrich, Schopenhauer und Indien. In: Jb. 1938.

기타

Adorno, Theodor W., Ästhetische Theorie. Frankfurt a. M. 1973.

Ders., Negative Dialektik. Frankfurt a. M. 1975.

Adorno, Theodor W./Horkheimer, Max, Dialektik der Aufklärung. Frankfurt a. M. 1969.

Anders, Günther, Die Antiquiertheit des Menschen. 2 Bände. München 1956 und 1980.

Arendt, Dieter (Hg.), Nihilismus. Die Anfänge. Von Jacobi bis Nietzsche. Köln 1970.

Atterbom, Per Daniel, Reisebilder aus dem romantischen Deutschland. Berlin 1867 (Nachdruck Stuttgart 1970).

Baum, Günther, Aenesidemus oder der Satz vom Grunde. Eine Studie zur Vorgeschichte der Wissenschaftstheorie. In: Zeitschrift für philosophische Forschung, Jg. 1979.

Bloch, Ernst, Das Materialismusproblem, seine Geschichte und Substanz. Frankfurt a. M. 1972.

Blumenberg, Hans, Arbeit am Mythos. Frankfurt a. M. 1981.

Ders., Die Lesbarkeit der Welt. Frankfurt a. M. 1986 (Taschenbuch).

Böhme, Hartmut/Böhme, Gernot, Das Andere der Vernunft. Frankfurt a. M. 1985 (Taschenbuch).

Böhme, Jakob, Von der Gnadenwahl (Hg. G. Wehr). Freiburg I. Br. 1978.

Boehn, Max von, Biedermeier. Berlin o. J.

Borch, Rudolf, Die Gothaer Lehrer. In: Jb. 1942.

Bothe, Friedrich, Geschichte der Stadt Frankfurt am Main. Frankfurt a. M. 1977.

Brockhaus, Heinrich Eduard, Friedrich Arnold Brockhaus. Sein Leben und Wirken nach Briefen und anderen Aufzeichnungen. Leipzig 1876.

Bruford, W. H., Die gesellschaftlichen Grundlagen der Goethezeit. Frankfurt/Berlin/ Wien 1975.

Brunschwig, H., Gesellschaft und Romantik in Preußen im 18. Jahrhundert. Die Krise des preußischen Staates am Ende des 18. Jahrhunderts und die Entstehung der romantischen Mentalität. Frankfurt/Berlin/Wien 1975.

Buddha, Gautama, Die vier edlen Wahrheiten. Texte des ursprünglichen Buddhismus (Hg. K. Mylius). München 1985.

Büchner, Georg, Sämtliche Werke (Hg. P. Stapf). Berlin 1963.

Cioran, E. M., Lehre vom Zerfall. Stuttgart 1979.

Claudius, Matthias, Sämtliche Werke (Hg. H. Geiger). Berlin 1964.

Descartes, René, Ausgewählte Schriften (Hg. I. Frenzel). Frankfurt a. M. 1986 (Fischer-Taschenbuch).

Ditfurth, Hoimar von, Der Geist fiel nicht vom Himmel. Die Evolution unseres Bewußtseins. München 1980.

Ders., So laßt uns denn ein Apfelbäumchen pflanzen. Es ist so weit. Hamburg/Zürich 1985.

Eckhart, Meister, Einheit im Sein und Wirken (Hg. D. Mieth). München 1986.

Eichendorff, Joseph von, Werke. München 1966.

Elias, Norbert, Über den Prozeß der Zivilisation. 2 Bände. Frankfurt a. M. 1976.

Erdmann, Johann Eduard, Philosophie der Neuzeit. Reinbeck b. Hamburg 1971 (Rowohlts deutsche Enzyklopädie).

Feuerbach, Ludwig, Gesammelte Werke (Hg. W. Schaffenhauer). Berlin (Ost) 1971.

Ders., Grundsätze der Philosophie der Zukunft. Frankfurt a. M. 1983 (Reprint).

Fichte, J. G, Werke (Hg. I. H. Fichte). Berlin 1971 (Reprint).

Foucault, Michel, Die Ordnung der Dinge. Frankfurt a. M. 1974.

Ders., Sexualität und Wahrheit. Frankfurt a. M. 1979.

Frank, Manfred, Eine Einführung in Schellings Philosophie. Frankfurt a. M. 1985.

Ders., Der unendliche Mangel an Sein. Frankfurt a. M. 1975.

Ders., Der kommende Gott. Vorlesungen über die Neue Mythologie. Frankfurt a. M. 1982.

Freud, Sigmund, Fragen der Gesellschaft. Ursprünge der Religion. Band IX der Studienausgabe. Frankfurt a. M. 1974.

Freund, Michael, Napoleon und die Deutschen. Despot oder Held der Freiheit München 1969.

Friedell, Egon, Kulturgeschichte der Neuzeit. München 1965.

Friedenthal, Richard, Goethe. Sein Leben und seine Zeit. München 1963.

Geiger, L., Berlin 1688 bis 1840. Geschichte des geistigen Lebens der preußischen Hauptstadt. Berlin 1892.

Geyer, Bernhard, Das Stadtbild Alt-Dresdens. Berlin 1964.

Goethe, J. W., Werke (Hamburger Ausgabe). München 1981.

Günther G./Wallraf L. (Hg.), Geschichte der Stadt Weimar. Weimar 1975.

Günzel, Klaus, König der Romantik. Das Leben des Dichters Ludwig Tieck in Briefen, Selbstzeugnissen und Berichten. Tübingen 1981.

Gulyga, Arsenij, Hegel. Frankfurt a. M. 1981.

Ders., Immanuel Kant. Frankfurt a. M. 1985.

Gutzkow, Karl, Wally - Die Zweiflerin. Göttingen 1965 (Reprint).

Habermas, Jürgen, Der philosophische Diskurs der Moderne. Frankfurt a. M. 1985.

Haenel, E./Kalkschmidt, E. (Hg.), Das alte Dresden. Frankfurt a. M. 1977 (Reprint).

Hartmann, Eduard von, Philosophie des Unbewußten. 2 Bände. Leipzig 1913.

Hauser, Arnold, Sozialgeschichte der Kunst und Literatur. München 1976.

Haym, Rudolf, Hegel und seine Zeit. Berlin 1857.

Hegel, G. W. F., Sämtliche Werke (Hg. H. Glockner). Stuttgart 1927ff.

Heidegger, Martin, Über den Humanismus. Frankfurt a. M. 1947.

Ders., Der Satz vom Grund. Pfullingen 1957.

Ders., Sein und Zeit. Tübingen 1963.

Ders., Gelassenheit. Pfullingen 1959.

Heine, Heinrich, Sämtliche Schriften (Hg. K. Briegleb). München 1976.

Heinrich, Klaus, Vernunft und Mythos. Ausgewählte Texte. Frankfurt, 1982.

Heiss, Robert, Der Gang des Geistes. Berlin 1959.

Heller, Erich, Enterbter Geist. Frankfurt a. M. 1981.

Henrich, Dieter, Selbstverhältnisse. Sttutgart 1982.

Hermand, J., Der deutsche Vormärz. Texte und Dokumente. Stuttgart, 1967 (Reclam).

Ders., (Hg.), Das Junge Deutschland. Texte und Dokumente. Stuttgart 1966 (Reclam).

Hölderlin, Friedrich, Sämtliche Werke und Briefe (Hg. G. Mieth). München 1970 (Hanser-Klassiker).

Horkheimer, Max (H. Regius), Dämmerungen. Notizen in Deutschland. Zürich 1934.

Horstmann, Ulrich, Das Untier. Konturen einer Philosophie der Menschenflucht. Frankfurt a. M. 1985.

Huyssen, A. (Hg.), Die deutsche Literatur in Text und Darstellung: Bürgerlicher Realismus. Stuttgart 1974 (Reclam).

Jacobs, Wilhelm G., Johann Gottlieb Fichte. Reinbek b. Hamburg 1984 (Rowohlt).

Jaspers, Karl, Psychologie der Weltanschauungen. Berlin/Göttingen/Heidelberg 1960.

Kant, Immanuel, Werke in 12 Bänden (Hg. W. Weischedel). Frankfurt 1964.

Kamper, Dietmar, Zur Geschichte der Einbildungskraft. München 1981.

Kesten, Hermann, Dichter im Café. Frankfurt a. M. 1983.

Keyser, Erich, Geschichte der Stadt Danzig. Kitzingen 1951.

Kleßmann, Eckart (Hg.), Die Befreiungskriege in Augenzeugenberichten. München 1973.

Köhler, R./Richter, W. (Hg.), Berliner Leben 1806 bis 1847. Erinnerungen, Berichte. Berlin (Ost) 1954.

Kopitzsch, Franklin, Lessing und Hamburg. In: Wolfenbüttler Studien 2, 1975.

Korff, Hermann August, Geist der Goethezeit. 4 Bände. Leipzig 1959.

Koselleck, Reinhart, Kritik und Krise. Freiburg/München 1959.

Kraus, Wolfgang, Nihilismus heute oder die Geduld der Weltgeschichte. Frankfurt a. M. 1985.

Lange, Friedrich Albert, Geschichte des Materialismus. 2 Bände. Frankfurt a. M. 1974 (Nachdruck).

Lem, Stanislaw, Solaris. Düsseldorf 1972.

Lenz, Max, Geschichte der Königlichen Friedrich Wilhelm-Universität zu Berlin. 3 Bände. Halle 1910.

Lepenies, Wolf, Melancholie und Gesellschaft. Frankfurt a. M. 1972.

Lessing, G. E., Werke (Hg. H. Göpfert). München 1971ff.

Löwith, Karl, Von Hegel zu Nietzsche. Der revolutionäre Bruch im Denken des 19. Jahrhunderts. Stuttgart 1953.

Lorenz, Konrad, Die Rückseite des Spiegels. Versuch einer Naturgeschichte der menschlichen Erkenntnis. München 1973.

Lukács, Georg, Die Zerstörung der Vernunft, Berlin 1954.

Mader, Johann, Zwischen Hegel und Marx. Zur Verwirklichung der Philosophie. Wien/ München 1975.

Mainländer, Philipp, Die Philosophie der Erlösung. Berlin 1879.

Mann, Thomas, Doktor Faustus. Frankfurt a. M. 1974.

Majer, Friedrich, Brahma oder die Religion der Indier als Brahmanen. Leipzig 1818.

Marcuse, Ludwig, Philosophie des Un-Glücks. Zürich 1981.

Ders., Philosophie des Glücks. Zürich 1972.

Marquard, Odo, Abschied vom Prinzipiellen. Stuttgart 1981.

Marx, Karl/Engels, Friedrich, Werke (MEW). Berlin (Ost) 1959ff.

Maus, Heinz, Kritik am Justemilieu. Eine sozialphilosophische Studie. Bottrop 1940.

Migge, Walter, Weimar zur Goethezeit. Weimar 1961.

Montaigne, Michel de, Die Essais (Hg. A. Franz). Stuttgart 1969 (Reclam).

Mühr, Alfred, Rund um den Gendarmenmarkt. Oldenburg 1965.

Nietzsche, Friedrich, Werke (Hg. K. Schlechta). Frankfurt/Berlin/Wien 1979 (Taschenbuch).

Nipperdey, Thomas, Deutsche Geschichte 1800-1866. München 1983.

Nissen, Walter, Göttingen heute und gestern. Göttingen 1972.

Novalis, Werke (Hg. H. J. Mähl/R. Samuel). München 1978 (Hanser-Klassiker).

Oppermann, Heinrich Albert, Hundert jahre 1770 bis 1870. Frankfurt a. M. 1982 (Reprint).

Ostwald, Hans, Kultur- und Sittengeschichte Berlins. Berlin 1924.

Pascal, Blaise, Gedanken. Wien 1981.

Paul, Jean, Werke. München 1960ff.

Petraschek, K. O., Die Rechtsphilosophie des Pessimismus. München 1929.

Platon, Sämtliche Werke (Hg. Walter F. Otto u. a.). Reinbek b. Hamburg 1957

(Rowohlt-Klassiker).

Pleticha, H. (Hg.), Das klassische Weimar. Texte und Zeugnisse. München 1983.

Popper, Karl/Eccles John C., Das Ich und sein Gehirn. München/Zürich 1982.

Post, Werner, Kritische Theorie und metaphysischer Pessimismus. München 1971.

Preitz, Max, Friedrich Schlegel und Novalis. Biographie einer Romantikerfreundschaft in Briefen. Darmstadt 1957.

Proust, Marcel, Auf der Suche nach der verlorenen Zeit. Frankfurt a. M. 1964.

Reichel, Ortrud, Zum Beispiel Dresden. Frankfurt a. M. 1964.

Richter, Ludwig, Lebenserinnerungen eines deutschen Malers. Frankfurt a. M. 1980.

Riedel, Manfred, Theorie und Praxis im Denken Hegels. Frankfurt/Berlin/Wien 1976.

Röthel, H. K., Die Hansestädte. München 1955.

Rorty, Richard, Der Spiegel der Natur. Eine Kritik der Philosophie. Frankfurt a. M. 1981.

Ross, Werner, Der ängstliche Adler. Friedrich Nietzsches Leben. München 1984.

Rousseau, Jean Jacques, Die Bekenntnisse. München 1981.

Ders., Emile oder Über die Erziehung. Stuttgart 1963 (Reclam).

Sartre, Jean Paul, Die Transzendenz des Ego. Reinbek b. Hamburg 1982.

Ders., Bewußtsein und Selbsterkenntnis. Reinbek b. Hamburg 1973.

Schelling, F. W. J., Ausgewählte Schriften. 6 Bände (Hg. M. Frank). Frankfurt a. M. 1985.

Ders., Über das Wesen der menschlichen Freiheit. Frankfurt a. M. 1975 (Taschenbuch).

Schiller, Friedrich, Sämtliche Werke. Säkular-Ausgabe (Hg. E. v. d. Hellen). Berlin o. J.

Schlegel, Friedrich, Über die Sprache und Weisheit der Indier. Heidelberg 1809.

Schmidt, Alfred, Emanzipatorische Sinnlichkeit. München 1973.

Schmidt, Kurt, Gotha. Gotha 1931.

Schmitz, Hermann, System der Philosophie. Der Leib. Bonn 1965.

Schnädelbach, Herbert, Philosophie in Deutschland 1831-1933. Frankfurt a. M. 1983.

Schneider, Franz, Pressefreiheit und politische Öffentlichkeit. Neuwied 1966.

Schulz, Gerhard, Die deutsche Literatur zwischen Französischer Revolution und Restauration. München 1983.

Schulz, Walter, Philosophie in der veränderten Welt. Pfullingen 1974.

Schulze, Friedrich, Franzosenzeit in deutschen Landen. Leipzig 1908.

Sennett, Richard, Verfall und Ende des öffentlichen Lebens - Die Tyrannei der Intimität.

Frankfurt a. M. 1983.

Sloterdijk, Peter, Der Denker auf der Bühne. Nietzsches Materialismus. Frankfurt a. M. 1986.

Ders., Kritik der zynischen Vernunft. 2 Bände. Frankfurt a. M. 1983.

Solé, Jacques, Liebe in der westlichen Kultur. Frankfurt/Berlin/Wien 1979.

Spaemann, Robert/Löw, Reinhard, Die Frage Wozu? München/Zürich 1985.

Staël, Germaine de, Über Deutschland. Stuttgart 1962 (Reclam).

Steffens, Heinrich, Anthropologie. Band 1. Breslau 1822.

Stern, Adolf, Der Einfluß der französischen Revolution auf das deutsche Geistesleben. Stuttgart/Berlin 1928.

Studt, B./Olsen, H., Hamburg. Die Geschichte einer Stadt. Hamburg 1951.

Tieck, Ludwig, Werke in vier Bänden (Hg. M. Thalmann). Darmstadt 1977.

Tillich, Paul, Der Mut zum Sein. In: Tillich, Paul, Sein und Sinn. Frankfurt a. M. 1982.

Upanishaden. Geheimlehre der Inder (Hg. A. Hillebrandt). Düsseldorf/Köln 1977.

Vaihinger, Hans, Die Philosophie des Als Ob. Berlin 1913.

Varnhagen von Ense, K. A., Denkwürdigkeiten des eigenen Lebens. Berlin 1922.

Vaßen, Florian (Hg.), Die deutsche Literatur in Text und Darstellung. Restauration, Vormärz und 48er Revolution. Stuttgart 1975 (Reclam).

Wackenroder, Wilhelm Heinrich, Schriften. Reinbek b. Hamburg 1968.

Wiggershaus, Rolf, Die Frankfurter Schule. München 1986.

Wittgenstein, Ludwig, Tractatus logico-philosophicus. Frankfurt a. M. 1963.

Ziegler, Theobald, Die geistigen und sozialen Strömungen des Neunzehnten Jahrhunderts. Berlin 1910.

Zimmer, Heinrich, Philosophie und Religion Indiens. Frankfurt a. M. 1973.

Ders., Maya. Der indische Mythos. Frankfurt a. M. 1978.

뤼디거 자프란스키는 2010년 인터뷰에서 자신의 인물 평전이 문학의 서사적 문체를 갖추었다는 지적에 이렇게 말한다. "제게는 어떤 것에 관해 이야기를 한다는 것은 제가 그 내용을 이해했느냐를 가늠하는 리트머스 테스트입니다. 제가 어떤 것에 관해 이야기할 수 있다면 저는 그것을 이해한 셈입니다." 이 책에서 그는 700쪽이 넘는 분량으로 쇼펜하우어의 삶과 철학에 관해, 그리고 칸트에서 헤겔을 거쳐 마르크스에 이르는 철학의 격동시대에 관해 '이야기'하고 있다. 이런 진지한 주제가 과연 흥미진진한 이야기의 소재가 될 수 있을까?

쇼펜하우어는 한국 독자들에게 낯설지 않다. 여러 편역자들이 그의 작품들, 특히 마지막 저작인 『소품과 부록』에서 발췌한 글들을 "인생론", "행복론", "문장론" 등의 제목 아래 묶어서 출간하고 있기 때문이다. 이런 책들을 통해 독자는 쇼펜하우어 특유의 예리한 통찰과 재기 넘치는 문장을 즐길 수 있다. 이에 고무된 독자가 쇼펜하우어의 주저 『의지와 표상으로서의 세계』를 읽으려 한다면 문제는 달라진다. 쇼펜하우어는 서문부터 독자를 주눅들게 한다. 자신의 저서를 이해하려면 칸트 철학을 제대로 알아야 하며 자신의 박사 학위 논문인 『충족 근거율의 네 겹의 뿌리에 관하여』를 먼저 읽어야 할 뿐만 아니라 인도철학에 대한 지식을 갖추어야 한다는 것이다. 이 전제를 채우지 못해서 책의 내용을 이해하지 못한다면 책을 서고의 빈틈을 메우는 데 쓰라고 잠재적 고객을 조롱하기까지 한다.

사실 많은 독자는 쇼펜하우어 특유의 시적 문체와 독창적인 논리전개에 당황할 것이고 쇼펜하우어가 언급하는 숱한 이름과 이론들을 접하며 현기증을 느낄 것이다. (이것은 옮긴이의 체험이다. 이에 동의하지 않는 독자에게는 경의를 표한다.) 하지만 의기소침해지지 말자. 독자가 점차 쇼펜하우어의 스타일에 익숙해진다면 『의지와 표상으로서의 세계』는 다른 철학자들의 저서에 비하면 상대적으로 이해하기 쉬운 책이 될 것이다. 쇼펜하우어가 명료한 언어로 자신의 논리를 전개하며 구체적인 예를 들어 설명하기 때문이다. 물론 '상대적으로' 그렇다는 말이다.

그의 철학을 거칠게 요약하자면 이렇다. 칸트의 적법한 후계자임을 자처하는 쇼펜하우어는 현상세계가 주관의 표상이라는 칸트의 초월철학을 받아들이지만 현상세계 뒤에 있는 물자체를 알 수 없다는 데에는 동의하지 않는다. 그는 물자체가 곧 의지라고 단언한다. 이 의지는 만물을 움직이는 맹목적인 힘이며 끝없는 자기분열을 거듭한다. 이렇게 개별화된 의지가 다투어 객관화됨으로써 현상세계가 생겨난다는 것이다. 맹목적인 의지로 이루어진 탓에 세계는 비이성적이다. 그 결과 인간을 포함한 현상세계는 욕망에 끝없이 시달리며 자기파괴를 거듭하지만 의지 자체는 소진하지 않는 탓에 현상으로서의 세계가 겪는 고통은 멎지 않는다. 그러나 의지는 자기 스스로를 부정할 수 있으며 이럴 경우 현상세계는 무^{Nichts}가 됨으로써 고통으로부터 해방된다는 것이다. 이른바 철학의 격동시대를 이끈 주요 철학자들이 이 세계를 움직이는 힘은 이성적이며 역사는 진보한다는 낙관주의를 표방하던 시기에 쇼펜하우어는 극도로 염세주의적 사유를 전개하고 있다.

당연히 이런 단순화한 요약으로는 쇼펜하우어 철학의 가치와 의미, 매력을 전달할 수 없다. 사실 쇼펜하우어는 놀라울 만큼 시대를 앞선 사상가이다. 『의지와 표상으로서의 세계』는 20세기 실존주의 철학과 지그문트 프로이트의 정신분석학, 나아가 인지과정을 뇌세포의 작용으로 보는 21세기의 뇌과학을 선취하고 있다. 더욱 놀라운 것은 겨우 서른 살의 쇼펜하우어가 200년 전 이런 학문적 성취를 이루어냈다는 사실이다. 어떻게 20대 후반의 쇼펜하우어는 세계가 맹목적인 의지로 이루어져 있다는 구상을 하게 되었을까? 언제 어디서 쇼펜하우어는 자신의 이론을 뒷받침하는 자연과학적 식견을 습득했을까? 그가 갓 서른에 정립한 철학 체계를 칠십 평생 고수하며 이후의 저술에서 심화, 확대시켰다는 사실을 떠올리면 또 다른 궁금증이 잇따른다. 오직 의지의 자기부정만을 구원으로 보는 철학자는 고통으로 가득 찬 세계에서 어떤 삶을 살았을까? 쇼펜하우어의 전기가 필요한 이유이다.

자프란스키는 이런 질문에 대한 답을 명탐정처럼 박진감 있게 추적한다. 저자는 쇼펜하우어의 일기와 편지, 원고의 초안, 그리고 가족과 지인 등 동시대인들이 남긴 증언들을 섬세히 재구성하고는 이것에 소설가의 상상력으로 생명을 불어넣는다. 그리고 이 틀 안에서 쇼펜하우어의 전 작품을 상세히 인용하며 분석하고 있다.

한 철학자를 이해하기 위해서는 개인의 인생 역정뿐 아니라 그가 살았던 시대를 알아야 하기에 자프란스키는 주인공이 거쳐간 시대와 공간을 차례차례 풍속화가처럼 생생하게 묘사한다. 이 부분은 독일의 역사와 지리를 속속들이 알지 못하는 한국 독자들에게는 낯설 수도 있다. 그렇다면 철학의 무거움에서 잠시 벗어나 휴식을 취하며 지식의 지평을 늘릴 기회로 즐기면 좋을 듯하다. 자프란스키는 굵직한 역사적 사건들과 거기에 반응하는 사람들의 모습을 영화감독처럼 원근법과 클로즈업을 자유자재로 구사하며 보여준다. 도시 공화국 함부르크, 대공국 작센-바이마르, 프로이센 왕국의 수도 베를린, 자유도시 프랑크푸르트 등 쇼펜하우어가 거쳐간 여러 장소들을 배경으로 펼쳐지는 풍속사를 읽다 보면 막연하게만 알고 있던 독일의 근대사가 생생히 살아난다. 낱낱의 흑백사진처럼 단편적인 정보들이 활동사진이 되어 흐르고 컬러영화로 펼쳐지는 것이다.

독일 철학의 격동시대는 곧 독일 역사의 격동시대였다. 독일의 역사는 복잡하다. 영국과 프랑스가 일찍이 민족국가를 이루고 중앙권력을 갖추며 유럽의 강대국으로 자리를 잡은 반면에 독일의 전신인 신성로마제국은 중앙권력이 없는 정치연합에 불과했다. 19세기 초에 현재의 독일 지역과 오스트리아 및 기타 인근 지역으로 이루어진 신성로마제국 안에는 300개가 넘는 영방국가들이 자주권을 행사하고 있었다. 프랑스 혁명이 일어나기 1년 전인 1788년 쇼펜하우어는 태어나며 그가 사망한 지 1년이 지난 1861년 독일 통일의 주역인 비스마르크가 프로이센의 수상으로 임명된다. 1871년 보수적 프로이센의 주도하에 통일을 이룬 독일제국은 영국, 프랑스와 힘을 겨루는 강국으로 성장한다. 유럽 정세가 급변하는 이 시기에 쇼펜하우어는 어떤 삶을 살았을까?

1806년 나폴레옹이 중부 유럽을 정복하자 신성로마제국은 와해된다. 쇼펜하우어는 이 혼란기에 함부르크와 프랑스에서 유년기를 보냈으며 열다섯 살에 부모와 함께 휴전기의 유럽을 1년 반에 걸쳐 여행했다. 다시 말해 감수성이 강한 소년은 역사의 현장에서 직접 '삶의 책'을 들여다볼 기회를 갖는다. 나폴레옹이 세인트헬레나섬에 영원히 유배된 1815년, 쇼펜하우어는 『의지와 표상으로서의 세계』를 쓰고 있었다. 오스트리아의 주도하에 왕정복고시대가 이어지다가 1848년 시민혁명이 일어나지만 1년 후 혁명은 좌절된다. 그 후 프로이센이 부상하며 이제는 보수화된 혁명가들은 프로이센의 통일정책을 지지한다. 이 시대에 그는 역사를 사유하는 것을 거부하며 살았다. 쇼펜하우어는 주류 철학에만 대척점에 서 있는 게 아니라 시류에도 어긋나게 서 있었다. 주변 사람들이 자신을 독일민족이라고 느끼기 시작하며 애국심에 불타올랐던 시기에 그는 자신을 유럽인이라고 정의했고 독일민족을 가장 어리석은 민족이라고 폄하했다. 달리 표현한다면 쇼펜하우어는 자신의 철학으로 망명한 셈이다.

하인리히 하이네는 『독일 종교와 철학의 역사^{Zur Geschichte der Religion und Philosophie in Deutschland}』(1835년)라는 에세이에서 칸트에 비하면 로베스피에르는 대단치 않은 속물에 불과하며 걸출한 철학자들을 배출한 독일에 비하면 프랑스인들은 고작 왕을 하나 처형하는 데 그치는 온순한 민족이라고 주장한다. 독일민족이 이론에는 강하지만 실천에는 약하다는 사실을 냉소적으로 표현했다고도 볼 수 있지만 20세기 후반까지 역사를 보면 하이네의 주장은 예언처럼 들린다. 사실 독일은 1789년부터 1848년 혁명에 이르기까지 프랑스에서 먼저 정치사회적 변혁이 일어나면 뒤늦게 반응하곤 했다. 그러나 칸트 이후 마르크스에 이르는 독일 철학은 그런 변혁의 물밑 기류가 되어 세계의 지도를 바꿔놓았다.

저자 자프란스키는 쇼펜하우어라는 중심 서사에 철학의 격동시대라는 보조 서사를 곁들이고 있다. 일곱 개의 철학 시나리오로 구성된 보조 서사는 근대적^{modern} 자아의 '전기'를 담고 있다. 그 내용은 이렇다. 데카르트가 정초한 근대적 자아는 독일 관념론에 의해 신을 대신하는 절대자로 추대된다. 이 자아는 정신, 도덕, 자연, 혹은 프롤레타리아로 변모를 거듭하며 진보와 성장의 역사를 만들어간다. 이 내용 자체는 전혀 새로울 것 없는 이른바 '메타 내러티브'지만 저자가 이를 보조 서사로 배치함으로 인해 참신한 국면이 형성된다. 철학 시나리오가 전개되는 동안 쇼펜하우어는 뒤로 물러나고 유럽 정신사를 각인한 여러 철학자들과 신학자와 시인, 소설가, 평론가 들이 전면에 등장한다. 저자는 이러한 설정을 통하여 쇼펜하우어 철학이 어떤 사상적 배경에서 성장했으며 어떤 사상과 격돌하는지 또 어떤 사상과 예술에 영향을 끼치고 있는지를 개관한다. 그럼으로써 학계의 아웃사이더인 쇼펜하우어의 삶과 사상이라는 지평 아래서 칸트와 헤겔 같은 철학의 태두가 조명되는 이색적인 상황이 펼쳐진다. 이 상황에서 자프란스키는 균형을 잃지 않고 진보와 성장의 역사 편에 선 사상가들을 명쾌하게 분석 비판하며 필요한 경우 주저 없이 쇼펜하우어의 편견과 오류, 부당함을 지적한다.

사실 쇼펜하우어의 철학 전체를 비판 없이 수용한다는 것은 거의 불가능하고 그럴 필요도 없다. 그의 명료한 언어 탓에 쇼펜하우어 철학 체계의 약점을 찾아내기는 어렵지 않고 그 체계의 윤리적 취약점을 지적하기는 더욱 쉽다. 하지만 그럼에도 우리는 그에게서 많은 것을 배울 수 있다. 19세기 격동시대의 철학자들은 문명의 발달이 인류의 행복을 가져오리라고 믿었다. 최첨단 기술을 보유한 다국적기업이 세계를 지배하는 21세기에 그런 소박한 낙관론으로 미래를 내다보는 사람은 드물 것이다. 독립성을 확장해가며 세계를 정복하러 나갔던 근대의 자아는 이제 스마트폰 없이는 목적지를 찾을 수 없는 미숙아가 되어버렸다. 요즈음 우리는 근대적 자아가 지녔던 기백과 위용은 상실한 채 정체 모를 알고리즘과 앱에 의해 끝없이 욕망할 것을 강요당하고 있다. 거기에 저항할 생각조차 안 하는 우리의 실제 모습은 어쩌면 자신의 수족을 뜯어먹고 있는 신화 속 괴물과 닮은 듯하다. 절제를 모르는 인간의 욕망과 탐욕이 첨단 기술과 정보의 도움으로 지구 곳곳을 헤집는 바람에 난민이 생겨나고 자연환경이 파괴되고 있는 것이 눈앞의 현실이다. 세계의 종말론이 사이언스픽션만은 아닌 지금, 합리적 이성이 이 세계를 지배한다고 단언할 수 있을까? 이럴 때야말로 우리는 '비합리적인 것을 가장 합리적으로 사유한 철학자'로부터 많은 것을 배워야 할 것이다. 그런 걸 보면 쇼펜하우어의 철학은 200년을 뛰어넘어서 여전히 현재진행형이다.

이 책은 1987년 출간된 후 30여 년이 지난 지금까지도 전 세계에서 여전히 널리 읽히고 쇼펜하우어의 대표적인 전기로 통한다. 그 이유는 무엇보다도 저자가 어려운 전문지식을 이해하기 쉽게 전달했다는 데 있을 것이다. 달리 말하자면 저자는 쇼펜하우어와 철학의 격동시대를 이야기로 풀어내는 데 성공한 셈이다.

그러나 이 책을 제대로 즐기기 위해서는 독자는 상당한 집중력과 긴 호흡을 유지해야 한다. 저자는 마치 추리소설 작가처럼 시종일관 앞에서 다룬 주요 내용을 독자가 기억하도록 많은 서사적 장치를 배치해놓고는 이것을 도구 삼아서 난도 높은 철학의 핵심을 - 특히 쇼펜하우어와 칸트를 - 정면으로 다루기 때문이다. 달리 말하면 저자는 독자가 자신의 서사를 따라오고 있다는 전제하에 비유와 암시가 넘치는 시적 언어로 쇼펜하우어와 다른 철학자들의 사상을 설명하며 이 설명을 다층적 서사로 구성한다. 따라서 이 책은 아무 데나 펼쳐서 읽기보다는 처음부터 끝까지 긴장을 유지하며 읽어야 하는 추리소설과 같다. 비록 적지 않은 분량이고 단숨에 읽을 만큼 편안한 책은 아니지만 철학에 관심을 가진 독자라면 저절로 집중해서 이 책을 읽게 되리라고 기대해 본다.

이 책은 특유의 개성 있는 표현과 운율이 살아 있는 문장들로 가득하다. 그렇기에 저자의 독일어 문장들은 머리에 쏙쏙 들어온다. 이 체험을 한국의 독자들도 누릴 수 있도록 애썼지만 쉬운 일은 아니었다. 원문의 많은 비유와 수사들을 다른 언어로, 특히 전혀 다른 문화적 배경을 지닌 언어로 옮기는 작업은 너무도 험난했기 때문이다. 옮긴이는 가능한 한 책의 내용을 저자의 의도에 맞게 그대로 전달하려고 노력하면서도, 자연스러운 우리말이 되도록 본문의 내용을 풀어 쓰거나 첨삭하였으며 필요한 경우는 과감히 의역하였다. 이로 인해 저자의 의도에 어긋나는 번역이 있다면 그 책임은 모두 옮긴이에게 있다.

여태껏 나름 알고 있다고 생각했던 내용들을 더 깊이 배우고 서양 사상사를 새로운 관점에서 조망하며 지식의 지평을 넓힐 수 있었다는 점에서 옮긴이에게는 보람찬 작업이었다. 독자들 역시 보람차고 즐거운 독서 체험을 할 수 있기를 바라는 마음이다.

정상원

독일 국가재단Deutsche Nationalstiftung은 2018년 3월 이 책의 저자인 뤼디거 자프란스키를 올해의 "독일 국가상Nationalpreis" 수상자로 선정했다. 1997년 시작된 독일 국가상은 독일과 유럽 관계의 발전에 기여한 인물 내지는 단체에게 매년 수여된다. 당연히 수상 대상은 독일에 국한되지 않는다. 그 중 개인이 단독 수상한 경우는 자프란스키가 여섯 번째이다. 독일 국가재단은 수상 이유를 이렇게 밝혔다. "뤼디거 자프란스키는 지난 수십 년간 작품 활동을 통하여 […] 넓은 독자층이 독일 문화사를 빛낸 작가들과 철학자들을 […] 이해할 수 있게 했다." 사회 전 분야에서의 활동을 포괄하는 국가상이 인물 평전을 전문분야로 삼는 저술가에게 수여된다니 경이롭다! 새삼 독일에서 인문학이 차지하는 위상이 느껴져 부러워진다.

찾아보기

| ㅈ |

| ㅊ |